KATHARINA SCHÜTZ ZELL
THE LIFE AND THOUGHT OF A SIXTEENTH-CENTURY REFORMER
Elsie Anne McKee

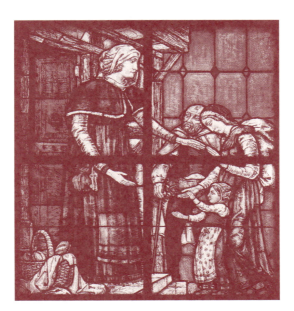

カタリナ・シュッツ・ツェル
16世紀の改革者の生涯と思想

エルシー・アン・マッキー＊著

南 純＊監訳

小林宏和＋石引正志＊訳

一麦出版社

KATHARINA SCHÜTZ ZELL

VOLUME ONE

THE LIFE AND THOUGHT
OF A SIXTEENTH-CENTURY
REFORMER

by
Elsie Anne McKee

Translation Supervisor by
Jun Minami

tr. by
Hirokazu Kobayashi, Masashi Ishibiki

BRILL
© 1999

Ichibaku Shuppansha Publishing Co., Ltd.

Sapporo, Japan
© 2018

Soli Deo Gloria

目　次

日本語版への序　*5*

謝辞　*11*

はじめに　*15*

第1部　16世紀の改革者の生涯 ………………………… *25*

第 1 章　若き日のカタリナ　*27*

第 2 章　プロテスタント宗教改革の到来とパートナーシップの誕生　*53*

第 3 章　カタリナ・シュッツとマテウス・ツェルの結婚 ── 春の協力関係　*75*

第 4 章　変化する環境の中での共同作業 ── 夏，そして秋の日々　*105*

第 5 章　冬 ── 悲嘆と荒廃　*141*

第 6 章　ただキリストのみ，無党派人　*169*

第 7 章　闘う教会の母，第一世代の証人　*193*

第 8 章　最後の事態 ── 最後まで辛抱強く，信仰的に　*219*

第2部　カタリナ・シュッツ・ツェルの思想 *245*

第 9 章　信徒改革者の聖書的世界　*247*

第 10 章　敬虔なプロテスタント信徒の基本的な神学　*275*

第 11 章　カタリナ・シュッツ・ツェルの敬虔 ── 活動する実践神学者　*303*

第 12 章　物語ることと著作すること
　　　　　── 著作者と歴史家　カタリナ・シュッツ・ツェル　*331*

第 13 章　カタリナ・シュッツ・ツェルの思想における女性，信徒，言語　*369*

第 14 章　カタリナ・シュッツ・ツェルの肖像
　　　　　── 彼女の自己理解と同時代人たちの見方　*409*

参考文献　*465*

訳者あとがき　*475*

ケース図版：ステンドグラス（カタリナ・シュッツ・ツェル）

日本語版への序

　カタリナ・シュッツ・ツェルを，日本の新しい友人たちに紹介することは，大きな喜びです．一麦出版社の西村勝佳氏と翻訳者みなさんによる長年の働きによって，この16世紀ヨーロッパの注目すべき女性改革者の物語をみなさんと共有できるようになったことを感謝します．21世紀の世界中に自分の声が届いていることを知ったら彼女は驚くでしょう．彼女は人生において最も大切だと考えていた信仰と実践との証人にあなたがたがなることを，喜ぶと思います．私もまた，シュッツの「ゴーストライター」として，信仰の先達であるこの女性に日本語を語らせ，日本の社会に友人たちを見出させた，西村勝佳氏の寛大さ，忍耐強さ，そして素晴らしい取り組みに深く感謝します．

　カタリナ・シュッツ・ツェルをどのように紹介すべきでしょうか．たぶん，一つの方法は，彼女は非凡で"平凡"な女性であったと語り始めることでしょう．平凡だったというのは，彼女が生まれや教育や富という点においてその時代の上流階級に属していなかったということを意味します．彼女は修道女が女性キリスト者の理想であった時代における女性信徒でした．彼女は女性の力が身分や生まれやラテン語文化に基づいていた時代における自国語の教育を受けた中産階級の女性市民でした．カタリナ・シュッツ・ツェルは社会における，最貧困や，無学，農村階級の出身ではありませんでした．ストラスブールという大都市において彼女は多くの点で平凡な若い少女でした．けれど，その生き方と行動のしかた，キリスト者としての誓約への情熱と知的献身がこの少女を非凡にしたのです．何よりも，その時代において最新の技術であった印刷機を実にうまく使ったことにより，私たちは彼女のことを知ったわけですし，それこそが彼女を非凡にさせました．

　初めに，なぜ，カタリナ・シュッツの物語それ自体がそれほど興味深いのかについて一瞥することが有益だと思います．この若きドイツ語をしゃべる少女

と女性の生涯は，プロテスタント宗教改革の発展とその宗教的生活に関する驚く程豊かな情景を見せてくれます．それは，中世後期の熱心でありつつも，不安に満ちた敬虔から，同じように熱心でいっそう挑戦的な霊的奮闘の誕生と，発展と分裂までの情景です．この霊的な奮闘が，教会の状況を永久に変えたのです．カタリナ・シュッツは中世の終わりに生まれました．彼女は，救済への個人的な確信に対しまん延していた不安を経験し，それに対して，伝統的風習の中でできるかぎり聖なる生を送ることを決心することによって，つまり独身生活を決心することによって，応答しました．そして後の彼女の証言によれば，この決心は彼女の不安に答えることはなかったのです．このようにして，若き少女カタリナ・シュッツは宗教的真剣さをもちつつも，それ以上のものを捜す人々の真剣な熱意に関するスナップショットを提供するのです．

　十代後半のカタリナ・シュッツ・ツェルは社会における最も改革的な宗教運動の目撃者であり，また積極的な参加者でした．この挑戦的な改革は西欧の教会と人々とを分断する結果となったものです（しばしばこの改革はプロテスタント宗教改革とか単純に宗教改革と呼ばれますが，それよりも「カトリック」「プロテスタント」「再洗礼派」と呼ばれる西欧に住むすべての人々の生活に影響を与えた霊的大変動と改革の複合的な流れとしての全体運動であったと捉えたほうがよいでしょう）．マルティン・ルターは偉大な代弁者であり触発者でした．このルターの影響，中でも特に信仰と恵みのみによる義認は，カタリナ・シュッツとマテウス・ツェル，そしてその周りにいる人々にとって新しい基礎となるものでした．この新しい理解によって，この不安な少女は，もはや独身への誓いのようなたくさんの努力をすることによって神の恩寵を獲得する必要がなくなりました．彼女はキリスト者の神は無償で赦しを与える方であると知りました．彼女は自分の隣人に仕えることによって神に従うように解放されたのです．最も重要な目に見える行動は，教会法以上の唯一の権威であり，それに代わるものである聖書（たとえばテモテへの手紙一3章1節以下）に服従することを証明するために，司祭マテウス・ツェルと結婚したことでした．

　しかし，「聖書ノミ」とは，ただすべての人が聖書を同じように読むこと，あるいは同じ結論を引き出すことを意味してはいませんでした．多くの個人やグループがルターに応答し，それぞれがもつ神の言葉の解釈に従って彼の教えに反応しました．初めは，ローマと断絶したほとんどの人が，教会の悪い部

分について同意をしたように見えました．しかし，人々は自分たち自身が正しく聖書的であると信じるものを確立し始めるにつれて，溝や相違がますます明らかになったのです．カタリナ・シュッツは，改革者たちがますます仲たがいするような確執の時代における証人でもあったし参加者でもありました．すべてとは言えないまでも，多くの面で，人々と彼女との関係は，彼女を，その一生涯に亘る改革の拡がりに関するとてもよい覗き窓とさせる一因となったのです．彼女を物語ることは，キリスト教の歴史の中でも特に騒然とした60数年に亘る宗教的生活の変化をみるための，この上なく素晴らしい方法です．

カタリナ・シュッツ・ツェルはまた，その時代におけるたくさんの具体的な状況の中で比類なき代弁者となりました．彼女は，「一般の」人々を駆り立てえた，宗教的知識に対するある種の飢えに関する不可欠な証人でした．たとえ，彼女がこの飢えを満たすために成功したその程度というのが他とは全く異なっていたにせよです．彼女は，正規の課業を受ければ女性信徒でも，聖書と神学について学ぶことができたということと，この知識をもとに実際に書き行動することができたということをはっきりと示しました．若きカタリナはドイツ語の聖書を重んじてある程度読んでいました（あるドイツ語訳が当時のストラスブールでは出版されていましたが，それは新しい印刷機の拠点であり，最新の書籍を利用することができるような都市に住んでいる利点の一つでした）．にもかかわらず，後にカタリナ・シュッツは，ツェルによるルター流の説教を聞き，ルター自身のドイツ語著作を読むまでは，聖書を本当には理解していなかったと言っています．シュッツ・ツェルは，まもなく聖書全体をドイツ語で読むことができるようになり，熱心に読み続けていましたし，夫や他の説教者，そして神学者と対話し，改革者がドイツ語で書いたものをすべて読んでいました．その結果として彼女は教えることも，また神学を論ずることもできると感じていました．ほとんどの場合，シュッツ・ツェルは根本的な部分に焦点を当て，学識のある改革者たちが細かい神学的な差異を愛よりも強調するときにはこれを批判しました．彼女はいつも彼らから学ぶ準備ができていた一方で，何が価値のあることであり，その知識をどう用いるべきかについて，彼女自身の基準をもっていました．人は難解な哲学のため時間を無駄にすべきではなく，堅固な聖書的・信条的理解，共通の側面への尊敬，そしてそれらに比べれば小さな点における差異に対する相互の敵意と寛容とに集中すべきなのです．そして人

は，たとえ神学的に間違っている場合でも，常に貧民と難民とには同情をすべきなのです．

カタリナ・シュッツ・ツェルを非凡にしている最も明確な点は，その多くの著作と出版物とにあります．この驚くほど流暢に教え，説教する人は，その生涯にわたって，その時代のどんな女性よりも多くの宗教的著作をたくさんの違った分野において生み出しました．王妃や貴族の女性たちは多く書いたかもしれませんが，そのうち宗教的なものはほんの一部でした．宗教的な文章を出版したほとんどの女性と信徒の男性は，大概がごく短い間に，限られた分野において限られた分量を生産しただけだったのです．カタリナ・シュッツ・ツェルの多くの著作は，「会衆席の人」による宗教的考えや実践の発展に関する類まれな画像を与えてくれます．もちろん，彼女はただ"会衆席の人"であっただけではありません．彼女の著作は，敬虔な女性が何を学び，何をなしえたかを明らかにしています．1524年に世に出た最初の小さなパンフレットから，1557年と1558年の最後の大きな本にいたるまでの彼女の思想の発展の道のりが，非凡な物語です．この期間の長さが，牧会に関することから敬虔に関すること，教理問答から説教法，神学論争から歴史論というようなジャンルの幅広さと組み合わさったとき，十分に円熟した人の覆いを取ることが可能になるのです．過去のほとんどの「普通の」人々について知られていることがどんなに少ないのかを考えるならば，シュッツ・ツェルをたくさんの違った角度から見ることができること，彼女の信徒キリスト者として知的な，あるいは職業的な発展の後を辿ることができること，そしてその時代における最も驚くべき運動［宗教改革運動］に関する観察を聞くことができることは，驚くべきこととなります．

それでは，カタリナ・シュッツ・ツェルが非凡だったとして，なぜ，21世紀において彼女について学ぶのでしょう．この問いに対してはいくつかの答えがあるでしょう．今日のキリスト者にとって一番簡単なのは，この物語は会衆席にいる普通の静かな物言わぬ多数派の礼拝者の中の一人についてのものであると指摘することでしょう．このことは，この一人の女性の声が，物言わぬ多数派の中でもよりいっそう静かな多数派からのものであるとき，なおいっそう確かになります．しかし，シュッツ・ツェルの物語は，私たちがその実在を知っているが，実際にはほとんど知らないキリスト者の先達という点では，氷河の

一角に相当するだれかある人，という例に留まるだけではありません．そればかりか，彼女はキリスト教の歴史において最も重要な改革運動の瞬間の一つに関して，例外的で，二つとない観点を提供するからこそ知り合いになる価値のある人物なのです．今日の私たちは，宗教改革について以前の世紀よりもより多くのことを知っていますが，そのほとんどの知識は聖職者か政治的指導者からきたものです．人々はそのような聖職者が語ったことをどのように聞いたのでしょうか？　彼らはなぜ耳を傾けたのでしょうか？　この宗教的変化が現場においてどのような意味をもっていたかを見ることは，真新しいことであるとともに教育的なことです．カタリナ・シュッツが聞いたことの何が，神を喜ばすための最善の方法についての彼女の考えを変えさせたのでしょうか？　ルターのビジョンによって火をつけられた若いカタリナ・シュッツのような何百何千の人々ぬきでは，私たちが知っているような宗教改革は起こらなかったかもしれません．その著書を通して一人の人の物語を学ぶことは，彼女の世界についての私たちの知識を豊かにし，また私たちの世界に関する私たちの理解をも拡めることでしょう．

　ですから，私の友人カタリナ・シュッツをあなたがたに紹介できることは私の喜びなのです．彼女は西村勝佳氏と一麦出版社が彼女のために惜しみなく準備した日本の新しい着物を着ています．驚く準備はできていますか！　どうぞ楽しんでください！

エルシー・アン・マッキー

謝辞

　カタリナ・シュッツ・ツェルと何年も共にした後，私の注文多き愉快な友人を，彼女の新旧の知人，多くの聴衆のみなさんに紹介できることを大変うれしく思います．この研究の詳しい謝意は，続編である『カタリナ・シュッツ・ツェル』第二巻，著作集校訂版に掲載されていますが，ここにも少しだけ書く必要があるでしょう．

　最初に，特別な謝辞をストラスブールに関係があるマルク・リーナルト教授とR.ゲラルド・ホッブス教授に贈ります．そもそも彼らから伝記を書くように依頼がありました．またリーナルト教授はたくさんの有益な参考文献を紹介してくれました．ストラスブール市の文書資料館と聖トマス財団の古文書係の方々，ジョセフ・フックス博士，ジャン・ロット博士，そしてグスタフ・コッホ博士にも感謝いたします．彼らは詳細な資料の場所を探し当てるのを助けてくれました．そして私の案内係であり友人でもあるマルジョレーヌ・シェバリエに心から感謝します．彼女はいつもカタリナと私の到着を，カタリナ自身がもっていた寛大な心で迎えてくれました．

　また，人目につかない所にある資料を探すのを辛抱強く助けてくださり，貴重書庫と写本室での幸せな時を用意してくださった，チューリヒ中央図書館の司書の方々にも感謝いたします．特に，居心地のよい場所で研究することを歓迎してくださったスイス改革教会史研究所のアルフレッド・シンドラー教授，ハインツペーター・シュトゥッキ博士，後にはマリアンネ・ウォラック－ファーラー博士に感謝いたします．そして，いつもファイルを徹底的に調べてくださりカタリナ・シュッツが言及している"無名"の人を探し出す手助けをしてくださった，『ハインリヒ・ブリンガー書簡』の編者であるハンス・ウルリッヒ・バッハトールド博士，ライナー・ヘンリッヒ博士，そしてクルト・ヤーコブ氏に感謝を伝えます．また，スイス国立博物館のマティアス・ゼン博

士には，16世紀の社会文化に関する面で助言をいただいたことを感謝いたします．

『スイス・ドイツ語辞典』（方言編）の編集者であるルツ・イェルク博士にも謝意を表します．博士とは何年にもわたりカタリナ・シュッツのことを話し合ってきました．また博士は熱心に応援してくれただけでなく，"独特"で，とても個性的な友人カタリナを多くの人に紹介するために時間と忍耐と賜物とを与えてくれました．イェルク博士の語源学，慣用句，ことわざの知識は大いに役立ちましたが，特にドイツ語を母国語としていない者が大変複雑な資料の束に取り組む際に，博士の惜しみない支えが精神的な励みになっていたのです．カタリナとエルシーにとって，博士の学識と忍耐とは素晴らしい贈りものでした．

別の感謝を，私が"友人カタリナ"と呼ぶシュッツ・ツェルに帰したいと思います．この魅力的な女性に頁の中で会えるという待ちきれないような期待を通して，彼女は何年も私を勇気づけてくれました．ここで特に，ナタリー・ゼーモン・ディビス教授，ルツ・イェルク博士，ウィリアム・バン・シュペイカー教授，メリッサ・ハイム博士，サラ・ジョーンズ・ネルソンとエリーザベト・ブラウン，スーザン・カラントーナン教授，メリー・ヴィスナーハンクス教授，キャロル・レイキー・ヘス教授，ミリアム・クリスマン教授，バーバラ・ホフマン教授，アン・コンラード博士，ルツ・アルブレヒト博士，クレア・チメリ牧師，イルザ・フォン・ロウンクラウ博士，マリア・グロスマン博士，ガイル・ブルスト博士，そしてカタリナ・マッキー・ストレシュレイの名前を挙げたいと思います．

個人的な感謝を，私自身の家族の中にあるカタリナとマテウスのモデルとなった人々，つまり子どもたちとコンゴとアメリカの会衆の眼前で相互関係の中に生きている祖父母と両親たち，エルシー・テシムニ・マックスフィールド・マッキーとジョージ・ナターシャ・マッキー，アン・ニゴレラ・シェパード・マッキー，そしてチャールズ・ネグルミンギ・マッキー，に送ります．

インデックス作成を行い，コンピューターの疑問に陽気に忍耐深く支援してくれたトマス・ハンシルにも感謝します．また，この巻の出版を経済的に支えてくれたプリンストン神学校にも深い感謝をささげます．

最後になりましたが，特別な謝辞を，カタリナ・シュッツ・ツェルを素晴ら

しいシリーズの中へと招いてくれた，ヘイコ・オーバーマン教授[1]，そして16世紀のストラスブールよりずっと簡単なしかたで，手書き原稿（あるいはパソコンのファイル）を印刷された本へと移行させてくれた，テオ・ジョッペ，エリーザベト・ビネカンプ博士，マリット・アルバート，ゲラ・フォン・ベダーフ，そしてブリル社のその他の人々に贈ります．彼らは，カタリナの生誕500年（1498-1998）の記念の時を，そして女性との連帯の中にある教会の時代を，あるいはもっと正確にカタリナ風に言えば，教会との連帯の中にある女性を祝うために，現代へのデビューという素晴らしい舞台をもって，カタリナ・シュッツ・ツェルとそのゴーストライターを喜ばせてくれました．

　伝統的にもそうでしょうし，カタリナ・シュッツ・ツェルも間違いなく同意すると思いますが，さまざまなしかたで助けてくださった人々への感謝とともに，私はすべての間違いが私の責任であることを承知しています．最後に，この本を世界中にいるすべてのカタリナ・シュッツ・ツェルの娘たち，特にコンゴーザイールの教会の女性たち，そして個人的に知っているたくさんの彼女らの娘たちにささげます．カタリナは肩書を使いませんでしたし，彼女の娘たちも，丁寧にその名前が語られることがどんな肩書にも勝っていることを知っているでしょう．ジョイ・アブドゥル（トリニダード），エスター・アコラッチ（ガーナ），ディジー・デ・アンドリュー（ベネズエラ），テシテンガ・アンナ（コンゴーザイール），スーザン・アーニャンボッド（カメルーン），テルマ・ボア・グッドラム（ブラジル），エミリー・ベーラー（アメリカ合衆国とコンゴーザイール），ナンタワン・ブーンプラサー・ルイス（タイとアメリカ合衆国），エスター・ビュー（ビルマ），キンバリー・P・チャステイン（アメリカ合衆国），マジョレーヌ・シェヴァリエ（フランスとアルジェリア），ユリコ・チバ（日本），クレア・チメルリ（スイスとレバノン），ジャネット・コルプス（アメリカ合衆国），ロセ・コスタ（プエルトリコ），メリー・ブラウン・クロフォード（アメ

---

〔1〕　ヘイコ・オーバーマン（Heiko A. Obermann, 1930-2001）はオランダ出身の歴史学者・神学者で，テュービンゲン大学の「後期中世・宗教改革研究所」所長を経て，アリゾナ州立大学に移り，同様の「後期中世・宗教改革研究部門」を立ち上げ，1966年以降オランダのブリル（E. J. Brill）社と組んで数多くの「中世・宗教改革思想研究」シリーズの編集責任者として活躍した．本書二巻はこのシリーズの第69番として出版された．

リカ合衆国とコンゴーザイール），ジェーン・デンプシー・ダグラス（アメリカ合衆国），ラケル・ガルセラ・デ・アラグア（スペイン），ビッキー・グリフィス（アルゼンチン），シルビア・グティエレス・リー（メキシコ），ミリアム・ヘルナンデス（チリ），ペルラ・インティア（フィリピン），ルツ・イェルク（スイス），アニコ・ユハース（ハンガリーとルーマニア），ナゴサ・カベヤ（コンゴーザイール），ヨン・キム・サワ（韓国と日本），ルイス・リベジー（アメリカ合衆国），イルゼ・フォン・レーヴェンクラウ（ドイツ），ニャンブラ・ナゴジ（ケニヤとジュネーブ），モリシネ・F・スミス（アメリカ合衆国とコンゴーザンビア），マーシー・アンバ・オドゥヨイエ（ガーナ，ナイジェリア，ジュネーブ），ラバーン・G・オリア（アメリカ合衆国とコンゴーザイール），カタリナ・D・セイケンフェルト（アメリカ合衆国），ジェニー・スティーブンソン・モエスナー（アメリカ合衆国），ユン・サン・ス（韓国），ロガナヤキ・タンビドゥライ（インド），フォゾ・ゾンド（南アフリカ）．

           E. A. M. / タシムニ ワ ニグルミンギ
            プリンストン　1998年2月

はじめに

　ほとんどの人の生涯と言葉とは，ただ，その人自身や家族，あるいは身近な同時代の人々によってのみ知られるにすぎない．しかし中には，その出自や才能，あるいはそれらの人々が占めた時と場所とによって，ある時代の中で広い影響をもち，書物として，後の世にまで名前や思想や行動を，残す人もいる．普通の「名もなき」人々について知りうる事柄の多くは，その集団としての物語になる．それは，色鮮やかで啓蒙的だとしても，いささか非個性的なものとなる．たいていの場合，歴史上の「偉大な人物」は，事実，男性であるか，高い社会階層の構成員であった．そして，一般の人々で詳細を知られている人々がいるとするなら，その人は，その時代において「逸脱者」と見られたような人だった．男性たちの声に比べ，女性たちや職人たちの発言が何世紀にも亙って伝えられることはほとんどなかった．たとえその女性の発言者が社会的に受け入れられている市民であった場合だとしても．仮に，その女性の生涯と発言とが保存されたとしても，それはたいていの場合，たくさんの頁が欠けたアルバムにおけるスナップ写真のようなものにすぎなかった．さて，以上のこのような歴史的状況こそが，ある程度の市民階級に属する女性信徒の物語を詳しく語り，その著作を検討することの理由になりえる．もちろん，それは驚くような，そして興味深いリアリティーをただ暗示するものにすぎないかもしれない．

　ストラスブールのカタリナ・シュッツ・ツェル（1498-1562）は，近代初期ヨーロッパと宗教改革における，刺激的で騒然とした時代と霊的な運動との，注目すべき当事者だった．カタリナ・シュッツ・ツェルの伝記は，中世後期の敬虔によって方向づけられた子ども時代から，20代初めの「回心」「福音」の発展期における熱心な取り組み，プロテスタンティズム第二世代に盛んになった信仰告白的［教派的］関心までに及ぶ活動的な人生を含んでいるがゆえに，

早いペースで発達した宗教的変革を見渡すことができる最良の覗き窓を提供している．より重要なことは，彼女の物語が，都市に住む一般の信徒と女性の物事の把握のしかたを伝えていることである．個人的な体験が知られている他の大部分の女性たちとは違い，カタリナ・シュッツは修道女でも，何かある確固とした信仰共同体の一員でもなかった．また，彼女は貴族家系の出身でもなく，都市エリートの出身ですらなかった．彼女の父親は手工業者だった．一家はかなり裕福で，最下級の政治的支配者層とのつながりもありはしたが，その社会階級はあくまでも堅実な市民層にあり，この層には大きな支配力はなかった．彼女は，良質の自国語の教育を受けたが，人文主義的訓練を受けたことはなく，ラテン語について何一つ学んだこともなかった．

　強い影響力をもつ改革の中心地において，敬虔で知的なキリスト者であるカタリナ・シュッツ・ツェルは，強いだけでなく非常に雄弁な女性信徒であったし，拡がりつつあった印刷の世界がもつ宗教的な可能性に対してたいへん敏感であった．彼女はいくつかの点において，他の信徒パンフレット執筆者や著作家より際立っていたが，最も重要なのは，彼女が出版をした期間の長さである．ほとんどの信徒著作家が1530年以降には公の活動を続けなかったのに対して，彼女は1524年から1558年まで出版をした．もう一つ驚くべきことは，彼女の著作の量と，とりわけその多様性である．それらはおそらく，近代の女性著作家の中でも無類のものであり，どのような信徒著作家よりも並外れたものであったことは間違いない．彼女の著作上の遺産は幅広いジャンルにおよび，個人的な手紙のやりとりだけでなく，霊的黙想や牧会的助言，宗教教育から神学論争まで，加えて自伝的著作や歴史的弁証から，説教やストラスブールの改革のための市参事会への誓願書にまで至っている．著作の幅と同様，その内容も興味深い．それは，聖書とプロテスタント神学の申し分ないほどの総合的な知識を証明しており，ユーモアと自信と並外れた歴史学的能力を，明晰かつ理論整然と表現している．

　ストラスブールの市民の娘として，カタリナ・シュッツは，その時代の中で，宗教的，政治的，経済的，文化的恩恵に富む都市の中枢に住むという益を得ることができた．ストラスブールが近代の研究者たちによって幅広く研究され，人々とその生活について相当なことが知られていたという点においても彼女は恵まれている．彼女の友人たちと知人たち，そして，彼女の世界とその

働きを含めたこの全景が，彼女自身が描き出した物語をいっそう豊かなものにしている．さらに彼女は，信仰をめぐる論争に巻き込まれたために，彼女の同時代人たちに比べてはるかに多くものを書き，出版することになった．それゆえ，カタリナ・シュッツ・ツェルの人物像には，下層階級出身のほとんどの人々の伝記に比べて，空白が少ない．

　以上のことゆえに，カタリナ・シュッツ・ツェルの物語と彼女の思想の本質には，探求すべき特別な価値がある．彼女の伝記によって，独特な観点からの，たぐいまれで豊かな，16世紀西ヨーロッパの宗教的世界像を手に入れることができる．すなわち，その生涯が，中世後期の意見表明に始まり，1520年代の劇的な変革を経て，16世紀半ばに始まる信条主義化の過程にいたるまでの宗教改革の動きにまたがっているような，手工業者層に生まれた一人の女性信徒の視点からの世界像を手に入れることができる．この女性の思想もまた，探求すべき価値をもっている．なぜなら，彼女の思想によって，当時の「一般人」が何を知ることができ，また，神学と教会の問題に深く関わった一人の信徒が何を考えることができたのかについて，並外れて広範で複雑な見とおしを得ることができるからである．そして，カタリナ・シュッツ・ツェルの生涯と思想とを組み合わせることが，とりわけ有用であり，この組み合わせこそ，最初に彼女が発展させた人格と，その後彼女が円熟させた神学の表現（それらは特に，彼女が信じ伝えようとしたことを容易に理解することができるように主題にそって整理されている）とを，ある種の立体的な知識として整えることができる．

　カタリナ・シュッツ・ツェルをプロテスタントの信徒改革者とよぶことについて説明を加える必要があるだろう．ある意味で，「信徒改革者」という名称は誤称であるかもしれないが，この人物にふさわしいカテゴリーを見つけだすのは難しく，彼女の自己理解を今日の世界に提示する際の，最も近い呼び名が「信徒改革者」なのである．彼女は典型的な会衆席の一般信徒ではなかった．つまり彼女は，指導的なプロテスタントの説教者と結婚したことによって，学識があり，傑出した政治力をもつ人々の輪の中に入ることになり，それゆえ，彼女自身の賜物と関心とは大きく展開していった．カタリナ・シュッツ・ツェルは，大学や修道院で研鑽を積んだ典型的な改革者でもなかったし，キリスト者の証しと奉仕との実際的な生活に距離を置くことになりかねない，いかなる

「象牙の塔」に対しても，はっきりと疑いをもち続けた．しかし彼女は，ある種の生けるプリズムとして，1520年代の宗教改革の精神の典型となるような存在だった．彼女は，年月を経て，確かに発展し円熟していったが，聖職者によって定義された神学の大半がその本質において変化し始めていく中においても，彼女の本質は変わることはなかった．そのことゆえに，カタリナ・シュッツ・ツェルの物語と著作とが，聖職者と信徒との間に，光をあてることになる．とりわけ男性の宗教改革者と女性の教区民との間の連続性の上にたった宗教指導者たちに，つまり，プロテスタント宗教改革を導く働きを共有していたが，表には出てこなかったし名誉もほとんど与えられなかった無名の男性と女性とに，よりいっそう光をあてることになる．

カタリナ・シュッツ・ツェルは無名ではない．実際，彼女は多くの名を持っているし，彼女を特定することは，ある種の困難をよび起こす．近代の文献の中で，彼女はキャサリンあるいはキャサリン・ツェルとよばれている．しかし，さまざまな考え方があるにせよ，同じ物語において二人のツェルという名前の主要人物がいることは混乱をもたらすため，マテウス・ツェルのために「ツェル」という名前を用いることにする．通常，女性をそのファーストネームで言及することは不適切なことである．男性の人物がそのようによばれることはないし，女性がそのようによばれる場合には，普通，彼女をその夫や父と区別するためにそうしているのである．それはあたかも，女性たちのアイデンティティーが，彼女たちが属している家族の中の男性たちの延長にすぎないかのようである．本書においては，彼女の個人名であり洗礼名である「カタリナ」は，彼女の家族に関連した文脈に限って用いられている．具体的には，シュッツ家の子どもの一人である少女のために，そして，「マテウス」と「カタリナ」とともに，ツェル家について語られる文脈に限って用いられている．

成人女性をどのようによぶのかについては，一般に，その女性自身の考え方と，現代の伝記作家の明晰に表現したいという要求との組み合わせによって決まってくる．カタリナ・シュッツ・ツェルは，名前の使われ方について，彼女自身がカスパール・シュヴェンクフェルト[1]が誰であるかを説明した際に次の

---

[1] カスパール・シュヴェンクフェルト（Kaspar Schwenckfeld, 1489-1561）．シュレージエンの貴族の家系に生まれる．フランクフルトとケルンで法律を学んだ

ように説明している.「カスパールは彼の洗礼名.そして私たちはすべて両親から姓を与えられるように,シュヴェンクフェルトは,両親と家族からの姓.名前によって人々は私たちを知り,よぶことができるようなる.でも,彼の本来の霊的な名前はクリスチャン.なぜなら,彼はキリストの死に向けての洗礼を施されているから」.同じように解釈するならば,カタリナは彼女の洗礼名であり,シュッツは彼女の姓であり,その名よって知られ,よばれえた.しかし,彼女の本来の霊的な名前はクリスチャンである.初期近代ドイツの一般的な伝統によれば,女性は(男性と同様)父親の姓によってよばれ続けた.結婚した後になお,カタリナ・シュッツは,「カタリナ・シュッツィン」と署名された小冊子を2冊出版した.少なくとも,彼女が死んでからもなお,ストラスブール市民の中には,この名前で彼女に言及し続けた人々がいた.しかしながら,1530年代以降のその生涯すべてにおいて,カタリナ・ツェルは,彼女の夫の名前の女性形である「カタリナ・ツェリン」という名前で出版し続けた.ストラスブール外部の人たちも,一般的にはこのように彼女をよんだ.市政府の書類上では,彼女は「マテウス師の夫人(もしくは寡婦)」として言及されるのが普通であったが,ときには「カタリナ・ツェリン」とよばれるときもあった.彼女がこのようによばれ,また彼女自身がその名称を受け入れた理由は,おそらく,成人としてのカタリナ・シュッツが第一に,プロテスタント改革者の妻として認識されていたという事実によるものであろう.この傾向は,彼女の旧姓が夫の地位ほど重要性をもたなかったストラスブールの外部や,より高い社会的,政治的なサークルにおいては,特に強かった.彼女とその同時代人が彼女に言及するときのようなやり方を尊重しつつ,また今日的な性差別的言語についての見方や,わかりやすい表現の必要性とを尊重しつつ,カタリナ・シュッツ・ツェルを,一人の大人の姓として「シュッツ・ツェル」とよぶことにしたい.

　カタリナ・シュッツ・ツェルの生涯の物語と,彼女の思想の考察とは,別々に読むことができるけれども,両者はお互いに補完するように書かれている

後,リーグニッツ公領の顧問官として宗教改革を導入させた.聖餐論,キリスト論でルターとの一致に至らず,ツヴィングリ,カールシュタットと同一視された.初めストラスブールに滞在したがそこを追われたあと,南ドイツ各地を転々とすることを余儀なくされ,ウルムで生涯を閉じた.

し，合わせて読む場合に最もよく理解されうるであろう．第1部の伝記は，彼女の著作に基づいており，他の16世紀の資料や現代の著作も参照しているものの，引用は殆どしていない．第2部の彼女の思想の考察は，もちろん，シュッツ・ツェルの著作から引き出されているし，実際に数多くの引用がなされている．二つの部分にはある程度の重複があるが，それは，第1部には説明を含む導入部分があるからであり，第2部にはさまざまな主題に関する基本的な内容の分析があるからである．ただ，くり返しは最小限にとどめられている．伝記については，ごく短い説明が必要なだけであろう．この伝記は，「生涯とその時代」のようになることを意図してはいないが，それでもシュッツ・ツェルが経験した世界や，彼女が意見をもっていた人々や出来事や考えとをはっきりとさせるために必要な背景について，明らかにすることは試みている．資料の上では明白な根拠をもってはいないけれども，よく知られている彼女の態度や他の証拠から合理的に推定可能な事柄については，「おそらく」「確かに」「もしかすると」「疑いなく」等の判断を示す言葉が付けられている．伝記の中で神学が占めている量が極端に多いように思われるかもしれないが，実際，シュッツ・ツェルが書いたものすべては，彼女の宗教的確信によって形づくられているし，それゆえ神学こそが彼女の生涯についての資料の中に染みわたっているのである．

　第二の，神学的な部分については，より多くの説明が必要になる．第2部の「分析」は，それぞれの著作のテキスト分析ではなく，主要な論題と争点の発展についての分析である．第2部にあたる六つの章（9章から14章）は，ひとつの目的に添って系統的に纏められており，相互に参照されることが重要である．この部分は，相互に関連する三つの章（9章，10章，11章）から始まり，それぞれの章は聖書，基本的な神学的立場，礼拝と黙想と倫理的霊性に関する実践神学に焦点を合わせながら，宗教的権威，宗教的知識，宗教的実践についてのシュッツ・ツェルの見解を検討する．次の章（12章）では，著作家，歴史家としての彼女を考察する．この章には，彼女が同時代人の間で，特に，彼女としばしば比較される女性著作家たちの間で占めていた位置についてのとても簡潔な（包括的なものではない）言及が含まれているが，これは，比較分析を意図したものではなく，あくまでも一人の人間の思想の研究を意図したものである．最後の二つの章（13章，14章）は一対として読まれる必要があるが，ここ

においてはシュッツ・ツェルと現代の読者にとって特別に関心のある特定の主題についての彼女の見解が明らかになる．第13章は，彼女の女性観，信徒観，女性的表象や女性的言語についての見解について論じ，彼女が，女性や信徒が公に発言することができ，また発言すべきなのはどのようなときであるか，またそれはなぜなのか，そして，それはいかなる根拠によってなのかについてどのように理解していたかを論じている．最後の長い章は，直前の章と，それまでになされた議論全体が，土台となっている．そこにおいては，シュッツ・ツェルが彼女自身の宗教的なアイデンティティーについてどのような見解をもっていたのか，また，彼女が他の改革者たちとどのような関係をもっていたのか，そして，他の改革者たちは彼女をどのように見ていたのかについて明らかにすることが意図されている．

シュッツ・ツェルの表現は，教理的であると同時に捉えにくいことがある．そのために，第2部の終わりに近づけば近づくほど，多くの解釈が求められる．それゆえ，彼女の著作が議論の土台であることに変わりはないが，全体的な調整や配置は私がおこない，16世紀の著作家の精神世界をしっかりと理解し，21世紀のはじまりにいる読者の用語法に翻訳するために形が整えられている．そこに現れ出る女性信徒改革者の姿に，意外な感じをもつ人もいれば，あまりにも予想どおりだと思う人もいるであろう．けれども，それは実際に私が経験したことであった．だから以下に記載することは，決して弁明ではなく予めの警告である！　たとえば，シュッツ・ツェルはまさに1520年代のプロテスタントそのものであったし，またそうであり続けた．彼女は基本的に（改革派的神学の傾向をもつ）「官憲的」伝統に立つ改革者であり，しばしば彼女に対して言われるようなシュヴェンクフェルト主義者ではなかった．[2] 彼女は驚くべき強さをもった女性であり，明確に主張することができただけでなく，その発言を知性と，ある程度の独創性によって理由づけることができた．しかし，彼女は聖書の権威を深く確信しており，パウロが女性の「正規の」説教のつとめに対して設けた限界を否定しようとはしなかった．[3] それゆえ，シュッ

---

〔2〕　シュヴェンクフェルトとの関係については第6章166頁以下，その他を参照．
〔3〕　女性，信徒，言語については第13章，彼女の自己理解と牧師職理解については第14章参照．

ツ・ツェルのプロテスタント神学的見解とジェンダーについての見方は，驚きと失望，困惑と満足とを与えるものになるだろう．彼女のはっきりとした物言いと，彼女自身の強烈な個性とを公平に表現することができるように意識的に努力した．彼女に共鳴し語ると同時に，彼女が語ったことと，彼女に向かって，また彼女について語られたこととを可能な限りありのままに表したつもりである．

　物語全体の土台となっている彼女自身の著作は，本書の姉妹編となる『カタリナ・シュッツ・ツェル，第二巻：著作集，校訂版』[4]の中に見出されるであろう．これは，20世紀版として他のところで出版されたほんの少数の手紙を除いて，彼女の文学的著作をほとんど完全に網羅したものである．本書の註の中で，しばしばこの『著作集』に言及することになる．『著作集』は七つの章に分けられており，それぞれが六つの異なったシュッツ・ツェルの著作と書簡集を含んでいる．彼女のどの著作が特定の註釈の根拠となっているのかを知ることは役に立つので，本書の脚註では，特定のテキストを表すために略語が用いられ，頁数と行数とが付け加えられている．たとえば，「Ein Brieff, p. 168:13」は，読者に「Ein Brieff an die gantze Burgerschafft der Stadt Straßburg...」の168頁13行（頁数と行数は『著作集』のもの）をさしており，それは「私カタリナ・ツェリン」というシュッツ・ツェルの自己紹介の最初の部分となる．校訂版を利用することが可能なので，この解釈的な巻での引用は，原語のドイツ語の選択が重要であると思われるきわめて希な例外を除いては，通常翻訳でおこなわれる．読者は，ドイツ語のテキストのためだけではなく，その註のためにも『著作集』を参照してほしい．というのは，『著作集』の註の中で示されている詳細は本書には含まれていないからである[5]．

　もしも，カタリナ・シュッツ・ツェルが今，話をすることができるとすれば，「私の家にようこそ，私の信仰を共に分かち合って！」と言うであろう．そして一言，彼女のゴーストライターが申し添えます．このたぐいまれな信徒神学者にして教会の母とあなたとの出会いが，私自身が経験したものと同じく

---

〔4〕「訳者あとがき」を参照
〔5〕原著には上記のような綿密な原註が各頁ごとに施されて，シュッツ・ツェルの生涯と思想が立証されているが，本訳書においては省略した．

らいおもしろいものでありますように！

第1部

16世紀の改革者の生涯

第 1 章

若き日のカタリナ

　15 世紀終わりのストラスブールは，そこに市民として生まれる者にとっては，豊かで刺激的な場所であった．肥沃なライン川流域の上流部，アルザスの中心に位置し，重要な交易の交差路にあったこの帝国自由都市ストラスブールは，健全かつ多角的な経済を発展させてきた．そこはまた，エラスムスのような人文主義者からも称賛を得るほどの安定した政治組織が実現された場所でもあった[1]．市政は貴族制に方向づけられ，主には貴族や裕福な商人によって率いられていたが，ストラスブールの同業組合組織も重要な役割を果たしていた．

　二万人程度の人口があったと推定されるこの都市の宗教生活や都市生活は，常に調和がとれていたわけではないにしても，真面目で活気あるものだった．都市の実力で司教を司教館から市域外に追放し，相当程度の自治を獲得できた 1262 年以来，ストラスブールの霊的指導者としての司教座は公的には市内には存在しなかった．しかし，市は聖母マリアにささげられていたので，市内には修道士たちが，修道院に籍を置く者も教区付きの者も含めて溢れていた．それゆえ，大きなコントラストが宗教生活を徴づけていた．

　貴族的司教座聖堂参事会や修道院の富や権力は際立っており，その影響は

---

[1] エラスムスは友人ヴィンプフェリングへの手紙（1514 年 9 月 21 日）でストラスブールの市民と政治体制を称える．市民のうちにはローマ人の規律，アテネ人の知恵，スパルタ人の節度があるとしたうえで，「専制のない君主制，派閥のない貴族制，混乱のない君主制，贅沢に走らない富，尊大でない繁栄を私はついに見出しました．このような調和以上の大きな幸福があるでしょうか」と述べた．

牧会的諸活動をするために雇い入れられていた貧しい下級聖職者に及ぼされていた．こうした聖職者が，その総数は多くなかったとしても，上級聖職者も下級聖職者も含めて一人残らず市外から，あるいはアルザス一帯からやって来たという事実によって，調和は進展せずにいた．敬虔な信徒や聖職者から見てあまりにも明白な教会の不正を非難する，優れた説教者や改革の擁護者もいたが，一方で，教会に関係する者の既得権益は教会法的回避によって守られていた．聖母マリアと他の聖人たちの善き生と，より重要な善き死という功績に対する激しい敬虔と，時にほとんど熱狂的なまでの献身とが表面上は目立っていた．その背景には，改革を求める聖職者と，さらには教会と司祭，修道士，そして修道女による道徳的堕落とによって増大した，広範な反教権主義が存在した．改革者たちのメッセージは伝統的なものであったが，ヤーコブ・ヴィンプフェリングやゼバスティアン・ブラントによって指導された著名な人文主義者のサークルの成長が，宗教界に新しい要素と強調点とをもたらしていた．同様に，文化的宗教的エリート層に位置しない者でさえ，16世紀前半に急速に拡まりつつあった出版産業によって，徐々に恩恵を受け始めていた．

[2] ヤーコブ・ヴィンプフェリング（Jacob Wimpfering, 1450−1528）．ドイツの人文主義者，アルザスのシュレットシュタット（セレスタ）に生まれ，フライブルク，エルフルト，ハイデルベルクに学ぶ．ハイデルベルクで詩学の教授，学部長，学長を務めたのちシュパイアーの大聖堂説教者として教会改革に努める．1501年，フライブルク大学で彼の師であったガイラー・フォン・カイザースベルクを慕ってストラスブールに来る．この地で，また晩年には故郷のセレスタで人文主義者のサークルを組織し，多くの著作を残す．福音主義宗教改革には同情を示さなかった．

[3] ゼバスティアン・ブラント（Sebastian Brant, 1457−1521）．ドイツの人文主義者，作家．ストラスブールに生まれ，バーゼルで学び法学で博士号を取得．同地で法学部長を務めた後，故郷のストラスブールに戻る．書記官として市政府に仕え，しばしば微妙な外交交渉に派遣された．皇帝マクシミリアン1世の個人顧問，マインツ選帝侯の顧問にもなった．主著『愚者の船』（1494年）は各国語に訳されヨーロッパ各地で愛読された．

[4] ストラスブールの印刷業は，1458年にメンテリン（Mentelin）によって開始され，1480年から1599年間に，77の印刷工房の名が知られている．1520年代には11軒の印刷業者があり，そのうち一人を除いてすべて福音主義に加担し，ヴォルムス勅令による禁止にもかかわらず，ルターたちの著作を出版した．

実際に，温かな薔薇色の石材に施された精妙な彫刻と，最近完成した ── 当時最も高く最も高貴な ── 塔によって，人々の目と心とを惹きつけてやまない美しい大聖堂を中心としたストラスブールは，この世に生まれ出ようとする子どもにとって，興味深くまた実り豊かな場所であったはずである．もっとも，その世界は，これまで見たこともないような，重大な変化の入り口に立っていた．

シュッツ家

　おそらく1498年の初めであったと思われるが，シュッツ家にあらたな女の子が誕生したことは喜ばしい出来事であった．母子共に健康であった．幸いにも，難産でもなければ，死産した子どもが永遠に失われてしまうことなく，聖母マリアに聖なる地で安息を得ることができるように，洗礼のためにだけでも生き返らせてくださいと絶望的な祈りをする必要もなかった[5]．エリーザベト・ゲルスターとヤーコブ・シュッツは，赤ん坊の誕生を喜び，人気のある聖人の名を取ってカタリナという洗礼名をつけた．

　洗礼は特別な行事であったし，シュッツ家は敬虔な信者であった．親戚や名付け親たちは，この赤子の家族といっしょに教区の教会の入り口に集まり，司祭がこの重要な儀式を始めた．儀式のほとんどはラテン語でおこなわれたが，名付け親とのやりとりのいくつかはドイツ語でおこなわれ，カタリナの年上の兄弟たちはそれを正しく理解していたにちがいない．まず，何重にも赤子の悪魔祓いがおこなわれた．この新しく生まれたアダムとエバの罪の子孫から悪魔を追い払うために，彼女の額と胸の上で十字が切られ，舌に聖められた塩が乗せられた．こうしたすべてのことは数多くの祈りに織り交ぜられていた．それから，一同は教会へ移動し，洗礼盤の周りに集まった．司祭は名付け親に語り

---

〔5〕　中世以来瀕死で生まれた赤子のように緊急の場合には，「司祭や助祭だけでなく，男子信徒も婦人も未信者や異端者も，教会の定式に従うならば，洗礼を授けることができる」（『カトリック教会文書資料集』，1315）として産婆などにも「緊急洗礼」を認めてきたが，宗教改革の教会は正式に立てられた牧師以外による洗礼の執行を認めなかった．ローマ教会では，もし洗礼を授けられないままだと，教会墓地への埋葬が許可されなかった．

かけ，名付け親は，誓いをもってこの子が理解できる年齢に達したときには，主の祈り，アヴェ・マリア，使徒信条を教えると答えた．そして名付け親は，赤子の名のもとに，悪魔との絶交宣言と，父，子，聖霊の告白をおこない，司祭は聖油をもって赤子を聖別した．「あなたがたはこの子が洗礼を受けることを望むか？」「はい」「子の名前は？」「カタリナ」というやりとりがおこなわれた．次に，司祭は水を三回注いで洗礼をおこない，塗油によって聖別し，赤子カタリナは罪なき子のしるしである白いローブを身につけた．より荘厳な洗礼式礼拝の際に用いられる聖歌隊や多声音楽がなくても，洗礼式は重要かつ複雑な儀式であり，カタリナは後に妹たちや弟たちの洗礼式に出席することで自分の洗礼式を思い描くことができた．

カタリナの両親はいずれも在来のストラスブールの家系の一員であったであろう．上流階級でこそなかったが，カタリナの家柄は「良き家族」であると表現されえた[6]．おそらく1453年に生まれたヤーコブ・シュッツの職業は木工師であり，しかもかなりの成功を収めていたように思われる[7]．1532年，シュッツ一族の親族の一人，大ハンス・シュッツが彼の属するギルドから選ばれた代表者として行政府の一員となったようであり，シュッツの名がストラスブールの下層政治指導者の中に加えられた[8]．エリーザベト・ゲルスターの家系についてほとんど知られていないが，おそらくほぼ同じ身分で，同じように信心深くあったであろう．

赤子カタリナは，優れて健康な子どもたちによって大きくなりつつある家族の一員に加えられた．おそらく，ヤーコブとルックスという二人の兄，エリーザベト，バルバラという二人の姉が，兄弟としてこの新しい赤子を迎えた．そ

---

〔6〕 著者の原註によると，年代記作者シュペックリン（Specklin）はカタリナについては「良い家柄（vom gutem Geschlecht）」としているが，ヘーディオの妻には「名望ある家柄（von einem ehrlichen Geschlecht）」とし，さらにフィルンの妻にはただ名前を記すだけであった（cf. vol.1, p.5 n.6）．

〔7〕 著者の原註によるとヤーコブ・シュッツの職業を表示している16世紀の史料はなく，二次的資料から木工師（woodworker）とした（cf. vol.1, p.5,n.6）．

〔8〕 市参事会員，十五人会のメンバーとなったハンス・シュッツをブレイディ（-T. A. Brady, *Ruling Class, Regime and Reformation at Strasbourg*, Brill, 1978）はヤーコブ・シュッツの兄弟としているが，それを明確に示す史料はないとして，著者は一族としている（cf. vol.1, p.5, n.7）．

して数年のうちに，少なくてもさらに五人の子どもたちがシュッツ家に加えられた．マルガレーテ，マグダレーヌ，マグダレーナ，ウルスラ，アンドレーエ，ヤーコブ（父とすでに亡くなっていた兄の名前にちなんで名付けられた）である[9]．この中で，ルックス，エリーザベト，バルバラ，カタリナ，マルガレーテ，アンドレーエ，ヤーコブ（末子）が成人し，二人の姉妹マグダレーヌとウルスラは少なくとも乳幼児期までは生きていたし，成人した可能性もある．この家族は立派に子どもを育てる家族であった．エリーザベト・ゲルスターが死んだとき（おそらく1525年初頭），彼女は彼女の結婚に対する神の恩恵の目に見えるしるしをもって安んじることができた．

また，ヤーコブ・シュッツの家族は物質的にもかなり恵まれており，相当の快適さをもって家計を支えることができた．1525年に家を購入する契約を結んだが，当時の彼の年齢を考慮すると，古い家柄の家族は彼の仕事の収入のみに頼っていたわけではなさそうである．遺言その他の資料からすると，この家族は銀の器とセットになった金メッキや銀の杯や匙を含むさまざまな種類の家財道具をもっていた[10]．カタリナは後に，彼女の教会のための奉仕や貧しい人々のために用いた相続（そしてそれ以外の）財産について言及しているが，それでも，その財産は，家族が快適に過ごしたり，時には特別な目的のために上質の品物を購入することができるだけのものがあった．ヤーコブ・シュッツは，娘たちの結婚のためのかなりの持参金を，財政的逼迫を理由に支払いを遅らせるようなこともなく，用意することができたのは明らかである．実際の生活で必要な物品の購入を除けば，シュッツ家の収入はすべて教育と信仰のために費やされた．じっさい，さまざまな種類の教育がこの家庭の特別な関心事であった．カタリナの兄ルックスは，1525年には「修士」と書かれていたので，大学まで進んでいたと思われる[11]．

---

〔9〕 長男，長女に父，母の名を付けるのが当時の習慣であった．事実，長女はエリーザベトと命名されているが，三番めの男の子にヤーコブと命名していることから，著者は記録にはないが長男ヤーコブがある時期まで生きてその後亡くなったために生じたことであろうと推定している（cf. vol. 1, p. 6, n. 8）．

〔10〕 第8章「最後の病気と公の奉仕」（238頁以下）を参照．

〔11〕 原註によれば，ここでのmeisterの意味は明確でないがふつう単独でmeisterというと大学での修行を修めたことを示す．マテウス・ツェルは人々から

カタリナ・シュッツの教育

　カタリナ自身はその地域における高度な教育を受けた．その具体的な形式については確かではないものの，ドイツ語の読み書きを高いレベルで習ったことは疑いがない．文法と正書法（高等教育を受けた書き手が用いる標準的な略語を使っていた証拠を含む）の能力と，教養階層における丁寧な手紙の慣用的な表現についての（少なくとも初歩的な）知識は，それが —— たとえどのような方法で達成されたものであるにせよ —— 教育によるものであることを示している．彼女はまた，伝統的なローマ数字に加え，都市部の商業の中心地に普及しつつあったアラビア数字も普通に使用していた．

　カタリナの受けた教育にははっきりとした特徴と，確かな限界があった．彼女は，礼拝をとおしてラテン語の言い回しをいくつか知っていたものの，ラテン語を教えられてはいなかった．広い文化と，とりわけキリスト教史についての知識を大人になってから身につけたという事実は，彼女自身によってしばしばなされる古代教会の著述家や出来事についての言及によって明らかである．また，数年の間にさまざまな方法で，ラテン語を基礎にした大学の文化のいくつかの基本を学んだ．たとえば，プラトンとアリストテレス，ウェルギリウスとキケロといった名前や，信徒よりも学者によく知られている事柄，たとえば，イスラムの聖典であるコーランについて多少学んだ．もっとも，これらの知識というのはおそらく，大学で訓練を受けた説教者たちによるその時々の言及などから拾い集めたものであろう．

　カタリナは，ストラスブールのエリートであった人文主義者たちの理念からは，特別な影響を受けてはいないようにみえるが，その理由はいくつかの社会的根拠から説明できる．彼女は，自らのエリートではない出自をはっきりと誇っていたし，いかなる種類のこの世的な地位についても，ある程度の両義的な思いを抱いていた．若き日のカタリナはトーマス・ムルナー[12]の，そしてお

　　Meister Mathis とよばれていた（cf. vol. 1 p. 7, n. 11）．
〔12〕　トーマス・ムルナー（Thomas Murner, 1475-1527）．ドイツのフランシスコ会士．皇帝マクシミリアンにより桂冠詩人とされる．風刺をもって教会の腐敗を攻撃し，初めは宗教改革者たちを歓迎したが，彼らが教義や伝承を批判す

そらくはゼバスティアン・ブラントの世俗的な風刺文学を知っていたし，教会改革を可能にした人文主義者たちへのいかなる支援をも，間違いなく評価していた．しかし，彼女は世俗社会と教会におけるエリートたちの特徴だと彼女が考えていた流暢な語り方を信用していなかったし，美そのもののための美の追究に関心をもつようなこともなかった．お世辞（彼女が修辞的な技巧であると見なしていたやりかた）なしの誠実な語りかたが彼女の目標であった．「源泉に帰れ」と叫ばれた時代にあって，カタリナは，時に聖書の小さな脇役としての第二の源泉，すなわち教父たちの著作を間接的に引用することがあったとしても，彼女が実際に帰ろうとした唯一の源泉は聖書であった．

　概して，世俗的な学術的な学びはカタリナの関心を惹かなかったが，専門的な訓練と，とりわけ信仰的な教育に関しては状況が異なった．カタリナ自身にとっては，宗教的な分野が最も重要であったが，特に若い女性としては，自営の職業のための準備も特別な関心であったであろう．彼女の生涯のこの部分について理解するためには，ストラスブールの経済活動のあまり知られてはいない側面の一つについて確認する必要がある．ストラスブールの同業者組合は，経済面と政治面における重要な要素であったが，ほとんどのツンフトにおいて女性は，ただ家族内の男性をとおして以外には近づくことができなかった．とはいえ，ストラスブールのあらゆる職業が同業者組合として組織されていたわけではない．職業の中には，女性に対して開放されていただけではなく，女性が主導権を握っていたものもあり，その一つが「ハイデニッシュヴェルケ（異教徒の仕事）」とよばれた綴れ織の生産であった．14世紀以降，とりわけカタリナの誕生に先立つ14世紀中葉には，バーゼルとストラスブールはこの手工業の重要な中心地として繁栄した．実際に誰がこうした綴れ織を作ったのかについては議論の余地があるが，主な生産者は女性であった．同じ時期に発展したフランスやオランダとは異なり，ライン川上流での「ハイデニッシュヴェルケ生産者」は，同業者組合として組織されてはおらず，その活動の記録も断片的である．修道女と地域に住む女性がこの工芸品製作に従事したと論じる学者もあれば，誰が取引の手段を握っていたにせよ，作業は雇われた専門の職人に

　るのを見て，カトリック信仰擁護の論争家となりルター派，ツヴィングリ派を批判した．

よってなされたと主張する専門家もいる．

　これら綴れ織（「異教徒の仕事」とよばれたのは，その技術の起源のゆえであり，それが製造された場所や描かれた主題のゆえではない）の制作は，簡単に習得できるような単純な織り方によるものではなかった．この専門技術を身につけるためには，かなりの時間と，質のよい材料のための金銭とを投資しなければならなかったし，仕事それ自体も集中を必要とする労働であった．しかし，この技能職に正規に雇われれば，一人の女性職業人が独立した生計を営むにたるだけのものを稼ぐことができた．完成した綴れ織はさまざまなしかたで使用されたが，とりわけ，教会設備における装飾的な壁掛けとして，あるいは裕福な家の家具のクッションとして用いられた．織物の図柄としては，宗教的な図像や世俗的あるいは神秘的な主題などがあったが，より単純な花の絵や，ライン川上流地方の「異教徒の仕事」生産者には特に人気のあった抽象的デザインなどが描かれる場合もあった．「異教徒の仕事」の背景がどのようなものであったとしても，いくつかの家族においては，この手仕事は，母から娘に，おばから姪に伝えられるものであり，友人が友人へ教えるものであった．ハインリヒ・ブリンガー[13]の家族と，彼らのチューリヒの仲間であるゾーラー一家は，この特別な種類の熟練した手仕事を営んでいた．古い伝統を受け継いだアマチュアとして「異教徒の仕事」を専門にした者は，新しいデザインを作り出すというよりも古いデザインを引き継ぐ傾向があった．そのために，「時代遅れ」の図像は，より新しい宗教的理念に適合するように再解釈され保持され続けた．

　そして，カタリナ・シュッツは，その訓練が専門的なものであったにせよ，セミプロの家庭内の継承であったにせよ，この「異教徒の仕事」作りを身につけた．彼女の遺言には，彼女自身の手による二つの絵柄のあるクッションを遺産として姪に贈ると記載されている．若い日のカタリナはきわめて信心深く，結婚はしないと決心していた．家族の状況を考えれば，彼女が貧窮するとは考えられなかったが，彼女は自分自身を支えるのに寄与するなんらかの方法を必要としたであろう．なぜなら彼女は，ベギン会会員[14]のように，独身女性とし

---

〔13〕　チューリヒの改革者（1531-75）でツヴィングリの後継者．155 頁の註 4 をも参照．

〔14〕　12 世紀末から 13 世紀初め，ネーデルラントやライン地方を中心に起き，のちにはフランス，スイス，イタリアにまで拡がった女性信徒による自然発生的

て行動することを切望していたからである．彼女が「異教徒の仕事」を選び，そのための訓練を成し遂げることができたということは，家族の支援と，目に見える美を生み出す眼識があったということ，そして，おそらくは，彼女の信仰的な目的のために，その仕事が用いられたであろうことを示している．綴れ織のクッションについてはほとんど知られていないが，クッションが家庭内でよく用いられる「異教徒の仕事」のひとつだったことは確かである．クッションに施された二つの絵についての記述はない．しかし，カタリナの信仰の志向からすれば，描かれた主題は冒瀆的なものでも神秘的なものでもなかったであろう．もし，綴れ織が実際にクッションとして使われていたとすれば，おそらく自然や花のデザインのような，その地域で人気のあったもののひとつが描かれていたであろう．なぜなら，信仰的な絵柄の上に座るということを，彼女がはなはだしい不敬であると見なしたことは間違いないからである．彼女がこの工芸を熱心に追求していたかどうか，はっきりした証拠はない．しかし，「異教徒の仕事」が家族で受け継がれていたものであれば，彼女はその技術を姪に伝えたはずである．カタリナは姪の教育に責任を負っていたと思われるし，姪に，自分自身が若き日に作ったクッションを遺贈しようともしていた．

　だが，どれほど有用なものであろうと，綴れ織の専門家になるための教育によって，カタリナが必要としたものすべてが満たされたわけではなかったし，事実，それは最も重要な訓練ではなかった．綴れ織製作の習得は，間違いなく，若き日のカタリナの信仰的召命と結びついていたが，この召命で示された宗教的献身や霊的な学びこそが，生涯をとおして彼女の自己理解にとって中心的なものであった．

　　な宗教運動．使徒的清貧と福音の理想を実行しつつ，修道女と俗人の間に位置した主に未婚の女子と寡婦たちはベギンとよばれた．その呼称の起源についてはさまざまに言われるが定説はない．地域と時代によって生活形態や規模，組織が異なる．居住形態は単独であったり，家族と共であったり，数人の共同生活であったりしたが，ベギンホーフとよばれた礼拝所，施療院，住居を含む大規模な総合施設もあった．共同の祈りをしつつ，時に施しを受けながら，手仕事，病人の看護，葬礼の手伝い，子どもの初歩的教育などに従事した．1216年，教皇の認知を受けたが14世紀に入って異端に加担したと見られて，弾圧も受けた．ストラスブールには1300年頃，約300人，70余のグループがあったとされる．

若き日のカタリナの宗教世界

　カタリナは幼いころからきわめて信心深かった．その理由は，彼女が育った家庭が，開花しつつあった中世後期の敬虔，特にますます信徒に向けられるようになった敬虔によって，強く影響を受けていたからであろう．後にしばしばカタリナは「親愛なる父の家」で受けた宗教的訓練を，大きな感謝をもって回想している．おそらく，カタリナの母親が主の祈りをラテン語で教えてくれたのだろう．カタリナが，母親エリーザベト・ゲルスターについて特別に語ることはないが，家族全体が伝統的な信仰を誠実に実践していたのは明らかである．善きおこないと道徳的正しさの訓練に重きがおかれただけでなく，カテキズムの初歩についても注意深い関心が払われていたと思われる．それはたぶん信徒向けの信仰であった．母方の親戚にはベギン会員だっただろう者もいるし，兄のマスター・ルックスは（もし彼が実際に大学に通っていたとすれば）一度は聖職者をめざしていたはずである．娘たちの幾人かは，修道院的献身に対して疑問を投げかける新しい教えが登場する前に，すでに修道院に入るのに十分な年齢になっていたが，兄ルックス以外には，ヤーコブ・シュッツの近親者が正式に聖職につくことを求めていた記録はない．

　カタリナ自身，自分が自覚的また意識的に宗教的な事柄について関心を向けるようになった時期を記録にとどめている．それは 1505 年の半ば，彼女がおそらく七歳のときであった．それは，名付け親が信仰の基礎について教えなければならない「分別の年齢」であり，教会法が堅信の秘蹟と結びつけていた年齢である．この厳粛な儀式においては，司教が若いキリスト者に手を置いて，聖霊が彼らを公の信仰の告白へと強められるようにと聖別した．少なくとも 1505 年には，カタリナは宗教に対する特別に真剣な敬虔をもちはじめ，その真剣さが，10 歳のときに彼女を個人的な献身へと導いた．この 10 歳のときの献身は，彼女自身の中で強烈な印象を残しており，彼女はいつも自分の宗教的召命をこのときから数えていた[15]．確かに，この 7 歳から 10 歳の三年間は，個人的な信仰が成長したときであり，彼女の残りの生涯を占めることになるような，聖書の学びと信仰の事柄が始まったときであった．そして，10 歳になっ

---

〔15〕　彼女の自伝的記述は第 14 章，413 頁以下を参照．

たとき，カタリナは教会へ身を献げた．彼女が後にしばしば用いた言い方によれば，「教会の母」[16]となったのである．彼女の若き日の聖性の理想に従うならば，教会への献身は，独身生活を意味した．しかし，意義深いことに，カタリナが（万が一彼女の家族の資産が修道院に入るための支出をまかなうことができたとしても）修道院に入ることも，公にベギン会に参加することも考えていなかったことははっきりしている．後に彼女は，修道女やベギン会会員の「立派な弁舌」に対する否定的な意見を（エリート階級のそれと同様に）表し，決してこのようなグループの一員とはならないことを宣言した．しかし，10歳のカタリナの宗教的独身生活と善き業への献身は，敬虔な信徒キリスト者の個人的なおこないとしては言うまでもなく強烈なものであった．それは，すぐに行動において目に見える形で表され，彼女に高潔との噂をもたらすとともに，彼女の残りの生涯を形成し続けたのである．

　シュッツ一家の家は，大聖堂の教区内に位置していたと思われる．この教区は，ガイラー・フォン・カイザースベルク[17]が1478年から彼が死んだ1510年まで説教者であったことで有名であった．たとえこの一家が正式にはこの教区に属していなかったとしても，彼らはガイラーの説教をしばしば聞いていたと思われる．というのも，ストラスブール市民は，自分たちが属すると想定されている教区に常に留まり続けるようなことはなかったからである．とりわけカタリナは信仰的な訓練の機会を熱心に探し求めていたから，いっそうそうであったであろう．装飾が施された石造りの高い説教壇に立つガイラーは，美しい大きな聖堂へ礼拝のために連れて来られた小さな子どもに畏敬の念を抱かせたであろう．この大聖堂は数多くの窓があるにも拘らず薄暗いこともあったが，きらめくステンドグラスを通して太陽が輝き，色彩豊かな模様が，石の床や生ける神殿である祈る人々の上に投げかけられていた．その輝きは，生き方を改めるようによびかける説教者の絶え間ない声にも拘らず，あちらこちらにさまよ

---

〔16〕　第14章「カタリナ・シュッツ・ツェルの肖像」を参照．
〔17〕　ガイラー・フォン・カイザースベルク（Geiler von Kaysersberk, 1445–1519）は，カイザースベルクで生まれ育ち，フライブルク大学で哲学や神学を学ぶ．1478年にストラスブール司教座大聖堂の説教師に招かれ，終生その職に留まる．ドイツ語で説教しローマ教会の道徳的退廃ぶりを批判し人気を博したが，最後までローマ教会を離れることはなかった．

い歩く，それほど信仰的でないストラスブール市民の上に，投げかけられたはずだ．

大聖堂での説教は規則正しく，かつ生き生きとした儀式だった．ガイラーは説教壇に登ると帽子を脱ぎ，ひざまずいて祈りをささげた．そして立ち上がると十字を切った．彼はしばらくの間柔らかい声で語り，福音書のための典礼の所に来ると声を張り上げた．ラテン語でテキストを読み上げ，次のように付け加えた．「天の父なる神の計りしれない憐れみと，われらの主イエス・キリストの痛みに満ちたご受難の尊い御業が，あなたがたとわたしの終わりの窮乏のときに示されますように．求める者は誰であっても，このことを知らしめたまえ．アーメン」．ガイラーは次に，福音書のテキストをドイツ語で読み上げ，神の特別の恵みなしには，神をほめたたえ，哀れな罪人を教えるために説教することはできないと次のように付け加えた．「天の女王マリアの庇護をとおして与えられる神の恵みは，とりわけこの職務において何かを成し遂げるためには欠くことのできないものです．さあ，彼女に天使たちの言葉をもって挨拶をしましょう．『アヴェ，マリア，恵みに満ちたかた』」．ガイラーは，再びひざまずきながら「アヴェ・マリア」を唱え，アーメンと祝福の言葉を加える．そしてガイラーは立ち上がり，再び帽子をかぶり，時には短く時には長い福音書のテキストを解き明かし始める．もし，その日の福音書のテキストが長すぎるようなら，使徒の書簡について語ることもあったかもしれない．それから，説教者はその日の主題説教の主旋律に向かう．ドイツ語の説教が置かれたのがここであった．小さな子どもにとって，この偉大な説教者が決して一時間以上は語らなかったのは間違いなく救いであったであろう．

若きカタリナは，大聖堂の礼拝の中で何を聞きえたのだろうか？ 母や名付け親から主の祈りを教えられてきた子どもは，ガイラー博士の言葉の教理教育的な側面にすぐに気がついたに違いない．彼の説教の大部分は教えであった．主の祈りと十戒は，一連の主題説教のために何度もくり返して取り上げられた．信徒は基本的なことを教えられなければならなかったし，可能な限りその知識に基づいて行動できるように強く勧められなければならなかった．おそらく，子どもの頃のカタリナは，ただ教えられただけではなく，弟子たちをご自身にならう者となるように招かれた受難のキリストについての生き生きとした説教に，よりいっそう感銘を受けたであろう．ガイラーにとって，キリスト

第1章　若き日のカタリナ

の恵みがすべてであった．しかし，キリスト者もまた貢献するためのなにかしらをもっており，キリスト者はできる限りのことをするように求められてもいた．キリストは信心深い者たちの目の前に差し上げられた，ただ一つの聖なる模範ではなかった．カタリナの名の由来となった殉教した処女のように，聖人たちもまた存在していた．ガイラーは，しばしば聖人たちに対してはいくらか両義的な態度を取っており，他の聖職者たちと同じ程度に聖人たちを強調することはしなかったものの，聖人たちに対する伝統的な崇敬を共有していたし，特に，罪人の臨終のときの特別な女性仲保者（mediatrix）である，聖母マリアに対してはそうであった．ガイラーの祝福の言葉の一つであり，彼の説教前の祈りの変化した形の一つが，多くのストラスブール市民の心のうちにマリアが占めていた位置を明らかにしている．「天の父なる神の計りしれない憐れみと，われらの主イエス・キリストの痛みに満ちた御受難の尊い功徳と，貴く名高き，神の母，聖母マリアの執り成しとが，私たちの終わりのときに私たちの目の前に立つ」．

たとえ小さな子どもであれ，すくなくともカタリナのように注意深い子どもは，しだいに，全員が説教者の教えに従っているわけではないことに気がつくようになったであろう．彼らは，教えられた誡めのようにおこなってはおらず，キリストと聖人たちをまねようとはしていなかった．そのうちに彼女は，高い説教壇の上の人もそのことを知っており，人々が信仰的に生きられないことに対して応えようとしていることを，理解しただろう．実際，ガイラーの生涯の終わりの日々の中で成長した彼女が聞いたことのほとんどは改革に向けられたものであった．はっきりとしたしかたで，そして次第に激しさを増しなが

---

〔18〕（Katharina, ?-309）．アレクサンドリアの伝説的殉教者．十四救難聖人の一人．貴族の出で，博学，18歳の時に皇帝の前で50人の異教徒学者を相手に討論して，彼らをすべてキリスト教に改宗させた．皇帝の迫害に抗議したために捕らえられ，車裂きの刑に処せられたが奇跡的に車が壊れて死なず，斬首されたという．中世に非常に人気のあった聖人で，くぎを打った車輪がシンボルとされる．

〔19〕マリアに対する「神の母」という尊称はエフェソ公会議（431年），およびカルケドン公会議（451年）で正式に承認され，西方教会ではマリア崇敬の根拠とされ，時には祈りの仲保者にまで高められたが，宗教改革者たちはそうした地位を認めていなかった．

ら，老説教者はあらゆる種類の改革，すなわち，教会における個人的あるいは構造的な，道徳上のあるいは教育上の数多くの悪弊についての改革を求めた．彼の改革への努力は不屈であったし，またその努力は神学的には伝統的なものであった．ガイラーは罪を犯した聖職者を厳しく批判し，道徳的改革を支える面で信徒が主導権を握ることをしばしば奨励したが，教会の教義に挑戦することはなかった．悪しき司祭によって執行された聖礼典は，サクラメントも「ナサレタ業ニヨッテ（ex opere operato）」[20]有効であり，[21]キリスト教信徒は，悪しき司祭の説教からも学ぶことができるのである．とはいえ，もしも可能であれば不祥事抜きで，信心深い信徒たちは，不道徳な司祭の代わりに良き司祭を求めたであろう．ガイラーは信徒が聖書を読むことを容認していたものの奨励はしなかった．教育を受けていない者たちが，教会の教えに反する過ちに導かれることを恐れたからである．一般のキリスト教信徒は，訓練を受けた教会の指導者たちの教えによって導かれなければならなかったのである．

　ストラスブールのような都市では，説教は日曜日ごとに，また主だった聖人の日におこなわれた．一連の典礼暦年には，数多くの聖日，大斎節，祭日があった．キリストの誕生を祝う素晴らしい祝祭への配慮のわざから始まり，聖カスパル，聖メルキオール，聖バルタザールの博士たちの来訪，[22]キリストの

---

〔20〕 ex opere operato サクラメント的な行為は正規の法に適って選ばれた人々によって正しく規則に適って執行されるならば，執行者の道徳的，教育的質に関わりなく有効であるとするカトリック神学の用語．

〔21〕 サクラメント（聖礼典，秘跡）として，西方ローマ教会では，12世紀以来，洗礼・堅信・聖餐・告解・終油・叙階・婚姻の七つが挙げられ，13世紀からその執行者や受領者の状態いかんによらず，「ナサレタ業ニヨッテ」効力を発揮するとされた．しかし，宗教改革者たちはこれを聖書で主イエスが制定された洗礼と聖餐に限定し，こうした機械的な効力を認めなかった．

〔22〕 これらの名は幼子イエスを拝みに来た三人の博士の名とされる．聖書には彼らの人数もその名も出身地も書かれていないが古代から彼らについてのさまざまな伝説が作られた．カスパル，バルタザール，メルキオールと表記されている最古の文書は842年頃ラヴェンナの修道院長アグネルスによって書かれた歴史書である．12世紀以後，メルキオールは黄金を献げた老人，バルタザールは没薬を献げた壮年，カスパルは乳香を献げた青年であったとされ，さらにヨーロッパ人，アジア人，アフリカ人であった言われるようになり，そこから三人のうちの一人を黒人として描くようになった．

受難の苦しみ，聖マグダラのマリアと同伴者たちの墓への来訪，聖母マリアと復活の主との現実の出会い，このことを弟子たちに伝えるための派遣という美しいドラマを伴った復活の奇跡！　クリスマスや受難週，イースターの直後には，宗教劇がそれらの聖なる物語を鮮やかに描き出した．そして，祝福された聖母マリアの生涯を祝うさまざまの祝祭があった．すなわち，マリアの驚くべき誕生，神殿での奉献，天使ガブリエルによる受胎告知，聖エリサベツ訪問，威厳に満ちた天への被昇天．栄光に満ちたる聖母，われらの守護者マリア！さらに，ストラスブールの諸教区と，その子ども並びに住民の守護聖人たちといった，偉大なる聖徒たちの祝日があった．聖ペトロ，バプテスマの聖ヨハネ，聖母マリアの両親である聖アンナと聖ヨアキム，聖ニコラスと聖アントニウス，聖マルガレーテと聖アグネス，聖バルバラと聖トマス，聖ウルスラとその侍女たち，そしてその他大勢の聖人たちである．カタリナとその姉妹，兄弟の名前もこれらの聖人たちにちなんで付けられた．彼らはとりわけ彼らの守護聖人の物語を聞くのを喜んだであろうし，彼らの祝日は特別なしかたで際立っていたであろう．

　しかし，たとえ日曜日や特別な聖人の日が説教によって照らされ，活気を帯びていたとしても，教理教育や聖人伝の時間は，カタリナが出席した礼拝の一部にしかすぎなかったし，ある意味では，より重要性の低い部分でしかなかった．救済の中心には恩寵の手段としてのサクラメントのシステム，なかんずくミサが存在していたからである．このミサは特別な祝祭がおこなわれるかどうか，説教がなされるか否かに拘らず毎回執行された．ミサが始まると，この小さな子どもは，背の高い大人たちを見回し，可能な限り観察しようとした．司祭が入場し，助祭を伴って祭壇に登り，ラテン語の詞がこだまと拍子とを伴って歌のように朗唱され始めると，この子どもにはそれが聖なるささやきのように聞こえるのであった．その調子は時に低いささやきになり，時に明瞭になった．成長するにつれ，彼女は，たとえその言葉はわからなかったとしても，何が起こりつつあるのかを知るようになった．しばらくの後，さらに身をかがめ，祭壇に口づけした後で，司祭は特別な言葉を発した．そして，聞け！　鐘が鳴る！　見よ！　彼は聖別された聖体を掲げた．ここにキリストのからだがある！　単なるパンのひとかけらであったものが今や神となった！　そして，この子どもはひざまずき礼拝する．司祭が食べ，飲み，会衆はある者は静か

に，ある者は足を動かしながら待つ．そして，終わりに最後の祝福となり，今日一日の働きのために帰途につく．

　しかし，しばしばカタリナはそわそわせずにじっと立っていることに困難を覚えたに違いない．ラテン語がくどくどと続くので，鐘が鳴り司祭の手が高く挙げられることが何を意味し，秘義が生じていることがわかる年齢に成長してもなお，じっと立っているのはたいへんであった．ガイラー自身，ラテン語を理解することのできない信徒が，ミサや他のラテン語で執りおこなわれる典礼に出席することが難しいことを理解していた．そのような場合には，この説教者は一般の礼拝者に立ち上がって聞くように勧めて，神は讃美されており，あなたがたは神の前に立っているということを知らせようとした．聖堂の身廊に響き渡る，大きくなったり小さくなったりする格調高く理解しがたいラテン語の波にもまれ，集中力が少し散漫になるかもしれない子どもたちのために，時間を敬虔な形で費やす別の方法があった．

　信徒たちがきちんとついていくことのできない祭儀に対して，伝統的になされてきた対応の一つは，自分の祈りで時間を埋めることであった．こうした祈りは暗記され，おそらく多くは「ファーターウンザー」，すなわち，ロザリオとともに祈られたと思われる．もっとも，ある程度裕福で字が読めるようなら，信心深い人々は，しばしば自分自身の祈禱書や時禱書を持ってきたであろう．小さなカタリナはおそらくは極力儀式に参加しようとしたであろうが，彼女の最も価値のある持ち物の一つであった美しいロザリオを持ってくるのが常であった．カタリナの「ファーターウンザー」は五十の珊瑚のビーズでできていて，それに大きなカーネリアンが一つペンダントとしてついていた．このペンダントには二つの珍しい貴重な装飾が施されていた．一つは「クロッテンシュタイン」（伝承では特別の力があると考えられていたヒキガエルが産んだと信じられている石）であり，もう一つはヘラジカの蹄であった．この見るからに高価なロザリオは，おそらく堅信礼に際しての贈り物であったのだろう．それは，その小さな所有者にとって，その美しさのゆえ，さらにはその宗教的な目的のゆえに貴重なものであったに違いない．たとえ，ミサの間，彼女が祈りを唱えなかったとしても，カタリナは日常的に彼女の「ファーターウンザー」を用いていた．修道院の聖職者は一五〇編のラテン語の詩編を全部，日毎の礼拝において唱えていた．そして，この幼いシュッツ家の少女は信心深くなること

を熱心に求めていた．たとえ，彼女がラテン語を知らず，全部の詩編を暗記していなかったとしても，次第にはおそらく，少なくとも七つの悔い改めの詩編を覚えるようになっていったはずである．しかし，彼女が一つのビーズについて一回祈りを唱え，それを三周くり返すことができたとすれば，カタリナはアヴェ・マリアと主の祈りが結びつけられた「ファーターウンザー」を，150回祈ることができたことになる．おそらく，アヴェ・マリアは，祝福された聖母マリアの五つの喜びのために祈られたり，神の母の五つの悲しみのために祈られたり，天の聖母マリアの五つの栄光のために祈られたりしたであろうし，さらには特別な関心のために，とりわけ，彼女自身の魂の救いのために，彼女の家族全員の魂の救いのために，そして，全市民の魂の救いのために祈られたであろう．そしてひょっとしたら，そこには，かの説教者が叫び，誰もがその目で見る必要があったけれども，未だ到来していない改革のための祈りが存在していたかもしれない．

　残念ながら，ガイラー博士は歳を重ねるにつれて，真の改革への希望を失いつつあった．そのために，彼が老年になったときにはすでに子ども時代を終えつつあった若きカタリナは，彼の最も落胆したときの説教を聞いたに違いない．いくらか希望があると思われた時期もあった．若く真面目な新しい司教，ウィリアム・フォン・ホンシュタイン伯爵が1506年に選出され，受難節におこなわれた叙階式のために皇帝と王女，随行員らがストラスブールに来た．儀式はきわめて立派であり，精巧な典礼は，多くの年代記記者たちもその壮麗さを記録にとどめたほどだった．ウィリアム司教はストラスブール大聖堂の祝いのミサによってセンセーションを巻き起こしたのである！　教会的な荘厳さと国家的な壮麗さによって飾られたこのきらびやかな典礼は，当時九歳だったカタリナにとって，きわめて印象深い宗教的な出来事であったに違いない．実際，皇帝の宮廷の印象は彼女の記憶に後々まで残った．

　しかし，この精力的な新しい司教は，かの疲れを知らない説教者がおこなった以上に状況を改善することはできなかった．司祭たちが無知であったことが主な問題ではなかった．おそらく下級聖職者の三分の一が，そして，聖堂参事会員の六割が，たとえ短期間であっても大学で生活を送っていた．けれども，彼らの一般的な道徳の状態は，敬虔な指導者たちを，そしてまた，信徒たちを満足させるものではまったくなかった．ウィリアム司教は，教会法に従わな

い聖職者のふるまいの改革には真剣に関心をもっていたが，彼の計画は，1509年に，強力な司教座聖堂参事会とローマ教皇庁を背後にした聖職者たちの連合によって反対を受けた．教皇庁においては，戦争好きの教皇ユリウスが，十分な金銭の支払いを条件に教会法の順守を免除するという伝統的な特権を表明するだけでなく，兵士のイメージをキリストの代理者に加えつつあった．そのため，内縁の妻たちをもっている聖職者たちは，年毎に所定の税を支払っている限り，彼女たちを公然と囲い続けることができたであろう．複数の聖職録を得ようとする聖職者たち（物価の高騰のために，高位聖職者たちにはそれはますます魅力的なものとなりつつあったし，下位級職者たちにはそれはますます不可欠のものとなりつつあった）は聖職兼務を続けたであろうし，彼らの代理人として教区での労多い牧会を実際におこなっていた貧しい司祭たちへは，定期収入のほんの一部を払ったであろう．そのようなわけで，ガイラーは死ぬ一年前，何一つ希望がないのを悟った．教会の頭，その最高位の聖職者から教会の改革のための助けが来ることはなかったのである．世の終わりと思われる悲惨な出来事や来るべき審判に直面して，この説教者は彼の会衆たちに個人的な魂の救いを求めるように勧めることがますます多くなっていった．

キリスト者が救いの確かさを求める場合，中世の世界においては，告解やミサというサクラメントが恵みの中心的な手段であった．敬虔な人々はこの二つのサクラメントに際立った関心を寄せた．罪の告白はきわめて重要であった．第一にそれは永遠の救いへの道を妨げるあらゆる罪が赦されることを求める人にとって重要であったし，罪責と恐れが取り除かれることを心配する繊細な良心をもつ人にとってもそうであった．告解は，複数の形式からなる祈り，断食，巡礼，多くの種類の憐れみの業といったさまざまの償いを実行することを含んでおり，そのことがキリストや聖人たちに倣おうとする人々を実に忙しくさせた．これらのもののいくつかは定期的にくり返されたが，その多くは，疫病や戦争が起こり，いつも空中を漂っている死の不安がいっそう近くに感じられるときに，特に深く集中しておこなわれた．

しかし，敬虔な子どもは，その信仰心がどれほど熱心であっても，なお不安であった．どんなに祈っても善いおこないをしたとしても，ミサにあずかったとしても，十分とは言えないのではないか．あるいはまた，死者や自分自身の死に際しての心配事もあった．たとえば，そのときには告白するための時間が

あるのだろうか？　それは善き死たりうるのだろうか？　大いなる審判のときに備えなければならなかった．日没の燃えるような光が差し込むストラスブールの大聖堂の西正面に描かれた，譬え話の賢い乙女たちのようであることを望む必要があった．荘厳な門の反対側に彼女たちと向き合っているおろかな乙女たちのようであってはならなかったのである．愛する人のため，死者のためのミサがおこなわれることがあった．1516 年，ストラスブールとその周辺では，町の外であるいは時には町中で，夜だけでなく昼間でさえ，死者の霊の声を聴いたとか，それどころか見たというような話でもちきりであった．戦争で殺された多くの人々が現れた．フライブルクのある女性は，他の人の頭をつけた死んだ夫を見たと言われている．彼女が夫の傷の手当てをしようと駆け寄ると，彼は自分の魂のためにミサをささげて欲しいと願ったという．そして，別な霊がそれから飲むようにと彼女に大きな金の杯を手渡したが，それは後で八十グルテンもの価値があることがわかったという．悪魔がどこかで盗んだものに違いなかった．多くの魂が助けとあがないを求めていたために，人々は，煉獄にあるすべての魂が自由にされることを求めていると考え，早朝から昼間，さらには徹夜のミサをこれらの哀れな魂の救いために執りおこなった．礼拝堂付司祭や寄進によって支えられる司祭たちの数が年毎に増加していったのは，こうした要望に応えるためであった．しかし，それでも，しばしばこうした要望に十分応えることができないように思われた．

　ミサへの出席そのものが善き業であったから，より多くミサにあずかることができればできるほど好ましかった．にも拘らず，思慮深いキリスト者は，単にミサにあずかるだけでは十分ではないのではないかという不安に悩まされたかもしれない．そして通常のミサや他のサクラメントに加えて，他にも救いの確かさを求めるための手段があった．特別な機会には，人々が目を注ぐことができるように，聖別されたパンが展示された．特に，パンが街の通りや城壁の外にまで運ばれるときには，行列さえできた．ウィリアム司教さえ，このような聖体大行列の式には参加していた．また，特別な機会には，贖宥状を自分や愛する人々のために買うことも可能であった．[23] 教皇はキリストと聖徒たちの

---

〔23〕　贖宥状は免罪符とも訳されるが，ローマ教会が十字軍に際して参加者に授与したことに始まると言われる．宗教改革時にはローマの聖ピエトロ大聖堂

功績を宝庫から引き出して，キリストの体なる教会のより小さい者たちの必要のために使うことができるからである．そして，ストラスブールも，煉獄における苦しみを和らげることができるこうした特別な機会を宣言する人々によって無視されるはずがなかった．カタリナの子ども時代，大きな贖宥のキャンペーンが間をおいて何度かおこなわれた．1499年と1502年におこなわれた際には，彼女は多くを理解するにはあまりにも幼かったが，家族の誰かが参加していた可能性はある．しかし，1510年までには，おそらくカタリナもこの善き業への参加を求めていたように思われるし，1515年までには，彼女は間違いなく，トルコ人に捕らえられた囚人たちの身代金への嘆願に賛同するようになっていた（もっとも，誰かが釈放されたという知らせが届くことはなく，このことは少なくともある人々に，疑いと落胆とを起こさせた）．そして，1518年にはカタリナがそれまで見た中で最大規模の催しがおこなわれ，枢機卿がストラスブールに四週間も！ 滞在した．しかし，大勢の人々が贖宥状を購入したにも拘らず，この商売によってみんなが幸せになったわけでもなく，1518年の聖土曜日には，これらの贖宥状に対してある人々から「不適切で，悪しき，中傷的な言葉」が投げかけられた．おそらく，カタリナはこの金銭取引に不信感を抱く人々の一員ではなかったであろう．もしそうであったら，彼女は贖宥状を最近亡くなった兄のために買っただろうか？

　中世後期に次第に人気が高まった宗教的な相互保障の形の一つが，信心会であった．多くは同業者組合によって，もしくは何らかの特別な結びつきによって，時には特定の聖人への関心だけによって集められた信心会は，その構成員たちの霊的な安泰を保障することを特別な関心としていた．それはしばしば相互援助や他の慈善活動も含んではいたが，その主な目的は，会員のための通常のミサだけではなく，死去会員のためのミサを保障することであった．メンバーはみな，特定の宗教的権威への献身を，署名にて確約した．通常，この権威とは聖人のことであった．ストラスブールにおける最後の信心会の一つが，

改築のために大々的に売り出され，1517年のルターのいわゆる「九十五箇条」（贖宥の効力を明らかにするための討論）が宗教改革の出発点となった．その当時，贖宥状の販売人たちは「銀貨がお盆にチャリンと入るやいなや（煉獄の）霊魂は天国へと飛び上がる」と宣伝していたという．贖宥状の宝庫の原資はイエス・キリストの贖いをはじめ，聖母マリアや他の諸聖人の功徳であるとされていた．

1514 年，聖ゼバスティアヌスをたたえて，ゼバスティアン・ブラントによって設立されたが，そこにはクラウス（ニコラス）・クニービスのような有力な市民が大勢含まれていた．信心会は，キリストやマリアへの献身といった特定の状況にささげられることもありえた．たとえば，「イエス・キリストの御受難と母にして永遠の処女マリアの憐れみ」のためにささげられた信心会は，遅くても 1519 年までには，ストラスブールの指導的市民であったマルティン・ヘルリンとマティアス・ファレルがその代表となっていた．

　ストラスブールの信心深い人々は，天国への関心と同様，今そこにある多くの日々の心配に追われていたし，病気，危険な旅，出産，火事，疫病，飢饉，戦争といった他の問題のために，聖人を頼みとすることができた．通常，それぞれの聖人は特定の求めと結びつけられていて，助けを求めて来る信心深い人に個別に恩恵を施した．たとえば，聖ゼバスティアヌスや聖ロクスには疫病に対する保護を訴えることができたし，聖ヴォルフガングは熱病の際の頼みとなった．聖バルバラの木から取れる薬は特別な病を治したし，突然の死に直面する可能性のある兵士のような職業に従事しているのなら，聖バルバラにふさわしい敬意をはらっていれば，彼女が，告解なしに死ぬことのないようにしてくださることを信じることができた．聖ブリギットと 13 人の聖人は，特別な執り成しと奇跡の担い手として見なされていた．特に聖ブリギットは，贖宥状と結びつけられた特有の彼女の祈祷のゆえに覚えられていた．つまり，彼女の名を多く唱えれば唱えるほど，より多くの煉獄における苦しみのための送金手段を得ることができるのである．また，聖ウルスラとその 11,000 人の処女や，聖幼子殉教者などもあった．それぞれの聖人は信仰者の幸福のために特別の役

---

〔24〕　クラウス・クニービス（Claus Kniebis, 1479–1552）．ストラスブールの指導的政治家．フライブルクで法学を修める．1512 年ストラスブール市参事会に入り，以後市長を何度も務める．1522 年以来熱心な福音主義派となり，宗教改革の確立に最も寄与した政治家の一人である．

〔25〕　マルティン・ヘルリン（Martin Herlin, 1471–1547）．ストラスブールの政治指導者で市長を何度も務める．1522/1523 年以来，福音主義派．

〔26〕　人生のさまざまの必要に有益と考えられて崇拝された民間伝承による 14 人の聖人グループ，いわゆる十四救難聖人のこと．個々に崇拝されただけでなく 14 人をまとめた共同の祭壇もあった．通常そこにはブリギットは含まれておらず，14 人の一人であるバルバラと 13 人とした方が適切であろう．

割を果たした．ストラスブールでは聖オディリアの泉が目の病気がいやされることを願う地元の巡礼者を惹きつけたし，聖アウレリアの聖遺物は他の治療のための重要な巡礼地であった．たとえば，熱病への守りとしての彼女の墓から掘り出された土も治療手段の一つとなっていた．

　聖人崇拝には，市全体が何らかの形で，共同責任を求める都市共同体の職責意識として関係していた．1518年7月中旬に「聖ヴィトゥスの踊り」[28]が極端に流行り，これがストラスブールを動揺させた．何十人もの人が影響され，倒れるか死ぬまで踊り続けた．この災難の解消のため多くの努力がなされた．苦しんでいる人々は，救済のためにホーエンシュタイン・バイ・ツァベルンの聖ヴィトゥス聖堂へ連れて行かれた．ストラスブール市参事会も巻き込まれ，聖ヴィトゥス聖堂へ送られるろうそくへの特別献金と，市参事会と市のために歌ミサ〔荘厳ミサ〕とそれに付随した三つのミサをおこなうこととを命じた．彼らは，大聖堂の祭壇にある聖ヴィトゥスの像を，計画されていた新しい教会堂における新しい祭壇がこの聖人へ供えられるまで，置いておくことすら検討した．この出来事を報告したゼバスティアン・ブラントによれば，医者が市参事会に，この病気の原因は（明らかに例外的な夏の）暑さであると報告したにも拘らず，市の統率者は貧しい人々へミサをおこなうよう指示し，また，神へ助けを請うために説教壇から公に祈るように司祭へ伝えたという．

　特に，ストラスブールがささげられている神の母マリアは，彼女の子に加えて一種の仲保者であると見なされていたが，時にその息子よりも崇拝されていた．聖母マリアの奇跡の物語は大きく拡まり，たとえば死産の子を生き返らせ，永遠の命のための洗礼をおこなうというものがあった．この奇跡物語は，

---

〔27〕　オディリア（Odilia, 660頃-720頃）．アルザスの守護聖人．アルザス公の娘として生まれる．伝承によれば生まれつき目が不自由であったが，司教から洗礼を受けたとき奇跡的に視力が回復したという．それまで彼女に辛く当たっていた父親も態度を改め，彼女の希望どおり，アルザスの平地を見下ろすホーエンブルク（現在のMont Sainte - Odile）に修道院を建て，彼女は初代院長となった．著名な巡礼地となり，その湧き出る泉は病を（特に眼病を）治すとされた．

〔28〕　舞踏病の一種．中世末の各地に集団的に発生したことが知られているが，ストラスブールでは1518年，ある女性が踊り始めて，これが他の人々によって真似するかのごとく拡まり，200人とも400人ともいわれる規模にまで拡大した．

永遠に子どもを失うというすべての女性がもつ恐怖によって，敏感な人が憂鬱や怒りへと駆り立てられるのを防いだ．1516年には，死者の魂がたくさん現れたという噂が拡まり，レーゲンスブルクの聖母マリアの元へ，救いのための祈りをささげる巡礼者が増加した．聖母マリアへの崇拝！　そして聖ヨセフや特に彼女の両親に対する崇拝！　聖母マリアの両親に対する崇拝は中世後期にストラスブールでも急速に拡まった．

　キリストの奇跡や聖人の生活に関する話はいろんな方法で伝えられた．通常は説教が一般的な手段であったが，その最も鮮やかなやり方は，聖なる時期における宗教劇であった．クリスマスとイースターは特別な時期で，しばしばページェントの上演や受難劇などで活気づいた．伝統的にはストラスブールではクリスマス・イブに劇を上演していたが，1504年，カタリナがそれに注意を注いできちんと聞くのに十分なほど成長した頃には，翌日のクリスマス当日に変更された．イースターの前後に上演される宗教劇も魅力的なものであった．1512年には受難奉仕団がイースターの翌日から三日間劇を上演し，以降数年間続いた．彼らは，1518年の棕櫚の主日の前の土曜日に，"見世物としてではなく"ただ神を讃える劇の上演を求め，この許可を得た．これは，聖金曜日に福音書と関連する使徒言行録を読み上げ，その後二日間に亘ってスザンナ[29]，エルサレム，キリストの昇天の劇を上演するというものだった．聖人の物語はまた，書き物や印刷物をとおしても拡まった．『黄金伝説』[30]はそのなかで最もよく知られた収集本であったが，その他にも多くの他の資料があった．このような読み物は霊的な成長や献身，あるいは単なる娯楽，またはその両方の目的で読まれた．たとえば，アンブロシウスのテオドシウス帝への抵抗や，ナボテのぶどう畑〔列王上21章〕に関する彼の説教はカタリナに大きな感動を与えた話の一つであった．

　しかし，奇跡話だけが流布していたわけではなかった．たとえば，ストラス

---

〔29〕　旧約聖書続編ダニエル書補遺スザンナに基づく「スザンナ物語」の女性主人公．

〔30〕　中世に書かれた最も重要な聖人伝集成．ジェノヴァの大司教であったドミニコ会士ヴァラッツェのヤコブスによって13世紀後半に書かれ，各国語に翻訳されて広く読まれた．「黄金の」伝説というのは，きわめて素晴らしいとの評価を込めて後世に付けられたものである．

ブールでは，聖母マリアの無原罪懐胎に関する大きな矛盾が問題になっていた．フランシスコ会とドミニコ会では，聖母マリアが，原罪にまったくけがれることなく身ごもったのかについての長い間議論が交わされた．聖フランシスは，神の母としてのこの栄誉を強烈に擁護したし，聖ドミニコはそれに異論を唱えた．ベルンでは1507年に中傷と対立とがあり，四人のドミニコ会修道士の火あぶりの刑が執行され，これが火に油を注ぐことへとつながった．「殉教者」と書かれたパンフレットが拡まったが，ストラスブール当局はドミニコ会がその本を出版するのを禁じた．市ではこの議論が拡まり，1508年にはゼバスティアン・ブラントがドミニコ会を激高させる歌をつくり，トーマス・ムルナーは聖母マリアを熱心に擁護した．相当な中傷もあった．具体的には，1510年に市参事会の要求によってある程度の平和が戻るまでは，神学的な抗弁と合わせて個人的な攻撃もおこなわれていた．神の母は崇拝されるべきだが，中傷も止めなければならなかった．ストラスブールそのものは聖母マリアへささげられていたし，多くの市民の熱情は明らかにストラスブールのフランシスコ会の側に傾いていたが，あるものはドミニコ会への攻撃に大いに腹を立てていた．十代になった当時のカタリナを含め，敬虔なキリスト教徒はこの議論されている問題を無視できるはずがなかった．

　高尚な神学的テーマだけが，矛盾をよび起こしかねない聖人への関心を導くものでもなければ，道徳的感受性のある人々の認識の中に，いつも宗教的な必要性がみられるわけでもなかった．洗礼者聖ヨハネが生誕した真夏はストラスブールでの大きなイベントのひとつであり，もうひとつは12月上旬の聖ニコラスの日であった．聖人によって定められた休日とは，また祝う時であった．この時期には今までより多くの人が商売や娯楽のために集まったし，時には聖日と祝日との区別がつかないときもあった．聖ヨハネの日には，伝統的に

---

〔31〕　マリア崇敬は古代教会における「神の母」という呼称確定によって強められ，7世紀以降ヨーロッパ各地で「聖母マリア無原罪の御やどりの祝日」が設けられ，教会や修道院の会堂が聖母にささげられ「ノートルダム（Notre Dame）」と呼称されるが，ストラスブール大聖堂もその一つで，マリア崇敬が盛んであったことを示している．宗教改革者たちはこうしたマリア崇敬に批判的であったが，ローマ・カトリック教会はその後1854年の教皇ピウス九世の教書で「聖母マリアの無原罪懐胎」をドグマとして確定している．

大がかりな焚き火がたかれたが，その起源については黄金伝説の中でさまざまに説明されていた．その火はゼバスティアンの異教徒たちが聖ヨハネの骨を焼くのを象徴化しているという人もいれば，その骨は邪悪な竜を追い払うために焼かれるという人もいた．あるいはまた，その焚き火はヨハネによる福音書5章35節の「ヨハネは，燃えて輝くともし火であった」を参照しているという人もいた．聖人への歌や祈りは敬意の一部分であったが，それらはいろいろな方向に微妙に変化するか，あるいはあまり大きく変化しないかであった．もっと相応しい讃美歌でさえ，それが騒々しい踊りになった際にはその畏敬を失った．カタリナは，多くの親たちが実際に子どもたちにそれらの歌を教え，踊りに加わることを許していたことを（大きな悩みの種として）知っていたが，彼女の家ではそうではなかった！

特にクリスマス周辺や謝肉祭の時期など，祭日と重なるような聖なる日には，地域社会全体が浮かれ騒ぐときであり，教会と社会の道徳的改革者がひやひやするときであった．「カーニバル〔謝肉祭〕」の娯楽と大はしゃぎは，多くの社会的抑圧のなかでいらだった気分に救いをもたらし，受難節の時期において欠乏に直面している熱狂的精神を癒やすことができたが，この不品行にすべての人が好意的なわけではなかった．また，クリスマスのお祝いにおいて，少年を偽りの主教として選出するというような非礼な冗談もあった．より大きい地域共同体における聖人の日と同じように，結婚式や洗礼式も親戚や隣人に対して宗教的機能だけではなく社会的機能をも果たしていた．厳かな公式の教会儀式は，美の要因のほんの一部でしかなかった．サクラメントの後には他の祝典が，親戚友人の集いが，手の込んだ饗宴が，高級な着飾りが，そして踊りがあったが，これらは，神聖な人物のための祝日の祝いと同様，批判の対象となった．若きカタリナは，すべてのこのような世俗性を嫌悪するようにと教育され成長した．つまり，彼女の家族もこれらの行為を好意的には捉えていなかったし，彼女もこのような世界を忌み嫌い，不信心な行動から距離を置くようにと訓練されていた．

ガイラーが死去した1510年には，彼の希望もウィリアム司教の改革も失敗に終わったことは明白だった．ガイラーの甥で後任者のピーター・ウィリアムにはガイラーと同等の能力はなく，1516年には彼の同僚の聖職者に彼を何とかしてほしいという要望があった．それほど，彼は説教には向いていないと判

断されていた．しかし，改革への希望がなくなったわけではなく，実際に，敬虔な信仰生活のため，あるいは聖職者や信徒の教育のための供給源は増えてきていた．他の都市と同様にストラスブールでも，祈りのための補助教材，個人的な研究の可能性，そして教会の教えのための予算などは，印刷物の拡まりとともに拡大していた．より多くの印刷所が市内に設けられ，宗教書が市場を支配した．ラテン語の本が多数で，これは教養ある司祭のためであった．それらは具体的には新しい典礼に関する本，神学の書物，説教のマニュアル，説教の手本，ガイラーのラテン語による研究などであった．ドイツ語の本も増えていた．ここにもガイラーの説教，たくさんの祈りのための著作，聖人への祈禱集，彩飾写本，善き死への信仰的導きの書，無原罪懐胎に関する議論のような論争書，聖書などいろいろなものがあった．

　このめまぐるしく変わる日々の中で，若き日のカタリナは少女から大人へと成長していった．彼女は今や専門的教育を受けた成人女性になり，純潔と神への献身という聖なる生活を守りながら自分の生活を成り立たせていた．また彼女は，家において，そして説教をとおして大切な宗教教育を受け，聖職者は推奨をしなかったものの，自ら聖書を読んでいた．彼女はできる限り神に仕えるため日々奉仕をし，教えのあらゆることを追求し，可能な限り多く学ぶため，聖職者を探し求めた．彼女はたいへん敬虔な若い女性として名声を得ていた．家族や友人はもちろん教会のリーダーも，彼女の神の意思を学び実践するという信仰の熱心さを認識していた．女性たちは老若問わず，救済を積極的に得ようと共に追求していた．彼女たちはおそらく，信心会のような正式なしかたでの組織を作ってはいなかったが，いっしょにミサや告解に行き，教会の教えにそった懺悔や慈善活動などをしていた．そして日々，救済の確かさのため苦心していた．偉大なるガイラーがしばしば説いていたので，彼女らは教えられたとおりの善き業すべてに気を配った．具体的には，サクラメントの儀式には定期的に参加し，貧困者たちへの慈悲の施し，神の母やすべての聖人への崇敬，すべての戒律の順守などであった．しかし，彼女たちはいかなる平安をも獲得できなかった．カタリナは医者も治すことができない長血をわずらっている女性のような錯覚を受けた．それは死ぬまで逃れられない病のようなものであった．答えはどこにあるのだろうか？

第 2 章

プロテスタント宗教改革の到来とパートナーシップの誕生

　1518 年という年は，カタリナ・シュッツとストラスブールにとって，ガイラーの世代には想像もできないしかたで，信仰の考え方や実践に変化をもたらすことになる新しい世界への出発点だった．しかし 1518 年，20 歳のカタリナが成人の世界に足を踏み入れたとき，ストラスブールの教会生活において起こりつつあった重大な変化 ── それは結果的にはカタリナ自身の霊的な不安を取り除き，彼女の召命を新しい道へと導くものとなったのであるが ── は，マルティン・ルターの名に関わる小冊子の急速に高まりつつある奔流の中においては，ただかすかな予表にしかすぎなかった．そして，新任の牧師マテウス・ツェルによってもたらされることになるカタリナ個人の状況の大きな革命は，今のところまだ想像もできなかった．

宗教をめぐる雰囲気の変化

　ストラスブールの出版界はきわめて活発であった．印刷業者たちは最新の動きを入手し，拡大しつつある市場からそれぞれに公平な利益を得ることに熱心であった．宗教の分野においては，反教権主義的なパンフレットと一斉攻撃との新しい波があった．いや，それは波と言うよりはむしろ，伝統的な反教権主義の話題から，老いたガイラー博士を心底驚かせたであろう新しい神学的，教義学的な問いを含む主題へと転じたパンフレットからなる大波であった．若い世代の人文主義者たちは，教会の悪弊に対して前の世代のよりも一歩進んだ批

判をおこない，ウルリヒ・フォン・フッテン[1]のような高貴な身分の者たちの著作が印刷所から溢れ出ていた．十分の一税や他の教会税の不払いというような些細な事柄に破門という恐ろしい罰を無頓着に適用することに対する抗議のような伝統的な不平不満が印刷によって新しい力を得て拡まっていった．

かのザクセンに現れたアウグスティヌス会修道僧の場合も，最初は同じようなことがらの一部であると見なされた．ストラスブールはその話題でもちきりだったし，特に教会と国家の支配層（ヒエラルキー）とのルターの公然たる論争は，出版界の利益の種となった．修道士マルティンは私たちがよく知っているように，贖宥状の悪弊や，特にローマ教会が大規模な建築事業でドイツの大量の金銭を流出させたことを非難したし，この不平不満にはストラスブール市民も確かに同意した．だが，事態はより複雑になった．ルター博士とカイェターヌス枢機卿[2]やエック博士[3]らの教皇庁高官との間での会議について聞いているだろうか？ 彼らは修道僧を破門した．我らのハンス・ボック[4]氏もヴォルムスでその場におり，この驚くべき人物と話をした（ついでながら，市参事会の感じていた重圧については，彼らがここストラスブールで破門の大勅書の出版を

---

〔1〕 ウルリヒ・フォン・フッテン（Ulrich von Hutten, 1488-1523）はドイツの騎士の家庭に生まれ，ヴィーンで国民主義的人文主義の影響を受け，エラスムスとも交流をもち，ルターの『キリスト教界の改善に関してドイツのキリスト者貴族に宛てて』（1520年）にはフッテンからの引用が見られるという．彼の風刺文や詩作にはドイツの国民感情が盛り込まれていた．

〔2〕 カイェターヌス（Caietanus, 1469~1534）．イタリアのカトリック神学者，ドミニコ会総長，枢機卿．トマス学派の代表的神学者．ピサの教会会議（1511），第五ラテラノ教会会議（1512-17）で指導的役割を果たし教皇の首位権を擁護し，教会改革を推進した．対トルコ十字軍推進のため教皇特使としてドイツに派遣されたとき，ローマ出頭を拒否したルターの審問を託され，アウクスブルクに召喚し，審問した．のちにヘンリー8世の離婚問題の検討も担当した．

〔3〕 ヨハネス・エック（Johannes Eck, 1486-1543）．ドイツのカトリック神学者．シュヴァーベンのエックに生まれハイデルベルク，テュービンゲン，フライブルクに学びインゴールシュタット大学教授として生涯を終える．1519年のライプツィヒ討論以来ルターの論敵として常に登場する．アウクスブルク国会やその他の宗教会談に出席し，宗教改革に反駁する書を次々と書いた．

〔4〕 ハンス・ボック（Hans Bock, -1542）．ストラスブールの政治家．市長を何回も務める．1524年以来，福音主義派．

第 2 章　プロテスタント宗教改革の到来とパートナーシップの誕生 | 55

遅らせたことからも想像できる）．しかし，ルター博士は彼に対抗して教皇の大勅書と教会法令集を燃やした！　彼の苦難についてのパンフレットで「マルケルス著　マルティン・ルター博士の受難またはその苦悩」[5]を読んだことはあるだろうか？　今や新しい司祭，新しい殉教者，ローマ教会に対して立ち上がるドイツ人修道士が立ち現れたのだ．

　しかし，もしそれを読み続けるなら，そこには挑戦以上のものがある．これはただの抵抗ではない．そこには，信徒のキリスト者にルターがいかに価値を置いていたのかがわかる「ドイツ国民の［キリスト者］貴族に与える書」だけでなく，サクラメントをバビロン捕囚に値するとした，より才気があふれ，より恐ろしい記述［教会のバビロン捕囚］もある．我々は，ユダヤ人にとってバビロンが何を意味するのか知っているし，曾祖父が語り継いだ，アヴィニョンに教皇が住んでいた時の話，つまり次第に教皇が二人になり，一時は三人にもなったという話を，とてもよく覚えている[6]．

　サクラメントは恩恵の手段であるが，もしそれが聖職者によって捕らわれ，幽閉されているとするならば，私たちはどこに行けばよいのだろうか？　ルター博士は，ミサは偶像崇拝であるから，もはやそれを崇めるべきではないし，［聖職者になるための］特別な誓約などもないと言う．洗礼を受けたキリスト者はすべて祭司なのである．修道士も修道女も［清貧・貞潔・服従という三つの］誓約に感謝するために人間が作り出したものにすぎない．それでは神の言葉に反した人間の法とは一体何なのか？　それから，最も単純だがどこか理解

---

〔5〕　当時ストラスブールでも出回っていたこのパンフレットにおいて，ルターのヴォルムス国会での出来事はキリストの受難になぞらえて描かれた．教皇主義者はイエスを糾弾したユダヤ人であり，ルターに好意的なトリールの大司教はピラトのように，ルターの自由を望んだドイツ国民はピラトの妻のように書かれた．

〔6〕　この部分では，ルターが 1520 年に発表した宗教改革三大文書，すなわち『キリスト教的人間の自由』『キリスト教界の改善に関してドイツのキリスト者貴族に宛てて』『教会のバビロン捕囚について』が取り上げられている．特に，第三の書はローマ教会による七つのサクラメントとその階層的職制を批判し，それをイスラエルのバビロン捕囚（紀元前 6 世紀）にたとえている．また，フランス王により教皇庁がアヴィニョンの地に移された（1309-77 年）出来事は一般に「教皇のバビロン捕囚」と言われる．

しにくいのが,「キリスト教的人間の自由」である.「キリスト者は最も自由な者であるが,しかもすべての者の僕である」であるとはどういう意味なのか？　為政者が自分たちの言葉を守らないとき,彼らに従うのを拒否する自由なのか？　すべての教会法からの自由なのか？　十分の一税や,幼児洗礼式や祖母の終油の秘跡に来る司祭への支払いからの自由なのか？　聖書が伝える神の律法に従うことからの自由なのか？　罪からの自由なのか,それとも神の義を満たすには決して十分とは思われないほど無限に続く善き業からの自由なのか？　人それぞれに違った自由の概念をもっているように思われる．また,「すべての者の僕」という一言は一体何なのか？　かのルター博士は,教会が言うように,異端者で厄介者なのか？　それともドイツ国民の英雄なのか？　それともほかの何者かなのか？　どのようにしてそれを探り出せるのか？　教会によってか？　そうは思われない．では,神の言葉,福音書,神の律法からなのか？そのほうが確かにずっとよい．しかし,どこでその確証を得ることができるのか？　それともこのわたしたちが,読み,聞き,熟考して,自分たち自身で決定できるのだろうか？

　ストラスブールの敬虔な信仰者とそれほど敬虔ではない信仰者にとってさえ,1518年から1522年の期間には,その当時の宗教問題が次第に民衆の注目を浴びてきていると意識されるようになってきた．鋭敏な市民たちも,改革への呼びかけの中に,非伝統的な調べの増大をはっきりと洞察することができた．良心的な牧師であれば,たくさんのパンフレットが印刷され,再版され,また海賊版まで出回ることによって自分の教区内で生じている動揺を無視できなかった．それともその動揺がある新しい修道会の遍歴の使徒たちによってか,それとも何か新しい事態によって惹き起こされたものだとしたら,司教が賛成した修道会ではないであろう！　たとえば農民説教者カルスト・ハンス[7]だが,彼は1522年の7月とその後9月にもストラスブールを訪れている．そ

---

〔7〕カルスト・ハンス（Karst Hans）．民衆説教家．1522年夏,カルスト・ハンスと名乗って農民の服装で,大聖堂前の広場で教会を攻撃する説教をおこなった．その後バーゼルやネッカー川上流地域で活動後,バリンゲンで逮捕,テュービンゲンで裁かれ,投獄された．1525年4月以後失踪し,その後のことは不明．ストラスブールでカルスト・ハンスの名で著者不明の主にムルナーを攻撃するパンフレットが出され,民衆に影響を与えた．

第 2 章　プロテスタント宗教改革の到来とパートナーシップの誕生 | 57

して，マテウス・ツェルはとりわけ良心的な牧師で，自分自身のためにも真理を知ろうと深い関心を抱いていた．

マテウス・ツェル ── 新しい牧師とその説教

　1518 年の夏，マテウス・ツェルは，市における最大地区である聖ラウレンティウスの大聖堂教区に着任するためストラスブールに来た新しい司祭であった．彼が着任したのは，聖ヴィトゥス祭の踊りの災難から市が立ち直りかけていた時であり，牧会的配慮が明らかに必要な時であった．この 40 歳のアルザス人は（ガイラーの故郷と同じ）カイザースベルクの出身で，かなり恵まれた家柄の出身であった．マテウスは兄弟が数人おり，少なくとも兄弟が一人とオディールという名の姉妹が一人，成人になっていた．若きマテウスはツェル家の学生となり，1494 年には大学教育を受けるためエルフルトに送り出されたが，その後 1495 年にインゴルシュタットへ移った（正規の教育を継続する前に，彼は旅をし，一時は帝国軍に従事したようである）．ツェルは，ブライスガウのフライブルグ大学で学問的訓練の主要な時を過ごした．具体的には 1502 年の 10 月 2 日に学びはじめ，それから 16 年間をそこで過ごした．そして 1503 年に文学士号，翌年に文学修士号を得たあと，神学的研鑽を続けた．1509 年 10 月 7 日に彼は神学の学士号をもらい，2 年後の 1511 年 9 月 10 日，ロンバルドゥスの『命題集』について講義をおこなう許可を得た．その間いくつかの点において，ツェルはフライブルグにおいていくらかの資産を身につけながら，自分自身を確立していった．彼は，1517 年から 1518 年には大学の学長に選出され，学問的な経歴における栄誉を得た．ツェルは，ヴォルフガング・カピト[8]などのよ

---

[8]　ヴォルフガング・カピト（Wolfgang Capito, 1478-1541）．ストラスブールの宗教改革者．アルザスのハーゲナウ（アグノ）に生まれ，フライブルクで医学，法学，神学を修める．1515 年バーゼルに招かれ神学教授，説教者となる．エラスムスと親交，ルターの著作も読む．1519 年マインツ選帝侯の宮廷司祭となる．キリスト教人文主義の穏健カトリックの立場から和解の道を探りウィッテンベルクを 2 回訪問しメランヒトンやルターと会談する．1523 年，聖トーマス教会聖堂参事会長としてストラスブールに移る．彼としては学問研究を続けるために第一線から退くつもりであったが，ツェルはそのような一種の引退生活に閉

うな何人かのクラスメイトとは異なり，神学における最高学位を取得してはいなかったが，1518年までは満ちたりた大学生活をおくり，教区司祭になるためにストラスブールからの招聘に喜んで応じた．

ストラスブールのツェルの地位は，卓越したものではあるがきわめて下位に属するという両面性をもち，それは当時の教会における典型的な組み合わせでもあった．聖ラウレンティウス教区は市内で最も大きく最も有名な教区であった．教区はまた，司教座聖堂大参事会の配下に組み入れられており，ツェルは参事会の有給の奉仕者で，毎年契約を更新しなければならない雇われ従属者のようなものでもあった．実際，九つのストラスブール教区のうち八つは聖堂参事会の管轄下にあり，その聖堂参事会は金目当ての司祭たちを雇って教区主任司祭という肩書きの仕事をさせていた．ツェルは大聖堂のすぐ裏にあるブルダーホーフ通り沿いの大きな牧師館に住み，相応の給与をもらってはいたが，しかし一方では，上位と下位の聖職者間の財政的及び政治的な紛争と，それがもたらす司祭個人と彼の会衆との間における困難には十分に気づいていた．しかし，その法的関係は事実上どちら側も制御できなかった．

ツェルは，教区司祭として日常のミサ，洗礼式，結婚式，葬儀関連の仕事に加えて，司教の「聴罪師」という身分でもあった．聴罪師とは，罪を犯した者の告白を聞き，赦罪を言い渡すことを任命された司祭のことで，それは本来司教にのみ許されていた務めであった．多くの場合これは次のような不払い，すなわち教会税や十分の一税，たとえば出産後の女性が身を清める際に納める費用，流産や死産の際に生じる無慈悲にも思える費用の不払いという過ちが当てはまった．ツェルはほとんどの場合，通常の支払いを課さずに，適当だと思われる事例については赦免宣言をした．これは牧会的な気持ちからではあったが，この司祭の寛容さにより収入が減った彼の雇い主はこのことに納得していなかった．ツェルはこの件で1521年初頭に非難されたが，それはあくまで懲戒的なものであり，まだ異端の告発をされることはなかった．イースターの聖体拝領に備えて教会の陪餐停止を課された者たちが赦免を求めてやって来

じこもることを彼に許さず，マインツ時代に擁護したブツァーの到着もあって，福音主義的立場を全面的に受け入れた．ブツァーと共にストラスブールの宗教改革を推進したが，宗教的少数者に非常に寛容で，ブツァーをしばしばいらだたせた．この点でツェル夫妻に近かったことは本文に述べられるとおりである．

た1522年の初春までに，ツェルのおこなった習慣はより論議の的となり悪評を被りつつあった．彼は，懺悔する罪人が，ただ貧しすぎて料科を払えないという理由だけで，なぜ霊的な共同体とサクラメントから閉め出されるべきなのか，理解できなかったのである．そのようにして，緊張が増し加わっていったのである．

確かにそうしたことは彼のサクラメントの務めにとって，もともと第二義的なものであったけれども，マテウス・ツェルの中心的な関心は説教にあった．そして，こうした牧会的活動は，彼の教区にとっては彼の最大の魅力の原因でもあり，彼の上司にとっては最大の頭痛の種ともなった．しかし，単に彼の説教がかつてないほど大勢の聴衆を惹き寄せて，大聖堂参事会や司教を当惑させているというのではなく，問題はその説教の内容にあった．ツェルは多分フライブルグでルターについて読み始めてはいたが，彼自身の記録によれば，彼は，上位の聖職者から「異端」とレッテルが貼られるようになった新しい書物を彼の会衆が大勢読んでいたので，特に探求する気になったのである．彼は良い牧者として，彼の周りで拡まっていることを知る必要があった．ツェルは，新しい考えを積極的に語りはじめた最初の人などでは全くなかった．1521年までにストラスブールでは，説教壇から「ルター派」の考えを探求していた人物が二人いた．一人はすぐ沈黙したが，二人めのカルメル会士ティルマン・フォン・リン[10]は警告を受け入れなかったので，ストラスブールを早急に退去させられる羽目となった．しかし，「ルター派」の説教は一掃されず，むしろその反対であった．

1521年3月までには，マテウス・ツェルは，ルターが唱えた福音の新しい

---

[9] ペーター・フィリッピ（Peter Philippi）．アウグスティヌス修道会士．1520年にストラスブールに来て，旧聖ペーター教会で活動を始める．しかし，ルター的な説教をしたとの理由で短期間の後に解雇されたが，その他の詳細は知られていない．

[10] ティルマン・フォン・リン（Tilman von Lyn, 1480-1522以後）．カルメル会修道士．ケルン，トリアーに学びシュパイアーで活動後，1520年ストラスブールに来る．ルターの著書『ドイツ国民の［キリスト者貴族に与える書］』の影響下に教会批判を始める．ヴォルムス勅令発布後，カルメル会は異端抑圧に努めたので，彼は説教職をはく奪され，修道院内に閉じ込められた．それ以後のことは知られていない．

読み方に促され，聖書からの新しい洞察によって説教を発展させる準備ができていた．そして，新しいパンフレットをすでに探しはじめていた教区民の一人であったと思われるカタリナ・シュッツのような敬虔な信徒のキリスト者たちは，間もなくガイラー博士の世代の聖職者からは聞いたことのないような説教に特別な注意を払って聴くようになった．ガイラーとツェルの世代は多少重なってはいるが，悪弊に対する批判などは別の形を取っており，その根拠は微妙だがしかし意味深長なほどに異なっていた．多分1521年か1522年の初めまでには確実に，一般の信徒にとってはこの福音の「新しさ」が次第に目に見えるようになってきていたからである．[11]

　ツェルは常に実践的で，教理の実践的な帰結について最大の注意をはらう傾向があった．その神学の根本的な方向性はすでに転換していたが，注意深い聞き手は，不道徳な聖職者と，頭でっかちな教会の構造，そして敬虔と人間の罪についての間違った指導への攻撃を強調する「ルター流」の考えを聴くことができた．いくつかの主題は頻繁にくり返されたが，多くの説教の中に違った仕方で織り込まれていった．聖書のみからくる福音の説教は高らかにそして明確に，聖書の権威は人間の教えや教会法よりも上に置かれ，聖職者の召命も信徒の召命も等しくその福音と黄金律［マタイ7：12］に従って生きることであった．そして，それらに比べれば時に明瞭でないことや単純ではないことがあったにせよ，唯一の救い主キリストと，人間の能力や聖人の功績やサクラメントの機械的な効力（ナサレタ業ニヨッテ［事効説］）ではなくて，ただキリストの義とする恵みのみへの信仰とが等しくしっかりと主張された．それは文字よりも霊，律法に対する福音を肯定するものであった．さらにそれを超えて，信徒のキリスト者はキリストへの洗礼と信仰告白とによって一種の［全信徒の］普遍的祭司性を受け取ることとなり，それは信徒に，教会の福音に対する誠実さの判断に参与する権利を与えたし，場合によっては，怠慢な聖職者に直面して神の言葉を説教する権利をさえ与えたのである．

　ある特定の説教が，ツェルの聴衆の中で特に新しい思想に悪意を抱く一部の者たちの心に残っている．1522年2月24日の聖マティアの日には，使徒言行録1

---

　〔11〕　原註によれば，ツェルはブツァーの『信仰問答』（1534年）に寄せた序文の中で，彼は1521年にルターのように説教を語り始めたと書いている．

章 21 節から 26 節とともに，聖職者を選ぶ正しい方向とその役割とが主題になった．加えてツェルは，説教職の卓越性をほめたたえながら，それを人々が日々ミサ典文で聞いていた礼拝日課の「讚美と朗読」と好んで比較した．彼は，もし教会が日々の礼拝において初期のキリスト教徒のやり方に従っていれば，それは立派なものになることには同意したが，実際はある聖職者たちは自分たちの語っていることを理解していなかったし，もし理解できたとしても，ラテン語を知らない他の人々には無益であった．神学的訓練を受けた人は，理解できない典礼で人々が無駄に時間を過ごすことがないように，彼らと学識を分かち合うべきである．ツェルにとって，聖職者教育を受けた特権には，牧会と説教という責任が伴っていたのである．

月日が経つにつれ彼の説教は激しさを増してゆき，しばしばそれは，特に神の母マリアに奉献された市に住む者の耳にはショッキングですらあった．1522 年 9 月 8 日の処女マリアの生誕祭は，聖母とその両親に関する注目すべき論議の機会となった．一つの重要なテーマは聖書の権威であったが，ツェルは多くのストラスブール市民がとても痛切に感じていた民衆的信心の諸要因についても問題にした．人々は，聖書はマリアの誕生についても，その両親の名前についても何も記していないことを聞いた．ツェルは幾つかの民間伝説，たとえば，黄金のアーチの下でのマリアの懐胎やその父ヨハネと羊飼いなどの伝説を論駁した．大胆な新しい司祭は，その当時マリアの母聖アンナに対する崇拝が高まり，「皆が彼女について何かを聞きたがっていた」が，これについて聖書には何一つ書かれていないことを認めていた．私たちは，処女マリアは神の母であり，それゆえに崇拝されているし，またそれゆえにマリアの両親も善良で敬虔な人物であったと知るだけで十分なのである．ツェルは，人々がマリアの諸聖堂を巡礼し，そこでは（彼の見方では）神やマリアの栄誉を求めるのではなくて，個人的な願い事を叶えてもらうためにお祈りすることが慣習化していることをますます批判し続けた．確かに，神の母は尊敬に価するが，神に負っていることと，彼女に相応しい権利とは，注意深く区別しなければならないのである．私たちは，唯一の救済者にして神と私たちとの仲保者であるキリスト・イエスを通してのみ得られることを，彼女から得ようとしてはいけないのである（Ⅰテモテ 2：5 参照）．少なくともこの時点までに，人々は，ツェルの祈りが，聖母マリアから恩恵を求めるガイラー博士の日々の祈りとは違うこと

に気づくようになっていた！　そして間もなく，この不埒な説教者が聖母マリアを中傷しているという噂や印刷された文章さえ飛び交いはじめた．ツェルは聖母マリアを神の母として大いに尊敬していると何度もくり返したものの，彼の親族の中には，彼を異端視し，関係を絶とうとする者もいた．しかしそれでも，彼は説教を止めようとはしなかった．

　数週間後，9月21日に聖マタイの祝祭のため大聖堂にやって来た教区民は，煉獄の伝統的理解を疑問視する説教を聞いた．ツェルは，人々の恐怖はキリストに対する不完全な信頼から生じていると説明し始めた．もし，キリストという救いの岩に信仰がしっかりと結びついているならば，地獄への門もそれに逆らうことは何一つできないのである．彼は続けて，煉獄という主題についての聖書の沈黙と教父たちの慎重な言葉遣いとを指摘した．煉獄信仰は後の世代のあやふやな啓示に基づいており，それが育む民間の信心は貪欲な聖職者の餌食になっている．また，死者への祈りは許容されるとしても，それは彼らのためなのか，それとも生きている者たちの慰安のためなのか？　9月29日の聖ミカエルの日には，この実践的な司祭は，中世のキリスト者の結婚観を複雑にしていた，名付け親との絆から生じる精神的な同族関係の問題を取り上げ，さらに彼はこれらすべての手の込んだやりとりが，聖書の権威なしに教えられていると指摘した．

　11月になると，特別な聖日が増えるにつれ，刺激的で人々を激怒させるような説教が数を増した．1522年11月1日の諸聖人の祝日のメッセージで，ツェルは再び民衆の信心の慣行に関わり，諸聖人に長く帰されてきた執り成しの役割に焦点を当てた．祈りは，どんな被造物にでもなくて，ただ神にのみ帰すべきものであるのだから，諸聖人に祈りをささげてはならない．聖書は，キリストの御名によってのみ私たちは救われるのであり，救い主の職務はただキリストにのみあると教えている（聖人を守るために戦う人は，おそらく聖人崇拝によって利益を得ている人であろう？）．キリストはキリスト教的信心の中心となるべきであり，実際キリストについての正しい説教は，神へと達する仲保者としてであれ，人間の願望そのものに応え得るものとしてであれ，聖人という考え方を拒否するものである．聖人とはただ神の恩恵を受け取った人間の模範となりえるにすぎない．それから，ツェルはいつものように実践的倫理的視点に転じた．現在行われているような，聖人崇拝は福音に反した偶像崇拝であっ

て，それは神の栄光ではなく自分自身の栄光を追求するものである．キリスト以外のどこかに助けを探し求めることは危険である．聖書は聖人への祈りを教えておらず，聖人自身もそうした考えを支持してはいなかったのである．

　翌日の11月2日は万霊節［死者の日］であり，ツェルの説教は再び以前の主題を反映していた．彼は，聖書は死者のための祈りについてはっきりとは語っていないことを認めた．しかし，このような祈りの可能性を明白に認めて，死者のためのミサを否定しなかったが，ツェルはそれらに本質的にどのような意味があるのかを再定義した．そう，自分の愛する人のための別れのミサを挙げ続けることはできる．しかし，それはキリストという生ける献げものを想起し，彼らのために苦しんだキリストに信頼し，その信仰に依り頼む時として，正しく執り行われなければならない．こうした信仰をもって召された者たちが何の実をも結ばないはずがないし，生きている者たちも自分たちのために御血を流されたキリストへの信頼をもって自分自身を献げて生きるべきである．死者のための祈りは次のようになされなければならない．

　　　天の父よ，これはあなたのひとり子なるキリストの肉と血です．キリストは
　　私たちの罪とすべての者の罪のための代価としてご自身をあなたに献げてくだ
　　さいました．あなたはまた，世界中のすべての罪のためのその犠牲を受け入れ
　　てくださいました．それゆえ，私たちはキリストへの私たちの信仰と信頼とを
　　固く保ち，キリストを通して獲得されたあなたの恵みだけに期待します．その
　　ような信仰と信頼のために，あなたの恵みの見えるしるしとして，いまここに
　　ある肉と血とを通して，私はあなたに正しい真実の信仰をもって請い願います．
　　あなたが，私の父，兄弟（あるいは［説教者は一言加えて］誰も除外されるべ
　　きでないにせよ，誰であれあなたがたが特にその者のために祈っている人）に
　　対して，恵み深く，そして慈悲深くありますように．そして，私の信仰と，そ
　　の信仰をとおしてキリストの一員であったし，今もそうである，すでに召され
　　た者たちとに目を留めてくださいますように．彼らが憩うことができるよう，
　　あなたにおいて彼らの望みを満たしてください．憩いとはあなたなしでは不可
　　能なものです．彼らはこの地上では信仰の欠けゆえに，十分にも完全にもあな
　　たを知らなかったことを，今や十分にわかっています．それゆえ，あなたが，
　　彼らの不十分な知識に増し加えて（完成して）ください．それだけで，ヨハネ
　　が言っているように，彼らは憩い，また生きるでしょう．「永遠の命とは，唯一

のまことの神であられるあなたと，あなたのお遣わしになったイエス・キリストを知ること」[ヨハネ17：3]だからです．[12]

そのようにして，説教者は，あなたが何をすべきかについて語り続ける．それからまた諸儀式は存続してもよいが，しなくても自由であるべきである．義務でなされるべきではない．しかし，許されないことは，寄進礼拝堂付き司祭のお金儲けがすべてになっていることだが，彼らの生計は死者のためのミサの増加に依存しているのである！　ここでも，実践的で倫理的な熱情と，反教会権力的な方向づけとが優勢で，数週間後の11月16日の主日説教でも教皇の教令を攻撃するような調子であった．

ツェルは，ルターの思想を説教しているわけではなかったが，ルターの方がその反対者たちよりも聖書の導き手としても神の意思の理解者としてもより優れていると明らかに信じていた．ツェルはただ，彼の会衆が読んでいたものを調べ，福音の教えを忠実に説教するという自分の義務を遂行しているだけであった．しかし，熱意をもった教えは，特に中，下層の人々からの熱狂的な応答を呼び起こした．聖ラウレンティウス教区が活用していた大聖堂のチャペルは，この刺激的な説教を聞きたい会衆にとってはあまりにも小さすぎたので，すでに1522年6月2日には，教区が大聖堂参事会に対して，大聖堂の身廊にあるガイラーの石の説教壇をツェルが使用するための許可を求めていた．大聖堂参事会はこれを拒否したが，市参事会は妥協を計ろうとして，6月21日に，ツェルが説教に来たときに身廊に持ち運び可能な木製の説教壇を組み立てて，後で撤収することを大工のギルドに許可した．ツェル自身の計算によれば，3,000人もの聴衆が，この破壊的であるが，大変魅力的な「福音」の説教者の生き生きとした説教を聞くために集まった．カタリナ・シュッツも確かに，この情熱的な説教者に惹き込まれた者の一人であったが，彼女は特に神の言葉を率直に語るその表現に深く心動かされた．彼女もまたマルティン・ルターのお陰で新しい目をもって神の言葉を読んでいたからである．

---

〔12〕　ローマ・カトリック教会では，ミサ聖祭や祈り，施し，他の信心業によって，煉獄の霊魂を助けることができるとするが，宗教改革者たちは聖書のみの原理から煉獄の存在を否定し，煉獄の霊魂のために祈ることやそのための免償（免罪符）を批判していた．

カタリナ・シュッツと福音についての新しい教え

　教会の助言に従って神との平和を自力で実現しようと長年苦闘してきた若きカタリナ・シュッツは，今やルターとツェルの喜ばしい解放のメッセージを通して，神の救いがキリストを通して与えられる完全な賜物であることを聞いたのである．彼女が理解することなく長い間読み続けていた神の言葉が，今や突然閉ざされた書物ではなくなった．今や彼女は，そのメッセージを理解し，自由になることもできたのである．もはや，彼女自身の救いを勝ち取るために何かをする必要はなくなった．できるだけたくさんのミサに出席するために大慌てする必要も，神に喜ばせようとたくさんの活動を重ねる必要もなく，果てしなく続く祈りをくり返す必要も，断食の入念な儀式や，教会法の推奨する自己否定の格好をする必要もなくなった．あるいはまた，何か彼女に究極的に安心させるものを教えてくれるような他の説教者を必死で探し求める必要ももはやなくなったのである！

　カタリナ・シュッツは自分自身を罪人であり，堕落したアダムの子であると認識していた．つまり，神の恩顧を勝ち取るためには何一つできない人間だと考えていた．しかし，キリストが一切を成し遂げてくださり，彼女は神の養子，サラの娘，キリストの配偶者，彼との共同相続人，そして聖霊の宮となった．神の御業は彼女自身が何もしないということをまったく意味してはいなかった．贖罪の御業はただキリストのものであるが，宣教と愛の業とをキリストは彼の姉妹兄弟と共有しておられる．したがって，信仰の賜物とともにカタリナには「人間をとる漁師」になるという神からの召命がやってきた．すなわち，他の人々に信仰を伝えることと，キリストが彼女に仕えてくださったように困っているすべて人々に仕えることであった．

　カタリナがはっきりわかったことは，ただ神のみが救いへの道を開くことができるが，キリストがその昔に使徒たちを遣わされたのと同様に，今のこの世でも神は通例使者を選び用いるということである．若きストラスブールの女性信徒にとっては，その他の市民同様，マルティン・ルターこそがこうした最高の使者か天使であったが，彼らのマテウス・ツェルもルターの次に並んでいたし，カタリナにとっては彼こそが一番よく知られた，最も身近な人物であっ

た．信仰的啓蒙の可能性を求めて，学識のある聖職者を長い間探し求めていたとすれば，ヤーコブ・シュッツの娘は，ツェルの公的な説教を聞くだけでは満足せず，福音が何を彼女に約束し何を彼女に要求しているのかを懸命に語り合うためにこの新しい司祭を探し出したに違いない．カタリナはそれまでに出会った誰よりもこの情熱に溢れた説教者に惹かれたが，この夢中で傾倒し霊的に鋭敏な若き教区民との出会いは，マテウスの牧会的経験の中でもほとんど新しい経験であったに違いない．両者とも古い信仰の上に照り輝く新しい光に顔を向けて立ち，この似通った二つの魂は，神の言葉と御心とに対する共通の理解を抱いていた．この「福音」の真剣な信奉者二人はその召命が結びつけられているのを発見する時は近づいていたが，それはまだ来ていなかった．今のところ，ツェルの職務は最も危険で騒々しい年に近づきつつあった．

危機的な年 ── 「ルター主義者」の説教から聖職者の結婚へ

　大工たちのようなすばらしい市民たちやカタリナのような熱心で友好的な聴衆だけが，ツェルの説教を書き留めたストラスブール市民だったわけではなく，彼の次第に高まる明白な"異端"は，当局者や彼の聖職者仲間に気づかれないはずがなかった．なかでも，ツェルを教理的に疑っていただけでなく，個人的にも脅迫していたのが，ガイラーの甥で大聖堂の説教職後継者でもあるペーター・ヴィックラムであった．ヴィックラムとツェルは，時間こそは異なっていたものの，事実上同じ建物の同じ場所を共有していたし，ツェルの方が群衆を惹き寄せていた．1522年11月，二人はそれぞれの説教壇から活発な批判の応酬をおこなったので，市参事会は両者を非難した．しかし，会衆はすでにその贅沢さと貧しい説教のゆえにヴィックラムに反対していたし，ツェルの説教はより訴えるものがあった．そして，まもなくヴィックラムは早期退職に追い込まれることとなった．

　それよりも非個人的な監督当局もツェルの言動に注意をはらっていた．当初は言葉での警告を与えていたが，1522年の終わりには行動を起こし，12月初めには特に司祭代理であるヤーコブ・フォン・ゴッテスハイムの前に召喚したり，司教高官のゲルバーセ・ゾーファーによってこの厄介な司祭に対する二十四箇条の告訴状が編集された．この告訴状は，ツェルをマルティン・ル

ターやその他さまざまな異端の弟子であり，民衆を教会への暴力や反乱へと駆り立てる者であり，特にかの扇動的な流浪の農民カルストハンスの支持者でもあると非難していた．ツェルは，司教が取るべき手順を踏んでおらず，これらの箇条は彼自身が見る前に公開されていたと主張したが，彼も彼の支持者もその状況は非常に深刻であると受けとめていた．この人気のある説教者の誘拐や，大聖堂と司教代理の屋敷を結ぶ地下通路から彼を連れ去る計画の噂さえ拡まっていた．

　彼らの牧師ツェルの勇気に感銘を受けた支持者たちが，まず最初に公然と反応した．司教代理ヤーコブ・フォン・ゴッテスハイムとの面会の翌日，数名の教区民が司教代理の部屋のドアに匿名のビラを貼って，彼らの説教者を擁護し，彼の側に立つことを約束した．彼らはまた，ツェルを非難する法律専門家に対しても，教会法ではなく，聖書をもって反論すべきだと主張した．教会法は容認すべき権威ではなかったのである．この頃かそのすぐ後に，別なツェルの支持者がシュテファン・フォン・ビュルハイムという偽名を使って「マティス師への心をこめた警告」という韻文のパンフレットを出版した．彼はそこで伝統的な父親を福音へと回心させる「ルター派の」息子を描いているが，この人気のある説教者にその危険をも警告している．ビュルハイムの本文は，「マティス師の説教」が市内の居酒屋で「一般市民」によって議論されていることを示していたし，ツェルのメッセージの爆発力に対する彼の批判者たちの恐れには理由がないわけではないということをも暗示していた．説教者自身は自分が純粋な神の言葉に関心を抱いており，市民の闘争心を煽ろうとしているわけではないことをくり返し警告していた．しかし，ツェルはカルストハンスの説教を実際に聞いたこともあり，食事に誘ったことがあったので，彼の職務の破壊的爆発力を小さく扱わせようと努力していた可能性もある．支持者によるポスターやパンフレットに比べて，ツェル自身の公式の応答がまとまるにはより多くの時間がかかったけれども，彼としては二司教の二十四箇条における告発に対する返答と反論のため素早く着手していた．彼は司教へのラテン語の

───────
〔13〕 Mathis は Mattaeus や Mattias の地方的な慣用的言い方であった．人々は彼に親しみを込めて Meister Mathis とよんでいた（cf. Weyer, Michel, *L'Apologie Chretienne du réformateur strasbourgeois Mathieu Zell*, thèse de doctorat de 3e cycle, Strasbourg, 1981）．

返答と「キリスト教的弁明」という題のドイツ語版の両方を準備した．その正式の題を大まかに訳すと「キリスト教的な弁明，ストラスブール大聖堂の教区司祭で説教者であるカイザースベルクのマテウス・ツェル修士が，批判の条項に答え，司教区裁判所検事による法廷の前に提出する．ここでは福音的な教えの基本的な説明と，現在議論され異議を唱えられているほとんどすべての事項に対する十分な聖書的な弁明を見つけられるであろう」．この自国語によるテキストは，ヴォルフガング・ケップフェルによってたぶん1523年の盛夏に出版された．

1523年の早い時期にストラスブールではたくさんの出来事が起こり，教会政治的な情景はめまぐるしく変化した．まず，ツェル自身の事情もあった．1月に，ウィリアム司教はこの反抗的な司祭を彼の教区から解雇しようとしたが，ストラスブール市参事会や司教座聖堂参事会による政治的な反対によって撤回させられ，ツェルに一年間続行させざるをえなかった．その後，司教は表面上の態度を変えたが，3月10日に再び着手し，この異端的な説教者に7月24日までに立ち去るよう命じた．ツェルは職を追われ，しばらくは自分の家だけで教え，ラテン語でローマの信徒への手紙に関して講義をした．しかしながら，この説教壇からの締め出しは長続きしなかった．3月後半までに市内のツェルの支持者たちがもう1年間彼に司祭を続けさせるよう政府を説得し，司教は「聴罪師」としての任務を取り消したけれども，彼らはガイラーの説教壇をツェルに明け渡すことに同意さえした．

しかし，実際はツェルの事例だけが1523年の絶えず変化する教会政治の唯一の側面ではなかった．ストラスブールの他の聖職者もこの新しい「ルター流の」やり方に惹かれ始めた．聖ニコラス教区の司祭，アントン・フィルンも[14]「福音を説教し」始めて，1523年6月には特に論争を惹き起こした．その他にも，ツェルの補佐であるディオバルト・シュヴァルツ[15]，ツェルの一時的な代

---

[14] アントン・フィルン（Anton Firn, −1530）．ハーゲナウ出身．フライブルクに学ぶ．聖トマス教会の司祭のとき，宗教改革に最初に加担し，結婚した最初の司祭となる（1523年11月）．

[15] ディオバルト・シュヴァルツ（Diobald Schwarz）は，ツェルの助手であったが，ストラスブールの聖ラウレンティウス教会において1524年2月に前年にルターが出版した『会衆の礼拝について，およびミサと聖餐の原則』に沿ってドイツ

第2章　プロテスタント宗教改革の到来とパートナーシップの誕生

理でかつヴィックラムが去ってからその後継者カスパル・ヘーディオが来るまでの臨時の大聖堂司祭であったシンフォリアン・アルトビーサー（ポリオ）[16]も，新しい宗教的な方向性を共有していた．

　地方教区の聖職者たちは，新しい波のごく一部分にすぎなかったが，予想以上の新参者を含むまでに発展していた．伝統的教会観からみると，最も過激だったのはたぶんマルティン・ブツァー[17]であった．彼は司祭で元修道士であり，元修道女エリーザベト・ジルバーライゼン[18]と結婚していた．1523年5月中旬に彼が到着したとき，市民の子であるゆえに，市政府はしぶしぶ居住の許可を出した．他方，ツェルや他の福音派には，ブツァーは歓迎された．聖ラウレンティウスの主任司祭はマルティンとエリーザベトを自宅に迎え入れ，ブツァーは公開講義を禁じられたので，家で教えさせた．ツェルも8月16日に，不道徳な放浪の修道士と修道女という非難があったにも拘らず，ブツァーを説教壇に招き入れた．その後，ブツァーは聖アウレリア教区の教会員に彼らの牧師になるようにと頼まれた．市参事会はかなりためらった後，教会法的慣例か

　　語による礼拝を実践し，自らも『ストラスブール・ドイツ語ミサ』を著した．
〔16〕　シンフォリアン・アルトビーサー（ポリオ）（Symphorian Altbiesser（Pollio），1475頃-1537頃）．雄弁の評価が高かったので，ツェルに対抗するために，後継者の決まるまで大聖堂の説教者としてよばれた．しかし彼は，福音主義的な説教を始めて大聖堂参事会の期待に反した．
〔17〕　マルティン・ブツァー（Martin Bucer, 1491-1551）．ストラスブールの宗教改革者，神学者．シュレットシュタット（セレスタ）に生まれ，15歳でドミニコ修道会に入るが，人文主義の影響を受ける．1518年ハイデルベルクでのルターの討論会に出席して，ルターの福音主義に共鳴．修道士の請願を解かれた後，各地で福音主義的説教者として活動．1522年に結婚．シュパイアー司教から破門され，逮捕を逃れて1523年ストラスブールに保護を求める．この地の宗教改革と教会の再組織を先頭に立って導くが，1548年，仮信条協定に反対したため，皇帝の圧力のもとこの地を追われた．エドワード6世治下のイングランドに渡りケンブリッジ大学教授となるが3年後にその地で生涯を終えた．
〔18〕　エリーザベト・ジルバーライゼン（Elisabeth Silbereisen, 1495頃-1541）はネッカー河畔の町モースバハに生まれ，1514年頃ローベンフェルトの修道院に入ったが，1522年にそこを去り，宗教改革者ブツァーと結婚し，1523年にストラスブール入りした際には，マテウス・ツェルに迎えられ，同年末に結婚したカタリナとも親しく交わった．

らもう一つの逸脱を許可した．すなわち，会衆がそれ自身の牧師を市当局の（暗黙の）支持を得て選んだのである．

「ルター的異端」の支持者にはあらゆる階層の出身者がいた．その中には，菜園人のクレメント・ツィーグラー[19]もいた．彼は自分の声明を出し始めた人であり，しばしば聖霊主義者もしくは再洗礼主義者と分類される宗教的理想の発展における重要な一要因となった人物であった．もう一つの社会的階層からは，ウォルフガング・カピトとカスパル・ヘーディオ[20]である．カピトは，神学とともにローマ法，教会法のそれぞれの博士号をもち，人文主義者としてエラスムスの友人でもあったが，マインツ大司教の宮廷説教者の地位からストラスブールにある聖トマス教会の貴族主義的な教会参事会長の職に招聘された．1523年3月に到着すると，カピトは自分の務めに説教を含めることを欲して，参事会員や他の聖職者たちを驚かせた．これは高位聖職者の一員にとっては異例な牧会的活動であったからである．カピトはルターの思想に興味をもつ一方で調和を重視する人間であったため，司教派とツェル派の仲裁を数か月間に亘って計ったし，後に平和のためにツェル派に譲歩するようにと説得しさえした．しかし，6月18日と7月6日の間におこなわれた会談でのツェルの返答が，カピトを「福音」へと回心させる効果をもった．その後同じ年に，彼は

---

〔19〕クレメント・ツィーグラー（Clement Ziegler, 1480 頃-?）．信徒説教家．菜園人ツンフトのメンバー．彼の影響下に，菜園人らは彼らの教区である聖アウレリア教会の牧師にブツァーを選出した．説教活動とともにパンフレットを数冊出す．画像や聖人崇拝を否定するだけでなく幼児洗礼も疑問視し，サクラメントの価値を相対化，さらに聖霊の直接的働きを主張した．農民戦争では農民に加担，その後郊外で集会を導くが，再洗礼派的過激派として1534年市当局から説教活動を禁止される．1535年以後の彼の消息は不明．

〔20〕カスパル・ヘーディオ（Kaspar Hedio, 1494-1552）．ストラスブールの宗教改革者．カールスルーエの近くに生まれ，フライブルクとバーゼルに学び神学博士となる．バーゼルの教会で働いた後，1520年マインツ選帝侯の宮廷説教師となり，さらに1523年ストラスブールの大聖堂説教者となる．彼を選んだ司教座聖堂参事会としては彼が大学での師でもあるカピトに対抗することを期待したが，ここでも予期に反して，彼は福音主義陣営についてしまった．次章で見るように1524年結婚に踏みきり，穏健な立場からブツァーの改革を助けた．しかし，仮信条協定に際しては，その評価をめぐってブツァーと対立し，ブツァーの去った後，牧師会の議長となった．

この移行を自分の印刷物で弁明している．同じく神学博士であり歴史学者でもあったカスパル・ヘーディオも，ペーター・ヴィックラムの後継者として大聖堂の説教者に選ばれた．彼も1523年にストラスブールに到着し，この都市で今や支持を得つつあった「ルター主義者」の聖職者のグループにすぐに惹き込まれた．数年内に，カピトとヘーディオとはカタリナ・シュッツのサークルにおいて特別な友人になった．最初はカタリナも彼女自身の教区外から来るそのような高位の人物とは個人的な接触をしていなかったとしても，この時点で彼らの説教を喜びをもって聞いていたに違いない．

　伝統的な聖職者，福音の新しい教えの支持者，そしてストラスブールの宗教的政治的中心においてますます影響力を増しつつあった市参事会という三つのグループが対立していた．ニコラス・（クラウス）・クニービスに率いられた幾人かの行政官，職人ツンフト出身のマルティン・ヘルリンとダニエル・ミークとヤーコブ・マイヤー，そして貴族出身のエゲノルフ・ルーデル・フォン・ディールスブルグとベルナルド・オットフリードリッヒは，この新しい説教の熱狂的支持者となった．[21] その他の者たちはこれに反対した．彼らはみな，都市の独立を維持しつつ，他方では住民の賛成と反対との緊張のバランスを保ちながら，この面倒な海路を誘導する必要があることを認識していた．ツェルと彼の仲間が語ることに住民の支持が増える一方で，変化へ動きは裕福な聖職者に反感を抱く昔ながらの強力な反教権主義によっても影響を受けていた．ひどい飢えの年に聖職者が穀物を高値で売って素手でぼろ儲けをしていたことは，多くのストラスブール市民の記憶に新しい，苦い思い出であった．安全で快適な聖職者に対する昔ながらの不満を共有する多くの人々は，ツェル自身が1523年11月末になしたように，教会法上の免責を否定して市民権を求めている「ルター主義」の司祭をみるだけで幸せになれたのである．

　その後，突然，市参事会の微妙な綱渡り行為がかなりの緊張を帯びたものとなった．市参事会が不本意ながらも保護しようとしてきた問題ある市の聖職者たちが，聖書の教えへの信仰の証しとして，また教会法への拒否として，結婚

---

〔21〕　ブレイディーは市の支配層の中に見られるこのような党派を，熱心党（Zealots），政治派（Politiques），守旧派（Old Guard）の三つに分類している (cf. Brady, *Ruling Class, Regime and Reformation at Strasbourg*, p. 209ff).

し始めたのである．それでどうするつもりなのか？　長い間，改革者たちは聖職者の性的な不道徳を声高に非難してきていた．修道士と修道女に対する冷やかしが民衆の間では日常的であり，人文主義者も風刺していた．ストラスブールの指導的文豪であるゼバスティアン・ブラントとトーマス・ムルナーは，わがままな聖職者たちを改革するガイラーの運動に大きく寄与していた．聖職者の性欲に関する話題それ自体が，信徒のキリスト者には大きな関心事であったが，それは，彼らの妻や娘がしばしば修道士や司祭の餌食や愛人とされたことや，そのような人物によって執行されるサクラメントの質を憂いざるをえなかったからである．しかし，自己否定や本来の貞潔［独身］の代わりに，結婚を神の意思として聖職者のために結婚を説き勧めるという発想は明らかに伝統的なものでなかった．そのため，福音の新しい支持者たちは，ストラスブール市民に，それぞれの宗教的信念に照らし合わせて，素晴らしいかそれとも恐ろしい衝撃を与えた．

　マルティン・ブツァーは既婚の司祭としてこの都市に来たが，それ自体が十分論争を巻き起こした．その後，独身の誓約を非聖書的とする説教と，聖書的な聖職者の結婚を聖書的とする説教の論理が，都市公認の聖職者たちによって実践されはじめた．施設付き牧師や寄進礼拝堂付き司祭だけでなく，教区の牧師にも，信徒のキリスト者が毎年告白しなければならなかった！　1523年10月18日，聖ニコラス教会牧師アントン・フィルンは自分の内縁の妻カタリナと結婚をすると宣言した（実際に同じ日，司教座聖堂参事会員ルドルフ・フォン・バーデン付きの司祭であったマルティン・エンデルリンは結婚したが，即座にその地位を失った）．三週間後の11月9日午前8時，フィルンの魅力的な配偶者は，尊敬すべきストラスブールの既婚婦人で市参事会員であるフリードリッヒ・インゴルド夫人とヤーコブ・シュペンダー夫人に導かれて祭壇へ上がり，その結婚式はエンデルリンによって執り行われた．ツェルはこの聖職者の結婚とフィルンの誠実な福音的行動を讃える感動的な説教をおこなうことで貢献した．その一つの全体像はその会衆一人の祝福の叫び声に反響している．「彼は正しいことを成し遂げたのだ．神さまが彼にすばらしい年月を授けてくださいますように！」と叫んだのである（もちろん，公然と語ったその集会の説教者も陽気な会衆も，カタリナ・フィルンの視点からその行動は考えてはいなかったと思われる）．結婚式の後，たくさんの市民がこの特別な行事を祝福して幸せな夫婦の

もとに集まった．この祝宴のひと時のことが，福音的な人文主義者ニコラス・ゲルベルによって記録されている．

マテウス・ツェルはフィルンの結婚式で説教をおこなったが，聖ラウレンティウス教区の公然と語る牧師自身がすでに結婚しようと準備していた．事実，ツェルの結婚は花嫁が以前の家政婦ではなく，相応の地位のあるストラスブール市民の有徳の娘であったので，より多くの中傷と喜びの種となるかもしれなかった．準備は整えられ，特に反対の記録はなかったことからすると，明らかにヤーコブ・シュッツとエリーザベト・ゲルスターも福音の支持者であったのだろう．しかし，親孝行にもかかわらず，彼らの娘が召しを覚えてなそうとしていたことに，もし彼らが反対したとすれば，彼女は両親におわびをして，ともかく前進したと思われる．

どのようにして神を喜ばせたらよいかという彼女の心配が最終的に解決した劇的な回心が，彼女の宗教的な献身を変えたのではなかったが，彼女の召命の行動様式を再構築したのである．彼女はまだ完全に神と神の教会への奉仕に献身していたが，今や何が神の御心に従う清い生活の本質をなすかについて違った考えをもつようになっていた．ガイラー博士が教えたように，教会法に従って独身制を守り，なしうることを果たすことによって神に近づこうとすることではない．そうではなくて，信仰の賜物を証言し，隣人愛を実践して，人々に不安な悩みと道徳的な誤りから実りのある奉仕へと転じる道を示すことによって，キリストの義とする恩恵という聖書の教えに基づいて行動することであった．カタリナ・シュッツは，マテウス・ツェルとの結婚は神への信仰と隣人への愛とを示すために召されたものだと確信していた．彼女自身の見方では，彼女はひとに推奨するほどことさら美しくも裕福でもなかったが，ツェルとは信仰と熱意，共通の知識と信仰告白とを共有しており，そのことが彼らの協力関係の基盤として役立つと信じていた．[22]

1523 年 12 月 3 日木曜日の午前 6 時，マテウス・ツェルとカタリナ・シュッツは，マルティン・ブツァーの司式で，大勢の喜びにあふれた友人や仲間の面前で結婚した．両人は大聖堂の扉の前で誓いを立て，[23] マテウスはカタリナに

---

〔22〕 結婚問題については第 14 章 419 頁以下を参照．
〔23〕 教会の前で誓いを立て，次いで会堂内に入ってミサに連なる二段階式のやり

質素だが美しい金の指輪を贈った．その後，列席者は会堂に入り，早朝のミサを行うために席に着いた．多くの人にとって驚きでありまた喜びであったことは，聖餐式の時になってブツァーが新郎と新婦双方にパンとともにぶどう酒を与えたこと，それはカタリナにとって生まれて初めて受けた杯であった！　新郎新婦を祝福するために集まった大勢の友人たちと彼女の家族には，マテウス・ツェルの多くの教区民が含まれていたに違いないが，彼らは自分たちの牧師がまたもや司教に挑戦するかどうか見物しようとしていた．そこには，カタリナの生活をすべて知り尽くしているストラスブール市民も大勢おり．彼女が立派な評判の敬虔な女性であったので，決して結婚するつもりがなかったと知っていた．ところが，その彼女がここで聖書と自分の良心とに従い，意識的に法に逆らっているのである！　これは何というカップルであろうか？　時が経てば判るであろう．しかしこの日の残りは，マテウス・ツェルとカタリナ・シュッツとの交わりを喜ぶ機会となったが，それは同時に彼らがその新しい生活，すなわち，職務上の協力関係を一緒に始める機会ともなった．

方が伝統的な形式であった．ストラスブールでは 1524 年に伝統的結婚式文がドイツ語に訳され，若干の修正はあったが基本的な形式は変わらなかった．しかし，1525 年から結婚式は説教を伴った礼拝の中でおこなわれることになり，すべてが教会内での一つの形式となった (cf. Bornert, *La Réforme protestante du culte à Strasbourg au XVIe siècle*, Brill, 1981).

第3章

カタリナ・シュッツとマテウス・ツェルの結婚

── 春の協力関係

　カタリナ・シュッツとマテウス・ツェルの結婚は生涯に亘る協力関係を築いた．その協力関係のための思想と行動，神学と実践における基準はストラスブールのプロテスタント改革の初期数年間において確立されたものであった．シュッツ・ツェルが説明しているように，この結婚の基礎は神を知り神を告白する，彼らの共通の信仰と献身であり，教会と隣人において神に奉仕することを通して，この目的を表現することであった．彼らの結婚の誓約には，持参金や夫からの金や銀の贈り物や世間でおこなわれる形式的なことへの言及はないが，彼らの奉仕への召命については述べられている．マテウスはカタリナに「貧者と亡命者の母」となることを依頼した．彼女はそれが彼の言葉だからとの理由ではなく，それが神の意思を表していると信じて，彼の言葉を守った．ツェル夫妻は何が正しい教えで，何が誤った教えかについて明確な考えをもち，福音の宣言に熱心に従事したが，彼らは寛大にも，来る人すべてに彼らの家庭を開き，必要とする人には食事と宿を提供する用意があり，また，キリストの絶対性と信仰のみの教えを理解するにいたっていない人とは議論する用意があった．彼らの活動の拠点は聖ラウレンティウス教区と彼らの家でもあるその大きな牧師館であったが，その働きの範囲はストラスブールの全部に，さらにそれを超えて及んだ．

ストラスブールにおける改革 ── 結婚した司祭と典礼改革

　ツェル夫妻の結婚生活は伝統的な教会の位階制ならびにストラスブール全体を巻き込む論争の中ではじまった．なぜなら，マルティン・ルターが異端であろうとなかろうと，司祭の結婚は明確に教会法違反であった．マテウスとカタリナが結婚したすぐ後に，数人の司祭が後に続いたので，1523年末までにはストラスブールの聖職者6人が結婚していた．さらにブツァーのようにそれ以前に市の聖職者ではなかったがすでに結婚していた司祭がいた．1524年1月20日，ストラスブール司教ヴィルヘルム・ホンシュタインは市の6人の司祭の教会禄を剥奪するために，彼らに司教裁判所への出頭を命じた．彼らはそうする代わりに市参事会に市民としての保護を求めた．続く二か月以上に亘って，市参事会，司教，結婚した聖職者は議論を続けた．結局，司教は3月14日，6人の司祭を破門に処した（ストラスブールでは4月3日に公布された）．市当局は彼らを保護することを決定した．6人の司祭は4月3日，共同の弁明書「上告」を公表した．おそらく1月末頃，司教が結婚した司祭の免職を命じた直後，カタリナ・シュッツ・ツェルははっきりと立場を決めた．

　牧師の新妻は信じることを弁明するにあたって，決してためらうような人ではなかったので，彼女はヴィルヘルム・フォン・ホンシュタイン司教へ「激しい手紙」を書いた．聖職者の結婚が聖書に適っていることを論じ，聖書は羊飼いについてどのように書いているかを指摘し，司教はそれを学ぶべきであると，彼女の確信していることを述べた．司教がこの「司祭の内妻」（マテウスは彼女のために要求されている税を払っていないので「合法的」ではなかった）[1]の指摘する非難をどう思ったかは想像することができるだけであるが，市参事会の反応は記録に残っている．2月15日，彼らはツェルに対し，彼女の手紙を印刷させないようにと厳しく命じた．すべての状況は，女を関わり合いにするまでもなく，非常に厄介なものとなっていると彼らは考えた．市参事会の均衡策

---

[1] 中世末，教会内改革をめざした司教たちも聖職者の妻帯を止めさせることができず，ただ内妻や子どもがいる場合，これに対して毎年罰金を支払わせるだけで満足せねばならなかった．ツェルはもちろん結婚に際しこのようなものは払っていない．

による行動はこれ以上司教を苛立てないことを必要としていた．特に民衆からの圧力によって，彼らは妻帯聖職者を保護し続けることを余儀なくされていたからである．

　教会財産をめぐるストラスブール聖職者との議論ならびに妻帯聖職者の破門をめぐる司教との論争は1524年春まで続いた．その間に典礼刷新（ツェルの教区で始まった）の問題が既存の紛争原因に付け加わった．3月27日，マテウス・ツェルは最初のドイツ語による洗礼式をおこなった．[2] その典礼は基本的には最小限の変更を伴った単なる翻訳であったが，多くの人にとっては心をかき乱す類のものであり，まもなく騒動が起きた．この「ルター主義」聖職者はドイツ語だけを使用したかったが，彼の教区民の中にも（伝統的聖職者と同様）これに反対する人々がいた．洗礼は両親の希望に従って実施されるべきであるとする市参事会の命令によってこの争いは実際上，一時的に解消された．多くの儀式を除去し，サクラメントの聖書的性格と形態を強化する，より本質的な変更がこの年のうちに続こうとしていた．信仰告白に基づかずに，幼児に洗礼を授けることについての議論が拡がりはじめ，やがてストラスブールで活気ある話題となろうとしていたが，当面の主要な関心事はほかにあった．

　そうこうするうちに，ツェルの補助牧師ディオヴァルト・シュヴァルツがラテン語のミサ典礼を翻訳し，1524年2月16日，最初のドイツ語ミサをおこなった．三日後にアントン・フィルンが彼の教区でその例に倣った．すべての礼拝が今や日常語で発せられ，述べられた．このことは礼拝において聞き取れない部分や，意味はともかく，少なくとも言葉に関しては理解しがたい部分のあることに慣れていた普通の一般会衆には，深い印象を与えたに違いない．実際に言われたことのうちで，最初，変更は最小限であったが，神学的にはカタリナのような人にとっては非常に重要であった．彼女は唯一の仲保者としてのキリスト，業ではなく信仰のみによる義認についての新しい説教を注意深く聞いていた．新しい教えによれば，ミサは生者にも死者にも恩恵を獲得するための善い業として司祭によってくり返しささげられる犠牲ではなかった．それは神か

---

〔2〕　著者は，すでに1523年春ごろ，聖堂参事会員の中に，彼がラテン語による洗礼をおこなわないとして批判している者がいたことから，この件での彼の躊躇は広く知られていた，としている．

ら彼らへの恵みの贈物であり，唯一の仲保者であるキリストのただ一回の犠牲の記念である．司祭が神にミサをささげるときの犠牲の言葉と執り成し（特に聖人崇拝と死者のための祈りに結びつけられていた）はミサ典礼文から除かれた．

　礼拝に出席した信徒は，微妙な神学的変更を聞いただけでなく，新しい，より共同的なしかたでの礼拝を経験しはじめた．最初の実験的試みは，このことを日常語の使用によってだけでなく，多くの祈りが，特に司祭による罪の告白の祈りが全会衆のために，複数形で全員に聞こえるようになされることによって表された．さらに，全員がパンとぶどう酒の二種の形で聖餐を受けることになった．なんという変化であったか．この変更が理解され受け入れられる前に，ミサのいっそうの修正がなされた．二種陪餐の日常的実施とともに，特に日常語での解説的な説教や会衆による歌唱の明確な導入があった．聖餐に与る前に私的に神父のもとに告解に行くことは，もはや義務ではなくなった．これに続く二年間の間に，ミサ典礼は洗礼の礼典がすでに受けたと同じく非聖書的要素の除去を経験したが，それは主の晩餐（ミサではなく）として礼拝の再編成に伴ってなされた．信徒の観点から言うと，おそらく最も根本的な変更はすでになされてしまった．礼拝式の式文に対する民衆の要求が非常に強かったので，聖職者が出版を実際に準備する前に，実は印刷業者は種々の式文を印刷して使えるようにしていた．

　新しい状況の実践である礼拝における諸変化が進む間にも，聖職者の結婚問題の重要性がなくなりはしなかった．1524年春，闘争の舞台はもはや司教裁判所ではなくストラスブール市であり，特にその上層社会であった．彼らのうちで新しい教説に与する人々は，彼らの教役者が信仰の証人として，また聖職者と共同体の幸福のために，幸せに結婚している状態を見たいと熱心に願った．1524年初め，結婚によって新教説への参入を表明していなかった二人の聖職者はヴォルフガング・カピトとカスパル・ヘーディオであった．彼らの社会的，知的名声のために，彼らの件は他の改革者たちの特別の関心事であった．特にマルティン・ブツァーは仲間の結婚に常に関心をもっていた．数か月の間，ブツァーはカピトに相応しい伴侶を見つけるために手助けをした．いくつかの文通や上流婦人たちとの交渉の後（その討議にはツェル夫妻も関係した可能性がある．なぜなら，彼らが支持した候補者の一人はカタリナの妹であったからである）．結局，1524年8月1日，ヴォルフガング博士とストラスブールの支配

第 3 章　カタリナ・シュッツとマテウス・ツェルの結婚 —— 春の協力関係

層の一員の娘アグネス・レッテルは公式に結婚した.

　このようなデリケートな，しかし，基本的には平和的交渉が進行中であったが，カスパル・ヘーディオの求婚は市の支配層の中に重大な紛争を惹き起こした. 5月，ヘーディオとマルガレーテ・ドゥレンスは彼女の母の強い支持のもとに合意に達した. しかし，菜園人ツンフトを代表して市参事会のメンバーであった彼女の兄アンドレーエ（アウグスティン）の反対にあった. アンドレーエは彼の妹が司祭の内妻となることは，彼の家族にとって不名誉なことであるとして反対した. 一方，母親アグネスは積極的に娘を支持して，聖職者の結婚は神の法に適っており，マルガレーテは福音に仕える人の妻として，名誉ある身分に加わるのであると主張した. クラウス・クニービスはドゥレンス家の親戚であるとともに政府の有力メンバーであり，早い時期から福音の支持者であったが，この結婚を支持した. 予定された婚約の報せが公になると，スキャンダルを避けるために，5月，これを合法なものにした. 体制内での衝突は抑制されたが消滅はしなかった. 結局はヘーディオ家とドゥレンス家の結婚式は6月24日におこなわれた. 数年後にアンドレーエ・ドゥレンスも「福音」に加担し，ドゥレンス家が一つの信仰のもとに和解したとき，たぶん皆が安心したことであろう. しかし，一つの家庭内での宗教的忠誠の相違による深刻な成り行きは，最高度に一般の注意を惹くことになった.

　マルガレーテ・ドゥレンスもアグネス・レッテルもシュッツ家に比べるとより高い社会層の出身であったが，カタリナ・シュッツはおそらくドゥレンス家の女性たちの勇気に敬服したことであろう. そして，尊敬されている市民の仲間が彼女の例に従って司祭と結婚した事実を高く評価したことであろう. ヴォルフガング・カピトが彼女の姉妹の一人との結婚を選ばなかったにしても，彼とその家族は彼女の特に親しい友人となり，彼女は深い愛情をもって彼らに接した. この新しい牧師の妻たちが友人として，仲間として重要なサークルを形成したことは疑いない. すなわち，エリーザベト・ブツァー，カタ

---

〔3〕　父親は漁夫ツンフトで最も影響力のある人物として市参事会のメンバーに何回も選ばれている.

〔4〕　ヘーディオの結婚をめぐる事件について詳しくは，泉慶子「宗教改革の政治的実践 —— ストラスブール 1522〜1529年 —— 」『お茶の水史学』35巻（1992年）を参照.

リナ・フィルン，シュルトハイス，シュパツィンガー，ニブリングの妻たち，ハックフルト夫人，のちには他の人も加わるが，特にアグネス・レッテル・カピトとマルガレーテ・ドゥレンス・ヘーディオが重要であり，シュッツ・ツェルは彼女らを深く尊敬して共に働いた．彼女はその中でも最も公衆の目に入る率直にものを言う代表者になるであろう．彼女は聖職者のほとんどの妻たちと同じ意味では彼女の天職を心に描かなかったが，[5] さまざまなあり方で，これらの女性たちはすべて共通の使命を帯びていた．すなわち，女性の新しい宗教的召命である「牧師の妻」のストラスブール版を作ることであった．

カタリナ・シュッツはマテウス・ツェルと結婚すると彼と共に牧師館に移り住み家事をした．一般の目には少なくともこれは牧師の妻の第一の務めであった．ツェル夫妻にとっては物質的な生活状態は二次的重要性しかもたなかったが，シュッツ家はカタリナにかなりの所帯道具を持参財産として持たせたので，これらは新しい家庭に置かれた．カタリナはやがて一人の少女 ── ほんの子どもだった ── を家事の手伝いとして雇った．なぜなら，ツェル家はいつでも来客をもてなしていたので，ただ二人のための食事，掃除，水汲み，薪の用意をするだけの問題ではなかったからである．マテウスは1523年夏，ブツァー一家を迎え入れて，すでにこの伝統を開始していた．カタリナは彼の快く人を受け入れる性質を彼以上ではないにしても同様に分かち合っていた．料理を準備し，提供する実際的仕事は彼女に降りかかってきたにも拘らず，彼らの客の多くは土地の人でその時だけのことであった．しかし，ツェル夫妻が結婚して半年を過ぎたころ，最初の難民の大きな波が押し寄せた．

宗教的亡命者と神学論争 ── カタリナ・シュッツ，出版を始める

ブライスガウ地方の小さなアルザス都市ケンツィンゲン[6]は，彼らの司祭シュパイエル出身のヤーコブ・オッター師の説教のもとに「福音」に従って歩

---

〔5〕 彼女は自らを聖職者である宗教改革者の同僚であるとみていた点で他の牧師の妻たちとは非常に異なっていた．本書440頁以下を参照．

〔6〕 ライン川の対岸であるブライスガウ地方の都市をなぜアルザス都市と著者がよぶのか不明．

第 3 章　カタリナ・シュッツとマテウス・ツェルの結婚 —— 春の協力関係

み始めた．オッターはかつてストラスブールに住み[7]，ガイラーと共同して彼の著作のいくつかを編集した．ケンツィンゲンの異端の報せがカトリック司教と小都市の領主である大公の耳に達した[8]．1524 年 6 月「ルター主義」の教区教会はケンツィンゲンが軍隊に屈する前にオッターは去らねばならないと決定した．約 150 人の市民が市の外まで彼らの牧師に同行したが，君主の兵が市を支配したため彼らは市に戻れなくなった．そこでオッターとケンツィンゲンの人々は船に乗ってライン川を下り，彼らの信仰に共感する近隣の都市ストラスブールに来ることになった．最初の夜 80 人の難民がツェルの家に泊まった（大きな牧師館とはいえ，すし詰め状態であったに違いない）．それに続く 4 週間の間，カタリナは近所の人の助けを得て 50 人か 60 人の食事を準備した．他のストラスブールの人々も，そこには何人かの牧師の家庭も含まれていたであろうが，他の難民を受け入れたであろう．

　その間，ストラスブール市はケンツィンゲンを去った「福音」の信奉者たちの苦境について聴取した．カタリナ・シュッツ・ツェルもまた信仰の友を助けるために何かをしようと決心した．ケンツィンゲンを支配しているカトリック権力は異端的文書と日常語訳聖書を焼却し，ストラスブールに逃げた者の妻や家族，また新しい異端に加担した他の人々を乱暴に扱い，さらには，ドイツ語新約聖書の所有を理由に市の書記官を処刑した．ストラスブールに伝わってくる報せは，良いものは全くなかった．シュッツ・ツェルは不安の中にあった父や夫と毎日接していて，食料や宿に加えて慰めを与えようとした．しかし，彼女の特別の関心はケンツィンゲンに残された女性たちに向けられた．

　そこで 1524 年 7 月 22 日，ケンツィンゲンの女性たちのために，慰めと励ましの公開状を出版した．この小冊子は「カタリナ・シュッツィン」の著者名で現れた．シュッツ・ツェルは，この名によってストラスブールにおいて知られ

---

〔7〕ヤーコブ・オッター（Jacob Otter, 1485 頃-1547）．南西ドイツの宗教改革者．ハイデルベルクに学び，ガイラーの秘書となる．ルターの著書により福音主義者となり，1522 年ケンツィンゲンの説教者となる．ストラスブール，スイスを経てエスリンゲン・アム・ネッカーで活動．多くの著作を残す．

〔8〕ケンツィンゲンはオーストリア大公フェルディナンドの領地であり，教会的にはコンスタンツ司教区に属した．大公は 6 か月間軍隊を駐屯させ，福音主義を抑圧した．

ることになる．出版場所も印刷業者名も記されていないが，カピトの甥で宗教改革を支持したヴォルフガング・ケップフェルによることはほとんど確実である．この短い文書の中心テーマは聖書的，神学的な励ましを女性たちの信仰の証しに対する称賛と結びつけたものである．シュッツ・ツェルは女性たちが「福音」のために経験している迫害に困惑しているに違いないと認めたうえで，急いで，聖書の例をとおして，彼らの苦難は彼らが神の子であり，キリストと共に相続人であることの証拠であると確信させようとした．神に選ばれた者たちと悪魔の子たちの争いは有力な主題となり，アブラハム，イシュマエル（創世記25章6節によれば彼の父は物質的な富を与えた），イサク（約束の子であり，アブラハムは犠牲としてささげるようにと言われた）の話によって立証されている．シュッツ・ツェルは，神が選んだ人はここでも，今でも，苦しんでいるとし，他方，この世の子らは地上での繁栄を享受している．しかし，これはいつまでも続くのではない．もちろん選ばれた人の苦難は，神が彼らを子として扱っているしるしである．なぜならキリストも苦しんだのであるから．シュッツ・ツェルは証人としての女性の役割を強く力説する．彼女らは不動の忍耐によって彼女らの信仰の説教者であると．彼女は女性たちを慰めるために義のために苦しむというマタイによる福音書5章11-12節のような典型的な新約聖書の箇所だけでなく，イザヤ書（特に43：1以下，54：4以下）も用いる．彼女たちは一時的に寡婦として苦しむかもしれないが，神は彼女らに「恐れるな．私はあなたと共にいる」と言う．神は必ず彼女らを救うことを信じてよい．シュッツ・ツェルの神と神の言葉への信頼，彼女が語りかけている女性たちへの称賛と共感が明確に表れている．

　この公開状がケンツィンゲンで受け入れられた記録はないが，それが熱心な読者を獲得したことは明瞭である．1524年11月，この本の第二版がアウクスブルクのフィリップ・ウルハルトによって出版された．変更は少しの言葉と綴り字の重要でない修正のみであり，これはある土地で出版されたドイツ語の本が他の地域で増刷される時によくあることである．シュッツ・ツェルの本は増刷されただけではなく，アルザスの範囲を超えて読まれた．ザンクト・ガレンの歴史家で信徒改革者のヨハネス・ケスラー[9]はケンツィンゲンでの改革につ

---

　〔9〕　ヨハン・ケスラー（Johannes Kessler, 1502-1574）．スイスの年代記作者，

いての記述の中で，弱い女性たちに与えられた賜物について感謝の驚きをもってこの作品をあげている．彼は，さらにシュッツ・ツェルとアルギュラ・フォン・グルムバッハ[10]を，彼らの著作のことで称賛して，彼女らを旧約聖書，新約聖書の女性指導者，預言者であるデボラ，フルダ，福音宣教者フィリポの娘たち，アンナ（ルカ2：36-38）になぞらえている．

シュッツ・ツェルがケンツィンゲンの難民の世話をしている間にも，改革と宗教闘争は止むことがなかった．彼女が彼らに食事を与え続けている間でさえ，ストラスブールにおける神学的論争は高まり，今にも衝突が起こらんばかりになった．宗教的変更のための争いは，古い教えと新しい教えのそれぞれの指導者間の，おそらく最も激しい教義的論争の絶頂で，1524年8月公然たる暴動へと噴出した．

ストラスブールの伝統主義的聖職者の主要な代表者はトーマス・ムルナーであった．彼はフランシスコ会修道士で桂冠詩人でもあり，ガイラー世代の教会内改革を要求するうるさ型であった．この他にコンラード・トレーガー[11]がいた．彼はスイスのフリブールの出身でアウグスティヌス修道会のライン・シュヴァーベン管区の管区長であり，ストラスブールの修道院長でもあった．ムルナーはルターの活発な才能ある対立者であり，彼の初期の著作のいくつかはストラスブールで出版された．しかし1522年，ストラスブールで彼の大きめの冊子『ルター派の大愚者』が出版されたときは，中傷文書の蔓延を防ぐ処置と

　　宗教改革者．バーゼルで学びエラスムスに心酔する．イエーナで偶然ルターに出会い，その影響下にヴィッテンベルクで学ぶ．故郷に帰り，宗教改革者ヴァディアンに協力して，ザンクト・ガレンの宗教改革をおこなう．

〔10〕　アルギュラ・フォン・グルムバッハ（Argula von Grumbach, 1492-1556 ?）．女性信徒宗教改革者．バイエルンの貴族の娘として生まれる．1523年，インゴールシュタット大学で起きた福音主義者アルザシウス・ゼーホーファへの弾圧事件に際し，文書を著して強く抗議し，福音主義を擁護した（伊勢田奈緒『女性宗教改革者アルギュラ・フォン・グルムバッハの異議申立て』日本評論社，2016年を参照）．

〔11〕　コンラード・トレーガー（Conrad Treger, 1480/83-1542）．アウグスティヌス修道会士．1516年フライブルク大学で博士号を取得，翌年ストラスブールのアウグスティヌス派修道院長，神学校長となる．ストラスブールを去った後は生地スイスのフリブールに戻りその地にとどまった．

して市参事会によって没収された（彼らは司教と同様ルターの後援者らの感情も害したくなかった．市参事会に関する限り，出版物として出るものは政治的に刺激的でないものほどよかった）．この本はその後ストラスブールの領域外で増刷された．しかし，ムルナー自身は，1524年の暴動までは市内に住み続けて新しい異端に反対して書き，出版した．いくつかの著作は彼が修道院に設置した印刷機から生まれた．ストラスブールのもう一人の主要なカトリックの著作家はトレーガーであった．彼は1522年のローマ訪問以前には，ある人たちからルターに好意的であると思われていた．しかし，それ以後は確かに異端に強く反対した．

ある時期，ツェルと彼の同僚は，伝統主義的聖職者の代表者たちとの公開討論を求めたが，ムルナーとトレーガーはこの考えに抵抗を示し，信徒たちの前での討論より神学者の間での文書による論争の方を選んだ．多くの市民は聖職者のそれぞれ相手に反対する説教を聞きに集まり，ついには1524年6月3日，ブツァーとムルナーの公開討論を惹き起こした．しかし，文書による議論は討論の主要な方式として継続した．3月，トレーガーは一続きの一〇〇箇条提題を出版した．これはローザンヌ司教に献呈され，表面上はスイスにおける討論会の基礎として意図された．正しいか誤っているかはわからないが，ストラスブールの「ルター主義者」はこの小冊子は彼らに向けられたものと受け取り，スイス向けというのは，ただの言い逃れであるとみた．カピトが直ちに短い返答を書いたが，それはトレーガーが彼の本を売ろうとしているフランクフルトの書籍定期市で，入手し得る反論として意図された．トレーガーは彼の最初の本へのカピトの返答への反論を1524年4月までに用意したが，8月初めまで印刷させることができなかった．

この件は，暴動への火花を提供することになった．新しい教えに惹き付けられたストラスブール市民はトレーガーと四人のドミニコ会士を襲い，ムルナーを見つけられなかったので彼の印刷機を壊した．ストラスブール市当局はトレーガーと彼の四人の仲間の受難者を何よりも彼らの安全のためとして収監した．スイスのアウグスティヌス修道会はこの報せに接するや，直ちにトレーガーの投獄に抗議した．1524年10月初め，彼は審理の上で釈放された．彼はムルナーがすでにそうしていたように，すぐにストラスブールを去っ

た．市参事会は「ルター派」聖職者に議論の報告を公表する許可を与えた．ブツァー，カピト，ヘーディオは10月末すぐにこの許可を利用したが，彼らの提示はこの問題に焦点を当てた最初のものではなかった．シュッツ・ツェルは前著と同じく「シュッツィン」の名で彼女の言葉で出版をおこなっていた．

おそらく1524年8月末，トレーガーの本による暴動の少しあと，シュッツ・ツェルは，信徒の間で宗教改革の進展を妨げているいくつかの問題に取り組み始めた．この困難性について，彼女は新しい聖書の教えに精通している信徒として自ら議論することができると考えた．問題には実際多くの争点があったが，それはまたさまざまな視角から見た一つの大きな問題であったのかもしれなかった．一つの要素は伝統的聖職者と「ルター主義者」から提出された，すなわち，トレーガーとカピトによる論争の中で表明された最終的決定権をもつのは教会か聖書かという，宗教的権威の問題であった．そして，これに緊密に結びついているものとして，業の役割と信仰の役割は何か，また，恵みと「自らのうちにあるものをおこなうこと」の結びつきによって救われるのか，それとも，救いは人間的業や可能とされる功績なしに，ただ信頼としての信仰によって純粋にキリストにおける神の恵みの賜物であるのか，それが問題であった．教会の教えによれば，特に聖なる生活を営むために独身の誓いを立てることは神の愛顧を得ることであった．しかし「ルター主義者」の考えによれば，これは聖書に反する教会の教えの明らかな例である．キリストへの信仰のみによる義ではなく，業による義の教義である．伝統的な教会の教説に対して，救いと信仰のみによる義認のための唯一の権威として聖書を弁護する中で，実際的精神のツェル夫妻は二人とも聖職者の結婚の例を集中的に論じた．

実は，この問題についての信徒の視点は1524年夏にシュッツ・ツェルが危機的であるとみた問題の別の一面であった．ツェルと「ルター主義」の同僚に従った一般市民は，結婚を聖書の教えであるとする考えを受け入れたであろうが，彼らのうちのある者たちは，このことが，彼らの考える神の法の中にしっかり定着していなかった．さらに，彼らは聖職者の道徳について疑いをもち続

---

[12] ストラスブール市民による最も激しい行動とされる「トレーガー事件」について詳しくは渡邊伸『宗教改革と社会』京都大学学術出版会，2001年，71頁以下を参照．

けていた．つまり，伝統的聖職者は，彼らの性的欲求を満足させたあと，しばしば一人の内妻では満足せずに物欲しげな目つきをしていたものだと．新たに結婚した司祭たちが良き市民の夫婦が尊敬し，模範とするような正直な生活をするという保証は何であったか．司祭と結婚した女たちが徳の高い者であることを確信できたか．もし彼女がそのようであったとしても，彼女らはそれに相応しく遇されているか．それとも実際はひどい目にあわされているのではないか．福音説教家は聖職者の結婚問題を彼ら自ら結婚することによって，それが聖書の教えであると証明することにより，彼らに満足のいくように解決したかもしれないが，多くの信徒にとってはなお未解決の問題であった．シュッツ・ツェルは彼らの結婚についての噂が飛び交っていること，それもストラスブールだけでなく，ストラスブールでなら彼女は知られており尊敬もされていて，噂に反証を挙げることができたが，さらに遠くまで，ツェル夫妻の名が，ただのゴシップの中の名前にすぎないようなところにまで及んでいること，それが何を意味するかを彼女はよく知っていた．

　シュッツ・ツェルがみたこの問題の第三の局面は，ストラスブールが微妙な均衡状態にあるという状況であった．そこでは新しい教えに向かう勢いが確かにあったが，同時に真の抵抗もあった．さらに重要なことは決心のつかない人々があり，また，初めは新しい教えに熱狂したが，今は心が揺れてどちらの側にも引っ張られてしまう人々がいた．福音主義聖職者は明確に計画を立てていた．しかし，彼らは実際に説教と牧会の仕事で多忙をきわめ，信徒の間の混乱に関わって気を逸らすべきではなかった．この混乱の問題は信徒が解決することが適任であった．彼女はそう言っていないが，実際，シュッツ・ツェルは庶民が言っていることや，彼らを悩ましていることについて，説教者たちより，よりよく理解していると考えたであろう．なぜなら，彼らは学識ある牧師のもとではなく，むしろ彼女に相談したであろうし，彼女は彼らの「福音」を聞く妨げとなっているものを取り除くことができたからである．

　1524年9月初め，シュッツ・ツェルは『弁明 ── カタリナ・ツェルによる彼女の夫にしてストラスブールの牧師，神の言葉の仕え人マテウス・ツェルのための，彼について拡まっている大きな虚偽に対する弁明』という題の小冊子を出版した．この中で彼女は聖職者の結婚の実施に表明されている信仰対業，聖書対教会の問題に焦点を合わせてトレーガーと他のルターの反対者に答えて

いる．シュッツ・ツェルの主要な関心事の一つは，ツェル夫妻の結婚のしかたについて恥ずべき話を聞かされて，その結果，福音から遠のいた一般信徒たちの悩みであった．彼女は伝統的聖職者をマテウスに関する虚偽のゆえに非難する．それによると，彼は市民の娘を誘惑したことからはじまり，妻を打ち叩き，女中と戯れ，結婚したことを後悔しているというのである．彼女はこれらの噂が「もし，それらが彼らの言う福音の結果であるなら，私は古いやり方を守るであろう」と言うであろう素朴な人々の信仰を乱していることを知っていた．彼女は仲間である信徒が言っていることを聞き，あるいは想像して，このような類のコメントを考慮に入れた．すなわち「彼らの生活が彼らの教えと矛盾しているのに，なぜ，このような人から神の言葉を聞き，キリスト教生活のしかたを学ばねばならないのか．神はそのようなことを望んではいない」．こうして彼らは真の教えから彼らを連れ去る昔なじみの独身聖職者のもとに戻っていく．カタリナは，マテウスのために彼の潔白を擁護することを自分の任務と考えた．しかし，それはそれ以上にツェルの説いた福音を聞き，信じたことによって得た救いを失う危険の中にある素朴な信者たちのためでもあった．率直に意見を述べることは，虚偽を拡めた者や真理を必要としている者をも含めた隣人に対し愛をもって行動することであり，彼らにしてもらいたいことを彼らにおこなうことであった．

『弁明』はシュッツ・ツェルのいくつかの手稿をもとにしているが，大きく二つの部分にわかれ，それぞれが，さらに二つの部分からなっている．構成は偶然的あるいは素朴に見えるが，実は全くそうではない．著者の意図を考慮すると，それはむしろ凝った小論文になっている．第1部は長い序文であり，この文書を書くことについての弁明と独身制に対する聖職者の結婚についての討議の二つの部分にわかれる．ここは神学的には最も興味のある個所であり，聖職者の結婚問題についての型どおりの扱いに加えて，宗教上の事柄について発言する信徒の権威のための巧みな議論を示しているが，これはシュッツ・ツェル独自の貢献のようにみえる．

シュッツ・ツェルは，この本を出版した理由の説明からはじめる．それは隣人への愛の表現である．ツェルや誤って非難された彼女の兄のためであり，特に彼らの牧師についての虚言によって騙された人々，福音は不道徳なおこないを生み出すと考えて，これから離れてしまった人々のためであった．彼女は，

この虚偽を考えた人をも助けたいと思った．なぜなら，彼らに対するキリスト教的愛は，真理を示して彼らが変われるようにすることを意味しているからである．もちろん，彼女はそのような回心については，大きな期待はしていなかったが，次いで彼女は，彼女が危険とみた者たちへと向かう．すなわち，福音に対立し，人々を彼らの教説へと連れ戻そうとしているローマ・カトリックの論争家たちである．彼らは，彼らの方が，ツェルや他の異端者よりも聖なる生活をしていると主張している．シュッツ・ツェルが名を挙げているのはヨハネス・コッホレウス[13]，ムルナー，トレーガーの三人である．彼女は業対信仰，教会対聖書についての彼らの立場に反論を加える．さらに，彼女が彼らの誤った信仰の果実と見なす伝統的聖職者の（不）道徳性についての議論，誠実な聖職者の夫婦を生み出すと彼女が信じる聖書の（「ルター的」）教えがこの議論に加えられる．

　この本のより短い第二の部分で，シュッツ・ツェルは本の表題で告げた事柄にやっと到達し，ツェルとその結婚についてのさまざまな中傷について取り上げ反論する．ツェルの結婚前後の不道徳性についてとか，彼がこの厄介なことで後悔しているという話のほかに，彼に打ち叩かれた妻が市長のもとに駆け込んだとか，そのあと一週間父の家に戻ったといった噂があった．カタリナはこれらを入念に打ち消して，そのようなたわごとに栄誉を与えない．彼女はずっとストラスブールに住んでおり，誰でも何でも知っている．事実は自分たちの味方をしていると痛烈にやり返した．ツェルが女中に言い寄ったという非難については，その子はほんの子どもにすぎず，夫は四つの言葉もかけたことがないと返答した．次いでツェルとの仲についての否定的な見方に対して，彼らの結婚において素晴らしい調和のあること，それは彼らを結婚へと導いた信仰の果実であり，この信仰のために必要ならば命を捨てる覚悟であると断言する．

　『弁明』の第2部の短い第二の結論は序の主題に戻っている．すなわち，シュッツ・ツェルは彼女の本への四つの反対（おそらくすべてが仮想ではない）

---

[13] ヨハネス・コッホレウス（Johann Cochlaeus, 1479-1552）．人文主義者として改革の必要を認め，初めルターに同情的であったが，1521年以後，ルターに反対し，対決論争や宗教会談に多く参加した．1549年に出版された偏見に満ちた彼のルター伝は多くの読者を得て，20世紀に至るまでカトリックのルター観を決定した．

に答える．この主題は彼女とどんな関係があるのか，彼女が他の人に向けた同じ非難（彼女の反対者を中傷すること）を彼女はどのように免れることができるのか，何が信徒に，また，何が女に公然と意見を主張する権利を与えるのかであった．シュッツ・ツェルの返答は歯切れよく，要を得ている．しかし，本質的には出版したことについての言い分はすでに序においてなされている．すなわち，彼女がそうした理由について，すべてのキリスト者はキリストの模範に従って真理のために，隣人愛の表現として発言することを聖書が教えているからであると．

　マテウスのための，彼の妻の弁明について，素朴な忠実な信者がどう考えたにしろ，公的な返答はすぐに表れた．1524年9月ストラスブール市はすぐさま見つかる限りの本を没収して，検閲規則を更新した．しかし，少なくとも何冊かの本は残存した．彼女はこの小さな本の数冊とケンツィンゲンの女性たちへの手紙を自己紹介代わりにルターに送った可能性がある．現在知られているケンツィンゲンへの手紙の初版の唯一の冊子は『弁明』とともにルターの文通相手であったフェリツィタス・フォン・ゼルメニッツ[14]の蔵書の中に見られる．シュッツ・ツェルの二冊のパンフレットは，ルターの同時代の五つの説教（1520年-1524年），ゲオルク・シュパーラティーン[15]のいくつかのドイツ語の祈り（1522年），ヨハネス・ブーゲンハーゲン[16]の福音的ミサについての文

---

〔14〕 フェリツィタス・フォン・ゼルメニッツ（Felicitas von Selmenitz, 1488-1558）．貴族の家に生まれ，1507年ザクセン選帝侯領の貴族と結婚．1519年，夫を失い寡婦となる．ツヴィッカウの近くの領地に住んだときにトマス・ミュンツァーの影響で「新しい教え」に接したと言われる．その後ルターの書物を読み，ハレ市での宗教改革とその弾圧を知り，困難な状況をルターに手紙で訴えた．1529年息子がヴィッテンベルク大学に入学し，その地の宗教改革者たちとの親交が深まった．ルターは1534年版の聖書を彼女に贈呈している．

〔15〕 ゲオルク・シュパーラティーン（Georg Spalatin, 1484-1545）．エルフルトとヴィッテンベルクで法学を学び，人文主義にふれる．ザクセン選帝侯フリードリヒの信頼を得て王子たちの家庭教師となる．宮廷官房にあって大学問題，教会問題を担当．選帝侯を動かしてルターを保護するようにさせた．のちに牧師となり教会巡察をおこなった．

〔16〕 ヨハネス・ブーゲンハーゲン（Johannes Bugenhagen, 1485-1558）．ルターの著作をとおして宗教改革に連なり，1523年以後，ヴィッテンベルクの牧師，教授としてルターに終始協力．ルターの結婚式の司式も葬儀の告別説教も担当

書（1524年）といっしょに束ねてある．シュッツ・ツェルはフェリツィタス・フォン・ゼルメニッツを知らなかった．さらに，市参事会が没収しなかった数冊の『弁明』は，彼女が個人的に配布したものであったに違いないので，自信に満ちた若い信徒神学者がルターに彼女の冊子を送り，ルターはこれを別の女性文通者に渡したと考えるのが筋である．

　シュッツ・ツェルの著作の一つにルターが返信したかどうかに関しては，彼女のツェルのための弁明が出版されてからそう隔たっていない 1524 年 12 月 17 日に，彼が初めての手紙を書いたことは確かである．ケンツィンゲンの女性たちへの手紙を称賛したケスラーと同じくルターはストラスブールの同僚の妻に彼女が二冊の小冊子を出版した時に使った「シュッツ」の名で呼んでいるが，彼はのちにはこれを変えて「ツェル」と彼女を呼んだ．また，彼の短い手紙の主要な目的は，シュッツ・ツェルに対し福音の告白と福音的結婚のことで，彼女に祝福の言葉を述べることであった．この二つは『弁明』の重要な主題であった．これらのことを考え合わせると，おそらくルターは彼女の小冊子を読んだと思われる．彼は，彼女の手紙に答えるかのようには述べていないが，ルターの短い手紙はシュッツ・ツェルの手紙への返事であると考えるのが妥当である（ルター書簡の編集者もそう考えている）．確かにマテウス・ツェルの若い妻は彼女が新しく見出した平和の喜びにあふれて（これについて彼女はルターの働きのおかげであると率直に言っている），偉大な改革者に感謝し，彼に知ってもらうために，おそらく自己紹介の手紙を書いたであろう．彼女は彼女の回心と結婚に対し「親愛なるルター博士」からこのように肯定的な返答を得て，有頂天になったことは疑いえない（ルターはまもなく突然，彼自身のカタリナ[17]との結婚の決断をすることになる）．カタリナ・シュッツ・ツェルにとってルターからの手紙は忙しかった 1524 年の素晴らしい結末であった．

宗教改革の最中での牧会的，家族的責任

　ムルナーとトレーガーが出発した後，ストラスブールの宗教的変更，特に礼

　した．北ドイツにおける教会規則作りがライフワークとなる．
〔17〕 1525 年 6 月にルターが結婚した元修道女カタリナ・フォン・ボラのこと．

拝上での進展は速やかに続行した．しかし，次第に農民の高まりつつある不穏な状態に注意が集中した．1524年4月初めまで闘争はアルザス地方にまでは及ばなかったが，周辺の地域はその数か月前から戦いに巻き込まれた．

ストラスブールは多くの要因から，何よりも政治的要因が大きいが，ある程度は利己心と人道的関心，宗教的関心も含まれていたが，領主とその臣下との仲介の役割を引き受けることになった．この努力は，オルテナウ地方での交渉においてある程度成功した．そこでは農民たちがアルトルフの修道院を占拠していた．[18] ここでは4月18日，カピト，ツェル，ブツァーが農民たちの指導者とストラスブール市参事会両者の要請で農民たちとの交渉に参加した．説教者たちは農民に対し正義がなされているか，罪のない者の苦難が無制限に拡大していないかを心配し関心をもった．しかし，最も重要な問題は，暴動と福音が同一視されて「福音」を傷つけていないかどうかであった．そこで彼らは，農民側には良識という基盤と平和的交渉の拒否は福音に反するという事実を論じて，彼らの不満の平和的改善を促した．明らかにカピトとツェルは農民に同情的と見られたので，のちにヴァイエルスハイムのさらに過激なグループは，自分たちの見解に味方する者として二人の名前を挙げた．[19] 二人の説教者は，革命的立場に好意的であるとの嫌疑を打ち消そうと躍起になった．

しかし，多くの場所で交渉は不成功に終わった．破壊と命の喪失がこの地方を荒廃させた．マテウスの心配をカタリナも分かち合った．彼女は戦争に巻き込まれた農民たちを慰めるために村々を（たぶんストラスブール近郊の）牧会的

---

〔18〕ストラスブールから見てライン川の対岸オルテナウ地方での交渉にはストラスブールも参加し，一定の成果を上げたが（1525年5月25日のオルテナウ協定），アルザス側での交渉は実を結ばなかった．アルザスのコッヒェルスベルク地方にあるアルトルフの修道院は1525年4月に占拠された．なぜか著者はアルトルフがオルテナウ地方にあるように書いている．

〔19〕農民戦争終結後の1526年2月，ストラスブールの司教代理はヴァイエルスハイムの反徒への尋問による自白内容を公表した．そのうちの一人がカピト，ツェルに助言されたと，直接二人に関わりがあるとした．これに対し二人は直ちに市参事会にコピーを取り寄せ，必要なら司教の顧問官と市参事会において対決する用意があるとした．彼らは自白のコピーを入手すると，モルスハイムで裁判中の被疑者との対決を求めたが許可を得なかったので，弁明書を書き，印刷させた．

目的で訪ねた．ある時彼女がある村に来ると，二人の若者が棒を手にして歩き回っているのを見た．彼らは敵から村を守ろうとしていると言った．彼女は，彼らの感動的勇気と武器の圧倒的な力に対してのあまりの無知に，泣いてよいのか笑ってよいのか迷うほどであった．彼女は，若者たちに「ねえ，君たち．なんというみすぼらしい守りと用心でしょう．ダビデが詩編の中で言っているように『主が町を守るのでなければ，守る者の覚めているのはむなしい』（詩127：1）」と叫んだ．神は，誰がすべての人間的事象の真の主であるかを君主たちに教えるために，農民たちに力を与えたことを彼女は信じていた．しかし，神が力を君主たちに返したとき，彼らは男，女，子どもを恐ろしい暴力的やり方で虐殺して，彼らが神のみ旨について何も学ばず，教育が無駄であったことを証しした．[20]

　武装闘争は，特に農民の中に多くの難民を生じさせ，安全を求めてストラスブールに避難してきた．市はツェル夫妻のような人の指導のもとに，急きょこれに対処しなければならなかった．2年前に，ストラスブールは他のドイツ都市と同じく，その救貧制度を，ヨーロッパに徐々に拡まっていた例に倣って再組織した．これらの改革は慈善の管理を合理化し，集中化することに努力を注いだ．古い基金や新しい贈与を一つの制度の中にまとめて，すべてを市の管理下に置こうとした．ほとんどの慈善活動は，公式には教会の庇護のもとにおこなわれたが，慈善行為における信徒の指導力も長年の間に増大していた．しかし今や，特にプロテスタント宗教改革が世俗的支配に神学的根拠を与えたので，救貧活動は市の支配者と市民の宗教的使命の表現となりつつあった．そのようなものとして，通常この恩恵に浴するのは市民と居住者に限定されており，ストラスブールもその規則の例外ではなかった．熱狂的な福音主義者ルーカス・ハックフルト[21]は1523年に救貧制度が再組織されたとき，その責任者に

---

[20]　1525年5月15-17日，ロレーヌ公アントンはツァーベルンの戦いとその直後の虐殺で18,000人の命を奪ったと言われる．さらに続くシェルヴァイラーの戦いで4,000人の農民の命が奪われた．

[21]　ルーカス・ハックフルト（Lukas Hackfurt, 149？-1559）．ストラスブールの上層市民の家に生まれ，ハイデルベルクで学ぶ．ストラスブールにおける初期の再洗礼派運動の有力な支持者となるが，本文（102頁）にあるとおり1531年にこれから離れた．

任じられた．ハックフルトの同情心はシュッツ夫妻のそれと同様，市の境界を超えて及んだ．しかし，市の救貧制度に与る資格のない，これらすべての難民をどうすべきかが問題であった．

ストラスブール以外からの「亡命者」に備えて自発的な援助による別の基金を創設することがその答えであった．これがハックフルトとシュッツ・ツェル，その他の寛大な心をもった人々のおこなったことである．のちに確信的なシュヴェンクフェルト主義者となったアレクサンダー・ベルナーとクラフト家の二人の寡婦が主要な助手となった．「亡命者のための執事たち」はストラスブールのすべての人々，特に富裕層の人たちに，難民に食物と宿を提供するようにと呼びかけた．市が元のドミニコ会修道院を宿として提供して，素晴らしい働きをした一方で，指導的な男女が，市中に押し寄せた飢えた群衆に，親切に食料を与え，大いに貢献をした．農民戦争の危機が去った後にも，干ばつや飢饉の年には（特に 1529 年），ストラスブールは多くの農村部からの貧民の群れを受け入れ，ハックフルト，シュッツ・ツェル，その他の人々が彼らを世話し，支え続けた．

シュッツ・ツェルの注意は難民に大きく注がれたが，彼女には忠実な娘として，姉妹として，より身近な家庭での他の責任があった．彼女の成人した姉妹たちはそれぞれ身を固め，みなストラスブールに住んでいたようである．長姉のエリーザベトは，ミカエル・シュヴェンカーと結婚した．彼はゲルンスバッハ出身の公証人で，1518 年以来，ストラスブール司教の事務所で働き，おそらく市民の娘との結婚に助けられて，1523 年 4 月に市民権を獲得した．ツェル夫妻の目には，シュヴェンカーは願ってもない義兄であったであろう．教育に加えて（1506 年ハイデルベルクで文学士），彼は福音主義への初期の改宗者であったと思われる．1523 年 4 月には司教のための仕事から手を引いた．1525 年，シュヴェンカーは聖クララ女子修道院の市側の管理者となり，彼とエリーザベト・シュッツはおそらく一人の子どもと共に —— この頃ミカエルかその姉妹マルガレーテのどちらかが生まれていたので —— ロースマルクト通りのその場所に住んだ．カタリナの他の二人の姉妹も結婚してストラスブールに住んでいた．バルバラはガラス職人のヨステン・フェッターの妻であり，マルガレーテは金細工職人ユルゲン・フォン・リュベックと結婚した．

1525 年，シュッツ家の若い四人，マグダレーネ，ウルスラ，アンドレーエ，

ヤーコブは未成年で，おそらく父と共に住んでいた．彼らの母エリーザベト・ゲルスターは，たぶんその年の早い時期に亡くなった．ヤーコブ・シュッツはおよそ 70 歳，健康は優れず，法的には無能力者とみなされた．なぜなら，市は裕福な市民バット・フォン・ドゥンツィンハイムを四人の未成年の子どもたちの保護者に任じていたからである．ヤーコブの成人した子どもたち，息子のルックス，四人の既婚の娘たちは，彼らの母の死後，父や弟，妹たちのために新たな手配をすることに決めたらしい．なぜなら，1525 年 4 月 4 日，彼らはヤーコブが老年を過ごすことのできる家の購入計画をまとめている．アルテン・ヴェルクマイスター亭とよばれるこの家は，古いがおそらく快適な住まいで大聖堂の背後にあり，ツェルの牧師館のごく近くにあった．そのためカタリナは，父やその家庭の具合を注意深く見守ることができただけでなく，小さな弟，妹たちの世話をする母親代わりとなることができた．彼女の成人した姉妹たちも助けたことは疑いないが，すべてではないにしても大部分のことは彼女がしたであろう．なぜなら，彼女は強い義務感と強い母性的衝動をもちつつ近所に住んでいたからである．

　母となることはカタリナ・シュッツ・ツェルの大きな喜びの一つであった．ツェル夫妻の最初の子どもはおそらく 1526 年に生まれた．母親にとってこの赤子は神からの特別の贈り物であった．「キリストの王国を増大させるための果実，神の恵みと，神と彼女の間の平和のしるし」として，彼女は非常に喜んだ．新しい教えは，サクラメントと子どもに関して，マテウスとカタリナの子どもについての考えを大きく変えた．彼らは当然その確信を自分の家族に適用しようとした．洗礼のために決まった期限はなかった[22]．赤子の魂が危険の中にあるように急いで儀式をおこなう必要はない．キリストの子どもはたとえ契約のしるし（旧約聖書の割礼のように）である洗礼の礼典を実際に受けずに死んだとしても，永遠の罰の危険にさらされているのではない．カタリナ自身の言葉で言うならば，洗礼は「再生の洗い」（テトス 3：5）であり，世の罪を取り除く神の小羊であるイエス・キリストの血を通して，血において起きた真の正しい洗礼の証しであり，聖霊によって人の心と良心の中に置かれ，人を生かす

---

〔22〕　ストラスブールでは宗教改革導入後，はじめ期限がなかったが，再洗礼派との紛争を経て，1534 年に 6 週間以内と期限を定めた．

第 3 章　カタリナ・シュッツとマテウス・ツェルの結婚 ── 春の協力関係　95

ものの証しである．ツェル夫妻にとっては，水による物質的な洗礼はそれ自体としては再生ではない．再生はキリストだけがもたらしえるものである．にも拘らず，外的しるしは証しとして非常に重要である．彼らがその子を日曜日に教区教会に連れて行ったとき，彼らは大きな喜びを経験したに違いない．

　洗礼式はカタリナやその兄弟姉妹がこのサクラメントに与った時のしかたとは異なっていた．今は，洗礼式は通常，公同礼拝の一部としておこなわれ，緊急の場合を除いては私的なものではない（後者は新しい教えを全面的には信じられなかった人々，さらに，儀式は必要であるとの考えに固執している人々のためである，とカタリナは考えた）．すべての礼拝式は今やドイツ語であったが，マテウスが 1524 年 1 月に翻訳を導入して以来さらに変更があった．多様な悪魔祓いの儀式や他の多くの儀式が取り除かれた．塗油，聖油，十字を切ること，聖別された塩，白い衣装が無くなった．洗礼式は四つの主要部分からなった．信仰の賜物のしるしとしての洗礼についての説明と，使徒信条の朗読，祈り，代父母と会衆への赤子の教育についての訓戒とともに，イエスが子どもを祝福する聖書の箇所（マタイ 19：13-15 あるいはその併行記事），三位一体の定式での水による洗礼と結びの祝福とからなる．どのようなしかたであれ，儀式は簡素であればあるほど，より聖書的であるとカタリナは考えた．ツェル夫妻は代父母の制度は聖書的であるとは思わなかったので，彼らの子どもは（ほとんど確実に）代父母をもたなかった．彼ら自身が彼らの幼児を信仰において育てることを約束した．彼らは彼らの子どもが適当な時期に，分別のついた頃に，個人的に信仰の告白の準備をするつもりであった．教えること，彼女の確信を分かち合うことの喜びで，カタリナはその時を待ちきれなかった．主の祈りが彼女の教えようとする最初の事柄であった．単純だが質素な美しさをもった洗礼式は終わった．ツェル夫妻は大切な赤子を連れて家に戻った．

　洗礼式だけが変更された典礼ではなかった．公同礼拝の形と内容が，重要な修正を受け，その位置づけも異なったようにみえた．その変化の主要な特色は，多くの儀式の除去に加えて，構造の簡素化，聖書的内容の増加（より多く説教をすることも含む），強い共同志向，すなわち，キリスト者信徒がすべての典礼に参加することを想定していた．これらの変化は言語だけではなく礼拝時間にも影響を与えた．最も注目すべき要素の一つは，礼拝の周期が今やほとんど排他的に規則的な 7 日の周期となったことである．人は祈りの答えを求めて

聖人を仰ぐべきではないとの新しい見解に応じて，中世の聖人の日が暦から外された．ただキリストだけが仲保者であるから，主の日が他のすべての日に優越すべきであり，聖書は他の特別にわかたれた日について語らないので，ただ主の日だけが聖なる日であり，仕事を休み，普通の日から区別されるとした．

新しい一週間周期は，毎日の礼拝と日曜日の礼拝の内容の修正を含んでいた．毎日の礼拝はもはや一日中，間隔をおいて聖職者によって歌われる定時課の典礼を伴うミサに焦点を置かなくなった．いくつかの実験の後 —— 最初の熱狂の感激の中でもっと多くの説教礼拝があったことをカタリナは覚えていた —— 毎日の礼拝の一定の型が定まった．1526年頃，彼女は忙しい予定の中で都合をつけられるなら，一日3回の礼拝に出席することができた．しかし，そのようなことはあまりなかった．早朝，夏なら4時，冬は5時にすべての教区教会で祈りと説教と詩編歌による礼拝があった．大聖堂ではさらに朝（8時ごろ）と午後（3時か4時）の二回の礼拝があった．カタリナはおそらく少なくとも一回は出席したいと思ったであろうが，それは常に可能というわけではなかった．日曜日にはさらに多くの可能性があった．二次的教区はマテウスの説教する大聖堂とは違うように手配された．大聖堂では朝の祈りで始まり，次いで7時か8時から（季節による），主要礼拝が数時間続いた．カタリナは食事のために家に帰り，たぶんその後に昼の説教に戻った．次いでカタリナは彼女の手伝いの少女を午後の早期におこなわれる教理問答教育礼拝へ送り出したであろう．可能な時はカタリナ自身も3時か4時の午後礼拝のために大聖堂に戻ったかもしれない．忙しい日ではあったが豊かな一日であった．

カタリナができることなら決して欠かさないことにしている礼拝は，日曜日朝の主要礼拝で，そこではマテウスが説教し，全員が日曜日にしかおこなわれない主の晩餐を分かち合った．彼女は静かに会堂に入り，いつもするようにあたりを見回した．横の祭壇と彫刻その他の画像が次第に教会内から消えた．素晴らしい大聖堂はカタリナの目には広くなり，より美しく見えた．やがてこれら非聖書的なものはすべてなくなろうとしており，もう人々を正道から迷いださせることもないであろう．[23] 彼女は席に着くと，説教者と礼拝のために祈り

---

〔23〕 中世の敬虔がもたらし，会堂内を満たしていた多くの物が取り除かれた（彫像，画像，補助的祭壇，ろうそく，キリストの磔刑像など）．画像への敵意は

第 3 章　カタリナ・シュッツとマテウス・ツェルの結婚 —— 春の協力関係

はじめた.「神よ，あなたとあなたの愛する御子キリストが理解され，たたえられること，このことを教えるための霊と心と舌を説教者に与えてください. 私たちすべてがその説教を勤勉に熱心に信仰心をもって聞くことができますように. あなたの偉大な名が私たちすべての間で，聖なるものとしてあがめられ，私たちすべてが共に神の家に入れますように（マタイ 6：9, 詩 122：1）私たちのおこないを導いてください」. ツェルが入場した. サープリス（短白衣）を着ていたが，伝統的なミサの服装ではない（1530 年代，サープリスも消えることになった —— カタリナはそれに賛成した —— 正規の大学の服装，すなわち教育のある人の外出着だけが聖職者の普通の服装として残った）.

礼拝式は，すべてのしぐさやろうそくが除かれて，非常に簡素で聖書的なものとなった. はじめに祈りと会衆の歌唱，次いで聖書と説教となる. カタリナは，マテウスが彼の羊の群れのために命の糧を食卓に並べるように，情熱的に説教をするのを聞くのが好きだった. それは時々やや長かった —— 少なくともそのように人が言っているのを彼女は聞いたが，彼女はそれを退屈だと思ったことはなかった. 彼は聖書テキストに正確に密着していなかったかもしれない. 彼は熱中して先へ先へと進め，その適用に及んだためである. しかし，それは常に聖書的奨励，聖書的内容であり，神の言葉であった. もちろん叱責の部分は評判が悪かった. ある人々は，実際，神の言葉が彼らに命ずることについて聞くのを好まなかった. 市政府は時に，政治は真実よりも重要であると考えた. 昨年 1525 年，マテウスは皇帝の随行行列の中にいる民間人随行者に関して，説教の中で批判したことで市政府から厳しく叱責された[24]（とはいえ，論争はすべてマテウスの行動によるものではなかった. 数か月前，彼女の夫が申命記 28 章 23 節について説教をしている最中に，かの再洗礼主義者ハンス・ヴォルフ[25]が

　1524 年 9 月，10 月に偶像破壊運動として勃発したが，最終的に除かれたのは 1530 年 2 月であった. 画像のあった場所には塗料が塗られ，ときには「ただ神にのみ栄光」とか「天においては神に栄光」と書かれたプレートが置かれた.
[24]　皇帝の行列の中にいたベギン会員を批判した件による.
[25]　ハンス・ヴォルフ（Hans Wolf）. ストラスブールに近いベンフェルトに生まれた過激な再洗礼主義者. 1526 年の説教で，1533 年の終末の到来を説き，洗礼を授けた. 逮捕され，カピトが説得を試みるが，これを受け入れず，同年 6 月 30 日市から追放された.

これを妨げて，ツェルは真実を述べていないから立ち去るようにと命じた．ツェルではなくヴォルフが聖霊を受けており真実を語るので，ツェルはヴォルフに説教をさせるべきであると言った．それは何という日であったことか）．しかし，今日の礼拝は静かに進んだ．

　次いで使徒信条があって，主の晩餐の礼典へと導いた．マテウスは古い祭壇の代わりに置かれた木製の聖餐卓（晩餐は犠牲ではない）まで歩いてその背後に立った．彼は会衆に面して立ち，無秩序な乱雑さを排して簡素に並べられたパンとぶどう酒越しに彼らに話した．個々の部分の順序は昔のしかたとは違った．教会全体のための長い祈り，聖晩餐の意義についての勧告が入った．このための定式は決まっていたが，説教者自身の勧告も述べることができたので，マテウスはしばしばそれをおこなった．彼のいくつかの言葉がカタリナの心に刻まれた．「主イエスがヨハネ福音書6章63節で語っている霊的に食することとは，信仰を通して起こることであり……私たちがキリストは受肉し，血を流したことを固く信じることである．その信仰は，私たちの魂の食物であり，今の時に，命を与え，魂を養う正しい食し方である．信仰なしにはサクラメントの食事は無益である」．「聖餐，パン裂きにおいて，あなたがたは霊的に食するために来る．［熟慮しつつ］霊的に食する者は少ししか食べず，秘跡として食する者がより多く食べるわけではない．……あなたはキリストをパンの中に探すのではなく，むしろ父なる神の右に，パウロが教えているように（エフェソ3：17）神の住まわれる信仰の中に探すべきである．［この聖別の言葉を］私はパンとぶどう酒に向かって［あたかもそれらが聞いて答えるかのように］述べているのではない．私は信じる心に向かって［キリストの血においてのみ，救いを］熱心に求めている人に向かって述べているのである」．次いでツェルはコリントの信徒への手紙二11章26-29節から制定語を朗読し，陪餐者を招いた．これは神が内的に与える恵みの外的なしるしであり，また，キリストの体である集められた共同体の交わりである．すべての人はキリストの死，すなわち神が信仰の賜物を与えた人に命を与えるキリストの死の記念を共にするのである．会衆は詩編歌を歌う ── 今や歌うことは，礼拝の大きな喜びの一つである．讃美のドイツ語の中で女の声と男の声が調和することは，なんと美しく楽しいこ

とか，感謝の祈り，祝福，こうして礼拝は終わった．カタリナはいつもするように，礼拝を守れる特権を神に感謝した．「主キリスト，私たちの聞いた善い正しい聖書の教えに感謝します．あなたが高いところに昇り，[あなたの教役者たちに説教の]賜物を与えられたことを（エフェソ4：8）感謝します」．彼女は静かに帰途についた．

　しかし帰る途上で多くの人が彼女に挨拶をし，助言を求めた．牧会的訪問を必要としている身内の病人について告げる人々がいた．彼女は歩きながら感銘を受けた聖餐式のことや彼女に話しかけた教区民の必要について考えた．訪問すべき人は多かった．彼女はB夫人の病気の母親について，マテウスに忘れずに告げねばならなかった．おそらくカタリナは明日，一日中その病人のもとで過ごさねばならないであろうが，ツェルも必要とされていた．さらに彼女はK氏の家族を訪問する約束もしていた．彼の家の双子の健康状態が悪く，彼の妻は出産以来非常に弱っていた．そこで彼女を訪問することは，聖書から多くの赦しの約束を読み，復活の大きな希望について話し，祈ることを意味した．人が死に直面しているとき，ある場合には悔い改めを求めるべきである．しかし，今回は，おそらくK夫人に神の恵みを思い起こさせることが必要であろうとカタリナは思った．自宅の近くにシュッツ家があった．たぶん，彼女は急いで立ち寄るべきだったが，マテウスが午後説教することになっていたので，少しでも食事をとる必要があった．いずれにしても彼女は，弟アンドレーエがまた勉強を怠っていないかと心配した．彼女はマグダレーネが父ヤーコブの特別の食事のことで手助けを必要としているかどうかをたぶん見なければならなかった．なすべきことは多かった．先週はもっとぎっしり詰まっていたが，カタリナは牧会上の仕事が好きだった．彼女がK夫人の双子を徹夜で看病した後，そのままT老人の死の床に行って，ほとんど二昼夜外出していた時も，マテウスは食事を抜くことでは非常に我慢強かった．カタリナは再び炊事道具に向かい合う前に（彼女の不在の間，火の見張りはいたのだろうか），台所に入りつつ，再び聖餐式のことを考えた．福音に従う者たちの間で，この特別のサクラ

---

〔26〕　モーの改革に失敗し，フランスから迫害を逃れて一時ストラスブールに滞在していたルセル（Gerard Roussel）は1525年末，モーの司教ブリソネへの手紙にストラスブールでの改革の様子を報告している．特に男と女の声の合わさった民衆の言葉による詩篇歌の歌唱を讃嘆している．

メントについて意見が違い始めていることは何と悲しいことであるかと．

　しかし，1527年初め，彼女の大切な赤子が死んだとき，当面，すべての他の思いはカタリナの心から消えた．ツェル夫妻にとって，これは非常に辛い喪失であった．マテウスの方はよりよく心の整理をつけたように見えるが，カタリナは特に苦しんだ．赤子は市壁の外に新たに作られたクールバウと呼ばれた墓地に埋葬された[27]．それは新しい墓地での最初の埋葬であった．ツェル夫妻はここに，何年にも亘り，悲しみに打ちひしがれた他の家族と共に，時々来ることになった．たとえ，地上での喪失の苦痛を理解して，彼らの心が痛んだにしても，彼らは遺族の前で，彼ら自身の復活の強い確信をはっきりともち続けようと努力した．

神学的紛争 —— 再洗礼派と聖餐論争

　生活とそれに伴う責任は継続し，神と隣人への奉仕は進み続けた．友人，同僚，難民，議論をしなければならない人と，あらゆる種類の訪問者があった．シュッツ・ツェルはある客については笑みを漏らさずにはいられなかった．1527年，彼女は温厚なローマ・カトリック教徒ヤーコブ・フォン・ゴッテスハイムを食事に招き，神学を論じ，福音に従うよう説得を試みることができた[28]（説得は成功しなかったが，彼は招待に応じて談論し，ツェル家の食事を共にしたようである）．翌1528年9月，バーデンからの難民が到着した．バーデンの君主が礼拝にローマ・カトリックの祭儀を再導入したとき，15人の福音主義聖職者は退去を余儀なくされた．そのうちのある者，メルヒオル・アムバッハ[29]

---

〔27〕1527年，市参事会は市壁内での埋葬を禁止して，市壁外に新墓地を用意した．のちにマテウスもカタリナもここに埋葬された．17世紀末に都市の要塞構築工事のために取り壊されて，現在のサンテュルバン墓地へ移転したので，現存しない．

〔28〕ヤーコブ・フォン・ゴッテスハイム（Jakob von Gottesheim, 1490頃-1543）．有禄聖堂参事会員で，司教代理として市内に住んでカトリック教会を代表した．1523年，ある司祭がツェルとカピトを異端として彼に対して訴えた．本書58頁を参照．

〔29〕メルヒオル・アムバッハ（Melchior Ambach, 1490-1559）．マインツの地域の出身．1522年，ビンゲンでプロテスタントの牧師となるが，一時投獄される．

第 3 章　カタリナ・シュッツとマテウス・ツェルの結婚 ―― 春の協力関係

やヨハネス・マンテル[30]たちはそれ以前に信仰のために獄の苦しみを味わった．ストラスブールはこの難民を受け入れた．ある人たちはすぐに新しい教区へ再配置された．しかし，哀れなマンテル博士と 4 人の幼い子どもたちには行き場所がなかった．バーデンからの亡命者が到着したとき，おそらくマテウスは家にいなかった．しかし，カタリナは彼に代わって彼らを迎え入れた．マンテル家の全員 5 人は，チューリヒに近い新しい教区に移るまで，ひと冬の間，ツェル家と共に過ごすことになった．

　しかしその間，ローマと袂を分かったさまざまなキリスト者たちは，次第に多くの問題について，特にサクラメントについて一致のないことを自覚するにつれて，論争が続くことになった．ストラスブールの聖職者たちは再洗礼派とよばれることになる改革者たちとの何年間にも亘る議論に巻き込まれた（シュッツ・ツェルは彼らに言及するとき，常に，「洗礼派」あるいは「哀れな洗礼派の兄弟」と言った）．特にツェルとカピトは彼らに同情的であった，あるいは少なくとも牧会的にかかわった．ストラスブールの聖職者は，かれらと基本的信念については共通であるとみて，長期間，再洗礼派と論じ合った．しかし 1529 年までには市の教会指導者たちは新たな誤謬について心配し始めた．それには何人かの再洗礼主義者も含まれていて[31]，彼らはキリストの神性を否定し，直接的霊感を擁護して聖書の権威を否定した．彼ら意見を異にする者たちは財産の共有を肯定し，聖書に基づいて結婚を問題とし，誤りを抑制するための剣の使用に反対した．これら教義的問題は，幼児洗礼あるいは成人洗礼に関

　　バーデンの君主フィリップ 1 世のカトリック化政策により，1528 年，マイニンゲンからストラスブールに逃れる．最終的にはフランクフルトの説教者となる．

〔30〕ヨハネス・マンテル（Johannes Mantel, 1468-1530）．ニュルンベルク出身．インゴールシュタット，テュービンゲンで学び，プロテスタントに与し，シュトゥットガルトで牧師となる．ヴュルテンベルク公ハインリヒの廃位により，彼もプロテスタントとしてその説教のゆえに投獄されるが農民戦争の指導者によって解放される．ツヴィングリ主義者として最終的にスイスに牧師職を得てその地で生涯を終える．

〔31〕ブツァーら聖職者はメルヒオル・ホフマン，ピルグリム・マールベック，マルティン・シュテール，ニコラス・フレイたちをそれぞれ違いはあるが再洗礼派としていっしょに危険視した．

する討論とは別の挑戦であった．ストラスブールの聖職者は，これらの教説について公開討論においてその主唱者に反論することを許すように市参事会に申し出たが，拒絶された．しかし，神学的紛争は解決されなかった．1530年11月，市営浴場の常連の間で，説教者たちについて，特にツェルについての議論が起きた．ある者は彼を嘘つきであると非難し，他の者は彼を善良で聖なる人であると弁護した（シュッツ・ツェルが否定的言辞をどう感じたかは容易に想像できる．しかし，彼女の聞いた別の言葉に比べれば，穏やかなものであったが）．1530年10月と1531年2月に聖職者は公開討論を要求したが，再び拒否された．しかし，個人的和解の事例はあった．1531年7月20日，ルーカス・ハックフルトが市の聖職者とツェルの家で会談し，市の四都市信仰告白を受け入れ，キリスト教的為政者の教会的役割が適切であると承認したときである（シュッツ・ツェルは彼女の友人であり，慈善的活動の仕事仲間である彼が，彼女の夫や彼女の愛する教会と完全に一致しているのをみて，喜んだことは疑いない）．しかし，再洗礼派との論争は，ストラスブールの聖職者や，彼らのドイツ中の仲間の関心を惹いた唯一の神学的論争ではなかった．

　主の晩餐についての議論は，幼児洗礼や教会における為政者の役割を含むほとんどの他の教義で一致している宗教改革者の間に拡がりつつあった．1529年という年は，福音の信奉者の間での聖餐論争問題にとって特に重要である．ミサの実施は全般的には数年前からかなり限定的なものになったが，ストラスブールがこれを完全に廃したのはやっと1529年のことであった．この廃止はツェル夫妻を非常に喜ばせた．しかし，今やローマと別れた人々の間でミサに代わる聖餐の礼典についての意見の相違が，事態を困難なものにした．これはツェル夫妻を悲しませた．

　二つの重要な陣営が現れてきた．ルターの周りに集まった人々は，彼らがスピリチュアリストとよぶ人たちは，聖餐からキリストの現存を取り除き，その結果，恵みを取り除いているとして，次第に彼らから遠ざかった．キリストの体はパンとぶどう酒の中に，共に，それらの「もとに」（アウクスブルク信仰告白が翌年にそのように定義することになる）真に現存し，それが命を与えるとした．他方，ウルリッヒ・ツヴィングリに影響された人々は，恵みの手段として，ルターが場所的現臨を次第に強調したことに不満を増大させた．彼らにとっては，ヨハネによる福音書6章，特に63節「命を与えるのは霊であって，

肉は何の役にも立たない」が規準であった．パンとぶどう酒は象徴であり，キリストの死の記念である．聖餐は食事であり，契約の保証であり，感謝の素晴らしい表現である．しかし，霊は物質的要素なしに恵みを伝える．1529 年ストラスブールはツヴィングリ主義者と一致していた．しかし，ブツァーとヘッセン公フィーリプは熱心に両陣営の溝を埋め，一致をもたらそうと試みた．1529 年 9 月 6 日，ツェル夫妻はチューリヒのツヴィングリ，バーゼルのエコランパディウスを彼らの家に二週間泊めることになった．この間，ストラスブールの指導的な福音主義者，ダニエル・ミークやヤーコブ・シュトルムのような為政者とブツァー，カピトのような宗教改革者がツェル家に集まり，長い議論をした．多くの食事があったことは疑いない．時にはツェル家は，ほとんどオープン・ハウスの状態で，カタリナはおそらく夫と彼女の他に何人が食卓に着くのか，実際に彼らが席に着くまでわからないほどであった．

　しかしこの訪問は，聖餐論争を解決する努力の過程で，シュッツ・ツェルが巻き込まれた最後の関わりではなかった．ツヴィングリ，エコランパディウス，ブツァー，ヘーディオは，ルターとその同僚フィリップ・メランヒトン，ユストゥス・ヨナス，アンドレアス・オジアンダー，シュテファン・アグリーコラ，ヨハネス・ブレンツらと会談するために，9 月 18 日，マールブルグに赴いた．神学者の二つのグループはほとんどの問題で一致をみたが，聖餐については共通基盤を見出すことができなかった．互いへの愛の勧告と神がみなに正しい理解を与えることを希望するだけで終わった．シュッツ・ツェルは，隣人愛よりも重要性の少ない教義問題でのルターの非妥協性をみて，これを喜ばなかった．彼女自身はツヴィングリの立場にかなり近かったが，この信徒神学者は，聖餐においてキリストがどのように存在するかを定義することより，福音の主要点において一致している者と愛のうちに生きることの方が必要であると確信していた．シュッツ・ツェルのルターを諫める率直な手紙はヴィッテンベルクの宗教改革者にとって苛立たせるものであったに違いない．なぜなら，彼は一年以上返事をしなかったからである．しかし，1531 年 1 月 24 日，彼は彼女に友好的な，当たり障りのない返事を書き，暗に，聖餐におけるキリストの臨在の定義は教義の主要な事柄であって，愛がそれに優先するようなものではないと考えていることを示唆した．彼女は自分の考えを保持したまま，ルターへの敬意をもち続けていることからみると，シュッツ・ツェルは，この点では

一致しないことで，彼らは同意すべきであると決めたようである．

　多忙な —— 考えられないほど多忙な —— 変化にとんだ1520年代の終わりに，カスパル・シュヴェンクフェルトという新たな知人がツェルの仲間に加わった．彼はシュレージエンの貴族であるが，1529年ストラスブールに来た．彼はツェル夫妻の親しい友人ヴォルフガング・カピトによって温かく迎えられた．カピト博士は，すでにシュヴェンクフェルトと文通をしており，彼の著作の一つを出版もしていた（少し前にツヴィングリもそうしたように）．この時点ではシュヴェンクフェルトとストラスブールの人たちは多くの神学問題で同じ立場に立っていたようである．カピトは，新来者を彼の家に滞在させた．その場所でシュヴェンクフェルトはペトロの手紙を講義したが，これにはアグネス・カピトや彼女の隣人カタリナ・シュッツ・ツェルを含む聴衆が集まった．ツェル夫妻は，この礼儀正しい貴族と他の人々と共に自宅で食卓を囲むことを喜びとした．カタリナは，ルターや他の改革者の本をすでに読んでいたように，彼の本を読み始めた．

　読むこと，学ぶことは，実際，シュッツ・ツェルにとって非常に重要であった．彼女は聖書と多くの福音主義的著作家のものを，のちに「第一級の最上の書物」とよんだものに焦点を合わせて貪るように読んだ．彼女は久しく，特にメランヒトン，ブレンツ，ブツァー，さらにはシュタウピッツ，ブーゲンハーゲン，翻訳でサヴォナローラなど宗教改革初期の著作を好んだ．もっとも，おそらくツェルを除いては，他のどの教師よりもルターを好んだであろうが．そして今，彼女はシュヴェンクフェルトを読み始めた．シュッツ・ツェルの学びへの熱意は生涯減じることはなかったけれども，何がよい神学かについての見解や好みは1520年代初期の教えによって定められた．

　こうして驚嘆すべき1520年代は終わった．なんという時代であったことか．祝福と挑戦に満ち，予期しない変化と思いがけない喜びと悲しみ，新しい心の平安とさらに激しいさまざまな活動．カタリナは，神が子どもの時に彼女を召し出した召命に，しかし，形を変えて従った．ツェル夫妻の夫婦としての奉仕のための不屈の協力関係は，春の繁茂から夏の成熟へと成長した．

第4章

変化する環境の中での共同作業 ── 夏，そして秋の日々

　ツェル夫妻の生活と思想の原型は1520年代に確立された．しかし，彼らを取り巻く世界が発展し，変化したので，彼らの活動的な共同作業は長期間継続した．1529年のミサ廃止と，1530年の四都市信仰告白の成立によって，ストラスブールのプロテスタント教会は成年に達した．ツェル夫妻は福音に従って教会を改革するために全霊を注ぎ，力と意志をつぎ込んだ．そして，残りの生涯を教会に仕え続けることを喜んでいた．マテウスは歳を取り ── 1530年に彼は53歳であった ── ツェル夫妻も病床の苦しみを経験し始めた．ストラスブールの教会は神学においても組織においても，その発展を続けた．それらの中にはツェル夫妻にとって必ずしも前進とは見えないものもあった．結局は，広義の宗教改革運動の内部に増大する，相違と対立がその他の要因と結びついてマテウスの晩年に影を落とし，プロテスタンティズムをこの世紀の最も厳しい軍事的重大局面へ導いた．

友人，家族，地上的悲しみ

　1530年代はツェル夫妻にとっては心に響く事件の中で始まった．そこには個人的なこともあれば，信仰上の友の拡大した輪の中で分かち合った事柄も

―――――――――――
〔1〕　ドイツ南西部の四つのプロテスタント都市が1530年のアウクスブルク国会に共同で提出した信仰告白〔『改革派教会信仰告白集』第Ⅰ巻所収〕．ストラスブールのブツァーとカピトによって準備され，ストラスブールの他コンスタンツ，メミンゲン，リンダウの賛同を得た．同国会に提出されたルター派の「アウクスブルク信仰告白」，ツヴィングリの「信仰の弁明」と一線を画した．

あった．病気と死は牧師職にとって日々の同伴者であるが，牧師自身の家族もそれから免れることはない．1531年4月前半，シュッツ・ツェルは重い病気に倒れ，もう死んだものと諦めるほどになった．17日早朝，カピトはこの悲しい知らせをツェルのかつての補助牧師の一人であったヴォルフガング・ムスクールス[2]に書いた．しかし，彼はもし彼女がその日の昼まで持ちこたえたならば，彼女は回復するであろうと考えているとも付け加えた（おそらくこれは産褥熱であったと思われる）．

この頃のある時期，たぶん1520年代末か1530年代初めに，ツェル家に第二子が誕生した．赤子がどれだけの期間生きたかはわからない．数年間であったかもしれない．シュッツ・ツェルは幼子のために，さらに彼女が責任を感じているその他の子どものために，たとえば家事手伝いの子どもや甥，姪たちのために主の祈りの解説を準備し始めた．しかし1532年末，あるいは1533年初めにツェル家の第二子が亡くなる．最後の子どもであり，これ以後は子どもの誕生はなかった．カタリナの悲しみと苦痛は大きく，彼女は子どもの死を一種の罰のように受け取りがちであった．マルティン・ブツァーのような仕事仲間は，おそらく悲しみへの処方箋として旅行を勧めたらしい．彼女の衰弱した健康状態と彼女の悲しみは両者相まって，他の都市の友人訪問あるいは温泉滞在への促しとなった．

個人的な喪失と悲しみがツェル夫妻の心を打ちひしぐ以前に，辛さを共にしなければならない数多くの悲しい事件が起き，彼らの教会全体にとって試練となった．最初は1531年10月11日の第二カッペル戦争におけるツヴィングリの悲しい死の知らせであった．すぐに彼の敵は，これを異端である熱狂徒への正しい裁きであるとの主張を拡めた．シュッツ・ツェルにとってスイスのために大いに尽くした宗教改革者はその信仰のために罰せられたのではなく，キリストや預言者，神の敵の手に落ちたすべての人たちと同じような苦しみを受け

---

〔2〕 ヴォルフガング・ムスクールス（Wolfgang Musculus, 1497-1563）．ロレーヌのディユーズに生まれ，15歳でベネディクト派修道会に入る．ルターの著作の影響で1527年修道院から逃亡して結婚し，ストラスブールのツェルのもとで補助牧師を務める．1531年アウクスブルクに牧師として招かれ，その地の宗教改革を勝利させた．仮信条協定によってその地位を追われ，ベルンに移り，この地で死ぬまで牧師，教授として働いた．

第4章 変化する環境の中での共同作業 —— 夏，そして秋の日々

たことは明白であった．彼女は彼の喪失を悼み悲しんだ．1531年11月のヨハネス・エコランパディウスの死のニュースはもう一つの悲しみであったが，それはストラスブール自体のさらに大きな悲しみのために影に隠されてしまった．周期的に流行をくり返す悪疫の災いがこの都市を襲っていた．シュッツ・ツェルはおそらく特別に親しい友人であるカピト家の人たちの介護のために，実際上彼らの家に住んでいた．しかし，その間にも教区内の家から家へと行かねばならなかった．徒歩で，昼夜の別なく赴き，ひとたび行くと二日間，三日間に亘り，その間食べたり眠ったりする暇もなしにすごした．アグネス・カピトが病に倒れ，その後死んだとき，シュッツ・ツェルはカピト家の客人カスパル・シュヴェンクフェルトの世話をした．彼はしばらくツェル家に滞在した後，ストラスブールの別の友人エンゲルマン家へ移った．カピト自身は病気を切り抜けて生き残った．しかし彼は，精神的にすぐには立ち直れなかった．近所の人たちの親切な努力にも拘らず，世帯は混乱していた．ブツァーはこの男やもめを他の教会の，特にスイスの教会の友人たちを訪問させ，同時に，彼を再婚させる計画で送り出すことが，最良策であると決めた．ブツァーはコンスタンツのマルガレーテ・ブラーラー[3]かエコランパディウスの寡婦ヴィブランディス・ローゼンブラット[4]をカピトの再婚相手として良いと考えた．ブラーラー家の人々は多くのストラスブールの宗教改革者の，特にブツァーの親しい友人であった．しかし，マルガレーテ・ブラーラーは結婚を望まなかった．彼

---

[3] マルガレーテ・ブラーラー（Margarete Blaurer, 1494-1541）．アンブロシウス・ブラーラーの妹．コンスタンツ生まれ，人文主義的教育を受ける．キリスト者女性による慈善団体を組織し，寡婦，孤児，病人の世話をする．1541年ペストに際し，病人の介護に努めるが彼女自身，病に倒れた．ブツァーと多くの文通があったが，彼女の書いた手紙は残っていない．

[4] ヴィブランディス・ローゼンブラット（Wibrandis Rosenblatt, 1504-1564）．バーゼルに生まれる．1524年人文主義者ルードヴィヒ・ケラーと結婚．2年後に夫に先立たれ，当地の宗教改革者エコランパディウスと再婚．1531年エコランパディウスの病死によって，再び寡婦となるが，夫の親友であり妻を失って失意のうちにあったストラスブールの宗教改革者カピトと1532年，三度めの結婚．本文（131頁）にあるように1541年のペスト流行によりカピトが死亡し，ブツァーと結婚．1549年夫の後を追ってイングランドに渡るが，1551年またも夫に先立たれ，いったんストラスブールに戻った後，最終的に故郷のバーゼルに帰った．

女は兄アンブロシウス[5]の世帯の面倒を見ることで手いっぱいだった．しかし，ヴィブランディスは亡夫エコランパディウスの友人カピトを新たな夫として受け入れるようにとの説得に応じた．おそらく 1532 年初春，彼女と彼女の子どもたちは，カピトと共にストラスブールに来た．カタリナはアグネス・カピトを失って寂しかったに違いないが，ヴィブランディスをすぐに喜び迎え，彼女が新たな都市に居を定め，教区の義務を果たすのを助けた．カピトの新妻による世帯の運営は順調に進んだ．彼女は悲しみのうちに彼女の末子の葬儀をすることがあったにしても，彼らの新しい赤子が与えられて，近所の人々も確かにヴォルフガングとヴィブランディスの喜びを分かち合ったことであろう．

牧会職としての教え —— 主の祈りの解説

　シュッツ・ツェルが彼女の教育の才能を外部へと向け始めたのは，ことによると，貴く脆い小さな命が彼女の指の間から消えてしまったので，彼女は自分の子どもに信仰告白の準備をさせることはできないと悟ったからかもしれない．1532 年，彼女は主の祈りの解説を書き上げた．それは彼女の言うところによれば，もともと子どもへの関心に促されて思いついたもので，もしかすると彼女自身の子どもに教える期待のもとに始められたのかもしれない．もっともこの本が正式に出版された時の読者は近隣都市の女性たちであったが．「ケンツィンゲンの女性たちへの手紙」と同じく，シュッツ・ツェルの主の祈りについての小さな学びは二人の女性のために書かれた．シュッツ・ツェルは彼女たちを個人的には知らなかったが，彼女たちの霊的苦境の訴えは彼女の牧会的心情を動かし，自分の責任のように感じさせたらしい．シュッツ・ツェルがシュパイエルにある帝室裁判所[6]の下級役人の妻であるバルバラ・ゼムラとエリー

---

〔5〕　アンブロシウス・ブラーラー（Anbrosius Blaurer, 1492−1564）．南西ドイツの宗教改革者．コンスタンツに生まれ，テュービンゲンに学ぶ．各地で宗教改革にあたった後，コンスタンツで活動．仮信条協定によって追われてスイスに行く．讃美歌作詞者としても業績を残す．

〔6〕　帝室裁判所（Reichskammergericht）は，1459 年のヴォルムス国会で設置が決まり，1526 年以後，シュパイエルが固定した所在地となる．その評定官も一部は皇帝，一部は等族によって任命されたので名前は帝室裁判所であるが，実

第 4 章　変化する環境の中での共同作業 —— 夏，そして秋の日々

ザベト・ボマーの問題をどのようにして知るに至ったかは明らかでない．ストラスブールのプロテスタントへの加担（教会財産の世俗化をめぐる紛争とミサの廃止）によって生じた訴訟を扱っている裁判所に派遣されたストラスブールの代表の誰かが，これらの女性たちか，その友人の家に宿泊したのかもしれないし，あるいはひょっとすると女性たちの夫が，シュヴェンクフェルトか（1532年初め，ツェル家の泊り客），他のストラスブール在住者の知り合いであったのかもしれない．いずれにしてもシュッツ・ツェルは，ボマーとゼムラが神の意思に沿った生き方ができないと感じて非常に惨めな思いでいると知らされた．そこで彼女は，信仰教育で教材としてよく使われる主の祈りを福音主義的理解に基づいて彼女らに説明することによって，神を畏れる，しかし，苦しんでいる女性たちを助けようと決心した．

　シュッツ・ツェルは長い序文で始める．そこで彼女は本文の構成を簡単に説明した後，主の祈りの出だしの言葉「われらの父」について，魅力に富んだ，むしろ独創的な扱いを展開する．議論は三つの言葉，「父」「子ども」「われらの」に焦点を当てるが，特に最初の言葉に最も大きなスペースを当てる．主の祈りの解説は非常に一般的で，通常の教育のしかたである．大部分の著者は「父」という言葉に特別の注意をはらう．しかし，シュッツ・ツェルの真面目だが，ややふざけたような子どもっぽい，神の子どもたちとの会話は特徴的である．彼女は父という名はいかに愛しいものであるかを話し始める．その第一の理由は，父がその家族に与える庇護による．彼女はこれを子どもにも理解できるように説明する．「子どもたちが遊んでいて，一人の子が別の子を叩いたとき，やられた方の子は『お父さんに言ってやる』と言う．彼はこの時，彼の父親がこのことを心に留め，報復してくれることを期待している」．聖書では神とキリストが神の子たちに対しておこなわれた悪に対し，報復する例を示している．庇護と報復は神による保護の一部である．しかし，この短い対話は，さらに重要な教えへの導入にすぎない．

　シュッツ・ツェルの「父」についての説明は，家庭的な比喩的表現による独自の魅力に訴えつつ，旧約聖書と新約聖書の比較を通して，聖書的語句で展開される．彼女は旧約聖書の民と神の間のやや改まった関係からイエス・キリス

質は帝国最高裁判所であった．

トによって確立された新しい神の民と神の間の，より打ち解けた関係を対比させる．旧約聖書では神は通常，主と呼ばれ，父と呼ばれることは非常にまれである．しかし，キリストの到来によって，神の愛という神の働きとともに，天から「父」という名がもたらされた．シュッツ・ツェルが，イエス・キリストにある新しい関係を描写するとき，彼女は子を産み，育てた母親としての経験によって，両親と子どもの特別の親密さを明示する．

> 「召使を持つ主君や女中を持つ女性の誰であっても父と母がその子らにするように素早くやさしく聞いて面倒を見ることはない．ことわざにも言うように，『心から出たものでないなら，心には届かない』．子どもを産んだことがなく，陣痛の苦痛や乳飲み子を育てる愛を経験し，知ることのない女の誰が，真の母にできて，そうしているように，無力な子どもを愛し，気遣い，憐れむことができるであろうか」．

主人対父母のイメージは，最初の民と新しい民の起源をもとにして作り上げられた．最初の創造は発された言葉によって，「働きなしに」おこなわれた．人間は神に従うための辛い努力もなしに創造された．しかし，アダムは堕ち，民は罪へと向かった．神の新しい民はキリストを通して誕生した．キリストは民を恵みのうちに生み，恵みへと導くために，園においても十字架においても大きな苦痛を伴う，生みの苦しみを味わった．奇妙なことに，シュッツ・ツェルの父としての神のイメージは，キリストの子どもたちの祖父としての神へと移っている．子どもたちは神の霊によって養子とされ，キリストと共に共同相続人になる．キリストは私たちの兄弟であることを確信させる（したがって，私たちは兄弟姉妹である）．乳母が乳児を忘れることがありうるとしても，神はキリストが生んだ子を忘れることはない．

シュッツ・ツェルは，次に「父」の論理的結果として「子」という言葉を「我ら」という語句とともに取り上げる．彼女はこの二つ語句についてはごく短く扱う．このような父の子であるとは何を意味するか，特にこの関係を他者と分かち合っていることの含意は何か，私たちが真に神の愛する子なら，聖霊は私たちを導いて，他の人々にどのようにふるまうようにさせるのかなどについて彼女は議論を展開する．序文と主の祈りの個々の願いの説明の間に，シュッツ・ツェルは，キリスト者が祈っている神は誰であるかを確認するため

に，使徒信条を置いている．そして使徒信条を反映した内容の祈りを提出している．

主の祈り研究の本体はそれぞれの句の詳細な，教訓的−黙想的論述で，単数二人称で神に向けられているが，その経過の中で，祈りをする人に教えることが意図されている．それぞれの祈りの多くは，かなり伝統的なしかたで説明され，祈られているが，時々，特定の懇願はよりプロテスタント的方向を示している．神の支配を願う箇所（み国を来たらせたまえ）で，最もプロテスタント的調子が表れる．そこでシュッツ・ツェルはマタイによる福音書4章17節を引用するが，ウルガタ訳やルター訳の「悔悛せよ」ではなく，ツヴィングリ主義的訳「改善せよ．神の国は近づいた」を用いている．他方，誘惑からの救いの願いは（「試みにあわせず」の箇所は最も長い解説である），キリストの模倣がこだましており，裏切り者のユダのようではなく，ペトロやマグダラのマリアのようであるようにとの叫びが伴い，中世後期の敬虔の中で育てられた人なら誰でも，慣れ親しんだ響きを感じたであろう．

主の祈りの願いの中で二番めに長い説明は日々の糧に充てられた箇所で，シュッツ・ツェルは初期の宗教改革運動の中で鋳なおされた，しかし彼女流にまとめた伝統の上に立ちつつ，独自の総合的解釈を展開する．彼女は神の言葉によって養われることとキリストとの交わりの中で共同の聖餐を分かち合うことに焦点を当てる．彼女の理想的な説教者・牧師についての可愛らしい小さな挿話があり，二種類の食事についての魅力的なまでに論争的でない表現がある．すなわち，生けるパンであるキリストを霊的に食することと，キリストによる救いをもたらす死の，共同体による記念を共にすることである．霊的食事と共同体による記念は注意深く区別されているが分離されてはいない（シュッツ・ツェルはルターの主の祈りの解説をさまざまな点で参考にしているが，キリストと聖餐の関係についての解釈は，1532年のルターが受け入れたであろうどの解釈よりも，さらにツヴィングリ的であった）．霊的，サクラメント的食事についての中心的議論に，シュッツ・ツェルは日々の物質的食物のための短い祈りを加えた．彼女は，神を忘れるほど多くはなく，忍耐を失って神を冒瀆するほど少なくはなく，ちょうど良いぐらいの食物を与えられるようにと祈り求める．神に告白し，讃美し，隣人を憶え，彼らを養うようにとの命令に従いつつ私たちの日々の糧を食べるようにとの隣人愛の祈りをもって彼女は結びとする．隣人

愛はストラスブールの福音理解において特に重要であった．

　1532年，シュッツ・ツェルは，主の祈りの小さな解説の手稿をシュパイエルの女性たちに彼女らの慰めのために送った．しかし，おそらく数か月以内に，彼女の二番めの赤子が死に，カタリナはストラスブールをしばらく離れる必要があった．マテウスはブツァー，ヘーディオといった同僚に比べ，近隣の教会を訪問することが少なかったが，時折，スイス，南ドイツに旅行し，カタリナも時には，特に彼が歳をとり，体力が衰えるにつれ，同伴した．1530年代初め，マテウスは多くの旅行をしたが，そのうちのいくつかは確かに妻といっしょであった．なぜなら，転地は悲嘆に対するブツァーお気に入りの処方箋であったからである．ブツァーはコンスタンツのブラーラー家と緊密に結ばれていたので，当然コンスタンツを訪問するようにとの招待状がブツァーの同僚に届いた．カタリナはそれ以前にブラーラー家の少なくとも誰かを個人的に知っていたらしいが，そうでないにしても，少なくともアンブロシウスとマルガレーテを確かにこの機会に知ることとなった．彼女はおそらくブツァーの要請で，マルガレーテとかなり規則的に文通をするようになった．彼女はアンブロシウスにも時々は手紙を送った．

　ツェルが1533年5月にコンスタンツのブラーラー家を特別に訪問した機会に，彼は大勢の聴衆の前で，一日に三回の説教をした（彼は自宅に戻ると親切なもてなしへの感謝として，素晴らしい食卓ナイフの贈り物を送った．おそらくカタリナはこれを選ぶのを手伝ったであろう）．アンブロシウス・ブラーラーは来訪した説教者を聴衆が熱狂的に迎えた様子を友人のブツァーに詳しく報告している．ブツァーの説教はこれほどの熱烈な反応を起こさなかった．ブラーラーは，ツェルをたたえつつ，年配の同僚が民衆から受けた称賛は彼が人間としてはブツァーほど深みがないことによると指摘して，ブツァーを慰めるほどであった．神学的深みはマテウスの得手ではなかった．彼は普通の人に対する単純な福音の熱烈な説教者であった．ストラスブールの最初のプロテスタント説教者は，説教壇からの指導者として，会衆の最愛の牧師として生涯をとおして，市で最も人気のある説教者であった．

1533年の教会会議とそれに関連する論争

　ストラスブール教会はなお発展し続けたが，1520年代に最終的立場を形成したツェル夫妻は，もはや同じ歩調で歩むことはなかった．1530年代初期，中期に，特に1533年，1534年の教会会議と1536年のヴィッテンベルク協定[7]へと導いた交渉の中で，主要な構造的再編成が，ある種の重要な神学的変更を伴って生じた．

　市の指導的神学者ブツァーの観点からは，必要なものは全体的に，より厳密に定義された教会であり，1533年，1534年におこなわれた教会会議において少なくとも一部は実現されるべきものであった．重要な挑戦的課題は急進派あるいは再洗礼派との継続中の論争であった．彼らは1520年代からストラスブールの宗教生活の一要素をなしていたが，今ではメルヒオル・ホフマン[8]のようなカリスマ的人物を加えていた．別の種類の異なる思想もブツァーを悩ました．そこにはカスパル・シュヴェンクフェルトの思想が含まれている．特に彼の教会職務，サクラメント，教会組織についての見解である．四都市信仰告白は成立したがいっそうの明晰さが必要であった．市の若者や自分の信仰がまだわかっていない人々を教育するための標準的な教理問答書も必要だった．そこで教会会議でのブツァーの目標は確立された都市教会の方針に従わない宗教運動の拡がりに対し，より強い態度で臨むこと，次いで教会にその信仰を教えるためのよりよい教育計画を備えることであった．これらのうち最初の事柄の必要性はツェル夫妻にとって，特にカタリナにとって，第二の事柄ほど自明の

---

〔7〕　ヴィッテンベルク協定は，1536年5月26日，ヴィッテンベルクと南西ドイツの宗教改革者の間で聖餐論についての一定の共通理解に達して，成立した協定．ストラスブールのブツァーの努力によるところが大きい．これにより南ドイツ諸都市もシュマルカルデン同盟に加わることになった．

〔8〕　メルヒオル・ホフマン（Melchior Hofmann, 1500以前-1543）．ドイツの心霊主義的再洗礼主義者．生業は毛皮商．1523年頃からルター主義の信徒説教者として各地を巡回．1530年ストラスブールに現れ，キリストの間近い再臨を予告した．捕らえられて10年余獄中にあったが宗教改革者らの説得に応じず，獄死した．

ことではなかった.

　マテウス・ツェルとその同僚や教会組織との関係は1533年の教会会議の諸記録から明らかである．準備として聖職者の相互批判があり，その機会にツェルはいくつかの点で咎められたが，そこには長すぎる説教も入っていた．同僚たちはまた，彼が代父母の慣行を廃止したこと，洗礼の正確な意味や聖餐におけるキリストの臨在のしかたについて，また自由意志の教えについて，議論を拒否したことで彼を非難した．ツェルは善いキリスト教的生活を鼓舞する措置は喜んで支持したが，神学的事項が議論されようとすると，彼らはすべてキリスト者であると思うと言いつつ，彼は説教のためと言って退出の許可を求めた．ストラスブール教会の（再）組織化は最初の牧師抜きで進むことができた．ツェルにとっては根本的な神学的変更は1520年代になされてしまっており，説教と生活の更新が第一の関心であり続けた．

　シュッツ・ツェルからみて，教会会議の二つの心配な状況の一つがシュヴェンクフェルトをめぐる争いであった．ブツァーは初期のプロテスタント運動を特徴づけた霊の働きの強調に対して，これと均衡をとるために，形式を強化しつつ教会をより固定した構造に導こうとしていた．シュヴェンクフェルトは特に内的洗礼と霊的交わりの強調によって初期の霊的志向の延長にあるものを代表した．1529年，彼がストラスブールに来たとき，彼の立場とこの都市の立場の違いは最小であった．カピトは最初に新来者を歓待し，ツェル夫妻がこれに続いた．現在，カピトはブツァーの進展した立場に近づいたが，ツェル夫妻は見たところ変わっていなかった．カタリナは（おそらくマテウスも）ますます別のものとなり遠く隔たったブツァーとシュヴェンクフェルトの立場の中間に相変わらず位置していた．彼らの違いは認めるが，これが教会を分裂させるに値する問題とは見なかった．シュヴェンクフェルトはストラスブールを去ることを求められた．ブツァーは彼の信奉者を彼から引き離すことを望んで，マルガレーテ・ブラーラーに彼女の友人に手紙を書くようにと特別に頼んだ．しかし，シュッツ・ツェルは両陣営とのきずなを断つことを拒否した．彼女の考えによれば，両者とも聖書によって知られる，ただ信仰のみによって，キリストを唯一の救い主とする「主要点」にしっかり繋がっている．したがって，他のことで相違があっても両者は福音の信奉者である．シュヴェンクフェルトが去ると，彼女は彼のために，かつての宗教難民で，時々文通をしていたヤーコ

第 4 章　変化する環境の中での共同作業 ── 夏，そして秋の日々

ブ・オッターに手紙を書いたらしい．シュレージエンの信徒改革者が1534年6月，別の教会討論会のために戻ったとき，彼は確かにツェル家を訪問しており，彼が個人的に愛着を感じていたボヘミア兄弟団の讃美歌集一冊を，おそらくカタリナに与えた．

　ツェル夫妻を悲しませた教会会議の別の局面はマテウスとカタリナが非聖書的であるとして廃止した代父母の慣行が支持され続けたことである．一つの意見の違いはすぐにブツァーとツェル夫妻の全面的論争にエスカレートした．シュヴェンクフェルトをめぐる論争よりも，この件の方がブツァーの激しい非難を招いた．マテウスが非常に人気のある説教家だったので，この論争はより拡く教会全体にまで及んだ．ツェルは代父母をもつことが悪いとは言わなかった．しかし，代父母に高い基準を設定したので，人々はそのような責任を引き受けることを躊躇した．ブツァーはマテウスがこの問題で強硬だったことをカタリナのせいにしたが，年長の彼の同僚〔マテウス〕がひとたび何かを決めると断固とした人であることも知っていた．ブツァーの激昂は彼らの強硬な代父母拒否は最近の彼らの子どもとの死別によって強められたことを了解したとき，和らげられたようであった．しかし，彼はそれにも拘らず，この二人に，特にカタリナに手を焼いた（ブツァーの批判は非常に鋭い．しかし，彼の不平はいつものことだが彼らの欠点同様，彼らの長所をも認めて解消する）．

　何とかしなければならないとブツァーは考えた．彼はマルガレーテ・ブラーラーに彼女の友人宛ての，また，アンブロシウスにマテウス宛ての手紙をそれぞれ書いて，この件で平和を乱すことがないよう説得を試みてくれるようにと促した．ブツァーはマルガレーテからカタリナ宛の手紙を（マルガレーテの許可を得て）読んで，良い結果を期待したが，かえって悪くなるかもしれないと，当然恐れもした．アンブロシウスのマテウス宛ての手紙は，あまりにも巧妙であったのか，あるいはそうでないのかはともかく，ツェルはユーモアをもって議論をそらすことにした．なぜなら，彼は柔軟で，原則において賛成する用意があった（非本質的な問題については議論をしないこと）．ツェルはシャルトルの教会に聖餐式に使うのは，銀製の杯か木製の杯か，丸いパンかウェハースかの問題については議論をしないようにと説得したと自分の努力の話を付け加えて，非常に注意深い返事をした．マテウスは頭が悪いのか，それともふざけたユーモア感覚のしるしなのだろうか．代父母についての議論は1534年末頃ま

で続いた．その時点でマテウスは，この問題での議論を止めることに同意し，ストラスブールの宗教改革者たちも暗々裏に彼が賛同しないことに同意したようである．

神学的争いの拡大

　その間に，1534年半ば，プロテスタントをより拡く巻き込んだ他の問題についての争いが新たな形で噴出した．問題の焦点が，再びサクラメントについてであったことは驚くべきことではない．5月にヘッセンの君主フィーリプ[9]は，ヴュルテンベルク公ウルリッヒの領土回復を助けた[10]．こうしてその地を，プロテスタント的方向に改革する過程が開始した．問題は主の晩餐についてプロテスタントがルター的見解とツヴィングリ的見解に大きく分裂したことである．ストラスブールはザクセンへの橋を架けるために，次第にスイスから離れていった．両陣営の代表がウルリッヒ公に招かれた．ウルリッヒ公の宰相はルター派のエールハルト・シュネップフに好意的であったようで[11]，南ドイツ・

---

〔9〕 ヘッセン方伯フィーリプ（Philipp von Hessen）．ドイツのヘッセンの君主，「寛容公」とよばれる．メランヒトンの影響で1524年宗教改革を導入，1527年プロテスタント最初の大学をマールブルクに創設．プロテスタント陣営の若きリーダーとして活躍．1529年プロテスタント陣営の統一を図るが（マールブルク会談）失敗する．しかし1530年のアウクスブルク国会の後，皇帝に対抗して，シュマルカルデン同盟の結成に成功する．ストラスブールのブツァーと文通を続け，1538年には教会改革のために彼を招く．1540年，重婚問題で危機に立たされ，皇帝への譲歩を余儀なくされて，声望を下げる．シュマルカルデン戦争に敗れ，3年間，皇帝の捕虜となるが，女婿ザクセン選帝侯モーリッツの反乱によって1552年釈放され，復位した．

〔10〕 ヴュルテンベルク公ウルリッヒ（Ulrich von Wurttemberg, 1487-1550）．恣意的統治，乱脈財政，農民収奪のため暴動を招き（貧しいコンラッドの乱），他の件では皇帝の怒りを招いて帝国アハト刑を受け，シュヴァーベン同盟軍により放逐され，公領を失った．女婿ヘッセン方伯フィーリプの援助を得て1534年復位に成功し，宗教改革を導入した．

〔11〕 エールハルト・シュネップフ（Erhard Schnepf, 1495-1543）．南西ドイツの宗教改革者．ハイデルベルクで学んでいた時にルターのハイデルベルク討論にふれ，福音主義に転じる．1527年マールブルク大学教授．1535年，ヴュルテン

第4章　変化する環境の中での共同作業 —— 夏, そして秋の日々

スイスを代表するアンブロシウス・ブラーラーを巧みに操って, 譲歩させるのに力を貸した. しかし, その譲歩は友人たちの許容できる範囲を超えたものであった. 事態をさらに悪くしたのは, ルターの旧来の敵ヨハン・エック[12]がブラーラーの署名した協定のコピーを入手して, これを出版したことである. 幸いにも彼はその一冊をある時期の学友であったツェルに, ローマに戻るようにと強く勧める手紙とともに送付した.

ブラーラーについての噂が飛び交っていた時, シュッツ・ツェルは1534年9月, ヴュルテンベルクのヴィルトバードに温泉治療に来ていた. 彼女はブラーラーに手紙を書き, 最近の彼からの手紙への礼を述べている. その手紙はツェル夫妻に別の子どもができるかもしれないとの希望をおそらく含むものであった. カタリナはまたブラーラーの妻が彼らの最初の子を待っているとの報せに接して, 彼にお祝いを述べている. 彼女はまた, ヴィルトバードで彼を中傷する者たちに対して彼を擁護していることも述べている. 彼らは彼がシュネップフの文書に署名した「背信行為」に取り乱していた. シュッツ・ツェルのブラーラー擁護はおそらく神学的というよりは人物に関するものであったろう. ツェル夫妻はいずれも聖餐論を定義する細かい点について特別の興味を持たなかった. 二人は, 相手側を信仰から離反していると言う者たちに対して, 福音を擁護することで一致していた. そのことは信徒改革者が実践神学に深い興味をもたなかったことを意味するのではない. 彼女の手紙は宮廷説教者[13]によってなされたガラテヤ書に基づく説教に言及している. 彼女はこの説教を非常に喜び, 飽きることがなかった. 彼女はさまざまの人からの挨拶や知人のニュースを加えている. 彼女が家に戻る前に入手できるならば, ストラスブー

ベルク公に招かれテュービンゲン大学教授となる. ヴュルテンベルクではブレンツと共にルターの流れを支持した. 彼の準備したシュトゥットガルト一致信条にブラーラーが署名した.

[12]　インゴルシュタット大学教授. ライプツィヒ討論以来のルターの論敵. メランヒトンやツヴィングリへの反論も書く. アウクスブルク国会やその他の宗教会談でもカトリック側を代表して出席した.

[13]　著者は, たぶんコンラート・エーティンガー (Konrad Oettinger) ではないかと推定している. 彼はヘッセン公フィーリプの宮廷牧師であったが, 1534年12月から正式にウルリッヒ公の宮廷牧師となる. しかし半年前からすでにパートタイムで活動を始めており, カタリナの滞在時と重なっているとしている.

ル宛ての手紙を運ぶことを提案している．

ストラスブールの宗教教育 ―― シュッツ・ツェルの讃美歌集

　シュッツ・ツェルはストラスブールに戻ると，再び多くの牧会的活動に従事することになった．いつものとおり，彼女は病人や囚人を訪問し続けた．近年，ツェル夫妻はメルヒオル・ホフマンに特別の関心を寄せた．彼は獄中にあったので，カタリナは訪問のために市参事会の許可を得なければならなかった．彼女はおそらく彼のために処方された薬をもって行った．再洗礼派に対するマテウスの共感は知られていた．彼は意見を異にする人の言葉にも耳を傾けた．彼らは当局が受け入れがたいとする見解について説明するために，市当局者の前に引き出されたとき，ツェルがこの問題で，かつて幼児洗礼は必要でないとの考えを説教したことを引用した．彼がそれを喜んだか否か，彼が彼らに賛同していたのか否かわからないが，そのいずれにしてもツェルはこのような人々を迫害することには明確に反対した．カタリナは同様にストラスブールで一般には歓迎されない人々を助ける用意があった．1534年，彼女は再洗礼派グループの一人の少年に仕事の世話をする件に巻き込まれているが，この事例は確かに孤立した出来事ではなかったであろう．しかし，彼女はまた，彼女の務めの教育的側面を拡げつつあった．

　ストラスブール教会会議での実践的関心の一つは市の若者たちの宗教的訓練であった．聖職者の観点からは民衆の伝統的な敬虔の最も重要な一面はおそらく教理問答教育であった．これはツェル夫妻にとっても最も重要なテーマであった．個々の教理問答は1524年からみられ，1526年からは日曜日の午後に教理問答のクラスが開かれた．1533年の教会会議での規定によれば，子どもは主の晩餐に連なる前に教育と試験を受けることになり，この分野が新たに注目されることになった．ブツァーは1534年，より公的な教理問答を出版した．マテウスはこれに序文を書いた．マテウスは自分でも二つの教理問答を作った．一つは十戒と主の祈りについて（1537年に改訂・増補），もう一つは使徒信条についてであった．これらの文書は，日曜日の教理問答を学ぶクラスで用いられた．宗教的訓練のために正規のクラスを設けるというこの刷新は非常に重要であったが，日曜日午後の教会における正規の教育以上のものがさらに必要

第4章　変化する環境の中での共同作業 —— 夏, そして秋の日々

であった. 両親（あるいは代父母）が, 家庭で彼らの子どもを教えるべきであるとの伝統的な考えは忘れられていなかった. しかし, 問題は正しい教材を見つけることであった. 宗教的訓練は教理問答以上のものを必要とした. この欠如は聖職者によってよりも, 信徒改革者たちによって, より明白に感じられたようである. カタリナがマテウスの教区民の家庭を訪問するにつれ, そのことが彼女の心配事となったようである.

　信徒の観点から言うと, キリスト教的敬虔は教育的構成要素を持っているが, 信仰生活はさらに多くの要素があり, 特に祈りと讃美歌が含まれていた. しかし, これらは宗教改革の初期には不足していた. プロテスタントの指導者は, 敬虔の改革は礼拝と他のすべてのことと同じ規範に従うべきであると考えた. すなわち, 多くの伝統的な構成要素は取り替えられねばならないとした. 彼らは中世的敬虔の内容の多くに強く反対した. マリアや諸聖人の崇敬, 聖遺物, 巡礼, さらにロザリオの祈り（特に公同礼拝の中での）の類の多くの一般的な慣習を拒絶した. さらに, プロテスタント聖職者は, 多くの伝統的な祈りを迷信的であり, あるいは神学的に誤っているとした. 中世後期に一般的であった公同礼拝と個人的信心の分離をも非とした. プロテスタントの目には, ある人がミサに出席しつつ, まったく別の私的祈りを唱え続けるようなことは, 公同礼拝の意味と矛盾していた. そこで, 多くの宗教改革者が最初に行ったことは, キリストへの信仰による義認を説いて, 聖人への祈りのような誤った観念を論駁することであった. 次いで, 彼らは公同礼拝の改革をはじめた. それは単に共同の祭儀を祈りの中心的行動とするだけでなく, 個人の信仰生活にとっても重要な源泉とすることであった. 少なくともそれが彼らの望み, 企てたことであった.

　公同礼拝, 私的礼拝を一つの宗教改革的全体の中に再形成するための最も卓越した手段の一つが, 聖書の中の歌を会衆が共に歌うことの導入であった. これまでは一般信徒のための礼拝音楽の伝統は非常に限られたものであった. 礼拝での歌唱はほとんど専ら聖職者の領域に属し, 会衆はこれを聴いていた. 礼拝音楽の中で, あるものは会衆のために翻訳することができた. さらに, 新しい讃美歌, 詩編の韻律をもった翻訳も作られた. しかし最初の頃, 適切なプロテスタント的讃美歌は多くはなかった. すでにあるものは, 主に公同礼拝のためのものであって, すべての人がこれらは個人の祈りのためにも相応しいと

思ったわけではない．すでに放棄された聖母マリアや聖女ウルスラやその他の人々に向けた歌の広いレパートリーに比べ，福音の信奉者が家庭で歌い，祈るのに相応しく，使用しうるものはあまり多くはなかった．

　歌うことは信心的行為であるとともに平易な気晴らしであった．シュッツ・ツェルはほかの教育家同様，人々に何かを覚えさせる最良の方法の一つは，歌によって教えることであると認識した．さらに，彼女は新しい諸改革によって，民衆の敬虔の中に生じた空白について非常に心配した．近隣の子どもたちが（たぶん彼らの両親も同様であろう），次のようにつぶやくのを聞いた．「あなたがたは私たちのすべての昔の歌を取り去った．私たちがもう歌わないことを望んでいるのか．私たちは材木のようになるのか」と．個人的不満に加えて，ストラスブールにおける伝統的教会暦の廃止はキリスト降誕節のような神学的に問題のない事柄についても歌う気を失わせたように見えた．「今や祝祭日を祝わないので，すべての特別の記憶が失われるであろう」．シュッツ・ツェルは信徒の多くの不満に賛成であったが，彼女はあくまでもプロテスタントとして，民衆の敬虔の空白を埋めるために与えられたものが，教育的に相応しいものかどうかを確かめようとした．シュヴェンクフェルトがミヒャエル・ヴァイセによって翻訳されたボヘミア兄弟団の最初のドイツ語讃美歌集を彼女に手

---

〔14〕　ミヒャエル・ヴァイセ（Michael Weisse, 1488-1534）．シュレージエンに生まれクラコフに学ぶ．1518年修道院を去って，ボヘミア兄弟団に加わる．そこでは主にチェコ語が使われていたが，15世紀末ワルド派やドイツ語を話す人々が加わった．彼らはチェコ語で歌われていた讃美歌を自分たちもドイツ語で歌いたいと要望し，ヴァイセがその翻訳担当に任ぜられた．

〔15〕　ボヘミア兄弟団．フス戦争が武闘派（タボル派）の敗北に終わった後，平和主義者ペトルス・ヘルチツキーの指導下に成立したグループから「兄弟団」が生まれる．はじめ宣誓，兵役，公職就任を拒否していたが，彼らを支持する貴族の保護を得てメンバーも共同体も増加した．プラハのルーカスの指導のもとに世俗拒否の姿勢を緩和し，1500年チェコ語による教理問答，典礼書，讃美歌集，チェコ語訳新約聖書を整備し，教憲を定めて教団として確立した．宗教改革とともにルター派，改革派との関係を強めたが，三十年戦争でハプスブルク家のチェコ支配が確立し，イエズス会による再カトリック化の中で兄弟団は国外への脱出を余儀なくされ，近隣諸国に四散した．1722年モラヴィアでひそかに兄弟団の信仰を保ち続けた人々がザクセンのツィンツェンドルフ伯領に迎えられ，ヘルンフート兄弟団として再出発した．

渡したとき，ストラスブールの信徒改革者は必要としているものをここに見出した，と思った．

　1534年晩秋あるいは初冬，シュッツ・ツェルは兄弟団讃美歌集の出版を計画し始めた．それは四冊の小冊子として続く二年間に出版された．「私たちの救い主イエス・キリスト，受肉，誕生，割礼，等々に関するもの —— 大きな立派な讃美歌集から採用されたキリスト教的，慰めの讃美歌」と題された最初の小冊子は1534年の日付が序文に付された．小冊子は第1巻，第2巻が1535年に，第3巻，第4巻が1536年に出版された．全巻に連続した頁が振られて合本することができるようになっていた．本文を故意に安価な分冊にしたのは子どもや貧しい人でも少なくとも一冊は買えるようにしたのである．

　シュッツ・ツェルが序文で説明しているように，この讃美歌集は歌のための本というよりは「教え，祈り，讃美するための本」であった．彼女は大部分の讃美歌に解説的註を付け，自習用信仰入門として使いやすいようにした．序文では歌うことの聖書における前例を強調している．さらに，原作者は聖書そのままの言葉に従うことには賛成していないにしても，彼女はその内容が聖書的であることに固執している．これらの讃美歌の目的は，皆がこれまで歌ってきたような不道徳で神学的にも誤った歌を捨てて，それに取って代わることであり，さらに，人々が日常の仕事に従事しつつ，歌い，福音を宣言することを教えるものである．対象は明瞭に一般信徒であり，特に第一の焦点となっているのは家族であり，そこでは両親や年長者の彼らの子どもや，彼らに依存する人たちに対してもつ責任が前面に出ている．プロテスタント的であることが明瞭に強調されており（オルガンに向かって子守唄をうたっている修道士や修道女の「理解不可能な」，役に立たない信心に対する論難を含んでいる），「説教しつつ歌う」という信徒の活動への呼びかけが響き渡っている．

　序文の書き方は要約的であるが，論理は明白で容易に把握できる．シュッツ・ツェルは歌の不足と聖なる日を忘れてしまう恐れについての不満を引き合いに出して，彼女はその声を聞き，彼らの必要に答えつつあることを示す．次いで彼女は悪魔の策略に抗して正しい側，福音の側に付くようにと熱心に勧める．彼女は捨て去るべき昔の悪い歌と，習い覚えるべき新しい良い歌を確認し，その益と罰を指摘しているが，ここは彼女の最も率直でわかりやすい議論の一つである．とはいえ，そこにニュアンスが欠けているのではない．キリス

ト者信徒の役割が，女性の仕事の多くの例とともに高く評価されているが，彼らの歌うことが伝統的な聖職者の信心業（聖歌隊の務め）より，良いとされるのは，それが信仰においてなされる時のみである．キリストの受胎と誕生から死と復活と昇天までのキリストの祝祭日を覚えることは良いことである．しかし，聖母マリアを含めた聖人たちは，福音の証人としてだけ正しく尊敬されるのであって，キリストへの仲介者あるいはキリストと肩を並べる人としてではない．讃美歌の註は，キリストのみ，信仰のみ，恩恵のみ，聖書の権威など典型的なプロテスタント主義の主題を強調している．さらにこの註から彼女が確かに読者に望んでいたこと，すなわち彼らの歌っていることの正しい解釈を理解して欲しいということがわかる．

　歌わねばならないにしても，音楽は歌詞より重要ではない．しかし，それは曲のことを本気で考えないということではない．シュッツ・ツェルは魅力的な，親しみのあるメロディーを望んだ．ストラスブールの聴衆に気に入られるように，彼女は力強く，よく聞き取れる明瞭な声で歌われることを望んだ．彼女はヴァイセの願ったとおり彼の与えた歌詞は正確に保持したが，曲を変えてもよいという彼の許しを十分利用した．その結果は素晴らしい一連のメロディーをもった讃美歌集となった．ある曲は中世の典礼歌や民衆的宗教歌から採られ，あるものはボヘミア兄弟団の伝統に従い，また人文主義に由来するものが一つあり，その中には非常に創造的なものもあるが，起源の見つけがたいものがいくつかあった．シュッツ・ツェル自身がこれらの新しい曲を作ったというにたる理由はないが，彼女か彼女の音楽編集者（そのような人がいたとして）は曲を見つけねばならなかった．それぞれの歌には少なくとも一つのメロディーが付けられた．多くは音符付きであるが，時には曲がよく知られている場合には曲名だけが挙げられていた．しばしば二つのメロディーが提案され，その一つは確かによく知られているものであった．ヴァイセの讃美歌集と比較するとシュッツ・ツェル版の曲はその大部分が古いタイプの音楽ではなく，新しい調性によって，より「近代的な」響きをもっている．

　この讃美歌集の音楽的質の高さと 159 曲の十分人気の出る可能性にも拘らず，シュッツ・ツェルのこの本は再版されなかった．編者が女性であることは出版に有利ではなかった．しかし，この本が普及しなかったのには，おそらくさらに重要な理由があったであろう．一つは 1541 年のストラスブール教会の

公的讃美歌集を含めて，より多くの讃美歌集が出始めたことがその理由であるとみることができるかもしれない．しかし，それ以上に重要なのは兄弟団の讃美歌集はシュヴェンクフェルトのグループやストラスブールの非体制派の人々と結びつけて考えられたことである．これらの諸グループは次第にこの都市において歓迎されなくなってきていた（事実，起源の知られていない曲のあるものは，あるいはすべてが非体制派のグループに由来しているかもしれない）．シュッツ・ツェル自身はおそらく彼女の本の成果について，さほど失望しなかったであろう．彼女は真の必要を見て取り，これに対処すべく助けた．おそらく彼女は聖職者たちに注意を促して，信徒の個人的信心生活に欠けているものを彼らにもっと与えるような方向へと向けた．彼女は確かに親しい信徒や隣人たちが自分の家族に福音を教え，示すことを助けた．さらに，シュッツ・ツェルも承認した昔の聖なる日に対する民衆の関心がストラスブールでキリストに関わる主な祝祭日の昔の日付での（それに近い日曜日ではなく）漸進的復活に寄与したであろう．シュッツ・ツェルの小冊子の最終巻である第4巻が出た翌年，1537年からストラスブールは再び12月25日にクリスマスを祝いはじめた．そして，時とともに他の聖なる日が加えられた．

素晴らしい旅行

　これらの変化のあるもの，すなわち教会暦の修正された形での回復，詩編歌と同様に讃美歌の使用などは，ストラスブールのルター派的実践に向かう動きの，特に1536年のヴィッテンベルク協定の署名後に顕著となった漸進的動きの一部であった．ブツァーはルターへの接近の推進力であった．この接近によりスイスとの古い同盟関係からさらに離れることになった．ツェル夫妻はブツァーのサクラメントをめぐる交渉を積極的に支持しなかったことは確かである．マテウスと特にカタリナは，聖餐におけるキリストの臨在に関する一連の所説の中で，彼らの同僚の大多数に比べ，ツヴィングリの近くに留まった．しかし，彼らは偉大なザクセンの宗教改革者と友好的な関係に入ることを喜んだ．

　協定の支持を固める手助けのため，ツェル夫妻が招かれ，ヴィッテンベルクと北ドイツの福音派諸都市を訪問するという提案を受けたとき，シュッツ・

ツェルは「親愛なるルター博士」その人に会うことを考えて，体が震えるほど感動した．準備には時間がかかった．なぜなら，カタリナは非常に興奮し，すべてが完璧であることを望み，旅行には多額の費用が掛かることを知っていたからである．彼女はマテウスが歳をとり，健康に衰えが見られるにつれ，それまで以上にしばしば彼と旅行を共にした．しかし，今回は最長の旅行である．ザクセンだけでなくヘッセンやハンザ都市リュベックやハンブルク，バルト海沿岸にまで及ぶ500ｋｍ近い一周旅行であった．したがって，多くの計画，立案をしなければならなかった．1538年3月，ツェル夫妻の出発直前，カピトがヴィッテンベルクの友人ヨドクス・ネオボルスに宛てた手紙に書かれた皮肉たっぷりのコメントはシュッツ・ツェルの親しい友人にも時に引き起こした複雑な感情をよく表している．彼は彼女をツェルの妻であり，ルター博士に彼女の知識を誇示するために，あえて手紙を書き，ルター博士に会うことを熱望している人として紹介した．彼はこの旅行のための二年間の準備について述べた後，次のように付け加えた．「この旅行が計画どおりうまくいったら，あなたは我々の女性たちが全く無口ではないことをはっきりと直接聞くことになるでしょう」．シュッツ・ツェルは非常に意思が強固で，エネルギッシュな人物だったので，その妻がずっと控えめでやり手ではない人々にとっては，彼女の美徳を心から認めつつも，苛立たしい存在であった．ツェル夫妻とその仲間は結局1538年4月に旅立った．旅行は長く，疲れさせるものであったが，大成功であった[17]．このような旅に出発することは容易なことではなかった．シュッツ・ツェルは85歳の父の世話の手はずを整えなければならなかった．おそらく彼女の父は彼女の弟，妹が成人した後，彼女と共に住んでいたと思われる．旅費はツェル夫妻持ちであったから非常に高いものとなった．しかし，二人はこの旅にはそれに余る価値があるとの思いで一致していた．もちろん最も価値ある事柄はルター博士に会って話す機会をもつことであった．カタリナは，彼女とマテウスが名誉ある賓客として迎えられた温かい歓迎に歓喜した．

---

〔16〕 ヨドクス・ネオボルス（Jodocus Neobolus, 1504-1572）．ドイツの宗教改革者．ハイデルベルク，マールブルク，ヴィッテンベルクに学び，ルターとストラスブールの宗教改革者の間を仲介する．

〔17〕 この旅行の詳細はブツァーのブリンガー宛ての手紙（1538年6月10日付）にある．

彼女はルターの言ったことをすべて書き留めた．そこには「聖書に何の根拠もないので捨て去ったはずのことに再び戻ることがないよう，くれぐれも気をつけなさい」との叫びの言葉もあった．ルターの妻と知り合えたことも非常によかった．ヴィッテンベルクのカタリナとその夫は，ストラスブールのカタリナに贈り物をしたが，彼女はこれを非常に喜び，ストラスブールに戻るや否や贈り物を友人たちに見せつつ，寛大な素晴らしい贈り主についてすべてを語り聞かせた．この旅行にはルターの多くの同僚たちを訪問することも計画されていた．彼らの中にはヴィッテンベルクのフィリップ・メランヒトン[18]やマグデブルクのニコラス・アムスドルフ[19]がいた．ツェル夫妻が戻って数か月後，1538年8月に書かれたカピトからネオボルスへの報告では，シュッツ・ツェルはいまだに夢心地であると述べている．この旅行は実に大事件であった．

学校と教会を支えること

　1530年代末と1540年代初期にシュッツ・ツェルの交際範囲と彼女の活動は他の方面へと拡がった．ストラスブールは重要な高等教育機関を設立した結果，広い地域から神学の学徒を惹き付けた．ドイツ語以外の言葉を話す福音主義者の難民がこの都市に定着し続けた．ローマ・カトリックとプロテスタントの対話は多くの宗教改革者を一時的訪問者として，また客として，ツェル家に滞在させることになった．

　1538年，有名なヨハネス・シュトルム[20]（ストラスブールのヤーコブ・シュトル

---

〔18〕　フィリップ・メランヒトン（Philipp Melanchthon, 1497-1560）．宗教改革者．ハイデルベルク，テュービンゲンに学んで人文主義者となり，1518年ヴィッテンベルクでギリシア語教師となる．ルターのもとで福音主義者となり，ルターの最良の協力者となる．教育改革に尽力し，「ドイツの教師」と言われた．

〔19〕　ニコラス・アムスドルフ（Nicolas Amsdorf, 1483-1565）．貴族出身の宗教改革者．トルガウに生まれ，ライプツィヒとヴィッテンベルクに学ぶ．ルターに与して熱心な協力者となり，彼に伴ってライプツィヒ討論やヴォルムス国会に行く．ルター派最初の教会監督となる．ルター死後は純正ルター派として論陣を張る．

〔20〕　ヨハネス・シュトゥルム（Johannes Sturm, 1507-1589）．ケルンの南東シュライデンに生まれ，パリに学び，ストラスブールで活躍した人文主義教育家．

ムとは親戚関係にはない）を校長として設立された高等教育機関の誕生は，プロテスタント指導者の新しい世代の教育を案じていた人々すべてにとって重要な出来事であった．ツェル夫妻も少なからず案じていた人々の一員であった．この活動分野でのカタリナの役割は，おそらく主として実際的な食事や住まいの必要に対処することに限定されていたであろう．彼女としては確かに，若者が彼らの聖書を知り，愛するマテウスがしているように福音を説教するための準備に熱い関心を抱いていたであろうが，時々，シュッツ・ツェルの援助は一人あるいは二人の学生を牧師館に下宿させるという形をとった．通常は，1543年か1544年に到着したルードヴィヒ・ラブス[21]のような将来牧師となる学生であったが，最終的に法律を学ぶことになる彼女の甥のヤーコブ・シュッツ（三世）のような者もおそらく含まれていたであろう．1543年特別の財団コレギウム・ヴィルヘルミタヌムが設立された．これは何人かの神学生，ストラスブール出身者6人，この地域の他都市出身者6人に生活費と授業料を与えるためであった[22]．マルガレーテ・ヘーディオ，アメリア・マイアー（市参事会員の妻），シュッツ・ツェルら，ストラスブールの指導的女性の何人かが先頭に立って事業の実際的側面を組織し，1543年クリスマスの八日前にすべての準備が整った．

　高等教育機関の設立は学生の他に多くの新たな同僚をストラスブールにもたらした．ジャン・カルヴァンはもともとフランス人教区の牧師として招かれたが，1541年にジュネーブに呼び戻されるまで，シュトルムの学院で教える務めを積極的に果たした．イタリア人で福音主義に転じたピエトロ・マルティーレ・ヴェルミーリ[23]が1542年末に到着した．彼は数年後にメッス出身の修道女

　　　1536年ストラスブールに創設された高等学院の校長に招かれ，その声望を拡め，1564年にはそれをアカデミーに高めた．16世紀後半にはルター派正統主義による攻撃と戦うことになった．

［21］ルードヴィヒ・ラブス（Ludwig Rabus, 1524-1592）．メミンゲン生まれ．ドイツ宗教改革の第二世代の牧師，神学者．貧しい学生としてツェル家に住む．テュービンゲン，ヴィッテンベルクに学び，1544年ツェルの補助牧師としてストラスブールによばれ，ツェルの死後そのポストを受け継ぐ．その後ウルムに移るまでの経過は本文に詳しい．

［22］給費とともに学寮を伴っていた．現存の神学部学生を主な対象とする学生寮（Stift）のルーツ．

［23］ピエトロ・マルティーレ・ヴェルミーリ（Pietro Martire Vermigli, 1500-

第4章 変化する環境の中での共同作業 ── 夏,そして秋の日々

カタリナ・ダマルティアと結婚した.これらの訪問者とシュッツ・ツェルの交流はおそらく非常に限定的であったろう.なぜなら,彼女はラテン語も彼らの話す他国の言葉も知らなかったし,彼らの多くはドイツ語を習わなかったからである.しかし,言葉の障害は知り合いになることの妨げにはならなかった.1539年10月ブツァーとシュトルムがツェル家に連れてきた熱情的な若いフランス人のことをマテウスの妻ははっきりと覚えていた[24].彼は神学的論争(ピエール・カロリ[25]との論争)で非常に興奮していたので,苦痛と怒りを込めて感情を爆発させた.ピエール・ブリュリ[26],ヴァレラン・プラン[27],ホアン・ディアス[28]その他多くの人々が,カルヴァン,ヴェルミーリに続いた.

1562).イタリア出身の宗教改革者.ブツァー,ツヴィングリの著作にふれて福音主義に傾き,宗教裁判所の追及を逃れてストラスブールに亡命.その地で元修道女カタリナ・ダマルティアと結婚.1547年イングランドに渡り,オクスフォード大学の教授となるが,メアリ女王の迫害を逃れてストラスブール,さらにチューリヒで教授職に就く.

[24] 1539年,ジュネーブを追われ,ブツァーの説得に応じて,フランス人教会の牧師としてストラスブールに来たカルヴァンのこと.1541年まで3年間滞在する.

[25] ピエール・カロリ(Pierre Caroli, 1480頃-1545以後).フランスの宗教改革者.モーの司教ブリソネの改革に参加.パリで起きた檄文事件を逃れてジュネーブに亡命(1535年).のちヌシャテル,ローザンヌで牧師となるが,三位一体論でカルヴァンと対立し,母国に戻ってカトリックに復帰した.

[26] ピエール・ブリュリ(Pierre Brully, 1515/1520頃-1545).元ドミニコ会士.1541年修道院を去って,レーゲンスブルクで宗教会談に来ていたブツァーを知る.1541年7月ストラスブールでカルヴァンの助手となり,カルヴァンのジュネーブ帰還後,彼の後継者としてフランス人教会の牧師となる.1544年トゥルネの牧師となるためストラスブールを去る.北フランス各地での活動は皇帝の知るところとなり,捕らえられて1545年火刑に処せられた.

[27] ヴァレラン・プラン(Valérand Poullain, 1520頃-1557).フランスの改革派神学者.リルに生まれ,M.コルディエについて人文主義の教養を身に着け,ルーヴァンでスコラ学を学ぶ.1540年司祭の叙階を受けるがこの頃からルター,ブツァーの影響で福音主義に転向した.1544年ストラスブールのフランス人教会の牧師となる.仮信条協定のためにブツァーと共にイングランドに渡るが,のちにフランクフルトに移る.

[28] ホアン・ディアス(Juan Diaz, 1510頃-1546).スペイン出身の宗教改革者.パリで学び,人文主義者と交わる.改革者の文章に触れて,その義認論に傾いた.

シュッツ・ツェルは宗教改革の指導者たちを客として迎えることを喜んだ．特に神学について話すことができるときはそのようであった．しかし，彼らと共にいることを非常に好んだけれども，彼女は二つの場所に同時にいる必要があったので，楽しみよりは義務を優先した．1540 年，ハーゲナウでの会議の後が，確かにその場合に該当した．ブツァーとメランヒトンに率いられたプロテスタント側と，ヨーハン・グロッパー[29]とガスパーロ・コンタリーニ[30]に率いられていたカトリック側のそれぞれ調停的な神学者グループは両者の裂け目に橋を架けようと試みた．1540 年 6 月，7 月は近隣の都市ハーゲナウ［アグノ］が会議の開催地となったので，ストラスブールとハーゲナウの間には頻繁な往来が生じた．全ドイツから代表が来たが，もちろん彼らの多くはストラスブールの同僚を訪問し，意見を求めるためにこの地に滞在した．シュッツ・ツェルは夏の間中，断続的に客を迎えたであろうことは確かである．しかし，とりわけ彼女の記憶に残ったのは，会議の終了後のことである．ヴィッテンベルク，ザクセン，ヘッセン，ニュルンベルク，シュヴァーベン，その他多くの場所から来た賓客が，ストラスブールの指導的人物と，その中にはダニエル・ミークのような福音主義の市当局者もいたが，彼女の家で会食したのである．彼女は 30 人分の座ってとる正式の食事を準備しなければならなかった．客人名簿を考慮すると，その食事は主催都市の名に恥じないものでなければならなかっ

カルヴァンをジュネーブに訪ねた後，ストラスブールに来る．ブツァーに認められて，レーゲンスブルク宗教会談（1546 年）に随行する．ローマ聖庁法律顧問であった自分の兄弟の指令によって暗殺された．

[29] ヨーハン・グロッパー（Johann Gropper, 1530-1556）．ドイツのローマ・カトリック神学者．ケルンに学びケルンの司教ヘルマン・フォン・ヴィートの教会改革に協力したが司教が福音主義に傾くとこれに抵抗した．トリエント教会会議にも出席し，枢機卿に選ばれた．

[30] ガスパーロ・コンタリーニ（Gasparo Contarini, 1483-1542）．イタリアのカトリック政治家，枢機卿．ヴェネツィアに生まれパドヴァに学ぶ．ヴェネツィア共和国の諸任務に就き，1521 年，ヴォルムス国会にヴェネツィアの使節として出席．のちに一般信徒であったがパウルス 3 世によって枢機卿に任命される．1536 年教会改革委員長に選ばれ，答申案を提出するが内容が急進的すぎるとして，禁書目録に入れられてしまう．1541 年レーゲンスブルク会議では教皇特使としてルター派と討論し，義認論についてはほとんど福音主義の立場に近い妥協案をまとめ上げたが，ローマによって受け入れられなかった．

た．カタリナはそれを準備したうえで，その場を去らねばならなかった．なぜなら，ウルバーヌス・レーギウス博士[31]が会議の間に病気となり，彼女の第一の責任は彼を訪ね，彼を元気づけるために可能なことは何でもすることであったからである．台所のことは家にいる協力者に任せた．少なくとも彼女はマテウスの主人役としての才能を心配する必要はなかった．

ツェル夫妻の客人についての考えは明確で，簡単なものであった．誰であれ，イエス・キリストを唯一の救い主（業によってでなく信仰によって）とする信仰の主要点を共にする者は喜んで客に迎えるというものであった．「マテウスが毎日のようにいつも言っていたのは，誰もがキリストに会えるようでなければならない．主キリストが神の子であり，すべての民の唯一の救い主であると信じ，告白する者は，それが誰であれ，すべてキリストの食卓に受け入れられ，同じ家を分かち合うべきである．そこで私は，彼の願いどおり，キリストの意思に従って，多くの人を受け入れた．言葉でも書面でも彼らの肩をもった．彼らが私たちの愛するルター博士に従う者であれ，ツヴィングリやシュヴェンクフェルトに従う者であれ，あるいは哀れな洗礼派の兄弟であれ，パウロの言葉に従うなら，貧しい者も富んだ者も，賢い者も愚かな者も，すべての人は私たちのもとに来ることができた．彼らの名称は私たちにとってどうでもよかった．私たちは誰かの思想と信仰を共有するようにとは義務付けられていない．しかし，私たちの教師キリストが教えたように，それぞれの人に愛と奉仕と慈悲を示すことが義務付けられている」．この寛大な受け入れはツェル夫妻がいかなる区別もしていないことを意味するのではない．カタリナがはっきり述べているように，意見がより緊密に一致している人々と二次的な事柄で意見が異なっていると認める人々がいた．真理について説得することを試みるために，議論するだけの人もいた．なぜなら，誰でも信仰の主要点を棄てる人，あるいは受け入れがたい方向へ作り変えようとした人（たとえば人間の功績や他の業，非聖書的な権威が含まれる）は，救いをもたらす信仰の外部にいた．し

---

[31] ウルバーヌス・レーギウス（Urbanus Rhegius, 1489-1541）．ドイツの宗教改革者，ルター派神学者．フライブルク，インゴルシュタット両大学でエックに学ぶ．ルターの著作によって次第にルターに同調するようになり，1530年ルターをコーブルクに訪ね感銘を受ける．ルターとブツァーの仲介に努め，ヴィッテンベルク協定やシュマルカルデン条項などの重要な決定に参画した．

かし，強制をしてはならない．なぜなら，信仰は賜物であり，これを強制することはできない．福音を宣言するために教えること，説教すること，議論することは適切なことであり，必要なことである．ローマ教会の教えは多くの点で誤っており，聖書のもつすべての力によって反撃されねばならない．ミュンスターでの再洗礼派の非道徳性は恐ろしいものであったが，その人々を殺すことは彼らを回心させる手段ではない．

　しかし，シュッツ・ツェルは客に賛意を表すことと，同じ宗教的立場にいない人々に奉仕することの相違についてははっきりと認めている．善きサマリア人が与えたと同じ助けを得るために，その人が福音の主要点を信じている必要はない．時々，シュッツ・ツェルは活動のしすぎではないかと心配したが，—— おそらく業による義への恐れ —— マルタの奉仕の話で自らを慰めた．キリスト者は自らの業によっては決して救われないし，キリストの贖罪の働きに寄与することもない．それはキリストだけの務めであり，賜物であり，特権である．しかし，キリストは隣人を愛し，これに仕える務めを彼の体の肢体と分かち合う．たとえその隣人が，ルターの信奉者であろうが，ツヴィングリやシュヴェンクフェルトの信奉者であろうがこれに仕える．あるいはシリア・フェニキアの女（信仰をもった外国人）に似ている哀れな洗礼派の兄弟たちであっても．あるいは，サマリア人と強盗に襲われた人のように全く無関係であった人においても，その人は宗派に関係なく救われた．彼女とその夫が主イエス・キリストと，彼の福音と都市ストラスブールの名誉のために人を歓待するように，マルタもまた，奉仕の業を続けつつ，サマリア人の前例を思ったであろう．

　1541年，ストラスブールはマルタとサマリア人に多くのなすべきことを与えた．ペストが猖獗を極め，「大いなる臨終の時」とよばれた．ツェルは2月に発熱を伴う重い病気になった．それはほとんどの場合，老齢による衰弱であったが，彼の力とエネルギーの一部をますます弱めた．彼は今60歳代に入っていた．しかし，マテウスが回復したのは，疑いもなくカタリナの看病のおかげであった．レーギウス博士の死の報せが入って，ツェル夫妻は悲しんだに違いない．この都市を荒廃させたのは晩秋の疫病であって，数百人の人が死んだ．おそらくツェル夫妻は食事も睡眠も十分には取れなかったであろう．彼らは瀕死の病人に恐ろしい，あるいは少なくとも畏れ多い不可解な神の召しに

第 4 章　変化する環境の中での共同作業 —— 夏，そして秋の日々

対し最後の準備をさせた．また，翌朝に起きて生き続けなければならない人たちを慰めた．ある時は，一家族が 5 人，6 人あるいはさらに多くのメンバーを失ったという．

　ブツァー家がそのような家族であった．一人を除いてすべての子どもが死に，エリーザベトは病床にあった．疫病はカピトの家にも及びおそらくシュッツ・ツェルは行き来することになったであろう．カピトの家族のうち何人かの子どもが死に，11 月初めに父親自身が死んだ．カタリナはヴィブランディスと子どもたちの何人かと彼の枕元にいた．マテウスの同僚の中でも最も親しかった者が主にあって静かに息を引き取った．その翌日シュッツ・ツェルはブツァーの家の人々にこれを告げに行った．しかし，マルティンはエリーザベトの枕元に立っていた．二人とも彼女の命はわずか数時間のものであることを知っていた．マルティンは彼女を見つめ彼女と共に祈るとき，彼女の信仰に深く打たれてほとんど泣きそうであった．カタリナが来てカピトの安らかな死を告げたとき，エリーザベトはマルティンを見上げた．そして彼女は友人の方を向いて言ったに違いない．「どうか，ヴィブランディスさんを呼んできてください」．カタリナは彼女の使いとしてすぐに去った．カピトの寡婦は躊躇した．彼女の夫が埋葬されたその日に街を歩き回っているように見られたくなかった．しかし，彼女の友人エリーザベトは彼女を必要としていた．夕暮れ時だったので，人に見られずにそっと行くことができた．ヴィブランディスが来るとエリーザベトは彼女の友と夫に彼女が死んだあと二人が結婚することを約束するようにと頼んだ．彼らは同意するほかはなかった．マルティンはただうなずいて泣くだけだった．ヴィブランディスは三度めの寡婦となり，子どもたちのいる家に戻った．エリーザベトはヴォルフガング・カピトの後を追い，彼女の子どもたちも一人を除いて全員復活へと導く死を迎えた．

　数か月後，1542 年春，マルティン・ブツァーとヴィブランディス・ローゼンブラット・ケラー・エコランパディウス・カピトは，エリーザベトとの約束を守った．寛大で忍耐強く適応力のあるヴィブランディスは自らと彼女の母親と彼女の大勢の子どもたちをブツァーの家庭に慣れさせ，生き残った虚弱な彼の息子ナタニエルの面倒をみた．さらに一人は死んだが，何人かの子どもが加えられた．ブツァーが新しい妻にもった唯一の不満は，彼女が彼の最初の妻がしたようには彼自身の益のために誤りを指摘してくれないことであった．

カスパル・シュヴェンクフェルトとの友情と仲介者の役割

　カピトの死はカタリナにとって，彼の寛大さと偏見のなさにより，彼女が最も敬服していた神学者の一人を失ったことを意味した．彼女は彼のような精神がマテウスの同僚の中にないことを寂しく思った．おそらくこのような理由から，ツェル夫妻はカピトが最初に喜んで迎え入れたカスパル・シュヴェンクフェルトから長い間手紙を受け取っていないことに思い至った．そこでカタリナは文通の再開を決め，その後の三年間は前にも後にもないような盛んな文通が交わされた．手紙の焦点は当然，神学的なものであった．カタリナはシュヴェンクフェルトの著作をある時には自分のために読み，ある時には夫のために声に出して読んだ．中心的問題は貴族出身改革者のキリスト論の理解と主の晩餐との関係であった．これはシュヴェンクフェルトの見解がルター派とツヴィングリ派の双方から批判されていた論題であった．

　重要な論点はキリストの「栄光の肉体」とイエスの人性の性質についてであった．シュヴェンクフェルトはイエス・キリストは被造物ではなく，完全な人性をもつと主張した．彼を批判する人によると，被造物性は人間性の定義の必要な一部分であるとして，シュヴェンクフェルトのキリスト論では（5世紀の異端者のそれと同じく）基本的にキリストの人性はその神性の中に飲み込まれているとした．おそらくシュッツ・ツェルは被造物性についての哲学的議論を理解しなかったであろう．特にそれは彼女の理解しないラテン語でなされていたのであるから．しかし，彼女は彼女の聖書と伝統的信条についてはきわめてよく知っていた．彼女の眼にはシュヴェンクフェルトの議論は正統的にみえた．それは聖書のいかなる箇所とも矛盾しないばかりか，メシアを神の子とし

---

〔32〕エウテュケース（Eutyuches, 378頃-454以後）．コンスタンティノポリスの大修道院長．キリスト単性論の主唱者．ネストリウスの教説に強く反対してアレクサンドリア学派的キリスト論を誇張して，受肉の後キリストの人性は神性に飲み込まれたと主張，イエスの体が普通の人間のそれと同一であることを否定した．448年彼の説は断罪されたが翌年いわゆる「エフェソの強盗会議」で名誉を回復された．しかし451年のカルケドン公会議でキリスト単性論は最終的に排除され，彼は破門された．

第4章　変化する環境の中での共同作業 —— 夏，そして秋の日々

て語る預言者によって支持されているとみた．神の子は罪ある人間に由来せず，神にのみ由来する栄誉によって覆われている．使徒信条にはイエスは「聖霊によって宿り」と言われている．ルターやヨハネス・ブレンツ[33]のような他のルター派の指導者たちの初期の文書は，確かにシュヴェンクフェルトの言っていることと正確に同じように思われる．それを証明するために，シュヴェンクフェルトは，1527年のブレンツのヨハネ書註解の翻訳した短い抜粋をシュッツ・ツェルに送った．

　しかし神学的議論は単なる議論では終わらなかった．彼らはキリスト教会や福音の指導的な信奉者を引き裂き，互いに全く愛に反するしかたで扱いあった．シュッツ・ツェルは，もし神学的議論が福音の目的を前進させることに役立つのであれば，議論することに反対はしなかった．そこでシュッツ・ツェルは，シュヴェンクフェルトとブレンツを和解させようと決意した．おそらく1543年初め，彼女はシュヴェンクフェルトの「いくつかの項目の概略……」という題の本をブレンツに送ったようである．おそらく彼女は，ブレンツがこの本を読めば，シュヴェンクフェルト批判には根拠がないことを納得するであろうと期待しつつ，彼の意見を求めたらしい．ブレンツはさまざまな異議を添えて返答した．シュッツ・ツェルはこの批判をシュヴェンクフェルトに送ったので，彼はブレンツに反論するために彼女に手紙を書いた（たぶん1543年夏）．シュヴェンクフェルトはこの長い神学的手紙で多くの初代教会の著作家に言及して，時には引用した．引用の場合にはドイツ語訳を添えた．彼は確かにシュッツ・ツェルがラテン語を解さないことを知っていたからである．

　シュヴェンクフェルトは仲間である信徒改革者への手紙とともに，彼女から彼女の名でブレンツに送れるように一通の手紙を同封した．彼は，彼が直接かかわることなしに，彼女とブレンツの文通が継続すると考えたからである．シュッツ・ツェルはこの計画を受け入れたようで，この手紙をコピーする煩を厭わずに手紙をブレンツに送った．彼女は確かに二人の神学者が合意に近

---

[33] ヨハネス・ブレンツ（Johannes Brenz, 1499-1571）．ドイツの宗教改革者，ルター派神学者．ハイデルベルクに学び，1518年ルターのハイデルベルク討論を聞いてブツァーたちと共にルターの陣営につく．シュヴェービッシュ・ハルの牧師となり，教会規則を定める．各地の改革，教会規則作りに参加し，ルター派の合同に尽力する．

づくことを期待した．結局，ブレンツは他のさらなる質問に返答することを約束した．そして，シュッツ・ツェルはこの点については疑いもなくシュヴェンクフェルトに明確に定式化してもらう方がよいと感じた．この作業を彼に引き渡す理由は一見そう思われるよりはずっと単純で，シュッツ・ツェルにとってもそれほど不名誉なことではないかもしれない．シュヴェンクフェルトの彼女への手紙では彼はブレンツ批判をドイツ語で要約した．しかし，ブレンツへの返答として送られた手紙では大部分はラテン語であった．ブレンツの文書は失われたが，その題はラテン語で引用されているので彼はラテン語で書いたと思われる．シュッツ・ツェルにはその言葉が読めないことを彼は考えていなかった．少なくとも彼の手紙には多くのラテン語表現があり，シュッツ・ツェルが送ったシュヴェンクフェルトの返答の中に引用されている．大胆な女性信徒はドイツ語の討論には臆することなく入っていったが，彼女は自分の限界を知っており，ラテン語に対し自ら答えようとはしなかった．彼女は他の場合であったならば自分はラテン語の文書は解さないと容易に認めたであろうが，この場面ではそのような行動は対話を中途で終わらせてしまうと考えたのであろう．シュヴェンクフェルトとブレンツの間に，いくらかの理解をもたらす好機を捨てるよりは，ラテン語だらけの手紙を処置するために代作者を使う覚悟を決めた．

　ブレンツの返答の日付は知られていないが，シュッツ・ツェルの彼に宛てた手紙は遅れたように見える．おそらくルターの1543年12月に現れた「呪い」[34]ならびにゼバスティアン・コッキウス[35]の初期の作品によってルター派の反シュヴェンクフェルト論争が激しくなったことがある程度その理由であろう．

---

〔34〕 ルターから多くを学んだシュヴェンクフェルトは関係の破局後も最後の訴えとしてルター宛ての手紙を著書とともに送った（1543年10月12日）．これに対するルターの返答は最終的判断として，彼のうちにサタンの働きを見て，聖餐象徴論者やエウテュケース主義者と共にその滅亡を願う，呪いとも見えるものであった（1543年12月6日）．シュヴェンクフェルトはこれに対し「ルターの呪いに対する返答」を書いて反論した（1544年4月23日）．

〔35〕 ゼバスティアン・コッキウス（Sebastien Coccius, 1504/1505-1562）．人文主義者，教育家．シュヴェービッシュ・ハルやその他の地でラテン語学校長．仮信条協定でブレンツの協力者として追われる．

第 4 章　変化する環境の中での共同作業 ―― 夏，そして秋の日々

シュッツ・ツェルはこの二つの文書を知っていた．1544年4月24日，シュヴェンクフェルトはストラスブールの友に再び手紙を送り，彼女は同日付でブレンツへ再び手紙を書いた．シュヴェンクフェルト書簡集の編集者はこの手紙も元はシュヴェンクフェルトによって書かれ，シュッツ・ツェルによってコピーされたものであると述べている．そのような結論は可能ではあるが，疑問の余地がある．編集者はこの一組の手紙は前年の例をくり返しているという考えを前提としている．どちらの場合にもその手紙の本文自体は誰が書いたかを言っていない．しかし，シュレージエンの貴族の著作の収集家たちは彼の手紙にラベルを張って分類したが，時にこのラベルの解釈が容易でない．誰もそれ以前に，シュッツ・ツェルの文体を研究していない（「シュヴェンクフェルト全集」の書簡のすべてはシュヴェンクフェルトからシュッツ・ツェルへ宛てたものであって，彼女から彼に宛てたものはない）．そこで彼女が前にしたようにここでもこの手紙をただコピーしたと容易に考えた．

ところが1544年4月25日付ブレンツ宛ての手紙の言葉と文体は1543年のものと大きな違いがある．1544年の手紙はすべてドイツ語でブレンツからの引用もすべてドイツ語である．おそらく彼は彼女がラテン語を読めないことがわかり，今回はドイツ語で答えたのであろうか．今回の手紙は1543年にシュヴェンクフェルトによって書かれた手紙より短くて構成も単純である．教会教父からの博識を示す引用もない．議論はより実際的で，シュヴェンクフェルトの典型的な手紙というよりもシュッツ・ツェルの他の手紙にずっと似ている．聖書が権威であり，ブレンツの1527年のヨハネ書註解を支えとし，生き生きとしたドイツ語の一部として平易なことわざを用いている（偉大な宗教改革者たちの「最初の最良の」本を引用することが，聖書の引用を別にすれば，シュッツ・ツェルの得意の戦法であった）．シュヴェンクフェルトの教説と人物の擁護は，彼女の著作の他の部分にあるものと同じである．その語調はあの敬虔な女性信徒のものであって，それは真正とされるシュヴェンクフェルトのブレンツ宛ての他の手紙には欠けているものである．1544年のブレンツ宛ての手紙はまた多くの点で，1544年のシュヴェンクフェルトの彼女への手紙よりも1543年の彼らのやり取りの内容に似ている．ブレンツの註解書からの引用は，シュッツ・ツェル宛ての1543年のシュヴェンクフェルトの手紙にある翻訳が用いられている（1544年の手紙に同封されていたと思われるものからではない）．シュヴェン

クフェルトがその友に何らかの提言をしたことは十分考えられるが，1544年のブレンツ宛ての手紙の内容は基本的にシュッツ・ツェル自身のものである．この最後の手紙に対する返答はなかったようである．おそらくシュッツ・ツェル，シュヴェンクフェルト，ブレンツの三人とも続けることは無駄な努力であると考えたのであろう．なぜなら，一致の見込みは最初の頃に比べ，はるかに遠ざかったように見えたからである．

　シュッツ・ツェルとシュヴェンクフェルトの文通は翌1545年半ばくらいまで続いた．その間彼女は，彼とスイスの神学者との間に一定の理解あるいは和解をもたらすために努力した．シュヴェンクフェルトは主の晩餐についてのツヴィングリ的理解について反対して書かれたルターの『聖なるサクラメントについての小信仰告白』を批評しながら，彼自身はスイス側により近いが，彼らの彼に対する扱いは正しくないと述べた．シュッツ・ツェルは何人かのスイスの同僚に手紙を書いて，シュレージエンの改革者に対し，より友好的な態度をとるように促すことを試みたようである．その中にはアルザス出身で才能あるヘブライ語学者コンラッド・ペリカンも含まれていた．ペリカンは返信して，彼らがシュヴェンクフェルトを測った同じ物差しで，神はルターにツヴィングリ主義者を測らせたという彼女の非難を否定した．ペリカンによれば，これはスイスの態度への不公正な告発である．明らかにシュッツ・ツェルのツヴィングリ主義者とシュヴェンクフェルトを和解させようとの企ては，彼をルター派と和解させようとの企てと同じく不成功に終わった．少なくとも，さしあたり問題は残されたままとなった．なぜなら，1545年半ば頃，他の諸問題が発生しツェル夫妻の注意はますますそちらの方に向けられたからである．こうしてシュッツ・ツェルのシュヴェンクフェルトとの文通は再び少なくなり，これに続く困難な時代には事実上なくなった．

ルターの死，シュマルカルデン戦争，マテウス・ツェルの最後の年

　最も緊急の問題はマテウスが70歳に近づき，体力的衰えが進んだことである．しかし1540年代後半にツェル夫妻の直面した多くの困難はドイツのプロテスタント全体に及ぶ共通のものであった．1546年2月末，偉大なるマルティン・ルターが18日にアイスレーベンで亡くなったとの報せが直ちに拡まった．

第 4 章　変化する環境の中での共同作業 —— 夏，そして秋の日々

ルターは貴族間の争いの仲裁のためにアイスレーベンに行っていたのである．多くの説教がなされた．最も多く使用された聖書箇所はイザヤ書 57 章 1 節（—2 節）であった．ルターの書いた最後の聖句（ヨハネによる福音書 8 章 51 節）や彼の死の床の話，彼の最後の祈りからの引用，彼の友人や同僚による説教がやがて印刷されて拡く普及した．他の多くの人々のようにツェル夫妻もそれらを注意深く，くり返し読んだ．ストラスブールではブツァーがこのほとんど伝説的な人物，福音の更新された説教の創始者のために記念の説教をした．プロテスタント圏ドイツのすべての人は，ルターの有名な最後の預言を思い起こして震えおののいた．すなわち，福音をめぐる戦争が彼の生きている間は起きないようにと神に祈ったが，彼の死後に起きようとしていることについては……というものであった．[36]

　確かに戦争は近づいていた．宗教会談は失敗に終わった —— おそらく成功する見込みは全くなかった —— 今はローマ・カトリックとプロテスタントそれぞれの同盟と軍隊が対峙していた．宗教改革運動の最初期以来，ドイツ・プロテスタントは最も危険な状況のもとにあった．1546 年，ストラスブールは祈りのための特別の日を宣言した（トルコの脅威を前にして以前にも行ったが，今回はずっと自国に近かった）．ストラスブールも参加していたシュマルカルデン同盟の諸侯や都市と皇帝軍との戦闘が迫っていたが，彼らは重要な人物を欠いたまま立ち向かおうとしていた．すなわち，ヘッセンのフィーリプはプロテスタント陣営のダビデ王のような存在であったが，思わぬ欠点が彼を厄介な状況に巻き込んだ．彼は政治的理由から妻を離縁することはできなかった．しかし，彼の良心は自らの不貞によって痛んだ．そこで数年前にフィーリプは彼の助言者である牧師たち，特にメランヒトンとブツァーに，公にしないことを条件にした二重結婚がこの問題を解決する最上の策であるとの考えに同意させることに成功した．プロテスタントの政治的統一にとっては不幸であった

---

〔36〕　1545 年 11 月 10 日，彼の最後となった誕生日が祝われた．選帝侯から贈られた酒や魚で愉快に飲み食い談笑したが，客人たちが暇を告げて立ち上がろうとしたときに，ルターは真顔になって次のように言った．「どうか一同，福音に堅く立っていただきたい．私の生きている間には福音は困難に陥らない．ドイツの平和は維持されるであろう．しかし私が死んだら，祈れ．悪い事件が起きるであろう」と．

が，第二の結婚の秘密は保たれなかった（二番めの妻は内妻と見られることを好まなかった）．フィーリプとその顧問官，また彼を頼りにしていた人々は大きな困難に直面した．帝国法を犯したにも拘らず領国を保持するために，フィーリプは皇帝カール5世に服従した．シュマルカルデン同盟はフィーリプの全面的支持なしに最悪の危険を迎えねばならなかった（戦争の間，フィーリプの息子で後継者であるヴィルヘルムはストラスブールのツェルの友人アンデルナハのヨーハン・ヴィンター博士[37]とその妻フェリツィタス・シェーアの家に住んでいた．そのためこの都市は紛争の真っただ中でヘッセン侯と直接の結びつきがあった）．

　1546年から1547年は，戦争となった．ウルム，アウクスブルク，ヴュルテンベルクなどいくつかの都市と領邦が1547年初めに降伏した．1547年4月24日，ミュールベルクでのプロテスタントの最終的敗北は，選帝侯位を従兄弟から奪うために敵陣に寝返ったザクセン選帝侯モーリッツの背信に一部負っているが，この敗北の結果，ヘッセンのフィーリプとモーリッツの従兄弟ヨハン・フリードリヒ[39]は投獄された．プロテスタントの両指導者が彼らの領地の

---

〔37〕ヨーハン・ヴィンター（Johann Winter von Andernach, 1505–1547）．医者，ギリシア語学者．マールブルク，ルーヴァンで人文主義的教育を受け，パリで医学博士となり，1534年教授となる．反三位一体論者セルヴェトゥスは彼のもとで医学を学んだ．フランス王フランソワ1世の侍医の一人でもあった．1538年宗教的圧迫の強まるパリを去ってメッツへ，続いて1544年ストラスブールにきた．その地でフェリツィタス・シェーアと結婚した（双方とも再婚）．ストラスブールの市民権を得て，医者としての活動を続ける一方，高等学院のギリシア語教授にも就任した．

〔38〕ザクセン公モーリッツ（Moritz von Sachsen, 1521–1553）．ザクセン大公，のちに同選帝侯．1539年に宗教改革を導入したザクセン大公の地位を1541年に受け継ぎ，義父ヘッセン方伯フィーリプの影響下にルター主義領邦教会の確立に努めた．しかし政治的には皇帝に味方し，シュマルカルデン同盟軍の敗北の一因となった．皇帝から約束の選帝侯位を与えられたが，プロテスタントからは「マイセンのユダ」と言われた．しかし1548年，突然，反皇帝の立場に変わり，1552年，フランス王アンリ2世と結び，プロテスタント諸侯と協力して皇帝軍を破り，アウクスブルク宗教和議の前哨となるパッサウ条約を結ばせた．

〔39〕ヨハン・フリードリヒ（Johan Friedrich, 1503–1554）．ザクセン選帝侯．フリードリヒ賢侯の甥．若い頃からルターの薫陶を受け，1521年『マリアの讃歌講解』を献呈される．プロテスタント諸侯のリーダーとなるがシュマルカルデン戦争に敗れ選定侯位を失う．

支配権を失った．敗北したシュマルカルデン同盟のすべてのメンバーは勝利者の意志に服した．続く緊迫した数か月，アウクスブルクにおいて，敗北したシュマルカルデン同盟のメンバーに課された条件をめぐる交渉のための討議が続いた．ストラスブールは一方に政治派，他方にローマや皇帝とのいかなる妥協も望まない派とに分裂しはじめた．聖職者たちはこの数年来説いてきたように，生ぬるい信仰と弛んだ規律が，何かを要求するような福音は欲しくないとする市民の上に，神の罰が下るであろうと説教を続けた ── そして今，それは下った．1547年が終わろうとするとき，ストラスブールの信仰告白とその教会にとっての迫りつつある悲運の影の中で，この都市の最初のプロテスタント宗教改革者マテウス・ツェルの命もまた閉じようとしていた．

第5章

冬 —— 悲嘆と荒廃

　マテウス・ツェルの死，アウクスブルク仮信条協定の強要，宗教改革第一世代の消滅等々，1548年から1552年までの4年半は，カタリナ・シュッツ・ツェルにとって，個人的にも教会的にも深い喪失の時となった．ストラスブールは1520年代以来最も深刻な挑戦と変化に直面し，それに応じて宗教生活の再編成がはじまった．

マテウス・ツェルの最後の日々

　1548年1月になると，ストラスブール市は緊張と不安のうちに，ほとんど息を詰めるようにして，事態の推移を待ち受けた．アウクスブルクにおいて交渉が進行中であった．ヤーコブ・シュトゥルムに率いられたストラスブールの代表団は，敗北したシュマルカルデン同盟の他のメンバーがいかなる代償を払わされているかを眺めつつ，勝利した皇帝からストラスブールにとって可能な限り有利な条件を引き出そうと努力していた．伝えられる知らせは芳しいものではなく，非常に悪かった．噂が飛び交い，福音主義派の仲間たちの苦難が伝えられた．説教では悔い改めが求められ，信仰が新たにされた．現実主義者は，これらすべてが商業にどのような影響を与えるかを心配し，理想主義者は抵抗を準備し，多くの者はただその日ごとに希望と恐れの間を行き来した．すべての人は新しい年はどうなるか，いつ最終的に知ることになるかを思いめぐらした．

　1548年1月初め，マテウス・ツェルとカタリナは何年にも亘って，しばし

ばそのようにしてきたように，家中の者や客たちと食卓を共にして，伝えられる知らせについて話し合った．この敗北の及ぼす結果と来るべき教会にかかわる諸変更が重要な心配事であった．しかしまた，彼らの注意はこの苦難の諸原因にも向けられた．彼らが恐れたのは彼らの民がルターの警告したローマの「忌まわしい行為」を再び受け入れることを強いられる可能性であった．彼らはまた，自らにこのような懲罰を招いた彼らの教会の不信仰についても，明確に批判的であった．そこでは貧乏人は無視され，欺かれたままであったし，キリスト者は贅沢と世俗の欲に，すなわち，ダンスやあらゆる種類の放縦，利己的安楽さにふけるばかりであった．そのうえで，ただ出席すればそれで充分とばかり，礼拝にやってきた．

　カタリナが聞いているとマテウスが突然叫んだ．「私の死んだあと，彼らは説教を聞くことと洗礼，聖餐を守ることを一つの業とするであろう．ちょうど教皇がミサを聞き，贖宥を買うことをそうしたように．説教は"事効的な効力をもつもの"[1]となるであろう」．彼女は食卓のまわりの人々を見まわした．彼らはみな，この言葉をこの数年の間に説教壇から一度，二度，さらにはそれ以上聞いたことを思い出した．しかし，何も変わらなかったようである．彼の妻はマテウスが未熟な聖職者について，気がかりになることを多く見て，彼女にしばしばそれを話したことを知っていた．彼女も彼の恐れに共感せざるをえなかった．「福音はこの地において，私と共に説かれ始めたが，私と共に終わるのではないかと気がかりだ」とも彼は言った．マテウスはさらに続けて「貧しい者たちに関して，一般の人々だけでなく我々聖職者も責任がある．貧しい人々よ，私は多くの人から嫌われた年老いたマテウス・ツェルである．彼らにそれができるなら，私を墓穴から呼び出したいと思う時が，近づいている．しかし，私は憩いの場所へと向かいつつある．神がその民を，私の群れを，祝福されますように」．カタリナはまわりにいる人のことを忘れて，ただうなずき彼女の愛する牧師，愛する夫に賛成した．彼女はストラスブール教会の行く末について彼と共に心配しつつ，彼の死を恐れる彼女自身の個人的な苦痛にも心

─────────
〔1〕"事効的な効力を持つもの"（opus operantum）．40頁の註〔21〕を参照．ツェル夫妻はミサを聞くことや贖宥を獲得することは機械的な恵みを受ける道であるとするような考えを拒否した．しかし時がたつにつれ，プロテスタントの宗教行為にも同じような危険が生じることを警戒した．

を痛めた．彼女は彼の死を，彼のためというより自分のために恐れた．なぜなら，マテウスはルターと同じく，ミサが再び彼らに襲い掛かる前に去りたいと願っていることを彼女は知っていたからである．彼女は自分のためにではなく彼のためにそうなることを望んだ．

　1月8日，日曜日の朝が明けた．ツェルは弱く，ぎこちなかったが，床を出て嬉しそうに，またしても福音を説き教える準備をした．彼はそうするたびにこれが最後ではないかと自問したに違いない．これこそ，彼が召命を受けて，30年近くおこなってきたことであり，彼の好きなことであった．大聖堂は満員であった．ある人たちは彼らの信仰を最後まで守るために，その決意を強めるための燃えるような説教を再び聞く必要があって来た．またある者たちは，彼が説教の中で集団的な，また個人的な罪を列挙し，悔い改めを迫る言葉を予測できたにしても，義務感から来た．多くの人はたぶん日曜ごとにこれがこの老人の力に満ちた声を聴く最後ではないかと恐れつつ来たであろう．彼は最初に福音の新しい理解へと彼らを招いた民衆の説教者であった．そして，誰一人失望させられることも，驚かされることもなかった．

　ツェルの説教は，個人的な信仰の告白とやがて来たらんとする偶像崇拝に反対する熱のこもった勧告が結びついたものであった．それはまた，黙示録的な聖書への暗示，さらに関連する聖書テキストが響き渡る説教であった．マルコによる福音書13章14-23節 ── 神殿内での嫌悪あるいは荒廃 ── ，コリントの信徒への手紙二3章16節 ── 彼ら自身が神の神殿であることを思い起こさせるための注意 ── ，さらに，ヨハネの手紙一5章21節 ── 偶像崇拝に用心するようにとの勧告 ── などがあった．「誤った教えとやがてあなたがたに降りかかるすべての忌まわしい，不信心な行為を警戒せよ……罪深い反キリストがこの都市と神の宮，すなわち，人の心の中に再び据えられる．どうか，私の死んだあとに，あなたがたが再び悪魔の力と教えに引き込まれることがないように．悪魔は罪びとに取り憑き，不信の子を通してその働きをおこなう．しかし主は，再臨によってこのような事態を終わらせるであろう……『偶像崇拝を警戒せよ』，偶像崇拝こそ教皇制のすべてをあげて回復しようとしていることである．それはある意味で，私たちの主による贖いと救いに戦いを挑んでいる」．ツェルは再び福音の主要点をくり返し，ストラスブールが一度捨て去った様式，それに対して今一度警戒しなければならない様式と福音をくっ

きりと対比させた．彼は愛する群れに，忌まわしいもの，すなわち，ミサが彼らのもとに再び現れることに注意せよと叫んだ．彼の妻は，彼の苦悩をキリストがエルサレムについて嘆き悲しんだことの反響として聞いた．「めん鳥が雛を羽の下に集めるように，わたしはお前の子らを何度集めようとしたことか」（マタイ 23：37）．彼らが聞いてくれさえすれば，マテウスは，最近しばしばキリストへの彼の信仰を見事に証ししたので「私は信じ，そのように話した」（詩 116：10）との詩編の言葉が成就したかのようであった．ツェルはこれから起こるべきことに対し人々が備えられるように，今一度警告する必要に心を奪われ，感極まって泣き出し，彼の言っていることがほとんどわからないほどであった．

　彼の感覚は明瞭だった．明瞭すぎるとある人たちは見た．彼らはツェルが抑えのきかない興奮状態に陥ったと考えた．たぶん老人の一時的興奮にすぎなかったが，厳しい務めを果たしている都市参事会のメンバーにとっては，微妙な政治的交渉に打ち込んでいるときには，聞きたくないような言葉であった．彼らは，狂信者の道へと駆り立て，危機の穏健な解決の可能性を脅かすような聖職者を必要としなかった．結局，誰もが福音を保持したいと思っているが，ただ，我々のうちのある者がこの点，あの点で少しの妥協をする判断力をもっているのである，と彼らはつぶやいた．しかし，カタリナや彼女の身内や友人たちの多くは，身分の高い人も低い人も，ツェルの言葉は真理を告げており，心を高め，神の送った懲罰のうちに意味を読み取るのを助け，父による訓練から益を得るように，彼らのために準備をしたと考えた．

　ツェルは相変わらず御言葉の力によって勇気づけられて家に戻り，食事をしてから親友で長年の福音の支持者であるニコラス・ゲルベルを訪問した．気持ちのよい夕べだった．彼が妻に話し，ゲルベルがのちにブレンツに書いているように「神の事柄と死」についてのよい会話があった．マテウスは機嫌よく就寝し，眠りに落ちた．しかし，夜中に胸の痛みで目を覚ました．カタリナは彼が起床した物音を聞き，彼のあとに従った．二人は夜を徹して見つめあい，祈った．マテウスは自分の罪を告白し，主の祈りを祈り，さらに言葉を続けた．「これはまさにマルティン・ルターと同じ病気だと思う．神よ，あなたと，あなたのみ言葉に対するいかなる忌まわしいことをも，見せないでください．あなたはやがてルターのように私を取り去ろうとしていますので，私は彼

と共に告白します．あなたはあなたの愛する御子キリストを私に示され，他の人々と協力してこの世の霊的な人々に説教するために証人として私を用いられました．私はそれを忠実に果たしたことを，また地獄の門に抗して，キリストを私自身の主，救い主，神として愛し，崇めることを告白します．キリストや神やあなたの世界に反抗する忌まわしい事柄を見させないでくださいと再度祈ります．私はあなたの愛するキリストを通して，キリストにおいて，あなたに近づこうと努めています」．彼が祈り続ける間，二人はマテウスがルターの歩みに従っていることを意識していた．午前2時か3時ごろ一同はマテウスが死んだと確信した．ところが，突然彼は気分がよくなり，ベッドに戻り夜明けまで眠った．

　1月9日月曜日，はじめ彼の調子は良かった．彼は多くの友人との内容豊かな会話で日を過ごし，また，ヨハネによる福音書8章51節「はっきり言っておく．私の言葉を守るならその人は死ぬことがない」に基づいた最近の説教を読み返し，清書をした．夕食は幸せな食卓であった．マテウスは気分が良いことを神に感謝しつつ，再び穏やかに就寝した．夜11時ごろ胸の痛みが突然戻ってきた．彼は起きて，服を着てから書斎に行き，泣きながらひざまずき神に祈った．カタリナがすぐに彼の傍らに行くと彼は言った．「私はこれが私たちの敬愛するマルティン・ルターの患った病気であることを知っている．私の終わりは彼の終わりのようであろう．私は彼がしたように，私の死を受け入れよう」．それから彼は最初の祈りをくり返した．「私の主にして神なるイエス・キリストよ，あなたが私たちのためになし，私たちに教えたことを，私も忠実に説教し公然と告げました．私はそれにふさわしくない者ですが，私の説いたことを体験させてください．置き去りにしないでください．どうか善い終わりを迎えさせてください．私の説教をとおして信仰を抱いたあなたの民が，あなたに自らをゆだねられますように．彼らを愛してください．私が彼らを愛したように，彼らを愛する人を再び彼らに与えてください．あなたの遺産を損なったり，捨て去ったりするような人を彼らの上に置かないでください．私があなたの土台の上に建てた建物が再び破壊されることがありませんように．あなたご自身が彼らの最高の羊飼いであることを忘れないでください」．

　大きな苦痛の治まっている間にマテウスとカタリナは話した．それはこの別れの覚悟ができていない人のようにではなかったが，まだ言うべきことがたく

さんあるように思えた．彼が後に残す最愛の妻は，信仰共同体の内外において，困難な状況に立ち向かわねばならないことを彼は知っていた．彼の同僚たちへの最後の忠告があった．「シュヴェンクフェルトと再洗礼主義者を平穏に去らせ，講壇から彼らに反対する説教をしないようにと私の助手たちに告げなさい．彼らはキリストを告げねばなりません」．カタリナへの最後の指示があった．それは彼女に命じるというより，二人が共に従ってきた福音の要求を彼女に思い起こさせるものであった．彼らが長い間分かち合ってきた職務を彼女にゆだねるかのごとくであった．「どうかあなたの人生の残りすべてを，この人々に仕え続けてください」．

　現実主義と慰めを混ぜ合わせたような言葉もあった．「あなたはわたしの死後しばらく残って，あなた自身に対する多くの反対やうそにも出合うでしょうが，最善を尽くしなさい，そうすれば神があなたと共にいて慰めてくださるでしょう．あなたは依然としてこれまでと同様にマテウス師の妻なのです．彼は今やあなたから取り去られるでしょう．もしもあなたが誰でも喜ばせるために歌わないならば，面倒なことになるでしょうが，恐れてはなりません．神はあなたに十分な，他の女性以上のものを与えてくださったのです．神がそれをあなたから取り去ることはないでしょう」．ツェルは平静ではあったが，去ろうとしているこの世界に幻想を抱いてはいなかった．彼は教会の務めにおける彼の生涯の伴侶が立ち向かわねばならない試練を思い，心を痛めた．彼女が強く，忠実であることを知ってはいたけれど．彼は彼女の多くのたまものを何年にも亘って経験してきた．しかし，彼はまた，彼女の見たままの真実への率直な忠誠と評判の良くない者への寛大さのために彼女の支払った代償をも見てきた．1520年代にすべてを危険にさらしつつ守ったあの信念や，彼らが命を懸けた説教によって立つすべての人たちへの，さらに，彼自身への敬意の欠如が増大していることを彼は感じていた．彼女に対しても同様であることを彼は知っていた．たとえ彼女の苦悩が深く，慰めを困難にしたとしても，カタリナはマテウスの理解によって強められた．彼の語った言葉は彼女と共にあり，困難の時にも耐える手助けをすることになるであろう．

　しかし，今またツェルは彼の祈りへと戻った．約束された復活の光を掲げるために，死の陰の暗い谷において信仰と信頼を語った聖書の言葉へと戻った．「主よ，あなたの民の上に羊飼いを残し，彼らを愛してください．彼らは私を

愛しました．彼らはもはやそのような人を持ちません．私はこの務めをあなたの手にお返しします．そして私の霊を御手にゆだねます（詩 31：5）」．ついに彼は疲れ切って椅子に座り，じっと静止し穏やかに目と口を閉じた．カタリナが信仰告白によって彼を元気づけようとしたが，マテウスは彼女の腕に抱かれて，静かに主にある永遠の眠りについた．1548 年 1 月 10 日午前 1 時と 2 時の間であった．

　深い悲しみの中でカタリナは，彼女の愛する信仰の伴侶を神の御手にゆだねつつ祈りのうちに叫んだ．

　　「あなたの仕え人をお受け入れください．彼の霊をあなたの預言者や使徒の数に入れてください．シオンにおいてすべての選ばれた人たちとの交わりを彼に与えてください．彼の滅ぶべき体からの出発を祝福し，あなたの御手を彼にかざして彼の霊の出発を実り多く，幸せなものとしてください．彼は死すべき滅ぶべきものを捨て，不死の不滅の王国と永遠の命を着ようと欲しました……神よ，彼が不信仰な者の手に渡されることなく私の腕の中で死んだことを感謝します．彼は主キリストや他の人々のように，あざけりにさらされることがありませんでした．彼は辱めで苦しむことはありませんでした．しかし，詩編の言葉は彼において成就されました．『あなたは彼を皆の尊大さからひそかに隠された』（詩 31：20）」．

　カタリナはマテウスが来るべき災いから免れたことを深く感謝した．しかし自分のためには深く悲しまずにはおれなかったし，彼を失望させた現状を嘆かずにはいられなかった．

　　「しかし，私は何と大きな心の苦痛とともに私たちの親密な交わりを失ってしまったことでしょう．神よ，あなたはこんなにも突然，私を打ちのめし，苦しみ悩む寡婦としました．マテウスの死は肉の目には耐えがたいものです．私はこのことを死ぬまで悲しみ嘆くでしょう．イエス・キリストの名によって私は祈ります．あなたが私に対し憐れみ深くありますように．私があなたの敬虔な奉仕者の名誉を傷つけたり，正しく彼に仕えず，彼を助けなかった時には，慈悲深く私を許してくださるように．なぜなら，彼が私を愛し，何事についても私が求めるより先に許してくれ，彼のうちにあるだけのものを親切に私に示し

たこと，キリスト者の連帯を示してくれたことを私は知っているからです．私はこの別離と喪失に耐えられません……」．

しかし神に信頼することは彼女の慰めであり，彼女の自己批判や悲嘆よりも大きかった．

「主なる神よ，私の内なる人のすべてをあげてあなたに感謝します．彼が長い間求めていた休息を彼にお与えになったこと，預言者が言ったとおり彼を『災いの前に取り去られた』（イザヤ 57：1）こと，そして，キリストへの信仰告白のうちに死んでいった無数の兄弟たちの中に彼が受け入れられたことを感謝します．愛する神よ，あなたがさまざまな方法で彼に与えたすべてのたまものと良い行いに対して，また，しかるべき歳まで彼を生かしてくださったことに対しても感謝します．晩年に見られた多くの弱さと肉体の大きな苦痛にも拘らず，蛇の最高の傷，すなわち，地上での死という負債を払いました」．

深い悲しみは続いたであろうが，彼らの共通の信仰を証しすることが，今や彼女の主要な責任となった．そこでカタリナは来るべき日のために備えることにした．

1548 年 1 月 10 日火曜日，夜が明けるとマテウス・ツェルの死についての矛盾した噂がすぐにストラスブールに拡まった．ある人は彼の死を信じたが，他の人はそれが本当であることを恐れつつ偽りと考えた．シュッツ・ツェル自身が家族とヘーディオ，ブツァーら親しい友人に知らせたことは間違いない．哀悼者が彼女のまわりに集まりはじめた．寡婦としてのいつ果てるともしれない長い一日であった．多くの人は他のことで忙しかった．実はその日は都市にとっても多忙な日だったのである．1 月の第二火曜日は伝統的にストラスブールの新しく選出された為政者が宣誓して職務に就く日であった．1531 年以来，翌日の午前 9 時，ミサの代わりに特別の説教によってこの行事が記念された．

1548 年 1 月 11 日水曜日，大聖堂の説教者カスパル・ヘーディオが説教をすることになっていた．彼は悲しみの中で，噂が真実であることをはっきり告げねばならなかった．最初の宗教改革者，人気のある説教者，市の最大教区

の牧師が彼らから取り去られたことを．ヘーディオは声を詰まらせながら続けた．「ツェルの命は地上での死によってより良いものへと変えられた．彼はより良い王国を所有したであろう．涙は必要であるが悲しんではいけない．なぜなら，星辰を治める神は今も生ける主であるから．体は墓に収めるが，天上の霊は生き続けている」．ヘーディオは奨励，慰めの言葉に続けて神を讃美したのち，葬儀は当日の午後1時から行われることを告げて終えた．会衆は涙のうちに立ち去りはじめた．多くのツェル家の友人や教区民は噂の公的な確認まで待てなかった．彼らは牧師館に向かう列を作りはじめた．それは彼らの同僚であり牧師であった人への最後の敬意を表し，彼らの敬愛のしるしとして死者の手に口づけするためであった．そして今やそれ以上の人が来た．カタリナは自分のもち場に立って，彼らを迎えた．女たちが彼女を慰めるために来たが，カタリナの方が彼女たちよりも強く見えた．彼女を見たすべての人に感銘を与えた信仰によって，彼女は悲しみに耐えた．

　葬儀の時がきた．葬列はツェル家の二人の子どもが埋葬されているクールバウ墓地に向かった．濃紺と紫の布に覆われた棺はツェルの同僚の聖職者たちによって担がれて，前方に運ばれた．学童たちの聖歌隊がゆっくりと前を進んだ．多くの教区民がいた．高位の人々が続いた．そしてツェル家の人々，その中には兄弟の息子，背のすらりと高いハインリヒ・ツェルがいた．もちろんシュッツ家の関係者も大勢いた．エリーザベト・シュッツの夫ミカエル・シュヴェンカー，彼らの息子ミカエル，娘のマルガレーテとその夫シメオン・エンプフィンガーと子どものテオフィル．この家族はみな，強固な福音主義者であり，それはカタリナにとって慰めであった．そしてたぶん，マルガレーテ・シュッツと彼女の二番めの夫ゲオルグ・ローエンの家族，その中には彼女のお気に入りの姪ユーディット・ローエンとその三人の兄弟もいたであろう．最後にカタリナの兄弟アンドレーエとヤーコブの六人の子どものうちの何人か．彼らのうちのある者は子どものなかったツェル家が事実上養子としていたので，たぶんそこに出席していたことであろうし，おそらく他の者たちもいたであろう．さらにツェル夫妻と親しかった，多くの普通の人たちが来た．市民だけでなくストラスブール以外からも多くの人が来て，全体として大きな一団となった．長い葬列が墓地に着くまでに何時間もかかった．集まった人々の数は概算で3,000人から6,000人に及んだ．少ない見積もりの方がたぶんより正確だと

思われるが，それにしても長い行列であった．そこにいた男も女も，若者も老人も，貴族や手工業者や貧乏人も，生え抜きの住民も居住者や難民もすべての人が，ストラスブールの最初のプロテスタント牧師，彼らの「ルター」に敬意を表するために一つとされた．

　墓地ではマルティン・ブツァーがルターの死の時に聞かれたと同じテキストを用いて説教に立った．すなわち「正しい人が滅びても心にとめる人がなく，神を敬う人びとが取り去られても，悟る者はない．正しい者は災いの前に取り去られて平安に入るからである．正直に歩むものはその床に休む」（イザヤ 57 : 1–2）．ブツァーは罪とその代価である死，地に埋葬される体について語った．「地の支配は短い期間にすぎない．なぜなら，私たちの体が甦らされる時が来る．すなわち，私たちは天において神と共にあるために喜ばしい勝利のうちに甦るその時が近づいているからである．今，虫けらに蝕まれたものも高められ，今，塵であったものも神の国を受け継ぐ」．続けて彼はツェルを称賛した．ドイツ語による説教の言葉は集まった人々の上に響き渡り感銘を与えた．カタリナはこれを聞いて，後々の慰めのために少なくともいくつかの表現を覚えておこうとした．そして彼女は，他のストラスブール市民と共に，すなわち，マテウスがこよなく愛した庶民と共にただ立ち上がり，そのあとに続いたラテン語の説教を聞いた．フランスから来た福音の信奉者たちも大勢いた．彼らはミサの支配する彼らの故郷を後にして，彼らの信仰を実践するためにストラスブールに来なければならなかった．彼らも福音の言葉を聞く必要があった．ブツァーの言葉が終わると遺体は埋葬された．群衆はため息をつき，墓穴に近づくために前に押し寄せた．そして沈黙があり，彼らは家路につき始めた．ところがカタリナは，突然，何か話したいと思った．マテウスの墓穴の近くに立ってそこに残っている人々に言葉を述べた．その人々は親しい友人たち，彼女のもとを去りがたかった多くの人たち，彼らの牧師の喪失を改めて受け入れようとしつつも，来るべき困難な日々を火のような存在なしに立ち向かわねばならない人々であり，墓地の静けさの中に立ち去りがたく残っていた．比較的若い人たちはツェル以前の時代を覚えていなかった．ツェルは常に彼らの牧師であって，彼らに教え，結婚式を行い，子どもたちに洗礼を施した．彼なしにどうしたらよいのか．特に宗教的嵐がごく近くに迫っているときに．

　マテウス・ツェルの妻は彼と同じように会衆を知っていた．ツェルはしばし

第5章　冬 —— 悲嘆と荒廃

ば彼女のことを「補助牧師」とよんだ．彼女は彼の職務を続けたかった．実際そうしなければならないと感じ，彼女は墓地で説教を始めた．彼女は共にいてくれる人々に感謝したのち，自分は話をするつもりはなかったが，突然，マテウスの代わりをするようにとの促しを受けた．それはちょうどマグダラのマリアが復活を告げるために走った時のようであると説明した．彼女はツェルが務めとしておこなったことのまとめから説教を始めた．彼の信仰，人々への愛，その説教，教皇・ローマ・カトリック教会の礼拝の拒否，キリストのみの信仰告白を，手短に述べた．マテウスの最近の説教と同じく，この務めのパートナーの言葉は，視界の果てに立ち現れているミサの復興の危機を明確に認め，断固としてこれに立ち向かうストラスブール市民の決意を固めることに向けられた．次いでツェルの最後の日々，彼の祈り，彼の信仰者らしい死について，詳細に述べられた．次に，福音におけるパートナーであったカタリナは彼女の夫と共に，また，夫の代わりに信仰を告白しつつ，そして，見聞きしたことについて，マグダラのマリアと共に適切な応答をなした．

「私は今日ここに私の夫の聖なる遺体の傍らに立っています．彼とすべての信仰者と共に，シミのない小羊である主イエス・キリストの血による，私たちの罪のゆるしを唯一のものとして信じ告白します．キリストは永遠に父と共におられ，肉において私たちのために殺されました．それゆえに，彼は神の前に通用する唯一の義であり，イエス・キリストの死からの復活によって，永遠の命の嗣業なのです．そこで私は今日，愛する夫と共に，夫に代わって，また，マグダラのマリアと共に『主は真に甦り，私たちすべてのために生きておられる』と言います．これとは反対に悪魔と永遠の死は死に，私たちすべてにとっては死んでいるので，キリスト・イエスにある者たちすべての上に，もはや力を及ぼしません．そこで私は，私の敬虔な夫と共に教皇とその仲間，その王国，その礼拝を拒否し，否定します．この比較を知ることも学ぶこともない生ける悪魔として，彼らは主イエスがイスラエルの唯一の牧者，救い主であることを認めず，彼らの業，不信仰，誤った教えによって，キリストの受難，死，復活の義を悪用しています．私は主キリストを唯一のキリスト，罪と死と永遠の滅亡を取り去る方として見ないすべての人を拒絶し，彼らに抗して説教します……彼は真の羊飼い，生ける神の子，私たちを聖化する唯一のおかた……正しい門から入り，彼による以外は父のもとへ行けないことを信じる者を支える救済者，

この民は，キリスト御自身がヨハネによる福音書10章（7，9節，14：6）で言っているように，彼のうちに良い牧草地を見出すでしょう．さらに彼は，ヨハネによる福音書5章（24節）で，彼にある人は裁かれることなく，死から生へと移ると言っています．これこそ私の敬虔な夫が行い，信じ，教えたことです」．

　これはカタリナの言葉によるマテウスの信仰告白であるが，カタリナ自身の信仰告白は彼のものに似ている．カタリナはキリストの血によって救われ，彼女の罪にも拘らず，復活に与るという彼女自身の情熱的な確信を表明した．このような信仰の告白によって，キリストの復活への信仰の当然の帰結として，家族との再会の希望があった．彼女は続いて，夫が信仰教育を施した若い人たちに，彼の教えを記憶し，従うようにと嘆願した．そして，彼女自ら主の祈りについての短い奨励をした．彼女はツェルの愛唱讃美歌の一節によって，ついに説教を終えた．それは彼女自身が編纂した，ボヘミア兄弟団の讃美歌集にある葬儀の讃美歌であった．最後の祈りは「祈りによってあなたに近づくすべての人に対して恵み深い神よ，あなたは私を憐んで，あなたの守りのもとに置き，復活の日に彼らの亡くした人々を再び迎え入れるやもめたちの（ヘブライ11：35）一人にしてください」であった．葬儀は終了した．

悲嘆の中での働き —— 牧会的責任，詩編についての瞑想，旅行

　シュッツ・ツェルは牧師館に戻った．そこではなすべきことが依然として多くあった．まずは彼女を慰めるために来た家族，すべての客，人々の面倒を見なければならなかった．彼らは食事とベッドを必要としており，彼女と共に話し，泣き，祈りたいと思っていた．さらに，彼女はマテウスの生涯と死についての記録，特に彼の教会員や遠方に住む他の人たちのための証言として，彼の教えと牧会愛について書き上げねばならなかった．彼女は，ルターの死の物語が彼女とマテウス，また他の人々にとってどれほど重要であったかを思い起こした．時間はかかったが，即興の説教は拡まり，清書され，コピーされた．返事を書かねばならないお悔やみ状が多くあった．そして，常に助けを必要とする人々がいた．彼らは長い間の習慣どおり，依然として「マテウスのあばら骨」のもとにごく自然にやって来た．実際，忠告や慰めを必要とする多くの教

区民にとって，たぶん二人のツェルは牧師としてほとんど取り換えのきかない
ものとなっていたであろう．

　ツェルの後継者の問題もあった．ツェル未亡人が大きな関心を抱いた事柄で
あり，彼女にはいくらかの影響力もあった．彼女がマテウスの妻であったこ
とによるのと同じく，彼女は教区の傑出した信徒指導者であったことによる．
ツェルの同僚たちはヨハネス・ブレンツが後を継ぐことを望んだ．しかし，彼
は仮信条協定（インテリム）[2]を目前にしてシュヴェービッシュ・ハルの人々を
見捨てることは，良心の呵責なくしてはできないと思った．そこでストラス
ブールの指導者たちは，聖ラウレンティウス教区をルードヴィヒ・ラブスにゆ
だねた．彼はメミンゲン出身の若いプロテスタントで，ストラスブールに来る
前にヴィッテンベルクとテュービンゲンで学んでいた．ストラスブールでは
ツェル家は彼を学生として，またマテウスの助手として家に迎え入れていた．
ラブスはヘーディオの娘と結婚して自らの所帯をもつまでの数年間，牧師館に
いっしょに住んだ．才能ある若いラブスは堂々とした説教者で，市内では非常
に人気があり，特にいくつかのツンフトや教区の老婦人たちに人気があった．
彼らの多くはマテウスの助手を彼らの愛する牧師の息子のように見なした．
シュッツ・ツェルも明らかにこの見方を共有していた．若いが才能に富む，養
子のような候補者を喜んで支持した．彼女はマテウスの最後の指示をラブスに
伝えてマテウスの説教壇に迎え，彼女の夫と常にしてきたように，彼と共に教
区の牧会的配慮の務めを続けた．

　シュッツ・ツェルは相変わらず有用な仕事をすることに忙しかったが，彼女
の深い悲しみと後悔の念は彼女を悩ました．信仰的試練と戦いつつ，また，神

---

〔2〕アウクスブルク仮信条協定（Augsburger Interim）．シュマルカルデン戦争に
　　勝利したカール5世は教会分裂問題の解決のために公会議による最終的解決を
　　待つ間の暫定措置を定めた．皇帝によって任命された起草委員にはカトリック
　　委員の中に福音主義者としてはJ．アグリコラが一人加わったが，決定された
　　二十六箇条からなる内容は主要な点でカトリックの教義に一致したものであっ
　　た．プロテスタントへの譲歩として聖職者の結婚と二種陪餐が認められたが，
　　プロテスタント地域でのカトリック復興の活動が認められた．しかし両陣営か
　　ら不評で，力関係から皇帝の圧力に屈した西南ドイツでのみ実施された．新た
　　にザクセン選帝侯となったモーリッツが反皇帝策に転じ，諸侯戦争で皇帝に勝
　　利し，パッサウ条約（1552年）でこの協定は廃止された．

に叫びつつ，あるいは聖書を読み，沈思黙考しつつ何時間も過ごした．彼女は神の怒りと恵みの間に板挟みになっていると感じて，詩編へと向かった．詩編は聖書の中では人間の心の最も表現に富んだ記録であり，彼女の悲しみと叫び，不安と嘆願を神へと向かわせた．一篇，一篇と徐々にたどり，祈り，考え，パラフレーズし，彼女の罪を告白し，神に向かって悔やみ，神を讃美し，慰めを期待しつつ詩編全体の仕事を仕上げた．カタリナは自分の欠点に苦しみつつ —— 彼女はしばしばマテウスを失望させたと言っている —— 彼女の思想と感情をあますところなく書き上げた．彼女は神の懲罰に値するのに，それに耐えることはできないと思った．七つの悔い改めの詩編（6篇，32篇，38篇，51篇，102篇，130篇，143篇）は特に重要である．これらの詩編は若いカタリナのような敬虔な中世のキリスト者なら，誰にとっても古い親しい道連れであった．マテウスの死は，彼女の不信仰への罰であるとの絶えず立ち戻ってくる考え方をどう扱ったらいいのだろうか．それは彼らの子どもを失ったことよりも心に応えた．もっともこの古い傷口も再び開いたのだが．詩編51篇「神よ憐れみたまえ」は，特に彼女の心を占めたようである．ダビデはバト・シェバとの罪を嘆いている．その罪の結果はウリヤを殺し，彼らの赤子の死となった（サムエル下11章，12章）．ダビデは赦された．神は確かに慈悲深い．しかし赤子は死んだ．カタリナは詩編の仕事をやり遂げ，その適用を熟考した．彼女は殺人と姦通について考えた．殺人や不貞は肉体的である必要はない．彼女はダビデの明らかな罪にキリストが断罪している精神的な罪をも加えた（マタイ5：21, 27以下参照）．そして罪深い人間が互いに悪をおこないあうさまざまなあり方を考えた．たとえばできるはずの援助を怠ったために貧しい者を死なせてしまうこと，挑発的な衣服や不注意なふるまいで情欲を抱かせること，無知や悪意による多くの些細な原因での失敗，信仰深い妻あるいは夫として生きることを怠ること．それにも拘らず，なお神の許しはある．それは疑いようがない．しかし，それにすべてをどう関わらせたらよいのか．

　いずれにしても，そのように彼女の基準はいつも高かった．自らに求めるものが多すぎるように見えた．神から卓越した才能を与えられた人には，このような誘惑があることは全く人間的であると，彼女をよく知っているブツァーのような友人たちは考えた．この深い悲しみを切り抜けるには助けが必要であり，ブツァーは（しばしばそうしたように）信仰の友人を訪問する旅行を勧め

た．行くべき場所はシュマルカルデン戦争による瓦解の影響を直接受けていないスイスであった．この選択は実際的であるとともに牧会的なものであった．なぜなら，シュッツ・ツェルは個人的な喪失によると同じく差し迫ったインテリムとストラスブールへのカトリックの帰還に心を乱されていたからである．スイスで彼女はプロテスタント信仰が被った不幸への恐れを分かち合うマテウスの友人たちを見出すが，彼らは個々人に何が起きるかを心配する緊張の中には生きていなかったからである．

　こうして1548年7月，シュッツ・ツェルは，オズヴァルト・ミュコニウス[3]へのブツァーの紹介状を携えて，ストラスブールからバーゼルへと出発した．たぶん彼女はライン川をさかのぼる水路をとった．旅行は悲嘆に打ちひしがれている人にとって，辛いものであったに違いないが，マテウスに同伴したいくつかの旅に比べれば，はるかに容易なものであったろう．ブツァーはバーゼルの同僚ミュコニウスに次のように説明し，依頼した．ツェルの未亡人は才能ある献身的な女性であるが，こういう人にありがちな自分を責める気持ちが強く，彼女の悲しみが和らげられることを必要としているので，できるだけのことをしてくれるように，それはまた彼女の夫のためでもあると．シュッツ・ツェルはバーゼルに2週間滞在したのちに，ミュコニウスによるハインリヒ・ブリンガー[4]とコンラッド・ペリカン[5]宛ての1548年7月16日付の紹介状をもってチューリヒに向かった．ツェル未亡人はペリカンの家庭に迎えられた．そこにはコンラッドの二番めの妻エルザ・カルプ，彼の息子サムエルとその若

---

〔3〕　オズヴァルト・ミュコニウス（Oswald Miconius, 1488–1552）．スイスの宗教改革者．ボンとバーゼルに学び，チューリヒでツヴィングリの協力者となる．彼の死後，エコランパディウスの後継者としてバーゼルに行き，牧師，教授として活動した．

〔4〕　ハインリヒ・ブリンガー（Heinrich Bullinger, 1504–1575）．スイスの宗教改革者．チューリヒに近いブレムガルテンにカトリック司祭の子として生まれた．1519年以後ケルンに学び，その地でルターやメランヒトンの著作をとおして福音主義者となる．ツヴィングリの後継者として44年間チューリヒ教会を指導した．

〔5〕　コンラッド・ペリカン（Konrad Pellikan, 1508–1556）．スイスの宗教改革者．アルザス生まれ．ヘブライ語に優れ，バーゼル，チューリヒで教える．『チューリヒ聖書』の訳出に参与．

い妻エリーザベト・クラウザーがいた．シュッツ・ツェルはエルザ，エリーザベトとその姉妹らとの会話を楽しみながらも，若いエリーザベトが今年に入って二回も重い病気になったことで皆が彼女の健康を気遣っており，その心配を共にした．病気が流産によるものであったとしたら，死別を経験したカタリナは特に同情したことであろう．彼女は子どもの喪失が何を意味するかをあまりにもよく知っていたからである．シュッツ・ツェルはペリカンの家族と共に過ごした時間以外に，チューリヒ教会の他の人々をも訪問したに違いはない．彼女がこの訪問以前にどれだけの人を個人的に知っていたかは，明らかではない．ペリカン自身はそう親密ではないにしても古くからのツェル家の知り合いである．たぶん，ブリンガーに会うのは初めてであったろう．彼女は彼を非常に尊敬していた．ルドルフ・グヴァルター[6]については，彼のヨハネによる福音書6章による説教に彼女は魅了された．彼女はさらに国境を越えたプロテスタントの訪問者たちに会った．その一人に，アルザスよりもはるか遠くから来ていたイングランド人ジョン・フーパー[7]がいた．そして，あまりにも早くストラスブールに帰る時となった．誰もが手紙を託す機会を逃さないので，もちろん彼女は，かの地のブツァーや，その他の人々への手紙を携えることになった．

仮信条協定（インテリム）体制の中での職務の続行

　こうして1548年7月末にはシュッツ・ツェルは，再びブルーダーホーフ通りの牧師館に帰り，いつもの仕事に戻った．彼女の言うとおり，誰でも会いに来る人を受け入れたので，家は常に人で満ちていた．彼女は仮信条協定（インテリム）体制を逃れてきたマルクス・ハイランド[8]のような外国人を迎え入れ，

---

〔6〕　ルドルフ・グヴァルター（Rudorf Gwalther, 1519-1586）．スイスの神学者，教会指導者．チューリヒに生まれ，ツヴィングリの女婿．ブリンガーの後を継いで説教者となる．

〔7〕　ジョン・フーパー（John Hooper, 1490頃-1555）．イングランドの宗教改革者．1539年大陸に亡命し，バーゼル，チューリヒに滞在．1549年帰国後，摂政サマセット侯のチャップレン，グロスター主教を務める．メアリ女王登位後，処刑された．

〔8〕　マルクス・ハイランド（Marx Heilandt, －1549）．ヴュルテンベルクの宗教改革者．1549年仮信条協定のためにストラスブールに逃れ，聖ニコラウス教会

彼のツヴィングリ主義的学識のため，すでにある聖職者たちから異議が述べられ始めていたにも拘らず，ストラスブールの牧師職に就くのを助けた．彼女はまた貧しい人々の世話をし，彼女のもとに持ち込まれるさまざまな牧会上の問題に対処した．

　しかし今や，人々がシュッツ・ツェルに打ち明ける個人的な心配事に加えて，さらにいっそうの緊張を増す政治的・宗教的状況への恐れがあった．ストラスブールは二つの陣営にわかれた．一方の「政治派」は，皇帝とローマに政治上の譲歩を意味するにしても都市の自由を守るに十分な妥協を望んだ．他方「福音主義派」は，彼らのうちにミサが，無秩序が再現するのを見るよりは，ある人の言い方によれば，命を懸けてでも犠牲を払う用意があるとした．市参事会は非常に当惑してより拡大された機関の意見を求める決定をし，ツンフトは彼らの意見の集約のため投票を行った．ある人たちは強力に「福音主義派」の立場を支持した．それはバスティアン・エルブと織物ツンフト，ヤーコブ・マイヤーと石工ツンフト，ヴェッティン・キップスとパン屋ツンフト，マルティン・ヘルリンと毛皮商ツンフト，アンドレーエ・トゥレンスと菜園人ツンフトの一部，アンスヘルム・ハルドナーと魚屋ツンフトの一部である．彼らの大部分は社会的により低く位置付けられたツンフトや貧しいメンバーであった．とはいえ上層の人々の中にもこれを支持するものがあった．たとえばツェル家の長年の友人であるフェリックス・アルムブルンスター卿や他の者たち，ヤーコブ・フォン・デンツェンハイム，クリストフ・シュテッダル（子），さらに，より貴族的な貿易商ツンフトのフランツ・ベルチュ，前年（1547年）に参事会メンバーに選ばれたシュッツ・ツェルの義兄で率直なミカエル・シュヴェンカーであった．しかし，富裕層の多くは「政治派」の側に傾き，シュッツ・ツェルがチューリヒから戻ってまもなくの頃，1548年夏の終わりには市を去る者も多かった．統治する市参事会メンバーの中から出た脱落者を補充するために，頻繁なメンバーの入れ替えという異常事態があり，緊張の度合いも増した．

　ヤーコブ・シュトルムと彼の同僚たちは，可能な限り有利な協定を結び，できるだけ多くのことを救おうとしたので，交渉はだらだらと長引いた．1549

の補助牧師となる．

年1月初めの段階では，最終的な詳細は一般の人々にはまだ知らされていなかった．しかし，この月の第二火曜日に行われる恒例の「宣誓の日」には公告されることが予期されていた．ローマ・カトリック教会の慣行が多数の場所で再現し，これを強行するために皇帝はスペインから聖職者と軍隊を導入し，プロテスタント聖職者はその地位を奪われ，ある者は投獄されるとのニュースが拡まった．ストラスブールは最悪の事態を恐れた．ヤーコブ・シュトルムはその状況について語るとき，人前で泣いて声も出せないほどであったとのことが知られた．次の火曜日にはどうなるか．事実としては，政府は結局妥協を決めた．それは富裕層が許容したであろうよりは少ない妥協であり，福音主義派が耐えうるよりは多くの妥協であった．都市はある制限内で彼らの信仰の実践を許されるであろう．彼らは大聖堂といくつかの教会を放棄しなければならない．ローマ・カトリック教会の礼拝，聖職者，宗教団体は再建されるであろう．ただし宗教行列のような公の場所での行動は幾分制限される．

しかし，1549年の間，厳密な規定が検討され続け，多くの変更があって明瞭に取り決めが定められると，福音主義者は別の打撃を受けることになった．その一つは，特にシュッツ・ツェルにとって個人的に打撃であった．インテリム拒否において最も率直であった二人のストラスブールにとどまっていた牧師，マルティン・ブツァーとパウル・ファギウス[9]が市を離れ，亡命しなければならなかった．この命令は1549年3月に下ったが，イングランドまでの長い旅行を計画する十分な時間がなかった．彼らは若いエドワード6世からケンブリッジ大学で教えるために招かれていた．ブツァーとファギウスは地下に潜りストラスブールでの最後の日々をカタリナ・ツェルの家に迎え入れられた．ツェルの家は常に人の往来があったので，確かにこの客の存在を隠すのに役立ったであろう．しかし，この訪問は他の場合の訪問とは全く違っていた．福音主義への忠誠において欠けることのないマルガレーテ・シュヴェンカーやシメオン・エムプフィンガーなど，彼女の最も近い親族でさえも，ブツァーとファギウスの滞在の少なくとも終わり近くになるまで，その滞在を知らなかっ

---

〔9〕 パウル・ファギウス（Paul Fagius, 1504-1549）．ストラスブールの宗教改革者．ハイデルベルクで学んだ後，カピトの後任として招かれ，旧約聖書学教授，説教者となる．イングランド亡命後ケンブリッジ大学でヘブライ語教授となるが，その地で死去．

た．エムプフィンガーは，もしも彼が説教者たちのことを知っていたなら，彼らにもっと快適な応接をする援助ができたのにと，彼の親類の独断的なやり方にむしろ腹を立てたほどである．しかし，エムプフィンガーは市政府の役人であるから，国外追放とされた者たちがすでに市を去ったと考えられていた時に，彼らを隠す手助けをしたと知られることになった時の面倒を，シュッツ・ツェルは考えたのであろう．

　二人の牧師が去る前に，シュッツ・ツェルは最後の食事，使徒的送別会をおこなった．彼女は多くの友人や福音主議派の人々を招いた．そこにはブツァーの忠実な秘書コンラート・フーベルト，貧民救済委員で彼女の古い友人ルーカス・ハックフルト，フランス人教会の牧師，ヴァレラン・プランがいたに違いない．プランはロンドンまで亡命者たちと旅を共にした．たぶん食事に集まった客たちは，彼らの知っているすべての古い同僚たちや友人たちについて話したことだろう．そしてブツァーとその同伴者に，すでに1547年末にイングランドに出発したピエトロ・マルティーレ・ヴェルミーリとその妻カタリナのような人々への伝言を依頼したことであろう．この古い友人のグループは互いに勧めを行い，多くの涙をもって祈りを共にし，唯一の真に善良な最高の羊飼いである主イエス・キリストの配慮に互いをゆだねた．暇乞いは終わった．カタリナは知っていたわけではないが，たぶんこの特別の友人たちに，もう再び会うことはないと思っていたに違いない．多くの親しい人々が彼女の人生から消え，そのうちのある者は永遠に去った．

　1549年4月5日のブツァーとファギウスの出発は，シュッツ・ツェルを非常に悲しませた．この賓客が彼女の親切なもてなしのお礼として金銭を置いて行ったことで，彼女は個人的に悩むことになった．カタリナの心は大いに傷つけられた．なぜなら，彼女は「貧しい巡礼者，敬愛する説教者」から金銭を受け取る気は毛頭なかったからである．そこで彼女はこの金を送り返そうと決めた．彼らはイングランドで金が必要であろうから．現金を同封した手紙を送る準備をしていたちょうどその時，予期しない客が彼女の家の近くに来ていた．一人は説教者の寡婦で，彼女は自分の前で夫が打ち首にされるのを見た．もう一人は，インテリムのせいで自分の教区を追われた5人の子連れの牧師であった．彼らは二日間牧師館に滞在した．彼らが去るときシュッツ・ツェルはそれぞれにブツァーの名において金銭の一部を与えた（ブツァーが認めるであろうと

確信して）．そして残りをブツァーに返した．助けを必要としている人のなんと多いことか．確かに金銭は必要であるが，それ以外の必要，時にはより大きな必要があった．

　なぜなら，たぶんブツァーとファギウスの亡命によって示されたこと，ダイナミックな指導者を欠いた教会の危険な状態こそ最大の悲しみであった．シュッツ・ツェルはストラスブールの宗教的状況とブツァーが伝えるエドワード 6 世治下のイングランドで開始されたばかりの宗教改革の状況を比べてみた．イングランドでは福音の熱心さがあるが教えるものが少ないのに対し，当地では働き人は多いのに信仰深く，賢い者が少ないという正反対の問題があることを嘆き悲しんだ．彼女とブツァーが同じように福音の現実的廃墟として見たものは，ほとんど絶望に近い彼女の言葉の中に表されている．それはたぶん，マテウス以外の人が今までに彼女から聞いたことのない，最も反抗的な言葉であろう．「神よ，あなたは人間をこのようなことのためにお造りになったのですか．もしあなたが彼らにこの地さえ残すなら，彼らにとってはそうひどい災いではないのでしょう」．彼女はため息交じりに続ける．「誰が海を通って神の足跡をたどれるか．誰が天における神の思いを計りしることができるか．もし誰かが一つの言葉をもつなら，神は千の言葉をもつ．どうか神には栄誉と真実がありますように．哀れな私たちと，私たちの教会に恵みがありますように．アーメン」．このように彼女は嘆いたのである．シュッツ・ツェルとブツァーの間には意見の相違があった．しかし，マテウスの死の時，ブツァーは変わることのない支えであったし，そして特に，インテリムによる荒廃は古い論争相手を互いに引き寄せあった．彼女は去ってしまった人を思う時，すなわちブツァー，ファギウス，ヴェルミーリ夫妻，プランらはイングランドに行き，カピト，ツェルはあの世に行ってしまい（少なくとも彼らは平安のうちにある），教会はほとんど失われてしまったかのように感じられた．わずかにヘーディオと重要性の少ない一部の人々，たとえばコンラート・フーベルト，ルーカス・ハックフルト，ディオバルト・シュヴァルツが信仰深い第一世代として残っていた．

インテリムへの対処

　彼女の大きな個人的悲嘆に加えて —— ある意味でマテウスはすべての喜びを彼と共に持って行ってしまい，残されたのは彼女の義務への決意だけであった —— カタリナは教会の苦境，特にストラスブール教会のそれについてひどく苦悶した．彼女は詩編 51 篇 18 節 b [20 節]「エルサレムの城壁を築き直してください」について熟考して，状況はエルサレムについてダビデが述べていることに似ていると思った．エルサレムの城壁とは，福音の宣言を保証しなければならない諸侯や統治者のことであり，彼らは福音を説く者を保護しなければならない．しかし，王が殺人者，姦淫を犯す者になるとエルサレムの城壁は破られ，神殿には供え物がなくなる．シオンには神の言葉がないので攻撃されやすくなる．バビロン捕囚の時のように過ちと悲惨の中をさまよう．しかし，これはストラスブールの罪とその民である私たちの罪への神の罰である．私たちは怠慢で，生ぬるい口先だけの信心となり福音を青白い，安楽な，俗物的なものに変えて，神を私たちの地上的な快適さと偽善の保護者としている．神がこの罰を下したことは疑いえない．神はルター博士やマテウス・ツェルやその他の人々を奪うことによって私たちを罰した．シュッツ・ツェルは荒廃した祖国とその民のために泣いたエズラのように感じた．しかし，ブツァー宛ての手紙に見るような，時として見せる絶望的な叫びを除いては，彼女はインテリムの中にも神の慈愛に満ちた訓練を見出した．神はキリストが彼らのために死んだその民を見捨てなかった．しかし，欠点の多い愛すべき息子，娘として彼らを訓練に付した．神の業によって清められ許された後には，罪びとは再び神の恵みにより正しい礼拝ができるようになる．

　シュッツ・ツェルは，孤独のうちにプロテスタントにとっての試練に取り組んでいたのではなかった．ストラスブールの状況は最終的決着を待っていたにも拘らず，インテリムを攻撃する文書が印刷所から多量に出ていた．シュッツ・ツェルは宗教的証言の分野で起きていることを学び，分かち合うことに常に強い関心をもっていたので，これらをすぐに読み，コメントした．彼女が所有した 10 冊の文書には彼女のそれとわかる筆跡で短い書き込みがしばしば見られる．多くは文書中の何かの強調や，賛意を表すためである．あるいは後でその個所を見つけるためのしるしとして役立つ単語を記すか，文章をそのまま

書き写している．時には書き加えがある．それは本文中に明示されることなく引用されている聖書箇所や，あるいはパンフレット作者の考えに密接な関連のある彼女の言葉への言い換えられた考えであったり，さらに実践への言及である．

　普通は，これらのコメントは賛意を表しており，シュッツ・ツェルの神学的立場をどこか反映しているようである．たとえば聖人への祈りの拒絶，キリストが唯一の贖い主であることの強調，聖書は人間的付加のない宗教的知識の十全な源であるとの表明である．しかし時には，独立した信徒改革者である彼女は，読んでいる個所について明確に不賛成を表明している．その強い表明は彼女の全体的な宗教思想と一致している．マイセンの神学者たちの冊子に対してその例が見られる．すなわち，ある個所で著者は「ミサ」という言葉自体には真に反対する理由がないとしている．シュッツ・ツェルは「信徒の交わりにミサというサタンの名前を与えることはない」と反論している（マイセンの人々に彼女の声が聞こえたら良かったのだが）．儀式に関する次の章で前述の神学者たちは「中立事項」（アディアフォラ）[10]について，信徒改革者が許容できる範囲を超えて多くを認めている．彼女は欄外註の反論で，彼らに抗するパウロとキリストの言葉を引用している．

　まれに，パンフレット作者についてのコメントのような個人的な感想がある．ニコラウス・アムスドルフの冊子を終えるにあたって，彼女は1538年にツェル夫妻で出かけた旅行の際に，彼と知り合えたことの喜びを思い出している．さらに興味深いのは，シュッツ・ツェルの子ども時代の宗教教育についての感想である．すなわち，オジアンダー[11]の小冊子がプロテスタント以前の宗教教育の貧弱な状態に言及すると，今や成人となったカタリナは次のように述べる．「私は少しも驚かない．私は教皇制の中で育てられた．しかし，若い時から神様のおかげで信仰の糧を与えられた．もっとも，それ以後，さらに多くのことを学んだけれども」．彼女が子ども時代の宗教教育を正当化しているの

---

〔10〕　それ自体としては善悪の区別のつかないもので，自由裁量に委ねられている事柄や意見についていう．

〔11〕　アンドレアス・オジアンダー（Andreas Osiander, 1498-1552）．ドイツの宗教改革者．ニュルンベルク，ケーニヒスベルクで活動．晩年，義認論をめぐって論争を惹き起こす．

は疑いない．このコメントは，彼女が他ではっきりと言っていることを，明白に例証している．彼女が問題としたのは無知ではなく真の洞察の欠如であった．教育は確かに存在していたし，彼女はそこから益を得たが，彼女が読んだ聖書は，ルターやツェルを聞くまでは閉じた書物であった．最も頻出する個人的註は，シュッツ・ツェルが読書しつつ，さまざまな機会に，特にパンフレット作者が福音に固く立つようにと勧めるのに答えた，短いしばしば感嘆を帯びた祈りである．時には祈りは個人的であると同時にむしろ神学的である．たとえば，女性の読者に有名な女性を模範とするようにと勧めてアンナ（ルカ 2 : 36-38）に言及したとなりに，カタリナは祈る．「主イエスよ，このようにしてください．もっともあなたの御前では，このようなことに男もなく女もなく，あなたにある新しい被造物ですが」．

彼女が最も深く取り組んだように見える文書はカスパル・アークヴィラ[12]によるもので，彼女の感想はある場合には尽きることのない対話に及ぶ．しばしば賛成し，同じような考えを加えている．彼女は明らかにアークヴィラを福音によって立つ挑戦的な決意において，他のパンフレット作者よりも福音的立場に鋭敏であると見ている．アークヴィラの文書に描かれている「政治派」の欠点について，彼女は心からの同意の叫びをあげる．しかし，彼の高位の者たちに寄せる改革への期待を，彼女はやや楽天的すぎると考えたに違いない．彼女のインテリムについての苦悩は，マテウスの考えとインテリムの規定を招いた集団的罪への悲嘆が混ぜ合わされたものであった．さらに民の将来への彼女の関心がこれに結びついていた．将来が現実となるための時が近づいていた．

多くの交渉ののち，インテリムは 1550 年初め，ストラスブールにおいて全面的に履行された．聖ラウレンティウス教区が大聖堂で集まることができなくなる日が近づいた．1549 年末，ラブス牧師は彼の最後の説教を準備していた．彼は年老いた彼の「養母」とそのことを話すために来た．それは長い有益な会話となり，その中で彼女は自分の信仰と福音理解について話す機会を得た．たぶん彼女は教区の歴史に関する説明もしたであろう．そして今や放棄すること

---

[12] カスパル・アークヴィラ（Caspar Aquila, 1488-1560）．ドイツのルター派説教者．アウクスブルク生まれ．ヴィッテンベルクに学び福音主義者となる．ドイツ各地で牧会．

を余儀なくされた大聖堂の使用をめぐって，かつてプロテスタントが争った頃のマテウスの初期の宗教改革的働きについて語ったことは疑いない．ラブスが彼の別れの説教をし，クリスマスの福音を教会の当面の状況に当てはめて語った時，シュッツ・ツェルも出席していた．ラブスは神が彼らを辱めたのには正当な理由があることを認めたうえで，教会員を力づける言葉に及んだ．「私たちはこの教会を離れねばならないが，キリストを失うことはない．キリストは邪悪な祭司や不敬虔なファリサイ人のいるエルサレムにおいて生まれねばならなかったのではない．彼はまずベツレヘムの牛小屋で，私たちの心の中で，エルサレムではなく神の右手のもとに見出されねばならない」．こうして12月末，教区教会は大聖堂を出て，古いドミニコ会修道院の改装された新教会を礼拝の新しい場所とした．

　これはシュッツ・ツェルの唯一の引っ越しではなかった．しかし，彼女が花嫁として来た牧師館を去ることを余儀なくされた．ヨーハン・テュシェリン博士に率いられたカトリック当局者との議論は1550年1月，2月を通しておこなわれた．シュッツ・ツェルはわざとことを長引かせた．なぜなら，彼女は二人の病気の少年（一人は彼女の甥）と，さらに，たぶん何人かの面倒を見ていたからである．しかし3月末ごろ，彼女は所帯をマウホーフにある借家に移した[13]．ここはプロテスタントの聖トーマス教会の教区内であった．このことは単に距離が示している以上の大きな変更を示している．ラブスは彼の家族の引っ越しがすんだあと，かつての「養母」に牧師館にいっしょに住み続けて「彼と教会にとって母となるように，彼の妻と子どもたちも彼女に従います」と頼んだ．シュッツ・ツェルはこの考えは明らかに良くないと思った．彼女は自分の所帯を自分自身で管理することに慣れており，もしどこか違う習慣をもつ他の家族と住居を共にしたら，彼女の来客歓迎的やり方は受け入れられないであろうし，不可能であることをたぶん知っていたからであろう．

　シュッツ・ツェルには，さらに彼女自身の家族への責任があった．彼女は少し前から，たぶん1549年か1550年初め頃，精神的・肉体的障がいをもつ甥，すなわち，彼女の弟ヤーコブの息子ルックス・シュッツを全面的に世話していた．ヤーコブはたぶん最近死んだのであろう．あるいはそれ以前にすでに死ん

----

〔13〕　原註によると，現在の県庁舎（Hotel Klinglin）の付近．

でいたのかもしれない．なぜなら，ツェル夫妻はルックスの兄弟ヤーコブの就学の面倒を見ているからである．いずれにしても彼女の予想したとおり，ルックスは今やシュッツ・ツェルの責任下にあり，彼の世話をすることが彼女の主要な責務となった．このことは信仰上の勇気とかなりの体力とエネルギーを必要とした．シュッツ・ツェルは丈夫ではなかったので，恒常的な日々の介護と掃除・洗濯によるストレスはますます多くの犠牲を要求するものとなった．ほかにも彼女が関わらなければならない家族の事柄があった．なぜなら，彼女はたぶん彼女の世代の唯一の人となり，シュッツ家の姪や甥たちは，助言や支援を求めてカタリナ伯母をますます頼りにするようになったからである．マルガレーテ・シュヴェネッカー・エムプフィンガーの最愛の息子テオフィルスが1549年春に亡くなり，彼の母は深く傷ついていた．マルガレーテが深い悲しみを抱きつつ赴いたのはカタリナ叔母のもとであった．それは親戚の絆によると同時に，牧師からの，また，子どもを失うことが何を意味するかを知っている女性からの慰めを求めてであったことは疑いえない．教区が変わったにも拘らず．彼女は教会の牧会的関わりを止めることはなかった．しかし，いくつかの理由からシュッツ・ツェルはかつてのように中心的位置にはいなかった．

一つはインテリムが押し付けられたことによる．1550年2月2日，カトリック礼拝が聖母マリア清めの祝日に再開し，すぐに騒動が起きた．シュッツ・ツェルは暴力を承認できなかったが，彼女も確かにはっきりと発言した．実際ローマ・カトリック側の報告によると，彼女は大聖堂の中で大声を発したという．プロテスタント信徒は1520年代にそうしたように，事柄を進んで自分たちで処理しようとした．ローマ・カトリック聖職者はストラスブールの礼拝式の場面からほとんど一世代に亘り，実質上，不在状態にあった．そこで彼らは，ツェルの初期の説教によってカトリック儀式とサクラメントへの最初の攻撃に直面した時よりもはるかに弱い立場に置かれていた．市にはいくらかのカトリック教徒がいたが，回復されたミサへの参加者は少数で評判の悪い人たちであると，プロテスタントは考えた．これらの隣人はプロテスタント市民にとって大きな問題ではなかった．新来の聖職者たちについては事情が全く違っていた（彼らはしばしば外国人であって，市民ではなかった．しかも伝統的な聖職者がもつ世俗の司法権からの免除を要求した）．彼らはプロテスタントにとって，あたかも雄牛の前で打ち振られた赤い旗のように作用した．市政府は司祭たち

を保護する義務をカトリック司教に対し負っていた．彼らは何か月も，さらに何年もの間，いかなる暴力や極端な反発にも一定の共存的妥協のなることを望んで耐えた．プロテスタント聖職者はときどき事件を惹き起こし続けたが，ストラスブール市民は次第に落ち着いて状況に対処するようになった．彼らはプロテスタンティズムの表現を「無変更版」アウクスブルク信仰告白によって確立してきたルター正統主義の方向に次第に向けていった．

教派主義的争いと一つの時代の終焉

　ストラスブール聖職者のうち次第に多数となってきた人たちにとって，正統主義と信仰の擁護は分派的グループや分派的傾向に対して強い態度をとることを意味した．最も重要な意見を異にする人びとの一人がカスパル・シュヴェンクフェルトであった．聖職者にとって彼は特に扱いにくかった．なぜなら，彼は貴族の出身でストラスブールでも他の地域でも高位の人々の支持を得ていたからである．貴族的なシェーア家の人々，そのうち何人かは市内に住み，ほかにも市に出入りしている人がいたが，彼らはシュヴェンクフェルトと緊密に結びついていた．シェーア家の娘の一人マルガレーテは何年も前から彼と文通を始めていた．1551 年頃，彼女の姉妹であるエリーザベト・シェーア・ヘクリンは熱心な信奉者となり，別の姉妹フェリツィア・シェーア・フォン・アンデルナハや彼らの父親ペーター，さらに兄弟ペーターもこのサークルに惹き付けられていた．聖職者はシュヴェンクフェルトを攻撃するのはカトリック攻撃よりも困難であるとみていた．しかし，1551 年頃，ラブスのような才気ある青年たちは彼らの見解を，いまだ説教壇からではないが，少なくとも印刷物によって公にしつつあった．

　シュヴェンクフェルトはそれに返答することにした．彼は何年もの間シュッツ・ツェルとはあまり交渉がなかったようである．1545 年から 1551 年の間に唯一記録された文通は，マテウスの死に際してカタリナに宛てた短いお悔やみ状だけである．シュヴェンクフェルトは依然として彼女を誠実な友，支持者と見ていた．彼女が病気であると聞いて，たぶん 1551 年秋頃，同情の念をあらわす公開状を送ることにした．それはストラスブールの聖職者たちの中傷から彼を守ってくれていることへの感謝を表すためであった．彼のパンフレットは

1551年11月11日に出版された．これはたぶん受信人にとって重大な，喜べない確かな打撃となったに違いない．シュッツ・ツェルはすべての可能な個人的対話が尽くされる前にこのように論点を公にすることに不同意だった．その時がきたとしても，それが何の役に立つか，出版が目的のためにふさわしい手段か，他者への影響はどうかが注意深く考慮されるべきであった．彼女は確かにある範囲内でシュヴェンクフェルトを擁護する用意があった．しかし，一党派の旗持ちとして一般に見られることは非常に不幸なことであったに違いない．彼女は分裂を非常に嫌っていたので，彼女が代父母の問題でブツァーと長い争いがあったにも拘らず，ブツァーとの絆を決して破ることがなかったように，シュヴェンクフェルトとの友情を維持することを求めてストラスブールの第一世代の宗教改革者たちに反抗したほどである．

　シュッツ・ツェルに養育され，マテウスの後継者であるラブスに対して，シュヴェンクフェルトが彼女を自らの擁護者として公に主張したことは，少なくとも二つの重要な結果を生んだ．第一のたぶん意図的な結果は，彼女に潜在的な反対者との疑いをかけて，ストラスブール聖職者から引き離す過程が始まったことである．第二の結果は，たぶん思いがけない，確かに意図しない，著者にとっても喜ばしくない事柄であった．すなわち，シュヴェンクフェルト自身の行動が確かにシュッツ・ツェルを彼から少なくとも数年間は遠ざける原因となったことである．最終的には交際は再開し，表面的には傷は癒されたが，その関係は再び同じものとはならなかった．

　シュヴェンクフェルトの行動は異説を唱える者としてのシュッツ・ツェルの評判を確立するのを助けたが，彼女の古い友，ヘーディオがストラスブール教会のリーダーとして留まっている間は，聖職者たちから煩わされることはなかった．ヘーディオはシュッツ・ツェルが特に尊敬していた人物であるが，それは特にインテリムが押し付けられた時の誠実な態度のせいであった．ブツァーやファギウスのように率直ではなかった彼は，彼なりのやり方で福音を擁護した．ガイラーのために作られた説教壇の学識ある雄弁な保持者として，ヘーディオは大聖堂の説教者であった．これは聖堂内に集まる聖ラウレンティウス教区とは直接結びつかない地位であった．教区教会が移動を余儀なくされた時，聖堂教区裁判所判事はヘーディオが祭服（サープリス）を着て説教壇に上がるならば，説教者として留まってもよいと申し出た．サープリスあるいは

聖歌隊服は，ストラスブールでは1530年代初めの改革以来，使用されていなかった．ヘーディオはこの服を着ることを拒否した．それはストラスブールの美しい石造りの説教壇を離れることを意味していたが，彼は自分が拒絶した宗旨のしるしを身に着けたくなかった．シュッツ・ツェルを大聖堂の牧師館から立ち退かせることを準備していた同じ判事はまた，半分まじめな笑い種として「彼の首を打ち落としたい」ものだと言いながら，ヘーディオを激しく脅した．

　しかし，ヘーディオも歳をとった．ブツァーがイングランドで死んで以来，ヘーディオはストラスブールの偉大なる最初の世代の最後の生き残りの指導者になっていた．1552年10月，疫病が再び市を襲い，ヘーディオも病を得た．もちろんシュッツ・ツェルはこの報せを聞くとすぐに彼に会いに行った．彼女の長年の友ヘーディオは彼女が彼のもとを去るのを望まなかった．彼の死の床には彼の妻，子どもたち，義理の息子ラブスたち，そして皆が居たが，彼は現在の男子聖職者の他のメンバーがいっしょにいることを求めなかった．彼は古い友人で，ツェルの寡婦であり，最初の同僚たちとの最も密接な輪である彼女が居ることを望んだ．シュッツ・ツェルはカピトを寝ずに看取った．ツェルを寝ずに看病した．彼女は多くの他の人を寝ずに看病した．そして今，彼女はヘーディオとの最後の徹夜を，聖書を朗読し，祈り，二人を支えた信仰について話しつつ，共に過ごした．10月17日，最後の時が来た．ストラスブールの四人の偉大な宗教改革者の最後の一人が地上での務めを終えた．一つの時代が終わった．シュッツ・ツェルは変わってしまった世界に残され，一人生き続けることになった．

第6章

ただキリストのみ，無党派人

　新しい世代はいわば変化しつつある世界であった．1550年代のストラスブールはカタリナ・シュッツが福音を新しいしかたで知ることになった都市，また，マテウス・ツェルを支え，援けた都市，その同僚たちが人々の宗教生活を一変させた都市とは別の場所になった．多くの変化は，かなり前から開始していた過程の一部であったが，今や，プロテスタントの第二世代の指導者たちが，特にカトリックとの新たな闘争の衝撃のもとに巧妙に形作った方法による変化であった．「福音」運動自体の内部で，明確に定義された相異なる信仰告白が次第に発展したことを，シュッツ・ツェルも気がついていた．しかし，信徒改革者の神学は1520年代の苦しい試練の中で形作られたもので，彼女はそれを変更しなければならない理由を見出せなかった．彼女が気づいた変化は，特にそれが一段ととげとげしい，愛のこもらない態度で表明され，また信仰の「主要点」を共有している者同士がたがいに公然と攻撃しあうことにおいても，彼女には一歩後退，変節のようにみえた．

　ストラスブールにおいてシュッツ・ツェルの知人，友人の中で進みつつある分裂は二つの側にわかれた．一方の側にこの都市の教会があり，その指導者は次第に狭い意味でのルター主義者になりつつあった．他方の側にシュヴェンクフェルトの支持者からなるストラスブール・グループがあり，その背後にシュヴェンクフェルト自身がいた．両者ともシュッツ・ツェルの全面的な忠誠を求めた．彼女は両者に対して，最初は辛抱強く，後には素っ気なく，自分はどの党派にも属することはできない，キリストの遣わした人たちから学んだことを認めるにやぶさかではないが，自分はキリストだけのものであり，クリスチャンとしか呼ばれたくないと答えた．

シュッツ・ツェルは，両者と私的に議論をして自らの確信するところに立ちつつ，教会内に公然たる争いを引き起こすことなく，独立性を維持しようとした．彼女はストラスブールの最初のプロテスタント教会の本来の姿を第二世代の体制後継者に対してだけでなく，古い友人であるシュヴェンクフェルトに追随する者たちに対しても守ろうとした．後者は，最初の改革は乗り越えられたとして，新しい啓示を求めて，彼女がマテウスの働きの果実を捨てるのを見たいと熱心に求めた．カタリナの心には，福音に従う者の間の党派心の余地は全くなかった．福音の忠実な信奉者が意見を異にし，非難しあうこともできるが，和解しあうこともできるとしたら，分裂する必要はない．多くの外的変化にも拘らず，共通の信仰生活のために働くことが，1550 年代初期の彼女の主要な計画であり目標であった．

1550 年代のストラスブールの宗教的・政治的局面

16 世紀後半の経過の中で，ストラスブールは，政治的にも宗教的にも，最終的にルター主義を信奉するに至った．政治的再編成は市のシュマルカルデン同盟への加入によって始まった．ヤーコブ・シュトルムの外交は，ストラスブールを初期のスイスとの同盟からザクセン志向のドイツ的立場へと導いた．シュマルカルデン同盟の敗北は痛烈な打撃であったが，市の政治の方向を変えることはなかった．むしろそれを強めたのが事実である．1552 年，プロテスタント軍は（今回はザクセン選帝侯モーリッツに支えられて）皇帝軍をパッサウで打ち破り，実際上，ルター派が帝国内で合法的に存在する権利を獲得した．これは 1555 年のアウクスブルク宗教和議によって承認された．これはアウクスブルク信仰告白の信奉者を合法的な帝国民と定めたが，他のプロテスタント教派はほとんど一世紀の間，公式に認められなかった．

政治的再編成とともにこれに併行して神学的変更があった．シュッツ・ツェルが常にその忠実なメンバーであったストラスブール教会は，変化した教派的均衡を促進し強化する新しい時代の中を生きていた．当初のツヴィングリ的傾向は 1530 年代後半に始まった強いルター派的方向に替えられた．しかし，ストラスブールの四都市信仰告白の調停的立場は，ブツァーの晩年にアウクスブルク信仰告白（より穏健な立場である変更版，キリストの体と血とは物素と「共

に」受け取られる）が同等の基準となった時にも，依然として確かな支えであった．アウクスブルク信仰告白のこの解釈はフィリップ・メランヒトンの立場，すなわち，カトリック，カルヴィニスト双方に開かれた神学的立場に結びついている．しかし，ルター派の中で，メランヒトンの支持者は少数であった．ルターの弟子の多くは彼の神学の厳密な解釈を次第に強調し，ルターの1520年代の見解よりも後期の見解によって解釈した．この「純正ルター主義者」の基準は変更されないアウクスブルク信仰告白（キリストの体と血は物素の中で，共に，その下で受け取られる）であり，その支配的ルター主義の伝統の最も戦闘的な代表者がマグデブルクのマティアス・フラキウス・イリリクスであった．

　1550年代に入り，時とともにストラスブールの指導的聖職者はプロテスタンティズムの厳正なルター的解釈に近づいていった．「無変更版アウクスブルク信仰告白」が学校で教えられ，神学的規準とされ，これに基づいて，ますます多くの牧師たちが彼らの群れの正統性を測った．宗教的強調点の変化は，部分的には第二世代の聖職者たちが受けた神学教育の結果である．彼らのほとんどはプロテスタント世界の中で育ち，トラウマや回心による解放を知らず，また，1520年代初期の刺激的な，困惑させるような豊かさを知らなかった．彼らが教育を受けている時期には，混乱した事柄は選り分けられ，洗練され，明確に定義された．そして教会組織は，神学的反対者の攻撃や時代の変動にもちこたえるための諸施設へと整理し直された．それは大きな企てで，多くの事柄を変えた．そのため1520年代のベテランであるカタリナにとっては，彼女の教会が成長しただけでなく，むしろ（その代わりに）その根源から遠ざかり，基本的な立場や信念のいくつかから次第に離れてしまったように見えたに違いない．

　一般にストラスブールの信徒は聖職者に比べて，厳格なルター主義の立場を

---

〔1〕　マティアス・フラキウス・イリリクス（Mathias Flacius Illyricus，1520-1575）．ルター派神学者．クロアチア出身でヴェネツィアで育ち，バーゼル，テュービンゲンでの学びを経て，1541年ヴィッテンベルクに来て，ヘブライ語の教授となる．仮信条協定に際しては妥協を排してメランヒトンと対立し，マグデブルクに移る．純正ルター派の闘士として広範な論争をしたため，喧嘩博士の異名をもつ．プロテスタント最初の教会史『マグデブルク世紀史』を著す．

とることを急がなかった．この世紀の半ば頃，市内には，かなり大きな範囲の宗教的見解の拡がりが見られた．ストラスブールの為政者はシュマルカルデン同盟を支持してはいたが，彼らは第一世代の宗教改革者のもとで育ったので，アウクスブルク信仰告白に従わないプロテスタントの同盟関係に対しても，昔の寛大さをもち続けていた．たとえば，何年にも亘って，フランスのユグノーはこのアルザスの都市に受け入れられ続けた．時とともに，彼らの受け入れへの異議の声が聞かれることになるが．フランスのプロテスタント（カルヴィニスト）の集会は宗教上の意見を異にするグループの重要な核心であった．ここにはこの市の有名なアカデミーの学長であった，ヨハネス・シュトゥルムのような人がいた．彼は1563年，フランス人教区教会が公式に解散させられた後にもブツァー，カルヴァンの伝統を擁護し，ルター派聖職者にとっては一つの棘であり続けた．さらに，再洗礼派の諸グループやシュヴェンクフェルト派のサークルが存続していた．彼らは互いに明確に区別しあっていたがルター派聖職者は彼らを「分派」としてひとまとめに扱う傾向があった．再洗礼派とシュヴェンクフェルト派の間には多くの相違があったが，社会的地位の違いがその一つであった．シュヴェンクフェルトの信奉者は人数において少ないが，通常，再洗礼派に比べ，高い階層に属する人びとであった．シュレージエンの貴族に霊的助言を求める人々のストラスブールにおける傑出した事例として，貴族身分のシェーア家があった．そして，当然，大聖堂，新・旧聖ペーター教会やその他の宗教施設に復帰したカトリック教徒がいた．市政府は彼らに対してはカルヴィニスト，再洗礼派，シュヴェンクフェルト派に比べ共感するところが少なかったけれども，ともかく，さしあたりは容認しなければならなかった．以上が，シュッツ・ツェルが過去の世代の生き残りとして，寡婦としての晩年を生きねばならない舞台であった．

シュッツ・ツェルとラブス ── 協力から最初の論争へ

　ストラスブールでのシュッツ・ツェルの人間関係で最も難しくなったのが，彼女のかつての養子，彼女の夫の後継者であったルードヴィヒ・ラブスとの関係であった．しかし，彼らの関係が悪くなるのは，市内にカトリックが存在しはじめた時期からであった．ツェルの寡婦は，特に牧師館と教区を離れるまで

は，さらにその後もなお，ツェルの後継者と共に働いていた．ある人々は何か問題が起きると新任の若い牧師よりも彼女の方に先に来て告げたので，彼女はしばしばラブスを呼びに行き，いっしょに病人を見舞い，死の床にある人と祈りを共にした．

たぶん，若い牧師は独断的な，いたるところに姿を見せる，彼の前任者の寡婦との同席にうんざりしたのであろう．自分は一人ではちゃんとできないのだろうかと．1551年11月のシュヴェンクフェルトによる望ましからざる出版にも拘らず，少なくとも表面的には，彼らの関係は穏当で，友好的なものであった．純正ルター主義に接近したラブスは，たぶんシュッツ・ツェルはもうこれ以上は異説者とは文通を続けないことを知り，この危険な交際から身を引くことを期待したのであろうか．彼はあるいはただ他のことに専心していたのか，あるいは政治的に抜け目がなかったのか．なぜなら，ツェル未亡人は地域社会の有力者であり，貧しい人々への寛大な行為によって，非常に尊敬され，愛されていたからである．彼女の賛同を得られれば，この教区の大部分の人のもとで，また他の一般民衆のもとで，ラブスの信用が傷つけられることがなかったからである．少なくとも彼がゆるぎない地位を獲得するまではツェルの寡婦と喜んで友好的であり続けようとしたであろう．

しかし，ゆるぎない地位とは何であろうか．ヘーディオは1552年10月に死去するまで聖職者のリーダーであった．これを継いだのはヨハネス・マールバハであった[2]．彼はラブスよりも後にストラスブールに来たが，彼より年長であり，ラブスが補助牧師であったときにすでに教区の長に就任しており，ストラスブール聖職者のリーダーとなり，彼らの非公式の「監督」であった[3]．ラブスは才能豊かで野心家であったので，自分の持ち味を見せることなしに上席

---

[2] ヨハネス・マールバハ（Johanes Marbach, 1521-1581）．ドイツのルター派神学者，教会政治家．リンダウに生まれ，ヴィッテンベルクに学びルターの家に寄寓した．1543年神学博士号を取得．1545年ストラスブールに移り，聖トーマス教会の説教者，同地の教授．厳格なルター主義の代表者として，改革派の影響を除くために，ヨハネス・シュトゥルムと争う．「和協信条」の形成にも尽力した．

[3] ストラスブール市当局は，歴代の事実上のリーダーであったブツァー，ヘーディオ，マールバハ，ラブスらに「監督」（Superintendent）の称号を与えようとせず，単なる牧師会の議長とみた．

をマールバハに譲るつもりはなかった．彼は何年も勉強を続けていたが今やこれを終えることを急いだ．1553年4月初め，テュービンゲンに数週間行き，ヨハン・ヤーコブ・アンドレーエ[4]と共に神学博士号を授与された．それはストラスブールへの凱旋の帰還であった．

しかし，すべては必ずしもラブスの望んだようにはいかなかった．すべての人が彼のようには新しい栄誉を喜ばなかったようである．批判者の一人が，自らを彼の養母であると感じていた女性であった．彼女は率直な気持ちを話す母としての特権を行使する責任があると考えた．それはこの場合，称号の価値と目的について「彼のためになるように」彼に話すことを意味した．その結果，彼女と彼女の養子の間にはこの主題について大きな意見の相違があることが明らかになった．シュッツ・ツェルは称号に懐疑的であった．「私たちが世の終わりに立ち，死刑執行人が準備を終えているとき，あなたは世の前でそのような栄誉を求めるべきであろうか」．ラブスは反論して，彼女がルターや第一世代の宗教改革者の勉学と称号を認めていることを彼女に思い起こさせた．シュッツ・ツェルは第一世代の称号の使用についての議論を覚えていた．彼女は次にように反論した．ルターが博士号を得たとき福音について彼はあまり知らなかった．しかし，博士号は聖書について説教する許しを得るためには必要なステップであった．実際，ルターは教皇によって与えられた称号を教皇の教えを覆すために用いたと言っていた．しかし，今は事情が違う．ラブスはツェルから福音を説教するために任命されており，このような称号は必要がない．もしも初期の宗教改革者たちが今選択の自由をもっているなら，彼らはこのような称号を窓から放り捨てたであろう．「あなたはこんな短期間にテュービンゲンで前よりも多くの学識を得て，さらに賢くなり，さらに霊的になったのですか．そんなことは断じてありません」．福音のためにすることのできる奉仕に比べるなら称号は何の重要性もない．学問的資格は説教壇に導くためにのみ必要であるが，ラブスはすでにそれを得ている．議論は白熱し，ラブスは非常に立腹した．彼にしてみればこの婦人が神学や学問的訓練の重要性について何を知っているのかと思ったに違いない．しかも彼女は学識があり，教会におけ

---

〔4〕 この時一緒に博士号を取得したルター派神学者ヤーコブ・アンドレーエ（Jacob Andoreae）のことと思われる．

る長い経験は彼の大学での称号と同等あるいはそれ以上の資格を与えると，厚かましくも冗談を言っている．どうしたら彼女はこんなに無礼でありうるのか．後から考えて，シュッツ・ツェルはこの時が，彼らの間で事態が悪くなり始めた最初の時であると考えたが，ラブスにとっては，これは多すぎる干渉の我慢の限界，最後の一打と感じたであろう．

　たぶん意見の相違や緊張関係が増大して，それらが明るみに出だしていたのであろう．なぜなら，すぐにシュッツ・ツェルとラブスの間には他の争点が生じてきたからである．それらの主要なものは，ラブスによるとツェル未亡人はシュヴェンクフェルト派との交際により晩年の夫の名誉を汚した，彼女はストラスブールの既存の教会から遠ざかり，その礼拝を避け，サクラメントを拒否したとの包括的な批判であった．マテウスの牧会上のパートナーであったカタリナは憤慨した．彼女がシュヴェンクフェルトの著作を読むことによって彼女の夫の名誉を汚すことのなかったのは確かである．なぜなら，夫が生きている間に，夫の理解と是認のもとに読んでいたからである．彼は著者の言うことのすべては理解せず，あるいは賛成しなかったが，彼を喜んで迎え入れた．マテウスは彼女がシュヴェンクフェルトと知己になることに決して反対しなかったし，彼女がもう一人の信徒神学者［シュヴェンクフェルト］に手紙を書く時には，たいてい彼からの挨拶を添えた．

　教会の礼拝を拒絶したという点については，それは正しくない．病気の甥が家にいることからくるすべての責任を考慮すれば，彼女は可能な限りたびたび出席した．実際，彼女はラブスの友人たちや「優雅な貴婦人」の教会員たちのように時間があれば，もっとしばしば出席したかったであろう．他方，ラブスや彼の友人たちによって執行される聖餐については，第一世代の教えから離れてしまった彼らのやり方を考慮するとき，どのように彼女は出席できたであろうか．第一に，ラブスはツェルがおこなったようには隣人愛を実行しておらず，キリストへの信仰を告白している善意の人々については，マテウスは彼らを一つに集めようとしていたのに，ラブスは彼らを憎み，為政者に迫害するように説得しようとしている．マテウスはキリストと使徒たちが咎めた人々以外は咎めなかった．その上にラブスは聖餐についてのツェルの勧めや祈りを注意深く変更し，霊的食物としての主の晩餐への言及を省いた．彼と彼の友人たちはキリストの肉体的現臨を断言して，まるで古いローマ教会の化体説のよう

である．キリストを神の右に探し求める正しい崇拝に従ってマテウスと聖餐を共にしてきた彼女が，どのようにして一切れのパンに付着したキリストを求めに後戻りできたであろうか．シュッツ・ツェルはラブスにツェルの最後の命令と予言を思い起こさせた．すなわち，シュヴェンクフェルトと再洗礼派をそのままそっとしておくようにとの命令．そして，機械的な恩恵を与える宗教的おこないが彼の死後導入され，説教を聞くことと，サクラメントに与ることが昔のミサと贖宥のようになるとの予言である．彼女はマテウスの予言は成就されたと思った．明らかにラブスとシュッツ・ツェルは1553年半ば，わかれ道に立っていた．見たところ彼らはもはや個人的接触はなかったらしい．しかし彼女は，兄弟をひそかに注意するようにとのマタイによる福音書18章15-18節を守ろうとしていたので，彼らの不一致は少なくとも彼女の側からは一般の目にさらされることはなかった．

シュッツ・ツェルとシュヴェンクフェルト派

── 知られざる紛争とカタリナ・シュッツ・ツェルの宗教的独立性

　ラブス並びに市の聖職者と彼女の距離が静かに広がっている間に，シュッツ・ツェルはシュヴェンクフェルト派に対しても彼女の独立性と個人的・宗教的誠実性を守るために戦った．1553年には，この争いは全くラブスとの問題と同じぐらい，あるいはそれ以上に腹立たしい，困難なものとなった．ストラスブールにおけるシュヴェンクフェルトの信奉者はシュッツ・ツェルを彼らの仲間の一人と主張したうえで，ただし彼女はこのグループの意に満たないメンバーであると述べた．しかし，マテウスの寡婦は彼らの主張を認めるつもりはなく，彼らの意に添うために，彼らの意に満たないやり方を変える意思も全くなかった．

シュッツ・ツェルとストラスブールのシュヴェンクフェルト派

　シュッツ・ツェルがシュヴェンクフェルトを霊的指導者と仰ぐストラスブール・サークルの多くのメンバーと長年の知り合いであったことは確かである．彼らの中のある人たち，特にシェーア家のメンバーは，たぶん長年の非常に

第 6 章　ただキリストのみ，無党派人 | *177*

親しい友人であった．早くも 1538 年にはフェルディナンド王の顧問であったペーター・シェーア（父）[5]はストラスブールの友人たちに引退生活（たぶんストラスブールでの）について，話を始め，1543 年頃，市内に居を定めた．彼の娘フェリツィタスが 1532 年の最初の結婚から 1543 年の夫の死までの期間，この地に住んでいた．彼女は 1544 年，二番めの夫アンデルナハのヨハネス・ヴィンター博士と共にストラスブールに戻った．ペーター（子）も 1540 年代後期と 1550 年代に市内に住んだ．エリーザベト・シェーア・ヘックリンは 1540 年代初めにこの地にいた．そして夫の死後，たぶん 1551 年，最終的にストラスブールに身を落ち着けた．

　シュッツ・ツェルがいつからシェーア家の人々と知り合いになったのか明らかでない．彼らは彼女の家族より上位の社会階層に属していたので，彼女が彼らと友人になるのは漸進的なものであった可能性が高い．しかし，マテウスの死と仮信条協定の期間の混乱の年月は宗教的親近性に比べ，階級的相違は重要性が少ないように思われたであろう．たぶん彼らの結びつきは時とともに強くなった．なぜなら，シェーア家はツェル家の人々がよく知っているブラーラー家との結婚によって，親戚関係に入ったからである．つまり，ペーター・シェーア（子）はブラーラー家のアンブロシウス，トーマス[6]，マルガレーテの姉妹であるウルムのバルバラ・ブラーラーの娘バルバラと結婚した．トーマスの息子のある者たち，アルベルトとディートヘルは 1540 年代の末から 1550 年代の初めにかけてストラスブールで学生生活を送った．ある期間彼らはアンデルナハ博士・フェリツィタス・シェーア夫妻と共に住んだ．このフェリツィタスは彼らの従姉バルバラの義理の姉妹であった．1554 年，コンラート・フーベルトはアンブロシウスとトーマスに少年たちは彼らの受け入れ宅の主人夫婦の

---

[5]　ペーター・シェーア（Peter Scher, －1557）．貴族出身．ジッキンゲンの秘書を務めた後ナッサウ・ディレンベルク侯ヴィルヘルム，次いでオーストリア大公フェルディナドの顧問として仕える．1530 年以後，しばしばストラスブールに滞在．

[6]　トーマス・ブラーラー（Thomas Blaurer, 1496 頃–1567）．アンブロシウスの弟．フライブルク，バーゼルで法律を学び，ヴィッテンベルクでルター，メランヒトンから神学を学び，兄に影響を与える．1523 年故郷コンスタンツに戻り，市参事会員，市長を務める．仮信条協定によって追われ，スイスのトルガウに住む．

せいでシュヴェンクフェルト派の影響を受ける危険があると忠告した．そこで彼らはフーベルト家に下宿を移した．そこにはやがてアンブロシウスの息子ゲルヴィクも住むことになった（しかし，この転居はブラーラー家とシェーア家の家族の絆あるいは友好的な交際を無効にすることにはならなかった）．主としてインテリムの影響によるのか，あるいは互いの知人たちのせいか，あるいは諸要素の組み合わせによってか，シュッツ・ツェルはシェーア家の人々の良い友人となった．

しかし，シェーア家の良い友人であることは自動的に上流階級のシュヴェンクフェルト派になるということではない．1550年代初め，シュッツ・ツェルは確かにそうではなかった．彼女はもはやシュヴェンクフェルトと定期的に連絡を取り合うことはなかったに違いない．何年も前から文通は途絶え始めていた（たぶん1545年以後頻度の減少）．そのことは1550年代の初めにはっきりとするが，特にシュッツ・ツェルを一党派の旗持ちのように扱った，1551年11月の公開状の後が区切りとなったであろう．もちろんストラスブールの信奉者たちも，たぶんシュヴェンクフェルト自身もマテウス・ツェル未亡人の長い沈黙は彼女がシュヴェンクフェルト派との関係を打ち切ったことを意味すると考えたであろう．彼女がシュヴェンクフェルト派の線に連なっていないことは単なる疑念ではなく，明確な事実であった．シュヴェンクフェルト派の人々は次のように確信していた．すなわち，シュッツ・ツェルはシュヴェンクフェルトの正しい教えが何であるかを知っているが，彼らにとって憤激に堪えないことであるが，彼女はこの真理によって態度を決めず，市の聖職者たちとの関係を断つことをしない．なぜなら，彼女は説教者の寡婦であり，夫への誤った忠誠心によって引き止められているからである，と．シュヴェンクフェルト派のある人たちは，次のように考えた．ツェルは真のクリスチャンであったことはなく，ただ善良な異教徒であったのではないか，彼の未亡人は高慢で，思い上がっており，自分の考えに固執し，噂話を信じやすく，ストラスブールのシュヴェンクフェルト派の友人は彼女の陰口を聞いている，と考えている．

エリーザベト・シェーア・ヘクリンはシュヴェンクフェルト派の人々の中では，たぶん最良の友人であったであろう．彼女はシュッツ・ツェルがシュヴェンクフェルトとの交際を再開するようにと再三説得を試みた結果，1553年晩秋，説得に成功した．1553年10月19日付のシュヴェンクフェルト宛てのシュッ

第 6 章　ただキリストのみ，無党派人 | 179

ツ・ツェルの手紙は彼女の側からの現存する唯一の手紙である．かつては彼の側の手紙しか利用できなかったが，彼女のこの手紙は，彼の手紙だけを読んで作られる印象をかなり変えている．手紙の著者はこの長い手紙を時を追って書いた．なぜなら，彼女は日中，ルックス・シュッツの世話やその他の牧会的用件で非常に多忙で，夜しか書けなかったからである（彼女は次のように言っている．手紙を書くことは彼女の若かったころよりずっと困難であるがそうするしかない．少しずつ書き，中断を余儀なくされ，30 回以上もこの手紙を新たに書き始めていると）．手紙自体はきちんと三部に分けられた，すなわち，シュヴェンクフェルトへの個人的覚書，市のルター派聖職者との関係についての記述，ストラスブールのシュヴェンクフェルトの弟子たちとの衝突の報告，さらに短い序文と結論である．

　シュッツ・ツェルのシュヴェンクフェルトへの弁明書　最初の部分はシュヴェンクフェルト宛ての個人的手紙である．それは彼らの間にある状況，特に彼女の沈黙についての事実上の弁明である．礼儀正しい，友好的なあいさつに続いて，彼女は手紙を書く理由を説明する．率直とは言えないが，彼女は次のように言う．マテウスの死後，彼女とシュヴェンクフェルトの間の文通がどうして途絶えたのか彼女にはわからない．彼女の誤りのせいか，彼の誤りのせいか，あるいは彼に彼女のことを悪く言う者たち（ストラスブールのシュヴェンクフェルト派）の誤りのせいかわからないが，彼女は自分の責任は喜んで負うつもりである．彼らの共通の友人エリーザベト・ヘクリンが手紙を書くようにたびたび急き立てたので，二つの相異なる，しかし，関連のある理由からそれに従うことにする．第一は，シュッツ・ツェルの沈黙を理由に，彼女はその心から，あるいはキリスト教的愛から彼を締め出してしまっていると思われないためである．このことから彼らの疎遠の事実は少なくともシュヴェンクフェルトとストラスブールの彼の信奉者たちには知られていたことが明らかとなる．第二に，彼女の沈黙は彼へのいらだちのせいでもないし（ストラスブール為政当局の彼女に対する怒りへの）恐れからでもないと少し後につけたしている．いらだちへの言及では逐語的に訳すと「しかるべき」との形容があり，それは彼の先立つ行動によって促されたいらだちであることを意味している．この念入りな確言は吟味を必要とする．なぜなら，自立した女性信徒改革者が両側からの反

対者に対抗してもちこたえる，その立場を簡潔に示唆しているからである．

　第一の要点はシュッツ・ツェルのシュヴェンクフェルト個人に対するスタンスである．彼女は 1551 年 11 月の彼の公開状について全く言及していない．しかし，彼女の確言のしかたや言葉の選択（「しかるべき」）は手紙を書くことを邪魔した何か（否定的）行動が彼の側にあることを示唆している．1551 年の公開状はそのようなものとして認定できる明白な出来事であり，論理的にこの意味に適合する唯一の知られている行動である．この同定には外的，内的両方の証拠がある．外的証拠は，ストラスブールの聖職者と市参事会の間の最近の論争においてシュッツ・ツェルが果たしたと思われる役割に対して，シュヴェンクフェルトが公に主張したことと関係している．1553 年 7 月 21 日，シュヴェンクフェルトはストラスブールの市参事会に，通行の安全とルター派聖職者（ラブスとその他）からの攻撃に対する保護を求めた．やっと 9 月になって市参事会は彼に以下のような回答をした．9 月 25 日に彼の求めを却下する決定を下したこと，シュヴェンクフェルトのシュッツ・ツェル宛ての公開状に言及しつつ，彼が彼女に書いたことは市参事会には関係のない事柄であり，また彼らが市の聖職者から聞いたこととも違う，すなわち，彼の考えと立場は市の教会の公式の見解に従っていないと．実際にシュッツ・ツェルに対する何らかの懲戒的措置がなされたことを示唆するものは何もないが，シュヴェンクフェルトの手紙によって彼女が厄介な立場に立たされたこと，1551 年 11 月の手紙の出現以後，そのネガティブな結果は彼女を長期間悩まし続けたことは明らかである．

　シュッツ・ツェルがシュヴェンクフェルトの公開状を評価しなかったこと，またそれが，彼らの文通を止めた理由と見なしうることの内的証拠がこの手紙や他の書いたもの全体にある．彼女は彼の（誰のであれ）一党派の旗持ちと言われることを好まなかった．そこで，このシュヴェンクフェルト宛ての手紙のいたるところで，さまざまなしかたで彼女の主張の正しさを示している．彼女は冒頭付近で，神は彼女を神に属するように他のすべてのものから自由にしたので，彼女はどのような人間的くびきをも受け入れるつもりはないと率直に述べている．さらに後で各党派を扱いつつ，この彼女の立場を違った言い方でくり返している．彼女はラブスとその仲間に対しておこなわれたことを詳細に述べつつ，自ら判断する権利を要求し，いかなる人間の教師の党派であれ，その

メンバーに数えられることを拒否している（Ⅰコリント1：12-13を引用しつつ，パウロ，ペトロ，アポロの追随者と呼ばれないようにとの警告，ただキリストに従う）．神にのみ属し，それ以外からは自由であると再び主張して論述を終えている．のちに人間の教師と神の役割の違いについて，このグループのメンバーの一人とした議論を詳しく述べる中で，この問題点が別の角度から，すなわち，神にのみ無条件の忠誠を与えているキリスト者は，人間である使者をどのように評価しうるかとの問題が提出されている．ある人について，彼女も認めるようなリーダーシップの質の高さのせいで，その人物のとりことなるという考えを彼女は拒否して，結局，再び自立の宣言となる．別の文書では，シュッツ・ツェルの党派精神の厳しい拒絶と，それにも拘らず，別の側にいると自らを考えている人々との結びつきの維持の要求の両方が等しく明らかにされている．彼女の礼儀正しいが，完全に鮮明な自立の姿勢は，1551年のシュヴェンクフェルトの公開状こそが恨みを生じさせることになった彼の側の行動であると同定する，外的証拠を強化している．シュッツ・ツェルは彼の友人であるが（公開状が暗示しているような）シュヴェンクフェルト派ではない．それは彼の敵であるルター派聖職者の固い支持者でないのと同様である．

　もう一つの要点，すなわち，彼女はストラスブール市当局への恐れから沈黙したのではないかという点であるが，これは前述の要点と密接に関係している．シュッツ・ツェルはシュヴェンクフェルトの敵が怖くて，彼に手紙を書き控えたのではないと確言している．市参事会が一か月たらず前に，シュヴェンクフェルトに与えたきわめて消極的な返答との関連で彼女についても話題にしたという事実を考慮すると，この彼女の表明は社会的に低い階層の年配の寡婦としてはかなりの程度の勇気を示している．事実シュッツ・ツェルは彼女がいつもそうであったように，常に真理を擁護する覚悟があったことはラブスとの断固とした対立の話が示しているとおりである．しかし，彼女のラブス批判のポイントはシュヴェンクフェルトその人自体を擁護することではなくて，彼女とマテウスが（さらにルターやシュヴェンクフェルトその他が）生き，教えたような福音を擁護することにあった．マテウスの同伴者は，自分が正しいと信じることのためにする苦しみを喜んで引き受ける用意があった．しかし彼女は正直よりも安全，真理よりも協調，良心よりも党派を選ぶような誤った立場へと強制されることを，それが誰からであれ，潔しとしなかった．

以上のようにシュヴェンクフェルトへの個人的手紙において，シュッツ・ツェルは彼との文通を止めた理由は，彼に対して怒っているからでも，彼の敵たちを恐れているからでもないとして，彼を間接的に安心させているように見える．止めたのは，ただルックスのことやその他の義務のためにいつも忙しすぎるためであり，まれな自由時間は聖書や他の彼の本も含めた建徳的な書物を読むことに充てているからであると．実際，彼女は，彼にむしろ宗教上の問題について書きたいのであるが，まずは現在の誤解を取り除かなければならないとして，ストラスブールにおける彼女の状況についての二部からなる議論に入る．彼女はこの地でルター派聖職者と（のちの歴史家の目には全く予想外のことであるが）シュヴェンクフェルトの党派との二つの戦線で，自立のための戦いを戦っている．彼女に不当な無分別な献身を求める両陣営についての彼女の生気に満ちた描写に接すると，その二つの間での選択の余地はほとんどないとの印象を受ける．

ラブスとルター派聖職者へのシュッツ・ツェルの回答　この手紙の第2部は，シュッツ・ツェルとストラスブール聖職者との関係についての記述である．本質的には，これはラブスとの，特に彼の博士号についての論争後に高まった衝突についての評価である．シュッツ・ツェルはラブスの告発，すなわち，彼女がシュヴェンクフェルトの書物を読んでいること，礼拝に欠席し，サクラメントを拒否していることなどを略述し，さらに，ラブスとその友への彼女の返答を述べている．彼女はシュヴェンクフェルトの書物を読むことによって彼女の夫を辱めてはいない．マテウスは決してそれに反対したことはないし，たとえシュヴェンクフェルトの言うことすべてを理解し，賛同したのでないにしても，彼自身シュレージエンの信徒改革者の友人であった．シュッツ・ツェル自身も家庭的，あるいは慈善的責任から頻繁な礼拝出席を妨げられたにしても，教会やサクラメントを捨てたのではない．しかし，もし彼女がマテウスとは非常に違うやり方で実施されているサクラメントの交わりから退いているとしたら，その理由は彼らのふるまいと教えのせいである．変わったのは彼らであって，彼女の方ではない．彼らは説教とサクラメントを事効主義的に変えることによって，ツェルの預言の正しさを実現しつつある．

　シュッツ・ツェルの回答は鮮やかなユーモア感覚の鋭い切れ味を示してい

る．大学教育を受けたルター派の牧師たちは彼女がシュヴェンクフェルトの書物を読むから異端者であると非難する．これに対して次のように言い返す．もし読書がその人を弟子にするなら，彼らは彼女よりはるかに奇妙な教師集団の信奉者である．彼らは異教徒（アリストテレス，プラトン，ヴェルギリウス，キケロ，古代の詩人）やトルコ人とイスラム教徒（コーラン），教皇主義者の追随者となる．彼女は少なくともキリストを（唯一の）救い主と仰ぐ立派なキリスト者の本を読んでいる．

ストラスブールのシュヴェンクフェルト派と彼らのリーダーに対するシュッツ・ツェルの議論　この手紙の第三の主要部分は，ストラスブールの他方の党派であるシュヴェンクフェルト派との紛争の叙述である．彼らもルター派聖職者とまったく同じく彼女の無条件の忠誠を求めて止まないが，それは彼女の自立の立場から受け入れがたい．書き物についての序文的説明のあと，大まかに二つの部分に分けられる．第一の部分はほとんど彼女への人身攻撃について扱い，第二の部分では教理的問題を扱う．もっとも第一の部分にも神学的陳述があり，第二の部分にも個人的攻撃がある．

　シュッツ・ツェルの議論のどちらかというと洗練された特性は，シュヴェンクフェルトの信奉者を批判するデリケートな務めの舞台を作る序の部分の組み立てによく表れている．長い手紙全体の初めの部分にある，丁寧な個人的メモの終わり近くで，なぜ最近シュヴェンクフェルトに手紙を書かなかったかの注意深い，さりげない弁解の後で，彼女はこの手紙の内容が何であるかをはっきり示している．彼女はもっと重要な事柄について書きたいのであるが，最初にいくつかの誤解を晴らすべきであると感じている．彼女はシュヴェンクフェルトと彼の敵対者の双方に対し，「言いたいことがたくさんある」として，両者からの彼女への非難を列挙する．これは議論の開始の合図である．ラブスとの議論を詳しく述べた後，今やシュッツ・ツェルはシュヴェンクフェルトに向けて，また反対して，彼女の言わねばならないことを取り上げる．そしてなぜ，そうすることが必要なのかを，咎めるように説明する．彼女はストラスブールでの共通の友人に宛てられた彼の手紙を見ることによって，この市のシュヴェンクフェルト信奉者たちが彼に，彼女についての陰口を聞いていることを知っている．そこで彼女としては答えねばならない．さもないと彼は本当に伝えら

れているとおりだと思ってしまうであろう．礼儀正しく，しかし，失望の意を明らかにしつつ，彼女は彼女に対する不満があるなら彼女に直接言ってくれるようにと，かつて頼んだことを付け加える．ストラスブールのシュヴェンクフェルトの弟子たちが彼に告げたことの正確な内容は直接的には詳述されていないが，それは少なくともシュッツ・ツェルがこの手紙の中で挙げている非難リストの中にたぶん含まれているであろう．彼が彼女に対して率直でなかったことへの失望はシュヴェンクフェルト自身への批判を暗示している．それが彼の信奉者についての明白な論評に隠された意味であろう．しかし，議論はすぐに彼らが彼女に対しておこなった三つの個人攻撃に移る．

　カタリナとマテウス・ツェルへのシュヴェンクフェルト派の最初の三つの批判は，彼らの誠実さと信仰に対する疑問であった．シュッツ・ツェルはそれぞれの問題をあげて，それぞれに明確に答える．まず彼女は，たとえ市の聖職者についてもっとよく知ったとしても，彼らとの関係を断つつもりはないと言ったことに対するシュヴェンクフェルト派の非難に答える．彼女が破棄することのできるような，聖職者たちとの，どのような真の交流があっただろうか．彼らと彼女はお互いにもはやほとんど知らないし，彼らは彼女も彼女の教会への奉仕も尊敬していない．彼女にできたことと言えば，彼女はそうはしなかったけれど，彼らを非キリスト教的やり方で扱うことであった．シュヴェンクフェルト派の人々はそうするようにと提唱することはできないはずである．なぜなら，それこそは，まさに聖職者たちが彼らをそのように扱っているとして反対したことだからである．

　第二の批判は，彼女が正しい側を公然と支持することを拒否していることである．何が彼らの側，すなわち，シュヴェンクフェルト派側を正しい側とするのか．シュッツ・ツェルは「彼女の心の基盤や心の理解なしに」，たとえば靴を履く猿のように，あるいは地上の父親しか知らない子どもが母の後に従って「天にまします我らの父よ」とのべるように[7]，思慮なく真似ることを求める人間の要求に従わされるような無分別な信奉者ではない．彼女は真理であり，道であり，命であるキリスト（ヨハネ 14：6）のもとに来た．そして，ます

───
〔7〕　中世には両親あるいは代父母は子どもに主の祈りをラテン語で教えた．当然，意味はわからず，プロテスタントによって批判されることになった．

ますそうであることを求めている．彼女は，彼女の信仰告白と彼女の立つ所を恥としない（もしキリストを持っているなら，シュヴェンクフェルト派の路線に従う必要はない）．第三のシュヴェンクフェルト派の批判は，彼女が教会を離れないのはマテウスがそこの牧師であったからであり，さらに，彼は善良な異教徒であったという無礼な意見である（カタリナが努力して自分を抑えていることが感じられる．いずれにしてもこのマテウスへの攻撃は，ルター派の聖職者が彼の愛の実践やサクラメントについての教えを変更し，それについて述べ，実行していることよりもずっと悪質である）．ツェルが善良な異教徒などではなかったことは確かである．彼は神の言葉，福音の忠実な仕え人であった．彼女の弁護は簡潔であるがツェルの職務についてのわかりやすい概要となっている．彼は自らの過ちをプロテスタントとなる以前の，教皇主義の過ちと同一視して，それらについては，彼が福音を理解するに至ったとき，公に，喜んで悔い改めた．シュヴェンクフェルト派の人々はツェルが彼らのリーダーに従うことを拒否したことで，彼が真理の外のいることを明白に証明しているとした．彼の妻にとっては，ツェルが悪として拒否したのは教皇主義の教えである．彼女はシュヴェンクフェルトの教えを，1520年代における初期の福音の宣言よりも高度な次なる真理としてみることはなかった．

　これらの個人攻撃に答える中で，シュッツ・ツェルは，間接的ではあるが明瞭にシュヴェンクフェルト自身へのいくつかの批判をおこなっている．手紙の最初で，彼女は彼に向けて，あるいは反対して，（暗に彼の信奉者に向けて）言うべきいくつかのことがあると書き，今ここにきて，「反対して」の部分が述べられる．まずシュッツ・ツェルが，シュヴェンクフェルトと彼の信奉者たちをどのように区別したかに注意することは重要である．彼女はときどき信奉者たちを愚か者と言い，一度は彼らのナンセンスに答えねばならないが，それはシュヴェンクフェルトに対してではない．彼が彼らよりも賢く，信心深いことを知っているからと，両者を対照させている．けれどもシュッツ・ツェルは，これら愚か者たちとはっきり争いつつ，実に巧妙に，あるいはそう巧妙ではなかったかもしれないが，彼らのリーダーも彼らよりもましな行動をとっていないと示唆している．

　シュッツ・ツェルのシュヴェンクフェルトへの最初の批判は，彼がストラスブールの信奉者が彼女を批判したとき，古い友人である彼女に，直接彼女の言

い分を問うことなく，容易に信じてしまったことである．彼女の礼儀正しいが，意味深い返答には率直さの欠如と結びついた彼の信用が問題となっていることが示されている．議論は次のように進む．シュヴェンクフェルト派の人々はそのリーダーに，シュッツ・ツェルは人々が噂をしている（彼女のことを悪く言う）とすぐに考えがちであると述べた．しかし彼女は，彼が仲の良い友人たちに宛てたいくつかの手紙の中で，ストラスブールの弟子たちが彼に書いたことをくり返しているのを見ていた．彼は彼らを信用し，彼女に確認することなく彼女への批判を信じているように見える．シュッツ・ツェルが彼女の見たシュヴェンクフェルトの手紙の中でくり返されていたストラスブールからの陰口について二度も言及していることは注目される．彼女はここに彼の不公平さの証拠，あるいは批判を直接彼女に言わず，いわんや彼女の側からの話を聞くことをせずに彼らの言うことを信じる傾向，あるいは，少なくともオウム返しに言う傾向の証拠を見ている．彼女が怖気づくことはほとんどない．ましてや彼女が慣れ親しんでよく知っている分野ではありえない．そこで彼女は，次のように答える．彼女は彼らが彼女の陰口を聞いていると考えているが，それは彼女の早合点であるとするシュヴェンクフェルトの反論に対して，彼女は確かに彼らの陰口を知っており彼らにもそれを述べたし，それは議論の余地のないことであると答えた．たぶん彼が彼女についての悪口を彼女の言い分を問い合わせずに信ずるとき，彼女よりは少しだけ遅く信じたかもしれない．批判は巧妙に言い表されているが，シュッツ・ツェルはシュヴェンクフェルトが完全な率直さと熟考によって行動することをしなかったと明らかにほのめかしている．

シュッツ・ツェルのシュヴェンクフェルトに対する独立性をよく示している別の鋭い所見は，彼女が礼儀正しく彼の誠実さを問題にしているそのやり方である．彼の信奉者がツェルの信仰を攻撃して「善良な異教徒」であると中傷したとき，彼らは彼らの教師の判断にも異議を唱えていることになる．なぜなら，シュヴェンクフェルト自身が，1548 年彼女に宛てたお悔やみ状で書いているところによれば，彼はマテウスの説教と信仰の価値を認めているからである．シュッツ・ツェルは，彼が当時手紙で書いたことを誠実に，本気で言ったと信じていると言う．彼女は暗にシュヴェンクフェルトをジレンマのもとに置いている．彼はツェルを本気で称賛していたのか，あるいは彼の信奉者たちが

マテウスを「善良な異教徒」としたのが間違っていたのか，あるいはそれ以外か．彼女は貴族の友人を隅に追い込んで，あとは彼自身で結論を出すようにまかせている．

　これらはシュッツ・ツェルの最も明瞭なシュヴェンクフェルト批判であり，ある意味では最も重要性の低いものである．彼の信奉者が彼女について述べたことを彼が軽信した誤りについて，ここでは礼儀正しく非難している．彼女についての非難が真実ではないことを論証したが，彼の方はまだ身の証しを立ててはいない．彼女はツェルについての彼の弟子たちの中傷に加担しないように，それでなければ彼女の夫を称賛した自らの不誠実さを認めるようにと要求した．シュッツ・ツェルのより本気の，しかしただ，間接的に表現されたシュヴェンクフェルト批判は，彼女を彼の（あるいは誰のであれ）党派の一員であるとする主張に対する抗議である．それはたぶん，宗教的権威の問題についての抗議である．この問題を彼女はストラスブールのシュヴェンクフェルト派による攻撃への返答の後半部で取り上げている．

　シュヴェンクフェルト派のシュッツ・ツェルに対する最初の一連の批判は基本的に個人攻撃であった．これに対して彼女は虚偽や誤解に反駁しつつ，自分の見たままの真実を述べることによって答えた．ストラスブールのシュヴェンクフェルト派への返答のこれに続く部分は，より内容的問題と見られるような事柄へと向けられる．それは宗教的権威の問題であり，さらに教え得ることの意味することは何か，個人的判断にとって必要な場所は何かなどの権威の固有の特性を問う問題を含んでいる．シュヴェンクフェルト派の人々はシュッツ・ツェルについて誇り高く，自分の考えに固執し他人から教えられることを拒否していると主張している．これに対する彼女の返答は二つの部分からなる．第一は彼女自身の立場の告白，次いで，少なくともシュヴェンクフェルト派の率直にものを言う一人によって信奉されている反対の立場について，その不適切であることの論証である．この反駁の過程で，党派の一員であると言われることへの反対と継続的啓示の拒否をより明確にしている．

　シュッツ・ツェルは，神の使者によって教えられることを拒否することはないとして，自身の回心の物語を述べ，彼女の立場の告白を始める．彼女はこの弁明の中で，救いは神の恵みのみによるのであって人間の働きによらないことを非常に明瞭に展開する．しかし，神の道具としてのルターの重要な役割も同

様に感謝の念をもって表明される．すべての救いは神の主導と働きによる．しかし，神は人間の奉仕者を用いることを選んだ．そこで彼らは神の代理者として尊敬される．それ以上でもないし，それ以下でもない．シュッツ・ツェルはルター，ツェル，シュヴェンクフェルトその他の人々から学んだ事実は喜んで認め，彼らに感謝しており，信仰において成長し続けることを願っている（彼女はここではそのようには言わないが，たぶん手紙の読み手は彼女が前に言っていたことを思い出すであろうと想定している．すなわち，これらの教師たちの誰も神にのみ属すべき栄誉を自らに与えられたいとは思わないであろうから，彼女もそれを与えないと）．

　シュッツ・ツェルは，シュヴェンクフェルトの弟子たちが彼女に対しておこなっている議論を彼に示すために（そしてたぶん，ストラスブールにおいて事態は収拾のつかないようになったことを示唆しつつ），彼女は最近ラディカルな彼の信奉者の一人とした会話を紹介する．このシュヴェンクフェルト主義者は誰からも教えられなかったと主張した．これに対して信徒聖書神学者は優れた記憶力を用いて，二つの方法で答える．第一に確かな聖書的論拠を示す．そこではコリントの信徒への手紙一3章6節（パウロは植え，アポロは水を注ぎ，神が成長させる）が重要な役割を果たしている．シュッツ・ツェルがしばしばそうするように，聖書に加えて第二の実践的，現実的な論拠を提出する．彼女はこのシュヴェンクフェルト主義者に彼自身の経歴を思い起こさせる．彼は最初，教皇から学んだ．次にルターの教えのために教皇を捨てた．さらにシュヴェンクフェルトへと移った．彼は今，これらすべてを否定している．自分の母語を忘れ，シュヴェンクフェルトのシュレージエン風のドイツ語を話しているけれども，シュッツ・ツェルは特別の啓示あるいは継続中の啓示という考えを断固として拒否する．彼女は論争相手に，彼は聖霊によって直接教えられたのではなく，また，サタンによるというのでないならば，人間の代理者によってであると説く．

　実際，宗教上の権威の源泉の問題とそれに関連するシュッツ・ツェルの忠誠の問題は，彼女と対立する両グループの主要な関心事であった．ルター派聖職者とシュヴェンクフェルト主義者は権威の性質に関してはまったく一致していないが，シュッツ・ツェルが彼らの解釈に全面的に従うべきであると考えることにおいては同じであった．ルター派聖職者にとっては，彼らの大学と教育に

よって鍛えられた説教が権威をもち，シュヴェンクフェルト派の少なくもある人たちにとっては，聖霊による直接的霊感が権威であった．シュッツ・ツェルはどちらの側の権威観も受け入れず，彼女を無条件の服従へと強制する努力に対し，力強く反抗した．彼女は彼女に向けられたジェンダーへの否定的な通念に対する皮肉な言及によって議論を始める．

「私は今，哀れな孤独な女であり，ある人が言うとおり，ただ糸を紡ぐか，病人たちの世話をすることなどがふさわしい者です．たとえどちら側に付こうと，もし私が彼らの言うことをすべて喜び，受け入れていたら，彼らは私について違った言い方をしたでしょうし，確かに私を偶像視したでしょう．私が説教者の側で言っていることに満足して，すべて正しいと認めるならば，彼らは私をドイツに生まれた最も敬虔な学識ある女と見なしたと確言できます．しかし，私がそのようにしないので，彼らはその代わりに私が誇り高い，高慢な精神の持ち主で，ある人が私を馬鹿にして言ったように『カタリナ博士』と見なしています．あなたの［シュヴェンクフェルトの］信仰と理解を愛する人たちも（いかに彼らがあなたにほとんど似ていないにしても）もし私が彼らの首位性と愚行を喜んで受け入れるならば，彼らもまた私を誉めそやすことでしょう．しかし私は，聖霊の羽根の一つも見たことがなく，ましてや受けたことはありませんが，神の霊のすべてを所有せねばならなかったでしょう」（結びで使っている比喩的表現は聖霊を鳩とする共通のイメージに基づいている．ルターの有名な熱狂徒批判，すなわち，彼らは聖霊を「その羽根ごとすっかり」飲み込むとの表現と結びついている）．しかし，シュッツ・ツェルはいかなる形であれ，宗教的強制と無知な物真似を拒否する．彼女には聖霊を飲み込む必要がないと同様に（ラブス博士がより良い牧師になったように見える）異教徒作家についての大学教育にも用がなかった．彼女の忠誠はただ聖書の中で教えられている福音だけにささげられた．彼女は御言葉の中で教えられた人の言うことを信仰的に，注意深く聞くことにより，また個人的研究に専念することによってこの福音を理解した．彼女は信仰については，信仰深い共同的・個人的学習に基づいて，自分で判断することができると考えた．彼女はこうして市の聖職者やシュヴェンクフェルト派の指図を受けようとはしなかった．たとえ両者から悪く言われようと，そして事実そのようになったが．

シュッツ・ツェルは彼女の宗教的状況を述べた後 —— そこではシュヴェ

ンクフェルトへの尊敬と彼からの自立の両方が付随的にではなく表明された——この長い手紙を礼儀正しい，友好的な挨拶によって終えた．この手紙は古い友情を新たにするきっかけとなる．彼女はシュヴェンクフェルトの教えとツェルの死に際しての彼による慰めに対して，感謝を表明する．彼女としては，今や誤解が明らかにされた以上，これからはもっと本質的な神学的，宗教的問題に対し注意を向けたいとも提案している．これらの誤解のうちで最も主要なものは，彼が彼女をその党派の一員として主張したことである．これこそ彼女がシュヴェンクフェルトとの関係においても，ストラスブールのルター派聖職者との関係においても，断固として戦ったことであった．シュッツ・ツェルは丁寧に，しかし明確に，シュヴェンクフェルトのための党派についての，また，どのキリスト者も他のキリスト者に対して要求できる事柄についての彼女の見解を説明した．それは，彼女を市の聖職者に対する彼の擁護者として主張した 1551 年 11 月の公開書簡への，間接的ではあるが適切な批判として見えるようになされた．

しかし，貴族シュヴェンクフェルトがその意味を完全に理解したかどうかは明らかでない．彼が 1553 年暮れに書いたエリーザベト・ヘックリン宛ての現存する手紙で説明しているところから見ると，彼は確かにシュッツ・ツェルの手紙に返信しているが，その手紙は現存していない．シュヴェンクフェルトはキリストのために十字架を負う以上に良いことはない，罪を犯さずに苦しむことは喜びであると「マテウス・ツェル夫人」に述べたと言っている（彼の信奉者たちが彼女の苦しみに少なくとも部分的であれ責任があると彼が認めた形跡はない．「罪を犯さずに」の説明がそのように解釈されるのでない限り）．彼はヘックリンとのその後の文通においてシュッツ・ツェルに言及しているが，それによると，彼が彼女の明確な批判のいくつかを深刻に受けとめたが，しかし，ツェル未亡人は本当に彼の側にいると信じていることが示唆されている．ヘックリン宛ての 1554 年 4 月 7 日付手紙に彼はシュッツ・ツェルへのメッセージを付け加えている．彼はツェルの説教をほめている（たぶんストラスブールのシュヴェンクフェルト派によるマテウス攻撃から距離を置き，自らの誠意を示すためか）．しかし彼はまた，ツェル未亡人に良い聖職者と悪い聖職者について率直に語り続けることを勧め，少なくともストラスブールのルター派聖職者を批判するようにと暗に促している．

シュッツ・ツェルからシュヴェンクフェルトへのこの手紙によって二人の信徒改革者の間の文通は折にふれて再開した．しかし，それらの手紙は一通も残っていない．彼らの文通の唯一の証拠は，シュヴェンクフェルトが他の人に宛てた手紙のここかしこで彼女について言及していることである．たぶん，彼女のストラスブールのシュヴェンクフェルト派との論争は危機的な段階を超えたらしい．しかし，彼女とシュヴェンクフェルトは断続的な文通を再開したにしても，彼女が彼の信奉者たちと以前よりも親密になったことを示す明らかな証拠は，シェーア家との友情の継続以外には何もない．

シュッツ・ツェルの健康と家族への責任

シュッツ・ツェルはシュヴェンクフェルトに彼女の沈黙の説明として，甥ルックスの世話を含む，他の多くの急を要する厄介な責務について述べた．さらに，彼女の年齢とそれに伴う健康問題をほのめかした．これらの要因にも拘らず，彼女は牧会的仕事，特に病人の訪問を続けた．彼女は誰をも区別しなかった．彼女の援助を必要としている人は誰であれ，「取るにたりない」寡婦や孤児から，土地貴族フェリックス・アルムブルスター[8]のような人までいた．後者は数少ない高位のストラスブール市民の一人で急進的な福音主義党派に高く評価されていたが，今はハンセン病を患っていた．

しかし，時が経つにつれ，家族と健康上の心配がますます多くの時間とエネルギーを彼女から奪った．多くの友人が彼女のことを心配した．1554年夏の終わり，あるいは秋の初め頃，彼女は重い病気になった．アンブロシウス・ブラーラーの息子ゲルヴィクはバーゼルで勉学中であったが，10月にストラスブールまで旅行し，両親への手紙でシュッツ・ツェルからの挨拶の言葉と彼らの祈りを求めていることを伝えた．翌年7月，トーマス・ブラーラーの息子ア

---

[8] フェリックス・アルムブルスター（Felix Armbruster, －1559）．紋章を付ける資格のある古いストラスブールの家柄で，1540年代に何度も市参事会員となる．1549年市長（アムマイスター）に選出されるが，健康上の理由で断った．1552年からハンセン病のため役職を一切やめて，1559年の死まで一人で孤立して住んだ（第8章の「苦しみ悩む人の助言者としての教会の母」（228頁以下）を参照）．

ルベルトは彼の伯父アンブロシウスに手紙を送り，ツェル未亡人はバーデンの湯治場にいること，これは彼女がもっと頻繁に行きたいと思っている治療である，と書いている．彼女にとっての大きな悲しみは，友人のすべてが，また，病人と貧困者の訪問を自らの責任と考えることができたはずの牧師たちでさえ，すべてがブラーラー一家の男の子たちのようには思いやり深くはなかったことである．シュッツ・ツェルは後になって，彼女の養子で以前の牧師であったラブス博士は彼女が大病を患ったとき見舞いに来なかった，また聖職者たちは，彼女とその貧しい子どもたちの家庭が助けを必要としているときに無視した，と述べたものである．

　1555年頃には，シュッツ・ツェルの健康は明らかに不安定なものとなったので，障がいをもつ甥ルックスの世話をこれ以上自分の手でおこなうことは不可能であり，何か別の解決を見出さねばならないと決断した．1555年半ばのある時，彼女の後見人に任じられていた（女は法的には未成年とみなされていたので）ヤーコブ・マイアーと彼女の姪マルガレーテ・シュヴェンカーの夫シメオン・エムプフィンガーは市参事会に出頭して，ルックス・シュッツの世話の手配をするようにと依頼した．彼らの提案は，参事会の承認によって，市の貧民救済制度に基づく宿泊施設にルックスのための居場所を確保し，併せて彼を支える基金を確保することであった（市民の子弟については，その家族の収入が不十分な場合，その世話は市の責任であった）．シュッツ・ツェルの後見人とエムプフィンガーは，彼女が長期間多大の費用をかけて面倒をみてきたが，これ以上続けることはできないと説明した．市参事会は，ルックスはプラッターハウスに住めること（ここは梅毒患者の世話をする場所であったが，同時に一種の退職者ホーム付き宿泊施設でもあった），彼の生活を支える費用は貧民救済機関の三つの異なる部局がそれぞれ三分の一ずつ負担することで同意した．シュッツ・ツェルは家を切り盛りする責任なしでルックスをある程度監督することができるように，彼女自身も年金受給者としてブラッターハウスに宿泊料を払って入居することにした．しばらくの間，事態はかなり順調に進んでいるように見えた．家事的問題から解放されて，初老の寡婦はそのエネルギーを他のことに充てることが許された．

第7章

闘う教会の母，第一世代の証人

　カタリナ・シュッツは，子どもの頃から信仰における母となるために教会に献げられていた．マテウス・ツェルは結婚に際し，彼女に「貧者と難民の母」となることを求めた．彼らは彼らのもとに来るすべての人を世話する働きを分かち合い，さらに個人的交際の範囲を超えて手を伸ばした．そのうちツェルは彼の妻を「補助牧師」と見なすまでになった．そして彼女自身，完全無欠な教会のために深い責任を感じた．シュッツ・ツェルは人々を受け入れ，教え，体と心の病人である難民や貧民の必要に応えることのほかに，しばしば個々人を不正義から守り，真実のために率直に話すようにとの召命を受けていると信じた．しかし，1550年代に至るまでこの信徒改革者は一つの世代全体の代弁者として立つという困難な仕事に挑んだことはなかった．しかも実際上，ただ一人でこれをおこなうのである．

　マテウスの死後，カタリナは彼らのしてきた教会奉仕を続けることを，すなわち忠告したり，励ましたり，個人的には母のような相談役として，教師として働くことを自らの仕事とした．たとえ，第二世代の指導者らが教会を正道から逸らそうとするように見えたときも，また，シュヴェンクフェルトのような古い友人が彼女に「死人を葬ることは死人に任せておく」ようにし，より霊的な道に従わせようとした時にも，彼女はストラスブール教会を見捨てるつもりはなかった．彼女はそのような道は教会を党派に，聖書を人間的理想に置き換えることであると考えた．シュッツ・ツェルにとっては，福音はそのままであり，彼女の責任もそのままである．ただ教会のための配慮の姿が，新しい形態をもたねばならなかった．彼女はストラスブールの第一世代の宗教改革者の重要な生き証人として，第二世代が蒔いている誤りに反対して，福音を擁護する

ために，公然と意見を述べねばならない．今やシュッツ・ツェルは教会の母にして闘士となった．

シュッツ・ツェルとラブス —— 私的な意見の相違から公然の衝突へ

　シュッツ・ツェルが，1550年代半ばに直面した，最も重要な，最も悩まされた問題はラブスの問題であり彼の非常に恥ずべき非牧会的ふるまいであった．実際彼は，第一世代の宗教改革者の教えから教会を引き離す方向へと導いていた．私的な叱責は全く役に立たないように見えた．才気に富んだ若い説教者は説教壇から公に語る事柄において，ますます節度がなくなっていた．彼の雷のような批判の砲火はもはやローマ・カトリック教徒だけでなく，シュヴェンクフェルト派や再洗礼派にも及んだ．カルヴァン主義者（彼にとってはツヴィングリ主義者と区別しない）も悪評だった．すべての人はアウクスブルク信仰告白の最初に作られた形，無変更版[1]に従うべきである．そうしない人は歓迎されず，異端者あるいはそれよりも悪い者であった．ピエトロ・マルティーレ・ヴェルミーリは，ブツァーや第一世代宗教改革者の古い同僚であったが，1553年メアリ・テューダー女王がイングランドの王位に就くと，イングランドからストラスブールに戻り，以前と同じく市のアカデミーで教えていた．しかし彼は，昔と同じくアウクスブルク信仰告白を信奉しなかった．彼もこれに従うべきであると，ラブス（1552年から神学教授）は考えた．ヴェルミーリは，新しい制度の下で，次第に緊張の度を高める状況下で3年間，1556年まで教えた．ラブスとその仲間の圧力のもとに，彼はストラスブールを離れる覚悟を決め，

---

〔1〕 無変更版（invariata）．1530年，皇帝カール5世は対トルコ問題や信仰分裂の状況を解決するために，アウクスブルクに国会を召集した．ルター派宗教改革の立場を示すために，メランヒトンによって準備されルターの承認も得た信仰告白が皇帝に提出された．メランヒトンは翌年これを出版し，アウクスブルク信仰告白の標準版となった．しかし，メランヒトンは公式の文書としての信仰告白と自分の著作との区別をあまり立てなかったようで標準版刊行後もこれに改訂を加えた．特に1540年のラテン語版はブツァーやカルヴァンとの交友が反映し，改革派へも開かれた改訂であったため，これを不満とする純正ルター派の人々は，改訂されない標準版（invariata）に固執した．

ペリカンの後継者としてチューリヒに招聘されたことを感謝した．しかし，これはアウクスブルク信仰告白（無変更版）に従わなかったすべての人に対して増大する敵意としては，最悪の事態からまだほど遠いものであった．シュッツ・ツェルは，また一人古い知人が出発するのを見て残念に思ったのは確かであるが，少なくともラブスは説教壇からシュヴェンクフェルト派にしたようにはまだツヴィングリ主義者を異端者とはよんでいなかった．

　1555年クリスマス，シュッツ・ツェルにとり，この問題は最後の段階に達した．彼女は「慰めを求めて」ラブスの説教を聞きに行った．礼拝の始まりを待つ間，彼女はいつものとおり，ラブスと会衆のために祈った．そして，説教の時がきた．なんという説教であろうか．まずラブスはキリストの受肉について話し，さらに，キリストはその神性によると同様，その人性によって私たちの救い主であると話した．しかし，そのあと彼は論争的になり，キリストの真の人性を否定するシュヴェンクフェルトのような異端「エウテュケース主義者」を罵りはじめた．シュヴェンクフェルトを呪われた者，その他多くの恥ずべき名で呼んだ．シュッツ・ツェルはショックを受けた．彼女はラブスによってなされた良い事柄については神に感謝したが，彼のシュヴェンクフェルト攻撃には非常に狼狽し，神が彼を許すようにと祈った．彼女はすぐに家に戻り，ラブスへ怒りを込めた手紙を書いた．

　シュッツ・ツェルの抗議の最も重要な点は，シュヴェンクフェルトを第一世代の一人として，ラブスや第二世代と比較しつつ擁護することである．語調は鋭いが，母性的な，落胆しつつも希望を捨てない親の訓戒である．最初の宗教改革者の行動とラブスやその仲間との実際的対比は聖書的，信条的提示を伴っていた．それによってシュヴェンクフェルトの教えは，ラブスが尊敬してやまないマルティン・ルターも含めてすべての第一世代の教えと同じであることを示している．この手紙を通してシュッツ・ツェルが信仰的教育を受けた信徒の自ら判断する能力を高く評価していることは明らかである．彼らはローマ教会聖職者の悪政から，福音によって解放された．彼らはプロテスタントを含めて誰のくびきにも再び服さないであろう．そのような自信のもとに彼女は道を誤った息子に率直に話す．

　シュッツ・ツェルは新しい聖職者たちに，彼らの前任者たちとの比較によって彼ら自身の姿を見させるために，鏡をかざす．中心的問題は人々への態度で

あり，特にシュヴェンクフェルトへの異なる扱い方，さらに教理的実践への態度である．ラブスは（最初はシュヴェンクフェルトの著作から学び，彼と同じようなやり方で教えたが），今は人々を教会から追い払うとして，彼を非難している．しかし実際は，説教者自身が対抗者を異端として攻撃することにより追い払う行為をしている．シュッツ・ツェルはシュヴェンクフェルトをカピト，ヘーディオ，ツェルの同労者，すなわち，福音の告白を分かち合う者の一人ということによって，ストラスブール教会のこれらの偉大な指導者たちは，彼をラブスとその同僚たちのようには扱わなかったことを証言している．事実，ツェルが彼の助手に宛てた最後の伝言はシュヴェンクフェルトをそのままにしておくようにとの命令であった．シュヴェンクフェルトに対し，最も厳しかったブツァーでさえ，説教壇から人々の前で，ラブスがしたようには話さなかった．ラブスのしていることは彼の前任者たちに対し無礼である．なぜなら，彼らの最初の宗教改革者は大きな異端の危険に注意を与えないほど愚かであったと教会に伝えることになるからである．

　隣人愛の問題から教理の問題に転じて，シュッツ・ツェルは第一世代と第二世代の対比，特にサクラメントの客観的有効性に対する態度の対比を続ける．さらに最も激烈なルター主義者マティアス・フラキウス・イリリクスの名をあげつつ，シュッツ・ツェルはラブスの同僚ヨハン・レングリン[2]の言葉を同じような最近の例として挙げる．「数週間前，レングリン氏は説教壇から『私は（再）洗礼派やシュヴェンクフェルト主義者であるよりもむしろ教皇派でありたい』と言った．このことにあなたが関係のあることを否定できますか．サクラメントやその他のことであなたが進めている道は，やがて（昔のではないにしても）新しい教皇主義を産むでしょう」．彼らの叫ぶ名はシュヴェンクフェルトであり，あたかも彼の本を読んだ人たちはそれ以上のことは知らないかのごとくである．事実，ラブスとレングリンの説教を聞いた後，二人の立派な市

---

〔2〕　ヨハン・レングリン（Johann Lenglin, -1561）．テュービンゲンに学び，遅くとも1528年にはストラスブールに来る．ブツァーの補助牧師をした後，聖トーマス教会の牧師となる．同僚内ではヘーディオに次ぐ位置にあった．ストラスブールのさまざまな教会で仕えたが他の地域の宗教改革にも協力した．ブツァー，マールバハと共にシュヴェンクフェルト派に反対したが，ラブスに全面的に賛成はせず，1558年にはフランス人教会を支持している．

第 7 章　闘う教会の母，第一世代の証人

民が来て，シュヴェンクフェルトがキリストの受肉について何を教えているかを自分で調べるために，彼の本を何か売ってくれるようにとシュッツ・ツェルに頼んだ．信徒席の哀れな人々よ．年老いたツェルの連れ合いはこのようにラブスの説教の結果に対する牧会に深く関わっていた．彼女はまた彼のめざすことにとって，彼のしていることは逆効果であると指摘した．「そのような中傷は真実や一致のために何の意味もありません．哀れなただの聴衆にとって何の役に立つでしょうか．それは理解力をもっている人々の心を変えることはありません．彼らはただ彼らの考えと信仰を固くするだけです」．

シュッツ・ツェルは続いて彼女が読んだままのシュヴェンクフェルトの教えについて証言する．彼女はそれを彼女らしい聖書的，信条的な形で表現する．そのほとんどは古典的信条，特に使徒信条によって作られた枠組みに聖書の言葉が編み合わされた混成曲であった．専門的な問題に最も接近したのは被造物性についての論争での哲学的議論の中で，人性と神性の両方においてイエスはアダムの子ではなく，神の子であるとたまたま言及した個所である．シュッツ・ツェルはたぶん哲学的問題は完全には理解しなかったであろう．しかし，いずれにしても重要なのはキリストについての聖書の教えであり，聖書ではキリストを記述するのに「被造物」のような言葉はどこにも使われていない．弁護のために有効な言葉は「聖書が証ししているように」である．

「私は神の前で，私の良心に基づいてシュヴェンクフェルトが言ったことの証人となる．（そうしなければならないなら）他の人々の前でも．私は彼の本を 26 年来読んでおり，初めから今日に至るまで，彼が主イエス・キリストの聖なる人性を否定したのを見たことがないし，そのように教えられたこともない．彼はそれを正しく告白しており，次のように信じている．キリストの人性は聖霊によって宿り，マリアから生まれ，十字架につけられ，死者のうちから復活し，天に昇り，父なる神の右に挙げられ，聖三位一体の本質の中に受け入れられ，神が統治し，支配し，今もそれを続け，永遠にそうであるように，神と共にすべての権能を受けた．肉となった言葉が失われることがないように，また，教会が『彼は本来そうでなかったものになり，しかし，本来そうであったものとして留まる』と常に歌ってきたように，衰えることなく，消えることなく，失われることもない．このようにキリストの人性は神のうちに受け入れられ，な

お真の人性として留まり，永遠にそうであるから，すべての天使と聖人の前で崇められるべきであり，（常に）崇められる．その人性は終わりの日に大きな喜びのうちに信仰者に再び現されるであろう．信仰者は彼らが信仰してきたおかたを見ることが許される．しかし信仰のない人にとっては，聖書が証ししているように（Ⅱテモテ1：12，黙示1：7参照）彼らが突き刺したおかたを見ることは大きな恐怖であろう．これらをシュヴェンクフェルトは決して否定しなかったし，幸いなことに今も否定していない」．

聖書や信条の言葉の使用の強調は，第一世代の教えのすべての提示の形式となっている．考え深い，教育ある信徒キリスト者が聞いたのはそのようなものであった．

この基本的に聖書的な記述に続いて，シュッツ・ツェルはラブス自身が指導者として尊敬していると思われる神学者を調べる．彼女は受肉の教理についての彼女の知識を主張しうる資格を正当化するために，したがって，シュヴェンクフェルトの著作を判断する彼女の能力を正当化するために，ルター，サヴォナローラ[3]，ブレンツの著作に訴え，あまねく教会教父に言及する．こうして彼女は，ラブスの偉大なる指導者ルターと彼の言う異端者シュヴェンクフェルトを同じ側に置き，これに対してラブスを反対の側に置く．シュッツ・ツェルはラブスに対し，神の赦しを求めること，シュヴェンクフェルトをスケープゴートにしないこと，すべての人は審判者である同じ神の前に出なければならないことを思い起こすようにと求めて結びとする．さらに彼女は，彼に次のように言う．長い間ストラスブール教会を愛し，これに仕えてきた人の，また，ラブスと広義の教会の両者のために責任を果たそうとしている人の，また彼女の夫の死に際しての要請に応えようとしている教会の母の，善意からの言葉を

---

〔3〕 サヴォナローラ（Girolamo Savonarola，1452-1498）．イタリアのドミニコ会士．フィレンツェの改革者．熱心な預言者的な説教で教会や政治を批判し，人気を得て，メディチ家の失脚後，神の国とされたフィレンツェ共和国に神権政治を敷く．ローマ教皇と対立し，厳格な支配への民心の反発もあって，反対派に乗ぜられ，1498年死刑に処された．

ここで問題になっている書物は，詩編80篇17節についての著作で，1517年ラテン語で，1542年ドイツ語訳で出版されたものである．

忍耐強く受け入れるようにと頼んだ．

　1555 年 12 月 27 日付のこの手紙はすぐには投函されなかった．なぜなら，彼女はこれを書いた後，これがラブスをさらなる行きすぎ行為に駆り立てるのでないかと，突然心配になったからである．しかし，挑発する必要のないことはそれに続く日々が証明した．月曜日，火曜日に，信仰深い市民がマテウス・ツェル未亡人のもとに来て，ラブスは 1555 年 12 月 29 日の日曜日に，さらに激しくシュヴェンクフェルトを攻撃したと，泣き叫ぶように告げた．シュッツ・ツェルはこの一段と増す蛮行に責任のなかったことを喜んで，あとは神に彼のことを任すことにした．しかし，一か月後には彼女はもはやこの決心のままでいることができなくなった．ラブスとレングリンは一つの説教といえどもシュヴェンクフェルトに反対して何かを言わずには済ますことができなくなった，と彼女は聞かされた．マテウスの最後の命令が彼女の脳裏を去らなかった．彼女はそれをラブスに当時伝えていた．しかし，彼はこれに従わないので，彼女は彼にもう一度思い出させる義務があると感じた．

　そこで 1556 年 2 月の第一週にシュッツ・ツェルは 12 月の手紙に追伸を加え，ラブスに宛てて投函した．なぜ手紙の発送を遅らせたか，なぜ今投函したかを短く説明しつつ，彼女は自分の弁護とラブス，レングリンと第一世代との違いについてさらなる観察を少し付け加える機会とした．彼女は友人たちから，ラブスが人々の礼拝出席を妨げている老婦人たちを批判していると聞かされた．彼女はこれを匿名で彼女に向けられているものと認める．そこで彼女はそのようなことはしていないと反論する．ラブスは彼女の家族のだれであれ，あるいは，かつて彼女の家に住んだことのある人に聞けばよい，そうすれば彼らは彼女が教会に行くことを勧めたと告げるであろう．人々を遠ざけているのは過去二，三年来のラブスの叱責のせいである．牧師として村々に送り出された若い教職たちを彼とレングリンがどのように教育したかを見よ．学生たちは聖書をきちんと理解できず，教師たちの物真似をする猿になっている．彼らはツヴィングリ，エコランパディウス，ブリンガー，シュヴェンクフェルトやその他の人々を中傷している．ストラスブールの第一世代は彼らを尊敬していたのに．そして彼らは，これらの人々を「異端」であると説教壇から叫んでいる．ラブスと彼の友人たちはことわざで言う忘恩の象徴カッコウ鳥のようにふるまっている．彼らはマテウス・ツェルとその同僚の巣にやって来て，彼ら

の実践と忠誠をひっくり返した．しかし，シュッツ・ツェルはバビロンのダニエルのように，彼らのすべての罪のために，彼女自身の罪のために，民の罪のために（それは彼らに罰をもたらした），神に祈るであろうと言って結びとする．彼女はツェルの宗教改革の仕事に最後の言及をし，悪筆を詫びて，彼女を終の住み家へと連れて行く神の恵みを祈って閉じる．

　ラブスは感銘を受けなかった．またこの邪魔者の老婦人が出てきて，異端者を擁護し，彼女にそうする権利があるかのように彼に神学を講義する．たぶん彼は，長年の彼女とのやり取りから，明らかに手紙の内容を知っていたが，手紙を読むことを拒否して，開封せずに戻したと彼女は言っている．

　けれども，もう一つの要因が，さらにツェル未亡人とその後継者たちの関係をいっそう苦々しいものにした．1556年のある時，たぶんその年の暮れ頃，彼らのますます緊張した関係にも拘らず，ラブスは彼が執筆中の殉教者列伝の中で使うために，ツェルとストラスブール宗教改革の開始についてシュッツ・ツェルに問い合わせた．彼女はこれを拒否した．ラブスは教会に栄誉を与えるためと言ったが，カタリナは彼の計画はまず拡大する書籍市場から利益を得ることに動機づけられていると判断し，マテウスの思い出のためにこのようなことに関わり合いたくなかった．シュッツ・ツェルの観点からすると，ラブスが意図していることはアウグスティヌスや教会教父の教えに反していた．もしそれが教会に役立つなら，夫の生涯を金儲けのための手段とすることなく，彼についての何かを出版したかった．しかし，彼女はツェルの話で彼らの養子が利益を得る手助けをしたくなかった．ラブスはこの苛立たせる養母に非常に腹を立てた．しかし彼は，ただツェルの初期の弁明書，1523年の『キリスト教的弁明』を再版するだけになってしまった[4]．彼はこれに彼の「父」を称える言葉と，彼も確かに参加したツェルの葬儀についての短いコメントを添えた．伝記の要素を少し与えるためラブスはツェルの享年を「70歳3か月18日」とした．彼は老説教者が死んだとき70歳であったことを知っていた．新しい情報を提供した印象を与えるために，彼はただ70年前の聖マテウスの日まで遡って計算したように見える．しかし，彼はさらに多くの情報を欲していた．彼

---

〔4〕 ラブスのこの書物のドイツ語による第1巻は1552年に，第2巻から第8巻までは1554年から1558年にかけて出版された．

は，ツェルの寡婦が故人の栄誉となる申し分のない行為に協力しなかったことに憤慨した．ラブスとシュッツ・ツェルの緊張した関係は今や修復不可能な域に達した．1556年のたぶんこの時期に彼らの不仲を誰の目にも示す，少なくとも事情を知っている人には明らかに示す二つの出来事が起きた．事件の詳細は十分に明らかではないが，話は次のようであったらしい．この牧師とこの信徒婦人がたまたま道で出会った．彼は彼女に声をかけることなく，ことさらに前を通り過ぎた．彼女はそのことを非難しなかったと言っている．別の機会にたぶん同様に公の場で，両者の友人のいるときに，ラブスは突然怒り出し，彼女について怒りを爆発させた．友人は怒りを表しつつ，シュッツ・ツェルにその話をしたらしい．ラブスは市当局者の前以外では，彼女とは一言も言葉を受けたり交わしたりしたくないと言った．実際には，彼は彼女を市当局の前に呼び出すことはなかったが，ある人が，たぶん両者の共通の友人であろうが，彼のシュッツ・ツェルへのふるまいを理由に咎めたが，かつては協力者であった二人の個人的交渉が終わったことは明らかであった．

ラブス事件 —— 第1部　1556年11月～1557年3月

　二人の関係は悪化したけれども，シュッツ・ツェルとの衝突は1556年のラブスにとっては小さな事柄であった．彼はウルム市の教会監督職への要請を得るために，その模索に忙しかった．秋の終わりごろ，彼はその地で説教し，1556年11月22日，公式にその職に選出された．しかし，ストラスブールに関する限り，これは「ラブス事件」のはじまりにすぎなかった．

　ラブスが新しい職務を得たことを，ストラスブール市参事会はウルム市参事会から1556年12月1日付の書簡を受け取って初めて知った．これは慣行に反していた．すなわち，彼は市の被雇用者であるのに通知をせずに，ましてや許可を得ることもなしに別の仕事に就いた．ただでは済みそうになかった．公式レベルでの折衝が続いたが，初めのうち一般市民はそれについて何も知らなかった．ウルム市は第三者からラブスは健康上の理由から活動場所の変更を望んでいると聞いたとして，ストラスブール市に彼の牧師としての良い奉仕と自由の身であることを示す証明書を求めた．12月9日，ストラスブール市参事会は彼を解職する意図はないこと，彼を必要としており，彼により良い条件を

提供するつもりである（給与，住居，休暇，仕事の軽減）との返事をした．彼がどうしても去る道を選ぶならば，止めるつもりはないが，ラブスがしていることの適切さについては判断を神にゆだねるとした．ラブスとウルム市は彼の雇用と新たな教会監督職就任の決心に固執した．こうしてラブスは，教会会衆に挨拶することなく，そっとストラスブールを去った．

　1557年1月14日，ウルム市参事会は再び書簡を送り，ラブスの家族が出発することを許可し，ラブスが市参事会で発言することを許可する保証を求めた．この時までには，市の最大教区の牧師の予期しない不在の理由について，噂が町中に拡まったことは疑いもない．1月20日，ラブスは市参事会に来て長いスピーチをおこなった．彼はその中で彼の出発をめぐって拡まっている彼を貶めるような話に異議を唱え，再び彼の推薦状と教会員への正式の別れの挨拶をする許可を求めた．第一点についての部分が最も長かった．彼はウルム市が出発の理由として挙げた，健康上の懸念を認めたうえで，真の理由はストラスブールがローマ・カトリックの偶像崇拝と分派運動に対して寛大であること，また，ストラスブールはアウクスブルク信仰告白を学校で教えると言いつつ，それをしなかったことを主張した．彼はいかなる騒ぎも惹き起こさないようにと，そっと街を去ったが，今は彼の教区に祝福を与えたいとも述べた．ストラスブール市参事会はラブスへの返答を準備するための小委員会を指名した．1月23日，その報告について検討し，修正がなされた．事実上，市参事会はラブスに推薦状を与えることも，彼がさらに騒ぎを掻き立てることを恐れて，前任教区で説教することも拒絶した．しかし，彼は家族を伴ってウルムに戻ることができた．

　ウルム市参事会は，彼らが求めた推薦状を与えることをストラスブールが拒否し続けたことに不満であった．ラブスはウルム市の新しい指導者たちの前に現れ，彼が前任ポストを離れた理由を説明した．ストラスブールでは7か所で完全なローマ・カトリック的慣習が許されており，カトリックの司祭たちは説教壇から自由に，正しい説教を中傷することができると述べた．さらに，ストラスブール市は，アウクスブルク信仰告白の多くの条項に反対する学校の教師たちを，3年間に亘って許容している（ここで彼はピエトロ・マルティーレ・ヴェルミーリのような人々を考えていることは間違いない）．再洗礼派やシュヴェンクフェルト派は追い出されていない．教会の規律は緩んでいると述べた．ウル

ム市参事会はラブスの説明に満足したようで，この問題についてこれ以上ラブスやストラスブールと論ずることはしないと決定した．少なくともウルムとストラスブールの公式の討議は停止したが，結局のところは一時的なものであった．1558 年半ば，ラブスとストラスブール市参事会は，彼らの議論を再開した．しかし，それまでの間にも，ストラスブールでは，少なくとも民衆レベルでは，ラブスの出発は絶えず問題になっていた．

　1557 年 1 月末頃，ラブスが去ったことはもちろん皆の知るところとなった．しかし，シュッツ・ツェルは再び重い病気だったので，友人が訪ねて来て話すまで，事件について何も知らなかった．長い間，彼女は手紙を書くにはあまりにも体が弱っていた．しかし，彼女は自分のためにではなく，教会のために非常に心を痛めた．彼女は彼らの「教会の母」であり，「マテウスのあばら骨」であったゆえに，ストラスブールの人々に，特に尊敬すべき牧師から見捨てられたことで当惑し，怒り，傷つけられたことで彼女に会いに来た「庶民」に対し，深い責任を感じていた．何かなさねばならない．シュッツ・ツェルは行動することが必要とされていると感じた．それはもちろん，第一には彼女も共有する教区民の苦痛への関心に促されてではあるが，さらに，シュッツ・ツェルは，彼の側のひどいふるまいと見られていることにも，その反証あるいは情状酌量となるような状況はないのかを見るために，ラブスの側の話も聞きたいとの願望にも動かされた．こうして 1557 年 3 月，シュッツ・ツェルはラブスへの長い手紙を書き始めた．

シュッツ・ツェルのラブス批判　シュッツ・ツェルは，なぜ手紙を書いているのかを説明した後，ラブスに対する三つの批判について論ずる．第一の最も長い批判は，仮信条協定に反対してストラスブールを去ったとするラブスの主張についてである．この部分には彼の主張への彼女の返答と彼女の（またストラスブールの）反論も含まれている．ラブスが去ったのは，ストラスブールがローマ・カトリックの「偶像崇拝」に寛容であったからであり，公生活からこのシミを取り除くために三日間の（すなわち非常に短い）猶予を与えたといっている．しかし，仮信条協定が課せられた時の彼の行動を調べるならば，彼がそれに対し当時そのような極端な抵抗をしていないことは明らかである．だとすれば，なぜ今になって，市の「塵を払い落とす」（マタイ 10：5 以下）のであ

ろうか．シュッツ・ツェルが見るとおり，仮信条協定はストラスブールの罪に対する神の罰であった．そのようなものとして耐え忍ばれるべきである．しかし，ラブスは人々と苦しみを共にすることを欲せず，これを見捨てた．彼は市から追い出されたので去ったと主張することもできない．事実，ストラスブールは彼を愛し彼に居続けて欲しかったのであるから．彼の行動はキリストの指図に従った「塵を払い落とす」ケースとして弁護することはできない．さらに，ラブスはウルムにおいてもローマ・カトリック教徒を抱えている．もし問題が本当にローマ・カトリック教徒の存在にあるならば，そして彼はこれに抵抗し，ウルムからシミを取り除くことができると考えるのなら，なぜ，同じ希望をストラスブールでももたなかったのか．司教アンブロシウスがアハブ王に抵抗したナボトの話（列王上21：3，8-14）をテキストとして，皇帝テオドシウスを威圧した話をラブスに思い出させようではないか（それは彼自身の『殉教者列伝』にある）．

　実際は，ラブスがウルムに行った真の理由は，権力と富への願望であるとシュッツ・ツェルは考えている．彼は上に立つ者について聖書に示されているような姿で行動していない．それは謙遜な奉仕であり，第一世代の宗教改革者がおこなったやり方である．ラブスはそうする代わりにローマ教会の司教たちの例に従っている．彼の前任者たちが根こそぎにした雑草（ローマ的慣例）そのものを実際再び植え直している．彼が，もしも本当にカトリックの偶像崇拝のせいでストラスブールから逃れたのならば，なぜ，ミサが再導入されなかった田舎の貧しい農民たちの村に行かなかったのか．ここで少し道化芝居的要素が議論の中に入ってくる．シュッツ・ツェルの鋭いユーモアは列王記上18章27節にあるカルメル山でのバアルの預言者たちを前にしたときのエリヤの嘲りの言葉を反響させている（彼女はこの聖書箇所に言及していないが）．「あなたはウルムではミサを唱えているのは年老いた修道僧だけであり，彼らは説教をあえてすることもないという」（私としてはミサよりもカトリックの説教の方がよい．なぜなら，ミサは一切れのパンを神として拝するためにもち上げて，罪の赦し

---

〔5〕ミラノの司教アンブロシウス（334-397）がキリスト教徒であったローマ皇帝テオドシウス一世にテサロニケでの市民大量虐殺の責任を追及し，これを悔い懺悔するまでは教会に入れ聖餐に与らせることはできないと告げ，明確な悔い改めを要求した事件．

と功徳を獲得すると主張しているのに対し，説教は唯一の救い主としてのキリストと福音に言及するからである）．「もしある人がウルムのミサはただ片隅で，修道院の中だけにあり，誰もこれに注意をはらわず，やがてはそれがなくなることが期待されるといったとしたら，さらに，ストラスブールでもミサを修道院に限定し，大聖堂を自由にできていたらよかったのにと言ったとしよう．ああ，なんということであろう．私にはあなたが私たちの神を年寄りで目も見えないと思い，片隅でなされていることは神には苦にならない，『神はただ大きな高い会堂を見るだけである』と思っていることがよくわかる．とんでもないことである．神に反することがおこなわれているとき，それがウルムの片隅であろうとストラスブールの高い大聖堂であろうと，神にとって違いはなく，同じことである」．ラブスが本当に望んでいるのは大聖堂を確保し，ミサを片隅に追い込むという彼の考えに従うような統治権力であり，彼が教会と地域社会を指揮するような場所である．

　シュッツ・ツェルによる次のラブス批判は前より短いが同じ方向をさしている．ラブスがウルムでサープリス［儀式用白衣］を着ていることはストラスブールでも知られている．彼は以前，自分はいかなるローマ教会のしるしも付けたことがないと自慢していた．今，彼はこの衣装について（無害な）単なる習慣であると主張している．これは確かに教皇主義の習慣であって，どうでもよい事柄ではない．ラブスは新しい教皇制を設立したいのか．彼女の第三の批判は，第一の批判の別の局面である．ラブスの牧師としての召命は，彼が去ったやり方のために問題とされる．彼はストラスブール市当局が彼をツェルの後継者として選んだとき，これを神の召命として受けた．しかし今，彼は市当局に知らせることなく，許可もなく去った．これは彼の召命について何を意味するか．召命は神からのものであったが，彼がそれを放棄したのか（そして，神の意思をも），あるいは，彼は正しい召命を受けていなかった（したがって，本当には聖職者でなかった）ことになる．ラブスはブツァーやファギウスと比較される．すなわち彼らは意志に反して追われた，しかし，ラブスは去ることを選んだ．たぶんラブスは一時的塗油を受けたサウル王のようである．ラブスは金銭のために働く人のようで，良い羊飼いではなかった．彼は彼に従った人を傷つけた．彼らの介護がキリストに依存していて，彼ではなかったのは幸いであるが．

シュッツ・ツェルのストラスブール擁護　ストラスブールはローマ・カトリックや諸分派，すなわちツヴィングリ派，シュヴェンクフェルト派，再洗礼派に寛大すぎるとのラブスの批判に対し，シュッツ・ツェルは1557年3月の手紙の後半で市の擁護に努め，それを間違いであるとする．抗弁は多くの第一世代の宗教改革者の神学と実践についての教義的討議から始める．それは聖書的，信条的な提示として述べられる（そこには事実，カルケドン信条の「真の神にして，真の人」の言葉がさまざまな形で11回使われている）．また，シュッツ・ツェルは，それをルター，ツヴィングリ，ストラスブールの宗教改革者，シュヴェンクフェルト，その他の多くの人々（そこには現存者も含まれている）の信仰の要約であるとしている．「哀れな洗礼派の兄弟たち」の多くも第二義的問題（教会政治組織的）問題を除いては，主要な点で一致している．彼らがある点では弱かったり，悪かったりしても，彼らを強制してはならない．それは信仰の事柄においては何の役にも立たない．さらにラブスは，自分自身にも寛容である必要があろう．彼がサープリスを着たり，自らの民を見捨てたりする行動は，再洗礼派が彼の心を乱すのと同様に，ある人々の心を乱した．彼は再洗礼派を迫害して，彼らを市当局に引き渡した．シュッツ・ツェルは次のように問う．「あなたに見捨てられた人々はあなたを誰に引き渡すべきか，何としてか，背教の使徒としてか」．ウルムにおいてさえすべての人が彼と意見が一致しているのではない．何年も前にウルムの宗教改革のために働いたブツァーやブレンツはラブスとは違ったように教えた．しかし，ラブスとその友人たちは死者と生者を踏みにじり，世界が彼ら以外の声を聴かないことを欲している．シュッツ・ツェルは，第一世代に共通の神学的信念を全般的に擁護し，さらに，強制なしに相違を許容することにみられる愛の実践についても語った後に，主要な「問題の事例」に移る．すなわち，ツヴィングリ派，シュヴェンクフェルト，再洗礼派の問題である．ツヴィングリ，エコランパディウス，ペリカン，ブリンガー，その他の人々は，ラブス以上に福音のために戦った．彼らは人間的欠点から自由でなかったとしても，神の目的のために仕えた．彼らは異端者ではなく，ストラスブールの第一世代宗教改革者の尊敬すべき友人であり，彼らの名は命の書に書かれている．シュッツ・ツェルは，シュヴェンクフェルトについてはラブスの世代の扱い方と彼の前任者たちの扱い方を比較する．この部分は彼女の以前の手紙（1555年12月-1556年2月）に見られる弁護

をくり返し，少し増補している．ブツァーは他の人たちよりも厳しかったが，それでもラブスのふるまいとは明確な区別をしている．シュヴェンクフェルトは人々を教会から離れさせていない．ラブスと彼の友人たちはそのことを感謝すべきである．彼らの前任者たちは悲しんでいるであろう．

　再洗礼派の弁護はより長く，よりニュアンスを帯びている．シュッツ・ツェルは，まず共通のキリスト論についての主題と二次的事柄での相違をくり返す．しかし彼女は，さまざまな宗教的権威に訴えつつ，信仰領域での強制に反対する議論により多くの時間を費やす（たぶん彼女は強制についての討議で，聖書は両サイドから引用されることを知っていた．そこで彼女のここでの議論ではふつう第一の権威とされる聖書が大きな役割を演じていない）．シュッツ・ツェルが信仰の事柄での強制を拒絶するとき用いる資料は，ルターやブレンツのような特定の個人の著作であり，さらにセバスティアーヌス・カステリョの[6]『異端は迫害されるべきか』に集められた教会教父や同時代人の意見である．彼女はこの書物をドイツ語訳で読んだ．寛容に与するこれら知的権威の後を追いつつ，シュッツ・ツェルはストラスブールで最近起きた事件から，ラブスのきわめて不寛容な反応を効果的な実例として示す．1556年3月初め，明らかに情緒不安定な一人の再洗礼主義者がヨハネス・マールバハの説教の最中に，小さな事件を起こした．市政府はラブスがそうすべきと考えたようには力づくの対応をしなかった．そこで彼は，3月8日の説教で，市当局は寛容すぎるので，ストラスブールはミュンスター市のように嘲笑と軽蔑の的となっていると非難した．シュッツ・ツェルはきっぱりとこの同一視を拒否した．彼女はミュンスター市についての否定的な見解についてはもちろん同意見であるが，彼女自身の都市と比較することは拒否した．ストラスブールはミュンスター型の例では

---

〔6〕　セバスティアーヌス・カステリョ（Sebastianus Castellio，1515頃−1563）．フランスのプロテスタント人文主義者．信仰の自由の擁護者．サヴォアに生まれ，リヨンで学ぶ．ストラスブール滞在中にカルヴァンの知遇を得て，1541年ジュネーブに伴い行き，ジュネーブ学院の学校長に就任．牧師になることを希望したが聖書解釈をめぐって，カルヴァンと対立し，1545年バーゼルに移住する．1553年同地でギリシア語教授となる．セルヴェトゥス事件が起きると『異端は迫害されるべきか』を執筆して官憲による異端裁判の不当を訴え，カルヴァン，ベザらと決定的に対立した．

なく，寛大さの模範である．ツェルはその群れへの配慮においても教えにおいても，良い牧者の模範であった．シュッツ・ツェルの再洗礼派弁護では，彼女は彼らとその他のツヴィングリ派，シュヴェンクフェルトの間に区別を設けていることは明らかである．後者については，彼らがルターや第一世代の宗教改革者の神学を分かち合っていたことを彼女は躊躇することなく認める．とはいえ，再洗礼派は他の人々同様，福音の主要な点においてはローマと断絶した．そして彼らのほとんどは平和的である．さらに，彼らはラブスよりはるかに厳格な規律を実行している．彼らは宗教上のことで迫害されるべきでないし，強制もされるべきでない．

市民生活の改革者としての教会の母

　初老のカタリナ・シュッツと彼女の甥ルックスはストラスブールの救貧制度に関連する施設であるブラッターハウスに住み続けた．彼女はこの施設を身近に知ることによって，これが全面的改革を必要としていることを知った．シュッツ・ツェルがこの施設のもっと良い状態であった頃のことを知っていたのは疑いようがない．創設者カスパル・ホフマイスターは1532年の彼の死までこの施設の世話をした．強力な福音主義者セバスティアン・エルブが後を継ぎ，彼もまた1548年の死の年まで監督した．エルブは実は救貧制度運営の三人の委員の一人であったが，彼が最も熱意を注いでいたのがこの分野で，彼の妻と共に個人的に常に注意をはらっていた．彼らの管理体制のもとで，多くの部分からなる福祉制度の中でも最も良く運営された施設となった．マテウスが生きていた頃，たぶんカタリナは，ブラッターハウスに病人のみならず教会員をも訪ねていたであろう．彼女は確かに彼女にできるだけの慰めを与えていたであろう．しかし，エルブ夫妻のもとでは単に物質的必要が満たされていただけではなく，真に宗教的な配慮も与えられていた．1548年エルブの死によってブラッターハウスは新しい管理のもとに置かれたが，落ち目となりはじめた．ストラスブール全体の福祉制度を担う三人の委員は善意をもって努力したが，物質的にも霊的にも悪くなる一方であった．

　特にシュッツ・ツェルがブラッターハウスに寄宿者として引っ越して以後，彼女はこの施設の状態が悪いことを発見した．たぶん，彼女が最もショックを

受けたのは宗教的状態であった．彼女は自ら病人のもとへ行って話し，祈り，慰めたが，彼女のこのような配慮を望む人は多くはなかった．しかしこの少数者は宗教教育を切に望んでいた．なぜなら，彼らは，その日暮らしのように施設を運営していた住み込みの夫婦（寮の父と母）から宗教上のことは何も得ていなかったからである．女性の部屋の壁には食事の前後に祈ることと表示されていたが，シュッツ・ツェルの見るところ，これは守られておらず，寮の父もそれを守らせようとはしていなかった．食事の席で彼が祈った時は，ぶつぶつつぶやくので，彼が祈っているのか呪っているのか誰にもわからないほどだった．寄宿人と主人夫妻はめったに教会に行かなかったが，彼らは日曜の午前中は社交的気晴らしで過ごした．ブラッターハウスでは一定の日に（通常，水曜と日曜）説教がなされたが，居住者はほとんど注意をはらわなかった．シュッツ・ツェルが聖トマス教会の補助牧師コンラート・フーベルト[7]に話して，訪問を依頼するまでは，ある病人たちは部屋に施錠されていて説教を聞くこともできなかった．ブラッターハウスの病人たちもキリストの教会であり，牧会的配慮に値するはずであった．施設管理者のこのような生ぬるい宗教的指導によって，ブラッターハウスに何の宗教的知識もなしに（主の祈りやキリストが誰であるかも知らずに）入った哀れな病人たちは，より良いことを何一つ学ばなかった．教師であり教会の母であるシュッツ・ツェルの目には，教会は福音を知らない人々に達する好機を無駄にし，心と体を病む人たちは身体的，精神的健康を獲得する好機を全く無駄にしていた．しかし，誰もほとんど何もしていなかった．彼女やベット・アンナという名の別の住人のように，この状況を何とかしようと試みる者は施設長夫妻から嫌われた．彼らの快適な宗教的無関心が，このような改革者によって，脅かされるからであった．

　シュッツ・ツェルはいち早く知ることになったがブラッターハウスの管理者は単に霊的無頓着を享受しただけでなく，物質的ぜいたくをも享受した．彼らの「管理」とは，彼らとその仲間（多くの寄宿人とそれ以外の人をも含む）の生活をできるだけ快適なものにすることであった．その一方で貧しい病人たちには不適当な食物が与えられ，不適切な身体的介護がなされていた．しばしば病人にとっては体に悪い食物があったばかりでなく，たびたび腐った食物もあっ

---

〔7〕　フーベルトについては，第12章，註〔2〕を参照．

た．特別の規定食を必要とする人にも例外は許されなかった．貧しい者はたとえ体が弱っていても生活費を補うために働くことを強制された．エルブの時代より女性の使用人（惰怠な）が多かったにも拘わらず，施設内は不潔だった．病人のために施設に寄付された備品は管理者の使用に供されたので，寄贈者は続けて寄付することをためらった．さらに，梅毒患者への治療がある種の木の煙による治療から水銀治療へ変わった．これはある専門家たちは好ましいものとしているが，シュッツ・ツェルを含めてほとんどの医療を専門にしていない人は非常に危険であると考えている．水銀治療は木煙治療より手間がかからないので，この変更は当座の医療として許可した管理者の個人的怠惰によるものと見られる．実際1557年初めのブラッターハウスの状態は「教会の母」としての牧会的魂にとって，常軌を逸脱したものであった．シュッツ・ツェルはここから引っ越し，同時に甥もこの施設から出したと思われる．彼女は少なくとも3月までにはここを出たことは明らかである．しかし，彼女の果たすべき義務があった．シュッツ・ツェルは，たぶん1556年から1557年冬の長い病気の後，床を離れて動き回れるようになるや否や，ブラッターハウスの状況について詳細な告発の手紙を市当局宛に書いた[8]．彼女は救貧制度全体を監督する三人の担当委員と話すために招かれた．1557年4月8日，彼女は手紙で書いた多くのことをくり返しつつ，口頭によるすべての報告をおこなった．またコンラート・フーベルトやブラッターハウスの住人を含めた他の証言が証拠として加わった．管理人夫妻の劣悪な管理状況がかなり詳しく述べられ，病人のひどい状態が説明された．宗教的状況については細部を伴って別にまとめられた．管理人夫妻は病人の援助をしたいと望む人の活動を妨げ，死に臨んでいる人が最後の慰めを得ることをも妨げた．「哀れな病人は重病で横たわり，まもなく死ぬというとき，魂の救いのために慰めと助言が必要とされているとき，管理人夫妻は牧師が来て病人にこれを与えることを許さなかった．病人は結局，教えも慰めもなしに死なねばならない」．安らかな死の決定的な重要性を当然のこととして受け入れていた世界において，そのための手段を否定することは，

---

[8] これらの手紙を含む関連史料は Otto Winckelmann, *Das Fursorgewesen des Stadt Strassburg*, Leipzig, 1922 の巻末史料にある．cf. McKee, vol. 1, p. 189 n. 52.

絶対とは言わないまでもほとんど最も恐れられた最高級の怠慢というべきであった．

　福祉委員会の求めに応じて，シュッツ・ツェルは批判と変更のための提案を書いた第二のレポートを準備した．最初のレポートと同じく，ここでも制度の全面的な精査のための多くの勧告を入れただけでなく，以下のような要請をした．すなわち，ストラスブールのしかるべき年配の既婚婦人たちからなる委員会をつくらせ，ブラッターハウスの経営の実際的側面を監視させ，市の福祉管理責任者の非公式な一種の補助機関とするとの要請である．シュッツ・ツェルはすべての問題を永遠の相のもとに置いて，最初のレポートを開始し，もしブラッターハウスの恐ろしい状況が変わらないなら，神の裁きを承知しておくようにと警告した．「神が為政当局に理解し援助する心を与えるように．さもないと神は怒りをもって行動するであろう．神がこのような状態を許しておかないことは確かである」．彼女は市参事会に彼らの権限をよりよく行使するようにと懇願して，第二の文書を閉じる．「このことは市参事会の諸賢にお任せしましたので，私自身は神の前に潔白です」．彼女はこの問題に彼らの注意を向けたので自らの責任は果たした．あとは彼らの義務であるが，彼女はたぶん年配既婚婦人による監視に参加するための指名を期待していたであろう．

　続く数か月に亘って救貧制度担当者たちは調査をし，1557年11月1日，市参事会に勧告を提出した．それはすべてではないが多くの点で，シュッツ・ツェルの助言と一致している．現在の管理人夫妻は解雇され，処罰を受けるべきである．エルブ時代の管理方式が再導入される．すなわち，管理者はエルブと同様ここに居住せず，居住する夫婦はただ規則に従って遂行すべきである．備品目録，木煙療法と水銀療法のよりバランスの取れた使用，居住者の新しい場所への移住，その他の対策があった．夜でも世話人が患者のもとに行けるように患者の部屋の施錠はしない，病人が助けを呼べるように呼び鈴が備えられる．

　しかし，福祉委員会の勧告には監視のための年配婦人の委員会はなく，（シュッツ・ツェルが多すぎると考えた）女性の使用人の数を減らすことも示唆されていなかった．市参事会は委員会の報告を受け取ったが，法制化する前にこれに手を入れた．居住者の移転はなく，管理者と寮父母の区別は途中で消えた．よりよい宗教的配慮のための提案は実行されなかった．しかし，諸規定が

（病人だけのためでなく）居住者全員のために定められた．

　社会問題に関心のあるキリスト教市民としてのシュッツ・ツェルの仕事は，彼女にとって大切な勧告のいくつかが受け入れられなかったにしても，確かに効果なしに終わったのではなかった．ストラスブール政府は，居住者が利用しうる牧会的配慮の不適切さよりも，ブラッターハウスの台所と宿舎の実際的な誤った管理の方を心に留めたのは明らかである．しかし，シュッツ・ツェルは組織的な問題の構造に取り組むことを恐れることなく，肉体的に損なわれ霊的に無視された人々のために率直に意見を述べた．神の意思に仕えるという彼らの公務上の誓約の基礎の上に，また，彼らが共有していると彼女が仮定している共通の信仰に基づいて，市政府は責任をとるように呼びかけた．彼女としては全力を尽くした．あとは他の人々の責任である．

ラブス事件 ── 第2部　シュッツ・ツェルは公然と語る

　シュッツ・ツェルは福祉行政のためのレポートを終えるや否や，彼女の意見を述べねばならない別の状況に直面することになった．今回は公の場で誤解を正すという，彼女の取り組んだことのなかでも，疑いもなく最も物議をかもす類の事柄であった．なぜなら，彼女がブラッターハウスの改善の仕事をしているあいだに，3月24日付の彼女の手紙がウルム教会のラブス監督のもとに達したからである．ストラスブールの群れを見捨てたとの彼女の長い批判は1557年4月16日聖金曜日ウルムに届いた．激怒した説教者は可能なだけ早く，次の月曜日に返答した．

　シュッツ・ツェルの手紙へのラブスの返答　ラブスの手紙は短いがその意味はきわめて明快である．しかし，このあと展開される論争にとって鍵となる役割を果たすので，全文を引用する必要がある．

　　「我が栄光，名誉，慰めは十字架のキリストにあり．
　　あなたの不信心な，非キリスト教的な，突き刺すような，虚偽で固めた手紙が4月16日，聖金曜日，私が忙しく，また，説教の務めを負っているときに届いた．私は相変わらず有害な，妬み深い，当惑させる，虚偽で固めた文書の中

に，神が驚くほどあなたを訪問しているにも拘らず，あなたにはもはや何の改善の余地もないこと，むしろ，敬虔な人々についての偽りの証言と悪魔的な悪口という恐ろしい誤りをますます強めていることを見出した．ですからあなたのことは神の正しい裁きに任せる．神はいつかあなたのファリサイ的な横柄さによく見合った報酬を与えるであろうことを私は疑わない．あなたの手紙は真理の霊である神の霊から出ておらず，当初から嘘つきの悪霊から出ている．これを私はあなたの恥知らずな口の証拠として入念に引き合いに出す．なぜなら，あなたは厚かましくもキリストに仕える者を，弁明も許さず，問い合わせもせずに極悪非道と非難しつつ，あえて中傷し，罵っているからである．こうすることにより張り付くようなシュヴェンクフェルト派の雑草やその他の異端的心や異端的精神の美しい果実を見ることになろう．あなたは（あなたの恥知らずな口が反吐を吐き出すように，そして以前にも私を非難したように）私が為政当局と喧嘩をしたがり，三日間の期限を付けて怒らせようとしたと言っている．これは真理をもたない悪魔から出る悪臭を放つ虚偽の言葉である．さらに，あなたは恥知らずにも卑劣にも，私について，他の文書でも嘘をついている．神があなたを許すようにとの祈りは可能であろうか．あなたは初めからストラスブール教会に面倒を起こし，あなたの敬虔な夫さえも困らせたのだから，神の裁きはいつかあなたにその報いをもたらすであろう．あなたの嘘で固めた中傷的文書は，これ以後私には関係がない．

　もしこの手紙が厳しすぎると感じたなら，人は愚者にはそれにふさわしく答えねばならないことを思い出すように．1557年4月19日．

　ルードヴィッヒ・ラブス，聖書博士，ウルム教会監督，すべてのツヴィングリ派，悪臭を放つシュヴェンクフェルト派，再洗礼派の霊に反対する者．しかし同時に，十字架のキリストとその貧しい教会の貧しく，弱い仕え人」[9]．

　これは，お節介焼きの，かつての養母についてのラブスの意見であることは間違いない．

シュッツ・ツェルのラブスへの返答　シュッツ・ツェルはラブスの手紙をたぶん4月末あるいは5月初めに受け取った．最初のショックが薄らいだ後，彼

---

[9]　McKee, vol. 2, p. 176: 28~178: 2.

女は彼女自身に対してだけでなく，すべての第一世代の宗教改革者に対する中傷であると見なすべきと考え，これをどう扱うべきか考え始めた．熟考の末，ラブスの虚偽に対して公然と語る義務があると結論した．弁明も許さずに攻撃したとの彼の非難とは逆に，彼女はマタイによる福音書18章15-16節にある聖書の指図に従って第一段階をおこなっていた．すなわち，キリスト者は誤りを犯している兄弟あるいは姉妹を最初は個人的に注意し，それから悔い改めが見られないなら，何人かの証人を伴って行くことを求めている．そして最後の段階が17節でである．すなわち彼がかたくなであり続けるなら，共同的な矯正，必要なら戒規のために「教会に申し出る」ようにすべきである．

　シュッツ・ツェルはくり返しラブスに対し内密に対処しようとしたがそれは失敗した．彼女は彼に話した，また手紙を書いた（彼は読まずに返送した）．彼は彼女とのそれ以上の接触を拒否した．彼女は多くの人ではないが，少なくとも一人の共通の友人に事柄を知ってもらった．彼女はこれらすべてをやがては高い地位につくことであろう未熟な青年の行動として受け入れた．そのあと彼は許可も得ず，教会員を大きな悲しみの中に残しつつ，ひそかにストラスブールを去った．彼女は一見，牧師にふさわしからざる行動に情状酌量の余地が残されているのかを知るために再び彼に手紙を書いた．それに対し彼女はこのような手紙を受け取った．そこでは彼女との一切の関わりの拒絶をくり返すだけでなく，彼女と他のツヴィングリ，シュヴェンクフェルトら第一世代の宗教改革者を「異端者」呼ばわりして，彼女を大目に見たマテウス・ツェルとストラスブールの彼の同僚の誠実さに疑問を付している．さらに，ストラスブールと特に彼の教区民は彼に見捨てられたことによりショックで今なお混乱しており，これらすべてについての噂や陰口が地方にまで拡がっているのに，ラブスは自らについて完全な潔白を主張した．確かに，もはやラブスがシュヴェンクフェルトやツヴィングリ，再洗礼派を説教壇から中傷するだけの問題ではなかった．今や，シュッツ・ツェルとストラスブールの第一世代の人格に焦点を当てた，より広範囲にわたる攻撃であった．マテウスの寡婦にとって，これは確かに個人的攻撃であるとはいえ，なおそれ以上のものであった．彼女は彼女を異端で，悶着を起こす人とするラブスの攻撃にむしろ敏感に反応したことは確かである．そこでブツァーら初期の同僚の評価とは少し違うが，いち早く自分の見解は，ストラスブール宗教改革のすべての見解と同一であったとした．

彼女がラブスよりも第一世代の良い証人であることは彼女の確信するところであった．諸改革の開始したときラブスはまだ生まれていなかったが，彼女はそこにいた．大部分のことが起きたとき，ラブスはメミンゲンで学校の生徒だった．だから彼女の考えでは，ストラスブールの人々やその他の人々に，誤解を解き，何が虚偽で，何がそうでないかを明らかにすることは彼女の責任であった．彼女は福音のために苦しむ用意があった．しかし，キリストの模範と聖書の教えに従えば，真理のために苦しむことは沈黙を守ることではなかった．誰がストラスブールの教会以上にふさわしく非難を聞くだろうか．なぜなら，この教会のためにシュッツ・ツェルは生涯をささげ，ラブスはそこにおいて学生，牧師，教師であったし，教会はすでに彼のふるまいによって苦しみもしたのだから．彼女は，彼が書面による非難に耳を貸すのを拒否して以来のラブスにかかわるすべての話をきちんと示し，ストラスブールに向かって，彼らの間を裁くようにと求める決心をした．

そこで1557年晩春あるいは初夏，シュッツ・ツェルは一つの本を企画した．その題名は『ストラスブールの最初の宗教改革者にして旧知のマテウス・ツェルの寡婦カタリナ・ツェルからストラスブールの全市民への手紙．現在ウルム市の説教者であるルードヴィッヒ・ラブス氏に関するもので彼女と彼の二通の書簡付き．多くの人が好みや憎しみなしに，ただ真理に基づいて読み，判断されんことを．彼の書簡の各項目に対する全面的反論付き』．この本の発行準備のために，その年の残りのすべてが費やされた．ほとんどの新しい部分は秋か初冬，すなわち1557年10月か11月，ことによると12月に書かれた．

まずシュッツ・ツェルは，ストラスブールのキリスト者仲間と市民への献呈の辞と説明の手紙を書くことから着手した．彼女は人々への愛情に満ちた温かい挨拶と教会への奉仕に明け暮れた彼女の人生の短い略述でこの手紙を始めた．彼女はラブスのふるまいへの仕返しを求めているのではないが，彼らが彼女のために（後で明らかになるように，ラブスのためにも）祈ることを望んでいる．彼女は若い頃のこと，回心，成人してからの教会と市への奉仕のことなど，やや詳しい宗教的自伝を加えて，最初の導入的解説を完全なものにしている．この長い「不必要な」挿話の理由は，状況の急激な変化によるものであった．第一世代宗教改革者は彼女を同僚として尊敬し，彼女は共に教会に仕えることを喜んだ．しかし今，彼女の晩年には，ある人々から，特にラブスから恥

辱を被っている．彼女は誤解を解くために，市民や仲間の教会員一人ひとりのもとに行って，話すことはできないので，彼女の説明を印刷に付すのである．彼女はラブスがこれに反対するとは思わない．なぜなら，彼は自分の名が印刷されることを熱望しており，むしろこれを光栄に思っているのではないか（たぶんシュッツ・ツェルは彼が『殉教者列伝』の出版計画のために彼女にうるさく情報をせがんだ熱心さから，彼の名声への熱望について意地悪く結論付けているのではないか．4月の無礼な手紙の後でもなお，第三者を介して大胆にも頼んだほど彼にとっては重要事であった）．彼が彼女の背教の話を広めているにも拘らず，彼女は彼に好意を抱いていると断言して，この前文を締めくくる．

　シュッツ・ツェルは出版についての弁明と本の内容の概要へと向かう．彼女は手短に，なぜ，あえて意見を述べねばならないと信じたかを説明する．それはキリストの例に従い，真理を擁護するためである．そのためラブスのふるまいの証拠として彼の無礼な手紙を示す．背教という彼の非難に答えて彼女は自分の信仰を説明する．彼らはそれがどれだけマテウス・ツェルの信仰と一致するかを見ることができる．前任者の教えから，特にサクラメントについての教えから離れていったのはラブスの方であることを明らかにしつつ，彼女はこの信仰を奉じていくつもりである．カタリナはマテウスと分かち合った信仰，教え，生活を説明するのが彼女の責任であると考え，あとは誰であれ，すべての読者に判断をゆだねるつもりである．そして，キリストへの信頼のうちに次のように結論する．もし彼女の証言が間違っていたら，すぐにもそれに答える用意があり，また，彼女の無罪が証明されることを確信しており，彼女の読者も真実を知るものと信じている．

　シュッツ・ツェルの次の作業はラブスの告発に答えることであった．彼女はこれを非常に長く，詳細におこない，文章ごとに，時には言葉ごとに答えた．返答する中で，彼女は昔の手紙の中の多くの主題をくり返した．これらの中で特に重要なのは，第二世代に対し第一世代を擁護することであった．それらはあたかも法人団体のごとく，一つの統一体として扱われた．彼女の同時代人の，そこにはルターもツヴィングリ，シュヴェンクフェルト，その他のストラスブールの宗教改革者と共に含まれているが，彼らの諸改革はラブスの世代が導入した変更に対置された．ツェルやその同僚が開墾し，ルターが最初に告げた更新された福音を植えたところに，ラブスらは再び毒麦を蒔いた．最

初の議論は新しいデータによって拡張された．ツヴィングリや，特にシュヴェンクフェルトの個別の弁護があった（後者はラブスの最も集中的な批判の対象であったので）．サクラメントについての長い議論があり，そこではルター，メランヒトン，ブツァー，ツェルがラブス，フラキウス・イリリクスその他の友人たちに対抗して引用される．

　新しい主題も導入されている．シュッツ・ツェルは，彼女自身とマテウス，さらに，ストラスブールの初期の宗教改革を豊富な伝記的，歴史的情報を用いて弁護する．彼女はラブスとの関係について個人的争い（博士号への彼の誇り，彼の殉教者列伝のための情報要求をめぐる争い）や信仰告白にかかわる不一致を含めて述べる．彼女はラブスの変化について，彼女の牧会的，物質的援助による温かい歓待の時期から，現在の激怒と中傷に至るまでの変化を指摘する．シュッツ・ツェルは言葉を和らげなかった．彼女のここでの返答の語調は初期の非難よりも鋭く，3月24日の手紙に近かった（当然のことに1555年から1557年末までの手紙は次第に厳しくなっていった）．ラブスの短い手紙への，この最後の長い返答は，彼の言葉に比べ不作法ではなく，歴史的細部や，鮮やかな，時に辛辣なユーモアにおいて，はるかに生気がある．さらに，もちろんシュッツ・ツェルが書くすべてのものと同様聖書からの引用，その暗示が全体に行き渡り，それが議論に主要な権威を与えている．それらは，第一世代プロテスタントや，少数の教会教父の著作への言及とシュッツ・ツェル自身のストラスブールの歴史の記憶によって補足されている．それらは自分は福音と宗教改革についてのラブスより優れた，真実に近い証人であるとの彼女の主張を支える権威，証拠として機能している[10]．

　ラブスの手紙への論駁は1557年12月に完成し，シュッツ・ツェルはその出版のために本文の整理をした．ストラスブールへの献呈文が最初に置かれ，次にラブスの4月19日付の不作法な手紙，さらにラブスの返答が書かれる基となったシュッツ・ツェルの3月24日付の手紙が続いた．その後にラブスの手紙への，彼女の長い一つひとつについての分析と応答がくる．付録として，

〔10〕　彼女の聖書の用い方については第9章（247頁以下），宗教改革者と教会教父については第10章の「シュッツ・ツェルのプロテスタント信仰の基礎」（276頁以下）と「教会教父たち」（297頁以下）の項を，歴史的感覚については第12章の「歴史家」（342頁以下）を参照．

1555年12月27日付の彼女の手紙が，1556年2月の追伸とともに付され，彼らの争いに関する完璧な書類一式が完成した．第一世代の宗教改革者とその共働者としての彼女自身のためのシュッツ・ツェルの弁明書は，1557年12月30日に出版された．彼女が長期間「教会の母」として，また福音の奉仕者として，彼女の夫やその同僚と共に，彼らの死後はその信仰を保ちつつ働いたその教会の益を求めて，彼女は誤解を解き，ストラスブール自体の物語の真実を述べるために最善を尽くした．カタリナ・シュッツ・ツェルは公的な証言をおこなった．彼女の証言を受け入れるか拒絶するかは他の人々の責任である．

第 8 章

最後の事態 ── 最後まで辛抱強く，信仰的に

　カタリナ・シュッツ・ツェルは年老いて，次第に肉体は弱ったが頭は明瞭，精神は強く，彼女が常に見せていた同じ勇気と同情心，独立心と忠誠心をもって，長い奉仕活動を最後まで続けた．彼女は疲れ，老いた体の弱さと病に耐える中で，相変わらず彼女を必要としている親族，友人，教会員がおり，なすべき務めが今もあり，戦うべき戦いが依然としてあり，慰めを必要とする人々がいた．シュッツ・ツェルは巡礼の旅路の終わりの日には復活において夫や子どもたちといっしょになることを望んでいたけれども，地上の命が続く限り，信仰の戦いを放棄しなかった．ストラスブールの第一世代の宗教改革者の生き残りであり，よかれあしかれ，遠慮なく率直にものを言う彼女は，人生をやりがいのあることとして見ることができた．彼女は他の人々のためにそうすることで貢献した．

ラブス事件 ── 第 3 部　1558 年のラブスとストラスブール

　シュッツ・ツェルはこの件について，これまで以上の意見を述べなかったが，ラブス事件はなお続いた．それはある程度は彼女が出版物で批判した結果であるが，しかし，ラブス自身のふるまいの結果でもある．女性信徒と説教者の両者に対する公式筋からのあるいは民衆からの反応があった．

　シュッツ・ツェルと市参事会　前牧師ラブスを批判するシュッツ・ツェルの本は，すぐに市参事会の注意を惹いたことは驚くにあたらない．1558 年 3 月末，彼らは彼女が本を「あちこち」で売っていることを問題にした．彼らはマテウ

ス師の妻も絡んだ再洗礼派とのトラブルを恐れた．しかし，この問題は注意して扱わねばならないと感じた．なぜなら，ツェルの寡婦は貧しい人々への良いおこないによって，愛されていたからである．ラブスに対抗するこの本は「不安」を惹き起こしていたので，何かしなければならない．まず小委員会が不穏な状況の調査をした．学校の生徒がこの本を買って，親戚や友人と読みあっていた．彼らはこれをシュッツ・ツェルから1シリング（非常に安い価格）で買った．当初，彼女は彼らの欲しいだけ，一度に5冊でも売る意向だったようであるが，3月半ば頃には，手元に2, 3冊しか残っておらず，これらは自分のために取って置きたいと言った．このことを報告している自称仕入れ屋は，彼女が実際何冊持っているかを確かめることができなかった．なぜなら，彼女は彼らを家に迎え入れずに，売り物を持ってきたからである．市参事会の応答は確固としたものであったが，きわめて穏便なものであった．彼らはシュッツ・ツェルを小委員会に呼び出し，これ以上本を売らないこと，残部を引き渡すことを命じた．彼女が犯した初期の禁止令への言及はあったが，事件全体は非常に慎重に取り扱われた（彼女が投獄されたとの噂が，一年後にストラスブールの外で喧伝されたが，そのようなことは全く問題にされたことはなかった）．市参事会の節度の主要な理由はマテウスの寡婦の人気にあることは疑いないが，ラブスのふるまいに対するストラスブールでの一般的意見もたぶんその一因であったろう．通常，政府は中傷文書の政治問題化を恐れたが，政府の成員には彼らのかつての説教者に個人的に好意を持っている人はいなかった．

ラブスと市参事会 1558年中にストラスブール市参事会がラブスとの間でなした経験は，彼らの目に映る彼のイメージを好転させるものではなかった．5月19日，ラブスは以前の雇用主である市参事会に手紙を送り，シュッツ・ツェルの中傷的な本について苦情を呈し，ストラスブールでの忠実な牧師としての働きを証明する（長年拒否されている）推薦状を求めた．彼はまたシュッツ・ツェルの本に出版物で答える考えを否定した．ラブスの手紙は5月28日，市参事会で読まれたが，それに対する反応を示す記録はない．たぶん為政当局者は，この件はさしあたり棚上げすることに決めたのであろう．いずれにしても，まもなくラブス事件の書類一式に加えられることになるさらに人騒がせなニュースがあった．1558年晩夏，数人のストラスブール市民が商売上の旅行か

ら戻った．その旅行は二週間を隔てて，二回のウルム訪問を含んでいた．彼らは取引上の巡回旅行で，ウルムから，アウクスブルク，ミュンヘン，フライジンゲンを経て，ウルムに戻った．

ボヘムとも呼ばれた毛皮商人ゲオルグ（あるいはマティス）・ヘルベックは，8月31日，ヨハネス・グラーと共に，外交を担当する十三人会の下部委員会に呼ばれ，主に彼が報告をした．9月11日，十三人会の全体会議に報告は手渡された[1]．この旅行者たちはウルムに宿泊していた時に，さまざまの市民と話をした．ヘルベックはラブスの説教も聞き，ストラスブールで学生生活をした青年と共にラブスと私的な会話もおこなった．報告の内容によると，ラブスはストラスブールの「市参事会に反対する遠慮のない，非神学的な言葉」を述べたとしている．

最初の訪問のとき，ウルムの市民は，ストラスブールのすべての人々がラブスに敵対していることへの不満を述べたとヘルベックは言った．また彼らは，ストラスブール市参事会が「彼らに」敵対する小冊子の出版を許可したことについても話したとヘルベックは述べた（この文書はあまり明瞭ではないが，ウルム市民はシュッツ・ツェルのラブスとの論争を彼らにも向けられたものと見たようである）．次の話者（たぶんヘルベック）は，その本が「この地」，すなわち，ストラスブールで出版されたことを否定した．そしてヘルベックはストラスブールのラブスに対する良い待遇，ラブスのふるまいへの不満について語り続けた．毛皮商人はラブスの人柄について（たぶん彼の行動と区別して）薄情な人間ではないし，時々彼の説教に出席したことを付け加えた（事実，ラブスがストラスブールで奉職していた時，ストラスブールの毛皮商ツンフトは彼らの牧師に毛皮コートをプレゼントしていた．これは彼の仕事に彼らが満足していたしるしである．ヘルベックはたぶんラブスを支援した経歴があるのかもしれない．そうだとすれば，なぜ説教者が訪ねてきた商人と喜んで話をしたかの説明がつく．しかし，そのことはまた，この商人が牧師に裏切られたとの個人的感情をもつことにも寄与したことであろう）．

事実，二週間後のウルム再訪に際しては，ストラスブールの毛皮商はラブスの説教を聞きに行った．（ストラスブールからの）使者ユスティア・フェースも

---

〔1〕 市参事会の中で特に外交，軍事を扱う評定機関．

出席したその礼拝の後に，ストラスブールの学生がラブスに，なぜサープリスを着るのかと質問しているのをヘルベックは聞いたが，牧師の答えは聞こえなかった．彼はストラスブールの誰とも話したくない，なぜなら，誰が友で誰が敵だかわからないからと言っていたのを確かに聞いた．しかし，のちにヘルベックとその学生と使者は，ラブスとの会話に招かれた．ラブスは初めに使者に向かってカタリナ夫人に彼からよろしくと伝えてくれるようにと冗談交じりに頼んだが，ヘルベックもその他の人もラブスはまじめに取られることを意図していないことを知った，とすぐに付け加えている．会話はさまざまな主題に及んだが，ラブスによるストラスブールの宗教慣行批判，市政や教会の指導者たちについてなどが主な話題であった．市がローマ・カトリック，シュヴェンクフェルト派，再洗礼派，カルヴァン主義者を許容していることへの非難をくり返した（ヘルベックはラブスが説教をしたがっているように聞こえたと言った）．（カトリックを立ち退かせるために）「三日間」という期限を市当局に突き付けたのは，ヨハネス・マールバハ，ディオバルト・シュヴァルツ，ヨハネス・レングリンら他の牧師たちであったと彼は主張した．彼はマールバハ，アントン・フィルン，メルヒオル・シュペッカー[2]を「おべっか使い」とよんだ．彼は一人の為政当局者を嘘つきであると非難した．彼の行為の弁明として書いている本の中で，説教者を「おべっか使い」，市参事会員を「偽善者」とよんでいることを知らせた．明らかに彼の行動の弁護として（彼が許可なく去ったとの非難に対して），他の君主や都市からも牧師就任の立派な要請のあったこと，またウルムからの申し出についても，少しの市参事会員に（彼は尊敬に値するのは三人だけであると言った）話をしたと言った．ヘルベックは，これら信仰告白的問題，個人の行動の問題の他に，経済的，物質的問題についても論じた．ラブスは博士号取得の費用としてストラスブール市から借りたローンを払い戻したと強調した．彼は，彼の貧弱な住居状況と給与の窮乏についての市参事会とのやり取りについても簡単に言及した．それはまさに演説であった．

　この証人である市民の報告を聞いて，ストラスブール政府は最終的にラブス

---

〔2〕　メルヒオル・シュペッカー（Melchior Specker, ?~1567）．イズニで生まれ，ヴィッテンベルクで学ぶ．1553年ストラスブールに来て，聖アウレリア教会の補助牧師，聖トーマス教会の牧師となる．マールバハを強力に支え，シュヴェンクフェルト，カルヴァン派を攻撃する．

第 8 章　最後の事態 —— 最後まで辛抱強く，信仰的に

に不満を抱いた．この中傷的な言葉の説明を求めて，ウルム市へ書簡を送ったらしい．これはたぶん 9 月半ばのことであった．ようやく 10 月 21 日，ウルム市は回答した．彼らはこの報告については全く知らないが，調査をし，ラブスの側からも聴取したうえで返答するつもりであるとした．一週間たらずののち，ウルム市参事会はストラスブールの同僚に再び書簡を送り，ラブスは推薦状を（再び！）求めに彼らのもとに行きたいと望んでいると言った．彼らはラブスがストラスブール市参事会に抗するいかなる出版物も欲しておらず，考えてもいないという主張を信じるとも書いた．彼らはラブスが必要としている推薦状をストラスブールが与えることの要望をくり返して，書簡を結んだ．こうして 1558 年 11 月，ラブスはストラスブールに戻り，十三人会の前で「謝罪」をおこなった．その長い演説は，これを聞く者に「謝罪」というよりは「自己弁明」のように響いた．十三人会はラブスに与える答えを用意した．最初の三項目は市のラブスへの待遇に関わるものであった．市参事会はストラスブールが彼に与えた利益の事実から始めた．彼らはラブスを愛してその教育を助け，彼に教区を与え，仮信条協定（インテリム）に際しては，彼の批判的説教にも拘らず彼を弁護した．これが彼の全般的に悪い待遇という彼の非難に応じるものであった．次に彼らがラブスを免職にしたとの非難を退けた．彼らは彼に説教職を再度勧めた（最初のウルム行きの言葉の後），したがって去ったのは彼自身の選択である．第三点は職務条件に関する議論である．彼らがラブスにそれまでより高額の給与と労働条件を申し出たとき，彼らは荒野でサタンが地上の王国によってキリストを試みたように（マタイ 4：8），彼を試みたという非難である．市参事会はそのような事柄を考えたこともないと主張した．

　他の項目はラブスの行動がどのような影響をストラスブールに与えたかに関係する．第四点は社会的不安に関わり，ラブスがその説教で市民を扇動したか否かである．明らかにストラスブールのある人々は彼がそうしたと主張している（それらの人々とは彼の他教派攻撃に反対した市参事会メンバーであったかもしれない．それが彼らの政治的均衡のための行動に困難をきたすからである）．ラブスはそのような結果を否定しないが，彼はただ義務を果たしただけであり，もし彼の言ったことが人々を目覚めさせて抗議したなら，彼の仕事の副作用にすぎないと述べた．第五点はラブスがストラスブール市参事会に対して書いていた本にかかわる．その中で彼は為政当局者に悪態をついた（偽善者，猫かぶり），

さらにかつての牧師仲間に厳しい悪口を述べ，ストラスブールの市参事会と教会の評判を損ねた．市参事会はこの本について何人かの人から聞いていた．ラブスはシュッツ・ツェルの本が出版される前に，すでに書き始め出版する意図があったと彼らは信じていた．この本に関してラブスはウルムへの転出について，事実に基づく報告を書きたいと思っただけであると主張したが，ストラスブール市参事会はそのようなものが必要とされ望まれているとは考えなかった．彼らはまたラブスが話し，書いたことを市に報告したヘルベックと他の人々は市民としての義務を果たしただけであるとして，市民側を擁護した．市参事会はシュッツ・ツェルの本の件で，彼女を咎めなかったとのラブスの非難に対し，為政者側は彼がこのように気が動転しているのに驚いている，なぜなら，彼は彼自身の人格には関心がない（むしろその職務に関心がある）と主張するからである．いずれにしても彼女の本はストラスブールで出版されたものではなく，彼らはそれについて何も知らなかったし，その本を嫌っていた．市参事会に関する限りこの議論はラブスとの論争に結末をつけたように見える．彼の熱望していた推薦状がいつの時点かに与えられたという記録はない．何年かが過ぎた後でも，ラブスはストラスブールでは高い評価を全く得ていないことを知っていた．1572年，彼は彼の『殉教者列伝』第二版をストラスブール市参事会に献呈したいと思った．しかし，なお非難が続いていることを非常に恐れたので，マールバハに彼の献呈文を市参事会に見せることを，また，彼らの賛同が得られない時には彼らが作り変えるようにと頼んでいる．しかし，市参事会は献呈を受けること，お礼として100ターレルを与えることを決議した．とはいえ，シュッツ・ツェルとストラスブール為政当局は1557年から1558年に，ラブスを称賛に値しない人物と考えた唯一の人たちではなかった．また，彼女のラブスに反対する本は，彼のストラスブールからの出発についての論争によって惹き起こされた唯一の出版物でもなかった．

ラブス，シュッツ・ツェルと一般の人々　多くの人々がシュッツ・ツェルのラブスに対抗する本に注目した．ある人は（特にストラスブールの人だが，それ以外の人もいる）彼女は彼の行動にたいし妥当な取り扱いをしたと考え，他の人はラブスは彼女について悪く描いたが，彼女は最も大切な存在であると確信した．

第 8 章　最後の事態 —— 最後まで辛抱強く，信仰的に　225

　たぶん 1558 年半ば頃，ウルムの一人，あるいは複数の牧師が彼女の執筆を手伝ったとの噂が流れ始めた（彼女自身，ウルムのすべての牧師がラブスに賛成ではないと聞いていた．そこで明らかに「その地の」誰かがウルムの新監督に反対していると考えるいくらかの根拠があった）．シュヴェンクフェルトの信奉者の一人がシュヴェンクフェルトにこの噂を告げた．これに対し彼は答えた．「あなたは彼女が本を書くにあたり誰の援助もなしに，神が与えた恵みと理解力によってすべてを自分一人でしたことを実際に知るべきである．私は確かに知っている．彼らはある説教者が彼女を助けたという誤りをあなたに述べた．彼女がウルムでラブス以外の説教者を知っているとは思わない」．この話はある人々にはシュッツ・ツェルが一人でこの本を書けると思えなかったことを示している（それは間接的な賛辞となるが）．しかし，それはまた，次のことをも示している．すなわち彼女の本はストラスブールの境界を超えて一定の賛同を得たこと，ストラスブール以外の読者たちは全般的な彼女の姿勢を是認したこと，少なくとも彼らは彼女の声を通して，ラブスに反対する他の声の存在を考えることができたことである．

　ゼーバルト・ビューエラー[3]が彼の『年代記』の中でラブス事件全体を要約して述べている中に，少なくとも何人かのストラスブールの人々の意見が表明されている．

　　「この年，1557 年 1 月 25 日に，大聖堂のマテウス・ツェルの後継説教者ルードヴィヒ・ラブス博士が去って，ウルムへ行った．彼はまだ当地にいたときにはサープリスや教皇制に厳しく反対していたが，ウルムに行くと彼はサープリスを着なければならなかった．ストラスブールではすべての人，特に年老いた婦人たちは彼を実際上，聖人のごとく見ていた．毛皮商ツンフトもまた彼に素晴らしい毛皮のコートを贈った．要するにこの博士についてはあまりにたくさんのことがあるので，適切に描き切れないほどである．それにも拘らず，彼は

─────────
〔3〕　ゼーバルト・ビューエラー（Sebald Buheler, 1529-1594）．画家，装飾家，年代記作者．1553 年に死んだ父の記憶に基づいてまとめ，彼自身の観察によって補い，1588 年二巻からなる年代記を完成した．彼自身はカトリックであったが宗教改革史にとって重要な資料となる．年代記は 1870 年の火災で失われたが，断片が集められて 1887 年に出版された．

市参事会に内緒でストラスブールを去った．しかし彼は，彼についてどのような類の評判が後で拡まったかをある程度知っている．なぜなら，彼はここでは貧しい生徒で，マテウス・ツェル師が彼を鍛えたし，のちには彼が博士号を得るまで，市がその費用を立て替えた．その後，マテウス・ツェルの未亡人カタリナ・シュッツがこの『美しい鳥』に対し，彼の『賞賛すべき逃亡』のせいで一冊の本を書いた」．

　ビューエラーは，ラブスよりやや若い同時代人でストラスブールに育った．彼は，ラブスがカトリックとサープリスに反対した説教活動と1557年から1558年，彼の出発による民衆の怒りの両方を直接経験した証人である．彼はローマ・カトリック教徒としてラブスを嫌う教派的理由があったであろうが，インテリムに反抗した強力な福音主義派の一員であったシュッツ・ツェルに対しても原則として，同じく反発したであろう．ところが，ラブスは男であり，説教者であったので，彼の意見は政治的重要さにおいて，シュッツ・ツェルのそれよりはるかに勝っていた．さらに，彼のローマ・カトリックへの反対は明らかに彼女のそれより危険であった．なぜなら，ラブスは彼のかつての養母と違って，宗教上の事柄における強制の価値を信じていたからである．

　それにも拘らず，ビューエラーは二人のプロテスタントの違いを認めているのに，彼がシュッツ・ツェルの出版について何も批判していないことは注目すべきである．事実，彼はラブスについての皮肉な称賛の中で，反対の気持ちを込めている．すなわち，あの「美しい鳥」の「賞賛すべき逃亡」と義務不履行の牧師に対するこの年代記作者の意見は，ストラスブールのかなり多くの信徒たちと共有していたものであろう．見捨てられたと感じていた教区民はビューエラーのサープリスについての見解には賛同しなかったろう．ストラスブールのプロテスタントは，ラブスのサープリスの採用（明らかに自発的）に不賛成であったからである．一方，カトリックの年代記作者は，ラブスがウルムでサープリス着用を「強制された」ことで人々はいくぶん恨みを晴らしたと感じた．しかしながら，彼の言った多くの事柄の中でビューエラーはたぶん多くの市民の気持ちを代弁したのであろう．すなわち，シュッツ・ツェルの本によって，ラブスはストラスブールへの忘恩の当然の報いを受けたのである，と．

　もちろんすべての人がシュッツ・ツェルの本を歓迎したのではなかった．そ

れどころではない．ストラスブール市参事会は少なくともその政治的含意に反対した．ラブスの友人がおり，彼らはシュッツ・ツェルの本の内容について，ラブス同様にひどく立腹した．1558年，シュッツ・ツェルの攻撃よりはるかに過激な返答が出版された．その表題は「カタリナ・ツェルがラブス博士に対して出版した侮辱の手紙の条文についてのみの，ふさわしい，有益な返答．エールハルト・ランドルフ著．愛において真理を与えるキリスト者として，誠実に述べられた……クレメンテ・ハルトマン修士による，最も価値ある聖なるサクラメントの二つの事柄についての短い報告付き」である．この小冊子は二つの部分からなっていた．最初の部分はシュッツ・ツェルがストラスブールに宛てた献呈文への反駁であった．ここにはいわゆる N.A. への結論的言及がある．これはたぶんニコラス・アムスドルフがこの返答に関係していたことを示している．なぜなら，第1部の著者として名前の挙げられている「エルハルド・ランドルフ」は，たぶんラブスも属していた純正ルター派の誰かの偽名であろうと，一般に認められているからである．第1部はラブスに有利な，シュッツ・ツェルに不利な多くの証言によって終わる．その中で，彼女にこの本の出版を許したことでストラスブール市参事会を非難している．クレメンテ・ハルトマンによる第2部は　サクラメントについてシュッツ・ツェルが述べたすべてのことの反論に集中し，純正ルター派の立場を説明する．ハルトマンはこの無知な女性が彼女の異端の支えとして，あえてルターやメランヒトンの著作に依っていることに特に憤慨している．

　論戦としては本書『ふさわしい返答』の全体は見事な攻撃である．もし対立者の重要性が彼女を傷つけるために充てられたエネルギーの量で測るのであれば，ある人々にとって，シュッツ・ツェルは特別に厄介な人と見なされたようである．『ふさわしい返答』の言葉遣いは，時にラブスのシュッツ・ツェルへの手紙より無礼である．いくつかの例を挙げれば十分であろう．第1部のある箇所で，ラブスを君主に，シュッツ・ツェルを売春婦に関連付けている．また彼女の名をもじって，大酒飲みに関連させている．彼女の自称「教会の母」が大きなあざけりのきっかけを与え，教会や学校を助けたとの彼女の主張もからかわれる．第2部では，彼女の知性と誠実さが絶えず，けなされる．実はハルトマンの資料の使用は，時々，シュッツ・ツェルより不注意である．たとえば彼のルターからの引用の一つはワイマール版のどこにも見出せないのに反し，

シュッツ・ツェルの参照は正しい場所にある．

苦しみ悩む人の助言者としての教会の母 —— 信仰的小冊子

　1558 年の春，夏，秋にかけて，最終段階のラプス事件が彼女のまわりで激しく続いている間に，シュッツ・ツェル自身は別の仕事に取り掛かった．彼女は戦闘的な教会の母として，第一世代宗教改革者の教えと実践を擁護して意見を述べた．その仕事は果たしたが，彼女には相変わらず苦しみ悩む人々のための教会の母としての責任があった．彼女は人々を自由に受け入れ続け，可能な時には訪問も続けた．しかし，加齢と増える体重と健康上の問題に甥の世話も加わって，かつてのように容易には出回ることができにくくなった．彼女はストラスブール以外の人々に語ったり，慰めたりするために，しばしば印刷物を用いていた．今は，彼女がもはや容易には訪問できない人に近づくために，この同じ媒体を用い始めた．

　1558 年夏，彼女の古い知人で，長くハンセン病を患った人のことが，特にシュッツ・ツェルの心にかかった．彼女はフェリックス卿を彼女の望むほどしばしば訪問できなかった．そこで彼女が話したいと思った慰めの言葉を印刷物にして彼に送ろうと決心した．この友人のように牧会的慰めを必要としている人々が，ほかにも大勢いることを知り，それによっても彼女は促された．このやり方で彼女は彼らすべてと，彼女が提供すべきことを分かち合えた．1558 年 7 月，シュッツ・ツェルは書いたものをまとめて，一冊の本を出した．その表題は「ミゼレーレ詩編，ダビデ王が瞑想し，祈る．故マテウス・ツェル師の寡婦カタリナ・ツェルによる釈義．主の祈りの解説付き．キリスト者フェリックス・アルムブルスター卿に彼の病の中での慰めのために送られ，他の悩み苦しむ心と罪に悩む良心のために印刷に付された」．

　この合成された作品はシュッツ・ツェルの人生のさまざまな時期から取り出され，異なるジャンルのものからなる．最も初期のものは 1532 年，シュパイエルの二人の婦人のために書かれた主の祈りの註解である．最も長い部分は悔い改めの詩編の 51 篇と 130 篇の二つについての黙想である．これはたぶん 1548 年，マテウスの死後に作られたのであろう．詩編 51 篇は最大の注意がはらわれており，二つの版が提供されている．一つはダビデと彼女のそれぞれ

の境遇についての，非常に個人的な，状況に即した長い黙想である．詩編51篇のもう一つの方は簡潔だが，文学形式としては非常に興味深い．なぜなら，シュッツ・ツェルは一連の思索をさまざまな表現によって配列した．すなわち祈り，哀歌，話（物語），信仰告白である．詩編130篇は短い，簡単な釈義で詩編51篇の二つの版に挟まれている．そこには詩編自体の黙想とともに51篇の最初の考察に付けていたキリスト論的解釈の弁明を敷衍したものがある．この「神学的論議」は小冊子の他の部分より教育的な討議で，たぶん1558年に加えられた．それはシュッツ・ツェルの古い知人ウルバーヌス・レーギウスが彼の妻のために書いた浩瀚な本『対話……あるいはルカによる福音書24章にある，復活の日にエルサレムからエマオへの途上にあった二人の弟子のためにキリストがなした美しい説教についての対話』のような証拠聖句集に依拠したであろう．旧約聖書の一節は新約聖書の著者によって解釈されるという方法の上に立てられた論拠のもとに，聖書参照の頁は積み上げられた．これは信徒キリスト者［カタリナ］の基本的立場である．旧約聖書から新約聖書へという方向づけはシュッツ・ツェルの考え方に特徴的である．証拠聖句を集積することは，聖書を論拠とするときの彼女の通常のやり方ではないが，これは彼女の非常に個人的な考察に，一種の学問的方法が追加されたことを暗示している．明らかにこの書物全体は，彼女の生涯に亘る教える務めと，彼女の強烈な個人的信仰生活の豊かな範例を提供してくれる．

　最後に書かれたが，順序として最初に置かれている第三の部分は精神的に苦しみ悩む人々の教会の母としての肖像を完成させている．フェリックス・アルムブルスター卿への献呈文はシュッツ・ツェルのどの文書と比べても，共感ときめ細かな慰めにおいて，また牧会的，神学的配慮において，最も感動的な一節であろう．宗教的経験と学習の生涯の熟した果実と文体的慣行や社会的相違を超える気取りのなさが共存していた．それは数世紀という時間の隔たりも超えている．シュッツ・ツェルの相手の人物は，強力な福音主義グループの貴族出身支持者で，ツェル夫妻の宗教的信念と経験を多くの点で分かち合った．フェリックス・（エルンシュタイン）・アルムブルスターは，1525年ストラスブールの市民権を購入したが，紋章を付ける資格のある地主貴族の最後の男子相続人であり，長年，市内に住んでいた．彼はインテリム以前に短期間（1542-1543年）政府に仕え，その後，福音主義派の富裕な上流階級のまれなメンバーの一

人として，多くの貴族が逃亡した後も，市内に留まったので，1548 年，再び市の官職に選出された．彼は 1552 年まで職務にあったが，健康上の理由で退いた．彼はハンセン病のために市壁の外の小さな家に，1559 年の死の時まで孤独な生活を送った．彼の妻は亡くなっており，彼の娘は彼の姉妹と共に住んでいたが，彼との接触を望んではいなかった．たぶん，この恐ろしい病気への感染を恐れてのことであろう．アルムブルスターにとって，時の歩みは遅く，辛いものであった．マテウス・ツェルの寡婦は，彼を定期的に訪問するまれな人の一人であった．そして彼女もまた年老いた．

シュッツ・ツェルはフェリックス宛ての礼儀正しい，友情のこもった手紙で彼らはほとんど 30 年来の知己であると述べる．これに照らすと，1528 年に彼らの交際が始まったらしい．たぶんアルムブルスターはマテウスの教区メンバーであった．マテウスの死の頃までは，あるいはその後も，知人から友人への発展はなかったらしい．なぜなら，アルムブルスター家とシュッツ家では社会階層的隔たりが大きかったからである．しかし，共通の信仰と不幸の分かち合いは平等な関係を作ることになった．（仮信条協定受け入れに抗しての）アルムブルスターの宣言，すなわち，彼は「神と福音に忠実であり，もし倒されねばならないなら，神の手によるより，人の手による方がよい」との言葉はカタリナにとって，彼を貴重な存在とした．仮信条協定体制下で災難を共にしたことは，確かに，福音主義派の人々を以前の世俗的相違を顧慮することなく，互いに近づけあった．アルムブルスターの病気と彼が大事にしていたすべてのもの（シュッツ・ツェルが述べているように，貴族，官職，政府，友人，妻，この世の楽しみと仲間づきあい）から半ば捨てられたことは，残っていたすべての制限を取り除き，マテウスの牧会的パートナーを，アルムブルスターとの交友へと導いた．この病人は，シュッツ・ツェルが最初の訪問をしたとき，非常に喜んだので，彼女は再訪を約束し，その後体力の許す限りそのようにしたが，今や実際に身体をもって訪問することは困難になったので，別の方法を考えねばならなかった．

シュッツ・ツェルのアルムブルスターへの手紙の最も重要な主題は，苦しみ悩むすべての人への神の慰めの保証と互いに慰めあうキリスト者の義務，そして，この二つの関係についてである．聖書的な挨拶と彼らの交際について，また，なぜ彼女が手紙を書いているかについての短い言葉に続いて，すべての人

間的慰めを超える，神の臨在への熱心な願いをもって手紙の本文を始める．

> 「私はあなたのもとへしばしば行くことはできませんが，心の中ではいつもあなたと共におります．私は神に祈ります．神が常に慰めと忍耐をもって，聖霊を通してあなたの内におられますようにと．聖霊の本来の務めは悩み苦しむ者を集め，捨てられた者を探し，彼らをその苦難の中で慰め，彼らと彼らの心の中で親しく話されることです（ヨハネ 14：16 以下）．神の霊の訪れは人間的な訪問，話，慰めを超えております．なぜなら，後者はただ人間的，一時的，時には偽善的，弱くて外の耳に達するだけです（ヨブ 15：2 以下）．聖霊の慰めは神的，内的，恒久的，真実で，強く，広く，心に徹するので，人は喜んで，従順に十字架のキリストに身体を献げ，訓練に従い，すべての罰を受けます（ヘブライ 12：5-6）．霊と魂を永久にキリストにあって神にゆだね，神に感謝します」．

神は事実充足しているが，それにも拘らずキリストにある神は，地上にある兄弟姉妹たちを御子の使命を分かち合うように招いている．

> 「さらに，私たちは私たちの務め，世話し，愛する務めを互いに実行すべきであります．主キリストが最後の審判で『あなたがたは病気のときは見舞い，獄にいるときに訪ねてくれた．私の父の国に入りなさい』（マタイ 25：36, 34）と言ってもらえるように．聖なる使徒も言います．『互いに慰め合いなさい』．さらに『神は私たちを怒りに定められたのではなく，私たちのために死に，甦られた．主イエス・キリストによる救いに与らせるように定められた．だから，互いに忠告し合い互いに人格を高めあい，気落ちしている者を励まし，弱い者を愛によって支えなさい』（Ⅰテサロニケ 4：18, 5：9-10, 14）」．

シュッツ・ツェルは，他の聖書テキストをさらに続けて加える．そこにはコリントの信徒への手紙二 1 章 3b-5 節が含まれる（キリストの苦しみが満ち溢れて私たちに及んでいるのと同じように，私たちの受ける慰めもキリストによって満ち溢れる）．さらに彼女は，隣人愛と一つの身体の肢体による互いの配慮について，参考として引用する（レビ 19：18, Ⅰコリント 12：25）．

ついでシュッツ・ツェルはアルムブルスターと彼女自身の苦難の体験と，彼らそれぞれへの神の慰めに話を転ずる．彼女は彼らの間で交わした会話を穏やかに記し，彼の苦難に対する態度の変化したことを示す．最初，彼は彼の苦難すべてについて憤慨していた．しかし，のちには神が彼を助けて，彼に忍耐を教え，次のように神に祈ることができるまでに至った．「私は神に感謝し，告白します．神は私に対しまた他の誰に対しても不当なことはなさいません．私は神の前で心のひざを折り，謙遜に述べます．主よ，あなたはこのことを父の愛から，あなたの栄光のために，また，私の魂の救いのために，私に私の罪とあなたの大きな愛と善を思い起こさせるために，なさったことを知っております」と．マテウスの協力者にして寡婦であるカタリナは，十字架のもとでの訓練についてよく知っていたので，この話を聞いて深く感動し，神に感謝し，アルムブルスターのために祈ることを決して忘れなかった．しかし彼女は，彼女の友がある程度の平安に達していたにしても，彼の苦難は続いていることを知っており，彼女自身の苦難と慰めの経験から，できるだけの慰めを与えたいと思った．シュッツ・ツェルのアルムブルスターに慰めを与えるしかたの叙述は，彼女自身の信仰と実践についての最も意味深い個人的陳述の一つである．

「私は慰めのためにあなたと共にいる方法を探し，幾分でもあなたの十字架を担う手助けをする方法 ── 肉体的にではなく精神的に ── を求めました．あるいは神が私に与えた慰め，しかし，必要な時には，私の行動について警告してから与えられた慰めと同じだけの霊的慰めをもって，あなたの重荷を軽くする方法を求め熟考しました．こうして数年前に私自身のために書いた古い小冊子のいくつかを見出しました．私はそこで嘆きと祈りと感謝をもって全詩編を学びました．その中から私はミゼレーレと呼ばれる詩編51篇を取り挙げました．そこでは神が預言者ナタンを通してダビデの罪を示し，罰を告げることで彼を恐れさせたとき，ダビデが正しいやり方で罪を嘆き，罪の告白をしたことが見られます．ダビデが心を悩まし，大きな悲しみの中にある者として作ったこのミゼレーレを，私もまた大きな苦難と悩みの中にあったとき，これを取り挙げ，ひとり，神の前でこれについて瞑想しました．私の心と良心が非常に苦しめられたとき，私は祈り，これを釈義しました．神の怒りと恵みの間で，私の心が引き裂かれた時には，詩編130篇も加えて瞑想しました．しかし主は，そのように父親らしいやり方で私を慰めてくれました」．

シュッツ・ツェルは次に彼女自身の経験を離れて，教会が共通に必要としている事柄のためにこれを適用する．

> 「私は自分自身でも，他の人においても多くの苦難を経験し，さらに，神が私に再び多くの慰めを与えたので，私はあなたの苦難を覚え，パウロの言葉を思いました．『神は私たちが苦難にあった人を信じられるように，私たちに苦難を与える．そして私たちの経験から苦難の中にある人を慰めることができるように，私たちを慰める』（Ⅱコリント 1：4）．私がこの二つの詩編について書き，あなたと分かち合いたいと思ったのは，以上のような理由からです」．

思いやり深い寡婦は，彼女自身や他の人のために神に信頼したように，彼女の友人のために神に信頼しつつ，祈りと麗しい描写をもってこの部分を終える．

> 「神はあなたの十字架のために，私がここでできるよりももっと多くの教えと慰めを与えられると思いますが，愛は他の人に関わり続けます．ちょうどマリアが主はすでに復活して，もはや傷ついていないのに油を塗りたいと思ったように（マルコ 16：1，9），あなたの苦しみが神の恵みによって癒され，良心にいかなる傷もなく，あなたが幸せで慰められることを，また，神においてあなたがすでに甦らされていることを主イエスが叶えてくださいますようにと祈ります．神とあなたが，私の愛の業（この小冊子）を悪くとらないようにと願います」．

シュッツ・ツェルにとって神との苦闘，すなわち，神の御前での苦難との闘いの成果を提供することは，神の働きの代わりを意図したものでは全くなく，聖書に教えられているままの隣人愛の遂行であった．

フェリックス卿に特別に向けられた個人的部分に続く短い部分では，シュッツ・ツェルのその他の読者とは誰であり，なぜ詩編についての瞑想に，主の祈りの解説を加えたのかが説明されている．多くの悩む魂が涙と心の不安を抱えて彼女のもとに来て，彼らの良心において経験する病は，肉体上の病よりも耐えがたいと泣き叫ぶように訴えた．彼らは救しの保証と神の恵みを求めた．

シュッツ・ツェルは屠られ，殺された小羊である神の子イエス・キリストの「高い，言い表しがたい永遠の功績」について，長い間，彼らと話した．「この小羊は七つの封印を開くにふさわしい唯一の方である．その前にひれ伏して礼拝する人びととの全種族を救うことができて，救おうとされる方である」（黙示5：1以下）．この哀れな人々は平安に至るために必要な道であり，彼らの唯一の救い主であるキリストについての正しい知識に欠けていると彼女は考えた．彼女はアルムブルスターと同様，彼らのためにもこの詩編の祈りを出版し，そこに「神のみ旨に従う生活ができないと嘆く」二人の婦人のために書かれた主の祈りの解説を付け加えた．シュッツ・ツェルの見解によれば，教えることも慰めの一つの形であり，魂への配慮は，慰めの言葉とともに正しい教理を含んでいる．個人的信仰告白（実存的誠実さ）と聖書の教えの二つは牧会的助言と互いの信仰の分かち合いの一部である．

アルムブルスターへの献呈文の最後の言葉において，思慮深い信徒神学者にして牧者であるカタリナは，個人的な，非常に信心深い調子に戻っている．彼女の手紙は予期される死の示唆，復活の希望，旧知の友を三位一体の神にゆだねる祝福をもって閉じられている．

シュッツ・ツェルと老いた見張り人 ── 彼女の最後の年月と友情と試練

シュッツ・ツェルのフェリックス卿への慰めの小冊子はストラスブールの境界を超えて，より広い読者を獲得した．また，ブラーラー家の人々のような友人もこの本に接したらしい．保存状態の良いこの本の一冊が1579年にチューリヒのベネディクト・シュトッカーの蔵書に加えられ，このスイスの名家の子孫たちによって秘蔵されてきた．出版されておよそ6か月後に，アンブロシウス・ブラーラーはシュッツ・ツェルに「彼女の書物」への感謝状を送っているが，たぶんこの慰めの書のことであろう．この数年のシュッツ・ツェルの出版物のテーマの多くは，ラブスとの論争書にしても敬虔な書物にしても，フーベルト家やブラーラー家の人々のような第一世代の年老いた生存者たちの関心と共通していた．これらの旧友や同僚と彼女の関係は，年月とともに緊密で堅固なものとなった．なぜなら，ストラスブールの指導的聖職者が市の最初の神学的立場から厳格なルター正統主義へ移行したからである．ブラーラー家との交

際は，1550年代末，アンブロシウスの息子ゲルヴィクが，トーマスのもう一人の息子ディートヘルムの後を追ってストラスブールの学校に入ることによって，より頻繁なものとなった．学生たち，特にゲルヴィクは（ツェル家の人々はいつもトーマスの家族よりアンブロシウスの家族と親しかった），ブラーラー兄弟の兄と彼らのストラスブールの親戚や友人たちの間の定期的な情報を提供した．1558年から1562年にかけて，ブラーラー書簡は他の友人や知人とともに，シュッツ・ツェルとシェーア家の人々（ゲルヴィクとディートヘルムの従姉バルバラの姻族）への，また彼らからの挨拶を取り次いだ．

　1558年7月30日，アンブロシウスはシュッツ・ツェルの手紙について，それは「教会の状況についての苦痛を新たにしたけれども，その敬虔な見解は私を元気づけた」として，感謝の意を伝えるようにと息子に命じた．痛ましい教会の状況とは，たぶん，ストラスブールのルター派聖職者による，市内のツヴィングリ・カルヴァン主義的な集会への増大する反感のことを含んでいたであろう．アンブロシウスならびにマルガレーテとブツァーの緊密な関係はウィッテンベルク協定を彼らに強く推奨する彼の行動によって冷めはしたが，彼らはブツァーとの友好的な交友は続けた．1548年，仮信条協定がコンスタンツのプロテスタント教会を壊滅させたとき，ブラーラー家の人々は宗教改革の導入されていたドイツ語圏スイスへ移住しなければならなかった．アンブロシウスは結局ビールの牧師になった．実際，ブラーラー家の人々はシュッツ・ツェルと同じく，ストラスブールで支配的になっていた厳格なルター主義よりは，ツヴィングリ・カルヴァン主義的な神学的立場に近かった．彼らは親戚となったシェーア家と親密とは言えないまでも良好な関係を維持していたが，シュヴェンクフェルトの神学についてはシュッツ・ツェルよりも大きく距離を置いていた．しかし，コンラート・フーベルトのようなストラスブールの宗教改革を担ったキリスト者仲間に対する攻撃に対しては，まったく別の反応を示した．それは教会の後退を示す，深く痛ましい現象であった．アンブロシウスはカタリナに共鳴するばかりであり，彼女の献身的働きを評価し，彼女への手紙の中で感謝している．

　ストラスブール教会の状況は年ごとにますます狭隘なルター主義となった．特に1559年，ストラスブールがカトリック司教との協定の更新を怠った後，カトリック司祭たちは市政府がプロテスタント市民による嫌がらせから彼らを

守る措置をとらないため，市から去ることを余儀なくされた．こうしてルター派正統主義の聖職者が残り，市の公的宗教政治を実質的に管理した．このことはブツァーの元秘書で，ブラーラー家の良い友であったフーベルトのような人々にとって困難な状況となった．彼は聖トーマス教会の補助牧師であったが，彼の上司はラプスの古い友人メルヒオル・シュペッカー牧師であった．シュッツ・ツェルは1550年代には，たぶんこの教区のメンバーであったから，聖職者間の緊張関係を目にしたに違いない．シュペッカー対フーベルトの対立では権力はシュペッカー側にあり，フーベルトは次第にのけ者にされた．

教会についての心配だけが古い友人たちが分かち合った関心事ではなかった．彼らはしばしば衰えつつある健康や家族的責任についての情報も打ち明け合った．アンブロシウス・ブラーラーの健康状態は良くなかった（彼は1559年ビールでの牧師職を辞した）．シュッツ・ツェルの信仰的小冊子でのアルムブルスターへの献呈文の締めの言葉は彼女自身の死と復活の希望を予期したものであって，敬虔な言い回しなどではなかった．1557年7月に本が印刷に回されたとき，彼女はたぶんすでに病気であった．そうでなかったとしても，すぐ後に彼女の死は迫ってきていた．9月にゲルヴィク・ブラーラーは，父アンブロシウスにシュッツ・ツェルはほとんど致命的な病から，現在回復しつつあると報告した．彼女はアンブロシウスに挨拶を送り彼からの言葉を期待していると述べた．健康はなお優れなかったが，たぶん旅行ができるようになると，すぐにバーデンへと温泉治療に赴いた．

カタリナ伯母のシュッツ家の人々への責任

古い友人たちとの文通はシュッツ・ツェルにとって大きな慰めであったが，彼女はまた広くシュッツ一族の人々とも，特に姪や甥と強い絆で結ばれていた．1550年代末頃，カタリナはヤーコブ・シュッツとエリーザベト・ゲルスターの9人か10人の子どもたちのうちの，たぶん唯一の生存者となり，したがって，一族のいわば女族長のような存在となった．

事実，彼女がバーデンでの療養のためにストラスブールを離れるにあたっては，まずは一族の問題に対応しなければならなかった．1558年8月末，彼女の法的後見人ヤーコブ・マイアーは，ルックス・シュッツの世話に関する

問題を解決するために市参事会に出向いた．カタリナ伯母はブラッターハウスの悪い管理状況を見て，甥を伴ってそこを出た後，大きな肉体的，経済的犠牲をはらって彼の面倒をみてきた．今や彼女はこれ以上面倒をみることができなくなったので，マイアーはルックスのためになしうることを求めて手配をした．この問題の一部は，1555年の計画案で，この少年の生活維持に寄与するために定められた救貧関連の諸事務所のある部分が分担額を払わなかったことにある．マイアーの言い分を聞いた上で，市参事会はルックスのための経済的援助を保証するように命じ，ルックスは再びブラッターハウスに収容された．シュッツ・ツェルは自分の健康状態がますます悪くなった以上は，彼が世話をしてもらえることでたぶん安心し，すべては適切に処理されるとの期待をもってバーデンに出発したことであろう．残念ながら難事はなお数か月，少なくとも1559年5月まで続いた．

シュッツ・ツェルの弟ヤーコブ（二世）の子どもたち，ルックス・シュッツ，その兄弟ヤーコブ（三世），姉妹マグダレーネらはたぶん父親が早く亡くなったことにより，彼女が長期間，実質的に関わることになった家族であった．ルックスは少なくとも1550年から以後は彼女が責任を負った．さらにツェル家はヤーコブ（三世）の勉学を援助し，マグダレーネがゲルスバッハのベルンハルト・ニッカーと結婚するに際してはカタリナ伯母が母親代わりを務めた．彼女はゲオルグ・ローヘンに嫁いだ妹マルガレーテの子どもたち，特に娘のユーディットと親しかったが，ユーディットの三人の兄弟，飾り棚職人のハンス・ゲオルグ，床屋（外科医）のサムソン，ガラス工のパウルスをも可愛がっていた．彼女の弟アンドレーエの三人の子クリストフ，アグネス，マドレーネとは親密度はより少なかったが，彼らとの交際もある程度保たれた．ルックスを除いて，最も親密で，接触も最も多かったのは姉エリーザベトの娘，姪のマルガレーテ・シュヴェンカーの家族であった．シュヴェンカー家とマルガレーテの夫シメオン・エムプフィンガーは，シュッツ・ツェルの直接の親戚の中では最も社会の上位に属していた人々であろう．さらに重要なのは，彼らが最も熱心な福音主義者であったことである．

そこでマルガレーテ・シュヴェンカー・エムプフィンガーが遺書を書いたとき，カタリナ伯母を彼女の相続人に指定したことも，たぶん驚くべきことではないであろう．子どもや生存者がなかった場合には，通常，妻の固有財産

は彼女の実家に，夫のそれは夫の家に復帰する．そしてこの財産は普通すべての相続人の間で平等に分けられた．叔父や叔母の分はその子どもらに与えられた．マルガレーテ・シュヴェンカーがたぶん1560年か1561年に亡くなったとき，彼女の子どもたちはすでに先立っており，ただ彼女の夫シメオン・エムプフィンガーだけが残っていた．マルガレーテは彼女の母に由来するすべての財産をシュッツ家の従兄弟たちに分与せず，母の唯一の生存姉妹であるカタリナを包括相続人とした．彼女は，カタリナ伯母が遺産を，シュッツ家の中で最も援助を必要としている人のために有効に用いるであろうと知っていたことはほとんど疑いない．事実，シュッツ・ツェルは，それを主にマルガレーテの障がいをもった従弟ルックスの扶養のために用いた．彼女は彼のために多くの金銭を使っていた．従弟のヤーコブ（三世）は，彼の兄弟が特別に目をかけられていることに不満で，マルガレーテ・シュヴェンカーの夫シメオン・エムプフィンガーに対して訴訟を起こした（あるいは，そのように脅した）．後者が遺産の一部を自分のものとしたと主張したらしい．若いヤーコブは最近ハイデルベルク大学で法学博士号を受け，たぶん自分をシュッツ家におけるひとかどの権威と見なしたようである．彼はカタリナ伯母に対して忘恩的であったように見える．彼女とその夫が勉学を援助したのみならず，彼が兄弟ルックスの世話をしないで済むようにもさせたからである．そこで彼女は姪マルガレーテの寡夫（彼女の良い友人でもあった）が，無礼な甥にわずらわされないで済むようにと見守る決心をした．彼女は新たな遺言書を作らねばならなかったであろう．

最後の病気と公の奉仕

　1561年末，シュッツ・ツェルは再び重い病に陥った．友人たちは彼女がこれ以上生きるとは思わなかった．1562年1月1日，ゲルヴィク・ブラーラーは父に，彼女は水腫を患っていると書き，彼の祈りを求めている．2月13日，アンブロシウスは彼に返事を書き，私たちはやがて天において挨拶を交わすであろうと述べ，古い友人にして同僚への挨拶の言葉を添えた．数週間後，コンラート・フーベルトはルードヴィヒ・ラヴァーター[4]にシュッツ・ツェルは

───────────

〔4〕　ルードヴィヒ・ラヴァーター（Ludwig Lavater, 1527-1586年）．スイスの改

第 8 章　最後の事態 —— 最後まで辛抱強く，信仰的に　　239

「長期の病気で半死状態」であり，甥についての新たな災難（ルックスの世話のことか，あるいはヤーコブ（三世）が脅した裁判のことか）で悩んでいると書いた．また「彼女はあなたの祈りを頼りとし，（手紙を書けないことを）許してくれるようにと頼んでいる．それは何か月にも及ぶ病気で，現在彼女は筆を執ることが不可能で，自ら友人に返事ができないから」とも書いた．

　病気，それも最後となる病気が手紙を書くことを妨げたかもしれないが，シュッツ・ツェルは不屈の努力がいかなる論争を惹き起こすことになるかなど物ともせずに，恐れることなく彼女の奉仕を続けることを止めなかった．1562年3月末，フェリツィタス・シェーア・フォン・アンデルナハが死んだとき，市の聖職者たちは彼女の家族にもし葬儀をするなら，彼女がシュヴェンクフェルトの信奉者として信仰から離れていたと言わざるをえないと告げた．彼女の兄弟姉妹は，すなわち，ペーター・シェーア（子）とエリーザベト・ヘックリン，さらに寡夫ヨーハン・ヴィンター・フォン・アンデルナハ博士らは，このような類の侮辱を受け入れようとはしなかった．そこで彼らは古い友人シュッツ・ツェルに葬儀を依頼した．式は群衆や衝突を避けるために朝6時という普通でない時間に計画された．カタリナ牧師は健康状態が悪かったので，寝台ごと墓地に運ばれたが，快く式を執りおこなった．ゲルヴィク・ブラーラーは，この件をトーマス叔父に報告して「私たちの説教者たちはこのような人たちなのです」との言葉で結んだ．彼は明らかにシュヴェンクフェルト主義者との交際をあまり喜んでいなかった．しかし，彼のいら立ちの主要な原因は女性による説教という点であったろう．女性説教者とシュヴェンクフェルト派の親戚の葬儀という組み合わせであったにしても，そこから彼のむしろ穏やかな感嘆の言葉以上に鋭い批判は生じなかった．

　フェリツィタスの葬儀の直後，1562年4月1日に，シュッツ・ツェルは彼女の最後の遺言状を作成し，署名した．たぶん彼女の愛した姪マルガレーテの死とマルガレーテの遺産をめぐる甥ヤーコブとの問題を含む，多くの状況の変化が新しい遺言を必要とした．彼女は公証人，市参事会への代理人として知ら

革派神学者．ブリンガーの女婿．チューリヒ，ストラスブール（1545〜1547年）に学ぶ．チューリヒの大聖堂教会で副監督，牧師となる．多くの著作を残した．

れた人物に文書を作らせた．彼女は年老いて，体は弱ったが，精神は明晰で「聖霊においてキリストを通して確信している神の聖なる召しを，毎日待望しており」，すべての事柄をきちんと解決することを願った．第一に彼女は魂を「唯一の救い主キリスト」にゆだね，愛する夫の墓に埋葬するよう指示した．次いで，さまざまな遺産の長いリストが続いた．ある物は友人コンラート・フーベルトへ（ヤン・フスの記念メダル），ある物は貧しい人々へ（市の福祉機関，特定の寡婦，孤児その他），あるいは他の知人へ（アンデルナハ博士の召使に1ターレル，学生ヤーコブ・ドイツェルンに2ドゥカートと数冊の本），さらに彼女の家中のかつてのメンバー（縫帆職人の娘マリー，バーデンのアンナ・ファルベン――たぶん彼女の晩年の住み込みヘルパー）などである．大部分の遺産は，当然，さまざまな親族，すなわち姪，甥，彼らの家族に向けられた．ルックス・シュッツのために広範な特別の手配がなされた．ヤーコブ（三世）博士には，シメオン・エムプフィンガーに対する訴訟を起こすいかなる根拠もないことを明確にすることに特別の注意が向けられた．最も気前の良い贈り物は，彼女の妹マルガレーテの娘ユーディット・ローエンに与えられた．とはいえ，ユーディットの兄弟たちとマグダレーネ・シュッツ（ルックスとヤーコブの姉妹）らも特別の配慮に与ったのであるが，シュッツ・ツェルはユーディットのものとなるシュッツ家の食器一式について明白に記している．彼女が娘時代に織った綴れ織（ハイデニッシュヴェルケ）の枕をマグダレーネに与えた．家事用具や衣類が財産の大部分をなしていた．宝石類は二つあっただけである．一つはサンゴ製のロザリオで，彼女はこれを娘時代に得たが，ルックスに与えた．彼の死後はユーディットが得るという条件付きであった．もう一つはシュッツ・ツェルの結婚指輪であった．これはマテウス・ツェルの贈り物であったので，蓋つきの金色の杯とともに甥のハインリヒ・ツェルに残した．彼女は，彼がストラスブールに住んでいなかったので，すぐに受け取りに来られない場合のための対策も取った．

　遺言状は多くの知人，友人によって連署された．友人の中にはゲルヴィク・

---

〔5〕　ヘレンベルク（Herrenberg）出身のミヒャエル・トイラー（Michael Theurer）．彼はシュヴェンクフェルト派として知られていたがストラスブール市参事会に雇用されていた．

ブラーラーやフーベルト家を中心とした友人サークル，たとえば聖トーマス学院の校長ヨーハン・シュヴェーブリンやその息子ヨーハンら非常に福音主義的なシュヴェーブリン家の人々の名があった．他の署名者としては新聖ペーター教区牧師ラウレンティウス・オフィサーがいた．この教会が1561年，プロテスタントの使用に戻されて以来，シュッツ・ツェルはその教区民となっていた．さらに，アガグ・ヨーハン・ヴィルヴェスハイム，ハンス・エグムンド・ライサイゼン，ヨーズア・ガイガーが署名している．遺言執行の公的監視役として元市長マティアス・プファーラーと孤児院管理者ゲオルグ・コップが指定された．遺言執行者，包括受遺者として，ペーター・シェーア（子），ヴィンター・フォン・アンデルナハ博士，エリーザベト・シェーア・ヘックリンが指名された．この三人はシュッツ・ツェルとの晩年の友情のゆえに選ばれたことは疑いないが，さらに，彼らが身分と資産を持つ人たちで彼女の意志どおりに事がなされるかを配慮する力があり，誰も彼らに横領の非難をすることがないであろうほどに十分裕福であったことも，確かにその理由であったろう．シュッツ・ツェルは甥ルックスのことでしばしば彼らと話し合ったことを特に記している．彼の取り扱いが遺言執行人の重要な任務であったし，その責任は遺言執行後少なくとも1年あるいはそれ以上続くと思われたから，決して閑職ではなかった．感謝の小さな印がこの経過を指導し監督した市の担当者と遺言の執行を実際におこなうであろう三人に与えられることになっていた．

　遺言状は完成したが，彼女の仕事は終わらなかった．遺言状の署名からわずか二か月を少し過ぎた頃，6月12日に彼女の友人であり，遺言執行人の一人であるエリーザベト・シェーア・ヘックリンが亡くなった．シュッツ・ツェルは彼女の最後の牧会的責任を果たした．詳細は不明であるが，葬儀の執行を求められた市の聖職者は誰も快くこれを引き受けようとしなかった（たぶん彼らはエリーザベトのシュヴェンクフェルトへの傾倒についての批判に対し，シェーア家は姉妹フェリツィタスの時と同じような反応をするであろうと知っていた．しかし，

---

〔6〕　ヨーハン・シュヴェーブリン（Johann Schweblin［Schwebel］，1499-1566）．ブライザッハ近郊に生まれ，1524年ストラスブールにラテン語学校の教師として来る．再洗礼派に加担し，1527年投獄，追放されるが1529年追放から解除される．1531年ストラスブールに戻り，いくつかの学校で教える．説教資格も得て聖トーマス教会付きとなるが，健康上の理由から付属学校長となる．

史料にはただどの牧師も司式をしようとはしなかったと述べられているのみである）．再度，シェーア家の人々はシュッツ・ツェルに頼り，彼女はこれを引き受けた．そこで彼女は再び墓地に運ばれ，友人の葬儀の説教をおこなった．マテウスの寡婦は（キリストを唯一の救い主とするプロテスタントの基本的立場を分かち合う者すべてに対する夫の寛大な態度をたぶん思い出しつつ），市の聖職者たちの牧会者の正しいあり方に反する行動を指摘し，なぜ彼女が司式するに至ったかを説明する必要があるとはっきりと決心した．そして彼女は説教をし，彼女が批判した市の説教者たちをいらだたせることになった．

続く 14 日日曜日，聖ニコラウス教会と大聖堂の主要礼拝において，説教者たちはシュッツ・ツェルのしたことを話した．彼らとその仲間は（墓地での説教と同様）あえて聖職者とサクラメントに敵対して発言する異端的な女性を，市参事会が叱責するよう要求したに違いない．市参事会は月曜日の会合で，少なくとも部分的には彼女を譴責した．もしも聖職者がシュッツ・ツェルを異端あるいはシュヴェンクフェルト主義者として告発したならば（その可能性はあり，そうなりそうでもあったが），市参事会はこれを黙殺することにした．市参事会が問題にしたのは，彼女が不当にも説教職を自分のものとし，聖職者とサクラメントを批判したことであった．彼らは何かすべきであったが，シュッツ・ツェルの行動によって個人的にひどく心を乱されたわけではなかったからか，あるいはこの問題は放置しておけば自然に収まると考えたのか，寛大に対処した．理由は何であれ，彼らは譴責するにしても彼女の健康が回復するまでは，これを止めることにした．こうして今回は彼女には何事もなかった．

主にある永眠と葬儀の熱狂

1562 年 9 月 5 日，カタリナ・シュッツ・ツェルは「主にあって永遠の眠りについた」．

この言葉は，コンラート・フーベルトの息子サムエルがゲルヴィク・ブラーラーに，彼らの信仰深い年長の友人の葬儀を報告して書いたものである．彼女は確かに信仰深かった．それについては疑問の余地がない．しかし，最後まで物議をかもすことになった．シュッツ・ツェルの葬儀をおこなうことは，シェーア姉妹の葬儀以上に挑戦的であった．市のルター派聖職者は，彼らが以

前にしたと同じ脅しあるいは約束を告げた．すなわち，彼らは彼女の貧しい人々への善いおこないについては述べるが，彼女は信仰から離れていたと明確に告げる，というものであった．この命令は教会監督マールバハからきたもので，シュッツ・ツェルの教区牧師オフナーはこれに反することはできないと言った．そこで彼女の友人のある者たち，たぶん彼女の遺言状に署名した二人のシュヴェーブリン家の人がコンラート・フーベルトに葬儀の執行依頼に行った．彼の息子サムエルが認めているように，彼の父はこれを受けたいとは思わなかった．それは挑戦と見なされるであろうし，彼はすでに教会当局に対し，危うい立場に身を置いていたからである．

そこでコンラート・フーベルトはオフナー牧師に話すように，もしオフナー牧師が拒否しても，彼は彼らを見捨てることはないと約束して，シュッツ・ツェルの友人を送り出した．不安ながら友人たちはシュッツ・ツェルの教区牧師に話しに行き，葬儀をおこなうことと，良いこと悪いことを含めて個人については何も言わないことを頼んだ．しかし，オフナーは，マールバハからの指示に従わねばならないとしてこれを断った．そこで彼らは彼ら自身の牧師であり，フーベルトの聖トーマス教区の牧師であるメルヒオル・シュペッカーに話しに行った（彼らはフーベルトが葬儀の司式をすることについて打診したいと思ったようである．なぜなら，フーベルトはシュペッカーの補佐役なので，もしシュペッカーの許可が得られるならフーベルトを難局から救えると考えたからであろう）．彼らが得たのは正確には許可ではなかったが，シュペッカーは彼らに次のように言って，フーベルトのもとに送り返した．すなわち，コンラート・フーベルト博士は彼にとって良いと思われることを常におこなっているので，今回も同じようにするであろう（と期待している）と．このことがフーベルトに報告され，彼は（不本意ながら）葬儀をおこなうことを承諾した．

1562年9月6日土曜午後3時，カタリナはマテウスや彼らの子どもたちが埋葬されていたクールバウ墓地に葬られた．200人を超える人々が葬儀に参列した．そこには当然シュッツ家，シェーア家，フーベルト家，シュヴェーブリン家の人々がいたが，加えて旧知のマテウス牧師未亡人を愛した多くの庶民がいた．コンラート・フーベルトは葬儀の説教の中で，カタリナ・シュッツがストラスブールの教会を建てるために共に働いたマテウス・ツェルや，フーベルト自身の指導者でもあったマルティン・ブツァーを含む第一世代の多くの福

音説教者の仲間についての記憶をよみがえらせたであろう．彼は言葉に出して明瞭には言っていないが，説教者の心の底には敬愛する第一世代とその後継者の間の悲しむべき対照があった（数週間後に彼がシュッツ・ツェルの葬儀についてゲルヴィク・ブラーラーに書いた手紙，あるいは翌年，トーマス・ブラーラーに宛てた手紙には，私たちはツェル，ヘーディオ，カピト，ブツァーの時代から遠く離れてしまったとはっきり表明されている）．おそらくフーベルトは，シュッツ・ツェルを擁護したことで罰を受けることになるであろうことを知っており，先に去った指導者たちのことを考えつつ，厳しい試練に備え気を引き締めたのであろう．彼はシュッツ・ツェルについては確かに温情をもって語り，特に貧しい人々への彼女のすべての良い行動について語ったであろう．彼はたぶん彼女が肉体的，精神的に苦しんでいる人を慰めたこと，ブツァーやファギウス，その他の難民を匿ったこと，多くの人のために祈り，勇気を与えたことを思い起こさせたことであろう．たぶん，あるいはそうでないかもしれないが，彼女が自分のことを教会の母と考えていたことを思い出させたかもしれない．しかし彼は，彼女が貧しい人々や難民たちの母であるようにとの夫の託した任務を成就したことを認めたであろう．

　葬儀は終わった．カタリナ・シュッツ・ツェルはその歩みを止め，地上での務めをなし終えた．彼女がアルムブルスターに書いた言葉が，彼女自身の「命に至る死」という大きな秘儀の喜ばしい歓迎の挨拶となるであろう．「私は私の解放の時を目の前に見て，これを歓迎する．私はそれを喜ぶ．そして，ここで死ぬことは私にとって益であること，私は死すべきもの，朽ちるものを脱ぎ捨て，永遠に続く，死ぬことのない，朽ちることのないものを着ることを知っている．私は今60歳（64歳）である．私は神の前で，神を恐れつつ，この世を軽蔑しつつ，50年（54年）を歩んだので，私もアンブロシウスと共に次のように言うことができる．『私は信仰者のうちに生き続けることを恥としないように生きてきた．しかし，私は死を恐れない．なぜなら，キリストにあって私は再び生き，キリストにあって恵み深い神を永遠に所有することを確信しているからである』」．

---

〔7〕　カタリナがアルムブルスター卿に書いた時点では60歳であったが，それから4年経っているので，著者は（64歳）とした．続く50年（54年）も同じ．

第 2 部

カタリナ・シュッツ・ツェルの思想

　カタリナ・シュッツ・ツェルは体系的・抽象的な思想家ではなかったし，またそう望んでもいなかった．彼女はたいへん知的で思慮深い実践神学者であり，その信念はまず個人的な宗教理解の探求において練り上げられ，次に良心や同情が彼女の信仰を他者と共有させた場合，公的な形でも表現された．彼女の伝記は，自分の思考の実存的な背景であり，シュッツ・ツェルの神学への最初の糸口を提供してくれるに相違ない．しかし，彼女の思想全体をわかりやすく捉え得るように記述するには，主題に沿うよりも物語風に組み立てるのが有効であろう．

　第 2 部は，ぜひ信徒改革者カタリナ・シュッツ・ツェルの思想と精神を探求することにしたいが，それは彼女の宗教思想の中心的特徴を吟味する三つの章をもって始まる．すなわち，彼女の聖書理解やその知識と活用に関する第 9 章，彼女の教理的神学に関する第 10 章，そして，彼女の敬虔ないし実践神学の主たる様相に関する第 11 章である（これら三つの章はすべて緊密に絡み合っており，ばらばらでは正確に理解できないが，読みやすさのために分割されている）．第 12 章は著作家シュッツ・ツェル，とりわけ著述家としてのスタイルや歴史家としての賜物に焦点を当てている．これが彼女の宗教思想の一面であるというのは，改革が聖霊の働きに対する一つの証言であり，それを物語ることが福音を宣べ伝え，改革を継続する一つの方法であると，彼女が信じていたからで

ある．最後の二つ，第 13 章と第 14 章とは神学的独自性の問題を扱っており，最初に女性や他のキリスト者信徒の役割についてのシュッツ・ツェルの理解を，次に彼女自身の宗教的召命と職務観を取り扱う．これらは「特殊カタリナ的」なしかたで，彼女の宗教思想とその実践とを展開することになろう．

別なしかたで表現すれば，その流れは基本的な宗教的確信を概観的に提示することからはじめ，それらの公的な発言の成り立ちをとおりぬけて，信徒改革者の言行への責務を擁護し，最後に，思考し，語りかけ，行動し，出版したユニークな女性の自己理解をもって結びとすることになる．

第9章

信徒改革者の聖書的世界

　信徒改革者カタリナの宗教思想は，聖書の権威と内容によって最も深く形成されたが，それは古代の諸信条の中に要約され，1520年代のプロテスタント説教者たちによって解釈されたものである．しかし，その教えは，この勝ち気で断固たる性格の持ち主によって，個人的研鑽と個別的対話や公的説教をとおして身につけられたものである．その後，それは彼女の個人的で信心深い生活や牧会的奉仕の中で具体化されていった．彼女を育んだ宗教的経験は，その信仰が蒔かれた土壌を用意し，それが実存的・歴史的に根を下ろして彼女の思考を最後まで導き，形成し続けたのである．シュッツ・ツェルはその長い生涯の歩みをとおして知識を学び，その信仰を告白して生きる[1]のに役立つことに専心していった．彼女は信徒のキリスト教神学を完全で明晰な表現をもって展開し，その後もその明確さと一貫性とでは成熟し続けたが，1520年代にその基本的パターンが据えられた後は基本的に変化することがなかった．

　この章は，シュッツ・ツェルの思想全体への一種の序論として役立つとともに，彼女の聖書理解への特別な取り扱いとしても役立つであろう．彼女の神学の探究を，成熟した信徒神学者が，人間の救いを最終目標とする，宗教的知識の本質や神人関係や信仰と知識との関係を，どのように理解したかを素描することから始めることは有益であろう．

---

〔1〕　認識と告白という概念の組み合わせは，カタリナの思想に頻繁に現れるが，それは erkennen/ bekennen という言葉の変形的な組み合わせでもしばしば表現される．

序論 ── 宗教的知識の源泉と手段

　実践的なキリスト教神学者カタリナ・シュッツ・ツェルにとって，宗教的な知識は終生の関心事であった．人間が救われるためには，神がだれであり，どのように仕えられるのを望んでいるのか，また祈るためには，祈っているその相手を知らなければならなかった．カタリナ・シュッツが，子どもとして教えられたのは，神を喜ばすために「自分の内に貯え得ていること」を実行し，その要求を満たすために努力し，よりよく知るためには絶えず牧師を捜し出すということであった．しかし，彼女が獲得したどの知識も十分とは思われず，十代の終わり頃には神を喜ばせたと確信できるような方法を必死で求めるようになっていた．その後，彼女は若い女性として「福音」の宣告を聞いて，ルターとツェルやその仲間の説教者たちが，以前に聞いていたよりもよく，神の意思を正しいしかたで教えていると確信するようになった．彼女は子どもの頃から聖書を読んではいたが，今やそれが以前は彼女にとって閉ざされた書物であったことを知った．今や彼女は初めて本当にそれを理解し，その喜ばしい知識によって自分が「人間をとる漁師」として召されたと確信した．

　知識と信仰告白とが両立するようになった．カタリナ・シュッツは救いに必要な知識とは実際上なすべきことのリストを学ぶことではなくて，キリストへの信仰のみという賜物を受けた者が自分自身の業なしに救われたと認識し・承認することであると確信するようになった．この告白は，彼女が救いを確信して働く際の積極的な言葉と行動とを含む活動へと通じていった，いや実際にはそれを要請した．しかし，今や彼女は神の愛を確信することに集中するよりも，むしろ神の子であると確信して，その精力を他の人々に教え，仕えることへと転じていった．シュッツ・ツェルは，神の意思を新しいしかたで理解するという経験を反映して，神の救いの認識がどのように起こるのか，また，認識と告白がどのように結びついているかという考えをはっきりと述べた．彼女の思考は，神の絶対的主導権や聖霊の生命的効力の主張と，人間の道具立てやすべてのまじめなキリスト者に付随する人間的責務の強いけれども副次的な強調と，バランスを保った．

　宗教的な救いの知識の主導権も手段も内容もすべてが神のものである．神

ご自身がキリストをとおして救われる，聖霊によって霊感を与えられた聖書をとおして救いへの道を啓示する．聖書と聖霊とは緊密に連結されており，知るべき内容を与え，聖霊はその教えへの信仰を与えるのである．福音の内容は聖書において聖霊によって与えられるのだから，人間はそれに付け加えてはならない．人間は「ただひとりわれわれの知恵となり，義と聖と贖いとなられたキリスト・イエスの健全で命を与える教えに忠実で」（Ⅰコリント1：30）なければならない．教会の伝承もさらに個人的な啓示も必要なく可能でもないのであって，神の言葉に何かを付け加えようとする企ては実際に間違っている．しかし，聖書は聖霊の内的な教示なしでは効果がないが，神は聖霊をとおして救いの知識を効果あらしめ，罪深い聴衆にも福音の説教に信仰（信頼と信心）をもって応答させる．キリストへの真の信仰は「聖霊の賜物と力とを通して」心に生み出されるのであり，私たちは「聖霊が私たちの内に働かせる知識から，全能にして永遠なる神にして憐れみ深い父」を告白するのである．

　しかし，人間は自分たちに何の功績や自立的な力をも要求できないけれども，こうした神の働きの強調は決して人間の受動性を意味するものではない．実際，聖霊は，通常人間の教師たちの告白を用いて他の人々に福音を知らしめるからである．シュッツ・ツェルにとって，神が選ばれた人間的な道具を用いて福音を公的に説教するということは，聖書の実例や彼女自身の時代の改革からもまったく明らかであった．神が彼女に教えるべく遣わしてくださった，特に同時代の使者（たち）に言及して，シュッツは彼らの活動を聖書固有の観点にすえて，アナニアへと導かれたパウロやコルネリウスへと導かれたペトロやエチオピア人の宦官に遣わされたフィリポ（使徒9：10以下，10：17以下，8：26以下参照）の物語を引用している．

　　「神が人間をどのように用いられたかを示す実例はたくさんある．贖いの業においては，神とキリストはだれをもその傍らに置こうとはされなかったし，彼らの栄光を他の誰にも与えることを許されなかった（イザヤ43：8，48：11参照）．しかし，［福音］宣教の業のためには，神は偉大な王のように，詩編のダビデやエフェソの信徒へのパウロの言葉に従えば，多くの仕え人や伝令を欲しておられる（詩68：18，エフェソ4：8）．また，彼［キリスト］は彼ら自身の名ではなくて彼［キリスト］の御名において，悔い改めと罪の赦しを説教する

ために使徒たちを派遣されたのである」(使徒4：31, 10：43参照).

このようなキリストを公に宣教することへの召しは特にある人々に与えられたが，原則的には彼らの宗教的知識の程度や性質に従ってすべてのキリスト者によって共有されている．どのキリスト者も，その宗教的成熟度において同じだとは言えないが，養子とされた子どもはそれぞれ福音の知識と告白において喜んで熱心に成長し，どこで間違ったかを知ってよりよく学び，キリストと神との名誉が関わる場合には他の人々の前で，その信仰を告白する用意があるように期待されている．

　福音を正しく知ることは聖書を個人的に深く知ることであって，哲学的なものであれ，迷信的なものであれ，幻想的なものであれ，人間的な付加物の混ぜ合わせられていない，知識である．他者に教える資格を与えるのは，大学教育でも特別な啓示でもなくて，諸信条に要約され，それらの「最良の解釈者」によって導かれた，福音に忠実に没頭することである．シュッツ・ツェルにとって，この最良の解釈者とは，特に初期のプロテスタントの説教者たちであったが，重要なのは彼らの学問的な資格ではなかった．神はモーセや預言者やキリストとその使徒たちのような人々をとおして教えてきたし，世の終わりまで教え続けるであろう．神にふさわしい教師とは「[特殊な啓示を主張した]昔のうすのろや世俗的な動機をもつ博識な人物でもない．両者とも聖霊の羽根[霊感]を知らないし，いわんやその力も知らないが，神がその心の内に信仰の召しと賜物を見出し，神に教えられた誠実な人々はこの世では数少ない．もっとも神は，私たちが完全に無視している者たちをも受け容れておられるが，私も彼らについてたくさんの聖書の実例を挙げることができる」という．

　神に用いられる人的な道具は，感謝と適切な批判をもって正当に評価されねばならないが，キリスト者はそれぞれ自分の判断に責任もある．彼らは自分の教師たち，つまり，彼らの信仰の成長を手助けできるような人々から学ばなければならない．カタリナはマテウスがだれからも，子どもからさえ学ぶ用意があったことに注目している．彼らはその教師たちのために神を讃美すべきである．シュッツ・ツェルは改革者たちへの自分の負い目を喜んで承認した．「私はいつも彼ら[シュヴェンクフェルト派]すべてを十二分に認めているし，ルターや私の愛する夫やあなた[シュヴェンクフェルト]，また他のすべての人々

から学び，また受けたすべてのことゆえに神に感謝しているが，しかしその栄誉は神にささげている」．したがって，感謝も批判的な距離を意味しているが，それは聖書自体や信条とは違い，人間の解釈者がだれ一人無謬ではないからである．確かに，彼らは神と混同されてはならない．人間の教師の脆さは，キリスト者が，彼らの言行すべてをやみくもに模倣してはならないことを意味している．人は彼らから学ぶべきであるが，キリスト者は，だれひとり人間である教師の党派員や排他的な信従者になるべきではない．それは神の意思にも解釈者自身の意図にも逆らうことになるであろう．

　「私がシュヴェンクフェルトの本を読んだ［とき］，それについて自分の自由な判断をもって主張し，それを聖書という試金石に照らして吟味したが，それはちょうど金を試す鉱石のテストのように，良いものを大事にするためである（Ⅰテサロニケ5：21）．［私はこれらの本を読んだからといって］，それで私がシュヴェンクフェルト派だとは言わない．それはパウロがこう言っているからです．『なぜ，ある者はアポロの弟子であり，他の者はパウロの弟子，またペトロの弟子だと言うのか．彼らはあなたのために十字架に架けられたのか．キリストがあなたのために十字架に架けられたのではなかったか』（Ⅰコリント1；12-13）．シュヴェンクフェルトも愛するルター博士も，他のどんな敬虔な教師もそうしたことを求めはしなかったし，私にもそのつもりはない．私は彼らのものではなくて，彼らとともにキリストのものであるつもりだからです」．

　シュッツ・ツェルが理解したように，すべての救いの知識は専ら礼拝され，服従されるべき神のみからきているが，通常この知識は，説教や他の人々の証言を媒介して神の子らに届いている．それゆえ，キリスト者はそれぞれ教えを受け，その教えが聖書の規準に反するかどうか評価する備えをしなければならないし，それとともにキリスト教的成熟にまで成長し続けながら，その信仰を教えたり，場合によっては証言しなければならない．宗教的知識に関するこのような人間の責任は，キリスト者がだれでも一生涯，説教という共同体の既成の手段や個人的な祈りや聖書の集中的な読書を活用して，学ばなければならないことをも意味している．また他方では，会話や信仰の最良の解釈者たちの書物をできるだけ賢明に利用することをも意味する．

人がいかにして神を知るようになり，なぜ，神の栄誉と他の人々の救いのために神を告白しなければならないのかについてのシュッツ・ツェルの確信が，彼女自身の思想と実践を形成している．本章の残りの部分では，真理の内容の唯一の中心的資料である聖書についての彼女自身の知識を，古代の諸信条における聖書の権威ある解釈とともに，記述する．次の第10章では，本章ですでに彼女の聖書的用語の形成において明らかになっているようなシュッツ・ツェルの神学的観点，すなわち，それをかけて聖書を見た，いわゆる「プロテスタント的眼鏡」に転ずることにしたい．その次の第11章では，彼女がこの聖書的なプロテスタント信仰を具体的な宗教生活において表現し，告白しようとしたいくつかのさらに具体的な伝統的方法を吟味したい．これは，第12章から第14章において，この信徒改革者がその信仰告白を，書き，語り，説教し，教え，仕えることをとおしてやり遂げた，いくつかのさらに特徴的な理念と個人的な方法とに通じることになるであろう．

聖書と信条

シュッツ・ツェルにとって，聖書が唯一の宗教的権威で，あらゆる宗教的知識の唯一の源泉だということは，彼女を古典的なプロテスタントの教えと，とりわけ「聖書ノミ（sola scriptura）」の通俗的な解釈において確認することである．しかし，彼女にとってあの味気のない声明の意味を吟味することは，（ラテン語を知らない）信徒神学者が知り得たことや，キリスト教教理の基本的資料について考えたことの興味深い画像を除幕することである．聖書は，シュッツ・ツェルにとってきわめて重要であり，それを意識的にも無意識的にも絶えず用いたので，十分に吟味するにはここで活用できるよりも遙かに多い紙面が必要であろう．しかしながら，四つの主題，すなわち，シュッツ・ツェルにとっての聖書の権威，彼女の聖書知識，彼女の文書における聖書の用い方，信条における聖書の要約をめぐって発表をまとめながら，その画像の主要な輪郭をスケッチすることは可能である．その途中で，キリスト者にとっての聖書が信心と牧会上の役割に関して抱いていた彼女のいくつかの認識も明らかになってくるであろう．

聖書の権威

　聖書の権威はシュッツ・ツェルにとってきわめて自明だったため，その考えがはっきりとはほとんど表現されていないが，この権威の比類なさはまったく自明のことであった．聖書の権威に関する一つの明白な表現は，聖霊が聖書をとおして語っているという無意識の陳述である．聖書の独自性の意識はしばしばその規準自身を支持することによって伝えられた．たとえば，シュッツ・ツェルはミヒャエル・ヴァイセの讃美歌集が信頼できるのは端的に彼が聖書全体を心に留めているからだと言ったり，シュヴェンクフェルトの正統性を聖書との類似性によって弁護した場合である．それはしばしば他の張り合う「権威」，たとえば，国教会や哲学的・学術的な神学や特殊な啓示といったもので，だれも聖書の権威に挑戦できない権威との比較によって指摘されている．さらに，シュッツ・ツェルが最終的議論は聖書に基づかなければならないと主張したり，「聖書が語っている」という証拠聖句の収集に訴えている箇所もある．実際，宗教的な問題に関する基本的で争いの余地のない最終的な言葉として，彼女が聖書を用いていることは，聖書の唯一無比な権威への最も圧倒的な証拠である．彼女の文書のどの頁を見ても，意識的であれ無意識であれ，彼女の精神的な世界における聖書の圧倒的な存在感が例証されている．

　旧約聖書と新約聖書　聖書は啓示の唯一無比な源泉であるが，その中には他よりも大きな影響をもたらす部分もある．シュッツ・ツェルにとって，旧約聖書は，何よりもまず新約聖書をとおしてキリスト教に固有な流儀で解釈される．このことがしばしば明らかになるのは，たとえば，詩編51篇や詩編と旧約聖書全体のキリスト論的解釈を正当化している『詩編（Den Psalmen）』中の長い詳説においてである．この場合，興味深いのは当時の常識であったキリスト論的解釈を当然視しているということよりも，むしろシュッツ・ツェルが，その議論をせざるをえないと感じていた事実である．新約聖書の優勢は，彼女が最も頻繁に引用している旧約聖書の章句が新約聖書に引用されている章句の中に見られるが，しばしば旧約聖書の語法とは違っていたり，旧約聖書の箇所が挙げられていても，しばしば新約聖書が表すしかたで表現されていることにも見られる．こうした慣例は，確かにシュッツ・ツェルを他の多くのキリスト教

著述家と区別するものではない．しかしながら，それは彼女が旧約聖書を直接引用する多くの場合を，彼女が聖書研究を続け，時が経つにつれて増加してくるもので，際立たせるのに役立っている（疑いもなく，シュッツ・ツェルの新約聖書についての大きな知識の一つの理由は，何よりもそれがより短くキリスト教の信仰告白にとってより中心的であったという事実に加えて，プロテスタントによる旧約聖書のドイツ語訳が新約聖書ほど早く出版されなかったということにあった[2]）．

シュッツ・ツェルは通常両聖書を補足的な形で読んでいるが，それぞれの教えが時折対比されてもいる．旧約と新約の補足的な多くの実例の一つが，キリスト者的歌唱の適否に関する議論の中に見られる．歌唱そのものの正当性は旧約聖書本文に基礎づけられている（出エジプト 15：1-15，サムエル上 2：1-10，およびさまざまな詩編）．他方，キリスト教的歌唱の特殊な性格や構成は新約聖書本文の引用によって形づくられている（エフェソ 5：3-4, 18-19，コロサイ 3：16，ヤコブ 5：13，これらの本文は他のプロテスタントがしばしば歌うこと自体を正当化するために挙げている）．新約と旧約とを対比するもっとまれな例の一つは，主の祈りと神を（モーセによってイスラエルに教えられたように）「主」とよびかけるか，（今やキリストにおいてキリスト者に与えられたように）「父」とよびかけるかというその用語の論議の中に見られる．シュッツ・ツェルの両聖書の引用のしかたは，いくぶん彼女の神学をも表している．たとえば，終末論的な調べは，しばしば彼女の文書，とりわけ 1540 年代と 1550 年代に聞かれるが，それは当然のように聖書的用語で表現されている．意義深いのは，このテーマが，黙示文書に見られる黙示録的用語よりも，むしろ通例は預言者の鍛錬やバビロン捕囚に関する旧約聖書の章句に結びつけられていることである．黙示録自体はキリスト論的な文脈においてより頻繁に用いられている．すなわち，シュッツ・ツェルはキリストの血で洗われること（黙示 1：5）や，屠られ，七つの封印の巻物を開く小羊（黙示 5：1 以下）を崇めることや，たとえば「命の書」に

---

〔2〕 聖書のドイツ語訳としては，ルター訳の出版以前に 18 種もの新高ドイツ語訳印刷本が出版されていたといわれるが，いずれもウルガタからの重訳であった．ルターははじめて原典からの翻訳を企て，新約聖書を 1522 年に，旧約聖書を 1534 年に出版した．他方，スイスの宗教改革者たちは 1521 年に翻訳に着手し，1531 年には全巻を完成している．カタリナはこれら両方を用いていたと思われる．

第 9 章　信徒改革者の聖書的世界 | 255

その名前が記されている人々について言及されている，元来個人的敬虔として経験された文脈の中で語っているのである．

　旧約外典　シュッツ・ツェルはアポクリファ，すなわち「第二正典的」文書を含んだ（ヘブライ語ではなくて，ギリシア語原典に基づいた）「聖書」からの教えによって育てられた．当然，こうした遺産のいくぶんかは彼女の考えの中に存続したが，驚くべきことに彼女の「プロテスタント的性格」が，伝統的な聖書のこの部分の権威についての理解を作り変えたことである．実際，聖書の異なった部分の中世的計量法に関するシュッツ・ツェルの興味深い転換の一つは，彼女がアポクリファに与えた低い権威と，彼女がそれをきわめて限定的に，一段と用心深く用いたことである．ユディト記，マカバイ記二，エズラ記（ラテン語）およびダニエル書補遺など少数の書だけが引用されており，1553年と1557年の間はエズラ記（ラテン語）の天使ウリエルについての註がなくなり，エズラ，ネヘミヤ書正典の中へと消え失せてしまった．事実，アポクリファからの三つの最も重要な議論がむしろプロテスタント的な流儀で用いられている．一つは（神的なものに条件を課す人的なものに反対して）神の自由への敬意に関するユディト物語，もう一つはダニエル書補遺で，異教の神ベルの敗北と偶像礼拝の正体暴露に関するもの，三番めはマカバイ記の例で自分の命を救うためにイスラエルの神の律法を破ることを拒否したエレアザルに関するものである．これらの「カトリックの」聖書的文書の引用は三つともシュッツ・ツェルがプロテスタントの牧師として不適当と理解したルードヴィッヒ・ラブスの行為に対する論争において用いられており，最後のものは明らかにラブスの「ロマンネス（Romanness）」の実例に対する反論である．

シュッツ・ツェルの聖書知識

　聖書の内容に関するシュッツ・ツェルの知識の広さは現代人の目には印象的であり，たぶん驚きであろう．彼女が子ども時代に基本的な聖書物語を学び始めたことは疑いない．多くの信心深い人々と同様に，彼女はいくつかの詩編や，たぶん新約聖書の章句をラテン語で暗唱できたことはほぼ確かである．しかしながら，彼女はラテン語を知らず，若いときに聖書を読み学んだと言っているのだから，何らかのドイツ語訳に接していたに違いない．しかし，彼女の

聖書知識の大部分は成人時代に，つまり，聖書が中心的で唯一の権威となり，説教に次ぐ説教が常態となったプロテスタントの改革運動の中で手に入れたに違いない．その当時は，ドイツ語聖書の公的な朗読，通常の説教や非常に頻繁な説教および公的な「聖書日課」が，聖書の釈義的な活用法を以前よりもはるかに前進させた．他方では，印刷業の発展が初めて彼女に自分自身の聖書を持たせたと思われる．

　翻訳と引用　シュッツ・ツェルの聖書引用の多くはまったく当然のことながら正確な引用ではないし，彼女が他よりも何かある特定の翻訳を使用していたかどうかを知ることもきわめて難しい．いくつかの実例はあるにせよ，シュッツ・ツェルの文書で，ウルガタ版聖書を典拠と特定できる資料はきわめて少ない．彼女の聖書使用は他の訳よりも全体的にルター訳が多いが，時折チューリヒ訳聖書にも頼っている．彼女の意訳や引喩に見られる神学的解釈はしばしばその伝統に影響されているが，それは彼女の一貫したプロテスタント的見解と教理的に矛盾しない場合に限ってのことである．

　シュッツ・ツェルは，ほとんど記憶で引用していると思われるので，彼女の引用参照はたいてい意訳されている．彼女の新約聖書の知識は広範囲にわたり，お気に入りの旧約聖書の章句，特に詩編とイザヤ書を頻繁に引用している．他の大預言書，いくつかのモーセ五書（特に創世記，出エジプト記，民数記），サムエル記や列王記のような歴史書，および箴言のような知恵文学も，さまざまな神学的議論では重要な役割を演じている．事実，大部分の正典的文書は折にふれて用いられている．シュッツ・ツェルにとっては，多くの同時代人にとってと同様に，すべての共観福音書が彼女の文書に特別な物語や章句を提供しているが，それでもヨハネとマタイは卓越した福音書であった．使徒言行録も重要な文書であった．彼女はペトロとヤコブとヨハネの手紙にもかなり頻繁に言及している．しかし，プロテスタントにとっては少しも驚きではないが，シュッツ・ツェルがその中にヘブライ書をも含めているパウロ文書が書簡のなかでは群を抜いた音声を発している．

　通例，シュッツ・ツェルの聖書使用は著しく正確で首尾一貫している．ところが，彼女はしばしば聖書の引用を間違えて，特定の概念や章句を間違った聖書に割り当てたり，ある句を他の似た句と言い換えたりしている．このことは彼女がときには印刷された聖書にある欄外の引照聖句に従っていて，自分でそ

の旧約聖書を確かめなかったことの証拠となるかもしれない．その最も著名な事例は，きわめて初期の1524年に出版した彼女の著書の中に見出されるが，その場合彼女は（「あなたの隣人を自分のように愛しなさい」という）二つめの誡めの本来の箇所を混同している．しかし，それはたぶん，彼女がルターの新約聖書を用いており，ドイツ語の旧約聖書を容易に手に入れて確かめることができなかったためであろう．シュッツ・ツェルは，しばしばいくつかの聖書の概念や譬えや物語を自然なしかたで結びつけて出典を混ぜ合わせ，場合によって彼女の意訳にいくぶん地方色をも付け加えているのである．

「学問的な」知識　シュッツ・ツェルの聖書知識の最も興味深い一面は，彼女がいくつかの「学問的な」論点に通じていたことと，その本文のプロテスタント（と他の人々）の用い方に明らかについていこうとしていたことである．ここで最も明白な点は，聖書各書とその中身についての番号と名前の付け方である．シュッツ・ツェルは1520年代の初めには，詩編をウルガタ訳によって引用しているが，1534年までにヘブライ語（とプロテスタント）の番号付けを採用していた．1534年にはまだウルガタ訳の名称に従って王たちの四つの歴史書（第一から第四までの列王記であって，どれもサムエル記とはよばれていない）と名付けていたが，1540年代後半にはルターに従って王たちの四つの歴史書をサムエル記上下と列王記上下に分類している．1557年までに，シュッツ・ツェルは詩編の個々の章句の数え方についてしばらくの間「決まっておらず」，1550年代の初めに印刷や慣行上ようやく共通となったことに気づいたのである．たぶんルターに依拠しながら，信徒聖書学者［シュッツ・ツェル］も，ヘブライ語のアルファベット文字が数字をも表すことができることを知り，詩編139篇のいろは歌の中にその「数」と一致する節を確認したのである．たぶん，彼女は最初ルターの聖書や教えに従っていたが，こうした変化のいくつかは，信徒神学者が聖書をできるだけ知的に理解しようと意識的に注意をはらい，学者たちがその聖書本文に関して言っていることに追いつこうとしていたことを示している．

シュッツ・ツェルの聖書の適用

　聖書を知ること自体が目的ではなくて，信仰を告白し教えることが目的であった．シュッツ・ツェルが彼女の文書中の聖書の用い方で最も注目すべきことは，聖書の役割がただ単に権威だけではなくて，彼女の多くの議論に実質を与えていることである．「人間をとる漁師」となるように召された人にとって，聖書の知識を分かち合うことはきわめて重要であった．このことはたとえば，主の祈りのようなテキストの意味を直接教えることを時々意味しており，彼女の書き物はすべて教化的な方向をもっていたが，しかし聖書は，人間の必要に応じて多様性に富んだ，形式的にはあまり釈義的でないが，そうかと言って必ずしもあまり教育的でもないような文脈において，より頻繁に解釈され適用された．

　シュッツ・ツェルの聖書の適用は大きく四つの強調点や範疇に分類される．これらは，一方は牧会的な一組と教理的な一組とに分類される．最も明瞭な聖書利用は，たぶん慰め・力づけ・勧告するような牧会的配慮にあるだろう．この一組の後半は牧会的な勧告と考えられるもので，導き・注意し・叱責するために聖書を用いるものである．ここで教理的な利用とよばれるのは，聖書のより理論的・弁証的・論争的な利用であって，たとえば，神学的な立場を構築し・弁護するための主要な手段として利用するものである．シュッツ・ツェルにとってこれは部外者による攻撃に対してすでに練り上げられ，一般にプロテスタントによって採用されていた一つの立場を擁護するものとなりえたのである．しかしながら，それは（たとえば，他のプロテスタントに対して），彼らの知らない教育的または建設的な機能を提示するための議論を展開することにもなりえたのである．この最後の教理的機能は，信徒改革者によって見られていたように，神学的な問題に対する創造的な応答ともなりえたが，論争上の副読本ともなりえたのである．

　信徒神学者の牧会的な聖書利用と弁証論や知識の源泉としての聖書利用のそれぞれの実例は，シュッツ・ツェルが聖書の知識をどのように適用したかを描き出すのに役立つであろう．最も伝統的なものから最も「女性的でないもの」まで順々に四つの例を提示しよう．聖書適用の第一の例は（女性の文書には最も

第 9 章　信徒改革者の聖書的世界

受け入れられやすい）慰めとしての牧会的配慮である．次に（女性によって表現されているが本質的には聖職者の考えに基づいている）部外者と論争する，忍耐できてもあまり歓迎されない論争的な活動である．残り二つの形の牧会的な議論と教理的な議論は，神学的な立場を練り上げて聖書の聖職者的釈義と論争したり非難したりするために聖書を用いるいっそう大胆な実例を描くことになる．

牧会的議論Ⅰ：慰めと（伝統的な）牧会的配慮　シュッツ・ツェルの聖書適用が牧会的に機能している最も興味深い一つの方法は，彼女がそれを傷つき労苦している人々の避難所として，つまり失われた人々の道案内として活用していることである．シュッツ・ツェルはケンツィンゲンの災難に遭った女性たちを勇気づけ慰めるためにさし示したのは聖書で，アブラハム，サラ，イサク，ハガル，イシュマエルの物語であり，預言者イザヤとイエスの言葉であった．牧会的に流れ出る聖書の織り糸が，神の子らに対するこの世の子らの一時的な懲罰と永続的な慈愛に満ちた贖いという，苦難と救済をテーマとした貴重な綴れ織に織り込まれているのである．彼女自身はマテウスの死去に際しての個人的な悲嘆や，インテリムによる一般社会の荒廃にあたって詩編へと転じている．正しく神に仕えることができないと悲嘆にくれるシュパイエルの女性たちに彼女がさし示したのは主の祈りであった．この本文は後に，罪のゆえに苦悩する良心の持ち主のために出版されたが，単に教育的・教訓的にみえることが実際には牧会的配慮と認められた証拠であろう．これらの章句は，彼女がフェリックス・アルムブルスター卿に悔い改めの詩編によって差し出した慰めと同様に，シュッツ・ツェルは自己流にその本文をまとめているにしても，それは聖書の慰めの伝統的様式である．アルムブルスターに対して，彼女は自分の慣れ親しんだ詩編 51 篇と 130 篇という贈り物を，（キリストの体の苦しみの分担や互いの配慮に関する）コリントの信徒への手紙二 1 章 3 節以下とコリントの信徒への手紙一 12 章 25 節のようなテキストを引用することによって，彼が外見上は孤立しているように見えても，なおキリスト教共同体の一員であることを慰め深く想起させるのに役立っている．聖書は，神の御心を見出し，慰めや矯正，憐れみや教訓についての神の言葉を聞くキリスト者の「道」なのである．

　シュッツ・ツェルの文書に見られる聖書の慰めに関する最も初期の豊かな，どちらかと言えばわかりにくい章句が，ケンツィンゲンの女性たちへの手紙の後半三分の一に見られるが，聖書の写実主義とともに，慰めがそこに織り込ま

れている．そこには本質的に三つの動きがある．まず女性たちの苦難がキリストの苦難と比較され，これは彼女たちが［キリストの］養女とされた証拠であると告げられる．次に，神は彼女たちに慰めを保証し，彼女たちの試練はアブラハムの試練に比較される．最後に，女性たちは聖書に従って自分たちの受難を信仰の証しとしてみるように勧められている．シュッツ・ツェルはキリストと喜びを共にしようとする者たちに，すべての忠実な子らを［神は］訓練なさることをも思い起こさせることから始めている．キリストでさえ人間としては十字架上に「見捨てられた」（マタイ 27：46）のである．神は真実の子を訓練されるが，ダビデに約束されたように，その慈しみを取り去りはなさらないのである（サムエル下 7：14-15）．神の訓練は子どもたちの幸いのためであり，神の子とされた証拠なのである（箴 3：11-12，ヘブライ 12：7-8，11）．彼らは自分の前に置かれている喜びのために十字架を耐え忍ばれたキリストの模範（ヘブライ 12：1-3）をもっているのだから落胆すべきではない．「キリストの共同の相続人」（ローマ 8：17）であろうとする者はその経験を分かち合い，自分たちの十字架を引き受けるべきであるが，キリストは彼の民が彼と共にいるようにと父に祈っておられるのである（マタイ 16：24，ヨハネ 17：24）．

　その女性たちは見捨てられたやもめたちのように感じていたが，神は預言者イザヤをとおして彼女たちにそれはほんの一瞬にすぎないこと，また彼女たちの救い主でもあるがゆえに再び彼女たちをかき集め，永遠に憐れむことを確信させるのである（イザヤ 54：4-8, 10-11）．雅歌 2 章 9 節で霊が愛するキリストをただ窓を通して（『すなわち，信仰によって』）のみ見ることができたように，神は女性たちにとって隠されているように思われたが，神は彼女たちに憐れみを確信させ，永遠の平和を約束されるのである．キリストはその弟子たちを孤児にはしないで，彼らのもとに戻って来るし，キリストが生きているので彼らも生きると言われたからである（ヨハネ 14：18-19）．女性たちは，「母親が自分の乳飲み子を忘れないように，わたしは決してあなたを忘れない．たとえ母親が忘れようと，わたしは決してあなたを忘れない」（イザヤ 49：15）という預言者の言葉にすがるべきなのである．ダビデは「わたしは恐れない」（詩 27：1-3）と言い，神は三度も「恐れるな，わたしはあなたと共にいる」とくり返している（イザヤ 43：1, 5, 44：2）．パウロは「神は耐えられないような試練に遭うのをお許しにならない」（Ⅰコリント 10：13）と言っている．彼女たちは，

神がアブラハムに自分の息子を犠牲とするように求められたとき，神に従い，神が「いまあなたが神を畏れ，神を信じることがわかった」（創世 22：12, 22：2 以下も参照）と言われたアブラハム物語を思い出すべきなのである．神がその試練の前にはアブラハムの信仰を知らなかったのではない．しかし，神はアブラハムの信仰を論証し，ペトロが「外に現れた愛の業が私たちの信仰を確かなものにする」（Ⅰペトロ 1：6-7）と言うように，彼と私たちすべての者にその信仰を確信させようとしているのである．

このようにして神は，女性たちの信仰と自分自身やその子孫たちや「われわれ全体」（シュッツ・ツェルは自分自身を含めている）への愛とを示すように望んでおられるのである．それゆえ，彼女たちはそれが聖なる戦いであり（ヨブ 7：1），肉に対する霊の戦い（Ⅰペトロ 2：11）なのだから，臆病になってはならないのである．彼女たちは「信仰のないわたしをお助けください」（マルコ 9：24）と叫んだ病人の父親のように，神に助けを呼び求めるべきなのである．キリストも死を恐れて，杯を取り去るように求めたが，しかし「わたしの願いどおりではなく，御心のままに」（マタイ 26：39）と言ったことを思い出しなさい．そこで，シュッツ・ツェルは，自分が彼女たちの苦難を「御霊の実」（ガラテヤ 5：22）である寛容と霊的な喜びとをもって耐え忍ぶよりもよい慰めや奨励を与えられないと付け加え，それほど大きな試練に遭わなかった人々を前にして，彼女たちによって神が崇められるようにと祈っている．彼女の結論は，彼女たちが神の子であることを示すために，敵を愛し，迫害する者たちのために善をなすようにという「八福の教え」にあるイエスの言葉を思い出させることであった（マタイ 5：4, 10, 45, 47, ルカ 6：27-28）．最後に彼女が全き信頼をもって確言していることは，キリストが彼女たちに慰め主にして弁護者である聖霊を遣わすという約束を守ってくださるということであった（ヨハネ 14：16）．

この聖書のタペストリーは，ケンツィンゲンの女性たちを聖書の物語に惹き入れ，彼女たちの試練をキリスト教的証言に引き上げるもので，その苦闘を続けるための慰めと勇気とを与えることができた．シュッツ・ツェルも，信仰を告白することは最大の人間的使命の一つであり，真の形の人間的栄誉であるとして，賞賛と牧会的な慰めとを与えるつもりであった．

教理的議論Ⅰ：「部外の」人々に対する弁証や論争　ローマと絶交した人々

の側からの明確なローマへの論争という範疇は，シュッツ・ツェルが採り入れた聖書的議論の中で最小の部門となる．彼女の聖書引用は大部分はかなり標準的な解釈や証拠章句の適応であって，部分的には彼女の夫の説教で聞いたものから書き写したものである．

　当然と言えば当然なのだが，一つの事例は，独身の誓約には反対し，聖職者の結婚には賛成する宗教改革初期の議論である．カタリナはマテウスがフィルンの結婚で説教に引用した章句を少し拾い集めて，それを否定と肯定とに対比させながら著しく単純化して用いている．まず否定面であるが，祭司の結婚禁止は聖書に反することであり，聖書では聖霊が売春婦を神の国から排斥し，彼女たちとの飲食を禁じられていることである（レビ20：1以下，イザヤ1：21，Ⅰコリント5：1以下，6：15以下，エフェソ5：3以下）（要点は，教会が結婚を禁じており，貞淑でありえない者たちは売春のような形で生きようとするが，それは自分自身を救いから閉め出すことになるということである）．次に肯定面であるが，シュッツ・ツェルが指摘するのは，神が最初の創造に際してすべての人々に結婚を教え込んでおり（創世2：18, 24），これはマタイによる福音書19章12節に挙げられている（宦官たちの）三つの例を除いてすべての人に適用するということである．結婚は，パウロやテモテやテトスに指示し，一人の妻の夫としての監督について語っているように（Ⅰテモテ3：2以下，テトス1：6），聖職者にも適用することが公的に示されているのである．

　しかしながら，彼女のローマに対する議論の大半は，実際にはルードヴィッヒ・ラブスのような第二世代のプロテスタントに対するシュッツ・ツェルの批判の中に見られる．彼らは第一世代の改革者たちの教えと実践に反対して，彼女が昔の誤りと考えていたものを再導入しようとしていたのである．これらの議論は初期のプロテスタントの論争術の手本に基づいて描かれているが，それを独特のしかたで展開している．シュッツ・ツェルのラブスに対する言葉の一つは色鮮やかな実例で，注目に値するものである．

　　あなたがた若い説教者たちはモーセの座に着いているが，モーセがパウロの後継者ではないように，あなたがたも彼［ツェル］の後継者ではない．あなたがたは彼の皿から食べ，彼の教えと業を受け取ったが，今や彼を地に踏みつけている（マタイ23：2, 26：23，ヘブライ10：29，ローマ10：9以下）．あなた

第 9 章　信徒改革者の聖書的世界

がたは彼がパンを裂いたときの教えと告白の言葉とを投げ捨て，彼が愛し，決
して憎んで叱りつけなかった者たち［人々］を今ではひどく責め立て，罵り，
口汚く罵倒している．……あなたがたは彼らをできるだけ多く悪魔に引き渡そ
うとしている（Ⅰコリント 5：5）．……それでは，どうしてわたしがひどい敵対
者とともに愛と一致のパンを裂いて食べ，彼らといっしょにあずかる者となる
ことができようか．賢人は強欲な者といっしょに肉のパンを食べるなと警告し
ており（箴 23：6），まして聖パウロは，このパン［主の晩餐（Ⅰコリント 10：
16-21）］をそうすることを禁じており，ヨハネも自分の兄弟を憎む者は人殺し
であると言っているからです（Ⅰヨハネ 3：15）．それだから，あなたは私たち
といっしょにキリストを告白し，実際上多くの点であなたよりも良いことをな
している彼［シュヴェンクフェルト］をあまりにも毛嫌いしていることになる
のです．先輩のマテウス・ツェルはどこでそのようなことをしたでしょうか．
あなたがたはみな，彼の分野と働きに就いたが，その彼も誤った教えには，彼
の説教者仲間であった者たちとはたいへん違うしかたではあったが，熱心に反
対していた．……あなたがたはダビデの石投げ紐を持っておらず，パレスチナ
人を面前にしてもいない（サムエル上 17：40 以下）．……彼らは悪魔や不敬の
やからではないのだから，白髪の人の前では起立し（レビ 19：32），聖ヨハネの
教えをおこない，父親のような長老を叱ってはならない（Ⅰテモテ 5：1）とい
う賢人の教えに［あなたがたは従うべきです］．……

　シュッツ・ツェルの議論はいくぶんもつれているが，本質的には明確である．最初の句はラブスを，モーセの座にすわってなすべきことをおこなわないファリサイ派の人々と同一視している．このイメージは，初期の改革者たちがツェルを含めてこの章句をローマとの論戦に用いていたのだから，ラブスをローマと結びつけている．パウロの弟子であるツェルは，ここではファリサイ派の人々としてのラブスに対してモーセの役割を果たしている．ラブスはイエスの皿から取って食べ，イエスを裏切ったユダに似せられている．ラブスはツェル夫妻といっしょに生活したが，今では主の晩餐に関するマテウスの教えを裏切り，ツェルと他の第一世代の人々が受け入れていた人々を攻撃しているのである．シュッツ・ツェルの説明によれば，彼女がラブスとの聖晩餐の交わりから身を引くのは，ミサの否定と同様に聖書に従っているためである．彼女がさらに言及する聖書は典型的な人物とともに（逆に，つまりラブスはダビデ

ではないし，シュヴェンクフェルトもゴリアトではない），ラブスがシュヴェンクフェルトを現に取り扱っているしかたと，実際に取り扱うべきであったしかたとを対比するために聖書の指図を用いているのである．

　シュッツ・ツェルが展開し用いた（しばしば聖職者的に基礎づけられた）もう一つの形の議論は，彼女がしばしば信仰を防御するためにいっしょに編み込んだ聖書の証拠章句とそれに関連した章句とが信条の類型で噴出したものであった．最初にこれはローマの教理に向けられた．最も明確な事例は，インテリムの時代のもので，マテウスの墓前でカタリナが，使徒信条とニカイア信条およびカルケドン信条を形作った聖句に含まれるプロテスタント的教えについて印象的に告白している．数年後，彼女は同じ種類の資料を，たぶん聖職の創設者たちにはあまり歓迎されないようなしかたで，しかもその長い章節の中でシュヴェンクフェルトの正統性とルターやツヴィングリやストラスブールの改革者や他の人々との類似性とを，信条の類型に織り込まれた聖書引用のタペストリーによって展開しているのである．

　教理的議論Ⅱ：神学の構築における聖書　聖書はシュッツ・ツェルにとって真理の源泉であったし，それを年々学ぶにつれて，他者から単に継承したものではないいくつかの聖書の概念を構築するにいたった．このために，この信徒神学者の聖書的議論のあるものは，その個性や説得力によって目立った独創性や特別の適合性をもったのである．これらの中で最も魅力的なものは，彼女が自分自身の「公然と語ること」を弁護するために用意した議論で，それによって彼女は後で論じることになる教会の業務における女性と信徒の義務を議論しているのである．

　シュッツ・ツェルの建設的でどちらかと言えば独特な聖書の適用例に含められるのは，宗教的問題に関して意見を異にする人々をどう我慢するかといういくつかの議論である．彼女はカナンの女性の話（マタイ 15：21-28）を用いて，主要点を共有しているが他の問題に関して重要な相違をもっている「貧しい（再）洗礼派の兄弟たち」のような人々に寛容であるための議論をしている．正確には唯一ではないが，これは確かにこの章句の普通の解釈ではないのである．シュッツ・ツェルの「善いサマリア人の譬え」（ルカ 10：29-37）の取り扱いはそれほど驚くべきものではないが，独特なものである．すべての人に親切を教えるというこの物語の普通の見解と並んで，この難民に寛大な母親は，彼

女の不寛容な養子［ラブス］とシュヴェンクフェルト派とに対して，サマリア人によって助けられたのは別な信仰の持ち主であったことを強調している．サマリア人は単に異邦人に対する憐れみの見本ではなくて，専らその人が困っているという理由で，ほかの宗教に属する人を世話した模範なのである．

　シュッツ・ツェルの最も興味深い他と異なる議論の一つは，ペトロの手紙二2章12節の「彼らは知りもしないことをそしる」という言葉の周辺に集中している．この聖句の建設的解釈も彼女の個人的刻印を帯びている．シュッツ・ツェルはこのテキストを三度引用している．どの場合も，それは知りもしないことを攻撃することへの訓戒として役立てられ，その文脈が明らかにしているのは，すべてのキリスト者が同意していない教理上の論点に関する早まった断定への彼女の警戒心である（その議論の背後には，救いに必要なことはすべて聖書によって明確に教えられねばならないということと，論争されている問題が本質的ではなく，それゆえに交わりから他者を切除する根拠とはならないという考えがある．これはその問題が重要でないということではなくて，他者をキリスト者と承認するために不可欠なものではないということである）．カタリナはかつてペトロの手紙二2章12節を，マテウスがシュヴェンクフェルトの語ったすべてのことを理解も同意もしてはいないという事実にも拘らず，愛する夫は彼を受け入れる根拠としたと記している．この章句はシュッツ・ツェルのストラスブール市に対する最後の勧告，早まった断定をせず用心するよう呼びかけた，彼女の仲間であるキリスト者や市民に対する別れの勧告の一部に用いられている．彼女が彼女の信徒の読者たちに彼女の言葉を，聖職者たちの狭い信条［教派］主義を阻止する勧めと受け取るように意図していたことはほぼ確実である[3]．

　ペトロの手紙二2章12節を神学的相違を許容するための論拠として使用した最も完全な画像は，1555年のシュヴェンクフェルトに反対したラブスのクリスマス説教に対するシュッツ・ツェルの応答である．彼女がそれを説明してい

---

[3] 信条主義（confessionalism）は教派主義とも訳される．元来，confession は信仰告白（信条）を意味するが，宗教改革者たちはそれぞれ信仰告白を起草して，それを教会が立つべき拠り所として，聖書に次いで重んじた．宗教改革の第二世代になると正統主義的傾向が生じてきたが，第一世代のカタリナなどはその狭い教派主義（confessionalism）に懸念を示し，ラブスとの論争の一要因となっている．

るように,「人を裁くな.そうすれば,あなたがたも裁かれることがない」(ルカ 6：37) と語られたキリストのため,また,彼に対する彼女自身の兄弟的で人間的な礼儀と愛を尽くして,彼に書こうとしたのである.彼女は彼が説教で示した非使徒的な精神を続けないように良心的に警告したのであるが,それは知りもしないことを(間違って)非難するペトロの言葉(Ⅱペトロ 2：12) が彼において実現しないようにするためであった.そうではなくて,ユダヤの支配者に使徒たちをそのままにしておくように語ったガマリエルの勧告,つまり彼らの言ったことが人間から出たものなら自滅するだろうし,もし神から出たものであるなら彼らは神を敵にして戦うことになるだろう(使徒 5：38-39) という勧告に彼を従わせるためであった.彼をファリサイ派以下にしてはならないのである!(これは初代の改革者たちが懇望したことであった).異端と見なされて悪魔に引き渡されることはなんと恐ろしいことか!(Ⅰコリント 5：5).そこで,シュッツ・ツェルは最初に引用したルカによる福音書 6 章 37 節にあるキリストの命令に言及して,「あなたがたは,自分の量る秤で量り与えられる」(マタイ 7：2) というキリストの警告を付け加えている.

このペトロの手紙二 2 章 12 節の使用例は,シュッツ・ツェルの福音書の範囲内での寛容に関する最も特殊な聖書的議論であるとともに,議論を組み立てるために聖書に頼る一つのお好みの方法でもあった.そこには彼女の考えがきわめて簡潔にまとめられているのである.キリストの命令とペトロの言葉とガマリエルの例によって形成された自分の良心に促されて,シュッツ・ツェルは隣人愛をもってラブスに警告し,キリスト者仲間を知りもしないでそしることがないように,また彼が神に敵対し,自分の量る秤で量り与えられることがないように働いているのである.ここでの議論はシュッツ・ツェルの習慣に従って二,三の聖書の戒告に典型的な聖書の人物を結びつけている.このパターンは他の人々にも人気のあるものであるが,彼女の議論ではそれがはっきりと名指しで広く用いられているのである.

牧会的議論Ⅱ：牧会的訓戒における聖書 指導や矯正や(教育というこの言葉のルーツを思い起こさせる)訓練の源泉として,聖書がシュッツ・ツェルの文書では最も頻繁に見られる形式の一つである.その一つの理由は,他の人々と同様に,彼女がインテリムを全教会や社会の罪に対する罰と見なしていたことと,彼女の文書の多くがこの時期のものであるという事実とに起因している.

信徒改革者は，素早く自分自身の罪をも聖書用語の中に見つけていたが，それはマテウスに十分仕えていなかったのではないかとか，すべての人々，とりわけその指導者たちが，インテリムを彼らにもたらした信仰の弱さとたるんだ行動とに背負うべき共同の責任があるのではないかというものであった．

　しかしながら，シュッツ・ツェルの聖書的議論の大半が牧会的訓戒であったという主たる理由は，彼女の文書的遺産の大半が彼女の夫の若い後継者であった純正ルター主義者のルートヴィッヒ・ラブスとの論争によって触発されたということにあった．彼をツェルと好意的ではないしかたで比べる議論の変形に加えて，シュッツ・ツェルのラブス批判のもう一つの大きな焦点は，彼がストラスブールの群れを見捨てたことにあった．ここでも一定の限られた彼女の議論だけに含まれるが，ある部分は広範囲に及ぶ彼女の聖書利用の性格や彼女の鋭いユーモアを描き出してくれるかもしれない．ラブスは市がローマ・カトリックと分離派とに寛大すぎるので立ち去ると主張した．シュッツ・ツェルの反論の一部は聖書の異議申し立ての次の流れを含んでいる．ラブスはあたかも福音が受け入れられなかった町を去るようにというキリストの命令に従っているかのように，ストラスブールのちりを振り払っているが（マタイ10：5以下，マルコ6：11），実際はラブスがストラスブールで愛され，十分な待遇を受けていたのであるから，彼の行為は聖書を成就するものではなくて，それと矛盾するというのである．実際，彼は，サマリア人に火を降らしてくださるよう求めてキリストに誡められた弟子たちのように（ルカ9：54以下），早まった怒りっぽい心でふるまったのである．彼は，いったん肥えて裕福になると，以前の貧しさと窮地にある人々とを忘れているが（エレミヤ5：28），ストラスブールは若い学生時代の彼に尽くしてきたのである．インテリムは人々の罪に対する神の罰である．ストラスブール（や他の町々）は福音を悪事を覆い隠す手だてとし（Ⅰペトロ2：16），彼らは敵の手に陥り，木のくびきの代わりに鉄のくびきをはめられるというエレミヤのエルサレムへの警告が成就したのである（エレミヤ44：8以下，27：2以下，28：13以下）．それゆえに，人々は神の懲らしめを受けなければならないが，それはエレミヤがバビロン捕囚を悔い改めて捕囚の地で信仰深く生きるように訓戒していることで，実際にはダニエルがそれをおこなったのである（エレミヤ29：4-7，ダニエル6：1以下，9：3以下）．しかし，ラブスは，自分には過失がないかのように，この訓戒を共有することを拒んだ

のである．

　ラブス批判はかなり長く続くが，彼の行動が不誠実と見られるのは実質的背景としての聖書のタペストリーに照らしてのことである．個々の議論も特に興味深いが，ここでは共通のパターンが十分明瞭である．シュッツ・ツェルにとって聖書の世界は，キリスト者が自分自身の誤りを映しだす鏡であるとともに，彼らが慰めを求めて向かうべき避け所でもある．また，それは信仰を守る防具であるとともに，彼らが生きるための真理を引き出す宝庫でもある．

神学的釈義と註釈

　シュッツ・ツェルが，完全に公的な議論以外で，その文書の中で聖書を用いた方法は（説明の語句を挿入して引照語句を説明する）本文の釈義や註釈である．釈義は記憶で聖句を引用する人には当たり前であり，註釈は普通の教育的慣例である．シュッツ・ツェルもしばしばこれを用いたが，それは彼女が慰めを与える場合で，時折論争の中で本文を註釈している．釈義も註釈も特別な神学的意味を伝ええたが，いくつかの例はシュッツ・ツェルの思想のプロテスタント的傾向と彼女の立場の信徒的性格を示している．以下では，まず彼女のプロテスタント的な色眼鏡の証拠を論じ，それからより「改革派的な」神学的・倫理的側面へと転調して，自立した女性信徒の視角に向かうこととしたい．

　まず，「キリストのみ」に集中する本文の小さな一群がある．どの場合も原文に通例「のみ」は見つからないが，それがその章節において聖書の意味するに「違いない」というプロテスタント的読み方なのである．ルカによる福音書2章11節の「羊飼いたちへの天使の使信」の引用において，シュッツ・ツェルが「唯一の救い主である主キリスト」という一言を付け加えているのは意味深長である．同様の変更がヨハネの手紙一4章14-15節でもなされているが，そこでは「キリストがまことの神の子であり，人類の唯一の救い主であり，贖い主であり聖別する者である」と告白されている．ヨハネによる福音書6章34節の引用も同じ効力をもっている．キリストは「だれでも自分の肉を食べ，自分の血を飲む者，すなわち，キリストの死と流された血とによってのみ救われ，終わりの日に再び生き返らせてくださると本当に信じる者である」と言われる．これらの実例はシュッツ・ツェルの神学的焦点が唯一の救い主キリスト

に当てられていることの重要性を確証しているが，それは単なる告白ではなくて，彼女の聖書の記憶法そのものに影響を及ぼしているのである．

「信仰のみ，恵みのみ」の生命的性格は，やや同じ方法で表現されているが，その場合には「のみ」が付け加えられていたということよりも，むしろ信仰や恵みが普通に言及され，それが釈義の中に挿入されている．すでに見てきたように，プロテスタントの信仰告白のために迫害を受けたケンツィンゲンの女性たちを慰めようとして，シュッツ・ツェルは自分たちが神の目には隠されているという感覚を問題にしている．このことを記述するにあたって，彼女は雅歌2章9節を引用しているが，プロテスタント的な味付けをして，「彼は窓の外に立っているのだから，窓をとおして（すなわち，信仰によって）ようやく彼を見ることができる」と言う．シュッツ・ツェルは後にローマの信徒への手紙8章1節の「信仰によってキリストに結ばれている者は，罪に定められることはない」と書いている．不信仰（不信）を最大の罪とするプロテスタント的な強調は，ヨハネによる福音書16章8節を非常に要約した「主キリストが（弟子たちと食事をされたとき）神の御霊について語られ，御霊が来るときには，不信仰の罪と義のために非難されるだろう」という言葉の中に表現されている．業による義を拒絶し，翻訳者を選び出すシュッツ・ツェルの能力は，彼女の箴言16章1節の引用にはっきりと現れている．ウルガタ訳は（ルターも全体的には従っているが）「心備えをすることは人間に属するが，舌を制することは主に属する」とするが，シュッツ・ツェルは（むしろチューリヒ訳聖書のように）その句全体を神の主導権を示すものと読んでいる．すなわち，「心が選び，始め，備え，描くのは神と御霊のみ［すなわち，恵みのみ］に属する」というのである．

シュッツ・ツェルのいくつかの聖書釈義は彼女の特別な「教派的」態度を表しているが，それは彼女の翻訳の選択にも見られる．上記で引用した箴言16章1節の例に見られるように，シュッツ・ツェルはいつも選んでいるルター訳に対してツヴィングリ訳に傾くことによって，いっそう「改革派的な」タイプを選択することもできたのである．その場合，強調されているのは神の絶対主権，つまり神の唯一の主導権とよばれるようなことである．チューリヒ訳のもう一つの使用例もウルガタ訳やルター訳に対するもので，倫理のいっそう「改革派的な」強調を反映しているが，その倫理は常に神の主権というテーマと矛

盾するような緊張状態におかれている．マタイによる福音書4章17節の伝統的なウルガタ訳は「悔悛の秘跡をなせ」と訳されるような"Wurcket butz"であった．ルターは多くのプロテスタントと同様にそこに暗に込められた神学を拒絶したが，彼の翻訳は"Thut busse"という古い範例に従っている．チューリヒ訳聖書は"besserend euch"，すなわち「自分自身を改革し，改善せよ」といっそう倫理的で，非礼典的に翻訳している．シュッツ・ツェルはこれを「御国を来たらせたまえ」の註解の中に反映させて，「愛する父よ，私たちの内に敵（悪魔）がもつものすべてが滅ぼされ，追い払われて，私たちが御国の子らとなり，私たちがきょうイエス・キリストをとおして〈自分自身を改善しなさい（Bessert euch），神の国は近づいて来た〉という御声を聞いたのですから，油断してはいけません」と言っている．シュッツ・ツェルが神の活動を嘆願するこの祈りの文脈は，人間の功徳のどんな含蓄にも反対しているが，キリストの言葉の彼女による翻訳は，キリスト者に期待される積極的な応答を強調している．[4]

　このような倫理的志向はシュッツ・ツェルに特有なものであり，ただ単に二つの翻訳を選択する必要から生まれたものではないことが，ケンツィンゲンの女性たちに宛てた彼女の慰めの手紙におけるペトロの手紙一1章6-7節の釈義の中にもう一つの例となって見られる．聖書の著者は信仰が純粋かどうか試練によって試されると語っているが，シュッツ・ツェルはそれを「外に現れた愛の業が私たちの信仰を確実なものにする」と述べている．「愛の業」と「試練」の置き換えは神学的・牧会的な文脈においてはたぶん驚くべきことではない．しかし，シュッツ・ツェルは，ちょうどイサクを犠牲にせよという神の意思へのアブラハムの従順（創世22：2以下）について語っていたのである．確かにそれは試練であるが，彼女はその試練を今や愛の業とを同一視する方向に転じているのである．そこには，アブラハムとケンツィンゲンの女性たちとが，試

---

[4]　ルターの宗教改革の出発点となった「九十五箇条」は悔い改めを「悔悛の秘蹟（poenitentia）」とするローマ教会の聖書解釈への批判から始まっているが，その聖書翻訳においても最初は「悔い改めよ」（マタイ3：2, 4：17）をBessert euchと訳し，『チューリヒ訳聖書』もそれにならって，besserend euchと訳している．しかし，ルターはその後thut busseと改訳している．カタリナやブツァーなどは最初のルター訳やチューリヒ訳を好んで用いた．

第 9 章　信徒改革者の聖書的世界

練のただ中で神への愛と信頼とをもって行動することによって，その信仰を自ら確証すると同時に，他の人々に証言することになるという確信が含蓄されている．

　シュッツ・ツェルのまさに信徒神学者としてのいっそう独立した神学的立場は，彼女の聖書引用の中にも微妙に認められる．たとえば，そうした批判的な態度がプロテスタントの間で見られるにせよ，彼女は少なくとも時折信徒による聖職中心主義批判を企てているように思われる．彼女はローマの信徒への手紙 10 章 17 節を次のように引用している．「さて，信仰は聞くこと（Gehord）からくるのであり，聞くことは御言葉からくる」というのである．実際，ルター訳もチューリヒ訳も「聞くこと（gehord）」の代わりに「説教（predig［t］）」，（すなわち，信仰は説教からくる）と訳しているが，聖職者と違ってこの女性信徒は単純に「聞くこと」を「説教」と同一視していない．聖職者は信仰が彼らの御言葉の説教からくると考えるかもしれないが，信徒席にいる者は，パウロが信仰は御言葉を聞くことからくると言ったことを知っていたのである．これが偶然ではないことは，シュッツ・ツェルの旧約聖書引用がパウロの言葉に基づいていることからも明らかである．信徒翻訳者と聖職翻訳者との同様な相違が見られるのは，この女性信徒のイザヤ書 53 章 1 節の引用である．彼女はそこで預言者の言葉を「主よ，だれがわたしたちの聞いたことを信じたであろうか」と受動態で訳しているが，ルター訳聖書とチューリヒ訳聖書は能動態で「だれがわれわれの説教を信じたであろうか」と訳している．これはこの信徒神学者がルター訳聖書とチューリヒ訳聖書に反してウルガタ訳に従っている稀な事例の一つであるが，それは彼女の神学的観点とその独立性にとって意義深い区別を発揮している．

　ボヘミヤ兄弟団の讃美歌へのシュッツ・ツェルの序文にはコロサイの信徒への手紙 3 章 16 節といっしょにエフェソの信徒への手紙 5 章 18-19 節が引用されているが，それは「酒に酔いしれるのではなくて，御霊に満たされて，詩編と讃歌と霊的な歌によって互いに勧め合いなさい」と，特に信徒的な態度を示している．その相互的な勧告はその本文に対するこの女性信徒の付加である．別な形で，シュッツ・ツェルがいくつかの章句を結合しているが，それは成熟した彼女のもう一つの側面，つまり，すべてのキリスト者男女の一種の平等性を描いている．彼女たちのプロテスタント的信仰告白のゆえに夫から引き離さ

れたケンツィンゲンの女性たちに宛てて，彼女たちの牧会的な慰め手はマタイによる福音書19章29節をルカによる福音書14章26節とまとめ上げ，「キリストは言われる．……〈だれでもわたしのために父と母，妻と夫や子ども，畑地や牧場を捨てる者には，この世では百倍を，かの世では永遠の命を与えよう〉」と述べている．「妻」という言葉はルカによる福音書の章句には見られるが，「夫」はシュッツ・ツェルの付加したものである．彼女はその本文の一部を手紙の相手の女性たちに適用させようとしていたのかもしれないが，それは彼女たちが福音のために夫を失っていたからである．しかし，一部は彼女の言葉遣いが示しているように，彼女は女性にも男性にも等しく向けられた服従と信仰への聖書の招きを考慮したり，聖書の著者が暗示的に示したことをためらわず明確にしたのである．

　明らかに，シュッツ・ツェルの神学は彼女の聖書通読を具体化させたが，その聖書は特に古代の諸信条に要約され，初期プロテスタントの改革者たちによって解釈された聖書であり，彼女の神学的基礎をも形造っていた．その神学の内容は次の章で検討することになるが，ここでは（ほかの多くの者と同様に）聖書の信仰の要約として，ほぼ聖書と同様に読んでいた古代の諸信条を，この信徒神学者がどのように使用していたかをみるのが適当であろう．

古代の諸信条

　シュッツ・ツェルの思想において古代の諸信条とその神学的定義が果たした役割は，重要であるとともにたぶん注目すべきものでさえあろう．ニカイア信条と使徒信条が彼女にとって一種の信仰概要の役目を果たしたが，それは何も驚くべきことではない．それは信仰教育の常識であって，それに反することこそむしろ驚きとなるであろう．それにしても，彼女の信仰告白的陳述の中での三位一体論的な用語の頻出は幾人かの信徒の文書よりもたぶん目立っている．その最も専門的な用例を一つ挙げると，彼女の言葉遣いに味わいを添えることになろう．カタリナはマテウスの埋葬にあたってこの信条をストラスブールの第一世代全体に共通する教えとして提示しているが，その信条はこの都市が信仰的であるためには堅持すべきものであった．「わたしたちの神と御子イエス・キリストへの信仰告白……それを（神の第三の位格である）聖霊がわたし

たちに教えて，わたしたちをあらゆる真理に導いてくださるのであり（ヨハネ 16：13）……，わたしたちは三つの位格にして一つの永遠の神的本質にいます神を告白し，また〈わたしたちはすべて全能の父にして天地の創造者である唯一の神を信じます〉とも言い，告白するのです」と述べている．

　古代の諸信条の自由な使用は，どの敬虔なキリスト者にとっても自然であるが，イエス・キリストを「まことの神にしてまことの人」と力説するカルケドン信条の中心的な断言を強調することは，普通の信徒神学者の場合にはいっそう意外なものである．ルターやツヴィングリやストラスブールの改革者たちからシュヴェンクフェルトにいたる第一世代の信仰として，シュッツ・ツェルが提示した聖書に由来する信条的類型の陳述の一表現では，「まことの神，まことの人」という句が58行の中に11回聞き取れる．このようなシュッツ・ツェルの文書の特徴を説明するのは，もちろんシュヴェンクフェルトのキリスト論と何が正統性の要件かをめぐる議論とがあるが，いっそう注目すべきことはそれが特に普及しており，ごく普通のことだからという理由では強制されていないことである．それには明らかに信条的類型の陳述よりも信心深い流儀の一例で十分であろう．シュヴェンクフェルトに対する1553年の長い論文のような手紙は，次のような祈りをもって閉じられている．「わたしたちの主イエス・キリストの恵みにあなたをゆだねます．主は，それぞれまことの神とまことの人として存在する二性一人格の勇者であって，聖なる三位一体として，その民を永遠に統治する王であり，主を信じて，その民を罪から救うように依り頼んで（イザヤ9：6）祈り求めるすべての者の平和の君にして永遠の父でありたまいます．アーメン」と結ばれている．

　カタリナ・シュッツ・ツェルの文書全体には聖書が鳴り響いている．聖書のメロディーが奏でる響きは音楽家によって変化するであろうし，この神学者はいわば信徒で女性のプロテスタントの音楽家であった．次の章ではそのプロテスタントが信じ，教えたその概要が吟味されよう．その後，この女性聖書解釈者の声が，万人祭司説を彼女自身の調べに合わせて，すなわち，神の言葉がキリスト者全体の存在と行為に求めておられることを歌う歌声を聞くことになろう．

第 10 章

敬虔なプロテスタント信徒の基本的な神学

　カタリナ・シュッツ・ツェルの宗教思想の焦点は聖書だが，彼女自身は神の言葉に多くの読み方があり，その教えを礼拝と日常生活とに適応するさらに多くの方法があると知っていた．彼女は子どもながらに聖書も読み，説教も聞いていた．しかし「回心」後の成熟した立場からその経験を振り返ると，自分は聞いたことを本当には理解していなかったことに気づいた．彼女の初期の教師たちでさえ福音を正しく把握してはいなかったし，御心にそった神礼拝の方法を彼女に教えてはいなかった．

　本章と次章はシュッツ・ツェルの理論的・実践的な神学を概観する．彼女の思想と敬虔はその聖書理解に基づいており，彼女が聖書の権威を解釈した本質的な（諸）観点を形づくっている．これら二章の順序は何か比較的重要なことを示すというよりも，まず明快な目標によって決められた．重要な論点に関して，まず基本的な態度が展開され，続いてキリスト教的生活にとって同様に必要な実存が表現されている．シュッツ・ツェルにとって，教理的神学は，実践を見劣りさせず，むしろ生きた信仰の基礎を提供すべきものであった．そこで本章は信徒改革者のプロテスタント神学を論じるが，まず宗教改革の根本原理から始め，次にプロテスタントの間で論じられる第二義的な問題，それから（彼女にとっては根本原理に匹敵するものとなる）隣人愛に関するシュッツ・ツェルの信念への簡単な導入へと進み，聖書と神学の「最良の解釈者」に関する彼女の見解とその活用を吟味することで結びとしたい．

　聖書と伝統的な諸信条との基本的な役割は強調されすぎてはならないが，シュッツ・ツェルはこれらの権威あるテキストの最良の解釈者と見なす人々に非常に慎重な注意をはらった．明らかに最も重要な人物は特に 1520 年代に説

教や文書を生み出した第一世代のプロテスタント宗教改革者たちであった．教会教父たちはシュッツ・ツェルの良き神学者コレクションの中ではまさしく第二義的な役割しか演じていない．しかし，彼女ははっきりとつぶやいて，自分はいつも学び，教えを熱望していたが，すべての教えを聖書の規準に照らして評価するような，自己判断の権利と義務を保持していたという．こうした理由から，シュッツ・ツェル自身のプロテスタント神学を取り上げ，宗教改革の原理に対する彼女の傾倒から始めて，聖書と信条の最良の解釈者であるルターとツェルや，1520年代の彼らの仲間の宗教改革者たちと彼女の関係をもって終わりとすることが適切であろう．

シュッツ・ツェルのプロテスタント信仰の基礎

　シュッツ・ツェルの神学の基本形は，明らかに1520年代の強くプロテスタント的様式の教えに固定されていたが，決してそれ以上に狭い教派主義的な定義へと展開されはしなかった．彼女の思想はいつも標語的に表現されたわけではないが，明らかに古典的プロテスタンティズムの特徴的な教義，すなわち，「キリストのみ，聖書のみ，信仰のみ，全信徒の祭司性」のたぐいを反映していた．これらはいずれも，特に最初のものはシュッツ・ツェルの文書の中でくり返し明示されている．それらが基本的に重要なことは何度もくり返されなければ適切に表現されないからである．実際に，そうした反復の一覧表は実際多くの価値ある引用を提供するが，それはむしろ手荒なものになってしまうであろう．そこで，ここではきわめて単純にそれぞれの要点の見本を，それぞれの引用がさらに多くの事例を示すことに注意を促しながら，少しだけ提供するのが最善と思われる．

唯一の救い主キリスト

　鍵となるプロテスタント的信仰告白にはっきり関わる最も明瞭な共通例を一つだけ挙げるならば，キリストを唯一の救い主とアピールすることである．これは第一世代の宗教改革者たちの信仰としてくり返し提示される．「彼［ツヴィングリ］がまったく本気で，愛と信仰をもって，悪口を浴びながらも立派

にその役目を果たし，信じ，公に教え，説教し，告白したのは崇高で真理に満ちた不可欠の主要点でした．それはイエスはキリストにして神の子であり，またそれゆえに唯一の救い主であり，すべての肉なるものの主であられるということでした」．これはシュッツ・ツェル自身がすべての第一世代と共有していた信仰であり，彼らは「みな説教し，教え，書き，文書でも演説でも，キリストはまことの神の子であり，唯一の救い主にして贖い主であり，人類を聖別し，業や被造物や物素［パンとぶどう酒］にそれ［敬意，効力］を与えるというあらゆる誤った教えに反対していたのです」．

　この唯一の救い主としてのキリスト告白は，ローマとの絶交の理由として，また是が非でも保持すべき信仰として，論戦上では最も頻繁に提示される．プロテスタントとローマとの対比は1548年のマテウスの埋葬式におけるカタリナの説教の中にはっきりと聞きとれる．そのとき，彼女は差し迫ったインテリムに反対してその群れを守ろうとする夫の教えを主張しようとしてはっきりと語っている．初期のプロテスタント的信条のこのような中心的声明に対する彼女の他の言及は，第二世代の牧師たちへの非難の中に見られる．彼らはその信仰を第一世代の神学的立場から変更するか，最初の宗教改革者たちのこうした確信を共有する人々を異端として攻撃することによって，裏切りつつあった．シュッツ・ツェルはラブスや他の第二世代の牧師たちがもはや改革の初期に本当に何が問題点であったのかを理解しておらず，そのため善良なキリスト者と異端とを区別できなくなっていると確信していた．「福音主義派の説教者からあれほどの［異端を中傷して告訴する］言葉が出るのでしょうか．あなたがた［ラブスとその友人たち］は善良なシュヴェンクフェルトを大層ひどく呪っておられますが，彼は主キリストを大いに讃美し，私たちとともに教皇とすべての不信仰な業とに反対し，主を唯一のまことの神の子として，また，私たちの救い主であり贖い主として，実に主とキリストとして信じ，告白しておられるのです」．ここでは論争的な語調が明らかに二重になっていて，元来の反発は人間の美徳や善行のローマ的肯定に向けられているが，それとの関連でその教えを再び導入しようとする第二世代のプロテスタントにも向けられている．

聖書のみ・信仰のみ・恵みのみ

　「キリストのみ」の告白が再三再四第一世代の信条としてはっきりと鳴り響いているとしても，彼らの唯一の権威である聖書の重要性もさらに頻繁に間接的に表現された．シュッツ・ツェルの「聖書のみ」という確信はそれほど頻繁に表現されなかったが，その理由の一部はそれが当然視されていたためであり，一部は，彼女の論争の多くはこの確信を共有したと思われる第二世代のプロテスタントに向けられていたためである．しかし，他のあらゆる権威を超えて，また，それに対する聖書の中心性は彼女のどの文書でも明白である．

　「信仰のみ」も「恵みのみ」も，その正反対の不信仰や自己信頼ともしばしば連動して，くり返し強調される．それは，神の恵みが誰一人獲得できない純然たる賜物であることを承認する罪の告白の，自然な流れでもありえた．「神よ，あなたの慈しみに従って私に恵み深くあり，あなたの恵みに従って私を取り扱ってください．あなたの恵みはどんな業や善行によっても贖いえず，達成もできないものであり，あなたご自身の本質的なあり方であり，お役目だからです．……また，私が今までに犯した不信仰の罪から私を清めてください．私はあなたの御業を退け，御手を容認せず，御助けを待とうとはしませんでした」．不信仰の罪は，神が心の中に与え，試練をとおして教えてくださる信仰や信頼の正反対である．「しかし，神よ，私のもろもろの罪があなたの前では御恵みによって，私の前ではあなたがこの十字架のもとで教えてくださった信仰によって，ぬぐい去られ，忘れられ，制圧されますようお助けください」．

　恵みと律法とのプロテスタント的な対比は，明らかに特殊「ルター派的な」風味はないが，聖書の教えとして表現されている．私たちの罪の内にある「律法の力」を死のとげ（詩42：1，Ⅰコリント15章［55節］）と対比して，シュッツ・ツェルは「［罪と死を］取り去るキリストの力を正しく知ることは，神の特別に大きな恵みであり驚くべき御業であって，神はそれを初めから選び愛された者以外にはだれにも与えておられません．……神がこのようなキリストの死への信仰をとおして心を清める（使徒15章）という救済策を与え，私たちもキリストの死の中に神の力を認めさせてくださった場合には，それは決して小さな恵みではありません」．（その非自意識のゆえに）最も印象的な信仰と恵みの強

調は，シュッツ・ツェルが聖書自身を釈義する方法の中に見出される．そこでは聖書本文が明確に言及していないこれらの言葉を，彼女のプロテスタント的確信によって形成されたしかたで記憶し引用した聖書本文に付け加えている．

　信仰と恵みはしばしばその系統の信徒の祭司性の教理を伴ったが，その教理はすべてのキリスト者は信仰によって他の人々のために祈る資格を与えられ，神を讃美し，神について教え，これらのことを彼らの日常的な（現世的な）仕事に赴くように果たすべきなのである．

　　「そこで，愛するキリスト者の方々はだれでも，神がいまこの世界に実現しつつある明らかな召し［福音］へと招かれているのです．あなたの子らを救いの知識を熱心に求めるように促して敬虔な歌をうたわせ，あなたの子らと身内が仕えるべきなのは人間ではなく神であることを知らせるようにと召されているのです．つまり，彼らが信仰的に（信仰にあって）家を維持し，言いつけを守り，調理し，皿を洗い，子どもたちを世話し，人間的営みに仕えるような仕事をし，このような仕事をしながら讃美の歌声をもって神に頼るべく教えるように召されているのです．［すべての者がなすべきことは］，職人はその職場で，農夫と園丁はその農園で，母親はゆりかごで泣き叫ぶ子らとともに，讃美を歌い，祈り，詩編や同様の歌を教えることなのです．すべてのことが信仰とキリストを知ることによってなされる限り，彼らの全生活がすべての人に対するあらゆる誠実と忍耐とをもって信心深く整えられるのです」．

　どのキリスト者の生活も，信仰とキリストを知り，告白して，隣人への誠実な奉仕によって送られるなら，一種の聖なる召命［聖職］となるのである．この信徒祭司性の他の局面は，神の前における良心と個人的責任との役割で，各人に信仰の証言と教えの判断を求めるものである．

　シュッツ・ツェルは，プロテスタントの教えの基本を積極的に強調しながら，他方では，彼女が（他のプロテスタントと同様に）中世神学に特徴的な逆の教説を退けて，はっきりそのいくつかの名を挙げている．たとえば，機械的な恩恵（ナサレタ業ニヨッテ），実体変化説，ミサや他のサクラメントの別の側面，および聖人崇敬などの伝統的な教説にはっきり反対している．上記の「ただキリストのみ」の引用で明らかなように，シュッツ・ツェルは，救いの経過の中では，業による義や人間の功徳にはどんな余地も認めなかった．彼女は，

恩恵を一つの状態とするのに並行して，原罪の継続的力をも一つの状態として黙認し，多くの現行罪［原罪に対する個別的な罪］を認めていたが，それでも不信仰や不信頼は明確に主要な罪と見なした．

　実際シュッツ・ツェルにとって，信仰と本当のキリスト者はだれかを定義する何よりも重要な方法は，これらのプロテスタント信仰の基本的な教義を肯定する人々と，その他の人々，特に拒絶された反論を擁護する人々との間に境界線を引くことであった．その基本的な立場は，シュッツ・ツェルが福音の「要点」とよんだキリストを唯一の救い主とすることに要約された．この中心的な主張は，再洗礼派をも含むすべての改革仲間によって共有されていた．シュッツ・ツェルの意見では，「キリストのみ」は単に第一世代の宣言を表すのみならず，相違点はあってもいっしょに生きるための基盤でもあった．「わたしはいつもあらゆる部類の人々と友好的で平和的な（塩味の利いた）形でふるまってきたし，兄弟たちが互いにけしかけ合って殺してしまうのではなくて，キリストに根ざす贖いや功績や救いなどの主要点が完全に残っている場合には，互いに忍耐するように，喜んで見守ってきたのです」．1520年代のこのような福音宣教によって生活が一変した信徒キリスト者にとって，キリストのみの告白は（他のすべての「のみ」の要約として）福音を知った者と知らない者とを見分けるための基本的要件だったのである．

　シュッツ・ツェルの基本的なプロテスタント神学はすぐにでもまとめられようが，彼女にとってその重要性は，その要約の簡潔さや単純さによって断定されてはならない．その証拠に，彼女の宗教思想は古代の教理を立派に表現しているし，それらの教理は神学全体をみる基本的立場を確立させている[1]．ところが，基本的な「プロテスタントに共通な教義」は，信仰について語り「得る」すべてを包含してはいないし，ある人々にとっては語られる「べきこと」すべてを含んでもいなかった．

　シュッツ・ツェルが基礎と考えたことに同意する人々でも，彼女が第二義的な要点と見なしたことには同意できなくなり，多くの人がそれをますます厳格

---

〔1〕　古代の教理としては，特にニカイア公会議（325年）が確定した父・子・聖霊なる神に関する「三位一体論」とカルケドン公会議（451年）が確定したキリストの神人二性一人格（ホモウシオス）に関する「キリスト論」が挙げられる．

に規定しようとしたのみならず，そのような定義を信仰の問題としようとした．この信徒改革者はその点を心配し始めた．不一致が問題になると，ますます排他的な定義がなされ，さらに手厳しい攻撃が続く．第二義的な要点に関する不一致は同意できる．彼女自身は彼女と福音を共有しながらも，彼らの信奉するある考えを受け入れられないとはっきり自覚していた．しかし，その不一致の結果としてある人々を教会から閉め出すことは別問題であった．キリスト者がどのように神学的相違を誠実に取り扱うべきかについてのシュッツ・ツェルの理解を簡潔に描くことは，いくつかの論争点，特にサクラメント，教会政治，牧会的な職務と訓練についての彼女自身の見解を検討する一つの文脈を提供することになろう．

第二義的な論争点

時が経つにつれ，1520年代においてさえ，ローマと別れた人々の間で，特にサクラメントや教会制度に関して意見の相違が表面化してきた．シュッツ・ツェルはその相違に気づき，その重要性を認めていたが，それらの問題の大半は一致できない人々を教会から閉め出すほど深刻だとは見ていなかった．そうした相違点は確かに弾圧や迫害を保証するものではなかった．

お互いの境界線と「寛容さ」

シュッツ・ツェルは彼女自身の友人たち，ブツァーとシュヴェンクフェルトとの間で，一つの最も重要な信仰告白上の裂け目に関して自分の立場を明確に説明していた．彼女は両方の主張点を見つけてはいたが，それだからといって両者との交わりを断とうとはしなかった．「彼［シュヴェンクフェルト］と私たちの説教者たちや牧師との間にはいくつかの論争がなされ，彼と彼らとは多くの点でわかれている（不一致である）．しかし，キリストが神の小羊であり私たちの唯一の贖い主であるという主要点をいつも双方に見出し，それゆえに（どちらか一方が）わたしを他方から迷い出させず，双方を愛し，どちらからも分離しないのです」．次の点は注目に値する．すなわち，この信徒改革者が彼女の仲間たちを自信をもって自分なりに評価したこと，さらにブツァーやシュ

ヴェンクフェルトのどちら側に対しても，彼女に一方の側との関係を絶たせようとするのを許さなかったことである．彼女はこれを「迷わせている」と見なしたのである．この場合，シュッツ・ツェルが語っているのは，彼女が「主流の」神学者と見なすルター，ツヴィングリ，ストラスブールの牧師たち，シュヴェンクフェルトとの間での論争のことである．

　再洗礼派でさえも，たとえば，第二義的な問題，特に訓練に関して重要な相違をもっているとしても，容認されるべきであった．「哀れな洗礼派の兄弟たちも，私たちと同様にキリストを主と告白しており，信仰の主要点，すなわち，キリストによる贖いについてはローマ教会から分離しているが，他の点では私たちと一致しておりません．それだからと言って，彼らと彼らの内におられるキリストとを迫害すべきなのでしょうか．彼らが懸命に告白しており，彼らの多くは殉教するほどに告白してきたのはキリストなのです」．シュッツ・ツェルが神学的に受容できると見なした限度は明らかである．彼女が福音を彼女の信じているとおりに教えていた人々（ルター派，ツヴィングリ派およびストラスブールの第一世代とともにシュヴェンクフェルトを含めて），第二義的な論点で異なる人々（再洗礼派），福音を教えない人々を区別していたのである．後者には，ローマ・カトリック教徒，ユダヤ人，その他が含められる．

　しかし，どの場合も宗教的な抑圧は許されず，効果的でもなかった．シュッツ・ツェルが福音の徒とは見なさない人々との宗教的相違ですら，彼女は暴力の行使や肉体的拘束を拒絶した．ローマ・カトリック教徒とさえ神学を論じたが（シュッツ・ツェル自身がそれを実践したように），力で強要はしなかったし，ユダヤ人でさえ信仰問題で（彼女がはっきり確約しているように）強要されてはならないし，ましてキリストを唯一の救い主とする主要点を共有しない人々にも同様のことが確約されたであろう．この中心的確信を共有してはいるが，他の点（たとえば，訓練や職務）に関するさまざまな方法や，信仰の表現（サクラメントの定義）において相違する当事者間の調停は一つの大切な召しである．福音を支持しない人々を説得することは正しいし，福音には必要な証言でもあるが，だれにも強要は適用されてはならない．多くの（主流の）プロテスタントを明らかに分断しているのはサクラメント，特に主の晩餐〔聖餐式〕の問題であった．主に再洗礼派と福音の他の信奉者とを分裂させているのは訓練と政治形態の問題であった．これらの問題点については，シュッツ・ツェルは自分

の意見を表明している[2].

サクラメント —— 主の晩餐

シュッツ・ツェル自身のサクラメント理解は生涯をとおして1520年代初期と本質的に同じであった．ルターの初期の見解が古いルターや，特に純正ルター主義者[3]の文書における一段とローマ的解釈と置き換えられ始めたときにも，「ツヴィングリ主義的な」見解に近づいたままであった．シュッツ・ツェルのサクラメントに関するいっそうツヴィングリ主義的な立場は，1549年のヨハネによる福音書6章に関するチューリヒの説教者ルードルフ・グヴァルターの説教に対する大きな評価に見られる．そのことは，1553年と，特に1557年のマテウスの教えに関する彼女の後期の記述でいっそう明らかになっているが（そこでは彼女がこの教理をはっきり「聖書の理解から」由来すると語っている），それはラブスのサクラメントのやり方への彼女の反対と対比されている.

シュッツ・ツェルの主の晩餐に関する思想の最も明確で非論争的な表現は，1532年に書かれた「日用の糧」の願いに関する主の祈りの講解に見られる．全体は神に対する祈りに焦点が当てられている．彼女は，本質的にはヨハネによる福音書6章を基本にして，天からのパンとしてのキリストに関する熟慮から始めている.

---

〔2〕 宗教改革者たちはサクラメントを洗礼と聖晩餐に限定したが，聖晩餐についてはキリストの現臨（real presence）を主張するルターと象徴説を唱えるツヴィングリとの間で聖餐論争が起こったが，ブツァーなどストラスブールの改革者たちはその対立の解消に努めていた．また，洗礼については，小児洗礼を認めず成人洗礼を主張する再洗礼派が共同体を分断するとして，ローマ教会はもとより，多くの宗教改革者からも批判された．その点で，ストラスブールは比較的寛容であったため，亡命者が集まってきていたと言われる．
〔3〕 純正ルター主義者（Gnesio-Lutheran）とは，ルターの死（1546年）の後，ルター派最初の監督となったアムスドルフ（1483–1565）を中心に，イリーリクス（1520–1575）などと共にルターの聖餐論や義認論を固守し，メランヒトン（1497–1560）のフィリープ派と対立し，ルター派正統主義への道を開いた．カタリナの論敵ラブスは第二世代のルター派正統主義に属していた．

［どうか忠実な牧師たちの説教からかなえてくださいますように］．私たちが天から，あなたのみ許からくる正しい生きた御言葉とパンを知って食べることができますように．あなたの力強い御言葉はあなたとともに初めからいまして，すべての被造物に命を与えられました．その命とパンはあなたの聖なる御子イエス・キリストであられます（ヨハネ6：35，1：1，4，14）．どうか愛する父よ，私たちがその同じイエス・キリストが生きた御言葉でありパンであることを〔他の人々に〕教え示し，私たちも全き知識にまで成長できますように．また，生きた心と信仰とをもって，あなたが天からお与えくださったまことのパンであるキリストの肉をいただくことができますように．それは人の心を強めてくださるのです．また，どうかまことの飲み物であるキリストの血を飲んで心を喜ばせ，キリストが私たちのうちに住み，私たちも彼のうちに住んで，死なずにこのパンを食べ，それによって終わりの日には引き上げられ，いつまでも生きることができますように．また，どうか私たちがあなたの子らであることを私たちの心に封印する御霊の約束と証印とをとおして，あなたの恵みと御国を確信して，あなたに養われ満たされますように（ヨハネ6：54–56，詩104：15，Ⅱコリント1：22，ローマ8：15–16参照）．……〔また，そのようにして私たちが最早この世を求めて飢え乾くことがありませんように〕……．

　この祈りの次の局面は，このようなキリストによる霊的な養いを主の晩餐と結びつけている．

　おお聖なる父よ，どうか私たちがあなたとあなたがお遣わしになったイエス・キリスト（ヨハネ17：3節）を知ることができますように．キリストを信仰によって受け入れ，キリストを通して私たちが自分自身をあなたの子らとして従順におささげし，わが身をも差し出すことができますように．そうすれば，私たちはキリストの死の中に自分たちの命を見出し，キリストが本当に私たちの心の中に生きておられ，私たちはあなたの愛とイエス・キリストの従順とを覚えて共に進み出るのにふさわしい者となり，パンを裂き，感謝の杯を飲んで，キリストを覚えつつ養われ，私たちの罪の赦しのためのイエス・キリストの体と血とに交わり，聖徒たちの交わりに入り，そのようにしてキリストの死を生き生きと覚え，再び来られるときまでそれを宣べ伝えることができますように（Ⅱコリント11：17，24–27，10：16）．そこでは〔聖晩餐では〕キリストの体が

私たちのために裂き与えられ，自分たちに逆らう罪の記憶がぬぐい去られ，十字架上にかけられたことを本当に告白するのです（コロサイ2：14参照）．

　第三楽章は隣人への愛の応答であるが，キリストの愛の記憶を裂かれたパンと感謝の杯によって共有した者たちが，あらゆるしかたで，どれほど高価であろうと，他者を愛するように養われ，キリストによって霊的に育てられるのである．

　　〔このようにして〕わたしたちも燃えるような愛にかき立てられ，イエス・キリストにある信徒仲間との生き生きとした記憶と交わりを保ち，進んで自らを十字架への従順に献げ，キリストとともに，虐待，亡命，貧困，死などの一切を耐え忍ぶのです．
　　また，キリストが私たちのためにその身を献げ，また私たちのためにその魂を死に引き渡されたのですから，私たちも自分自身をすべての人々と兄弟たちのために，あなたの弟子である私たちの兄弟姉妹のために差し出せますように．彼らは災難，亡命，貧困，病気のただ中で窮地に陥っているのですから，彼らの傍らに立ち，彼らの相談にのり，彼らを罪と貧困と亡命やあらゆる試練から，私たちの財貨や特権や肉体や命をもって守り，私たちが自分たちのためにそのようになしてくださったイエス・キリストを信じていることや，キリストの行為が私たちのためであったことをさし示して証明し，私たちのものは他の人々のものとなり，キリストが命じられたように（ヨハネ15：12），私たちは一つのパンの中にあるたくさんの麦粒のように，みな一つの体になり，こうして，キリストが私たちすべての者のかしらとなりますように（エフェソ4：15）．

　終楽章は不相応な食事に対する警告であり，キリストの体というサクラメントの物素〔パンとぶどう酒〕よりも，むしろ教会や人間社会とキリストの体とを同一視している．

　　愛する父よ，私たちがこの食事によって本当に養われ，強められるように助けてください．私たちが〔自分たちの〕判断で主のパンを不相応に食べて，キリストの体と血に罪を犯しませんように，むしろ私たちがキリストの体をわきまえて（Ⅰコリント11：27, 29），キリストの肢体〔メンバー〕を置き去りにし

たり，拒絶したりせず，キリストが私たちのためになさったように，彼らを耐え忍び，愛し，褒め立てて，助け，食べさせ，飲ませることができますように．

シュッツ・ツェルは続けてキリストの杯から飲むことや彼の死の中に洗礼されること，また，隣人愛やキリストの血と物質的な物でのキリストと隣人との交わりに言及している．明らかに，聖晩餐はキリストの行為に基づき先行するキリストとの交わりに対する一つの証言であり，隣人愛に生きる共同体という一つの先行する状態をも要請している．シュッツ・ツェルの主の晩餐に関する思想の表現としてこの節の永続的妥当性は，この本文が，実際に彼女の生涯の終わりに近い1558年に出版されたという事実によっても証明される．彼女は四半世紀も前に書いたものを変更する理由を見出していなかった．

サクラメント —— 洗礼

シュッツ・ツェルの洗礼についての確信は，論争的文書にのみ見出されるが，その画像は本質的には1520年代初期の思想を表す主の晩餐の確信と類似している．比較的積極的な形がマテウスの教えについてのカタリナの記憶の中に示されている．

> 洗礼の時期や年齢については自由であるべきです．それ〔自体〕が再生や救いではありません．そこで〔洗礼式の中で〕，私たちはキリストを信じ，彼はまことの神の子であり，私たちはキリストの血によってのみ罪から洗い清められ，別人になり，生まれ変わった民となりますが，その誕生は十字架上での苦しみによって勝ち取られたものなのです．洗礼〔式〕は再生ではなくて，再生の洗い（テトス3：5）であり，神の小羊であるイエス・キリスト（ヨハネ1：29）の血を通し，また，その血において起こった真に正しい洗礼の証言なのです．それは人間の心と良心の中にすえられ，洗礼者ヨハネや主キリストが言われたように，聖霊によって生かされ，私たちは火と聖霊によって洗礼を授けられるのであり（マタイ3：11，使徒1：5），そのすばらしい実例を使徒言行録にあるエチオピア人にもっているのです（使徒8：26-40）．

そこにはシュッツ・ツェルが退けたものとの対比によって洗礼の意味が明ら

かにされるという点で，一つのネガティブな面もある．最初の比較は再びローマとのもので，牧会的理由からも神学的理由からも緊急洗礼の拒絶は明らかに受容可能な教えの規範となる境界線を形づくっている．

　　神さま，どうしてルター博士，愛する夫，カピト，ブツァー，その他の古いはじめの福音説教者たちはローマ教会の中にある大きな不信仰と誤り，すなわち，子どもたちの緊急洗礼を追いはらい，大いに努力して根絶やしにしなかったのでしょうか．もし，彼らが洗礼を受けずに死んでしまうならば，他のキリスト者とともに葬られず，（救いである，マタイ18：10）神の視界から奪い去られないように，どこか他の場所に〔葬られるというのです〕．〔このようなことを教える〕彼らは多くの哀れな母親たちの心に苦しみを与え，彼女を大きな不信仰へと追いやり，貴いキリストの血をまったく忘れさせているのです．彼らは，キリストと使徒たちの教えにまったく反して，〔キリストの血の力を〕水に与えておりますが，この水は神が魂の救いのためではなくて，御業の正しい使用と認識のために，造られたものなのです．

しかし，これはまさにサクラメントの儀式の必要性を明確に否定しているのだから，シュッツ・ツェルの立場も暗黙のうちに成人洗礼の教義学的要件を否定していることになろう．彼女は明らかにストラスブールの小児洗礼の慣行を受け入れていたし，時や年齢は自由であるという彼女の主張は子どもに直ちに受けさせるか，それともその洗礼式を遅らせるべきかの双方に適用される．シュッツ・ツェルは，内的確信を表すという点で，外的儀式の重要性も大いに評価していたが，外に現れた事柄について絶対的な規程を作ることには乗り気でなかった．

教会規則

教会生活の他の側面よりもサクラメントに関する議論に多く集中してきたが，職務や訓練の問題もプロテスタントが一致できなかった問題点であった．しかし，シュッツ・ツェルはそれらを第二義的と見なしていた．これらはローマと関係を絶った他の人々，特に再洗礼派を引き離す論争点に含んでいたが，この信徒改革者は，その相違を重要だとは認めていたが，絶対的だとは考えて

いなかった．シュッツ・ツェルは，明らかに訓練に対する再洗礼派の関心に本物の敬意を抱いていたらしい．彼女がラブスに語っているところでは，「もしもあなたが人々を大罪のためにご自分の教会から引き離すとすれば，彼らの為しているのは小罪なのですから，まもなくさらに小さな教会になってしまうことでしょう」．シュッツ・ツェルに訴えたのは再洗礼派の立場の道徳的・倫理的な高潔さにあった．なぜなら，彼女自身は官憲に一つの役割を与える国教会に対する古典的な「福音的再洗礼派」の反対を共有していなかったからである．そのようなキリスト教的統治者のための宗教的役目は必要ないが，まったく受容可能であり，望ましくさえあった（シュッツ・ツェルは，はっきりと述べられてはいないが，このような態度で，古典的なカルヴァン主義の教会理解となったものに接近していったと思われるが，ルター派教会やツヴィングリ派教会に典型的な類型よりもブツァーの思想に基づいた教会論であった[4]）．

教会の（正式に任命された）職務　シュッツ・ツェルの教会職務の理解は，明らかに聖書の教えと，良い牧師と，それほど良くない牧師について彼女自身の経験との結合に基づいていた．彼女の夫は疑いもなく良い牧師のモデルであった．マテウスの活動について，カタリナは最も簡潔に要約して四つの項目にまとめている．偶像崇拝と不信仰に抗する説教，キリストへの真の信仰教育，隣人愛の教育，道徳的なキリスト教生活の生き方の教育である．この要約は御言葉の職務に関する活動に集中するが，マテウスは教えたことを実行するカタリナの理想的な牧師であった．彼女の考えでは，正式に任命された教会的職務では，説教も牧会的活動も共に重要であった．

その職務の中で，説教の働きは，確かにプロテスタントの間では特別に目立つし，シュッツ・ツェルもその例外ではなかった．御言葉の牧師に関する彼女の最も詳しく論争的でない記述は，1532 年に書かれて 1558 年に出版された主の祈りの講解で，主の祈りの記述と同じテキストから出ている．神の聖なる御言葉に絶えず養われるように問いかけた後，彼女はこの食べ物を分配する人々

---

［4］　ブツァーの教会論には，三職制のほか，自律的教会訓練が含まれ，カルヴァンにも影響を与えたと思われるが，教会訓練の中には聖晩餐をめぐる戒規として陪餐停止などが含まれ，当時市参事会との間でその執行をめぐる論争もあったが，再洗礼派などからも批判を受けていた．南純「ブーツァーの教会論」（渡辺信夫編『教会改革の伝統継承』改革社，1972 年）を参照．

のことを述べて，まず，牧師の必要と性格といういくつかの個人的な問題を指摘する．その言葉遣いは徹頭徹尾聖書的である．

　　愛する父よ，私たちに忠実な管理人（ルカ 12：42）である賢明で誠実な説教者をお与えください．自分自身の心の好みを説教するのではなくて，あなたの御言葉を宣言する説教者です．そうすれば，御言葉がイエス・キリストを通してあなたの口から私たちに開かれ，ふさわしいときに適切な食事が並べられるでしょう（ルカ 12：42）．どうか，愛する父よ，彼らに積極的な心と強い信仰とを与えて，無関心で，弱々しく，仕事に疲れ果てませんように，また彼らの忘恩によってあなたの御言葉が地上から取り去られ，悪口が浴びせられませんように．また，彼らが〔御言葉が取り去られたために〕退屈し，この働きから離れ去り，あたかも何の目的もなく働いているかのように私たちを見捨てませんように．そうではなく，彼らをますます忠実な僕となして，家長が熱心にあなたの子らや身内をその僕の許に行くように命じ，また，その子らや身内を直接指導し，あらゆる不従順を正してくださいますように（ルカ 12：42）．また，彼らが悪口や艱難を最後まで，聖なる忍耐への確かな希望を抱いて耐え忍び，信仰をもってそれらに勝利させてください．

明らかに説教者の人格が関心の的になっているが，それは彼ら自身のためだけでなく，特に彼らの務めの見地から見てのことで，それは彼らが神に仕えているのであり，神の子らを御言葉をもって養育する責任があるためであった．
　シュッツ・ツェルは確かに牧師が直面する試練を認識しており，彼らの立場に敬意を抱いていた．彼女は彼らに高い水準を保たせ，彼らのために祈る責任があると感じていた．聖職者に共通する危険な試練は不一致であった．

　　どうか彼ら自身には平安を，互いの間には一致を，あなたの真理に対する共通の理解を与えてください．彼らの中からお互いの心を傷つける高慢，分裂癖，争い，口論を一切取り去ってください．また，彼らを平和と神による一致のきずなで結び合わせてください（エフェソ 4：3）．私たちの主にしてあなたの愛する御子イエス・キリストもそのように祈り，また語られました．「あなたとわたしが一つであるように，彼らも一つになるためです．あなたがわたしの内におられ，わたしがあなたの内にいるように，彼らもわたしたちの内にあって一つ

になるためです」（ヨハネ 17：21）．愛する父よ，どうか私たちのため彼らを一つにしてください．

シュッツ・ツェルは，良い羊飼いを記述し続けるが，それは聖書のイメージを反響し，良い羊飼いの責務承認をもって結ばれる．

　どうか彼らが役立たずの偶像の羊飼いではなくて，むしろ相応しいときに適切な食べ物を分け与える賢明で聖書に通じた誠実な家令であることがわかりますように．そうすれば，彼ら自身名誉もあり鍛錬されて頼りになる生活をおくり，信仰と謙遜，忍耐と純潔，憐憫と平和，そして全き信心深さをもって飾られるでしょう．それは彼らが自分たちの信仰と教えと生活を隠さず，家庭では自らを光として包み隠さず示し，私たちがだれでもその光を見ることができるためです．また，そのようにして彼らが地の塩となり，すべてに塩味をつけて健全な教えによって健康にし，彼らを生き生きと保つためです（ルカ 12：42，ガラテヤ 5：22，マタイ 5：13，15-16）．また，どうか私たち貧しい者たちがその教えを軽蔑せず，飢え乾くばかりの魂と心から，感謝に満たされて，それを探し求め，聞き取り，受け入れ，こうしてあなたの恵みに教えられ，養われ，満たされて，ついにはあなたの御心にまったく委ねるにいたりますように．

　このような説教・教育の務めの発展の基礎となった聖書本文は共観福音書の並行句マタイによる福音書 24 章 45 節とルカによる福音書 12 章 42 節で，正しいときに適切な方法で家族に食事を与えた忠実な家令を描いている．愛する夫の墓地でのシュッツ・ツェルの記述は，この良い牧者の描写が夫と聖書をモデルにしたことを暗示している．

　牧師職のもう一つのきわめて重要な側面は魂の配慮または牧会的活動で，ここでも聖書とマテウス・ツェルが妻の手本として役立っている．シュッツ・ツェルの夫の墓地での説教は，彼の教えに広く注意をはらっているが，マテウスを一人の牧師として描いているものである．

　彼はこの世の物事には関係せず，霊的な務めにおいて偽善的ふるまいをしませんでした（ヨブ 1：1）．……彼は神を愛し，神を畏れ，その資産と才能とには質素と誠実をもってふるまったのです．彼はだれでも我慢し，高く評価して愛

し続けました．隣人の罪を速やかに赦して，喜んで彼らをかばいました（彼らに神と聖霊に対する公然とした罪がないかぎりのことですが）．彼が何かを仕損なったとしても，それは悪意や不誠実や怠慢からではなくて，無力と質素のためだったのです．彼はその家族をプライドや尊大さや落度なく治め，質素で平穏で厳格な生活を送りました．実際，彼はすべての点で肉体を鍛え，飲食物の使用では節約しましたが，すべての難民や貧民や信仰上の良き友らのためには家庭を開放し，喜んで無料の食事を提供しました．

カタリナの牧会的役割に関する画像は，彼女の夫と彼の後任者ラブスとを対比するところで，さらに強調される．そこに現れる主な特徴は利己主義と野望に対する忠実と質素，あるいは寛大と実直と自制に対する貪欲と非寛容である．

シュッツ・ツェルは，他のプロテスタントと同様に，神の公の牧師には彼らの群れ〔会員〕よりも高い水準の牧会的行動を守らせたし，彼女のたぶん最も微妙なラブス批判は，彼をかすかに賞賛しながら非難していることである．

> わたしは彼がこの世で「立派だ」という程度に信心深いことを否定しません．私は進んで信じますが，彼は盗んではおりませんし，ほかのひどい違反で身を汚してもおりません．彼は祈り，施しを与え，ひどい違反を罰し，他の美徳ももっています．……しかし，キリストとその使徒たちの教えによれば（マタイ13：52，ルカ12：42，ヨハネ10：11，Ⅰテモテ3：1以下，Ⅰペトロ5：1以下），これらはみな，賢明な聖書学者や神の分別ある家令，正しい忠実な羊飼い，キリストとその教会の奉仕者にふさわしい，またそれに必要な正しい敬虔なおこないではないのです．

このようなラブス像はシュッツ・ツェルが都市の指導者を描いたものとすれば，彼を十分描いているかもしれないが，彼女のマテウス像の特徴は何一つない．……この若者には牧師としては高得点を与えていない！

最後に注目すべき重要なことは，牧師たるべき人の資質に関するシュッツ・ツェルの見解は1520年代初期の比較的自由なお手本に近いことであったことである．しかし，彼女は信徒の祭司性に加えて任職された牧師職をもつことには何のためらいも示していない．後年，シュッツ・ツェルは教会が任じたたぐいの牧師たち —— それはラブスが当面その最初の例であったが —— を嘆き悲

しむことになり，彼らの執り行うサクラメントへの参加を大いに控えた．しかし，その教区の通例の職務や目に見えるサクラメントの式典をやめる聖霊主義者の立場に移りはしなかった．

　教会の監視または訓練　シュッツ・ツェルが賞賛した夫の資質の一つは，訓練が丁重で確固としていたことであった．彼の行動は聖書に基づいており，教会が教理的．道徳的責任をいかに果たすべきかということでは，たぶん彼女のモデルになった．カタリナは，マテウスの墓地で，彼らの牧師について描いた言葉では，彼は通例彼の群れの罪を扱う場合，公に神や聖霊を侮辱したのでなければ，個人的におこなったと述べている．良い羊飼いの雛形が，訓練に関する伝統的聖書本文，マタイによる福音書 18 章 15-18 節（過ちを犯した兄弟姉妹を取り扱うための範例を与える）をマテウスの説教の主要な神学的・道徳的判断基準と結びつけているように思われる．すなわち，偶像崇拝と不道徳な生活には反対し，唯一の救い主キリストと隣人愛には賛成するのである．

　過ちを犯した会員を矯正するための聖書の模範はマタイによる福音書 18 章 15-18 節で，これはツェル夫妻にとってきわめて重要なテキストであった．第一段階は非公式な忠告について語っている．もしその兄弟が悔い改めれば，その問題はそれ以上先に進まない．もしその違反者が強情な場合には，二人または三人が彼を非公式にとがめる．それでも悔い改めない場合にのみ，その問題は公式に教会に話して（マタイ 18：17），公式にとがめる第三段階に進む．そして，もし必要ならば，放逐する．ツェル夫妻は明らかに教育と矯正を効果的に結びつける最初の二段階を大いに強調している．カタリナはこれをマテウスの慣例として彼の群れとともに賞賛し，彼は通例ストラスブールの牧師の間で和解者と平和維持者の一人であった．シュッツ・ツェル自身が神学的不一致に際しては再三再四この範例に従った．二つの事例が，一方の反応に依存すると，その結果がどれほど違うかを示している．シュヴェンクフェルトに関しては，第一段階で十分で，彼らはその相違を非公式に解決した．ラブスに関しては，彼に非公式に話したり手紙を書いたりしたが効果なく，彼の行為は結局シュッツ・ツェルに「教会にその件を引き渡す」という第三段階にまで進めさせた．シュッツ・ツェルは 1530 年代の初期にシュヴェンクフェルトに関する第一世代の宗教改革者たちの行動を振り返ったとき，彼女はそれ自体をはっきり名指してはいないけれども，明らかにそれを第二段階の適用と同一視していたと思

われる．そのとき，彼らは議論し，教会の指導者たちはシュヴェンクフェルトとの不一致を彼ら自身の間では非公式のままにして，それを説教壇から広めはしなかった．訓練の第三段階は教会全体にまったく公式な開示に進むことである．しかし，それは，マテウスの慣行をカタリナが要約したものによれば，正義と教会の共通善にとっても神と聖霊の名誉にとっても，他に頼みとし得るものがない場合にだけなされるべきことである．ラブスは，たとえばシュヴェンクフェルトのような敵対者たちとの間でこのような手順に従わなかったが，シュッツ・ツェルは，たとえラブスがその事実承認を拒んだとしても，彼自身とは注意深くその手続きを踏んだのである．

　カタリナによるマテウスの範例のまとめによれば，聖書の手続き上の範例は，何が神と聖霊を崇めることになるかを決める内容と結びつけられねばならない．教会の監視の務めは神学的な側面と道徳的な側面を含んでおり，その責任は教えることで，訓練は単なる処罰ではなかった．シュッツ・ツェルはもちろん彼女自身の聖書研究と夫の実例に従って，教理的問題にも倫理的問題にも関心を示した．マテウスの教育内容を彼女は最初に二点にまとめたが，それは偶像礼拝に反対してただキリストのみに賛成することで，福音を受け入れない人々との奮闘に適用された．そこでは教会の訓練ないし矯正の機能が聴衆に真理を納得させる説教で始まった．しかし，もし聴衆がキリストを唯一の救い主と認めなければ，教会の訓練機能は交わりの停止に通じ得るし，またそうすべきであって，信仰が否定される場合には道徳的行為だけでは不十分なのである．

　しかしながら，シュッツ・ツェルの訓練に関する意見の大半は，福音の主要点を共有する人々の広義の共同体内での紛争を扱っている．そこでは訓練の教育的機能が常に最も目立っており，ツェル夫妻も教理的欠点よりも倫理的欠点に対する譴責を認めがちであった．つまり，隣人愛の違反と不道徳な生活で，マテウスの教えのカタリナによる要約では二番めの組に属していた．福音の境界内にあることは神学の判断をより容認されやすくすることは，カタリナが（たぶんマテウスも）多くの再洗礼派によって実践されていた倫理的感覚と教会訓練に対する評価に明らかである．その上，どの福音の弟子たちの道徳的欠点であっても，たとえ正統派であっても，マテウスの火のような説教とカタリナの口頭での非難とを奮い立たせた．少なくとも彼女の場合は（またたぶん彼の

場合も），これは中世後期の敬虔によって信心深い人々に深く植え付けられたきわめて禁欲的な態度から引き継がれたものである．シュッツ・ツェルは気軽にこの世の楽しみごとや罪深い行為にふける人々を我慢できなかった．それは凝った結婚式，ダンス，飾り付の衣装，または尊大さ，偽善，貪欲などであるが，十戒に挙げられている他の肉的罪は言わずもがなである．道徳的な犯罪を犯した者は，当局によって公明正大に裁かれるべきであった．

訓練や矯正は明白な道徳的な悪行のみならず，第二の誡め，すなわち，自分を愛するように隣人を愛する教えに集約される，より大きな問題にも適用されるべきなのである．この女性信徒改革者は，十戒に反する個人的な罪とより不明瞭な構造的不正との関係という一点では少なくとも限界をもっていた．シュッツ・ツェルは，内縁関係を自由に耽溺していた中世の聖職者たちを激しく批判しながら，ある内縁関係では実際的にうまくやっていることに注視して，これは正しいと認めていた．これらの女性とその子らは明らかに堕落した教会的・行政的制度のなすがままであった．もし彼らが，その制度を自分たちの肉体的窮乏を保証するために利用できたとすれば，女性信徒改革者は，彼らが人間的に正当化されると考えていた．もっとも彼女は，そもそも彼女たちが放縦な聖職者と関わり合いをもつようになった最初の選択を是認してはいなかった．神の掟を破る者は非難されねばならなかったが，シュッツ・ツェルは明らかに道徳的問題の複雑さに気がついていたのである．

隣人愛には多くの局面があり，ツェル夫妻にとって最も重要なものの一つは，教理的相違に直面しても相互の愛と自制心を示すことであった．シュッツ・ツェルの神学で，隣人愛は重要であり，それは教会訓練の問題をはるかに超えているので，隣人愛は別に考察する必要がある．

隣人愛 ―― 中心的教理に関する覚え書き

シュッツ・ツェルは，サクラメント，職務，訓練についての自分の理解を描きながら，教会論に関する彼女自身の確信を抱いている．もっとも，彼女はキリスト教信仰の基本的定義にとって教会論を第二義的と見なしていた．彼女は教会論に関する相違がキリスト者の交わりを壊すに値するという多くの聖職的改革者の考えを拒否した．しかし，シュッツ・ツェルは，ルターのような指導

者の神学におけるサクラメントや多くの再洗礼派共同体における訓練に関する教えと同じ比重を，愛の教えに置いていた．彼女の目には愛の失敗だけが交わりを絶つに十分であったかどうか明らかでない．そのような並行関係は厳密になされていない．

この信徒改革者にとって，隣人愛は神学的な根本原理と同様にキリスト者の信義にとっての責務として並立しており，実際にはキリストや信仰や恩恵や聖書に関する正しい教えに対する責務に等しい．この問題は明らかにシュッツ・ツェル神学の中心部分であるが，彼女の信仰の実存的実践にとって特に重要な側面でもある．さらに，確かにユニークではないが，隣人愛と他の教理的諸問題との関係は独特である．こうした理由から，この問題の重要性を，ここでは彼女の神学のプロテスタント的性格を吟味する関連できわめてはっきりと言及しておく．その後，第二の誡めに関する彼女の理解をさらに吟味するが，それは次章に延期し，彼女の生きた実践神学を取り扱う関連で吟味される．

シュッツ・ツェルの基本的な神学的観点は大部分，伝統的な教会の教えと聖職階層制とのルターによる公然たる対決で始まったプロテスタント宗教改革の広範な運動と共有している．信徒改革者は，これらの理念を自分自身の言葉でためらわず表現したけれども，基本的には第一世代の古典的な聖職の指導者たちによって影響され，彼らの役割を神の伝令，教師，唯一の重要な権威である聖書の「最良の解釈者」として喜んで承認した．彼女がそうした知識をどのように共有し，それを教えてくれた人々に対して含蓄のある感謝をどう表現したのかを調べて見ることは十分にやり甲斐がある．

最良の解釈者

シュッツ・ツェルの神学は，1520年代に形成されたが，彼女のより充実し最も広範な陳述は1550年代に生み出された．このときまでに彼女ら第一世代の見解は，第二世代のルター派正統主義によって歩調を乱されていた．その正統主義はストラスブールの指導的聖職者の数人，特にマテウスの若い後継者ルードヴィッヒ・ラブスのもとでますます強まっていた．このような状況がツェルの寡婦で長期におよぶ職務上の同志に，初期宗教改革運動の後継者として，ローマと関係を絶った他の人々にその神学を防戦させた（もちろん論争的な状

況も，その本質は変わらなかったが，ますますその見解を激烈にしていた）．

　シュッツ・ツェルの初期の出版物は聖書以外の資料はまれで，たとえば，ローマ・カトリックの教説に対する論争では聖書で十分すぎると考えていた．しかし，彼女の神学的敵対者が聖書の権威の上に教会の権威を引き上げる者たちから，聖書のみを含むプロテスタント神学の主要点を共有している者たちに変わった場合には，その論争の形態も変化した．その場合，シュッツ・ツェルは世間に広く認められたプロテスタント神学者たちに訴えて，自分の聖書や教理の理解が正統な「福音」であるばかりか，ラブス版のプロテスタンティズムよりも当初の教えにより近いことをも証明しなければならなかった．こうして，ラブスとの論争的な文通が，信徒改革者のプロテスタント神学がどのように形成されたかを描くことになる．

宗教改革者たちの第一の最良の書物

　シュッツ・ツェルは自分の神学を防御するにあたってくり返し引用する「第一の」「一番良い書物」は，マルティン・ルター，ヨハネス・ブレンツ，フィリップ・メランヒトン，マルティン・ブツァーおよび他の多くの第一世代のものであった．彼女は宗教改革者たちが推奨した書物，たとえばルターが賞賛したヨハネス・シュタウピッツの書物やプロテスタントが福音のための殉教者として記念していたサヴォナローラの詩編80篇の註解などの書物をさえ含めていた．シュッツ・ツェルは，自分を学問的だとは主張しなかったが，自分の信仰を正確に擁護する能力を誇っていた．彼女は通例自分が言及する書物を見事な正確さで同定している．ルターの詩編118篇の註解「美しいあなたがたの告白」の「27行め」に言及しているように，ときにはその場所をさえ引いている．

　シュッツ・ツェルの読書が彼女の出版された文書に見られるものをはるかに超えていることは明らかで，その鍵を彼女の文書が提供してくれる．インテリムに関するパンフレットはその一例である．その他，彼女の書簡の中に数例が見られる．彼女の学問的引用の最も興味深い実例はブレンツの1527年のヨハネによる福音書註解の5章23節と16章16節との二つの章句で，これは実際ある手紙の中で見出されている．これら2節におけるルター派宗教改革者の

考えは，シュヴェンクフェルト自身のキリスト論を論じる際の彼の目的に効果的に役立ったが，彼はそのブレンツのラテン語からの引用を訳して1534年にシュッツ・ツェル宛てのある手紙で書き送っている．翌年，彼女はこれらの同じ引用を彼女のブレンツ自身への手紙の中で用いているが，ブレンツはたぶん当惑したであろう．ヨハネによる福音書に関する彼の見解は変わっていたからである（さもなければ，その見解はその後のヨハネによる福音書に関する大著から消え失せているのだから，それを表現することにいっそう用心深くなっていたはずである）．今や，ブレンツは，彼自身の言葉を引用して，彼が間違ったと見なした考えを支持し，彼に投げ返す女性信徒に出会ったのである．

シュッツ・ツェルがブレンツ自身に逆らって引用したもう一人の人物はラブスであった．彼に反対する彼女の基本的議論は彼の偉大な英雄ルターから引用されたが，それはラブスの「第一の最良の」書物の中にあったものである．彼女は何たる書物を選んだものであろう！　ラブスの教えは，シュッツ・ツェルにとって，第一世代が退けた古いローマの教理にますます近づいているように思われ，彼女の議論はルターやその他の人々の反ローマ的文書に頼りながら反撃していたのだから，明らかにラブスとその友人たちを逆上させたのも事実であろう．

教会教父たち

初期の宗教改革者たちは一段とすぐれた彼女の英雄であったが，シュッツ・ツェルにとっては，他のプロテスタント（および彼らの人文主義者仲間）と同様に，最初の4，5世紀が人間の聖書解釈者の地位では特別な位置を保持していた．限定的であったが，彼女も教会教父たちに言及している．

他の多くのプロテスタントと同様に，この信徒宗教改革者は教会教父たちの慣行を拘束力はないが，模範的なものとして訴えた．その一例が晩餐のための準備と洗礼にふさわしい時期についての彼女の討論の中に見出される．「使徒後の最初の古代人たちは洗礼や晩餐のための非常に立派な方法や秩序をもっており，人々にあわててそれを受けさせようとはしませんでした．聖アンブロシウスが皇帝自身が〔悔い改めないまま聖餐式にあずからないように〕その共同体を去るように語ったとおりです．彼らは一年に，イースターとペンテコス

テの2回だけ洗礼式をおこない，黙想と理解をもって洗礼式にやって来たのです」．ここでシュッツ・ツェルはブツァーの『悪意のない意見表明（*Einfaltig Bedencken*）』の中で出版された洗礼についての情報とアンブロシウスの皇帝テオドシウスを戒めたことについての黄金伝説由来の物語から取り出している．古代教会の範例に訴えるもう一つの例は，シュッツ・ツェルの正しい牧会的指導に関するラブスに対する悲しげな抗弁である．「アリウス時代の敬虔な皇帝がそのときの聖職者になした演説を皆様がた〔ラブスおよび他の者〕が重要視してくださったらと，どれほど願ったことでしょう．そのとき，皇帝は彼らが教会を巧みに操ったり躓かせたり懸命に願い求めていたのです」．この〔皇帝〕コンスタンティヌスとニカイア公会議への言及は，「異端者」アリウスの名によって同定されるが，たぶん古代教会史からその史話を引用したブツァーのある書物から学び知ったのであろう．しかし，シュッツ・ツェルは学者風の脚註をつけてはいない．ラブスのためにはその実例を挙げるだけで十分だからである．

　シュッツ・ツェルは同時代の反対者には，特に教会教父の見解や権威を引き合いに出した．すでに明らかなように，彼女はたぶん通俗版の黄金伝説で読んだミラノの司教アンブロシウスの物語を好んだ．彼が皇帝テオドシウスに挑戦する物語は三回引用されている．すぐ上の引用は一種の教育的模範であり，もう一つの例は献身的なものである．しかし，第三の最も詳細な紹介は一段と論争的である．彼女のラブス批判には，ストラスブールにおけるミサに反対して奮闘するよりも自分の群れを放棄したことがある．彼の前の教区民であったこの養母は腹にすえかね，信仰のためにはわが身をも賭けた第一世代の宗教改革者たちの格別な熱意と比べて彼の行動を好ましくないとしている．彼らはテオドシウスに立ち向かうアンブロシウスのようであった（実際に彼は，テオドシウスがある町を略奪して罪を犯した後には，彼を〔聖晩餐の〕交わりから排斥している）．この勇敢な司教は，皇帝の権能に直面してもその命令に屈するのを拒否したが，それはアハブ王とナボテの物語を聖書テキストとしている．ナボテはアハブ王に彼のぶどう畑を譲り与えるのを拒み，「主はわたしが父祖の嗣業を譲り渡すのを禁じられます」〔列王上21：3〕と言ったため，アハブの邪悪な妻イゼベルの手にかかって命を落とした．シュッツ・ツェルはこの物語をしてから，道徳の要点にまで進み続ける．アンブロシウスは彼のぶどう畑，その教

会を死の脅迫を受けても放棄しようとしなかった．……だが，ラブスは自ら金儲けの殉教者列伝の中でアンブロシウスの物語を出版した事実にも拘らず，第一世代やアンブロシウスの実例を忘れてしまっている．ラブスは腹立たしいかつての養母にすでに怒り狂っていたが，それは彼の書物のための協力を断られた挙げ句，今やその本を引き合いに出して，彼の会衆放棄とアンブロシウスやナボテの勇気とを比較したからである．「彼，ラブスはストラスブール市当局から挑まれたと主張することもできなかった，まして皇帝からであったならば」と彼女は言う．これではまさに踏んだり蹴ったりではないだろうか！

　彼女が語っている一般によく知られた物語以外に，シュッツ・ツェルは実際に教会教父の書物からいくつか引用しているが，それはさまざまな宗教改革者たちの引用をとおして濾過されている．彼女はセバスティアーヌス・カステリョの『異端者は迫害されるべきか』に引用された古代の教会教父たちの名を挙げているが，彼女はそれをドイツ語訳で読んでいた．彼女は教父たちのキリスト論にも言及しているが，それはたぶん「神化」の概念の使用を意図して，教父のキリスト論にも言及しているのだが，彼女はそれをシュヴェンクフェルトから学んだのである．黄金伝説から取られていない唯一の教父資料の直接的引用は，アウグスティヌスのヨハネによる福音書6章の釈義からの有名な警句である．「ユダは主に逆らって主のパンを食べたが，他の弟子たちは主〔である〕パンを食べた」というもので，信徒改革者が個人的に知っている多くの著述家によってくり返されていた．この引用はシュッツ・ツェルがヨハネによる福音書6章35節，48節，51節をキリストの体を霊的に食することという解釈を支持するのに役立ったが，ラブスの純正ルター派はその章句を物素における場所的現臨と読んだのである．カタリナは直接そのことに言及してはいないが，たぶんさらに大衆的なアウグスティヌスの神学的論点をも知っていた．それもヨハネによる福音書6章に関するもので，しばしば「信じることは食べることである」と要約される．それはマテウスの聖餐論の重要な部分を形作っていたし，……彼女の見方では，ラブスが，その教理をいっそう悪く変更してしまったのである．

　教会教父の権威はシュッツ・ツェルのいくつかの論点の一つではあったが，全般的には彼女にとってそれほど重要ではなかった．彼女はラテン語を読めなかったので，これらの著作家についての彼女の知識も間接的であり，（聖書

は別にして！）初期宗教改革者への依存度と比べ，教父資料はほんの少ししか利用しなかった．その理由はたぶん二つで，一つめは彼女が人文主義的訓練を受けた学者より，これらの権威にあまり比重を置かなかったことである．二つめの理由はさらに興味深いことだが，シュッツ・ツェルは教会教父をごく少ししか知らなかったし，個人的に知らない物事を引用する習慣がなかったことである．彼女の知識の源泉は宗教改革者たちのドイツ語の文書に翻訳された引用でありえただろうし，また実際にそうであった．しかし，曖昧な噂話ではなくて，自分で読んだことを通例引用した．この注意深い信徒改革者は，彼ら自身の学問的基礎に立つ大学教育を受けた反対者たちには，たといそう望んだとしても挑戦すべきではないと知っていた可能性がある（自分の宗教的知識に関する彼女の見方から考慮すると，実際にそうしなかったのである）．ラブスとその仲間たちを非難する方法は，彼らが彼らの英雄たちの初期の「最良の」書物とはどれほど違っているかを示すことであった．

永続的な確信

シュッツ・ツェルが，ルターの後期の文書は初期のものほど自分の立場を支持していないことを暗に認めていたことは重要である．1520年代初期の教えこそ，彼女の根本的な神学である聖書の解釈に規準をすえたものであった．宗教改革運動の最初の10年間には，彼女は弟子であった．しかし，第二世代に実証しているように，彼女は最早弟子ではなかった．彼女は，他の者たちが新しい精緻さに移行しておこなった場合には，自分の神学的な立場に意識的で慎重に立つのみならず，自分が信じていることを，反対者たちが賞賛する者たちの名を挙げ，反証を提供して，たくましく確信をもって弁護することもできたのである．

シュッツ・ツェルは，自分自身の根拠に基づいて，神学を気迫のこもったかなり適切な形で議論できた．確かに，彼女はある議論の哲学的含意，特にイエス・キリストは被造物か否かという議論を理解できなかったし，彼女の反対者たちもそうした宗教改革者たちの「最初の文書」も，後にその著者たちがその教えをさらに洗練し，発展させているのだから，最良のものではないと言ったのかもしれない．しかし，シュッツ・ツェルは，聖書の単純な意味と一致し

ていること，それは彼女が読み書きのできる者として判断できることであったが，それ以上のことは必要ないと応えることができたし，その唯一の規準から移りゆくように洗練する必要もなかったのである．

　シュッツ・ツェルの神学に関する基本的なプロテスタント的観点をまとめるにあたって，彼女の思想に関して二つのことに注意することが大事である．第一点は教理が実践されねばならないのであり，生きた信仰の基礎であって，敬虔は少なくとも神学や信条・信仰告白の声明と同等であるということである．第二に重要な注視点は，神学は大学の神学者たちの専有物であってはならないという信徒改革者の確信である．宗教的知識は救いと他者に教えるために必要であるが，信徒のキリスト者によっても教えられ宣べ伝えられる可能性と必要性があり，聖書を理解するためには聖霊に導かれ，諸信条とその最良の解釈者たちによって助けられねばならないのである．次章ではシュッツ・ツェルの実存的な神学を吟味することになるが，その後の諸章では信徒と女性のキリスト者の役割について彼女特有な見解を吟味することになろう．

第 11 章

カタリナ・シュッツ・ツェルの敬虔 ── 活動する実践神学者

　神学は，少なくともカタリナ・シュッツ・ツェルのような実践的なキリスト教徒にとって，目的そのものではない．神学は聖書を日常生活へ適用する道案内の一手段である．別な見方をすれば，この信徒改革者は非常に実践的な神学者であり，牧師なのである．聖書は彼女にとっての権威者であり，プロテスタントの基本的な教えは彼女の解釈の枠組みであるが，それらを学ぶ目的はそれらを生きて教えることであり，それによって神の栄誉と隣人の幸福とに仕えることである．

　初期のプロテスタントにとってキリスト教生活の最も大切な分野は，共同体的・個人的神礼拝であった．本質的には，目に見える形で二つの大きな誡め[1]を完遂することであった．神への崇拝と信頼と信心は基本的な態度であるが，敬虔ともよばれ，共同体的・個人的な礼拝儀式や倫理的か慈善的な活動においてはっきりと示される．敬虔という言葉は，礼拝の第二の側面である個人的な信心の儀式にも用いられる．ここではこの言葉が両方の意味で用いられている．本章の包括的なテーマはまず何よりも宗教的雰囲気が最初に暗示する敬虔にあるが，その目に見える表明の全領域をも含んでいる．それらは通例その雰囲気との関連で，より個人的な信心の儀式を意味する小見出しの敬虔として用いられている．

　本章の構成は，広い意味で前章の構成と並行しており，それを補足するものでもある．本章はシュッツ・ツェルの基本的なプロテスタント的立場から

---

〔1〕　二つの誡めとは，神を愛することと隣人を愛することであるが（マタイ22：34-40），それは十戒（出エジプト 20：1-17）の要約でもあった．

始め，それから彼女が共通の確信に独特な性格を提示する方法へと進む．最初に提示する最大の部分は，共同の礼拝と個人的な敬虔の実践，特に祈りについての信徒改革者の見解を描写するが，それぞれこれを彼女の思想のプロテスタント的性格とより古いキリスト教的伝統との連続性をも明らかにするためにその中世的背景に照らしてみる．本章のもう少し短い第二の部分は「実存的な礼拝」とよばれ得ること，すなわち，隣人愛によって神の愛を実現することを取り扱う．この後半部分の二分節は教理的な立場とその歴史的な展開を，特に，シュッツ・ツェルの神学と倫理との関係についての見解に注意をはらいながら取り扱う．それは16世紀のキリスト者たちが，かなり重要な意見の相違を見た信仰の一面であった．

神礼拝 I ── 共同体的で公共的

　共同体的な神礼拝を，基本的な神学と同様に，絶対に重要な問題だとする信徒改革者の見解を見事に素早く描き得るのは，ここでも彼女の立場は初期プロテスタント宗教改革運動の立場と本質的に同じだからである．シュッツ・ツェル物語の自伝的な最初の部分は，彼女の礼拝式の思想をその実存的な文脈に置いて描写してくれるが，ここでは同じ思想をより項目的な形でまとめることになる．

中世の礼拝式のプロテスタント的な批判

　公的な礼拝改革は，ほかと同様に，ストラスブールでもプロテスタント運動の基調であった．なぜなら，これらの宗教改革者たちが教会の神学について間違いと考えたことの大半は公式の礼拝式の中で証明されるか，緊密にそれと関係していたからである．シュッツ・ツェルにとってたいへん貴重であったプロテスタントの基調は一種の枠組みを提供できたが，それは「キリストのみ，信仰のみ，恵みのみ，聖書のみ，信徒の祭司性」が，中世的な共同体的礼拝の作りかえを要する道理を示していた．

　中世の神学では，礼拝式において中心的な場所を占めたのはサクラメントであった．その七つの公式の教会的礼典は，救いに絶対に不可欠な恵みの手段で

あったが，その恩恵は機械的な効果をもち，量的には頻繁に施された．通例，サクラメントは正式に叙任された独身の司祭か司教によってのみ執行されたが，緊急の場合は信徒が洗礼を授けることができたし，聖職者の祝福が有効な結婚式に必要不可欠ではなかった．

　サクラメントにおける恩恵の客観性は，プロテスタントにとって二つの大きな問題を提示した．一つは神学的な問題で，その事効説的性格はサクラメントに一種の救済力を与えた．それは人間の業ではなくて純粋な信仰の賜物による唯一の救い主キリストという教えと張り合うように思われた．たとえば，ミサを挙げることは特別な人間にキリストに似た救いの役割を与えた．司祭はいつでもミサの犠牲をささげたからである（露骨な人々はそれを「神製造」と名付けた）．まさに恩恵は「作り出された」のである．その後，この恩恵は親族の霊魂を煉獄から救い出すような良い目的にもささげられた．その恩恵は客観的で，ある意味では累積されたので，ミサは多ければ多いほどよく，お金さえたっぷりある人なら奉納されたミサや免罪符を買っておくこともできた．

　もう一つの問題は牧会的なものであった．サクラメントの客観性は浅薄な礼拝で満足させることにもなり，また救われるために十分なサクラメントの恩恵を達成できないような敏感な良心の持ち主には大きな苦痛をもたらした．サクラメントが役に立たないとなると，救いは失われるのである．たとえば，洗礼を受けないまま亡くなった赤子は失われ，煉獄に運命づけられ，そのため聖別された場所には葬られなかった．望ましい死を迎えることが，敬虔な人には重大な関心事であったが，だれかが最後の儀式〔終油〕なしに亡くなった場合，その罪は救されないのだろうか．それではどうなるのか．司祭の道徳的適性が違いを生まないと考えられていたが，独身聖職者が妾と平然と暮らすのを見た人々はそのことで悩まざるをえなかった．誠実な人ならば彼女自身の〔サクラメントへの〕参加の資格について悩んだであろう．どうすれば本当に悔悛し，一切の罪を告白したと確信できるのだろうか．恩恵の状態で死んだ者でさえ，完全な聖人でなければ，煉獄が立ちはだかっており，手や舌で描かれた絵が良心の周辺に絶えず恐怖を待ち伏せさせた．

　このようなサクラメントの教えはプロテスタントが非聖書的と気づいたたくさんの神学的・実践的な影響をもたらした．それは教会内の聖職者と信徒との間に一つの障壁をもたらした．司祭は叙任の際に特別な誓約をしてサクラメン

トを執行する資格を与える「消えざる証印」を受け取ったが，信徒のキリスト者は洗礼の誓約しかなかった．こうして，キリスト者に二つの身分が生まれた．サクラメントの恩恵が十全であれば，救いを知る唯一の源泉としての神の言葉に無知であることも許された．サクラメントの効果には真の理解が必要なかったし，キリスト者は自ら福音を知らなくても救われえた．成人でさえ「教会が教えること」への信仰を肯定できさえすれば，不承不承だが承認された（今でも容認されている）．

　教会が教え・おこなうことが必ずしもすべて聖書的でないことは，礼拝式自体の中にある多くの儀式的追加や装飾によって明白である．つまり，儀式はある程度まで教育を代行する．たとえば，ミサにおける奉挙のような目に見える行為は言葉を理解しない人々にも意味を伝えることができる．敬虔な信徒は規則正しくミサに列席するが，列席するか否かはしばしばすべて自分たちでやりくりできた．彼らはラテン語の礼拝式を理解してもしなくてもよかった．ある人々はロザリオの祈りを唱えるか，祈祷書を読むか，それともただ聖体奉挙の執行を待って，それから帰宅した．信徒の人々は実際にパンにあずかってもあずからなくてもよかった（ぶどう酒は数百年間彼らに授けられていなかった）．彼らは説教を聞いても聞かなくてもよかった．たとえ説教がなされたとしても，それはしばしば真に迫った逸話を伴う道徳的な奨励か人気のある伝説的な聖人の生涯がラテン語聖書日課の註釈としてなされた．

　プロテスタントの目には，礼拝式がすべて規定どおり正確に執りおこなわれた場合でも，つまり，信仰深く学識もある司祭によってなされ，会衆も教えられたことを本当に知り信じていても，その教会の公同礼拝は依然として神学的に間違っており，牧会的に不適当であった．信頼が神よりも被造物と人間の活動に置かれ，信徒が二流のキリスト者として扱われ，その儀式も教理も大部分聖書的でも建徳的でもなかった．その上，その神学は満足か絶望かという問題を生み出した．カタリナ・シュッツ・ツェルは信心深く勉強好きな信徒の一人であり，ガイラー・フォン・カイザースベルクのような立派な説教者に恵ま

---

〔2〕「消エザル証印（character indelebilis）」は，ローマ・カトリック教会が用いる用語で，洗礼・堅信・叙階（任職）という生涯に一回限りのサクラメントによって，その霊魂に抹消できない印が刻まれるというものである．

れた都市で成長した．しかし，彼女はすべてのサクラメントと教会が指示する「善行」に励んだが，それでも神の慈悲を確信して安んじることができなかったのでプロテスタントになった．それはどんな彼女の努力も，どんな聖職者の業も，良心の平和には役立たなかったからである．

プロテスタントの公同礼拝 —— ストラスブール第一世代に共通な教義

　1520年の中頃に公同礼拝に与えられた新しい形は，シュッツ・ツェルにとって正しい聖書的形態であり，彼女は残りの生涯それに固着した．プロテスタント礼拝の特徴は，言語・説教・サクラメント・共同参加者・時期と祭儀という五つの見出しに要約されるが，それらはたぶん信徒キリスト者たちに最も強い印象を与えた変化であった．まず第一に，理解できないラテン語が日常会話のドイツ語になったが，それは単純な変化ではあったが，自国語しか用いない者にとっては広範な影響をもたらす変化であった．ラテン語をほとんど知らず，信仰の理解にたいへん高い価値をおいた若いカタリナにとって，これは驚くべき贈り物であった．

　第二に，説教が公同礼拝の最も重要な部分になり，それは今や聖書のみに基礎づけられ，伝統的な聖人伝説やほかの非聖書的な材料を含まなくなった．説教は毎日聞かれるようになったが，サクラメントは日曜日だけに執りおこなわれた．マテウスの妻にとって，説教は常に生活に不可欠なものの一つであり，今や彼女はいっそう励んで説教に出席したが，機械的な出席と本当に傾聴することを注意深く区別した．ただそこに居ることが重要ではなかった．それにも拘らず，公的な福音宣教の重要性は非常にはっきりしており，それを説教する者たちは尊敬され，（偶像化はされなかったが）心に留められた．

　第三に，サクラメントは再解釈され，もはや機械的に効果があるとは見なされず，キリストへの信頼と張り合うことは許されなかった．実際に，サクラメントそのものが数少なくなり，プロテスタント的な聖書理解に従って，七つから二つに減少された．結婚と聖職の叙任や［信徒との］区分の形式は重要な慣行として残った．また，ある人々が堅信礼とよぶ公的な信仰告白式は，ストラスブールの教会規則が1530年代に改訂されたときに導入されたが，これらは

サクラメントではなかった[3]。悔悛と終油そのものは消えたが，悔い改めと安らかな死に対する願望は重要な関心となって，公的礼拝式における罪の告白や個人的な神への嘆願の中に表現されている（ある人は神の罰を悲しんで，彼女の霊魂の荷を軽くするようにある友人に頼んだらしい．しかし，それは悔悛の秘跡ではなくて，キリスト者が互いに負っており，成熟したキリスト者は進んでなすべき牧会の助言である）．

残りの二つのサクラメント，洗礼とミサも改革された．二つとも（ほとんど）もっぱら全共同体の集会において説教といっしょに，しかし，非聖書的な儀式抜きで執りおこなわれた．私的な洗礼も「緊急時には」許されたらしいが，シュッツ・ツェルはこの考えの背後にある機械的恩恵という理念を認めず，その礼典を省くと赤子が神の面前から閉め出されるという信心を否認した．今や主の晩餐がミサの犠牲に取って代わり，キリストを覚えてなされるように弟子たちに提供された記念の食事となった．信者は呪文のかかったパンを崇敬すべきではなくて，キリストを信頼すべきであった．信仰による霊的な飲食が大切であり，それは交わりの食事に先行すべきであった．たとえ，キリスト者が〔主の晩餐に〕正しくあずかるために隣人を愛する正しい関係にあったとしても，その隣人愛は〔聖晩餐の〕交わりにあずかった結果とすべきものであった．

四番めは，全教会が新しい道に参加するように招かれ，促された神の民の全信徒の祭司性である．ドイツ語による会衆賛歌が聖職者によるラテン語の賛歌と置き換えられたし，讃美歌の主題には完全に聖書的なものが意図された（当初の計画ではその表現が直接聖書から採用されるべきであったが，後にその基準は文字どおりではなくて聖書的内容におかれた．それは確かにシュッツ・ツェルの見解であった）．教会の「堅信礼を受けた」会員にはすべてぶどう酒もパンも与えられた．カタリナ・ツェルがこれまで二つの物素を受けた最初の機会は結婚式であったが，まもなくこの聖書的慣行は普通に経験されるようになり，それは彼女にとってきわめて大切なものとなった．多くの説教者がサクラメントの

───────────────
〔3〕 宗教改革者は，（小児）洗礼に続く「堅信礼（konfirmation）」をサクラメントとしてとらえなかったが，信仰問答（カテキズム）教育を受けて，自らの口で信仰を告白して，聖餐を受ける機会と捉え，信仰告白や陪餐許可として重視した．ストラスブールでも1527年にはカピトが，1534年にはブツァーがそれぞれ信仰問答書を出版している．

執りおこなわれるときにはいつでも，それにあずかるように人々を促し，いっそう頻繁に聖晩餐をするように奨励した．聖晩餐は見物すべき見せ物ではなくて，分け合うべき食事であった．ストラスブールはそれをマテウスの教区民が礼拝する大聖堂で毎週執りおこなっていたので，カタリナは彼女の夫の生存中は定期的に，また頻繁にあずかっていたに違いない（彼女は直接その回数について語っていないが，それはたぶんラブスと彼女の論争では論点でなかったためであろう．しかし，彼女はキリストを霊的に食べることこそ肝心で，それに比べて「サクラメント的な」食べ方にはそれほどの重要性がないことを明確にしている．霊的なことは必要だが，サクラメント的なことはあってもなくてもよいのであるが，しかし人の存在に気づくこと，すなわち，隣人愛という条件に関わる限り，彼女は外的なものを無視しなかった）．

最後に，聖書的な指図は〔教会〕暦や祭典にも適用された．聖人の日は削除され，主の日である日曜日だけが，礼拝のために労働から解放されたときとして残った．画像は除去され，礼拝式は数少ない単純な儀式によって実施され，「人まね」も，「パイプオルガンの演奏」も，騒がしい多声音楽もなくなった．カタリナはマテウスと彼の同労者が導入した新しい静寂にたいへん感銘を受けて，礼拝の心を曇らせてきた無益で危険な非聖書的付加物には一切反対する彼の「エリヤ的」熱心を共有した（シュッツ・ツェルは特に儀式に関して論評しているが画像についてはしていない．しかし，画像に関する注意が除外されている理由は，儀式に関する彼女の発言が惹き起こすほど，画像を再導入するような取り組みがなかったためであろう）．

これらが一信徒にとって公同礼拝の本質的側面であった．聖書に基づいたドイツ語の礼拝式が説教でもサクラメントでも儀式でも教会全体で共有された．その目的は何かを獲得することではなくて，神を讃美し，人々を教化し，自分の隣人に対する奉仕の心を燃え立たせることであった．

第二世代における礼拝式の変更と衝突

問題が起こったのは1550年代で，第二世代のプロテスタントの聖職者たちがカトリックの教えと慣行を再導入すると思われるようなしかたで礼拝様式を変更し始めたときであった．シュッツ・ツェルの公同礼拝に関するほとんど

の論評は，事実彼女のラブスとの論争に始まっている．たとえば，彼女は彼と彼の友人たちが，彼らのプロテスタント的先駆者の礼拝式をたくさん変更したことを指摘している．言語をラテン語に変更することや会衆讃歌を拒絶することや，画像を教会内に戻すことは問題にならなかったが，他の多くの事柄が変更され，しかも（第一世代の残存者の考えによれば）良い方には変更されていなかった．

　ラブスが最も著しく変更した二つの分野は，実際本来の改革の中心点，すなわち説教とサクラメントであった．シュッツ・ツェルの見解によれば，1550年代のラブスの説教はかなり非聖書的な悪口や中傷にさえなっていた．彼と彼の同僚たちは福音を説く代わりに説教壇から仲間のキリスト者たちを攻撃した．これは純真な者を教化しないのみならず，彼らを憤慨させ，当惑させたし，他方，知識人たちをうんざりさせそっぽを向かせた．シュッツ・ツェルも新しい牧師たちが牧師候補者の不十分な聖書の知識をおおめにみていたことに不満であった．人々は聖書の代わりに論争で養われたのである．サクラメントの教えとやり方も第二世代の牧師たちによってひっくり返されつつあった．彼らはプロテスタントとして育っていたので，教理的雑草を見てもそれを見分けることができなかった．そのため，彼らは今やキリストをパンやぶどう酒や水の中に閉じこめる事効説（機械的恩恵）という昔の誤謬を再び植えつけていたのである．これはキリストの唯一の充足性を否定しただけでなく，昔の満足や不安をも（再）生産した．その聴衆の中には彼らのなすべきことは，ただ説教や聖晩餐に行くことだけだと考えたが，それは人々がかつてミサに出るか免罪符を買うかして，あとは自分たちの望むがままにふるまったのと同じであった．しかし，他の者はもしも洗礼という外見的な儀式を受けなければ，呪われるという脅迫に怯えていたのである．

神礼拝 II ── 個人的で敬虔的

　個人的で敬虔な生活はさまざまなしかたで表現され得るが，文書からでは，ある様式は他のものよりも見つけ出すことが難しい．共同の公的礼拝式と違って，敬虔な行為はいっそう個人的であり，しばしばあまり明確に規定されていない．神学的な確信が一つの役割を果たすが，それは信仰の一表現として相応

しいと考えられることではあるが，そこでは習慣や伝統も多くの類型の言葉や行為を形造っている．シュッツ・ツェルの世界における敬虔の本質を一瞥することは，彼女の理解と実践を論じるために，文書表現の背景として役立つであろう．

シュッツ・ツェルの子ども時代の敬虔とプロテスタント的批判

　プロテスタントの敬虔は，それが生み出された中世の敬虔な生活よりもいっそう視覚的ではなく，言語的に方向づけられていると一般に理解されている．確かに，日常語による礼拝式と聖書，全信徒祭司性の教理への移行は，聖職者と信徒との距離や公的なものや共同的なものと個人的なものや非公式なものとの距離を縮めた．マリアにまつわる聖地巡礼や聖遺物の装飾，キリストの体〔聖体〕の行列，祭壇上の誓願のローソク，守護聖人への祈り，カーニバルとレントの祭り，および断食の反復，こうした多くの中世的な敬虔の表明が批判され，次第に信徒にも聖職者にも敬虔な行為と見なされた聖書通読や，聖書の内容によって注意深く選ばれた詩編と讃美歌の歌唱と取り替えられるか置き換えられた．

　多くの伝統は続いたが，宗教的文化の形態は近代初期の西欧，特にプロテスタントの間でゆっくり変化しつつあった．そのプロセスには，村落地帯では変化への最も大きい抵抗があって多くの時間を要したが，シュッツ・ツェルのような人の場合にはプロテスタントの教えが多くの都市住民にもたらした衝撃を見ることができる．彼女は中世末期の教会に生きた子女として個人的な敬虔の生活に関する回想を実にたくさん提供しているが，彼女の論評はすべてプロテスタントとして成人した生活から生まれている．このことは中世的慣行に関する彼女の論評の解釈を幾分難しくしている．他方，プロテスタント的敬虔の言語的な志向を前提とすれば，彼女の文書記録は福音の弟子としての彼女のほとんど全生涯にわたっており，その時期のかなり豊富で率直な資料を提供してくれる．

　シュッツ・ツェルの子ども時代は，信徒キリスト者には普通の公認された敬虔的慣行への積極的参加によって特徴づけられる．彼女は確かに可愛いサンゴ製ロザリオを用い，「ロザリオの祈り」を規則正しくなしていたに違いない．

それには伝統的な信条の暗唱や主の祈りとアベ・マリアの復唱も含まれていた．彼女は聖人の日の公同礼拝にも出席し，聖人への祈りを読むか聞くかしていたに違いない．彼女は後に引用して，『黄金伝説』のように，聖人の伝記を確かに楽しんでいるのである．たぶん，彼女はストラスブールの守護聖人処女マリアとか，彼女がその名をもらった聖カタリナとか何人かの聖人には特別な注意をはらっていた．彼女はたぶん親族のために免罪符を買い求めたし，彼女自身に課せられた苦行や慈善行為をも確かに成し遂げた．彼女は共同体の非公式な信心活動の一種に他の少女や婦人たちと参加したが，それは何か慈善団体の活動のようなものであったらしい．事実，彼女は修道会には入っていなかったけれども，独身生活を誓い，自分自身の家ではあったが，「世俗の中で」は生活していなかった．彼女はもちろん乱暴者やふしだらなダンスやみだらな行為を避けたが，それらは彼女の家族が宗教的状況を台無しにすると考えていたものであった．ヤーコブ・シュッツの家庭は世俗的な行為や度を超した行為には少なからず嫌気がさしていたと思われる．その上，彼女は自分の聖書を読んでいたが，それは聖職者によって禁じられてはいなかったけれど，勧められたことでもなかった．

シュッツ・ツェルのプロテスタント的敬虔 —— 連続性と不連続性

カタリナ・シュッツの福音への回心とともに，これらの初期の敬虔な実践の多くは変化したが，他のものも強められ新しく重要性を帯びるようになった．まず第一に，祈りの機械的な反復，聖人崇敬と聖人への嘆願，神以外に向けられた礼拝的表現などが消え失せた．それらには，一つの敬虔な活動から次の活動への狂乱的突進や，できるだけたくさんのミサへの参列とか，多様な善行の成就とかに大慌てすることがある．彼女は確かに免罪符を買わなかったし，最早煉獄を信じたり，伝統的なしかたで死者のために祈ったりしなくなった．たぶん，昔の聖人物語は彼女の本棚で埃を被っていただろうが，マグダラのマリアやミラノのアンブロシウスのような聖書的か歴史的人物の話で真実と思われるものは尊重し続けた．同時代の信仰的な理想像も彼女の読み物となった．彼女はルターの「受難」とかヤン・フスやサヴォナローラのような異端から転じた聖人の物語をたぶん知っていたし，確かに彼らのドイツ語による文書を読み

第 11 章　カタリナ・シュッツ・ツェルの敬虔 —— 活動する実践神学者

始めていた．たぶん，彼女はルターの『十戒，使徒信条，主の祈りについての要解』のような黙想的教本や聖体〔パン〕の崇拝に対する攻撃のようないっそう論争的な著作をも知っていた．世俗的な行為に対する彼女の古い拒絶を減じることなく維持し，その信徒的方向づけは疑いもなくいっそう特殊プロテスタント的な方式で断言された．特に独身制は聖なる召命という聖書的理念としての結婚と置き換えられた．彼女は最早巡礼を慣行として信じていなかったが，人生を一つの巡礼として語り続け，日常的奉仕が神に献げられた宗教的性格をもつという認識を表明している．

　とりわけ，聖書はカタリナの敬虔な生活の中心的で決定的なテキストとなった．疑いもなく，彼女は聖書をくり返し読んだ．当然，新約聖書は最も注目を浴びたが，旧約聖書も，特にルターの全聖書がドイツ語で利用できるようになった後は，軽視されなかった．今や聖書が，女性にも男性にも，信徒にも聖職者にも，最もよく読まれたと考えられ，敬虔な生活への他のどんな案内書にも原則的に凌駕されなかった．伝統的な信条，すなわちニカイア信条と使徒信条も，聖書の権威的な要約として，新しく強調され，他のあらゆる聖書以外の解釈者の上にまで高められ，新しく教理問答形式で表現され，日曜日の正規の学課で教えられた．もしも，カタリナがそれをそれまで知らなかったとしたら，今やカルケドン信条の中心点も彼女の知識庫に付け加えられたであろう．

カタリナ・シュッツ・ツェルと祈り —— 個人的・牧会的敬虔

　聖書の主要な役割に加えて，シュッツ・ツェルの敬虔におけるもう一つの意義深い積極的な変化は，祈りの生活が新しく作り直されたことであった．すべての敬虔な行為の中で，祈りは通例最も重要と考えられるが，それは祈りがある程度礼拝の姿勢の表れでもあるためである．確かに，シュッツ・ツェルの文書には，祈りと祈りについての言及が他の個人的敬虔の生活形態についてよりも数多い．祈りは，たとえば個人的配慮，教理教育，歌唱讃美などの宗教的表現の他の側面とも結びつけられている．カタリナの祈りにおける指導力は（正規の公的な事例は別にして）マテウスの指導力と並行し，それを補足する形でさまざまな務めの一つとして役立っていた．次に紹介するのは，最初にシュッツ・ツェルの最も私的または個人的祈りと考えられ得るものについて，次に彼

女の全信徒の祭司性理解を表すものについて，最後に彼女の教理問答教育と牧会との役割に関するものについて焦点を合わせている．

個人的な関心事のための祈り　ここでシュッツ・ツェルの個人的ないし私的な祈りというのは，彼女の個人的な関心事に由来するものであるが，多くは彼女の生きたより大きな舞台との関連で書き表されていることにも注目すべきであろう．これらの祈りは嘆願，悲痛な叫び，赦しと憐れみの懇願，執り成し，あるいは感謝の言い表し，また，しばしばいくつかのテーマが結び合わされたものであった．

当然，シュッツ・ツェルの最も痛切な祈りは，たとえば，我が子を失った場合や自分の夫の死という深い悲しみのように，個人的な大きな悲しみや困惑の時から発していた．彼女は我が子のため神に祈り，亡くなったときにはその痛手を嘆き悲しんだ．しかしながら，その悲嘆にくれる中でさえ，同時に，自分にはなかったような祝福を他者のために祈りえたのである．彼女の最も悲痛な祈りは，マテウスの死後，深く意気消沈したときに生み出された．彼女は親友への手紙で大きな悲しみの叫び声を上げている．しかし，彼に対する公的な追悼では，こうしたテーマは，彼女の夫が平安のうちに彼女の手に抱かれて，インテリムを見ずに亡くなったという点で，神の御心への服従と感謝とに結びつけられている．もちろん，悲嘆と感謝という二つの態度とも現実であるが，牧師の妻カタリナは明らかに私人としてと公的な奉仕者としての感情表現とに違いがあることを意識していた．

夫喪失の悲しみに加えて，シュッツ・ツェルの祈りは，こうした試練の時期からしばしば罪意識によって特徴づけられる．彼女は自分の信頼不足や実際的過失を嘆き悲しみ，夫になすべき奉仕をなし損ねたということで自分を責め，夫の死を一種の罰とする意識と苦闘している．

　　神よ，あなたはわたしの罪を捉えて大きな苦しみをわたしに課し，わたしの肉体のみならず心と良心をも罰して打ちのめされました．あなたはわたしがどれほど傷ついたかをご存じです．神よ，どうかキリストによる悔い改めと慈しみをわたしに授け，このあなたの僕に対するわたしのすべての罪を恵み深くお赦しください．あなたは彼をわたしに勧めてくださり，わたしも彼を大層愛しておりました．あなたのご存じのとおりです．しかし，それでも私の理解不足

第 11 章　カタリナ・シュッツ・ツェルの敬虔 ── 活動する実践神学者

のゆえに，わたしがなすべきほどに彼を尊敬し仕えてきませんでした．わたしは罪深い者です．父なる神よ，どうかわたしの罪をことごとく赦し，これらをすべて忘れさせて，わたしを慰めてください．わたしはあなたの恵みを少しも疑ってはいないからです．

　死別を神の試練や訓練としてみることは一般的なものであったが，シュッツ・ツェルはそれを同時代人よりも強烈に経験していたと思われる．彼女の長年の同労者マルティン・ブツァーは，このことを，神が彼女に大きな賜物を与えられた事実に帰しているが，それは彼女が特別な霊的感受性をもっていたことを意味し，自分自身に対して途方もなく高い基準をもっていたことをも暗示している．このようなひどく意気消沈した状態で，シュッツ・ツェルは詩編に取りかかり，詩編全編を読みとおし，自分の黙想や釈義や反省を書き綴った．これは明らかにきわめて個人的な「聖書日記」である．ずっと後になって，彼女はそのほんの一部の抜粋で，悔い改めの詩編の二つを扱ったものを，ほかの良心的に苦悩する魂の持ち主と分かち合ったが，それがなければこれらの祈りの小冊子は出版されず，消え失せていたであろう．

　シュッツ・ツェルの他の祈りは，同様に個人的ではあるが，内輪のものではない．それらは彼女の世界が共有する一般的な形式で表現されている．しばしば，これらは日毎の讃美と嘆願で，それぞれが一人か他の人といっしょにささげるか，あるいはキリスト者に共通な苦難と試練を経験して，しばしばまったく伝統的なテーマや様式をもってささげられたと思われる．もちろん，シュッツ家とツェル家は，他の敬虔な人々と同様に，食事の前後に，朝や就寝時に感謝の祈りをささげたが，そのような祈り自体は彼女自身が編集した讃美歌集の中に見出される．シュッツ・ツェルはこれらの讃美歌集の他の歌をも用いたが，それらは多くの機会の言葉を与えてくれた．キリストの生涯のさまざまな時期を祝うものから，罪人たちが叫び声を上げる言葉まで，また，最後の審判のための備えから，愛する者の葬りに直面するまでの言葉を与えてくれた．実際，カタリナはマテウスの墓地に集まった会衆を導いて葬儀の讃美歌の一つを朗唱させ，彼女がマテウスの立派な死を神に感謝し，くり返し一つは自分自身のため，もう一つはもちろん親族のために祈ったのであるから，彼女の心には讃美歌がたくさん貯えられていたに違いない．

シュッツ・ツェルが疑いもなく定期的に用いた彼女の讃美歌集にある祈りの共通テキストに加えて，彼女の文書中に散りばめられたあまり形式的でない他の嘆願もある．これらの中のいくつかは，彼女の個人的な試練のためのものである．彼女は牧会的に放置されたときには慰めを求めて祈り，自分の試練に耐えるためには謙遜と力を求めて祈り，その助けには神に感謝もささげた．

しかし，わたしはわが神に感謝いたします．神はこれらと他の十字架でわたしに多くのことを教えてくださり，力をも与え，また，そのようにしてわたしのいわば同族〔聖職者〕よりも思慮深くし，これらのことによって自分の罪を知って告白し，それゆえにまた祈ることを教えてくださったのです．そうです，もしも神がその義をもってわたしを導き（詩5：8），その顛末まで見せてくださらなかったら，それに耐えられなかったでしょう．しかし，神の恵みによって，神とともに城壁を飛び越え（詩18：29）させてくださるでしょう（し，そう期待しております）．

しかしながら，日常生活に関する多くの伝統的な祈りと並んで，また，ある程度それらに優先して，シュッツ・ツェルの個人的な祈りも彼女の時代の大きなテーマを反映している．特に彼女は，福音の賜物を喜び，神への感謝を注ぎ出し，最後まで信仰深くあらしめてくださるようにと祈っている．

わたしはキリストに尋ね求め，また感謝いたします．キリストが昇天したときにお与えくださった賜物（詩68：16，エフェソ4：8）のためです．また，日々感謝し，ダビデとともに（詩119：62）夜ごとに感謝します．キリストがルターやわたしの愛する夫，あなたや多くの他の愛する人々をとおしてお与えくださった教えのためです．そうです，わたしがキリストにいつも心から感謝するのは，唯一の救い主キリストを本当に知ったからです．その知識を知れば知るほどそれを愛し，それによってわたしは大きな喜びと驚きを与えられ，生涯その点で成長し増進するよう尋ね求め，またそれを努め，生きている限り，そのことでわたしの神に讃美を歌うことでしょう（詩104：33）．

福音と信仰は，あらゆる悲しみと試練の中で，シュッツ・ツェルの喜びであり慰めであった．

執り成しの祈り —— 生きて働く全信徒の祭司性　キリストのみによる個人的な救いに対する讃美の祈り，試練における嘆願の祈り，また家族の必要のための祈り，これらは確かに適切なものである．しかし，最大の賜物と全信徒の祭司性の責務の一つは，個人的にも共同でも他者のために祈ることである．そこで，シュッツ・ツェルは自分の家族や日常的経験の範囲を超えて，祭司的な執り成しの役目をもはっきりと認識し，また実践した．これは個人にとっても，彼らの慰めや他の窮乏にとっても，あるいは彼らの悔い改めにとっても必要だったであろう．そうした執り成しは，しばしばまったく個人的なものともなりえた！　ラブスには，シュッツ・ツェルが神の訪れを甚だ誤用していたので，彼女のために祈るのが適切かどうか問題と思われた．また，シュッツ・ツェルは，私たちが不信仰者，トルコ人および異教徒のためにも祈ることを赦されていると勇敢に主張し続けた．ただ一つの制限は，聖霊に対して罪を犯した者のために祈るなというキリストの指示（マタイ 12：32）だけで，彼女もそれはしていなかった．彼女自身はラブスのために祈ったが，それは彼自身のためとその教会のためであった．

　それはキリスト者であったためであり，特に教会のための執り成しであったためであろう．教会の通常の活動は，つねに神の前で覚えられるべきであった．シュッツ・ツェルは定例を規準にして，説教者と聴衆のための祈りによって礼拝に備えたし，礼拝後にはその教えのために，神に感謝したのである．彼女は特に聖職者のため，また彼らの徳行と彼らが仕える人々の徳行のために祈る義務を覚えていた．その指導者の行為が，ラブスの場合のように，教会を傷つけているとしたら，特別に祈らなければならなかった．しかし，執り成しが特に必要なのは，内外の危機が教会を脅かす共同体全体が試練にあう時代である．特にインテリムの経験と，それに伴う教派的に狭まる見とおしとが，シュッツ・ツェルの記録された祈りをたくさんよび起こした．彼女が収集した反インテリムのパンフレットの余白には，彼女の書き込みがあり，祈願や嘆きが見られる．

　聖書の教えが，公的苦難の際にも個人的苦難の際にも，シュッツ・ツェルがどう祈るべきかその理解を形成した．詩編は個人的苦悩が主だったとすれば，共同体の災難に重きをなしたのは預言者たちであった．さまざまな手紙や他の文書の中で，教会の事態に関する悲嘆がバビロン捕囚の聖書的祈り，特に

エズラの祈りをモデルにしてくり返されている．インテリムという霊的なバビロンにあってキリスト者がどうふるまうべきか，その模範はダニエルから取られた．彼自身は潔白だったけれども，自分自身の罪と人々の罪を告白し，捕囚を訓練として担ったのである．プロテスタントの放縦や信仰の弱さに対する懲罰としてインテリムを見るシュッツ・ツェルの聖書に基づいた見解は，実際彼女の同時代人の多くに共有されていたが，それはラブスに対する彼女の最も激しい批判の一因でもあった．彼女は彼が密かにストラスブールを去り，彼の民衆を見捨てたことは，ダニエルの前例に従うことも，共同体の罪への関与も拒み，それによって神の訓練をも否定したことも，彼女は残念ながら確信したのである．しかし，そのような批判にも拘らず，彼女がラブスのために祈り続けたのは，彼の悔い改めと新しいウルムでの職務と，彼に対する神の憐れみのためであった．彼女も，神はその行為者にはどれほど正しく見えようとも，また，誰かが神の御心をなし始めるならば正しい道に留められるよう祈らなければならないことを弁えていたのである．ラブスを非難する手紙を書く前に，彼女は神の導きを求めて祈り，自分の手紙が彼女のなしたことが神の御心に反して，彼女の手紙の目的達成が損なわれてしまわないように願い求めたのである．

その年月の，しかし，とりわけローマと関係を絶った者たちの間の分裂に直面して，シュッツ・ツェルの大きな関心事の一つは教会の（不）一致であった．彼女がこれがキリストの心を打ち砕くと確信していたことは，ラブスがツヴィングリを中傷したとき，このスイスの宗教改革者に関する彼女の絶叫の中に見られる．「ああ，主イエス・キリストさま，あなたはこの中傷をすべて見聞きしておられます．敵はどれほど激怒することでしょう！　わたしはあなたのために，わたしの兄弟とあなたの僕のために泣いて呼びかけます．あなたはツヴィングリと他の人々が，あなたを一人の主として，また，すべての信仰者の唯一の救い主としてどれほど誠実に告白しているかをご存じです．あなたのために彼は今罵られているのですから，キリスト者はダビデとともにこのように言ってもよいでしょう．『主よ，あなたを嘲る者の嘲りがわたしの上に降りかかり，わたしの心を打ち砕きます』（詩69：9［10］，20）．彼らがカスパル・シュヴェンクフェルトを嘲っているのも同じことなのです」．第二義的な相違に関してキリストの体を引き裂く間違いを痛感する人にとって，ヨハネに

よる福音書 17 章の主の懇願，つまり，大祭司の祈りは，非常に重要であった．シュッツ・ツェルはそれを何度も引用し，その主題をさまざまな形で参考にしている．教会内の愛の交流に対する彼女自身の祈りじみた嘆願は聖書のイメージに満ちている．

> 平和の主が良き救済策を送り，心の一致を与えてください．平和の絆である愛がひどく傷つけられ引き裂かれないためです．穏やかな愛の油がアロンから流れだし，頭からひげや衣にまでくだりますように．そうです，アロンと彼の油がその象徴であり，主キリストにも注がれた真の喜びの油である聖霊が首であるキリストからひげや衣にまで，すなわち，主の民キリスト者にまでくだりますように（エフェソ 1：22-23, 4：2-3，詩 133：2, 45：7，使徒 10：38）．アーメン

シュッツ・ツェルは，祈りが全信徒祭司性の一員として個々のキリスト者の公的な責任において大切な役割をもっていると信じていた．説教者と教区民のために祈ることと彼らを教えることとの間の線は実践においてはかすんでしまった．このことは召されて一種の牧師として他者に仕えることができると感じた者には特別に当てはまる．カタリナが祈りについて書いたことは，自分自身をマテウスの職務上のパートナーと見なしていた流儀の一つを端的に示している．

牧会的・教育的な職務における祈り　祈りは教会の牧師の働きの一部として教育と牧会的配慮にも公的礼拝式にも緊密に関係している．カタリナは，人々をマテウスの墓地の傍らで公的な祈りをもって導いたときには許される限界のへりを通っていた．もっとも，これが許されたのは，一部は，彼女が主としてツェルの祈祷文で祈り，ルターによっても承認された出版済みの讃美歌を用いたからである．彼女の主の祈りの釈義は同じ機会になされたものであるが，たぶんいっそう野心的だが，それは教育の形だったからである．もっとも，告白全体は夫に代わって宣べるものとして提示されているが，彼女は彼ら二人がすべての聴衆，すなわちマテウスの群れと共有していた共通の信仰を単純に確認しているだけだと確信していた．カタリナのテキストは，とりわけ，祈りと教育と慰めがどれほど緊密に織り合わされているかを描いている．確かに，彼女

は，前後の人々と同様に，祈りと教化を一種の連続体と見なしていたし，マテウスの未亡人は，意識的に彼の群れに望ましい死のモデルを提供し，彼らを来るべき反インテリム闘争のために強化しようとしていた．

祈りは教えられるし，教えられるべきだというのは常識であり，プロテスタントの宗教改革者は，祈りの教育をキリスト教教育の特別に重要な部分と見なしていたし，両親と教会はその責任があった．自分自身の子どもたちに教えることと祈りへの依存は当然両親か家長の務めであった．この教えを実行するように他を教育することは信徒に期待されてはいなかったが，シュッツ・ツェルは，それを自分の召命の一つと見なしていた．彼女は 1532 年に祈りのための模範的な聖書の雛形である主の祈りの註解書を書いたが，それは，キリスト者は神を喜ばすためにいかにふるまうべきかを説明するためであった．二年後，彼女は信徒に信仰を学び，共有させるために讃美歌集を編纂したが，それは彼らが神に祈ると同時に神を讃美するためであった．シュッツ・ツェルの全信徒祭司性に関する最も明確な教えが，この讃美歌集の序文に見出される．彼女はその言葉がふさわしい限り，神を讃美するためには立派な聖書的方法で歌うことだとも考えていた．彼女は信徒が敬虔な活動を楽しく学ぶために，特に良い方法として讃美することを推奨した．魅力的な音楽は（恥ずべき行為に堕落しかねない諸聖人への賛歌のような）庶民的敬虔の中にある信徒の古く「まずい」訓育を，聖書的で建徳的な讃美歌と置き換えさせることができた．シュッツ・ツェルは，他の多くのことと同様に，聖書と祈りとの敬虔な学びには最適な時間として早朝を勧めた．

祈りはもちろん牧会的配慮の規則的な一部で，特に病人や臨終の者のための祈りはそうである．シュッツ・ツェルがその教区内で引き受けた活動の種類を簡潔に要約した場合，祈りはその重要な一項目であった．臨終の床で牧師の最も重要な任務の一つは，その人に望ましい死の備えを手助けすることであったが，この準備は生涯にわたって続くべきものでもあった．牧会的指導には臨終の人を罪を認めて悔い改めるように導き，彼または彼女に慰めを与えることが含まれていた．シュッツ・ツェルはヘーディオの死に際して徹夜の看取りをしたことを記述して，「祈り，読み聞かせ，語りかけ」を含めている．彼女はたぶん自分自身が慰めとして依り頼んでいた同じ真理をその臨終者に差し出したであろう．そこには煉獄ではなくて，ただキリストのみへの信仰による救いが

あり，その復活を信じて喜ぶことができたであろう．

　明らかに牧会的活動を形成するために重要なことは個人的敬虔であったが，シュッツ・ツェルは，彼女自身研鑽と祈りとを共にする悲しみや他者への慰めから引き出していた．このことが特に明確なのは，1558 年のフェリックス・アルムブルスター卿宛てに出された彼女の手紙で，その際彼女は彼に勧めた詩編テキストの資料を，彼女自身が「神の怒りと恵みの間で苦闘した」ときの「大きな試練と苦悩」のときに書かれたものとして関連づけている．そのとき，神は彼女をその困窮の中で慰め励ましてくださったので，この慰めを共有してほしいという．シュッツ・ツェルが二度めのフェリックス卿宛ての手紙で引用しているコリントの信徒への手紙二 1 章 4 節の釈義法はたいへん意義深い．聖書テキストそのものが語っているのは，神が苦難の中で私たちを慰めてくださるので，私たちも他の人々を慰めることができるということで，それが彼女が最初に語ったことの本質である．ところが，シュッツ・ツェルは，自分自身の詩編との苦闘を語った後，「わたしは自分自身や他者の非常に多くの試練を経験してきたので，あなたの苦悩とパウロの言葉について思いめぐらしている．すなわち『神が私たちを苦しめるのは，苦しめられた人々を私たちが信じるようになるためであり，また私たちを慰めてくださるのは，私たちがその経験から苦しむ人々を慰めることができるためである』」．当該の経験が彼女自身の試練であるとともに（彼女が共有した）他の人々の試練でもあるということは注目すべきことである．同情と共感，苦しむ他者とともに立つことは牧会においてきわめて重要である．シュッツ・ツェルの神の訓練や教えとしての苦難理解をみると，彼女はそのような試練の牧会的活用を確信していたので，彼女なりの聖書引用を形成したのである．つまり，苦難における神の目的は苦しむ他者のために相応しい奉仕者へと私たちを造り変え，私たちが彼らを信じて，彼らに感情移入さえできるようにすることなのである．

　個人的経験と聖書との混ぜ合わせは，病気や〔死の〕陰の谷で人々に祈ることを教え，彼らとともに祈る場合であれ，自分自身の深い苦痛を分かち合う場合であれ，シュッツ・ツェルの奉仕生活全体をとおして明白である．この点では，この信徒牧師の発展を観察することはたいへん興味深い．それは 1524 年にケンツィンゲンの女性たちへ送った寛大だが幾分くどく言葉数の多い同情からアルムブルスターへと，彼女の言葉はより静かだがより深く敏感な感情移入

へといたっている．カタリナは，彼女が受け入れたたくさんの亡命者たちから多くのことを学んでいた．そこには彼女が助言した苦悩する人々，インテリムの精神的衝撃，新任牧師との衝突，また，たぶん，特にわが子どもらとマテウスの死によって経験した深い痛みがあった．彼女は自分の知識だけではなく，自分自身の苦痛や個人的な祈りをも分かち合って隣人に愛をもって仕える備えができたのである．

また実際，シュッツ・ツェルの神学においては隣人愛，隣人に仕えて生きることが神を礼拝する最も重要な果実の一つであった．キリストの晩餐にあずかることは，人を愛することへと燃え立たせ，一人のキリスト者自身の苦しみが自分自身を超えて他者の苦痛を和らげる手段として一つの意味をもった．つまり，苦しみは，キリストの兄弟姉妹をキリストの愛の務めにあずからせる神の道筋なのである．

信仰を生きること —— 神学，倫理および隣人愛

シュッツ・ツェルの敬虔の第三の大きな側面は，自分の隣人を愛せよという命令で，一種の「倫理的な礼拝」または祈りの実存的実践である．すでに注目してきたように，信徒神学者にとってこのテーマは，本質的にただキリストのみやその他の「のみ」という大きなプロテスタントの原理に並行している．シュッツ・ツェルがその教えについて語るべきことは確かに目新しいことではなくて，その理念の実践と彼女の思想におけるその位置と機能が特徴的なのである．最初に，キリスト教神学における愛の役割理解，次にこれらの理念がどのように展開するかを吟味し，さらに彼女が信仰と愛，教理と倫理の問題を調和させたその方法をもっと正確に示すことが有益であろう．

隣人愛 —— キリストの命令と職務分担

隣人愛，正義と共感との実践的表現はシュッツ・ツェルの神学的理解の中心点であり，彼女の敬虔の決定的要因であった．サクラメントや教会規則の厳密な定義に関する彼女の比較的無関心と同様に，これはカタリナがマテウスと共有した一つの特徴であった．もっとも，彼女の理論構成は論争的な状況で語ら

第11章　カタリナ・シュッツ・ツェルの敬虔 —— 活動する実践神学者

れているため，ツェル［＝マテウス］のものより幾分強調されているが，その考え方は明らかに共通している．

　シュッツ・ツェルにとって，聖書が隣人愛のいくつもの方法を教えている．一つは第二の誠めのテキストが指示するような直接的表現である．第二の形はキリストの教えと実践であって，山上の説教やマタイによる福音書25章34-45節にある最後の審判の譬えから，弟子たちの洗足のような彼自身の行為にいたるものである．愛を論じる重要な文脈は主の晩餐である．つまり，サクラメントと共同体への配慮とがシュッツ・ツェルの思想ではきわめて緊密に結び合わされている．

　　そこでは［神の共同体が外面的な洗礼とパン裂きのために集まるとき］，すでに洗礼を受け内面的に食べた者は，聖なる清められた神の子らとして，またキリストの弟子としてなすはずの，古いアダムを撃ち殺し，悪魔とこの世と肉によく耐えて打ち勝つのです．それから，キリストの —— 贖いではなくて，隣人愛の —— 務めに加わり，キリストが私たちのためになさったように，その晩餐で教えてくださったようになし，奉仕と隣人愛による多くの善き業として正しい洗足（ヨハネ13：4）が続くのです．

　この信徒改革者にとって，隣人愛は，晩餐とキリストとに個人的に関連づけられているが，それでもそれは人間の行為が贖いに貢献できるという考えを端的に否定する意識的なプロテスタント流儀である．キリスト者は自分自身や他人の救いに一切貢献することはできない．ただキリストのみがそれをなし得るのであり，キリストは人間がその大権を要求することを許されない．

　しかしながら，キリストは彼の兄弟姉妹とともに他の人々に仕える彼の務めにあずかることには積極的で熱心である．キリストはだれか困っている者に，宗教的教派とは関係なく，彼らがそれを実行するよう期待さえしておられる．

　　［マテウスが］毎日私に語りかけてしばしば言ったのは，だれでも彼に近づくべきであり，主キリストを真の神の子であり，すべての人々の唯一の救い主と信じる者は皆誰であろうと，彼の食卓と彼の屋根の下において役割と交わりをもつべきであるということでした．彼［マテウス］もまた，彼らとともにキリストにあって天上で交わりをもつでしょう．そこで，わたしは彼の願いと喜び

に従って多くの人々を受け入れ，彼らに語りかけたり手紙を書いたりしてきました．彼らが愛するルター博士やツヴィングリやシュヴェンクフェルトの弟子であろうと，哀れな洗礼派の兄弟たちであろうと，富める者も貧しい者も，賢い者も愚かな者も，聖パウロの言葉に従って（ガラテヤ 6：10），全員が私たちのところに来ることができました．彼らの名前が私たちに何の関係がありましょうか．わたしたちはそれぞれの理想や信仰を共有するように強要されてはおらず，私たちの教師キリストがわたしたちに教えてくださったように（マタイ 5：43 以下），各自に愛と奉仕と憐れみを示すべきなのです．わたしたちは使徒ペトロの言葉についても教えました．彼はこのように言っています．「いまわたしは神が誰をも分け隔てなさらず，どのような人種や民族でも神を畏れ，正しいことをおこなう者は誰でも神に受け入れられる」（使徒 19：34-35）．

　ツェル夫妻は広い心の持ち主であったが，無知な人々ではなかった．キリストの愛を示すことは，神学における一致には依存していないのである．
　ツェル夫妻が愛されるべき隣人と見なした人々には三つの範疇があった．同じ信仰をもっている人々のほかに，いくつかの点で相違する人々もいるし，また，まったく別な信仰や宗教の人々もいた．上に引用したツェル夫妻のもてなしの規則に従って，シュッツ・ツェルはマタイによる福音書 15 章 21-28 節のカナンかシリア・フェニキアの女の物語を引用している．これは，主要点を共有しながら，第二義的事柄で相違する「哀れな洗礼派の兄弟たち」のような人々を受け入れるための彼女の予防線と思われる．異なる信仰の人々をキリスト者がどのように取り扱うべきかを教えるために彼女が用いるテキストは，ルカによる福音書 10 章 29-37 節の馴染み深い「善きサマリア人のたとえ」である．彼女の解説の文脈は意見を異にする者の迫害である．カタリナは，マテウスが市当局や彼の同労者に向けて説教壇から語られた言葉を引用している．「わたしは神と天地を証人として，かの（裁きの）日にこれらの哀れな人々の十字架と逮捕には無実でありたいのです」．そこで，彼女は「善いサマリア人のたとえ」に従って，彼は強盗によって傷つけられた人の「宗教を尋ねず」，単純に彼を介抱したこと，また，それが「わたしの隣人とはだれですか」という質問に対するキリストの答えであったことを訴えている．
　カタリナにとって，また，たぶんマテウスにとっても，明確な教派的境界線はあったが，その限界内で意見の幅をもつことが許されていたのである．さら

に，信仰の外部にある人々にさえ同情の義務があった．教理がほとんど重要でない事柄だというわけではなかった．それには真理のため自分の生命をも賭するほどの価値があった．シュッツ・ツェルも自分が原則と考えたものを頑強に主張していた．その原則とは，通例，ただキリストのみとその他のプロテスタントの「のみ」といった「主要点」を意味していた．この基本的な立場を共有する人々の間でさえ，神学的な見解は無関心な問題ではなかった．ある人はよく議論したり，他を説き伏せようと試みた．また，ある人がすべての者と一致しなければならないわけではなかった．しかし，隣人愛の義務は真理を擁護する義務と同じように重要なものであった．そして，両者は互いに解きがたいほど深く関係しあっていた．愛することは同意することを意味しないが，霊的な紛争では霊的な武器だけの使用を意味しており，たとえその人の信仰が神学的に間違っていても，その間ずっと肉体的な必要を配慮し続けることをも意味している．

このような見解は確かにシュッツ・ツェルに特有なものではないが，彼女自身がどのようにしてこの確信に辿りついたのか，またどのように「ただキリストのみ」と愛との関係を理解しているのか，さらに，なぜ彼女は第二の誡めを教会論の前に位置づけたのかは問い直してみる価値があろう．

教理と倫理との関係 ── 神学における愛の位置づけ

16世紀初期には，さまざまな改革グループが，何が関心の的になっている重要問題なのか，改革を要する問題の核心なのか，また，その核心について何をしなければならないかに関して異なる考えを抱いていた．次のパラダイムはきわめて単純なもので，それらの党派を厳密に区別することではなくて，本当にキリスト教的な世界を見ようとする共通の願望には，それぞれ何を必須の出発点と考えていたかを指摘することである．

ルターと多くのプロテスタント神学者たちにとって，問題の根幹は，教理，とりわけサクラメント，聖人あるいはキリスト以外の何かへの信頼にあった．真っ先に変更しなければならないことも教理的なもので，どのようにして，ただキリストのみによって救われ，信仰のみによって義とされるのかを正しく教えることであった．これらの神学者たちにとって，道徳的変化は（きわめて

重要であったが）改革された教えから自然に続いてくることであった．しかし，多くの信徒に導かれた地方の改革グループにとって，主要な問題は実践上の正義にあった．神学の複雑さは明確な「神の法」に従うことに比べ，彼らには現実的な利害関心とはならなかった．神の法は他者，とりわけ社会的な等級では低い人々の正しい処遇を命じていた．これらの宗教改革者は，キリスト者の自由が，経済や政治にとっても具体的で地上的な意味をもつべきだと確信していた．しかし，そこには第三の要素があった．特に都市においていくつかの市民的改革運動は，教理と倫理とにもっと平等な重要性を与えながら，これら二つの強調点を結合するため慎重に努力していた．第一の誡めは依然として常に首位にあるが，しかし，第二の誡めもそれと緊密に結びついているというのである．

　シュッツ・ツェルはこの第三の思潮に属していたが，その思潮は特に南ドイツとスイスの都市において根強かった．しかし，彼女がこの立場を実践することは教理と倫理とのほとんど均衡を反映するものであり，彼女の夫は別として，彼女の聖職者仲間よりは隣人愛に大きな比重がかかっていた．この信徒改革者は，プロテスタントの基本的な教えを最も単純な用語で考えていた．すなわち，ただキリスト・恵み・信仰・聖書のみと，隣人愛の命令も聖書的信仰とキリスト教的実践にとって同等に重要であった．このことは，彼女がキリスト教神学の要点とキリスト教倫理の義務とに関する確信を擁護して，さまざまの異なった教派的グループ，すなわち，伝統的な，ローマ・カトリックや純正ルター派と（シュヴェンクフェルト派とも），実際に神学論争に入ったことを意味した．

　信仰，愛および道徳 —— バランスの明確化　1520年代には，シュッツ・ツェルは十分教育を受けた信徒中のある人々と，また聖職者の神学者とも，神学は道徳問題にある程度優先するということで一致していた．彼女は1524年に簡潔にそのことを表現しているが，その頃ローマ・カトリックが，その「聖なる」独身生活によって伝統的な教会へ単純なキリスト教徒を引き戻そうと努めて，これらの教区民を彼らの修道院の非聖書的な教えに巻き込もうとする影響が出始めたことを，彼女は心配していた．

　　　キリストはこう言っておられます．「つまずきをもたらす者は不幸だ．彼は

首にひき臼をかけられて，海に投げ込まれる方がましである」(ルカ 17：1-2)．……わたしは信仰上の〔間違った教え〕より大きな危険な躓きを知りません．……悪い教えは悪い生活よりさらに悪いのです．そのような悪い教えは他の多くの人に拡まりますが，生活はその人自身を最も傷つけるのです．

　間違った信仰は間違った生き方に通じることも通じないこともある（シュッツ・ツェル自身は祭司の独身生活自体を偽善的と見ていたけれども，）しかし，たとえそうでなくても，間違った教えは破滅に通じている．不道徳な行為は偽りの教えよりも危険でない．外見上の生活の清さは誰をも救わないし，彼らにキリスト以外の何かを信頼させているがゆえに，人々を迷わせ得る．シュッツ・ツェルが反発した間違った教えは，いかにして神を喜ばせて救われるかに関する伝統的な中世の教えであった．独身生活は（人間が救いに貢献できる共同参画という理念を伴っていた），他方彼女が主張する正しい信仰はキリストを唯一の救い主とするプロテスタントの主張でもあった．

　それでも，シュッツ・ツェルは，教理の重要性に関する明確なプロテスタント的立場にも拘らず，信仰と実践との非常に緊密で実践的な結びつきを主張した．彼女は隣人愛と正義や道徳的（または不道徳的）な行為とを区別した．彼女の目には，隣人愛の命令は，罪人を告訴する手段でも神の愛顧を手に入れる手段でもなくて，ただ聖書のみと信仰義認のみとの強調からくる不可欠の結果であった．この信徒改革者の思想には，聖書的な律法もなければ，「律法と福音」という真の二分法に対する論争も事実上なかった．シュッツ・ツェルは，実際にそのように言っていないけれども，聖書の律法を再生された生活へ導く第三用法(4)という「改革派的」意味で活動しているように思われる（しかし，彼女はいかなるものであれ人間的な教会法を必要なくびきとすることにはまったく厳しく反応している）．

---

〔4〕「律法の第三用法（用益，usus）」とは，特にカルヴァンによって強調されたもので，律法には信仰者が神の意思を知って神への従順に生きるように導く積極的な役割があることをさしている．なお，ルターは律法の第一用法として処罰を示して悪を防ぐ市民的用法と第二用法として義務の自覚を促して罪の悔い改めに導く神学的用法を提示したが，それらの点についてカルヴァンとの間に大きな差異はない．

キリスト者が神から何かを勝ち取ろうとする努力から解放されていることは，隣人愛を軽視するのではなくて，むしろいっそう重要にするのである．人が他者の利益のために働くということは，救われた経験に由来している．彼女の信念は，彼女が行為義認を恐れて忘れてしまったからではなくて，聖書の教えへの圧倒的な信頼を抱いたためであった．シュッツ・ツェルは誰にでも家庭を開放するなど，神奉仕をあまりしすぎているのではないかと，しばしば悩んだと語っている（明らかに，彼女は自分の活動が神に認めてもらうための努力と思われることを恐れていた）．しかし，彼女はキリストに対するマルタの奉仕物語（ルカ 10：39-41）を自分の活動の聖書的な模範として自分を慰め，何か人間的な功徳ではなくて，信仰による救いを断言し続けた．

　事実，シュッツ・ツェルは積極的な隣人愛とただ恵みのみという強い確信とを調和させることができた．活動は功績的なものではなくて，聖書的なものであって，二つの誡めを守ることは律法主義的なものではなくて信仰的なものであった．しかし，この信徒改革者は愛に強く焦点を当てながら，伝統的なカトリック神学との議論においては自覚的なプロテスタントであって，聖書と矛盾する独身生活の個人的な道徳より上に聖書的な教理を引き上げたのであった．

　信仰，愛および（不）寛容 —— バランスの維持　1550 年までは，教理と倫理に関わる問題の形は 1520 年代の状況と似ているとともに異なっていた．ルター派の牧師たちはいくつかの古いカトリック的理念を再導入し，（たとえば，主の晩餐におけるキリストの現臨の厳密な定義のような）教会論の第二義的な問題を効果的に基本的な教理と等しくしているように思われた．シュッツ・ツェルはそのような変化自体を間違っていると見なした．もしも，これらの厳格な教理の主張が，隣人愛の義務の低下や他の者たちによるある者たちの排除や迫害をさえもたらすとすれば，そのような変化は危険であったからである．1520 年代の信徒改革者にとって，ただキリストのみ，信仰と恵みのみ，聖書のみという基本的なプロテスタントの信条は，誰を殺しても正当化されるということではなかったが，ローマとの絶交に値するものであった．

　1529 年以降，特に 1530 年代と 1540 年代にプロテスタントの間にサクラメントをめぐって紛争や論争が拡まったことは，[5] シュッツ・ツェルにとって大

---

〔5〕　ここに挙げられている論争はルターとツヴィングリとの間で起こった聖晩餐

第 11 章　カタリナ・シュッツ・ツェルの敬虔 —— 活動する実践神学者

きな悲しみであり，隣人愛の責務に関する汚点であった．彼女は 1529 年にルターに厳しい手紙を書き送っているが，彼女の悩みはサクラメント的な現臨の厳密な定義よりも，それをめぐる不一致が平和の絆を打ち砕く危険があるという事実の方にあった．聖職者たち，なかでもルター派が主張したサクラメントの付加的な定義は，シュッツ・ツェルには基本的な信仰告白と同等の価値があるとは思われなかった．それゆえ，そうした定義が愛の命令を破る理由には不十分であったので，彼女はすべての立場の人々，ルター自身，ブツァー，シュヴェンクフェルト，およびスイス派との交わりを続けた．しかし，ラブスと彼の友人たちは第一世代の誰よりも先に進み，教理も慈善行為も危害を受けていた．機械的恩恵に関する古い教えが単純に再導入され，単純なパン裂きの交わりよりいっそう愛のない行動の基盤として用いられていた．新しくなった古い事効説を共有できない人々はますます激しく迫害された．ストラスブールの第二世代の多くの聖職者たちとは，シュッツ・ツェルがもはや最高の交わりのしるしであるサクラメントに共にあずかれないほどに信仰の基盤がぼやけてしまったと思われる．

　1550 年代のシュッツ・ツェルがその信念を行動に移したのはほとんど同じ神学的・倫理的な理由であったと思われるが，この光景は彼女がその信仰を理解し実践した一般的な評価の一種を表しているのかもしれない．それはまた信徒改革者に対して興味深い光を投じるものである．慈善と正義の具体的な行動が中心であった信徒キリスト者と，教理が重要な判断基準である大半の聖職の宗教改革者との間に釣り合いをとるならば，シュッツ・ツェルはキリスト者の生活の倫理的・道徳的形成にも大いに関心をもち，また基本的なプロテスタントの教理の重要性をも大いに確信していたのである．彼女が自覚的なプロテスタント神学者であり，道徳的改革では満足していなかったことは明らかであるが，同じように明白なことは，彼女が，自分の地域においても信徒キリスト者一般にとって，特に重要であった強い倫理的態度を決して失わなかったことで

の理解をめぐる論争で，プロテスタントの分裂を危惧したヘッセン方伯フィーリプによって開催されたマールブルク会談（1529 年）によっても一致を見ることができず，ツヴィングリの死（1531 年）やルターの死（1546 年）の後もそれぞれの陣営の間で論争が引き継がれていった．ブツァーなどストラスブールの改革者たちは両者の和解に努めていた．

ある．

　これを要約する最良の方法は，たぶんシュッツ・ツェルにとってプロテスタントの基本的な教義と隣人愛の義務が二つとも聖書的信仰と正しい神礼拝には必要不可欠な部分であったと語ることであろう．また，彼女の目標は神学者や道徳家であることではなくて，誠実な一個のキリスト者であることであった．神の律法は矛盾してはおらず，キリストによって成就されたのである．二つの掟はキリスト者の生活の中心的模範であるが，律法に対する福音ではなくて，人間的発明や人間的な愛の失敗に対する福音なのである．福音を知り告白すること，聖書に従って神を礼拝すること，ただキリストのみに信頼すること，そして隣人を愛すること，これらは正しい神学であり，真実の神礼拝である．この信仰の告白には福音の真理の公的な防御も含まれる．また，隣人愛は慰めの手紙や他の出版物を含めて，多くの形を取り得る．シュッツ・ツェルの聖書的・プロテスタント的・実践的神学の画像が第9章から第11章までの三章をとおして展開されてきたが，今や信徒改革者が，その信仰のためにどのように書き，発言したか，また，その牧会的配慮を印刷して提供したかを引き続き論じてみたい．

第 12 章

物語ることと著作すること

── 著作者と歴史家　カタリナ・シュッツ・ツェル

　カタリナ・シュッツ・ツェルは天分に恵まれた独学の歴史家であった．言葉の最良の意味でアマチュアであり，彼女の責任と関心と同様に，多様な天賦の才をもったテキストの著者であった．明晰で知性的な人として，彼女は自分の世界に対する注意深い参加者であり，印刷という新しい媒体が有効にしたコミュニケーションの興味深い可能性に，多くの同時代人とともに喜んで関与した．著作は話し手の声が届く範囲を超えた人々にも真理を証しする手段であった．それは他者を慰め励ます手段でもあったし，もし彼らが確信を抱き得れば，人々の生き方を変える手段でもあった．

　シュッツ・ツェルは出版のための出版をしたのではなかった．彼女の著作は印刷を意図しようがしまいが，どれも彼女の信仰共同体かそのメンバーの何か特定の生活状況に対する応答であって，それは公益に資すると彼女が判断した場合には公刊された．彼女は有益な文書と，特定の状況に対するクリスチャンとして義務感から本当に必要とされるものとを意識的に区別した．彼女の著作のこうした歴史的・文脈的な刺激は時代的関連への強い意識と多くの著作自体の中での歴史的論議とによって補足されているし，その読者を歴史的に考えるという著しい方向づけによってシュッツ・ツェルと一つにさせている．もしも聖書が（聖霊によって，御霊をとおして最良の解釈者によって教えられるように）疑問の余地なく彼女の宗教的権威であったとするなら，「物語ること」は第一世代の宗教改革者の著作からも活動からも引用しており，当然議論の序列第二位に属しているが，聖書の真理を証言する彼女の方法にとってはきわめて重大

なものであった．

　著作者としてのシュッツ・ツェルを，その著作を一瞥しながら検討するには，年代順に，その見解を公にする理由を含めて，著者としてのスタイルにも簡単にふれながら始めるのが有益である．この信徒著作家が読者の心を打つ一つのことは，聖書の広範な引用（それは彼女が多くの他の人々，とりわけ信徒のパンフレット著作者たちと共有していたが）に加えて，シュッツ・ツェルの文筆活動における歴史の相当な重要性であった．本章はそれゆえに著作者の作品を概観することから始めて，彼女の歴史家としての賜物と活動や性格を吟味し，それから彼女の文筆の時代背景に戻ってこの特異な著者を彼女に近い同時代人たちと比較考察してみたい．

カタリナ・シュッツ・ツェルの著作と出版およびその文体

　カタリナ・シュッツ・ツェルはきわめて多作な著者で，その著作は幅広いジャンルに亘り，長い生涯の全行程で生み出された．それらは際立った性格をもち，聖書に基礎づけられたプロテスタントの信徒キリスト者としての独自性を，牧師として改革者として彼女が直面した諸々の挑戦に対応して強く関与しつつ表現していった．

テキストとその動機

　シュッツ・ツェルは著作をキリスト教的召命の重要な一部分と理解し，特定の状況に応じて書いた．いくつかの資料は出版されずに残っているが，大部分は著者の存命中に印刷に付され，残りのものは彼女の友人たちの間に無料で配布された．最初の著作は，彼女が従来は結婚しないと考えられていたので，結婚する理由を説明した手書き原稿とストラスブール司教宛ての一通の手紙であって，これは聖書の教えに基づいて聖職者の結婚を擁護し，良い牧師たる者を描いたものであった．これらの著作は二つとも彼女のプロテスタント的確信を表しており，それぞれ新しい宗教改革者たちが聖性の聖書的理想と見なしたことに味方して，聖なる生活に関する理想の伝統的な諸側面を拒絶する弁明書として役立っている．後にこの二つの手書き原稿も著作出版に寄与した．

第 12 章 物語ることと著作すること —— 著作者と歴史家 カタリナ・シュッツ・ツェル

慰めの手紙 シュッツ・ツェルの最初に印刷されたテキストは慰めと励ましの手紙で，そのプロテスタント信仰のため苦難に遭っているケンツィンゲンの女性たちに書いたものであった．その表題は『キリストにあって苦難に遭っている信者たち，ケンツィンゲン集会の女性たち，キリスト・イエスにあるわたしの姉妹たちへ』であるが，この小冊子は 1524 年 7 月にストラスブールで出版され，第二版はアウクスブルクで 11 月に出版された（彼女の著作でこれだけが存命中に再版された）．執筆の動機はその信仰ゆえに迫害されて夫たちから引き離されている女性たちへの同情を示すためであったが，さらに重要なことはその女性たちの証しへの彼女の賞賛と，その証しを続ける彼女たちへの聖書的な彼女の強い激励とを表すためであった．

聖職者の結婚を弁護して カタリナ・ツェルは 1524 年 9 月初めまでにもう一つのパンフレットを出版していた．その表題は『カタリナ・シュッツの夫であり，ストラスブールにおける神の言葉の牧師にして仕え人マテウス・ツェル師のための弁明，彼に関して拡まっている大嘘に抗して』で，聖職者の結婚，プロテスタント信仰およびツェル夫妻の誠実さを弁護するものである．この度の彼女の聴衆はストラスブールの一般民衆であったが，彼女が懸念したのは彼らが彼らの牧師マテウス・ツェルに関する嘘によって福音から誘い出され，ローマに戻ってしまうことであった．その誤報と中傷は聖書的な学びを積んだ女性信徒ならば論破できるし，多忙な（聖職者の）説教者が煩わされずにすむような類のものであった．印刷物には印刷物で論破するという考えも暗に含まれている．シュッツ・ツェルはローマ・カトリックのパンフレット執筆者たちを敵対者として挙げている．しかし，彼女もその弁護を印刷する必要をはっきり確信したのは，ストラスブール市民には（口頭で）その中傷が虚言であるとわかっても，市外の人々にはその記録の誤りを正す必要があったためである．その原文は同じような主題で以前に書いた草稿を参考にしているが，信徒キリスト者のためにより大きな問題，特に聖書の権威に対する教会，信仰に対する善行という問題に向けられている．それと同時に，シュッツ・ツェルは，教会に有益と思われるその他の話題についても書きたいと述べている．もっとも，彼女の計画は時とともに変更され，多くの題目は後の文書中に現れている．これら最初の二つの出版物は牧会的なカウンセラーとしての著者を見せてくれるが，聖書的で新鮮ないくぶん元気潑剌たるしかたで自分を表現し，信徒の関心

事にも学的な神学にもきわめて敏感な論客として，彼女の信仰を熱心に教え証言しようとしていた．

主の祈りと讃美歌集　シュッツ・ツェルの文書で次の一組は，1530年代の初期と中期のもので，いっそう教育的なものと信心的なものであった．1532年に，彼女は主の祈りの講解を書いたが，それは神を喜ばせえないと泣き叫ぶシュパイエルの二人の女性のためのものであった．1534年から1536年にかけて，彼女はボヘミア兄弟団のドイツ語版讃美歌集を出版した．シュッツ・ツェルによる主の祈りの講解は25年間以上も手書きのままで回覧されたが，内容的には信仰教育的であり牧会的なもので，特定の個人の宗教的願望に応じて書かれたものであった（記憶に留めるべき要点は，カテケーシス〔教理教育〕と祈りが緊密に織り合わされており，祈りの教化的な対話が信心的な目的に役立っていたことであるが，それは啓蒙主義以降の世俗社会が近代初期文化以上に区別している点であろう）．

この教育と讃美と祈りという同じ組み合わせは，シュッツ・ツェルの1534年の讃美歌集の序文に示されているが，それは次の二年間に四分冊で出版された．そのテキストの聴衆は両親や家長であったが，その後読むことができたり読み聞かせられたことを記憶できる信徒キリスト者にも拡がった．シュッツ・ツェルが出版した理由は二つあった．改革派のキリスト者が個人的な信心の使用に相応しい材料の不足と，信徒の側に歌うための歌集と廃止された祝祭日の記憶法とに対する要望があったことである．民衆の宗教的讃歌には長い伝統があったが，プロテスタントはそれらがしばしば聖人にささげられたものであったため，道徳的理由からも神学的理由からも間違っていると考えていた．しかし，これらを放棄すると言われたとき，大部分の信徒キリスト者は歌う機会が完全に奪い取られたと感じて，伝統的な祝祭日の喪失を嘆き悲しんでいた．このように，シュッツ・ツェルがこの讃美歌集を出版する目的は信徒の正当な要望に応えて，宗教改革のキリスト者が個人的な信心に用いるのに相応しいテキストを提供し，彼らが手にするものが彼女のこの本の選択基準であった聖書に実際基づいていると保証することであった．こうした讃美歌集を用いれば，信徒の信仰心を改革し，どのように「説教し」，日常業務に励むのと同様に，神を讃美するかという全信徒の祭司性を教えること（に役立つ）であろう．

マテウス・ツェルのための葬儀説教　1540年代のシュッツ・ツェルの文書

はその前後のものとはいくつかの点で異なっている．1548 年 1 月 11 日にマテウス・ツェルの墓前でなされた即席説教は覚え書きで拡まり，カタリナの友人たちの間で「カタリナ・ツェルの悲嘆と奨励，ストラスブール大聖堂の牧師でかの敬虔なマテウス・ツェル師の墓前で会衆になされたもの」と題して回覧された．これは彼女の存命中には出版されず，19 世紀末まで実質的に忘れ去られていた．この覚え書きの中で，カタリナはマテウスの最後の日々に関する詳報を，差し迫るインテリムの論争的文脈において，彼らの共通な信仰への力強い証言と結びつけている．その目的は明瞭で，ツェルの忠実な牧会職を認めることと，彼の群れをあらゆる脅威に直面しても固く立つよう奨励することであった．この時期のもう一つのテキストは，シュッツ・ツェルの詩編に関するきわめて個人的な黙想であるが，夫の死去を深く嘆きつつ彼女なりに詩編全体にわたって成し遂げられた．これらの非常に内面的で信心深い沈思黙考は彼女の私的な日記に書かれたものであり，大部分が回覧されず，後に消え失せていたが，ただ数節だけが長い年月を経て他といっしょに出版された．

シュッツ・ツェルの文書は 1550 年代に意義深いしかたで以前の時代的特色を再生した．そこには 1520 年代と同様の神学的論争と牧会的慰めの基本形が残っていたが，基調音は異なっていた．信心的・歴史的テーマでは，1530 年代や 1540 年代の残響もあった．基調音の違いは，論争がローマに対する議論からプロテスタント共同体内部の不一致への移行にあり，著者は今や夫の傍らに立つ若くて熱心な女性ではなくて，本質的なことのみに働く成熟し世慣した指導者となっていた．主要な本文は，二人の「福音」の異なる信奉者であるカスパル・シュヴェンクフェルトとルードヴィッヒ・ラブスと交わしたシュッツ・ツェルのいくつかの個人的な文通をもって始まる．

シュヴェンクフェルトへの手紙 1553 年 10 月 19 日に出されたシュヴェンクフェルト宛ての長い論文風の手紙は今日まで実際に知られずにきたが，『続編』には公開されている．それはシュッツ・ツェルが自立しつつも相互依存する学識のあるキリスト者であったことを明示している．修正されないアウクスブルク信仰告白に賛同するストラスブールのルター派の聖職者にも，また（いっそう驚くべきことだが，まったく単純に）シュヴェンクフェルトと彼のストラスブールの信奉者にも自分の基盤に基づいて立ち向かっている．シュッツ・ツェルがお互いの友人から勧められてシュヴェンクフェルトに書き送った一つの理

由は，彼女が長い中断の後に文通を再開してシュヴェンクフェルトの敵ではないことを証明することにあった．しかし，このことがこの貴族自身を丁重に批判する妨げとはならなかった．もう一つのもっと重要な目的は文通相手に敬意を抱きつつも彼女自身の自立性を明らかに示すことであった．彼女の愛する夫の記憶や彼女自身の忠誠を要求した彼〔シュヴェンクフェルト〕自身の信奉者たちと市の聖職者という両派のあいだに板挟みになっても，この逞しい信徒改革者はどちらかの側につくよりもはっきりと自立する道を選んだのである．彼女の手紙はシュヴェンフェルトに彼女が何をなぜなそうとしているかをはっきりと警告している．事実，シュッツ・ツェルは何か重要な公共的か個人的な紛争をできるだけ適切に取り扱わざるをえないと感じ，彼女の身の潔白を主張するために聖職者やシュヴェンクフェルト派と自分一人で論じるか，それともシュヴェンクフェルト自身に書き送ってその記録を直接示すかしようとしていた．この手紙は一見してシュヴェンクフェルトとの個人的な雰囲気を明らかに示しており，彼らの時折の文通の再開を印象づける（たぶんそれは彼のすべての弟子たちを満足させはしなかったであろう）が，それはただストラスブール市の聖職者との論争開始を数え挙げているにすぎない．

ルードヴィッヒ・ラブスとの紛争 直接ラブス自身との間の記録に残る紛争は 1555 年に始まっている．シュッツ・ツェルからラブスへの 1555 年 12 月，1556 年 2 月および 1557 年 3 月の長い論文風の手紙は，彼らの不和に何ら内輪の解決をもたらさず，1557 年 4 月のラブスからの無礼な返答がシュッツ・ツェルにストラスブールへの献呈と彼の攻撃に対する論駁付きで彼らの文通を出版させるにいたった．その表題は内容を説明している．『ストラスブールの最初の説教者にして旧知の故マテウス・ツェルの寡婦カタリナ・ツェルからストラスブール全市民への手紙．現在ウルム市の説教者であるルードヴィッヒ・ラブス氏に関するもので，彼女と彼の二通の書簡付き．多くの人が好みや憎しみなしに，ただ真理に基づいてこれらの書簡を読み・判断されんことを』．シュッツ・ツェルは数年間ラブスに対して口頭での叱責を試み，その後文書での叱責に転じたが，それでもできる限り二人の間での議論を持続した．彼女が文書化する理由は，ラブス自身と彼の群れに対する責任感にあったが，それはラブスが牧師に相応しくないふるまいをして論争的な説教をなし，最終的に彼の教区民を見捨てたからである．しかしながら，彼が彼女の個人的な忠告を一切拒ん

で，彼女を背教者と公によぶことでこれに応じたとき，シュッツ・ツェルは真理と見捨てられた教会の牧会的窮乏とに対する責任からストラスブール市にそのような状況にいたる経過を知らせる必要があると決断した．その目的は復讐ではなくて，マタイによる福音書18章15-18節に従った適切な教会訓練であり，真実を遠慮せずに語ることであった．その結果，論争と歴史と自伝が書物となって，ストラスブールの初期宗教改革に関する資料に重要な貢献をなした．なぜなら，それは第一世代の宗教改革者たちの活動に関する大量の情報を提供することによって彼らを弁護しているからである．

　1557年中，シュッツ・ツェルは戦う教会の母としてラブスと格闘した一方で，他の文書をとおして都市の貧困者に対する正しい配慮を追求し続ける活動をおこなった．彼女の手紙はブラッターハウス地区における貧困者救済制度に関する悲惨で無責任な事態に陥っていた福祉行政を伝えているが，広範に流布するという意味では公にならなかった．しかし，それらの手紙は彼女の司教への手紙と同様に公的なものであった．なぜなら，それらは市政府に知られており，（司教への手紙と違い）市の公文書館に永久保存されたからである．ここではシュッツ・ツェルの執筆の明確な動機が「教会の一部の者」が無視されているというキリスト教的な憤りであった．彼女が恐れたのは，神を主と主張する民が責任ある人々に適切な配慮をしなければ，その結果として神の怒りが降るということであった．そこでは，貧しい者たちがキリスト者の果たすべき隣人愛をもって奉仕されていないということもはっきり意識されていた．

　信仰的な本　シュッツ・ツェルの最後の出版は，そのすぐ前の文書とは調子もジャンルもまったく異なり，聖書に関する生涯に亘るいくぶん美しい黙想集である．この信心的な本の表題は『ミゼレーレ詩編［詩編51篇］，ダビデ王が黙想し，祈る．故マテウス・ツェル師の寡婦カタリナ・ツェルによる釈義．主の祈りの解説付．これは闘病中のキリスト者アルムブルスター卿を慰めるために送られたが，他の悩み苦しむ心と罪に悩む良心のために出版された』であり，1558年に書かれた慰めのためのたいへん美しい牧会的な手紙と，1540年代後期のいくつかの詩編と1532年の主の祈りとが組み合わせられている．シュッツ・ツェルの出版の動機は端的に慰めと助言とで，今回は特に神が個人的経験によって教えてくださった慰めを共有する意図があった．その経験はフェリックス卿や他の多くの苦悩する魂の持ち主が彼女に送った言葉から知っ

たものであった．彼女は今や年老いすぎて自分自身では彼らすべてに伝えることができなかったので，印刷がその解決手段となった．

シュッツ・ツェルの文体と特徴

　カタリナ・シュッツ・ツェルの文書は，壮大な範囲と多様性ばかりか，驚くべき一貫性と独自性をもった一大文集を成している．テキスト全体は流暢な慣用的ドイツ語であるが，ラテン語の語句はほとんど参照されていない．ラテン語の語句は通例大学教育を受けた宗教改革者や聖職者との会話か文通の中に現れ，それも（敬虔な信徒が知っているような）詩編のラテン語表題のようなものだけが一般民衆のために企てられた文集に見られる．基本的な権威は聖書であるが，信条やキリスト教著作家，特に最初のプロテスタント宗教改革者たちも重要であり，歴史的活動や経験は多くの議論において非常に重要な要因であった．その文体は通例学識ぶったもので飾られていない．ただ装飾よりも議論のための証拠に役立つ聖書と宗教改革者への訴えは例外である．

　彼女の地位とその聴衆　カタリナ・シュッツは，結婚以前も以後も，マテウス・ツェルの「博学な」サークルに入ろうと何か公式で学術的な地位を要求しなかった．シュッツ・ツェルの文書中のさまざまな評言は，彼女自身の社会的地位と聴衆についての自己認識をもう少し詳しく確認できるようにするであろう．確かに，彼女は自分を貴族や「一般庶民」や農民とは区別していた．すなわち，貴族とは力強さで，一般庶民とはより牧会的な方法で，農民とは全般的には牧会的だがいっそう離れた流儀で区別していた．シュッツ・ツェルは自分自身の文書を「荒削りだが正直」と描いている．つまり，「ベギン会士，修道女，偽善者，貴族らは偽善的で取るにたらないほど微妙でご立派な言葉を用いるが，［彼女は］そのどれでもない」．他方，この女性信徒改革者はより理解力の乏しい人々である「純真で善良な市民や一般庶民」にも話しかけえたし，彼女は彼らの牧会的な責任を負っていたが，少なくともある意味で彼女自身とは明らかに異なっていた．彼女は時折農民にも言及しており，それは軽蔑的ではないが都市住民ほど教育を受けていない人々として直接彼らに書き送ってはいない．このように，シュッツ・ツェルは貴族と「一般庶民」との間に立ち，都市住民の誇りをも共有する彼女自身の階層を背景とした人々の言葉を用いてい

第12章 物語ることと著作すること —— 著作者と歴史家 カタリナ・シュッツ・ツェル

るが，それは人文主義教育を気取らない低層市民の信徒であってドイツ語では読み書きできたのである．彼女は明らかに実際全市民に理解されようと期待していた．彼女は時々無学な教区民に直接語りかけたり，たまには貴族にも（特別な牧会的状況においてだけだが）個人的に語りかけたりしているが，彼女の聴衆はどうしても一人か二人は読むことができる中流市民の家族となった．

その文体 シュッツ・ツェルの文体は，さまざまな種類の人物の言葉や日常的言語によって活気を帯びている．しばしば，彼女も他の信徒パンフレット執筆者と同様に，問答形式を利用した．彼女は遊んでいる子どもたちの口論を描くように生き生きと描いたり，妾を囲う聖職者が，その教区民の道徳的な罪を非難しながら自ら妾を囲う聖職者の困難さを「お前たちがわたしの行為を大目に見てくれれば，わたしもお前たちの行為を大目に見てあげよう」という会話で締めくくっている．他の会話風の語句は，シュッツ・ツェルが隣人たちの言葉を聞いたことに基づいているが，たとえば，讃美歌に対する聖職者の改革や聖人に対する「まずい賛歌」の排除に対する信徒の反対例の引用がある．人々が「それではわれわれはまったく歌わないでよいのか？　われわれは木石にならねばならないのか？」と問う場合，シュッツ・ツェルはそれに応えて「われわれに対するすばらしい神の愛を表現し，われわれに差し出されている救いを無視しないように誠実に勧めるような歌を歌いましょう」と答えている．どの場合にも，鋭敏な信徒改革者は彼女が教えようとする相手の立場に立って，彼らの問題の見方に理解を示し，彼らの疑問や関心に真面目に敬意をもって応えている．

　シュッツ・ツェルの文書には異なった種類の比喩的な言葉が満ちている．通俗的な形の物語，折々の寓話，特に動物の物語などがある．格言と語呂合わせや言葉遊びはありふれている．こうした形の講話はさまざまな目的に役立っている．シュッツ・ツェルは読者の注意を惹くために民話の言葉をしばしば用いている．たとえば，彼女が森で野蛮人に育てられたかのようにふるまうラブスとその友人たちのことを述べて，野人という民衆文化の登場人物に言及していると思われる場合である．しばしば，物語の言葉は聖書の権威を民話の知恵で補強してより近づきやすくする．たとえば，彼女が王様を訪ね歩くカエルの寓話を語る場合で，カエルたちは木製の積み木を手にするが，それを捨てて，生きた王様を訪ね求め，遂にはカエルを餌食にする伝統的な敵のコウノトリに出

食わす。これには新しい王サウロのためにサムエルを排斥したイスラエルの物語が続いている。サウロの邪悪さは「エンドルの口寄せ女」を探し出して、サムエルを墓からよび出させた（サムエル上 8：4 以下，10：23 以下，28：3 以下）。……そこではツェルがサムエルであり、ラブスがサウルであり、ストラスブール市民は安全な指導者をコウノトリと取り換えた共同体となる。

　しばしば、言葉遊びが敵対者の自己矛盾を示して窮地に追い込む役割を果たす。たとえば、ラブスが自分の手紙にウルム教会の「監督」として、また十字架に架けられたキリストの貧しい僕にすぎないと署名するとき、シュッツ・ツェルはそれとなく「上に立つ者」が同時に「仕える僕」であろうとする矛盾を指摘し、この言葉が教皇の見せかけと似ていることを強調する。ラブスの手紙の鋭い格言的な結論「もしこの手紙が厳しすぎると感じたなら、人は愚者にはそれにふさわしく答えねばならないことを思い出すようにしてください」に対して、彼の養母は怒って二つの格言をもって応えたが、そのひとつは「子どもと愚か者こそ真理を語る」であった。

　信徒改革者の文書は即興的な機知を論証しているが、ときにはある程度の教育か少しばかりの詭弁を弄する必要があるとしても、通例はだれにも近づきやすい平易な文体であった。彼女のユーモアはしばしば辛辣だが、ときには滑稽なもので、常に適切で効果的であった。たとえば、皮肉と涙との間に引き裂かれて、シュッツ・ツェルはストラスブールへのインテリム導入に関する「守銭奴氏と心配性夫人」の影響を指摘している。彼女のいくつかの語呂合わせは聖書から引き出された普通のイメージを利用しているが、しばしば反ローマ的論争に用いられた見解をラブスにまで適用するように発展させている。信徒著作家は時折フィリピの信徒への手紙 3 章 19 節（「彼らの神はその腹」）の軽蔑的な言及を採用するが、それをしばしば聖職者の貪欲さを描くのに用いている。ラブスはその『殉教者列伝』を教会のために書いたと主張するが、シュッツ・ツェルはそれをお金儲けのため（彼の腹／台所）と考え、「おお教会、教会！、私たちは誰でも教会の健康と利益を探し求めていると言う。だが、もしあなたが小文字「r」一つを取り除くなら、何を手にすることになるだろうか」と叫んでいる。教会（kurch=kirch）の「r」を抜くと台所（kuch）が残る。ラブスは自分自身の利益に仕えているというわけである（シュッツ・ツェル自身の自筆から明らかなように、当時の発音は i と u をはっきり区別していなかったので、近代初

第 12 章　物語ることと著作すること —— 著作者と歴史家　カタリナ・シュッツ・ツェル

期のアルザス語ではその語呂合わせは自然なものであった）．他でも，シュッツ・ツェルはラブスはやもめや孤児を虐待する教皇制の司教（Bisschoff）のようであると言う．Bis は「噛みつく，引き裂く」を意味する beitzen に由来し，schoff は羊であるから，司教は「羊に噛みつく」のだと言う．

　もう少し穏やかな調子も可能である．シュッツ・ツェルは，教皇制の伝統に対して聖職者の結婚を擁護して，ツェルの結婚は「神にとって喜ばしいものであり，将来もそうあり続けるでしょうし，わたしたち両人［マテウスとカタリナ］にとっても有益であり，また多くの人々には霊肉共に好都合でしょう．だが，もしもそれが反キリストやその同族には有益でも喜ばしくもないとしたら，結構です．わたしにはそれ以外できないのです（または「それはお気の毒さま！」）．彼女の言うことすべてがうそだと主張するラブスに対して，彼女は彼が軽蔑する聖書の本文を引用していると主張する．彼は明らかに彼女自身の言葉と聖書の言葉とを区別していないが，これは思慮深い神学者の目印ではない．

　シュッツ・ツェルの文体と痛烈な機知は聖書的な概念によって形づくられ，通俗的な格言に満ちており，その生き生きした影響にも拘らず，彼女の多くの文書は一見して（あるいは二度見ても）読むのが容易でない．信心的な本文はかなりわかりやすいが，他の多くの文書は著者からたいへん時間と空間とを隔てた現代の読者には多くの労苦が必要だ．シュッツ・ツェルの文書が挑戦する一つのことは，それが頻繁に聖書で満たされることである．多くの議論はそれに関わる聖書の言及に依存しており，信徒改革者はその聴衆の側に相当の聖書的知識を想定している．しかし，シュッツ・ツェルはその本文をもっと頻繁に読むように要求する．なぜなら，それらは背景の状況が知られて初めてその考えの結末も十分に明らかになり，彼らを奮い立たせるような文脈によって大部分が条件づけられているからである．

　これらの警告にも拘らず，一旦それが理解されると，シュッツ・ツェルの文書は著しく一貫した率直なもので，前後の議論の論理もかなり洗練され，自信に満ちて流れていることが判る．シュッツ・ツェルが文中で自分を表現する特徴的なしかたや彼女が採用する証拠の種類や典型的な文体と言語的なパターンは，彼女の「著作家としての独自性」に特有の形を与え，強烈で明確な個性を表している．

歴史家

　この個性の持ち主の最も顕著な特徴の一つは，その聖書的な方向づけと並んで，シュッツ・ツェルの非常に発達した，むしろ印象的でさえある歴史的感性である．この信徒著作家を他の同時代人と比較する前に，歴史著作家としての彼女の自己理解とその活動について吟味するのが適切であろう．

　シュッツ・ツェルは明らかに天性的にも自意識的にも歴史家であった．彼女は歴史 ── ストーリーを物語ること ── を単純に真理と隣人愛とに対する証言の一形態として，また，問題を論じる一つの義務や方法として理解していた．しかし，彼女は議論には必要がない場合にさえ歴史的な情報を含めていると思われるが，それは出来事や人物を時間と空間との中に「位置づけること」が彼女の思考方法の一部にほかならなかったからである．彼女が第一世代の宗教改革者たちと自分自身との弁護に乗り出したとき，ストラスブールにおける「福音」の初期を説明することを選んだのは偶然ではない．彼女の夫に対する追悼が彼の職務とその最期を詳しく語って彼の群れに真理に従うように激励するのも偶然ではない．しかし，彼女の文書がすべて「歴史」を意図したわけではないし，ましてだれもが重要な「ストーリー」の構成要素を持ち合わせず，大部分は事件にとって「余分な」日付や参照を伝えていると思われるが，その理由は単純にこれらが著者の現実の見方と伝え方の一部であったためである．したがって，シュッツ・ツェルの物語は通例驚くほど正確で公平なもので，鋭く道化芝居とも言えるユーモアで味付けされてはいるが，きわめて正確な情報を伝えており，伝聞情報を直接的知識から区別する感性をも含んでいる．

　シュッツ・ツェルの歴史的焦点は，ほぼ三つの分野に分けられ得る．彼女自身とツェル家の生活（大雑把には「自伝」），特にストラスブールにおけるプロテスタント運動の第一世代（「歴史」），および「ラブス問題」（「時事問題」）である．これらの区分はすべて本書の第1部，シュッツ・ツェル自身のストーリーの証拠を提供しているが，どれもこの婦人を歴史家として理解するために特に役立つものをもっている．「自伝的」資料はシュッツ・ツェルが個人的な信仰証言のための正確な日付と特別な叙述をどう利用しているかを描き出している．「歴史［分野］」は，彼女が意識して問題を慎重に論じること，すなわち，

第 12 章　物語ることと著作すること —— 著作者と歴史家 カタリナ・シュッツ・ツェル

弁明書を書くことを手がけたときの彼女の書き方を描くのに役立っている．「ラブス問題［分野］」は時事問題の報道記者としての著者を査定可能にする．

数字と日付としての「自伝」

　カタリナ・シュッツ・ツェルの自伝的文書にはたくさんの関連分野がある．ここでの関心は本質的に歴史的な側面である．宗教的な意味の問題は，後に彼女の精神的自己理解を論じる文脈で取り扱われるであろう．歴史的な要点はいくつかのくり返される題目をめぐってまとめられる．彼女の宗教的発展と召命が明らかになる彼女自身の年齢と人生経験，マテウス・ツェルに関する伝記的な解説と，彼らの結婚と彼女自身の生活の一部分をなす職務と子どもたち，そして，ストラスブール教会内外の彼女の隣人に仕える働きである．これらの第三側面は，大部分が彼女の「歴史的」著作と一致し，彼女の弁証的な歴史著作の取り扱いに通じていくことになろう．

　シュッツ・ツェルの年齢と宗教的生活の算定　年齢と信仰はどう関係するのか．年数を数えることが宗教的自伝にどんな貢献をするのか．シュッツ・ツェルにとって，彼女の年齢とキリスト教への傾倒を指摘することは彼女の証言を表現する一方法であって，彼女は時に関するかなり正確な陳述を注目に値するほどたくさん数え上げている．これらの大半は彼女のキリスト者としての個人的な経験の開始とこれまでの持続とに関連して示されている．1553 年 10 月に，「もはやミルクを飲み，イロハを学ぶ若い学童ではなくて，年長の学生であって，……48 年間以上も聖書と信心問題に傾聴してきた」と書いている．

　この陳述はカタリナがおよそ 7 歳だった 1505 年の初めか中頃に始まる時期を述べているのであろう．中世後期の規則によれば，堅信礼を執行できる最低の年齢が 7 歳だったので，それは若いカタリナがその礼典かそれを受けて「理解できる年齢」か「キリスト［の聖体］に自由にあずからせ得る」時期に言及しているのかもしれない．

　シュッツ・ツェルは彼女が「教会の母」，すなわち（後の章でさらに語られる）教会へ献身した時期として 10 歳に言及しているが，彼女はしばしばその年齢を起点に計算している．1558 年 7 月，彼女は「60 歳で，50 年間神を畏れ，この世を蔑んで歩んで［来た］」と言えた．60 歳への言及はシュッツ・ツェル

の宗教的意識のもう一つの側面を照らし出す．その前年はラブスの手紙に返事を執筆中であったが，彼女は二度自分は「ほぼ60歳だ」と述べて，彼女に対する無礼を強調するが，これは教会に仕えてきた60歳の寡婦に対する特別な敬意を助言するテモテへの手紙一5章9–10節への言及である．1557年の後半には，シュッツ・ツェルはまだその年齢をまったく主張できなかったし，たぶん60歳を自分自身のために特別な聖書的職務を確立する時期と見ていたとしても，彼女はその年齢に十分近かったので，ラブスの行動が福音の仕え人には相応しくないと判断できた．「ほぼ60歳」と書いた3頁後には，今やツェル夫妻が結婚して34年になると述べているが，通例彼女は1523年12月3日の結婚式から起算している．彼女がラブスへの返書のこれらの箇所を書き綴っていた1557年末（たぶん11月か12月）とフェリックス卿に書き送った1558年7月中頃との何時かに，シュッツ・ツェルは「ほぼ60歳」から「60歳」に移行している．日付に対するかなりの関心と特に60歳という尊敬すべき聖書的年齢への強い関心に加えて，カタリナの生誕年の計算もされる．たぶん，彼女は1498年の早い時期に誕生している．

　シュッツ・ツェルは，彼女のキリスト教的奉仕や成熟した牧会的地位の開始時期を注意深く算定するのに加えて，宗教的な研鑽について語るためにも数を用いている．1553年10月に38年以上も宗教的研鑽に専念してきたと述べた以前の引用に加えて，他のあまり厳密でない期間もある．1556年2月初めに，シュッツ・ツェルは「神とキリストについて説教でも自主的にも40年以上学んできた」ことに言及している．このことは，彼女が個人的な研鑽と祈りとともに公的な教育でも10代後半に始まったと記憶していることを暗示するかもしれない．しかし，その画像は彼女が示す他の多くのものよりも一般的なものであるが，同じ数字が2年以上（それも以前の計算よりも短い）離れて書かれた本文でも用いられているという事実は，「40年」が彼女の生活上の実年数よりも長い時期を表すありふれた聖書的章句の反響を示しているのかもしれない．

　ツェル夫妻の結婚と家族　シュッツ・ツェルの文書における宗教的日付と自伝的日付とのもう一つの複合体はマテウス・ツェルと彼らの生活に関わっている．彼の死去に際して，カタリナは夫を70歳で，「30年間は」ストラスブール大聖堂の御言葉の奉仕者であったと記しているが，これは1518年7月から1548年1月までのきわめて正確な記述である．後の全般的な要約ではこ

第 12 章　物語ることと著作すること —— 著作者と歴史家 カタリナ・シュッツ・ツェル　　345

れを「30 年」という概数で表している．これは彼女がきわめて正確でもありえたが，すべての場合にその正確さを絶対視してはいなかった証拠でもある．シュッツ・ツェルは墓前でツェルを追悼して彼女の夫が「今や 25 年以上執拗に大真面目で自分自身と私たちを主キリストへの純粋な信仰に留めようと努めた」と述べている．この日付はたぶんカタリナの側での概数をさしている（1522 年から 1548 年 1 月で「25 年以上」である）．ツェル自身は 1521 年から「福音」を説教し始めたと考えており，他の記録もこのことを示唆しているからである．しかしながら，カタリナの言葉はマテウスの「ルター的傾向」が信徒の聴衆に明らかになるのは，ようやく 1522 年の初めであったことを暗示しているのかもしれない．このことはツェルを告訴する司教裁判官によって名指しされた彼の「攻撃的な」公的説教の記録からたぶん再構成されるが，それは 1522 年 2 月に始まっている．

　ツェル夫妻の結婚は「彼の福音説教の開始に」定められるが，たぶん聖職者の結婚がその裂け目を決定的にしたという認識であろうが，シュッツ・ツェルが普通彼らの結婚に適用するよりは不正確な用語である．事実，彼女は彼らの「共に 24 年と 5 週間」（1523 年 12 月 3 日から 1548 年 1 月 10 日まで）を二度，また他の箇所では「24 年」を愛情を込めて語っている．彼女はマテウスの死去後「2 年と 11 週間」牧師館に留まることを許されたと語っている（そこで，彼女は彼女の所に「来るすべての人を」もてなす彼らの伝統を続けたのである）．ツェル夫妻の最期の日々と死去についての非常に詳細な記録は，シュッツ・ツェルがたぶん異常なほどの完璧さで書いているけれども，歴史を証言に用いる自然でありふれた手段である．彼女はマテウスの葬儀が（単に 21 年めではなくて）「第 21 年度」と数え直しているが，それは彼らの第一子がこの特別な共同墓地に葬られ，彼らの子がこの場所に最初に葬られたからである．この陳述は，ほぼその子の死去の正確な日付だと思うが，それはシュッツ・ツェルの考えの緻密さをも例証している．この新しい共同墓地は市の命令によって 1527 年 2 月 9 日に開設されたからであり，最初の埋葬はその直後で，このことはツェル夫妻の第一子の埋葬後，21 年目に，1 か月たりない 1548 年 1 月 11 日に，マテウスを埋葬したことになる．

　日付と牧会の職務　シュッツ・ツェルはしばしば彼女の職務について正確な情報を提供してくれる．その大部分は彼女の「歴史的な」記述に見出される

が，いくつかの歴史的な言及は（偶発的ではなくて）他の牧会的な文脈でなされている．シュッツ・ツェルは，高い地位だが苦しむキリスト者仲間フェリックス・アルムブルスター卿に語りかけて，「約30年間」に亘る彼らの交際にふれて，彼女が彼に手紙を書く動機の特別な背景として彼らが共有する苦難と慰めとの熟考へと書き進んでいる．彼女が自分の主の祈り註解に言及して，何度もそれが書かれた年を述べて，その的確な状況を語っている．「第32年度に，わたしはキリストの真の体と彼の体，すなわち（信徒である）教会共同体のこのような交わりについて，シュパイエルの二人の敬虔な苦しむ姉妹に主の祈りの『われらの日用の糧を与えたまえ』の祈願をもって書き送ります」．彼女の文書の正確さは必ずしもその牧会的内容に必要ではないが，シュッツ・ツェルの任務をしっかりと時間と空間に基礎づけるのに貢献している．

シュッツ・ツェルの「自伝」という主題を離れる前に，また「歴史」部門への変わりめとして，彼女の任務の文脈と関連して「名前と数字」が合体したもう一つの要素に注目することが重要である．これはこの信徒宗教改革者で素人歴史家が，日時と人々，またときにはテキストの正確な確認によって自分自身を弁護する方法なのである．特に彼女の数字への感応ぶりは明らかであるが，「誰と何を何処で」という他のカテゴリーもしばしば用いられている．シュッツ・ツェルは特別な作者をどれほど長く読み続けたか，個々の書物がいつ出版されたか，特別な催しがどこでなされたか，どの人々がその活動に参加したか，あるテキストが何を語っているか，どこで集会がなされ，どこから人々がやって来たか，等々を語っている．時間と空間についての意識はむしろ一つの特色として注目すべきであるが，他の資料で吟味され得た場合，当該情報は通例信頼に値することが判るのである．

些細な不正確さの個々の事例は全般的な正確さを強調するだけで，不正確さそれ自体には通例論理的理由がある．たとえば，シュッツ・ツェルが1553年10月と1555年12月にシュヴェンクフェルトの書物を24年間か26年間読んできたと言うとき，これは1529年に彼がストラスブールに到着したことと合致し，内部的に一致している．この数字を2年後の1557年に少しだけ変更して（「より多く」を加えて）くり返していることは，彼女が実際には以前の手紙を重大なときの変更をしないで複写していることを暗示している．この可能性は当然である．彼女の本文はどれも一致していないが，ラプスとの論争は，しば

第 12 章　物語ることと著作すること —— 著作者と歴史家　カタリナ・シュッツ・ツェル

しばまったくのくり返しであり，彼女は論題に関する以前の版の手紙を一連の覚え書きとして用いたのかもしれない．少しだけ異なる日付のもう一例を挙げると，それはメランヒトンの『神学通論』(1521 年) が 1522 年に出版されたという陳述であるが，実際にはこの本がストラスブールで再版されたのが 1522 年で，ラテン語版で二度，ドイツ訳でも出版されたのである（それをシュッツ・ツェルが確かに読んだのである）．ルターの『洗礼に関する最初の小冊子』に対する 1557 年末の「35 年前に書かれた」という彼女の言及は，1523 年初めの出版時に実際きわめて近い．このことは，彼のストラスブールの読者は，その執筆が 1522 年末頃に始まっていたと考えたことを暗示している．もっとも，それは 35 年より数か月たりなくても重要とは思われないような単に概数なのかもしれない．カピトの最初の出版に関する彼女の記憶も数か月「差し引かれて」いるが，それでも正にその年内のことであり，数か月の誤謬は，彼の回心にそれを結びつけて考えたためで，回心自体は完全に正確である．

　実際，シュッツ・ツェルが事実上の日付に魅了されていたことは，特に彼女の文書でも弁証的な側面に見られるが，歴史にも自伝にもたくさん見られ，特に彼女の後期の文書に行き渡っている．しかし，彼女はしばしば意識的に歴史を執筆することに着手している．

「歴史」の小道具

　シュッツ・ツェルが，慎重に，より正式の「歴史」として計画したいくつかのテキストがある．これらの最初のものが，彼の墓前での彼女の説教を発展させた，彼女の夫についての回顧録である．しかし，いっそう興味深いのは第二世代の聖職者たちの誤解に対抗して書かれたストラスブールの初期宗教改革に関する説明である．

ストラスブール宗教改革の擁護 —— だれがトラブルメーカーか　1557 年 4 月のラブスの無礼な手紙に対する返事の多くは歴史的に形づくられているが，一部分は特にストラスブールにおける最初のプロテスタント指導者たちの改革活動へのシュッツ・ツェルの関与の歴史として組み立てられている．ラブスの非難が議論期間を定めている．「しかし，あなたがストラスブール教会の中に最初に，敬虔な夫といっしょになっても，そのようなもめごとを始めたので，

わたしは神の裁きが近日中にあなたの上に降ると思う」．シュッツ・ツェルは返答を二つの主な部分に分けているが，第1部は「教会のトラブル」に関するもので，第2部はトラブルをマテウスのせいにすることに関するものである．彼女が本質的に指摘しているのは，ラブスが彼の主張を実証する意志も可能性もなしに一般的な非難をぼやかし，無知に基づいて語っていると指摘している．それゆえに，彼女はそれを十分覚えている古いストラスブールの仲間なら証明できる歴史的事実をもって応え，反撃を加えている．

シュッツ・ツェルはストラスブール教会に「最初から」トラブルをもたらしたという非難に対して，どちらかというと無鉄砲な聖書的類似点を掲げることによって応えている．キリストは民に仕えて，彼らとその支配者たちによって拒絶されたが，彼らはローマ政府に彼が反逆者の指導者であると信じ込ませようと企てたのである．彼女自身はストラスブール教会に仕えてきたが，ラブスは彼女を背教者として官憲と市民とに対立させたので，彼女は真理のためにその非難に応えなければならないのである．シュッツ・ツェルの中心的論点はラブスが宗教改革の第一世代を知らないのに対して，彼女はそれに参加していたのであり，ストラスブール自身に真理に関する彼らの異なる説明を判定し，実際に誰がその信仰から離れていったのかを決定するように訴えている．

ラブスは明らかに彼の非難に特別な名を付けるのに困っていたので，シュッツ・ツェルは彼女がなしたことを書いて，彼にそうしたことを「トラブル・メーキング」とよぶように挑戦している．彼女の活動の第一要約は本質的に自己犠牲と自己献身に集中している．彼女は世俗的活動には参加しなかったが，絶えず貧しい人々に奉仕した．ここにはたぶんラブスに対する疑わしいお世辞がある．シュッツ・ツェルは（ラブスを含めて）マテウスの公的な補助者のだれよりもよく彼の牧会上の補助者であったと言い張っている．彼女の活動の第二表はもっと厳密に歴史的である．シュッツ・ツェルは，ツェル夫妻の活動を聖職者と信徒の，宗教的・経済的な亡命者たちや1528年のバーデンから来た聖職者，1524年のケンツィンゲンからのプロテスタント信徒たち，1525年の貧しい農民たちといっしょに列挙している．ラブスが彼の「トラブル・メーキング」という呼称によって意図したと思われる彼女の活動一覧は他の宗教改革者たち，特にラブスの偶像であったルターと彼女の関係のしかたである．シュッツ・ツェルは夫とともにあらゆるプロテスタントの異なった共同体出身

の聖職者を迎え入れ，彼女が彼らの欠点を一人のキリスト者が他のキリスト者にするように指摘したときでも，彼らから尊敬された．もしも彼女がトラブルを起こしたなら，なぜ第一世代の教会の柱たちが彼女を愛し，いっしょに働いたのだろうか（鋭くユーモラスな独白が続いている．ラブスは彼女に自分の『殉教者列伝』の資料に用いるため初期の改革について問い合わせたのである．彼女が嘘つきだと思うなら，なぜ彼は彼女の証言を欲したのだろうか？」．

　この部分の結論は，神学的疑問と最近の歴史とを結び合わせたラブスに対する反対尋問である．ストラスブール教会におけるラブス自身の行動がトラブル・メーキングという彼の現在の非難に対する証拠としてもち出されている．ラブスという人物が変わったのか（なぜなら，彼女が彼の書物のことで彼に協力しなかったから），それとも彼は過去にも偽善者であったのか．彼は彼女が重い病気に罹ったとき，死ぬ前に悔い改めさせるために，彼女を叱責しなかった．逆に，彼は教区がインテリムのために揺れ動かざるをえなくなる前に大聖堂での告別説教のため彼女の知識に助けを求めて，彼女の信仰を賞賛したのである．彼は彼の義父で彼女の友人であるヘーディオの臨終の床や多くの病床で彼女の奉仕の任務を受け入れたが，これは確かに背教者にさせるべきことではない！　彼は彼女を彼といっしょに牧師館に留めて教会と彼の家族に対するいわば母親であるように請うたのである．

　シュッツ・ツェルの歴史的な対応のさらに長い第2部は，彼女が夫のためにトラブルを起こしたという考えを反駁しているが，第1部と同じ構成である．彼女は非難の不当さに関する一言で始め，語る必要と非難の否定，それから彼女の真実を支持するための長い歴史的・神学的議論をなしている．彼女はそれにラブスに対するいくつかの反撃を付け加えている．彼が彼女の虚偽を語っているだけでなくて，彼女ではなくて，彼が変わり，信仰から離れていったと言うのである．告訴と否認が続く．ラブスは彼女を背教者とするが，それは事実ではないのだから，彼女が沈黙を守ることは間違っている．彼女は彼の無礼な手紙が来るまで，すべてを我慢していたが，これだけは見逃すことができなかった．彼女がマテウスにトラブルを起こしたことはなかった．彼らは初めから終わりまで一つであったし，彼らといっしょに暮らした人々も証言できたとおりである．彼らの結婚の誓約は世俗的な事柄ではなかったが，彼女が大いに労苦したのは苦悩する人々に奉仕するという霊的な約束であった．……ラブス

はその務めでこのような「トラブル」では匹敵できなかった！　彼女は第一世代の喪失と第二世代の相違した行動を嘆き，ツェル夫妻の一つになった牧会的な職務を強調している．これはラブスの行動とは対照的なものであった．彼は善いサマリア人のように行動しなかった．まして良い羊飼いなどではなかった．

　それから，シュッツ・ツェルはツェル夫妻が一つになってその職務を分担したさまざまな証拠を差し出す．その最初のものは，カタリナがマテウスのために個人的になしたいわば「必要以上の」いくつかの事柄のリストで，伝統的な主婦の務めの召しを超えるものである．これらには年長の夫が旅行するのに付き添い，もし，彼女が多くの女性のように家で快適に過ごしたいなら避けえたような大きな肉体的・経済的負担を払って，彼を世話したことなどが含まれる．ラブスの主たる批判は彼が異端者と見なす人々をシュッツ・ツェルが歓待したことに集中していたので，彼女はさまざまなしかたでその同じ方針におけるマテウスの役割を記述している．その証明の一つは実践分野での彼らの公的な活動である．すなわち，ストラスブール教会におけるツェル夫妻の共同の職務である．ラブスは彼女がツヴィングリ，エコランパディウス，シュヴェンクフェルトやその他の人々を客として迎え入れることによってトラブルを起こしたと考えているのだろうか？　何よりもまず，彼女はそれをツェル家の善意をもっておこなっていた．次に，1529年にマールブルクへ行く途中の二人のスイスの神学者を歓待したことへの反論は，暗黙のうちにブツァー，カピト，ヘディオを告発するとともにストラスブール市参事会やツェル夫妻および彼らを歓迎したすべての人を告訴することになる．もしもラブスがその場に居たならば，別な発言をしていたであろう．もう一つの，シュッツ・ツェルが提出したツェル夫妻の一致に関する第三の証明は神学的なもので，マテウスの説教の内容とその説教に対するカタリナの従順さを挙げている．

　マテウスが彼の妻に立腹していなかっただけでなく，彼女の働きに積極的に満足しており，彼女の開放的な活動は彼の方針を実行するものであった．ツェル家の来客者名簿の見本は1540年のハーゲナウ会談へのプロテスタントの広範な参加者で（ルターの仲間を含む「官憲的宗教改革者たち」），彼らは全員ツェル家の食卓に，福音主義のストラスブール市民，聖職者，市参事会員といっしょに加わった．シュッツ・ツェルは叫び出し，「わたしはそれも他のことも

愛する夫とともになし，主キリストと彼の福音とストラスブール市に栄誉を帰することを大いに喜びとしてきた」と言う．しかし，彼女はラブスが好ましくないと考えた来客，つまり反対者たちのことを考えて，「異教徒の女性が主イエスに懇願したように，主のテーブルから落ちるパンくずをも哀れな小犬たちに与えてはいけないのか？」と問う．

　今やシュッツ・ツェルはそのテーブルをラブスに逆に向けて，ツェルの死後ツェルにトラブルを起こしているのは実際にはラブスであり，彼女の二つの主な非難はマテウスのサクラメントの教えと実践に関する変更にあると言う．この長い議論は最初に洗礼を，それから聖餐式を取り扱っている．それぞれ，ラブスと彼の同僚の教えと実践が，ツェルやルター，メランヒトン，ブツァーや他の初期の宗教改革者と否定的に対比されている．このサクラメントに関するラブスの教えは彼の先行者たちのそれとは異なっている．第一世代は緊急洗礼をきっぱりと拒絶したが，第二世代はそれを再導入して，再び愚かな教皇制的儀式を加えようとしている．シュッツ・ツェルはルターとメランヒトンの特別な印刷物とともに，ルター，ツェル，ブツァー，カピトの一般的な教えを引用している．ラブスと彼の友人たちこそトラブルを起こしている人々であり，彼らは第一世代を軽蔑し，良心に重荷を負わせ，人々を迷わせて，素朴な人々を教皇制の慣行に連れ戻しているのである．

　主の晩餐に関する教えと実践に関する第一世代と第二世代との対比は，ラブスに対する反論の中で一番長く錯綜した部分である．最初に，彼女はツェルとラブスの聖餐式を比較して，後者が先任者の神学を用語変更によっていかに変えてしまったかを例証している．これはヨハネによる福音書6章の意味の論議へと続くが，その章句が決定的に重要なのは他のどの章句よりも主の晩餐に関する16世紀の論争の中心的な聖句であったからである．シュッツ・ツェルは何がツェルの教えに関する彼女の見解なのかを明らかにして，それからアウグスティヌスとブツァーのヨハネによる福音書6章の註解に訴えている．彼女は続けて聖餐のパン崇敬に関する教皇の教えに反対するルターの初期のパンフレットを一つ引用しているが，彼女は今やそれをラブスの教えに対して正当に適用できると明確に信じていた．彼女は，アンブロシウス，ルター，ヨハンネス・ブーゲンハーゲンおよびヨハンネス・ツヴィックの特別な行為や書物に言及しながら，ほかの教父と宗教改革の権威に訴えたり，古代教会とヴィッテ

ンベルクとストラスブールの神学者たちにまとめて訴えている．彼女はストラスブールの初期宗教改革の宣言『根拠と理由』（1524 年）にずばり言及して終わっている．

　この歴史の最終部分は直接シュッツ・ツェルのストラスブールの隣人と市民からなる聴衆に宛てられている．それは一種の歴史を伴う修辞学的要約で，彼女とラブスのどちらが実際にマテウス・ツェル（およびその延長としての第一世代）を侮辱したかを判定するようストラスブール市に求めている．ここで，シュッツ・ツェルはラブスのふるまいと（暗黙的に）彼の無知を指摘している．もし彼がツェルを尊敬していたのであれば，なぜツェルの祈りを変更したのか？　彼はツヴィングリを罵り，それによってルターを尊敬していると思っているが，ヴィッテンベルクの宗教改革者はそれが古い誤謬の再導入の口実として利用されるのを拒絶するであろう．シュッツ・ツェルは，ルターと彼女の個人的会話を引用している．「ヴィッテンベルクで尊師ルター博士が私の愛する夫と私に語られた言葉は『あなたがたは追い出されたもので，聖書に何の根拠もないものを決して再び許さないようにくれぐれも気をつけなさい』であった」が，その後に，ツェルの最期の祈りと言葉が続いている．女性信徒改革者は，効果的にラブスが自分の支持者と主張する偉大な人物を個人的な知己であることに訴えている．彼女は彼よりも彼らの内実のよりよい解説者であり，歴史家なのである．彼女はそのストーリーを信頼できそうに語って，彼女自身の誠実さと第一世代との一体性を証明している．他方，ラブスは第一世代が大きな代価を払って成し遂げた諸改革を実際にひっくり返しているのである．

　第一世代と第二世代との対比　ラブスの手紙に対するもう一つの応答も意識して歴史的に形造られている．ラブスは「ルードヴィッヒ・ラブス，聖書博士，ウルム教会監督，あらゆるツヴィングリ派とシュヴェンクフェルト派および再洗礼主義者への反対者」と書いている．シュッツ・ツェルの応答は，最初にこの称号に焦点を当て，その後彼女が三つの大学の専門学部を結構知っているが，彼の憤った養母は，ラブスの博士号の求め方をルターや他の初期の宗教改革者たちのそうした（空しい）名誉に対する態度と比較する．第一世代のプロテスタントは説教を許可されるためにローマ教会の学位を必要としたが，それによってローマ教皇制を転覆させた．彼らが福音を理解した後には，彼らの自由意志で求めたものではなかったので，その学位を廃棄してしまった．ラブ

第12章　物語ることと著作すること —— 著作者と歴史家　カタリナ・シュッツ・ツェル

スと彼の友人たちはそのような学位がなくても召命を受けて任職され，福音を自由に説教できるのに，なぜ今それを探し求めるべきなのか？　再び，第一世代の証言と理念が，彼らの後継者たちに対抗して引用されている．

この応答の第2部はツヴィングリとシュヴェンクフェルトを論じ，彼らを伝記的な形で擁護している（ラブスは再洗礼派に言及し，シュッツ・ツェルは彼らの名を挙げているけれども，彼女は彼女の初期の擁護をくり返していない．たぶん，それは彼らが容易に説明できないほど多様であり，また，彼女が通例ルターとストラスブール派といっしょに分類していたツヴィングリとシュヴェンクフェルトとの重大な相違を彼らは実際上もっていないと見ていたからである）．シュッツ・ツェルは，ツヴィングリの改革事業を簡潔だが情熱的に擁護し，ラブス自身はその人の悪口を言うときにさえ教訓を得ていることを指摘している．神はツヴィングリを用いてスイスを改革したのである．このスイスの宗教改革者は彼の兄弟たちのために命を献げ，ルターとともに雑草を根絶やしにして良い種を蒔いたのである．それから，シュッツ・ツェルはシュヴェンクフェルトに取りかかり，彼の背景と社会的地位，回心と亡命，ストラスブールでの経験とカピトの支援で彼の書物の一つを出版し，その序文にはカピトの賛辞が付されていることを手短に述べている．彼女はこのシュレージエン出身の貴族とツェル夫妻との個人的な交際をもって結んでいる．彼女は第一世代のさまざまなメンバーの態度には相違があることを認めながら，シュヴェンクフェルトに対する彼らの「友情」とラブスの世代の悪口との相違を悲しげに強調している．それから，シュッツ・ツェルは素朴な人々のために，シュヴェンクフェルトの人となりを明らかにする歴史的な任務に転じている．彼女は結論として，ラブスが彼女の名前をよぶかどうかは問題でないと言う．彼が攻撃する彼女とこれらの人々は神の恵みによってみな人間であり，幸いにもラブスのような高位教会監督職でも彼らには影響を及ぼしえないのである．

シュッツ・ツェルは，第一世代の改革の導入と彼らの実践のストーリーを，彼らの書物と言葉と礼拝式を引用しながら語り，彼女の福音理解を弁護するために歴史を明確に活用する．彼女は毎回ラブスの漠然と表現された非難を引用し，それから彼女と彼の前任者たちが（いっしょに）なしたことをラブスの不誠実さの証拠として述べ，彼がルター，ツェルおよびその他の宗教改革者たちから受け継いだ分野に影響を及ぼした変化に基づいて，彼女自身の彼に関す

る評価を（たっぷりと）付け加えている．聖書が論争するための第一の手段であったとすれば，初期のプロテスタントの歴史と文書が第二の手段であったが，彼らの第二世代の後継者たちの（誤った）解釈を論じるための重要な権威でもあった．

「時事問題」の報道記者

　ラブスに対して歴史を引用して，シュッツ・ツェルは，しばしば彼女が居て彼が居なかった事実に言及するが，しかしその問題が両者に関わる時事問題となり，この先輩女性をどのような種類の報道記者にしたのであろうか．確かに，ラブスと彼の友人たちは彼女を無知で気難しい老女と見なしていた（それ以上悪くないとしても，彼らのいくつかの言葉は中傷的でこの見下すような言い方よりもかなり派手なものであった）．ラブスのストラスブール出立についてのシュッツ・ツェルの報道は，市全体や，特に市参事会の意向とどのように比較できるのだろうか？

　ストラスブール市民の見方は市立文書館と同時代の年代記と書状からまとめ上げねばならないが，これらの資料の中に見られることは，シュッツ・ツェルが実際に優れた比較的穏健な報道記者であったことを示している．彼女が言及している多種多様な点の中で，文書館が確認（または詳述）したことは非難の範囲である．ラブスはシュヴェンクフェルトと他の者たちを説教壇から名指し，他のカトリックに対する激論のような場合に彼の説教は不安をもたらしたが，それでも彼は自分が善い牧師であり，十分な奉仕職の推薦に値すると考え続けていた．彼は許可なしにストラスブールを密かに離れた．市当局も彼の聖職者仲間も知らなかったし，彼の群れは彼が別れの挨拶さえしなかったことで気分を害していた．ストラスブールは彼を若者として歓迎し援助してきたし，彼を栄誉をもって待遇し，ほとんど彼に心酔し，彼が留まるよう嘆願したが，彼はとにかく立ち去ったのである．彼は別な辞任理由を挙げている．ある者には健康がすぐれないこと，他の者にはストラスブールがあまりにもローマ・カトリック，シュヴェンクフェルト派，ツヴィングリ主義者やカルヴァン主義者，再洗礼派に対して寛大すぎるからという宗教的問題だと言っていた（彼はカトリックの「偶像崇拝」から離れるために立ち去ると言ったが，だれでも知って

第 12 章 物語ることと著作すること —— 著作者と歴史家 カタリナ・シュッツ・ツェル

おり，シュッツ・ツェルも彼に気づかせているように，ウルムにも実際にカトリック教徒はいたのであり，彼女も市参事会もラブスがミサから逃れるというのは偽善的であると考えていた）．実際，彼が立ち去った理由の一つは功名心であった．また，彼はカトリシズムに強く反対であると主張していたけれども，今やサープリス［聖職服］を用いており，これは彼にとって新しい考えではなかったと報告されている．

実際に，ストラスブールの記録は，シュッツ・ツェルがラブス批判をかなり控えていたことを示している．1557 年 3 月の手紙の後，彼女は彼の出発についてはそれ以上語っていないが，公文書はラブスと市参事会との議論についてかなりの量のさらなる情報を付け加えており，その中の一部はきわめて論争的なものである．シュッツ・ツェルの批判と公的文書の批判との主要な相違点の一つは，彼女が適用している神学的解釈と聖書的描写で，それは当然一般的に諮問機関や市参事会の議事録には見られないものである．この信徒神学者はラブスの言行の宗教的意味に，市参事会はその政治的結果に関心をもっていたのである．

ラブスの出発の事実や理由に関するストラスブールの見解に加えて，シュッツ・ツェルの他の時事問題に関する説明，特にラブスと彼の同労者たちの説教の中味を吟味することもできる．彼女が（シュヴェンクフェルトに対する）非難中傷，洗礼論，聖餐論および他の説教について語っていることは，しばしばラブスと彼の友人たちの出版物によって，また時折市参事会議事録によって，すべて確認される．ラブスの説教の最も有名な一つの事例は，「不安」に導いたものでもあるが，彼の 1556 年 3 月 8 日の説教で，ストラスブールがシュヴェンクフェルト派と再洗礼派に寛容であるがゆえにストラスブールを一種の「ミュンスター」とよんだことである．

シュッツ・ツェルの報道と他の資料との首尾一貫性は確かに印象的で，この信徒「報道記者」のストーリーが，その正確さとバランスとのゆえに注目すべきことを示している．彼女は明らかに伝聞そのものを，読者に彼女の情報が又聞きではないことを告げ，またしばしば彼女の情報提供者がだれで，いつそれを聞いたかをできるだけ正確に説明するものと特徴づけている．彼女の高水準の正確さと異なる資料の相対的価値の意識との結合は，それが独自に証明できない場合にさえ，シュッツ・ツェルの歴史的著作全般へのある程度の信用を与

えている．ときには誤りもあるが，これらは通例非常に些細なもので，たとえば，あるテキストを 1523 年末の代わりに初めとしたり，ストラスブールでの初版に従って一年隔てた日付にしたものである．概して当然のことだが，出来事が彼女自身と地理的に近くなればなるほどシュッツ・ツェルの情報も正確になるが，しかし「ストーリーを語る」（それは彼女のストーリーでもある）ための記憶と関心とは，真理と福音に対する一種の証言として彼女自身の歴史観に対する生き生きとした証言となっている．彼女の執筆も，単純素朴ではあっても，聖書的であれ歴史的であれ神学的であれ自分自身で判定できる，信徒への大胆な信頼を論証している．

シュッツ・ツェルの文筆界での位置づけ

　シュッツ・ツェルの思想と執筆の歴史的方向づけの検証は，この女性信徒を著作家として「位置づける」困難さをいくらか示唆している．彼女の聖書的知識と神学的確信は驚くべきでないが，彼女が生み出した多様な分野の著作とその作品の歴史的特質と結びあわされて，読者にある興味深い課題を差し出す．カタリナ・シュッツ・ツェルとは，正確に言えばどのような種類の執筆者なのか？　その答えは単純でないし，次のスケッチも十分とは言えないし，まして網羅的なものではない．それは，彼女がしばしば類比され，ある類似性をもっている同時代の著作家たちと彼女を比較し，彼女の何が典型的であり，何が独創的であるかを位置づけるための最初の取り組みである．

「信徒パンフレット執筆者」

　「信徒パンフレット執筆家」の広い一般的なカテゴリーは，シュッツ・ツェルがしばしばその中に想定される一つである．まず最初に注意すべきことは，「パンフレット」の定義についてさまざまな議論があることである．彼らの目的を一般的に記述すれば，「扇動すること，または普及すること」である．シュッツ・ツェルのような著作家にはさらに役立つ定義がある．彼女は「プロパガンダ」という言葉を，その現代的な含蓄が「読者の恐れと弱さと偏見」を掻き立てることにあるので，それを使用する危険性を強調し，これらの短期の

第 12 章　物語ることと著作すること —— 著作者と歴史家 カタリナ・シュッツ・ツェル　*357*

臨時的な印刷記事を，共同社会がその真実を聞き，考え，参加し，決定するように期待された公開討論会や対話より以上のものと見ていたのである．資料の性質上，パンフレット著作物のほとんどすべての現代的研究は実際上の目的のためにある程度限定された期間，主としてルターが［歴史の］舞台に登場した直後から 1530 年までに限られる．ミリアム・クリスマン[1]が示しているように，この短い期間においてさえ，信徒執筆者によるパンフレットのカテゴリーに属するものはかなりの数のさまざまな種類の著作家に及んでいる．

　シュッツ・ツェルをこれらのさまざまなグループのパンフレット執筆者に対して評価するには，その前にいくつかのことをはっきりさせねばならない．まず，彼女はその言葉が通例定義されているプロパガンダのためだけに書いたのではないことが想起されねばならない．また，その最もゆるやかな定義によってさえ，個人的な黙想として始まり，パンフレットに用いられる共通のカテゴリーとなった彼女のいくつかの執筆物を適合させるのは容易でない．さらに重要なことは，彼女が 1530 年で出版を止めなかったことである．このように，彼女の出版物の多様なジャンルも，それらが現れた期間も，信徒の反応の「サブ・カテゴリー」を 16 世紀の宗教改革運動と同一視する見方で十分に研究されてきたテキストの限界を超えている．これらの但し書きを心に留めて，それにも拘らず，この天分豊かなストラスブール人がどのようにこれらの信徒パンフレット執筆者の中に合うかを調べることはやり甲斐のある仕事である．

　クリスマンによる執筆者の顔ぶれは，騎士，貴族，「怒れる人々」，都市のエリート，職人および都市の秘書官や為政者であるが，シュッツ・ツェルはいくつかのグループとある類似点をもっているが，どれにもぴったりとは合わない．次の討論は，彼女の 1520 年代の二つの出版物とクリスマンによって研究

---

［1］　ミリアム・クリスマン（Miriam Usher Chrisman, 1920-2008）は，著者が本文中で名を挙げている現代の数少ない研究者で，ストラスブールの社会史的な宗教改革史研究に先駆的な役割を果たした．この部分は特に彼女の *Conflicting Visions of Reform: German Lay Propaganda Pamphlets*, 1519-30. 1996 に依拠している．ほかにも次の著作が引用されている．*Strasbourg and the Reform, a study in the Process of Change*, 1967; *Bibliography of Strasbourg Imprints*, 1480-1599, 1982; *Lay Culture, Learned Culture, Books and Social Change in Strasbourg*, 1480-1599, 1982.

された同時期のものとの比較に限定される．驚くべきことではないが，シュッツ・ツェルと最初の騎士と貴族のグループとの間には，実際の類似性は何も現れてこない．他方，彼女は他の大部分の人々とはある類似性をもっているように思われるが，それは彼女が異なった社会的グループの諸要素を彼女自身のやり方で明らかにしている点においてである．彼女は「怒れる人々」と同様に，神と悪魔との闘争というテーマを用い得たが，彼らと違って，霊的な生活と信仰義認とその他の典型的なルター主義の教理は1520年代の彼女の執筆物にもそれ以後の物にも際立っている．新しい神学的教え（とその適用）へのシュッツ・ツェルの賛意には都市のエリートの利害関心といくつかの類似性がある．1520年代には明らかにそのように広範なものではなかったとしても，のちになると彼女の聖書知識は教養ある知的エリートたちの知識にも匹敵するようになった．聖職者の性質の一部分としての独身の誓約は彼女の関心事であったが，修道院制度自体は，貴族たちにとってほど彼女の執筆の特別な焦点とはならなかった．なぜなら，大部分の低層市民と同様に，彼女は修道女の（通例広い意味での）召命というものを考えたことがなかったからである．

シュッツ・ツェルが職人と繋がるたくさんの方法の中で，たぶん他の単一のグループよりも数多いが，それでも彼女の執筆の諸側面が都市の神学的関心と都市の秘書官の共同体的な利害関心を反響しているように，職人との相違も目立っている．職人と同様に，彼女は聖書を唯一の権威として用いている．しかしながら，彼女は聖書の章句や「公共の利益」の概念の用い方や特に聖書の重要な解釈者としての主要な宗教改革者の評価において（職人と同様に，彼女が自ら教える務めを引き受けようとする場合においてさえ）彼らと異なっていた．シュッツ・ツェルは，職人と同様に，（伝統的な）聖職者には無秩序の原因として，秩序の回復のための改革の必要性への関心を抱いていたが，普通の職人のアプローチとは異なり，道徳は彼女にとって教理によって均衡が保たれるのであり，実際教理に従属していた．道徳の改革は正しい教理に依存しているのである．

シュッツ・ツェルの共同体内の不一致とキリスト教的な愛の実践とに対する態度は，彼女が職人と上流階級との境界線に立っていることを暗示しているのかもしれない．クリスマンによれば，職人は宗教的改革の分断的な影響に心配を表した唯一の信徒パンフレット執筆者であったが，それはたぶん彼らが社会

第 12 章　物語ることと著作すること ―― 著作者と歴史家 カタリナ・シュッツ・ツェル

的地位が高くなかったので，攻撃されやすく力弱かったためであろう．シュッツ・ツェルは彼女なりにこうした緊張に注目していた．素朴な人々はある教理と他の教理との間で混乱し引き裂かれており，彼女は 1520 年代初期にそれをまず牧会的に書き送っているが，自分自身の生活が同じ破壊的な経過に襲われた者としてではなかった．シュッツ・ツェルは，確かに都市の秘書官たちの法と秩序に対する情熱を共有してはいなかったが，兄弟愛と公共の利益を彼女なりに強く主張していた．それは厳密には都市の書記官や職人のそれと同じ兄弟愛の考えではなかったが，双方の要素を特別なしかたで結びつけていた．シュッツ・ツェルの「公然と語る」兄弟愛の「抽象的な」理解は都市の書記官によって支持された（彼らとは神学が都市の規律と異なっているように，異なっていたけれども）知的な構成要素なのである．しかし，彼女は職人たちに共通する愛のきわめて具体的な衣食住の定義を等しく生きていた．もっとも，彼女はそれを牧会的な配慮としての愛の理念で上塗りをしていたのである．

　シュッツ・ツェルの 1520 年代の出版物を，現代の信徒著作家の代表例と比較すると，彼女が社会的低層者との強い親近性をもっているが，良い教育を受けた都市のエリートと都市の書記官との多少の「予期しない」類似性をももっていることを示している．彼女は 1520 年代のどのパンフレット執筆者のカテゴリーにもきちんと当てはまらないが，この違いはその後ますます明らかになってくる．シュッツ・ツェルの著作は，1520 年代でさえ多くのしかたで「学識のある」聖職の著者の諸側面を反映しており，この傾向がその後数十年間にますます顕著になった．もっとも，彼女の著作は，その強い信徒的香気を決して失っていなかった．しかし，学者と信徒との間のこの独特な位置をさらに追跡する前に，彼女がしばしば対比される他の互いに関連した二つの著作家グループ，すなわち「反体制派」（聖霊主義者または再洗礼派）と女性執筆者との関連でシュッツ・ツェルを見ておくことが有益であろう．

「反体制派」

　シュッツ・ツェルは 16 世紀「反体制派」の幅広いグループの名誉（？）会員であり，彼女は，この「グループ」の他の会員とはある類似性を，しかし，ある相違点をも明らかにしている．その最も明瞭な類似性は，これらの人物は

みなある意味で教派的国教会の認定された境界線の外におり，しかも同時に，彼らはあるしかたで建設的な神学的思考に関係していた．これらの多くの人々はある正規の神学的訓練課程を経ており，幾人かはシュッツ・ツェルのように独学の「信徒」であった．シュッツ・ツェルが生涯の大半を教派的国教会の境界内で過ごしたことは注目されてよいし，彼女を「反体制派」と特徴づけたのは何よりもまずストラスブールの狭量化していたルター派的立場と，彼女を「反体制派」として特徴づけた第二世代の聖職者の反発との影響であって，彼女の神学の影響ではない．彼女はストラスブールやスイスの古き「改革派」かツヴィングリ主義的伝統，そしてコンラート・フーベルト[2]やアンブロシウス・ブラーラーのような聖職者と交わり続けていた．

シュッツ・ツェルは多くの反体制派と似ていたが，それは彼女が多くの信徒パンフレット執筆者よりも長期間出版し続けたことと，彼女の著作物が反体制派のそれと同様にかなりの分野にわたっていたためである．シュヴェンクフェルトは，特にその活動期間の長さとの関連で彼女とよく対比されるが，目立つ人物の一人である．もちろん，彼の著作全集が残っており，彼がラテン語でもドイツ語でも書いたという事実，それに中でも彼の多くの著作が哲学的性格のものであったことは重要な相違を示している．シュッツ・ツェルが神学的に反体制派に属しているか否かは別問題である．彼女が1550年代におけるストラスブールの状況変化の中で「不完全な反体制派」に数えられ得る限り，彼女は少なくとも一点で明らかに独自な者として目立っている．彼女はこのグループのきわめて数少ない女性著作家であり，非常に広範に出版した唯一の人である．

数人の女性執筆者

シュッツ・ツェルが当然比較されるもう一つのグループは，女性の宗教的執筆者である．ここではきわめて簡単な，あるいは簡単すぎる素描しか画くこと

---

[2] コンラート・フーベルト（Konrat Hubert, 1507–1577）は，ハイデルベルクで学んだ後，バーゼルでエコランパディウスの導きで福音派に転じ，その推薦を受けてストラスブールの聖トマス教会でブツァーを助けた．1548年にブツァーが英国に亡命した後も同地に留まり，『ストラスブール讃美歌集』を刊行したり，ブツァーの著作集（Tomus Anglicanus）の編集に尽力した．

第 12 章　物語ることと著作すること —— 著作者と歴史家 カタリナ・シュッツ・ツェル　　361

ができないが，シュッツ・ツェルを数人の明らかな人物と対比する僅かな論評は，彼女の個性と独特の貢献とをいくぶんか示唆できよう．それはあまり劇的ではないが，時間と空間において彼女に近く，その関わり合いの熱心さにおいて彼女に似た人の例を選ぶことは次の点で非常に有益であろう．すなわち，どこに類似点や相違があるかを見分け，このストラスブール人において彼女が他のたくさんの人々と共有した論争点への独特の接近法を確認できるかどうかを見るためにも有効であろう（影響の問題は実際に重要でない．なぜなら，ドイツ語を話すこの女性は自分自身の国語しか読めなかったからである．シュッツ・ツェルはその名前を挙げていないが，ドイツ語で出版された少なくとも二人のプロテスタントをたぶん知っていた．しかし，現在の目的は彼らの接触可能性の研究ではなくて，これらの執筆者中における彼女の位置を予備的に素描することにすぎない）．この素描にはその作品が 16 世紀には出版されなかったが，その発言がシュッツ・ツェルの発言と比較しうるような作者も含まれていることは注意すべきであろう．

　宗教改革時代の第一世代からプロテスタントとカトリックの人物を選ぶと，シュッツ・ツェルと他の 6 人との間には多くの共通性をみるとともに，相違点をも見ることができて興味深い．6 人の中の 3 人はドイツ語を話し，少なくとも一人はラテン語をも知っていたが，実際にはドイツ語で執筆した．貴族女性のアルギュラ・フォン・グルムバッハ[3]はいち早くルターの教えに転じ，1523-24 年に福音を擁護するためにたくさんの論争的な書簡を出版した人としてよく知られている．ウルスラ・ヴェイダ[4]はザクセン公国アイゼンベルクの徴税官の妻で，ペガウの修道院長に対して 1524 年に一つのパンフレットを書いて

---

[3]　アルギュラ・フォン・グルムバッハ（Argula von Grumbach, 1490ca-1554?）は，バイエルンの貴族の家に生まれ，1516 年にグルムバッハの帝国騎士フリードリヒと結婚したが，1530 年に死別．1523 年にはドイツ語のルターの著作をすべて読破し，ルターを擁護し，ルターの協力者シュパーラティーンやオジアンダーと文通したことで知られる．本書 83 頁註〔10〕を参照．

[4]　ウルスラ・ヴェイダ（Ursula Weyda, 1504-1565）は，選帝侯の役人の子としてアルテンブルクに生まれ，アイゼンベルクに宗教改革を導入したヨーハンと 1524 年に結婚したため，ルターの著作に接し，このパンフレットではたくさんの聖書を引用して聖職者の独身制を批判し，その結婚を擁護した．

いるが，それはルターとその新しい教えに対する彼の攻撃に応じたもので，彼女は彼の反撃に返答する責任を覚えたのかもしれない．貴族でニュルンベルクの女子修道院長カリタス・ピルクハイマー[5]は人文主義的学問で有名であったが，1524-25 年に聖クララ女子修道院を，市がその宗教的施設を閉鎖しようとしたことに対して防御した．彼女の闘争のストーリーは数年後に完成されたが，16 世紀には出版されなかった．

　他の三人の女性はフランス語で執筆した．トゥルネ出身の前修道女マリー・ダンティーレ[6]はいくつかの原本によって知られているが，一つは 1535 年に出版された歴史的なテキストで，カルヴァン到着以前のジュネーブにおけるプロテスタント改革を描き，擁護している．もう一つは 1539 年に出版されたもので，ナヴァル王妃マルグリートに宛てられ，神学的な問題を論じる中で，他の女性を教える女性の役割を力説している．ダンティーレと彼女の夫は 1520 年代中期に短期間ストラスブールにいたので，フランス語とドイツ語を話す女性たちの間でどれほど通じたかは明らかでないが，ツェル夫妻に会ったに違いない．1561 年にはダンティーレが，テモテへの手紙一 2 章 9-11 節に関するカルヴァンの説教のある版に序文を書いたかもしれない．ダンティーレのジュネーブにおけるきわめて明確な反対者の一人は，修道女ジャンヌ・ド・ジュッシー[7]であったが，彼女はピルクハイマーと同様に 1534-35 年にプロテスタン

---

〔5〕　カリタス・ピルクハイマー（Cartas Pirkhaimer, 1466/67-1532）は，12 歳でニュルンベルクの聖クララ女子修道院に入り，1503 年以降その修道院長として活躍した．ルター派のシュパーラティーンや人文主義者のエラスムスなどと交流し，メランヒトンの調停によって閉鎖を免れた同修道院を旧約的な敬虔をもって再組織化した．

〔6〕　マリー・ダンティーレ（Marie Dentiere, ca. 1495-1561）は，現在のベルギーのトルネに生まれ，1508 年に同地のアウグスティヌス派女子修道院に入り，1521 年にはサンニコラ・デ・プレの修道院長になったが，ルターの修道院批判に接してそこを去り，1524 年ストラスブールに避難し，1528 年同地の聖職者シモン・ロベールと結婚し，やがてジュネーブ郊外に移ったが，1533 年に死別した．彼女の再婚の相手は，ジュネーブの最初の改革者ファレルの協力者アントワーヌ・フロマン（Antoine Froment, 1508/9-1581）であった．そのため，彼女はストラスブールとジュネーブの初期の宗教改革にふれえたのである．

〔7〕　ジャンヌ・ド・ジュッシー（Jeanne de Jussie, 1503-1561）は，ジュネーブに近いシャブレ（Chablais）県のジュッシー・レベク（Jussy-l'eveque）に生ま

第 12 章　物語ることと著作すること —— 著作者と歴史家　カタリナ・シュッツ・ツェル

トの重圧に対して彼女の修道院を保護しようと働いた．彼女の闘争の報告は存命中に手書きで残されている．6 番めの人物ナヴァール王妃マルグリートがここに含められているのは，彼女の文学作品との関係では他の者と最も違うけれども，しばしば引用されているためである．他の女性たちは事実上宗教的なテキストに専ら集中しているが，王妃の著作の少なくとも半分は明らかに宗教的なものではない．マルグリートの最もよく知られた宗教的作品は『罪人の魂の鏡』(1531 年) で，ソルボンヌ大学によって（異端審問の）検閲を受けた．

　これらの女性執筆者の異なった背景，その教育課程や教派［信条］は各自の執筆にやや異なる前提条件をもたらすに十分なほど多様であった．ジュッシーとピルクハイマーは修道女であり，ダンティーレも以前修道女であったし，三人ともこのようにかなりの宗教的人間形成にあずかっている．王妃マルグリートとピルクハイマーは共に人文主義的訓練を受けており，ダンティーレは確かにラテン語を知っていたし，ジュッシーも少し知っていたが，フォン・グルムバッハ，王妃マルグリート，ヴェイダは，シュッツ・ツェルと同様に，女性信徒であったが，最初の二人はストラスブールの職人の娘や都市の徴税官の妻ヴェイダよりもはるかに高い社会的地位の出身であった．シュッツ・ツェルに加えて，三人の人物（フォン・グルムバッハ，ヴェイダ，ダンティーレ）がプロテスタントとして，その他の三人はローマとの交流に留まり，二人の修道女（ピルクハイマーとジュッシー）はかなりの決断力をもっていた．

　　れ，ジュネーブで教育を受け，1521 年にはジュネーブの聖クララ女子修道院に入り，1530 年までその秘書役を務めたが，1535 年には修道女たちはアネッシー（Annesy）の聖十字架修道院に移り，1548 年から彼女はその修道院長を務めた．彼女が 1535 年から 1547 年にかけて書いた「小年代記（Petite chronique）」は 1611 年に『カルヴァン主義のパン種，またはジュネーブの異端の始まり』と題して出版されたが，実際には直接カルヴァンにはふれていないという．その英訳本として，Carrrie F. Klaus (trans.by), *The Short Chronicle:A Poor Clare's Account of the Reformation of Geneva*, 2006 がある．
〔8〕　ナヴァール王妃マルグリート（Margurite de Navarre, 1492-1549）は，フランス国王フランソワ 1 世（在位 1515-1547）の姉で，1527 年アンリ・ダルブレ（Henri d'Albret, 1503-1555）と再婚し，ナヴァール王妃としてその宮廷に教会改革を志すルフェーブル・デタープル，クレマン・マロー，ギョーム・ブリソンネーなどの人文主義者を招いて庇護した．

七人の女性はみな，生き生きとした神学的利害関心を共有しており，彼女たちの確信を守るために論争に巻き込まれる覚悟をもっていた．彼女たちの執筆物は気に入った分野あるいは主題によって比較され得る．論争のための一つの人気ある文章スタイルは手紙の執筆で，この類型は特にプロテスタントの女性に好まれた．フォン・グルムバッハの福音擁護のための執筆物はすべて手紙の形をとっているし，ダンティーレの「書簡」もピルクハイマーの文書の多くもそうである．シュッツ・ツェルの論争的執筆物の大半は，『弁明』に寄稿された司教に対する「激烈な手紙」からストラスブールの福祉行政官と，特にラブスとの広範囲に及ぶ交換書簡にいたるまで，すべて直接宛てられた人々による問題を扱っている（事実，彼女のシュヴェンクフェルトへの手紙は，それが［半］個人的であったことを除けば，このシリーズに含められ得る）．

多くの女性，特にダンティーレ，ジュッシー，ピルクハイマー，シュッツ・ツェルは，歴史をいくぶん異なるしかたではあるが議論の一形式として用いている．ジュッシーはフランス語で，ピルクハイマーはドイツ語で，彼女たちの都市を支配するプロテスタントが修道女たちを改宗させようとすることに抗して彼女たちの修道院を守ろうとした．彼女たちの歴史は，本質的にそれぞれの場合に，短期間の地域的闘争の物語であるが，どれもその時代には出版されなかった．ある意味で，ダンティーレのジュネーブ改革史はその都市がプロテスタントに改宗することを印刷物で語ることで，ジュッシーの物語とは逆の側に立っている．シュッツ・ツェルの歴史的執筆物は何よりも第一世代の改革を擁護することに関わっているので，ダンティーレのものと多少比較される．それはジュネーブ改革史ほど包括的でも明快でもないが，彼女のストラスブールの第一世代に関する説明は正確さへの大きな関心を証明しているように思われる．シュッツ・ツェルは第二世代のために書いているのであり，そのストーリーをきちんと整理して事実を語っている．彼女は，彼女の歴史的執筆物の多くが論争的目的のものであるにも拘らず，興味深いしかたで歴史の証言「それ自体」を，すなわち，その正確さのゆえに福音への証言として評価しているように思われる．

「ストーリーを語る」ことが，大半のこれらの女性たちにとって関心の第一の焦点であると思われるが，もう一つの執筆者たちの主要関心事は，女性の宗教的役割を論じることであった．ジュッシーとピルクハイマーは明らかに女性

第 12 章　物語ることと著作すること —— 著作者と歴史家　カタリナ・シュッツ・ツェル

のための伝統的宗教生活のためにはっきり意見を述べているし，ヴェイダは修道院誓約に対して強い反教権主義を表明している．彼女の（彼女が書いたとして）第二のパンフレットは，説教者としての女性の積極的活動を力強く論じている．シュッツ・ツェルはケンツィンゲンの女性たちに慰めを与えるためにいわば牧会書簡を書き，その後シュパイエルの二人の女性のために主の祈りのより信仰的・教理教育的研究を用意しているが，他のテキストでもさまざまなしかたで女性に言及している．ダンティーレの第二の出版は，古い信仰に反対し女性が教えることに賛成する弁論だが，王妃マルグリートに宛てた手紙の形を取っており，彼女の（彼女のものとして）第三の小冊子はカルヴァンの説教を論じており，女性の服装を信仰的な行為の一表現として取り扱っている．しかしながら，シュッツ・ツェルのテキストとその議論は，他の多くのものといくぶん違っている．なぜなら，彼女は女性をまず全信徒の祭司性の一員として取り扱っているからである．他方，彼女の歴史物はピルクハイマーやジュッシーのように女性の宗教的召命（職業）には関わっておらず，明らかに女性に宛てられた彼女の執筆物もヴァイダやダンティーレのように論争的ではなくて，牧会的である．他方，ヴァイダやダンティーレとは異なり，シュッツ・ツェルの宗教的な役割，特に公然と語るための議論は女性自身にではなくて信徒全般に焦点が合わせられており，たとえば，ダンティーレの王妃マルグリートへの献呈書簡に聞かれ得るような特に女性防御的な意味合いを担わせていない．彼女は女性や多くの信徒が公然と語るための最も人気のある共通の聖書テキストを採用しないで，むしろいっそう複雑な様式で，きわめて独特でいくつかは驚くほど伝統的なものを組み立てている．

　さまざまな重なり合う類似性をもっているが，依然としてシュッツ・ツェルが他の人物の中で目立つものがある．期間の長さとジャンルの多様さはたくさんの人物についての著作物を特徴づけている．もっとも，（ヴァイダとフォン・グルムバッハのような）人々は限られた期間だけ書き，（ピルクハイマーとジュッシーのような）人々は存命中に彼女たちのストーリーを出版しなかった．ダンティーレと王妃マルグリートは長年さまざまなジャンルで書き出版したが，彼女たちでさえシュッツ・ツェルほど長期間に亘りさまざまな種類の多くの宗教的なテキストや多産的な文筆生活を送っていない．

　シュッツ・ツェルと16世紀における一定の女性執筆者の中で彼女の同時代

人とを比較しながらこのようにきわめて予備的に読解することは，次の結論に導かれる．すなわち，シュッツ・ツェルは彼女の著作家仲間と多様な関心とアプローチを共有しながらも，あるきわめて現実的な特殊性をもっていたことである．特に，神学的方向性の実践的要素と諸側面の二つが目立っている．第一の実践的考察は個人的か社会的かであるが，多くの女性たちは社会の上流階級の出身であった．他の6人の執筆者の中で，ヴァイダだけが修道女の経験のない女性信徒であり，正式の神学的訓練や貴族的背景を主張できない一般市民の一員であり，書いた物も多くはなく，1524年の一つの（あるいは多くても二つの）パンフレットだけである．第二の実践的要素は文学上の非常に目立つものである．ほかの誰もシュッツ・ツェルほど長期間あるいは多くの異なったジャンルの宗教的なテキストを出版した者はいないのである．

　神学に関しては，シュッツ・ツェルと他のプロテスタント的人物との間には多くの類似点があるけれども，たくさんの微妙な相違もある．一つの点は，シュッツ・ツェルが最初から牧会的感性をもっていたが，他の多くの執筆物にはそれが少ないように思われる．もっとも，フォン・グルムバッハとダンティーレはこの側面を示している．それに加えて，シュッツ・ツェルの信徒で女性のキリスト教的な役割の描き方と歴史の用い方は，十分に，またいっそう完全に発展したと思われる．予断なしに，詳しい比較研究が明らかにすることは，著者としてのシュッツ・ツェルと彼女の執筆集は，実際にユニークではないにしても，何か斬新なものを提示している．他にも描き得る女性執筆者はいるが，シュッツ・ツェルを彼女の世代の女性たちの中で，これほどの独特の声を発する目立った人とさせた，そのような特徴を厳密に兼ね備える者はだれもいないと思われる．

信徒神学者にして宗教改革者

　しかし，シュッツ・ツェル自身にとって，女性執筆者であるということ自体は信徒と学者との間の一種の架け橋であり，全信徒の祭司性に固く根ざした宗教改革者である以上に重要なものではなかった．彼女の自己確認の性格は後で吟味されるが，ここでは執筆者としてのシュッツ・ツェルへの影響について言い得ることを簡単に要約しておくことが適切であろう．最も簡単に言えば，こ

の信徒改革者は主として最初のプロテスタント宗教改革者たち，特に彼女の夫マテウス・ツェルと，ルターの初期の説教と執筆物によって影響を受けたのである．このことは，彼女の思考が1520年代初期の飛躍と充満とによって形成されたことを意味している．その時期には信仰の基盤が後で明らかになってくるような境界や微妙な区別なしに宣言されていたし，実際的な適用も学識のある信徒と任職された説教者が教会の責任を共有していた場合には，明瞭であると思われたのである．

　このことは本質的なことに焦点を合わせており，実践的なことは当初多くの人々によって共有された．それを1520年代を越えて長く続けることは，ツェル夫妻にとって賜物でもあり，不利益ともなった．マテウスもカタリナも抽象的な神学や信仰告白［教派］や性別問題よりも，新しい福音を素朴な人々に実践的に宣べ伝えることにいっそう関心をもったままであった．ツェル夫妻の出版物の大半が，司教による異端の告訴への応答である彼の『キリスト教的弁明』および，彼の同労者アントン・フィルンの結婚式でなされた彼の説教「一つの聖職任命」が，彼の宗教改革の初年である1523年に出ているのはたぶん偶然ではない．彼の職務では後期に出て知られているのはカテキズム（1535-37年）だけである．明らかに，彼は最初の声明書には，若者を教えるために明瞭にし単純にする以外に，さらに付け加えるべきものはなかったのである．カタリナの考えも，多くの機会をもっていたけれども，ほぼ同じ不変性を示している．

　その一つの理由は，マテウスもカタリナも神学的確信の実践的・倫理的・道徳的側面に大きな比重を置いていたことがある．1520年代のツェル夫妻が「ルター主義的」であることは間違いないが，彼の注目の大半は，実存的なものであり，特に，キリストのみ，聖書のみ，信仰のみとの道徳的な関わり合いであった．たとえば，ツェル自身は，司教の告訴に対する返答の中で聖職者の結婚問題を持ち出している．もっとも，告訴状それ自体はその問題に言及してはいない．ツェルに対する告発状が書かれた1522年には，聖職者の結婚はまだ審議に付されていなかった．しかし，彼が彼の教えに対する司教の反対に答えたとき，彼はこの話題を持ち込み，（それに他の問題点よりも多くのスペースを当てている）．それは彼にとってそれが人間が考案した教会の教えに対して聖書の権威に従う重大問題であったからである．マテウスの『キリスト教的弁

明』が出版された数か月後に現れたカタリナがコンラート・トレーガーに応えてまったく同じパターンに従っている．彼女の返答は多くの人々を混乱させているというもので，それはトレーガーが（司教と同様に）聖職者の結婚それ自体を攻撃しないからで，このようなシュッツ・ツェルの結婚を擁護することによって彼に応えているという主張は印刷し始めるためのこじつけのようにも見える．しかし，歴史的な文脈では，教会の権威が聖書を上まわるというトレーガーの主張に対して，彼女が聖職者の結婚を論じることによって応え，聖書の唯一の権威に対する攻撃を聖職者の結婚を実践する者たちへの攻撃と見なすことはまったく論理的であり自然である．明らかに，マテウスもカタリナも，ただ聖書のみの断固たる支持者であったが，彼らの見通す視野にとって，一般の人々を困らせるような種類の問題はゆゆしいことであり，聖書の権威の実例こそ家庭的で実際的であった．

　後年，彼女の研鑽が続き知識も増すにつれて，シュッツ・ツェルの宗教的な議論の内容は，1520年代に実行されていたような，聖職で宗教改革者の自国語による民衆的な神学的執筆物にますます似た様相を呈した．時を経て，彼女の聖書的な議論はますます洗練され，ますます広い範囲の聖書各巻やテキストを取り扱い，プロテスタント改革者たちによるドイツ語出版物の使用頻度も増えて，洗練されて，サクラメントの教理のような論争中の問題にも彼女自身が入り込み，大いに複雑さを増していった．彼女は専門教育を受けた信徒キリスト者のように多くのしかたで議論を続け，特に素朴な人々を教えることへの強い関心を決して失わず，いつも彼ら自身の地盤で敬意をもって接する用意があった．しかし，シュッツ・ツェルも彼女の唯一の権威，聖書とその最良の解釈者，初期の宗教改革者に関する知識に基づいて，訓練を受けた牧師たちとの神学的討議に自分も参加できると見なすようになった．そして，彼女は自分自身の目をもって，一人の牧師として，マテウス・ツェルのパートナーであり同労者として書いたのである．

第 13 章

カタリナ・シュッツ・ツェルの思想における女性,信徒,言語

　他者,とりわけ別の時代や文化に根ざした人の思想界を理解することは常に挑戦的で,決して完全には達成できない冒険である.その主題がカタリナ・シュッツ・ツェルのように明確な場合,現代の解釈者が多すぎるくらいの予断あるいは固定観念を捨てて,予想外の小道に連れていかれる覚悟があるならば,その地方のかなりきれいな地図か描写を生み出す可能性が大いにある.シュッツ・ツェルの神学的外観をいくつか挙げると,それは聖書的でプロテスタント的で強く実践的・倫理的な性格をもち,福音を物語ることを喜びとするもので,16世紀にはまったく明確で自然な現象である.しかし,彼女の文書にはより捉えどころのない正確には把握しにくいいくつかの重要な概念群があるが,それはこの思想家の知的世界を明確にするものを目立たせるためには特に大切である.

　シュッツ・ツェルの神学において,容易には記述しがたいいくつかのテーマは,20世紀後半の聴衆がしばしば特別な人に与えるような彼女の思想や個性の諸側面である.そうした個性への関心のゆえに,この16世紀初期の女性信徒改革者が実際に言ったことや彼女の言葉がたぶん意味したことを忠実に描くことはきわめて難しい.だが,その取り組みには十分やり甲斐がある.なぜなら,それはシュッツ・ツェル自身の宗教思想と自己理解の画像をより鮮明にするとともに,信徒神学の複雑さや豊かさと近代世界の宗教改革への女性の関与をより拡大して描くことに貢献するからである.[1]

---

〔1〕　著者によれば,カタリナ・シュッツ・ツェルに対する関心はすでに18世紀のJ. C. Fusslin や 19 世紀の T. W. Rohrich に見られるが,まとまった伝記的記述は R.

本章のテーマは熟慮されているが，まだ基本的な首尾一貫性を示すほどグループ化されていない文脈にできるだけ接近するための関係概念の群として組み立てられている．第一群は，女性，信徒，女性用語を重点的に取り扱う概念とイメージとのやや異種の集まりを寄せ集めている．第二群は「公然と語ること」，教えることと説教することに関する問題である．これらのテーマは二つともシュッツ・ツェルの自己理解に密接に関わっているが，それを明確にするためには最も個人的で自伝的な材料の吟味が次章に控えている．もっとも，ここで取り扱われる問題との相互関係は忘れられてはならないし，実際にまったく明らかとなるであろう．

女性，信徒および女性用語

女性と女性的表現は，女性問題が体系的に論じられてはいないが，シュッツ・ツェルの文書には比較的頻繁に見られる．しかしながら，現代の学者が，しばしばジェンダー研究の文脈で吟味しているたくさんの問題は，シュッツ・ツェルの信徒キリスト者の活動に関する見方には不可欠であるし，また，それゆえに彼女が信徒について書いた大半は女性にも当てはまるし，その逆も当てはまるのである．それゆえに，彼女が女性について考えていることを効果的に考察するには，彼女の信徒全般に関する直接的言及とともに間接的情報をも含める必要がある．

シュッツ・ツェルが女性と女性用語について語っていることは，三つの相関する部分や段階にまとめられる．第1部分は聖書の女性に関する言及で，女性的なものを神的なものに関連させるしかたで修正された（あるいは彼女による修正を伴った）特に処女マリアのプロテスタント的再解釈を描くものである．

Bainton, *Women in the Reformation in Germany and Italy*, 1970（大塚野百合訳『宗教改革の女性たち』ヨルダン社，1973年，60-87頁）が最初である．しかし，その引用などは必ずしも正確ではないという．著者の編纂した KSZ 第2巻はカタリナ・ツェルの全著作を網羅しており，本書はそれに裏付けされた評伝である．なお，著者にはツェルの著作を英訳してまとめた *Katharina Schütz Zell, Church Mother, The Writings of a Protestant Reformer in Sixteenth-Century Germany*, 2006 がある．

第 13 章　カタリナ・シュッツ・ツェルの思想における女性，信徒，言語　*371*

そこで，議論の第二段階はシュッツ・ツェルが実際に神（また女性聖職者）の女性的な描写でなしたことに向かう．マリアは完全には消え失せないが，女性仲保者である代わりに，ただ信仰のみによって救われるキリスト者の一例となるので，第 3 部分は 16 世紀の女性たちと信徒キリスト者の召命全般とに関するこの女性信徒改革者の論評を考察することになる．

聖書の女性たちと処女マリア

　シュッツ・ツェルは，その長い経歴に亘って，旧新約聖書からたくさんの女性たちの名を挙げるか論じるかしている．こうした人物の大半は彼女自身の召命と関連して現れてくるし，その個所でさらに詳しく注意されるが，しかし，彼女が公的な文書で挙げている者たちも他の女性たちのために —— 否定的か肯定的 —— 実例として役立つかもしれないので，これらの著作が他の読者にも利用可能となった順序に従って主な例を挙げておこう．

　聖書の女性たち　シュッツ・ツェルは 1524 年のケンツィンゲンの女性たちへの手紙でサラとイサクをハガルとイシュマエルに対比している．彼女は後にプロテスタント信仰告白のため迫害に苦しむ信仰深い彼女の聴衆を神が預言者をとおして慰めを約束したイザヤ書 54 章 4-8 節の寡婦に似せ続けている．同年のシュッツ・ツェルの二番めの出版は，彼女の夫と聖職者の結婚と聖書的信仰とを弁護しているが，神がイスラエルを救った女性，ユディトとエステルに言及している．それはソロモンとの博学な議論をしたシバの女王と，約束された救い主の母としてのマリアによるエリーザベト訪問を紹介している．次に印刷物で名前が挙がっているのは，（アンナとよばれるが，ルカによる福音書 2 章のアンナと区別される）サムエルの母ハンナで，1534 年のシュッツ・ツェルの讃美歌集序文にも，神を歌で讃美する模範として現れるが，サムエルの贈り物に対するハンナの感謝の讃美歌に言及している．

　年代的には，シュッツ・ツェルの手書きで公刊された著作に次いで現れる聖書の女性はマグダラのマリア，イエスの母マリアである．マグダラのマリアは，1532 年のシュパイエルの二人の女性に送られ，その後随分経って（1558 年に）印刷された主の祈り講解の中に見出される．彼女の名前は最後の讃歌の部分で挙げられているが，それは読者である祈祷者が罪の赦しを願い求めるペト

ロとマグダラのマリアに従って神の恵みを嘆願する部分である．この祈りの序文でもキリストがその復活を弟子たちに告げるよう遣わされた女性たちについて二度まとめて語っている．マグダラのマリア，イエスの母とマルタの名はみな，マテウスの墓前でのカタリナ・ツェルの手書き版の中で，悲しみとともに信頼をも表すのに相応しいしかたで挙げられている．兄弟ラザロの墓の傍らに立つマルタは復活の約束を受け取っている．「もし信じるなら，神の栄光が見られる」（ヨハネ11：40）．キリストの母マリアとガリラヤから彼に従って十字架と墓にまで来た他の人々．そして，マグダラのマリアにはキリストから自分の復活について弟子たちに伝えることが委任された．

　1550年代におけるラブスとの往復書簡の出版では，聖書の人物が大勢再登場するが，しばしば別な視角から示されているばかりか，数人の新しい女性も加えられている．キリストに，娘のためにイスラエル人の食卓から落ちるパン屑を請い求めた名もなきカナン（シリア・フェニキア）人女性（マタイ15：21-28）は，教会政治のような第二義的な点に関する宗教的相違を許すための神学的議論において重要な役割を果たしている．キリストが癒された出血で苦しむ名もなき女性（マルコ5：25-34）は，福音が新しい方法で説かれる以前の霊的な苦しみの雛形であったし，賢いおとめたちのたとえ（マタイ25：1-13）は，すべてのキリスト者に対する警告と忠告として支持されている．

　ユディトとエステルも，アビガイルとヤエル（サムエル上25：14-42，士師4：17-22）に加えて，賢い女性たちのリストに再び挙げられている．ユディトとアビガイルは，不信仰や愚かな人々に対する審判のモデルとしてもそれぞれ特別な役割を果たしている．シュッツ・ツェルも，イスラエルのスパイを歓迎して隠したラハブ（ヨシュア2：1以下）という人物を危険なめに遭った人々の避難所として，また神殿で幼子イエスを喜び迎えた老齢のアンナ（ルカ2：36-38）を高齢のよい女性指導者のモデルとして提示しているが，他方ではマルタが教会への奉仕を勇気づける模範として再び登場している（ルカ10：38-41）．他の女性たちと明確に並置されてはいないが，イゼベルの位置はその話の中でこれらの信仰的な女性たちの対極にある者と見なされ得る．シュッツ・ツェルは，このアハブの女王（列王上21：8-14）を伝統的な否定的な形で引用している．

　シュッツ・ツェルの最後に公刊された二つの詩編と主の祈りに関する黙想

第13章　カタリナ・シュッツ・ツェルの思想における女性，信徒，言語　*373*

（後者は，現在は印刷されている）は，聖書の女性たちをさらに数人つけ加えている．一つはキリストの体に塗油をして奉仕しようとした「マリアたち」への言及である．他の三人は一連のキリスト論的な証拠聖句に見出される．女預言者アンナ（ルカ 2：36-38），マルタの姉妹マリア（罪を犯した女マグダラとも同定される）は，洗足に示される奉仕的な愛のモデルとして（ルカ 10：38-41，7：37-39，ヨハネ 11：2），およびキリストの正体に対するサマリア人女性の井戸辺での証言（ヨハネ 4：25）である．

シュッツ・ツェルによるこれらの女性たちの引用が伝統主義的であることに注目すると興味深い．一般に，彼女は聖書の各女性たちに対する判定に従って賞賛（または稀に非難）を表している．彼女は彼女たちを聖書が，イゼベルの否定的な判定を含めて，承認するか非難する行為のモデルとして引き合いに出しているのである．聖書に矛盾するか付加することになると思われる珍しい例外は，マルタの奉仕の評価（それはルカ 10：40 以下で本質的に非難されている）とかマグダラのマリアのマルタの姉妹との同一視は歴史的釈義の通俗的なパターンにも従っている．たとえば，「説教者」アンナとか，ユディトやアビガイルのような人物の解釈に関するシュッツ・ツェルの展開だけが独特なものとなるが，それでも彼女が，他の女性たちを除外していることも示唆に富み，たぶん意義深いことである．

処女マリア　ストラスブールにおいて非常に人気があったマリア信心の後期中世的伝統の中でそびえ立つことに対して，処女マリアの再考は改革の重要な側面であったに違いない．シュッツ・ツェルの文書にはその過程は何も見えないが，その最終結果は彼女の非常にプロテスタント的で，むしろ策略的に表現されたキリストの母の仲保者的役割の拒絶の中にある．彼女の解釈は著しく微妙だけれどもわかりやすい．シュッツ・ツェルは実質的に，女性的人物の中では最も重要な処女マリアと個人的な同一視をしていないのだから，この処女に関する彼女の論評はすべてここで取り扱われ得るし，また，このような現在の討議は公的な資料と私的な資料の双方を含んでいる．前者はシュッツ・ツェルがほかの人々に公開したものであり，後者は未公刊の書簡の中で表現されている．その資料は年代順の構成で整理されているが，実際には主題別か幾分体系的な順序も認められる．これは，その考えがこの年代的な順序の中でのみ発展したということではない．その全体はたぶん 1520 年代の初期から存在してい

る．しかしながら，その論評がはっきりしてきたしかたが一種の順序を示唆している．すなわち，一般的な信条型の立場から，古い見解の拒絶の表明を通って，マリアをただ信仰のみによって救われた者の一人とするプロテスタントに共通な見解についてどちらかというと好奇心をそそる個人的な表現へと行き着くのである．

　1532年（1558年出版）の主の祈り講解は，前書きか序文をもって始まるが，使徒信条の朗読が続き，それからこの信条に関して黙想する祈りへと進んでいる．シュッツ・ツェルはこの信条形式の祈りにおいて，「処女マリアより生まれ」という句について非常に穏健な用語で語っているが，他の第一世代のプロテスタントの間で一般化していたマリアの永遠の処女性という概念を共有していた．その序文には，キリスト者の真の母としての恩恵について非常に興味深い言葉があるが，それは伝統的な敬虔ならたぶんマリアに言及することになるような箇所である（これに関する詳細は後ほど）．実際，シュッツ・ツェルが，処女マリアに最初に言及した文書として知られるものはたいへん控えめに述べられているが，肯定的であれ否定的であれ明確な言葉によるよりも，むしろ伝統的な民衆の敬虔では当然期待される多くを欠くことでその主張を明確にしている．論争の欠如は，それが現れるテキストが信心志向のものであればむしろ当然であるが，処女マリアは中世の信心ではたいていきわめて重要であったのだから，その文脈に積極的用語が欠けていることは注目に値する．

　しかしながら，シュッツ・ツェルの中世的な教えに対するプロテスタント的反応はまもなく明らかになった．その直後の1534–36年に執筆し，この信徒改革者は信徒キリスト者向けの教育・讃美・祈祷からなる讃美歌集の中でマリアと聖人とへの信心に関して彼女の考えを発表している．マリアと聖人とへの崇敬の拒絶，彼らへの祈りや仲保者的役割授与の否認は，シュッツ・ツェルがその本のすべての讃美歌の冒頭に掲げた序文でも註釈でも，表明されている．いくつかの歌はマリアに言及し，他の歌はさまざまなしかたでその処女と結びつけられている．このプロテスタント改革者は，読者たちをその用語がマリア

---

〔2〕　カタリナ・ツェルの『讃美歌集（Lobgsanng）』について，マッキーは別の研究書を著して，こうした問題を詳しく論じている．*Reforming Popular Piety in Sixteenth-Century Strasbourg,. Katharina Schütz-Zell and her Hymnbook* (Princeton Theological Seminary, 1994).

に関する昔の見方に似ているため混乱するのを恐れて，讃美歌の一つに解説を添えている．「(これは) キリストの母マリアに関するもので，エッサイの家柄出身で，聖霊によってキリストを生み，すべての聖人はマリアではなくてキリストに基づいているということなのです」．シュッツ・ツェルはボヘミア兄弟団がマリアを仲保者とする讃歌をキリスト讃歌に変更したそのやり方を明らかに承認している．それは元々「高貴に満ちた優しきマリアよ」であったが，今やこれらの聖書的キリスト者たちはそれを「たぐい稀なる優しきイエスよ」に変更している．シュッツ・ツェルの評言は「キリストへの讃歌，私たちはただキリストをとおしてだけ救われるべきこと」である．

シュッツ・ツェルはその讃美歌集の序文で，礼拝暦が，もはや昔の伝統的な形で祝われなくなったため祝祭日がすべて忘れ去られるという，彼女の隣人たちの不平に注目して応えている．彼女は記憶されるべき祝祭日を注意深く自分が提供する讃美歌集の中に記載している．それらには聖人ではなくて，キリスト論的な祝祭だけが含められていることが注目される．

しかし，これらの祝祭の一つがキリストの祝祭とよばれるのには，魅力的で意義深い変化がある．伝統的にマリアの受胎告知は「お告げ」とよばれ，マリア祭りとして祝われていた．シュッツ・ツェルはこの解釈を軽く受け流して，それに非伝統的な聖書的用語で「天使の挨拶」と名付け，キリスト論的なものを再び強調した．彼女は，聖人たちを正しく尊敬する方法は，(彼らに祈ることではなくて) 彼らの福音に対する信仰的な証言を真似ることであると付け加えている．

シュッツ・ツェルの肯定的なマリア理解は，神の選びの鍵となる一例で，信仰によって救われるキリスト者のモデルとして，後の文書で明瞭になってくる．1553年10月19日付のシュヴェンクフェルトに対する長い論文風の (私) 信では，神の心の中での働き方や，神の代理者たちが外的な召命の道具として仕えることを述べているが，マリアは重要な一例である．「父なる神が永遠の初めから御言葉が私たちのために人となることを選びたもうた (とき)，マリアをこのために選び，聖別して，(キリストの) 母となるようになさらなかったでしょうか？　神はこの一切をお定めになった計画に従って (使徒2：23, 4：28)，神の使いであり奉仕者である天使をとおして，また，その言葉と声をとおしてそれを告げ知らせなかったでしょうか？ (ルカ1：26以下)．しかし，神

ご自身は御霊を通して（篩16：1参照），彼女の心を内的に備えさせ，それを信じて従わせたのです」．注目すべきことは，シュッツ・ツェルがここでもまた，どこでもマリアの聖性は神の目的のための神の業であることを強調していることである．

シュッツ・ツェルのラブスに対する手紙の信条タイプの部門でも，彼女はマリアに言及している．このことはたいてい使徒信条のキリスト生誕に関する告白との関連で（時には直接的引用ではないとしても，言い換えとして）現れる．彼女は（「処女」には何もふれていないが）「マリアから生まれ」について語っている．後に，マリアが選ばれたことでの神の主導権と選抜が再び聞かれる．「処女は神によって特別に備えられ聖別された」と．シュッツ・ツェルは，かつてマリアへの信心的用語に最も近づいた章句においてさえ，その強調点はプロテスタント的なものである．キリストは「大いに恵まれた処女マリアから生まれたが，彼女は信仰による聖なる従順によって，聖霊によって聖別された清い肉体を備えたのである」．これは無原罪懐胎に関する論争を反映しているかもしれないが，しかし，シュッツ・ツェルがそうした考えを意識的に意味したということはたいへん疑わしい．なぜなら，彼女にとって焦点は，聖霊の働きとマリアの信仰による従順だったからである．シュッツ・ツェルの神学的意識を形成した信条の言葉は，マリアへのもう一つの言及にも明らかで，それはカルケドン信条の「真の神にして真の人」という定義を反映している．すなわち，「神と人間の母，処女マリア」．

シュッツ・ツェルの文書では，他の聖書の女性たちの自由な引用に比べて，処女マリアへの言及が比較的まれであるか慣習的なものであることが目立っている．マリアは常にキリストか神との関連で聖書か信条の中の一人物として描かれている．それはあまり頻繁に挙げられていない女性たちよりも個性的ではない．シュッツ・ツェルの処女マリアに関する言及には，中世のマリア的敬虔ばかりか，ルターが採用し続けた類の用語と比較してさえほとんど不思議なほど平板である．神の母にして天の女王マリアというこの伝統的な信心の中心人物であるマリアは，シュッツ・ツェルによれば模範的なキリスト者としてさえはっきりと提示されていない．もっとも，特別な目的のために神に選ばれた道具としてのマリアは，キリストにより，ただ信仰のみによって救われた福音の他のあらゆる弟子たちの一人としていっしょに立っているのである．

第 13 章　カタリナ・シュッツ・ツェルの思想における女性，信徒，言語

神と（男性）聖職者とのための女性用語

　シュッツ・ツェルが彼女の仲間のプロテスタントたちと共有していた処女マリアと他の（女性）聖人たちとの再解釈は，中世後期のキリスト者が女性的なものを神的なものと結合した最も明らかな方法を取り除いたのである．しばしば何一つ取り換えられないと考えられてきたし，厳密な意味で「何物によっても代替されない」というのは真理である．しかしながら，ある著作家たちはキリストを唯一の救い主とする絶対的な主張を，神的なものや人間男性の聖職者をある程度の女性用語と結びつけるのが自然であることを発見したが，シュッツ・ツェルもその一人であった．

　伝統的な諸様式　この信徒改革者によって神とキリストおよび男性聖職者について用いられるたいていの言葉は，聖書を起源とし，そのテーマも伝統的なものである．シュッツ・ツェルの最初の出版物であるケンツィンゲンの女性たちへの手紙は，イザヤ書 49 章 15 節に基づいて神を子どもの世話をする母親のように描き，その同じ章句とイメージとが数年後に彼女の主の祈り講解への序文において用いられている．「（神）ご自身が預言者によって語られているように，〈母親が自分の養育する子を忘れないように，わたしはあなたを決して忘れない．彼女が自分の子を忘れないとすれば，わたしもあなたを忘れまい〉」．シュッツ・ツェルはマテウスの死去に際しての説教の中で，マタイによる福音書 23 章 37 節を引用して，雌鳥がその雛を集めるように，人々を集めようとするキリストの描写を，彼女の夫のストラスブールにおける牧師職に適用している（その言葉遣いはどちらかと言えば訴えかけるものであるが，シュッツ・ツェルの釈義はトビのような雛の危険な物の名を挙げていくぶん地方色を加味している）．同様に伝統的なものには，結婚式のイメージのシュッツ・ツェルによる質素な利用がある．雅歌 2 章 9 節はキリストとその霊魂に言及するものと解され（プロテスタント的なひねりが加えられているが，その霊魂は彼女の愛人を信仰の窓をとおして観察している），詩編 45 篇はキリストとその教会を記述すると解されている（もっとも，彼女はかつてこれをキリストの花嫁として自分自身に宛てられたものとして用いている）．

　母性的なキリスト　しかし，シュッツ・ツェルの文書の一つの長い章句は，

主の祈り講解への前書きであるが、新旧の女性的イメージの独特な結合を提示している。この前書きの主な目的はこの祈りが誰に宛てられており、またどうしてキリスト者は神を「私たちの父よ」とよびかけ得るのかを説明することである。その討論の重要な部分は旧約聖書と新約聖書とを対比し、語られた言葉による創造と愛による（再）創造とを対比することである。最初に、シュッツ・ツェルは父と母の両方の名を挙げて両親の愛に言及する。あたかも人間にとって父なる神の性質は、父親と母親同様、母親の言葉を考えるとき、最もよく理解し得ることでも指摘しているかのようである。

> 召使いのいる主君と女中のいる女性とはだれも、父と母がその子らにするように、素早くやさしく聞いて面倒を見ることはない。……しかし、神は旧約［聖書］の民と一緒に父ではなくて神や主と呼ばれるのを望みたまいます。神は私たちが神に従うようにご自身に似せて私たちを造られたからです。……しかし、私たちは不従順でした。……神は主君や妬み深い神のように私たちには怒りと刑罰以外は何も示されませんでした。神は母親のような辛く厳しい労苦、産みの苦しみを経験していなかったからです。神は私たちを労働せずに御言葉によって造られました。……しかし、神の恵みはイエス・キリストをとおして真の母となられるのです。

最初の創造と新生やキリスト者の母としての恵みというイメージとの対比は、キリストに対する母性的イメージの使用へと通じている。

> または［なぜなら］、神は私たちの肉をとって私たちの所に来られ、大きな苦しみをもって私たちを恵みの中へと産み、恵みへと連れ戻してくださったのは、神も［その苦闘で］血の汗を注ぎ出すためだったのです。そのとき、神は「わたしの魂は死ぬほどに苦しんでいる。またわたしはバプテスマをうけなければならない（ルカ22：4, 12：50, マタイ26：38）、すなわち、わたしは十字架にまで行かなければならない。〈おお、何という痛み苦しみか！〉」と言われたのです。その苦しみをヨハネによる福音書12章［27節］でも示してこのように言われました、「いま、わたしの心がひるんでいる。何と言うべきか。父よ、この目的の時間からわたしを助け出してください」。そして、苦しい出産にたとえて、こう言うのです、「女は子どもを産むとき、苦しみうめくのです」（ヨハネ

16：21)．また，これらすべてを受難に適用していますが，その際キリストは厳しく激しい苦しみをもって私たちを産み，育て，生かして，母親がわが子に乳を与えるように，その胸と脇腹から水と血を私たちに飲ませてくださったのです（ヨハネ19：34）……．

それほど頻繁にではないが，キリストに対する母性的な用語も12世紀以降の中世的敬虔，特にシトー修道会士や女性著作家の場合には，めずらしいことではない．しかし，ヨハネによる福音書16章21節における出産への言及は明らかに稀で，男性著作家によって用いられる場合には通例もう少し穏やかな語調で表現され，キリストが，その子どものキリスト者を産む際の産みの苦しみに関するこの母親の叙述ほど，はっきり現れてくるような鋭敏な産みの苦しみの感覚はない．

その前書きの少し進んだところで，キリストによる再生は，シュッツ・ツェルを父なる神へのもう一つのいくぶん風変わりなイメージへと導いている．「祖父が彼の子の子を愛し，またその子は彼の子であるから，その父と子は彼の相続人であるように，神は私たちの父であり祖父でもあって，私たちは神から御子イエス・キリストをとおして新しい民として再び生まれた（ヨハネ3：3）のですから，神の相続人でもあるのです．ですから，私たちは慰められてあえて大声で『アバ，愛する父よ』と言うのです．これは私たちが，キリストから受けた［神の］子とする霊によるのであり，この霊は私たちが神の子どもであり，キリストと共同の相続人であることを確信させてくださるのです（ローマ8：15-17)」．それに続いて論じられているのは，神によって今や養子とされた者に対して，キリストがご自身を兄弟とよんでいることについてであるが，それはキリストの復活を宣べ伝えるように婦人たちに託したことへの言及をも含んでおり，それはそれで婦人たちを神の子ども，仲間として，キリストとともに説教にも結びつけるのである．その後，シュッツ・ツェルは，たとえ乳母が乳飲み子を忘れようとも，神はその民を忘れないことについて，イザヤ書49章15節を引用して，この項を終えている．

教師シュッツ・ツェルは「子ども」という言葉を，神を「父」とよぶことによって含意される一対の言葉のもう一つの部分として説明し続けている．ここで再び彼女は，男性語と女性語の類比を神の子孫が意味するものを包含するた

めに用いている．最初に，彼女はダビデの後継者たちが，神を彼らの父とするとした約束を（サムエル下 7：14），全人類に適用している．それから，説明して次のように言う，「それは神の息子や子どもにとって何を意味するのだろうか？　まことに，それは神から生まれることを意味する．シュッツ・ツェルは，キリストに関してなしているように，父なる神にほとんど男性語を適用している．いずれにせよ，彼女は神が父であることの意味を説明して，それは男性的イメージと同様に女性的イメージを用いることによって，少なくとも神の父性的な愛を単なる男性的な愛以上とみる女性の読者にとっては，いわば両親をさしていると述べている．

　神的なものに対する女性用語の最初の焦点は，キリストに用いられる母性的イメージで，シュッツ・ツェルのそうした用語表現にとって鍵となるのは，主の祈りへの前書きである（1532 年）．しかし，彼女は他の後の文書で（1555-57 年）その同じ言葉を，キリストとキリストの奉仕者［牧師］にも用いることができた．とりわけ，最初の宗教改革者であるマテウス・ツェルとその同労者たちを，第二世代であるラブスとその友人たちの変更された行動と教えに対して弁護する彼女の文書においてである．シュッツ・ツェルは，若い牧師の教師である人間の牧師たちに母性的イメージを適用して，「［彼らを］生んだ」第一世代に対する第二世代の無礼を厳しく非難している．この信徒改革者は，聖職者としての彼女の養子とのこうした論争的応酬では，しばしばそれをその反対のものと対比してよく強調するが，ここでも彼女のキリストに対する母性的用語の適用が見られる．「しかし，無礼で無分別な悪しきこの世はキリストがその子らと定めてくださったことに何という関わり方をしたのでしょうか⁉　キリストは彼らを神の永遠の選びと計画のうちに孕んで（entpfangen），オリーブ山と十字架で，血の汗を流し，その命が絶えたときに再び産んだのです」．このキリストに対する母性的用語の後の例は，そのようなイメージがシュッツ・ツェルの文書では比較的少ないけれども，彼女が主の祈り講解を書いた初期から 1550 年代後期の最後の出版物にいたるまで，一生涯を通じて彼女の思想の一部となっていたことを例証している．

　たぶん注目に値するのは，神を養育する母親にたとえる聖書の引照のように例外はあるが，すべての母性的なタイプの用語は一定の関係ではなくて，活動の中に見出されるということである．すなわち，イエス・キリストが，キリス

ト者の母とよばれているのではなくて，彼らの救いのためのキリストの業が，苦しんで産み，養い育て，元気づけるといった母性的な活動によって描かれているのである．シュッツ・ツェルの画像が，母性のダイナミックな性質を帯びていることは注目に値する．

この項を終える前に，このダイナミックな用語の一面について少しばかり脱線してもおもしろいかもしれない．Empfangen という言葉は「受ける」という意味でも，また稀に「孕む」という意味でも用いられる．シュッツ・ツェルの文書にはその言葉のさまざまな表記，entpfangen, enptfangen, empfangen があるが，その表記と意味との間には何ら重要な相関関係はない．「受ける」という意味が一般的であるが，「孕む」という意味も稀だというわけではない．たとえば，通例「聖霊によって孕まれ」と訳される使徒信条の語句は5回見出されるが，2回は enptfangen で3回は enpfangen と異なる表記を用いている．一度，その言葉は，イエスが父なる神によって孕まれた（empfangen）ことにも用いられている．

詩編51篇5［7］節「罪人が〈罪のうちに産み落とされ〉」との関連で，3回その言葉が人間の妊娠のために用いられている．すでに見たように，キリストがキリスト者を孕むとかキリスト者を産むという頻繁に用いられる言葉の文脈では，キリストも選びにおいて彼らを孕むとか，十字架の激しい苦しみの中で彼らを産むとも記述されている．

キリストに対する母性的なイメージに集中するシュッツ・ツェルの比較的限られた神的なものに対する男性用語から，キリストが孕み新しい救われた生活と神への信仰的な奉仕活動へと生まれたキリスト者の中での女性に関する彼女の考えに転じるのが適当であろう．

女性と他の信徒との宗教的召命

シュッツ・ツェルにとって，「普通の人々」を含む全信徒の祭司性，すなわち，すべてのキリスト者の宗教的召命は重要な確信であったし，彼女の文書は信徒全般と特に女性への著しい関心を表している．最初から最後まで，彼女は信徒キリスト者を男女とも，彼らの信仰を理解してはっきりと証言できるし，またそのように召されていると考えていた．証しには言葉による表現と全存

在的な表現とが含まれており，シュッツ・ツェルは女性と信徒が語ることができることと語るべきことや，どのような根拠に基づいて語るべきであり，またどのように生きるべきかに注意をはらっている．差し当たり，彼女自身の召命感は別にして，シュッツ・ツェルが女性と信徒に対して，また，彼らについて語っていることを見るのが有益であろう．語られた証言とその生きた形態はしばしば混ぜ合わされており，他の点ではそれら二つは区別されている．

キリスト者としての平等性　シュッツ・ツェルが，ケンツィンゲンの女性たちに宛てた手紙は，一切を捨てて福音に従うべき女性と男性への等しい召命とともに，信徒キリスト者の互いに，夫に対する妻にもその逆にも，証言と奨励への責務をもはっきり描いている．彼女は福音のために「父と母，夫，妻，子ども」を離れることに関するイエスの言葉を釈義して（含意されている「夫」という言葉を聖書のリストに加えてはっきりと女性自身の事例に適合させている）．彼女はそれから続けて次のように言う．「愛するキリスト教徒のご婦人がた，もしそれをする［すなわち，キリストのためにすべてを離れる］ならば，キリストが言われたように（ヨハネ 13：17），あなたたちは祝福されるのです．ですから，あなたの肉を踏みつけ，あなたの精神を引き上げて，あなたの夫に喜んで語りかけなさい」．シュッツ・ツェルは聖書を釈義して，福音のために夫を離れることで（あるいは，その不在に苦しんで）女性の誠実さをはっきりさせるばかりでなく，妻がその夫に対して証人となり得ることをも暗示している．それから，彼女は続けて，キリストのように苦しみ，キリストを証しする聖書の一連の章句とともに，女性たちを慰めるのに役立つ章句ばかりか，彼女たちがその夫を励ます（「喜んで語りかける」）のに用いる章句をも提供している（それに加えて，シュッツ・ツェルはここや他の箇所で女性に対する特別な牧会的関心とともに，彼女たちが直面する特殊な恐れや問題への感受性をも示している）．

宗教的な召命 ── 学ぶこと，教えること，判断すること　女性と信徒キリスト者の召命に関する最も十分な章句は，二人称でよびかけられてもいるが，シュッツ・ツェルの讃美歌集の序文に見られる．その本文は，まず第一に読み書きのできる信徒，特に両親と所帯の家長に向けられているが，それはキリスト者の指導者には彼らの子どもと他の扶養家族に（読み書きができてもできなくても）教える責任があると理解してのことである．この責任は自分で変更した生活を周囲のすべての人々に神に関する正しい知識と讃美とを教えて，これ

らの聖書的な讃美を歌うことをとおして神への祈り方を示す義務と結びつけたのである．讃美歌を歌うことが信徒の説教の一形態でもあることは注目に値する．キリスト者は日常的な仕事で忙しいが，そのような宣教と祈祷は一日中おこなわれる．「また，あなたの子どもたちや親族にこう教えてあげなさい．自分たちが誠実に（信仰をもって）家事を切り盛りし，言いつけに従い，調理し，皿を洗って拭き，子どもの世話をして，人間の生活に仕えるそうした仕事をし（まさにそうした仕事をしながら），讃美の声をもって神に向き直るときには，人間ではなくて神に仕えているのだと」．強調するに値することだが，ここで用いられているイメージはすべてではないが，殆ど女性的なものだということである．もっとも，少し後で，シュッツ・ツェルは，男性信徒の（世俗的な）活動についていくつかの例を付け加えている．それにも拘らず，この逞しい女性信徒は，善良なプロテスタントなら認めなければならない限界を弁えていたことを指摘することも大切である．つまり，信徒は本来聖職者より上等なキリスト者ではないのである．その判断規準は信仰である．聖職者も信徒もその身分だけでは救われないが，聖職者と信徒 ── すべてのキリスト者 ── は，信仰のみによって同様に救われるのである．もっとも，彼らの生活がその信仰告白によって形成されねばならないのであって，言葉だけでは役立たないことが明らかである．

　讃美歌集の序文でも他のテキストでも明らかな一点は，女性と信徒も（少なくとも，家庭の中でか非公式に）教えることと説教することもできるということであるが，教える資格は，まずその信仰を知っていて信仰をもっていることである．このことの基本は神だけが信仰を与え，神はその内容が聖書に書かれている信仰的知識の源泉であるという確信である．しかしながら，人間の活動は，特別に学び召命を受けた説教者と個人的な研鑽を積んだ者との代理をとおして，その知識を獲得するために定められた手段なのである．誰でも信仰を少なくとも非公式に教えるためには任職される必要がないけれども，聖書と信仰的経験とに精通していなければならない．シュッツ・ツェルの讃美歌集出版の働きは一種の教育活動であるが，彼女がそれを出版する理由は，彼女が自分自身の聖書知識によってボヘミア兄弟団の讃美歌集の中の教えを保証した際に，自分自身の権威意識を表している．

［この歌集は］神を畏れる人によって，実際神を知っている人によって作られています．彼の名はミカエル・ヴァイセと言いますが，私は個人的に彼を知りません．しかし，主は「その実によって，それを知るだろう」（マタイ12：33）と言っておられます．そのように，私がこの本を読んだとき，（私が聖書を理解している限りでは）この人は聖書全体をその心の中で開いていると判断しなければなりませんでした．そうです．その知識と経験は二人の愛すべき人ヨシュアとカレブと同じで，彼らはモーセをとおして与えられた主の命令に従って約束の地を忠実に訪ね，巡り歩いたのです（民数13-14章）．私はこの歌集の中にすべての人に理解していただきたい神の御業の理解を見出したのです．そうです．私はそれをむしろ単なる歌集というよりは教えと祈りと讃美の本と呼ばなければなりません．［また，それですから，私はその本を出版したのです］．

　これはある程度権威に対する要求であろう！　シュッツ・ツェルは彼女自身の聖書と神の業とに関する知識によって作品の質を自由に判断できると感じていたのである．女性や他の信徒が任職された聖職者とまったく同様に教え方を学ぶことができるのである．もっとも，信徒であれ任職された者であれ，明らかにすべての者が信仰に等しく精通してもいないし，等しく信仰的に成熟してもいない．教えようとする者はだれでもまず信仰の学徒でなければならないのであるが，この学徒には女性と他の信徒も任職された聖職者も含まれる．

　教えることは宗教的な知識のための一つの用途であるが，女性と信徒にとってよりありふれた用途は，他者が教えていることの質を判定することである．女性と信徒キリスト者が自分で判断し，彼らの聖職者を評価する権利と義務をもっていることは，聖書とキリスト教的生活での経験との上に築かれた彼らの宗教的知識を論拠としている．この原則は1520年代初期にローマと絶交した者たちの間に拡まったが，シュッツ・ツェルは，生涯の終わりまでそれを明確に強調して表現し続け，その初期の宗教改革者の理念をラブスと第二世代のプロテスタント聖職者の新しい律法主義と変化した教えとに対抗させたのである．普通のストラスブール市民は彼らの説教者たちが語ることを判断し，彼らの牧師を，古い教えと新しい教えとして評価する資格があり，聖職者支配に逆戻りするのを拒否することになるのである．一つの試金石はマタイによる福音書12章33節である．すなわち，信徒はどんな種類の木が彼らの指導者であるかをその実によって実際に語り得るのである．シュッツ・ツェルはラブスの世

第 13 章　カタリナ・シュッツ・ツェルの思想における女性，信徒，言語

代が福音をゆがめて，ローマ的慣行を再導入するやり方に直面して，彼女（と他の信徒）が，キリストとその福音を再び確立する第一世代の宗教改革者との教えを喜んで固守することができるし，固守するであろう．彼女と彼女のような人々は「今なおモーセ，預言者たち，実にキリスト・イエスご自身とその弟子たちや聖霊によって霊感を受けた彼らの教えや文字をもっている」のであり，聖職者の間違った指導に頼る必要がないのである．

　学問があるにせよないにせよ，女性と他の信徒キリスト者は，子どもも成人も含めて，問題を尋ねて誠実な返答を受け取る権利をもっている．シュッツ・ツェルは無知な人さえ（あるいは特に無知な人か？）この権利をもっていると想定している．彼女自身は信徒の人々全般，とりわけ女性たちの宗教的混乱にも明確な疑問や不平に速やかに耳を澄まして，彼らを教えたり助けたりする特別な責任を感じていた．彼女のいくつかの文書は，信徒席の誠実なキリスト者から出される問題点に転じて，それを問題として練り上げる才覚とそれに答えようとする意志とをもっていた．説教者ツェルをめぐるうそ偽りに関する無知な人々の悩みがその一例である．彼女は讃美歌集の序文で敬虔なプロテスタント的改革に対する二人の信徒の反対を引いて，彼らに応えている．主の祈りの説明は，たぶん個人的には知らないが，神の意思に従って生きることができないと泣き叫ぶ女性たちの要望に応えるため特に書かれている．

　一つの批判的な評価　シュッツ・ツェルのすべての文書には女性と信徒全体に対する基本的な敬意はあるが，それはその用語の通例の意味での手放しの賞賛でも反聖職主義的なものでもない．この信徒改革者は，事実上賜物の多様性と原罪の普遍性を信じていた．普遍的祭司性は職務の違いを排除しないし，信仰をもつ者はだれでも等しくそれを教えるのが上手でもない．また，信仰を知る者がすべて（聖書の指示に従えば）公的で正式の教師として召されてはいないのである．そのように，女性（と他の信徒）がその信仰を証言できるし，そのように召されているという事実も彼ら全員に当てはまるという意味ではない．すべてのキリスト者が等しくただ信仰のみによって救われるように，女性を含めてすべての者が等しくその恵みがなければ原罪の力のただ中にいることになる．

　このようにシュッツ・ツェルの文書には，女性について，そして実際すべてのキリスト者についての批判的な評価もある．これは紋切り型の美徳と悪

徳とに関して見られるが，ほとんどすべての場合に，すべてのキリスト者に対して共通の規準が維持されていることは明らかである．シュッツ・ツェルの批判は，大半が女性に典型的に帰せられる世俗的な活動や贅沢に対する反対である．彼女が自分自身の行為を世俗的な女性の行為と比較する場合には，どちらかと言うと辛辣でいくぶん独善的に思われる．「ほかの女性たちが家を飾って自慢したり，結婚式や祝賀会やダンスに出かけたりするとき，私は富める人や貧しい人を訪ね，愛と真実と同情をもって伝染病と死に耐えて，地下牢や刑務所や瀕死で悩み苦しむ人々を訪ねて慰めているのです」．他の評論でシュッツ・ツェルが反対しているのは女性自身ではなくてその世俗性であることを明らかにしている．なぜなら，男性と聖職者でさえもこうした欠点を共有しており，彼女の非難を受けているからである．他方，彼女は献身的で寛容で質素に生きる女性（と男性）を温かく賞賛しているし，明らかに女性とも男性ともうまくやっている．1525年の戦争で難民となった農民たちの窮乏に対するストラスブール市民の反応を語って，シュッツ・ツェルはいっしょに働いた大勢の名を挙げている．ルカス・ハックフルト，彼女自身，アレクサンデル・ベルナー，「クレフトとよばれる尊敬すべき二人の寡婦」と「数多くの尊敬すべき人々，男性と女性が［貧しい人々に］奉仕し，多くの慈善を施した」．また，1557年には市参事会の議員とこれらの催しへの同時代の証人として「そこで奉仕する多くの尊敬すべき富裕な女性たち」に訴えている．

　性別に関するもう一つの批判は，シュッツ・ツェルの女性の話し方への言及に関わっている．彼女は一度ゴシップという女性の伝統をほのめかしているが，その描写に同意しているらしくは思われない．彼女は彼女の敵対者ラブスが抱いていると信じていた固定観念を明らかに引用しているのである．彼女は恥知らずでうそをつく口を持っているとのラブスの非難に自己弁護する過程で，このストラスブールの職人社会出身の娘も修道女とベギン会士の人当たりの良い偽善的な話しぶりをけなしているのである．その文脈が明らかにしているのは，彼女がこの特徴を社会の上流階級に関係させているということで，それが性別を反響しているとしても，それはたぶん社会的身分の意味合いにとっていっそう意義深いものであろう．シュッツ・ツェルは，しばしば女性の性的な罪に対して否定的にも言及できたが，彼女の性的不道徳に関する議論は男性に対して向けられており，女性に言及する場合は，本質的に聖職者の同棲に関

連している．それにも拘らず，そのバランスが再び計られている．男性も女性もこうした肉の罪には責任があり，両方とも同じ規準で計られるのである．

　シュッツ・ツェルが，男性も女性も等しく罪深いと見なしたことを認めた上で，彼女の特に女性に関する否定的な見解をより広い文脈の中に入れることが重要である．そうした評言は，たいてい彼女が彼女自身の社会によって量られた女性と比較された女性としての意識および普通ではないという彼女の感覚を反映している．かつてマテウスが彼女は大部分の女性より大きな賜物をもっていると賞賛し，カタリナ自身も彼女の重い試練がより寛大な資質によってバランスが取れていると信じていたが，しかし，他の計量規準をも意識していた．「わたしは女性の量りに従ってではなくて，神が聖霊を通してわたしに与えてくださった賜物の量りに従って誠実にまた単純に働きました」．シュッツ・ツェルの改革活動は，ラブスによって「教会にトラブルを起こす」と言われたが，実際に彼女自身にもトラブルを起こす活動で「以前はわたしたち女性の間では習慣的なものではなかったし，それで多くのものは従ってきませんでした」．かつてシュッツ・ツェルは，若い女性としてケンツィンゲンの女性たちにアブラハムの「男らしい」信仰をもつように促したが，この語句や同様の語句もそれ以後くり返されていない．マテウスの死後，カタリナは，しばしば自分を「可哀想な（独りぽっちの）女」とか「可哀想な人（遺族）」とよんでいる．しかしながら，これは女性であることの羞恥心を何ら示すものではなくて，彼女の寡婦身分の弱さと，特に悲しみの継続状態と，時には社会的劣等感の承認であった．しかし，全般的にはシュッツ・ツェル自身の（神の霊の賜物によって量られる）働きについての記述が示しているように，人間に期待されているものに関する彼女の見解は本質的に神によって与えられた賜物の上に基礎づけられており，地上の性別によって形づくられた規準の上に基礎づけられていないし，実際的にも彼女の文書には自己卑下的な用語はどこにもみられない．

　ここでの結論は，シュッツ・ツェルは，基本的に男女両方に同じ規準を期待していたと言うことができよう．彼女の用語は当時の性別の慣習によって影響されているにしても，結局はこの信徒改革者の男女に対する態度は同じ尺度で測ることで終わっている．彼女の自己認識もまず女性としてではなくて，他のすべてのキリスト者と同じ尺度で測られる―キリスト者としてのものであった．キリスト者の行動と隣人愛との規準は，すべての男女にとって同じであっ

た．この規則の唯一の例外は，牧会的配慮のより高い基準が信徒よりも聖職者に期待されたが，それはキリスト教的知識が無知な群衆よりも教師に期待されるのと同じである．シュッツ・ツェルの女性意識を何ら否定しなくても，彼女にとって最も重要な決定基準は性別や身分ではなくて職務にあるように思われる．

「公然と語ること」── 大衆の声としての女性と信徒

　信仰に対する口頭による生き証人としての女性と信徒とのキリスト教的召命に関する議論は，「公然と語る」と言い得るシュッツ・ツェルの思想における第二群の理念にたどり着く．第一項は，たぶん最も基本的な点で，どのキリスト者によるものであれ真理の公的弁護に対するこの信徒改革者の基調をなす議論である．第二項は「非公式な」声を公的に語ることで，特に必要な場合には非難することをも取り扱う．第三項は第一項の積極的な論調に戻るが，特に任職されていない指導者による説教に関わるが，それは公然と語ることとはいくぶん異なる資格のためである．

真理のために公然と語るキリスト者の義務

　シュッツ・ツェルの場合，真理のために公然と語るキリスト者の義務は聖書的な議論の中で最も興味深い一組であり，また，確かに女性と信徒のための公的な発言問題に対する彼女の最も独自な貢献の一つであろう．その事例が最初に最も明確に述べられたのは1524年のツェル夫妻の結婚に対する彼女の最初の論争的論文『弁明』ないし『弁解』であるが，その本質的なパターンは，1557年のラブスとの交換書簡で彼女の二番めで最後の論争的著作に再び用いられているし，その要素は他の著作にも見出される．しかし，議論の焦点が主として論争的な文脈ではないことに注目しなければならない．それは個人的と考えられ得るが，語り手がより大きな共同体に関わると信じている問題に関して公衆に宛てている事実である．公然と語るということは，ただ単に選択の問題ではなくて，キリスト者の義務の問題なのである．どの事例においても，問題は虚偽の流布であり，彼らが公然と注意を喚起しなければならないのは一個

人に関する偽りでさえ大目に見て野放しにすること自体が間違いであり，個々人ばかりかキリスト者全体の健康をも損ねるということである．

最初の発表 『弁明』における議論はこのように進んでいる．マテウス・ツェルは彼の結婚の不道徳に関する虚偽によって中傷され，福音の素朴な弟子たちはこれらの虚偽によって信仰から顔を背けている．彼らの考えでは，「それが彼の福音から出た類のものであるなら，純潔な独身生活を送る司祭たちの許に戻ろう」というのである．それゆえに，シュッツ・ツェルは，その記録を正常に戻すために公然と語り，ツェルの潔白を弁護するためばかりではなくて，騙された者と騙した者のためにも彼を弁護するのである．キリスト者は自分自身のようにその隣人をも愛するように命じられている（レビ19：18）．彼女は自分が中傷されるならば，彼女もだれか他の人に同じことをするかどうか，他の人に自分の側に立ってもらいたかったのであろう．カタリナは自分がマテウスを弁護するのは，彼が自分の夫だからではなくて，彼が信仰における兄弟だからであると言う．彼はキリストの体の一員であり（Ⅰコリント12：27），彼女はガラテヤの信徒への手紙3章28節の神の言葉に従って行動しているのである．「なぜなら，神とキリストにあっては，夫も妻もないし，人に対する分け隔てもないからである（ヤコブ2：9）」（「夫も妻もない」は「男と女」とも「夫と妻」とも読み得るが，ここでは後者の一対を意味する．なぜなら，彼女は彼女を強いてそうさせているのは，個人的な関係ではなくて，キリスト者としての関係であることを強調しているからである）．

しかし，兄弟愛に関する命令はさらに遠くまで広がっていく．事実，マテウスは，嘘で騙され，代価を払って彼らを救い出した教えから連れ去ってしまわれる素朴な人々よりも犠牲者としては重要でない．彼女の夫はキリストのために不当な迫害を受ける覚悟があるし（マタイ5：11-12），神が報復者であることも知っている（ローマ12：19，ヘブライ10：30）．しかし，カタリナの良心は満足しない．キリスト者が苦しみを受けるのはふさわしいが，沈黙していてはいけないのである．素朴な人々が危険な状態にあるというのは，彼らの牧師についての虚偽によって彼らが間違った（ローマ・カトリックの）教えに引き戻され失われてしまうからである．彼女が沈黙を破るのは，もしもその嘘を一掃し，それによって騙された人々を救い出さないならば，（ルカ17：1-2のキリストの命令に反して）素朴な人々の前に躓きの石を置く罪を犯すと考えたからであり，

御言葉を奪われるよりも大きな躓きの石はないからである．素朴な人々が福音の説教を必要とするのは，信仰は聞くことからくるのであり，聞くことは御言葉からくるからである（ローマ 10：17）．そこで，彼女は，ツェルがその非難には当たらないし，それゆえに彼の福音［説教］も信頼することができることを彼らに示して，彼らの福音への道が妨げなしに通れるように手助けせざるをえなかったのである．

シュッツ・ツェルは，キリスト者がキリストのために迫害を受けるという信念に関して（マタイ 5：11-12），十分に受けとめてその覚悟もあったが，福音のための受難が黙って迫害を受けることを意味するという結論は否定した．キリストは悪に抵抗するなと教えられたが（マタイ 5：39-40），ヨハネによる福音書 18 章 22-23 節の主ご自身が（律法に反して）彼を打った大祭司の下役に対して公然と語り，異議を唱えているその模範によって，彼女はキリスト者が真理のためには公然と語るべきであると論じている．それゆえに，もしも間違いを犯した者が耳を貸さないとしても，キリスト者は忍耐強くその苦しみを耐えるであろう．沈黙は人が従うべき忍耐ではないが，苦しみは忍耐なのである．実際，沈黙は嘘つきに勇気を与えて嘘に凝り固まらせる効果があり，罪人を咎め立てしないことは愛することの反対である．そこで，シュッツ・ツェルはここで再び兄弟愛を行動に移して，嘘を作り出す者たちを心配するのである．もしも彼女が（嘘を広める）彼らのようにするなら，それを知らせてもらいたいし，またそれゆえに同じことを彼らのためにもしなければならないのである．彼女は特に騙された者のために語っているが，彼らを騙す者たちのためにも語るのである．実に素敵な議論である！

二番めの発表　シュッツ・ツェルは，それを手際よく展開してはいないけれども，この理由づけの本質を後に再び，ラブスに宛てて，その後以前と同様にストラスブールの聴衆に対して用いている．その議論は本質的に二つの部分からなっており，最初にラブスとの議論で，それは公然と語る一つの形式であり，次に彼が訂正を拒否したときにその問題を出版することになった．シュッツ・ツェルの理由付けのある側面はそれ以前のものよりも明確でない．たとえば，隣人愛の誡めはすべての違う段階で重要な要因であるけれども，直接引用されてはいない．また，自分の潔白さを公然と語る必要は第 1 部でははっきり提示されているが，しかし，第 2 部ではいっそう遠回しに語られている．議論

のいくつかの要素があまり明確に表現されてはいないばかりか，ある部分，特にラブス自身に公然と語る要点は手際よくまとめられているというよりも書簡全体に散らされている．しかしながら，1524年の論争形式において確認されるすべての主要点が1555–57年にシュッツ・ツェルとラブスや彼の仲間であるストラスブール教会の会員たちとの交換書簡に中に少なくとも暗示されている．

　それを明瞭にするには，散在する断片から始めることも役立つが，それらを寄せ集めると，それはラブス自身に対するシュッツ・ツェルの公然と語るための議論を示すことになろう．ラブスが説教壇からシュヴェンクフェルトや他の者たちを中傷したとき，彼女は彼に対する善意と彼が傷つけた教会に対する関心とから彼を強く非難したのである．カタリナはラブスに対するマテウスの愛と，彼の助手であったこの若者に対してなされた，人々には中傷ではなくて福音説教をすべきであるという臨終の床での彼の命令とを引用している．ラブスはこの命令を忘れてしまったらしいが，彼の以前の養母はもしも公然と語らなければ，神と自分の良心との前に罪を犯すと信じ，それを夫に対する義務であると考えていた．しかし，ラブスはシュッツ・ツェルのこのような隣人愛，すなわち，教会と彼自身とに対する愛のこうした表現を心に留めず，その手紙を読まずに送り返したのである．マテウスの寡婦はこうした彼女に対する無礼を，ラブスの若さとストラスブールにおける彼の奉仕とのために，彼がその群れを見捨てて密かに出立し，群れの多くの者が彼女の所に泣きついて来るまでは，我慢していた．しかしその後，彼女は友好的なしかたで手紙を書き，彼の行動を説明するよう求めたが，それは情状酌量する状況証拠を期待してのことであった．その結果は彼女の期待したものではなかった．実際，ラブスは彼女の背教を非難し，その上このの誹謗を公に拡めたのである．

　シュッツ・ツェルは，ストラスブールへの献呈の辞と弁明を書き，ラブスに対して公然と語る理由の最終部分を要約して，（今回は彼女が攻撃された場合だとしても）彼らに対する彼女の関心と虚偽に対して真理を擁護する彼女の必要とを列挙している．彼女について虚偽を語ったのは，彼女の仲間であるストラスブール市民が若者として受け入れ，愛し尊敬した人物であるが，恩義を忘れて立ち去ったのである．彼女がラブスに対して沈黙を守ることができなかったのは，彼を叱責すべき聖職者たちがそうしていないのを見たからである．彼らはペトロを叱責したパウロの模範に従い損ねたのである（ガラテヤ2：11–14）．

したがって，彼女はラブスに対して公然と語ったが，それは彼に見捨てられ，彼の行為に傷つき，涙ながらに慰めを求めて彼女の許にやってきた哀れな人々のためであった．再び，シュッツ・ツェルは兄弟愛のテキストを直接引用してはいないけれども，彼女の意図は明瞭である．彼女はラブスの群れに対する非牧会的な行動を叱責し，彼の兄弟である聖職者たちがこの奉仕を彼に与え損ねたので，彼を虚偽から離れるよう促さざるをえないと感じたのである．

シュッツ・ツェルは，ラブスが彼女の叱責に対して，彼女が公然と語らざるをえないようなしかたで応えたことの説明へと進んでいる．義のために苦しみ，善をもって悪に答えよというキリストの教えや，罵られても罵り返さずというペトロの教えを思い起こし（マタイ5：11-12：44，Ⅰペトロ2：23），ラブスが彼女はその夫が教えた福音からの背教者であるという虚偽を拡めたにも拘らず，シュッツ・ツェルは彼に善を願っているのである．彼の話が真実でないという彼女の判断は神の前で明らかとなるが，その虚偽のために彼女は自分の信仰を説明しようと願ったのである（Ⅰペトロ3：15）．彼女はラブスに密かに手紙を書き，それを二人の間に留めようと願っていたと説明する（マタイ18：15）．しかし，今や彼の中傷的な手紙を見て，彼女が本当に彼の記述どおりだとしたら，それでも沈黙し続けることはできなかった．このように真実を弁護して公然と語るために，彼女は大祭司の下役が彼を殴ったときのキリストの言葉を模範とした（ヨハネ18：22-23）．また，シュッツ・ツェルが出版へと進んだ理由として，虚偽に直面しての沈黙は不誠実であることを挙げている．

後に，ラブスの非難に対する詳細な反論の中で，シュッツ・ツェルはこの論議の一部をくり返し，公然と語るための聖書的根拠についてさらにはっきりと付け加えている．ラブスの行動に直面して，彼女が以前沈黙していたのは，彼女の問題を主にゆだねよというダビデの教えに従っていたためであるが（詩37：5-6），しかし今や，ラブスが彼女について他の人々に嘘をつき，彼女と夫との関係についても嘘をついたので，公然と語らざるをえなくなった，と言う．事実，ラブスは虚偽の証言をして，彼女が彼を叱責しなければ彼女自身がその罪を負うことになるのである（出エジプト20：16）．彼女は，ラブスの虚偽がストラスブールをも傷つけていることを暗示しながら，彼女を侮辱する者たちが，それによって彼女の夫をも侮辱していると言う．彼女がツェルとその同労者と同じだとすれば，彼女に対するラブスの攻撃は彼の前任者たちへの攻撃

第 13 章　カタリナ・シュッツ・ツェルの思想における女性，信徒，言語　393

であり，彼らが教えた人々への侮辱ともなるであろう（彼女に関する虚偽の証言はストラスブール教会の問題である．それはその会員に関する公的な虚偽によって教会全体が影響を受けるからである）．シュッツ・ツェルは，ある兄弟がくり返し個人的に忠告されても頑なにその過ちを認めて悔い改めることを拒んだ場合には，その問題を教会にもち出すというマタイによる福音書 18 章（15-）17 節の指示に明らかに従っている．

　議論は，二つの形で提示されており，第二の提示はいくぶん錯綜しているが，議論そのものは明瞭である．シュッツ・ツェルにとって，「公然と語る」ことは，信徒であれ聖職者であれ，女性であれ男性であれ，若者であれ老人であれ，どのキリスト者にも可能であるばかりか義務でもある．公然と語ることは単に許されているというのではない．キリストの実例と聖書の権威，したがってまた，神の御心の権威による，真理と隣人とに対する義務なのである．問題の性質上通例は紛争の種になるとしても，その状況は紛争となる必要がなかった．その憤激は大きかったに違いないし，単に個人的なものではなかった．だれでも和解のための個人的な手段をすべて出し尽くし，利用できる個人的な手段も一切なくなるのでなければ，公開討論へと進まないものである．また，公衆の面前で問題を取り扱う目的は，少なくともその物語の記録を後継者のために正すという意味で，公共の善に，体全体の健康のために役立たなければならない．しかし，偽りに対して真理を公然と語ることは，たとえ真理が傷つき，中傷された者の具体的な状況を変えないとしても，キリスト者の義務なのである．これが信徒であれ任職された者であれ，男であれ女であれ，学識のある者であれ無学な者であれ，真理と愛とが要請する状況の中でキリスト者がなすべき「公然と語る」ためのシュッツ・ツェルの中心的な議論である．聖書の原則に従う限り，すべての者に平等な資格が与えられているのである．

公的な者が語らないときに非公式な代表が語るべき義務

　女性（または信徒）が語る権能が，教会の任職された指導者である聖職者の権能と比較検討されるような論争的な状況において，シュッツ・ツェルは別な種類の議論に訴えている．彼女は任職された職務に就いている者の適格性を問題にしておらず，これらの公式の代弁者が必ずしも語るべきことを語っていな

いことを認めていることは注目に値する．彼らがその務めを成し遂げない場合には，他の者がそうしなければならないのである．職務怠慢の重要な実例は訓練にあり，聖職者が誤りを犯しても互いに叱責し損ねている場合である．聖職者に代わって女性か信徒が語ることをシュッツ・ツェルが弁護するのは，聖書と実際的な必要とに基づいていた．

　その議論の一面は，神がふだん働くために選ぶ通常の仕組み以外で活動する神の自由に対する聖書的な証拠である．論争的な文書において，シュッツ・ツェルがくり返し引用するのは，預言者を叱責するバラムのろばの物語である（民数 22：22-30）．1524 年には，ある信徒と特別な場合における自分自身の発言とを擁護するために公然と語ることに注目して，一般的に応答している．1557 年には二つの言及が見られる．シュッツ・ツェルは，一方ではラブスをバラムと同一視し，シュヴェンクフェルトを彼が呪うイスラエル人と同一視し，また，彼女自身を呪う代わりに祝福を彼に願い求めるろばと同一視している．二度めは，シュッツ・ツェルがラブスに対して彼の仲間の聖職者たちが，彼のためになし損ねた矯正を，なぜ彼女が引き受けたかを説明して，そのろば物語を，人々が彼を認め損ねるならば，石が叫び出すというキリストの言葉に結びつけている（ルカ 19：40）．

　これらの民数記 22 章とルカによる福音書 19 章の二つのテキストとも，宗教改革運動の初期には非聖職者が語るための権威づけとして人気があったが，シュッツ・ツェルは石よりもろばの方を進んで当てはめがちであった．彼女の牧師である夫でさえローマに対抗してルカによる福音書 19 章 40 節に訴えることができたけれども，シュッツ・ツェルは（多くの著作家とは違って）このルカのテキストには明らかに特別な魅力を覚えず，1557 年にそれを引用した唯一の例でも，彼女はそれをバラムのろば物語に従属させている．ここではいくつかのことに注目すべきであろう．一つは，ルカの石のたとえが宣教の一つであると思われるのに対して，ろばは本質的に叱責として役立っており，この信徒改革者はその二つの働きを区別しているのである．

　シュッツ・ツェルがろばに優先的地位を与えていることは奇妙に思われるかもしれないが，その理由は一種の素材の位階制という彼女の見解にあると思われる．それが注目すべき第二点である．ここでの上昇する秩序は生命のない石から生きた被造物，すなわち，ろばへと進むが，しかし，彼女がろばに言及

する他の場所では，彼女は生きた被造物，すなわち，人間というより高い形であるがゆえに，語る権利を主張している．たぶん，石が「宣教する」ことがシュッツ・ツェルに訴えなかった主な理由は，彼女が石には心がないとみており，それが説教するかもしれないという事実よりも，その本質的に生命のない性質の方が重要だったからである．他方，もし，ろばが預言者を叱責できるのならば，（聖書的に教育された）キリスト者女性は強情な牧師をそれ以上に叱責できるでしょう！

聖職者に代わって語る女性や信徒のためのシュッツ・ツェルの論争的主張は，他面でその必要性を訴えている．その主張は宗教改革初期には流行っていたが，彼女は自分なりのしかたでそれを匂わせているし，そこでも再び強力な聖書的根拠が据えられている．基本的な考えは，もし任職された指導者がその職務を果たさないならば，信徒はそれに介入して，それを実現させざるをえなくなるというものである．そこに含蓄されているのは，共同体かその個人的な代表の一員でさえも信徒の祭司性（と成熟したキリスト教信仰）によって通常は教会の一定の選ばれた成員によって遂行されるが，緊急時の義務として実行する資格を与えられているということである．シュッツ・ツェルはこれを，その牧師らしくない行為のゆえにラブスを叱責する際に適用している．彼の聖職者仲間は彼を懲戒すべきであったが，それをしなかったため，彼女がせざるをえなかったのである．

　　なぜ，彼の兄弟たちや説教者仲間たちがそれをしないのでしょうか？　それで，わたしがそれをしなければと願ってはおりませんでした．わたしは彼らがそれをするつもりかどうか長らく注視していたのです．わたしは貧しい女性として静かにしていて他の人に語らせるのがふさわしいと思ったからです．しかし，彼らは互いに食事に招待し合って皆が偽善的にふるまったとき，主イエスがユダヤ人に言われた「もしこの人たちが黙れば，石が叫び出す」（ルカ19：40）ということを考えていたのです．しかし，それにも拘らず，わたしは石以上のものであり，自分をバラムのろばにしたのです．あのろばは，預言者が見

---

〔3〕 著者は以下の論考を特に次の研究に従って展開している．R. Gerald Hobbs, The Stones Cry Out: lay preaching in the Strasbourg Reformation, in *The Bible in the Sixteenth Century* (ed. by Steinmetz & Midelfort), 1996.

なかった剣を持って道に立ちはだかる天使を見たのです（民数 22：22 以下）．

　これはシュッツ・ツェルが，女性としての自分自身を卑下しているように思われる稀な箇所の一つである．しかしながら，否定的な言葉の言外には本質的な皮肉が含まれている．すなわち，それは彼女に聖職者の仕事を強いる無秩序を指摘するために固定的な性別概念に言及しているのである．それは緊急時に聖職者の任務を遂行するシュッツ・ツェルの役割に何か人格的に相応しくないものがあることを反映するものでは決してない．

　この必要の画像を補完するためには，もう一つの聖書的な実例がある．それは緊急時に聖職者に釈明を求めるために奉仕する生き物の「高度な形態」である．これはユディトという人物で，自分の民イスラエルをその敵ホロフェルネスの寝首をかくことで救出した女性である．しかし，その行為はシュッツ・ツェルの目的にとっては付随的なものにすぎない．彼女の目的はイスラエルの長老，すなわち，聖職者に公然と語り，神の力を制限することによって彼らを叱責したユディトを賞賛することにあったからである．長老たちはその絶望する民に，もしも神が五日以内に彼らを救わなければ，彼らは敵に引き渡されると約束したが，高潔な寡婦ユディトは神を試みる彼らを叱責したのである（ユディト 7：29 以下，8：11 以下）．これはシュッツ・ツェルのモデルであって，彼女はラブスがストラスブール市参事会に市をローマ・カトリックの礼拝から解放するために「三日間の限定」を課したことで彼を叱責したのである．「［ユディトは］『助けを与えられる主に制限を課し，主の怒りを考えないあなたがた［長老］は一体何者なのですか．彼はあなたがたの罪を罰し，それを速やかになさるでしょう』と言った．そして，彼女は彼らが神の前に遜るように別の助言を与えた．その結果，神は彼女に見事な救済策を授け，彼女をとおしてその王の将軍が滅ぼされ，その民が救われたのである」．神はユディトに神に依り頼む知恵を授け，それが彼女に聖職者を叱責させ，遂には彼女の民を救わせたのである．

　これらの信徒が語る事例において，その任務が肝心である．すなわち，正式に任命された者がその責務を果たさないならば，「非正規の」代理人がその仕事をしなければならないのである．主要な聖書的議論は叱責の任務に関わるが，シュッツ・ツェルはその議論を牧会的配慮の必要から義務にも適用し，さ

らに広げて説教にも適用している．特定の公式な義務の実践は普遍的な召命ではない．また，たとえば神が預言者を叱責するためにろばを用いるとか，任職された牧師を叱責するために信徒の老女を用いるのは通常の召命を構成するものではない．それにも拘らず，彼らは確かに特別な状況においては正当と認められ，容認されるのである．

しかしながら，シュッツ・ツェルがろばやユディトさえ用いるのは訓練のため，また誤った行動から正しい行動へ引き戻すためであって，継続的な啓示や説教を正当化するためのものでないことは注目すべき意義深いことである．彼女は聖書に開示されていること以上のさらに何か（宗教的に必要な）知識が付け加えられ得るという考えをはっきり否定している．この態度がたぶん多くの反対者，特にシュヴェンクフェルトや彼の支持者のような「聖霊主義者たち」[4]とシュッツ・ツェルの違いを示す最も明瞭な証拠であろう．彼女は御言葉（とサクラメント）の正式な職務の原則を受け入れ，神の言葉を説教し，外見的には共同体の洗礼と聖晩餐を執行する者を正しく評価していた．彼女は，継続する啓示（聖霊に関する個人的な権利要求）として表現されるものであれ，あらゆる人間的な教師からの独立として表現されるものであれ，異なる賜物や務めを顧慮しない蒙昧な平等性として表現されるものであれ，信仰における個人主義の可能性を拒絶していた．彼女はくり返し知的な自立性を主張していた．聖職者にはその責務を怠る自由はないし，容赦のない服従を要求する自由もない，まして教理を変更する自由などはないのである．それに比べて，信徒には積極的に学ぶ責任を放棄したり，また学び続けたり，必要とあれば，彼らの指導者に説明を求めたりする自由がある．

---

〔4〕 聖霊主義者たち（spiritualists）とは，心霊主義者とも訳されるが，神秘主義の類型に属するもので，宗教改革の聖書のみに立ちながらも霊（聖霊）を強調し，可視的教会やそのサクラメントには批判的であった．本書に登場するハンス・デンクやシュヴェンクフェルトはその中でも福音的聖霊主義者に分類される．倉塚平編『宗教改革急進派』ヨルダン社，1972 年．

女性と信徒の教え・説教する役割

　それでは，こうした文脈で女性や信徒の説教はどうなるのか？　この問題に対するシュッツ・ツェルの反応は散在する論評と彼女の実践から探り出さなければならない．いくぶん不明瞭な証拠を吟味すると，三つの関連するテーマとして提示できる．第一のテーマは，現代の多くの著者を困惑させると思われるものの吟味，すなわち「伝統的な証拠聖句」の問題である．第二は，シュッツ・ツェルの文書が示す（意識的か無意識的な）発展のしかたを探求するもので，時が経つにつれて発展する信徒と女性の教える役割に対する論理的で微妙に相違した議論に関するものである．そして，この第二のテーマの周りには本立てのような第三の局面があり，それは最も目に見えるしかたで，この信徒改革者自身が宗教的な教師と説教者としての信徒と女性に関する彼女の確信を実践したもので，最初は 1548 年にマテウスの墓前で，次は 1562 年にシェール家の姉妹たちのための最後の埋葬式であった．

　証拠聖句の使用　最初の仕事は，女性の説教のため長く伝統的な証拠聖句であった特別な聖書の章句についてシュッツ・ツェルの使用を吟味することである．このことは現代の読者が女性の説教の可否に対するシュッツ・ツェルの回答として，これらに焦点を当てがちであった事実から考えると特に重要である．彼女の文書を十分に知ると判るのは当然のことだが結論を急ぎすぎてはならないということである．『弁明』は一般に引用される出版物だが，これらの証拠聖句の大多数はパンフレットの末尾にひとかたまりで現れる．そのパンフレットの冒頭で，著者は真理のためにまたツェルに関する虚偽に抗して公然と語るためのいくらか印象的な議論をなしているが，それは（前に説明した）議論で，聖書の教えとキリストの模範と，マテウスと素朴なキリスト者と騙された人々に対する兄弟愛とである．それは事実上そのパンフレットを出版するための彼女の正当化である．つまり，彼女は説教のためには論じていないのであって，真理のためにまた虚偽に抗して公然と語るキリスト者の義務を擁護しているのである．それから，彼女はその論文の末尾で，批判者たちが彼女の出版物（あるいは彼女と同様の人々の文書）に反対するのに用いえた四つの名を挙げてこれに答えている．四つの反対中の三つは原罪の話題に関連している．第

一の反対は「聖職者の結婚を擁護するというこの主題がなぜあなたに関わるのか？」と問う．彼女はすでに司祭と結婚しており，両人ともそのことで中傷されていると答えるだけで十分とも思われるが，シュッツ・ツェルの答えは，実際に隣人愛や真理に対する証人への関心とともに，彼女の公然と語るための最初の議論を反映している．

　第三の反対はその問題点を別なしかたでくり返している．それは神学を論じるのは女性信徒の本分ではないというものである．シュッツ・ツェルは二重の答えを差し出している．まず，ろば物語を引用して，彼女は人間であってろばが語るよりさらに相応しいと言う．次に，彼女は預言者エゼキエルからさらに興味深い章句を加えているが，それは付随的に教会と都市の両方の指導者に宛てて弁明するものである．「また，神は預言者エゼキエルをとおして 22 章で言われます．『あなたがた人間よ［人の子よ］，あなたがこの都市を罪のゆえに裁かないのか？　この都市のすべての忌まわしい業を指摘しないのか？』と．この章はいかに恐ろしいしかたで宗教的権威と世俗的権威とが今や無実な者の血を流しているかを語っているのです」．シュッツ・ツェルによるエゼキエルの言葉の解釈は非常に興味深い．彼女は預言者に宛てて用いられたヘブライ語の語句が性別のものではなくて専ら男性形であることを明らかに（たぶんブツァーの詩編註解書から）学んでおり，彼女の想定した反対者は，疑いもなく大体実生活を営む者であるが，人々にもそのように信じさせたかったのであろう．シュッツ・ツェルの考えでは，エゼキエルへの命令は，市当局と教会当局が神の意思と正義に逆らう場合には公然と語ることをある人間に命じたものであった．

　第四の最後の反対は，女性ではなくて男性だけが語り得るという主張であるが，シュッツ・ツェルがそれに答えている．エゼキエルの参照箇所を取り上げて，この信徒著作家は彼女の反対者の答えを想定している．「それは『あなたがた人の子よ』と言っています．それはあなたがたではなくて，学識者に言われたのです，パウロは女性は沈黙すべきだと言っております（Ⅰコリント 14：34）．シュッツ・ツェルの返答は一連の証拠聖句を含んでいる．

　　わたしはこのように答えます．しかし，［パウロが］ガラテヤの信徒への手紙 3 章［28 節］で「キリストにあっては男も女もない」と言っているのをご存

じないのでしょうか？　また，神は預言者ヨエル書 2 章で「わたしはすべての人にわが霊を注ぐ．すると，あなたたちの息子と娘は預言する」（ヨエル 2：28 [3：1]）と言っております．また，あなたがたは，ザカリアがものが言えなくなり，エリサベツが処女マリアを祝福したこと（ルカ 1：22，42–45）を知らないのでしょうか？　そこで，善意で聞いていただきたいのですが，わたしは誰かがエリサベツや洗礼者ヨハネやダビデの不正を指摘した預言者ナタン（マタイ 3：7 以下，サムエル下 12：1 以下）や，他の預言者たちに耳を傾けたように，わたしにも耳を傾けるようにと求めているのではなく，ただ偽預言者バラムが聞いたろばのように，聞いて欲しいのです．わたしは，私たちが一緒に救われる以外に何も求めてはいないからです．神が御子キリストをとおして私たちを助けてお救いくださいますように，アーメン

　本質的に，シュッツ・ツェルは，パウロの彼自身とは矛盾すると思われるような言葉を引用して，女性が語ることへの批判に応え，コリントの信徒への手紙一 14 章 34 節に対してガラテヤの信徒への手紙 3 章 28 節を支持する（使徒 2：17 に引用されている）旧約聖書ヨエルの章句を付け加えている．しかし，そののち聖書に対して聖書で応えてから，彼女は実際上彼女の公然と語ることを基本的に弁護する必要上その議論に戻っている．彼女がバラムのろばを再び要求したのは，ガラテヤやヨエルやルカを要求できなかったからではなくて，明らかに，ただ社会全体の救済を促すためにかなり見苦しい聖書の支持を利用しようとしたからである．しかし，シュッツ・ツェルがこれらの三つの章句をコリントの信徒への手紙一 14 章 34 節に反対するために挙げた後に，それを用いなかったことには，もう一つの理由がある．それはここで彼女が論じているのは説教ではなくて，叱責の形であったからで，そのためにはろばがより適当な証拠聖句だったのである．

　この『弁明』の結びにおける女性や信徒による説教を擁護する部分の意味を査定する場合，いくつかのことに注目することが大切である．しばしば見過ごされている第一の点は，シュッツ・ツェルが，この箇所では実際に公然と語るための議論をしていないということである．それはすでにこのパンフレットの冒頭でなされており，それはまったく完全に違う聖書の章句に基礎づけられ，彼女の隣人愛がツェルの擁護を彼女に強いたからという別な目的に仕えるものであった．このパンフレットの最初の弁証的な部分と反対への最終的な応答と

の両方に唯一引用されているのがガラテヤの信徒への手紙3章28節で，最初の箇所では男性と女性ではなくて夫と妻を意味するのに用いられている．『弁明』では，公然と語るための基本的な議論の本質的な目的は，女性や信徒による説教の擁護ではなくて，真理のために公然と語ることをキリスト者の義務として論じることであった．この二つの異なる種類の公然と語ることをシュッツ・ツェルは明らかに注意深く意識的に区別していた．このパンフレットの末尾で証拠聖句問題を付加したことは，彼女自身の主張の正しさを証拠立てるためではなくて，本質的には他の人々の反対に応えるためであった．

　注目すべきことは，ここに引用されている「積極的」証拠聖句は，バラムのろばとエリサベツによる神の母マリアへの告白とを除けば，どれもシュッツ・ツェルの文書には一度も現れていない．ろばだけがもう一度公然と語るための証拠聖句として役立てられている．エリサベツのマリアへの挨拶は，次にキリストの神性に関する信条型の信仰告白の中に現れており，男性であれ女性であれ，人間的な語り手に関係してはいないからである．後にガラテヤの信徒への手紙3章28節への言及は，シュッツ・ツェルが註釈したインテリムに関するパンフレットの一つで欄外の註に現れるが，そこでの目的は，キリスト者にはキリスト教的生活の唯一の理想があり，その言及は公然と語ることとは何ら関係がないことを示すことにあった．シュッツ・ツェルは，一箇所かたぶん他の二箇所でコリントの信徒への手紙一14章34節に言及しているが，それらの意味は以下で示されよう．もしも，聖書の証拠聖句が根拠であるとすれば，シュッツ・ツェルを女性の説教に対する主張者として読むことはできないと言わなければならない．もっとも，彼女は女性と信徒そして全キリスト者が真理について公然と語り，また，必要とあればその義務を果たさないような権威者を叱責したり，一時的に交代させたりする権利と義務に関してまったく明確な考えをもっていた．

　それにも拘らず，公的な説教者としての女性と信徒　しかしながら，シュッツ・ツェルは伝統的な証拠聖句が欠けているにも拘らず，説教者としての女性と信徒に関してはっきりと確信をもっていたし，その確信を実践したのである．最初の明瞭な証拠は，1548年1月11日に，夫の墓前で語った説教から始まるが，彼女はそれを後に練り上げられた（またたぶん拡大された）形で書き上げている．彼女がそのスピーチを正当化するために訴えた聖書の人物はマグダ

ラのマリアであった．「しかし，みなさんはわたしが今や自分を牧師の務めに据えたがっているかのように，それを間違って受けとったり，わたしに躓いたりしないでいただきたいのです．決してそのようなつもりはありません！　しかし，ただ愛するマグダラのマリアのように，予め計画などないままに使徒となり，主ご自身によって弟子たちにキリストは復活し，キリストと弟子たちの父のもとに昇天したと告げるよう命じられたようになりたいだけなのです（ヨハネ 20：14-18）」．マグダラのマリアが使徒であるという表現は『黄金伝説』のある版の中のアンブロシウスに帰せられる言葉に由来する一般的な伝承であった．

　シュッツ・ツェルは，この委託の異常な（通常でない）性格とその確かな権威とを強調している．この特別な機会にマリアに発されたキリストの命令はマテウスの寡婦に確信を与えたが，その委託の異常な性格が通常の女性説教職の前例としてはマグダラのマリアの価値を制限している．シュッツ・ツェル自身が，また明らかに少なくとも彼女の大半の聴衆と後の読者たちとは，彼女の夫の墓前における話しを受け入れ賞賛さえしたと信じていたが，しかし，明らかに一般的な規則に対する例外としてであって，他の女性のための模範や正式の職務としてではなかったのである．初期プロテスタントの教会規則には葬儀に関する明確な規定がなかったので，墓前の説教が他の「説教壇からの」説教とまったく同じものではなかったことにも注目すべきである．ストラスブールが，1537 年に，非常に簡素な墓前礼拝を再導入したとき，それは聖書［朗読］，慰めの勧め，終わりの祈りしか含んでいなかった．

　後に，シュッツ・ツェルは同じ墓前の説教の中で再びマグダラのマリアとマテウス・ツェル自身を同じ信仰を告白するキリスト者仲間として言及しているが，彼女の信仰は，マグダラとツェルの信仰そのものであり，彼女はその声となって代弁しているのである．ここでは，彼女が公然と語ることは，明らかにマグダラのマリアが告げ知らせた使徒たちの信仰証言として理解されており，彼女はその信仰を夫とも共有していたのである．彼女が集まった会衆に語り続けたことは確かに説教の形を取っているが，本質的には教会の共通の［信仰］告白かカテキズムの反復として形作られている．このことはどれもシュッツ・ツェルの説教に立ち上がる大胆さを教示しておらず，その行為を例外的な状況に据えており，しかも彼女がそのために（表面的に）要請しているのは，きわ

第 13 章　カタリナ・シュッツ・ツェルの思想における女性, 信徒, 言語

めて伝統的なカテキズム教育の枠組みなのである.

　数年後, シュッツ・ツェルは成熟した女性信徒として女性の説教の問題に関して, 結局は出版されることになった個人的な書簡といくつかのテキストの中にそれを反映している. その最初のものは 1553 年 10 月 19 日のシュヴェンクフェルト宛ての長い書簡（知られていない論文）である. 彼女とラブスとの論争を描いた魅力的な文章の中で, シュッツ・ツェルは, 彼がキリストを正しく説教してキリストを愛する人々を中傷しないならば, 喜んで彼の説教に出席したいと説明している. 彼女はさらにラブスと彼女との信仰教育に関して比較している.「わたしは今では最早ミルクが必要な, イロハを練習する若い学童ではありませんが, しかし, あなた［ラブス］が砂場で遊ぶ子どもだった頃には, わたしもすでに長く学んできた老学徒だったのです. あなたがまだ火を灯す（kalafactor）学生だったときには, わたしはすでに修士さま（magister）だったはずです. どうかこうした冗談をお許しください！」. この magister-kalafactor という表現は学者を茶化すジョークである. Magister は高い学位の称号で, 大学の法律, 神学, 医学の三学部では博士号と同等であった. この手紙が書かれ, ラブスとシュッツ・ツェルが彼の学問的願望について言葉を交わす, およそ七か月前にすでにラブスは神学を終了して博士号を取得していたのである. この記述は疑いもなくそうした対立をある程度描写している. Magister は（たとえば造船技師のように）そのためには実践的な徒弟身分の準備が必要な他の専門職では幾分非公式に用いられえたのである. Kalfactor とは, 元来暖房のために火を起こす低い地位の学生のことであったが, シュッツ・ツェルがその言葉を用いたときまでは, magister-kalafactor という組み合わせで, 学問の世界では高低の地位を示すようになっていたのである.

　シュッツ・ツェルの歯に衣を着せないジョークは, ラブスが大いに自慢していた博士号よりも, 他の形の宗教的訓練の可能性に対する彼女の信頼を例証している. 彼女は続けて彼女の信仰の「修士」であるという主張を正当化している.「わたしは今や 48 年以上聖書と信心の問題とを実習してきたし, 神の恵みの邪魔をせず, 詩編［1 篇 1 節］に従って, 年輩の聖職者に聞いて, 彼らをわたしの助言者とし, 10 歳からマタイによる福音書 9 章「6-17 節], マルコによる福音書 2 章［22 節］にあるように,［新しい］ぶどう酒の器だったのです. また, わたしは決して聞き飽きたり, 学び飽きたりせず, わたしの愛する敬

虔な夫の死去の（わたしには悲しいが彼には喜ばしい）日までつき従ってきたのです」．シュッツ・ツェルの知識の源泉についての説明には，個人的な学びとともに良い教師たちへの注意深い傾聴が含まれる（彼女が，たぶん実際はラプスと彼の友人たちと比較して，マテウスの世代を意味しているのであろうが，マテウスを良い教師たちの最後と見なしていたと思われる．他のところで，彼女は聖霊が彼女に教えてくれたことと昔の宗教改革者たちが御霊を通して教えてくれたことを知っていると語っている）．

その後，この信徒「修士」は自分の説教者としての資格とその能力とを実行する点での自制を説明し続けている．「今やわたしは他の人々を教え，年老いたアンナのように，救いを待ち望む人々にキリストについて預言し，主を讃美しなければなりません（ルカ 2：36-38）．しかし，わたし自身は（聖パウロの教えに従って）適切に，男性の職務のもとで行動するのですから（Ⅰコリント 14：34，Ⅰテモテ 2：12），それが真理である限り，他の人々に聞いて忠告を受けたいと思います．それが真理でない場合には，わたしはあなたに語り，沈黙せず，あなたの間違った説教と無実な人々に対するあなたの中傷とを指摘し，また，あなたに応えるつもりです」．聖書のアンナのモデルによれば，彼女は神殿でキリストを公に宣べ伝えた成熟した信仰的女性であったが，シュッツ・ツェル自身も信仰上の知識を十分もっていたので，他の人々に教ええたのである．それにも拘らず，彼女はこの公的に説教する能力を，パウロの指示（特にⅠコリント 14：34）が女性を男性の教える務めに従属させているために，活用しなかったのである．シュッツ・ツェルは貧弱な説教者たちに直面して気が進まなかったにも拘らず，従順であった．この気乗り薄さが彼女の夫の職務を延長させなかったのは，彼女が夫の教理と実践を誠実なものと判断していたからであるが，しかし，純粋な福音から顔を背けてしまった彼の後継者と他の第二世代の者たちに対するシュッツ・ツェルの態度には明白なものがあった．最終的には，公然と語る責務の反響がその議論を仕上げている．この場合，二つの動機が結び合わされていると思われる．聖職者の過ちを正すことは（彼らの同僚がそれをしない場合）やむをえず彼女の責務となるが，それは虚偽に対して公然と語ることが，キリスト者としての彼女の責任であるのと，ちょうど同じなのである．

後にシュヴェンクフェルトに対する同じ手紙の中で，シュッツ・ツェルは，

第 13 章　カタリナ・シュッツ・ツェルの思想における女性，信徒，言語

通常の制度の「外側の」人々によって行使されるもう一つの公的な権威の源泉，すなわち，特殊な啓示か継続的な啓示への訴えを取り扱っている．ここで彼女はシュヴェンクフェルトの弟子たちの特別な啓示の主張に対して論じ，誰か人間の教師を認める少なくとも一人（またはそれ以上）の拒否には反対している．シュッツ・ツェルは，特別な「霊感」は教えるための資格ではないし，人間の教師をもたないと主張する者は，実際には悪魔によって教えられているかもしれないことを明らかにしている．説教のための知識や権威の代替的な源泉としては継続的な啓示もなければ神秘的な幻もないのである（ここで彼女がヨエル書 2 章 28 節を自分には決して利用しなかった理由が明らかとなる．聖書の教え以外の御霊の特別な唯一の働きは本質的にはバラムのろばのように懲戒のためであって，新しい内容のものではないのである）．

　それで，シュッツ・ツェルの女性や信徒のキリスト者による説教する権威に関する議論は，聖書の知識とキリスト教的成熟に基礎づけられている．こうした権威の見解に関する一つの推論は，宗教的な知識の共同的な性格であり，キリスト者がそれぞれ他を必要としていることである．学ぶ必要の一部分は個人的な学びで満たされるが，それは通常人間的な道具や代理者とも結びついている．このように，シュッツ・ツェルは，女性と信徒が説教するために必要な個人的な資質を査定する彼女の宗教的知識の理解に，正確に言えば彼女が任職された者の説教を評価するのと同じ方法に服従しているのである．その両方にとって基礎となるのは，特別な賜物や啓示や大学の高度な訓練ではなくて，聖書の知識と経験なのである．しかし，このことが聖職者をも信徒をも限界づけているのである．正式な学問的な学びは，説教者の資格を授ける知識獲得の十分な手段でもなければ必要な手段でさえない．シュッツ・ツェルは聖書の実例に訴えて，神を喜ばせた説教者の中には，この世ではまったく取るにたらぬ者とされた人々であったが，彼女はその人々の中に，女性をも想定していたと思われる．

　シュッツ・ツェルのさまざまな評言から生まれる女性の説教に関する議論は，次のようなしかたで纏められ得る．男であれ女であれ，ある人々が教えたり説教したりできるのは，彼らが信仰を学んでいるからである．この学びは学問的なものでも抽象的なものでもない（それはラテン語や大学教育を必要としない）が，しかしそれは，単なる思慮のないオウム返しでもないし，聖書のオ

ウム返しでさえない．学びの基本は聖書の知識であるが，それは数年に亘る個人的な研鑽と公的な説教と，個人的であれ印刷物によるものであれ最良の［聖書］解釈者との相談で十分に成熟すると考えられている．それは実存的な要素をも要求しており，実践的で，キリスト教的な愛の実行をも含んでいる．これが信仰を説教したり教えたりする人に資格を与える類の知識なのである．アンナは聖書に名前が挙げられた数多くの男性と並ぶ聖書の一女性なのである．説教者となるために必要なものについてのこうした規定は共有される必要がある．共同の教育と矯正を拒否する個人主義は除外される．そこには聖書に加えてもう一つの情報源という考えもある．しかしながら，人が説教者や教師として資格を与えられる事実にはまだ不十分である．それは必然的に，その職務に召されていることを意味しない．この点で，シュッツ・ツェルの強い聖書的確信は，たとえその議論は，聖職者がその義務を果たし損ねたときの必要から一時的に叱責したり説教したりすることを支持し続けたとしても，任職されて通常の職務に就き説教する女性の権利を実際に先立って主張させなかったのである．

　女性の説教に関するシュッツ・ツェルの見解のこうした概要は，この主題に関する比較的少ないその後の意見と彼女自身の行動とによって確認される．シュッツ・ツェルは，教会と彼女の夫のためにトラブルを起こすというラブスの非難に対し自己弁護して，二回「説教壇に立つ」，つまり，任職や通常の説教職を求めることを否定している．最初に彼女は自分の非常に努力を要する牧会的職務を叙述することから始めている．「それですから，わたしの愛する夫も（非常にこれを喜んでいたのですが）一度はわたしを彼の補助牧師とよびました．もっとも，わたしが実際に説教壇に立つことはありませんでしたし，それをわたしの務めとする必要もありませんでした．わたしは［ツェルの］時には信仰的な妻に対する聖パウロの規則に従って生活し，彼もわたしを慈しんでくれたのです」．ここのパウロの規則とはたぶんコリントの信徒への手紙一 14 章 34 節を含んでいると思われるが，シュッツ・ツェルは，キリスト者の夫婦を述べるエフェソの信徒への手紙 5 章 22-24 節，コロサイの信徒への手紙 3 章 18 節，テトスへの手紙 2 章 5 節のような章句を意味していた可能性が高い．

　「説教壇に立つこと」の二度めの言及は，（少なくとも）彼女が自分の夫のために「トラブルを起こした」と考えられるいくつかの方法を挙げる文脈で出て

第13章　カタリナ・シュッツ・ツェルの思想における女性，信徒，言語

くるが，そうしたことをしたことを否定している．「どうしてわたしが彼にトラブルを起こしたのでしょうか？　わたしがその福音を否定したのでしょうか？　わたしがその説教壇に立ったのでしょうか？　それとも夫に対してトラブルを起こすような何かキリスト者の妻に相応しくないことをしたのでしょうか？」．注目すべきことに，彼女がトラブルを起こすと考えたものはきわめて短く，背教，叙任願望，妻としての不適切な行為である．確かにここに挙げられた第三点は融通の利く類のものである．マテウス・ツェルとともに，キリスト教的な妻に相応しいことをなすことは，ラブスが彼の妻に期待したり，我慢したりするものとはもちろん非常に違うであろう！　たぶんここで最も意義深いことはシュッツ・ツェルが最初の引用で，彼女自身の「仕事」や務めに言及していることである．任職は彼女の職務，つまり彼女の牧会的・教育的召命に必要なかったのである．

　この注目すべき信徒改革者を考えて見ると，女性（と信徒）は通常既成の説教職に召されてはいないが，通常の基礎に基づいて「非公式に」教え得るし，教えるべきなのであり，必要な場合には「非公認で」説教し得るし説教すべきなのである．教える役目は誠実なキリスト者であることへの召しと並行するが，それは信仰に精通している者には特別な義務なのであり，女性にも男性にも属する責任であり権利なのである．女性の沈黙に関する規定は，聖職者を叱責するものであれ彼らと交代するものであれ，キリスト者が隣人愛をもって活動すること妨げるものではないのである．

　シュッツ・ツェルは，彼らの会員の二人，1562年3月にはフェリツィタスを，6月にはエリーザベトを葬ることをシェール家の家族から頼まれて応えたときには，こうした確信に基づいて行動したのである．その聖職者たちは，これらのシュヴェンクフェルト派の者が信仰から離れ落ちたとは言わないで執行するのを拒否していたのである．シュッツ・ツェルは，その背教という非難を事実に反しており，その聖職者たちの態度を愛に欠けるものと見ていたので，その墓前で説教することに同意したのである．彼女が二度めにはその聖職者たちをまったくあからさまに批判し，彼らも代わる代わる彼女を説教壇から攻撃したのである．決定的な点は隣人愛であるが，それは聖職者の説教義務を認めて，もし，彼らがそれを実行し損ねるならば他の人がそれをおこない得るという必要に迫られた議論と結びついている．シュッツ・ツェルは，ラブスとの自

分自身の経験を思い起こしているのかもしれない．「わたしはここに，さらに100 ものこうした聖書的な言葉やそれを数えることがおできになる天父の約束を差し出すことができるのです！　わたしがあなたにこのようなことを語らなければならないのは実際恥ずかしいことです．あなたこそそれらの言葉をわたしに語り，指摘して，キリストの力でわたしの信仰を慰め強めてくださるべき時だからです」．聖職者は彼らの民に神の言葉をもたらすように召されているが，しばしばそうすることに失敗するのである．シュッツ・ツェルは，非正規の代理人が，たとえ説教でも，正規の任務を果たすためには何らかの権威付けとして牧会的必要を認めていた．もちろん，そこには代理の説教者が聖書をよく知っていなければならないという暗黙の但し書きが付いているのである．聖職者の非牧会的な行動を叱責することは信徒の行動を必然化する一つの状況であるが，それは 1562 年 6 月における彼女の墓前でのスピーチの一部分であった．しかし，聖職者が御言葉の奉仕者としての責任を遂行し損ねた場合には，（適任の）信徒キリスト者が行動してよいし，行動しなければならないのである．

　シュッツ・ツェルは，シェール家の姉妹の墓前での説教でも矛盾していなかった．彼女は男性に割り当てられた職務を奪うためではなくて，シェール家と聖職者の双方を彼女の隣人として自分自身のように愛せよという誡めを実行するために説教したのであった．愛はその義務に失敗した者には叱責を意味し，必要な者には神の言葉で慰めることを意味する．必要な場合には，適任の女性や信徒が，その職務に通常は任職されていないとしても，説教してよいし，説教しなければならないのである．

第 14 章

カタリナ・シュッツ・ツェルの肖像

—— 彼女の自己理解と同時代人たちの見方

　ある人自身の打ち明け話は，何世紀も時を隔てた人の筆をとおして屈折すると，たぶんそれは印象派の絵画に似たものとなり得る．その絵画では色の点々と主題とが独創的な画家によって点描された自画像という形で，あるいは友人たちのためのペン描きのスケッチという形で提供されるが，どれ一つ完全なものはないのである．後の子孫による整理やあらゆる断片から一つの画像を作り出す企ても完全ではありえないが，原画の感触をある程度与えることができる．あるいはさらによいのはたぶん音楽的なイメージであろう．多くの小さなメロディーが旧態依然の楽譜に，しかも紙切れや他の譜面の欄外に書き込まれるが，それはくり返し別の調べや音階で演奏され，ついにはその主題が拡がり始め，集結部や装飾音が，予期しないヴィブラートや深く感動的な弦，いったん共鳴するや，突然「失せた弦」から次第に意味ありげな様式に編曲され，従来の耳障りな不協和音から歌の音色が姿を現すように思われるのである（あるいは，練習曲に没頭した聴衆の空耳かもしれないが）．

　カタリナ・シュッツ・ツェルの思想のすべての側面，とりわけ女性と信徒のキリスト教的召命に関する彼女の見解は，彼女自身が描く自画像の一助となることは明らかである．その上，シュッツ・ツェルが彼女自身の観点のために一つの枠組みを提供している文書の明らかに自伝的な部分に加えて，彼女はある特別なしかたで自分自身を描いたり，その宗教的な個性を表現しており，これらは彼女の陳述や思考のより広い文脈において最もよく理解されるであろう．彼女の個人的な経験は非常にはっきり彼女自身のものと主張されているが，こ

の信徒キリスト者は決して他の人々から分離して生きているとは考えていなかった．このように，彼女の同時代人たちが彼女について語るしかたも，彼女自身の自己理解や召命への確信に影響し，しばしばそれを要求したのであり，そうした他の人々とのやりとりが彼女自身やその職務についての見方をはっきりさせる一因となったのである．

　シュッツ・ツェルの自己理解を叙述することは，ほぼ上で暗示した二つのイメージの形をとり得る．すなわち，肖像画を描くことと複雑なメロディーを描き出すことである．絵を描くことは，その宗教的独自性の骨格をなしている彼女自身の生活に関する記述から始まる．これらのペン描きスケッチは他の所見，とりわけ女性信徒改革者が自ら名づけたり記述した特別な方法によって肉付けされ得る．これらのあるものは，聖書の人物への言及のように，容易に確定され，全く単純に理解され得る．「教会の母」という称号のような他の自己同一視は同様に指摘しやすいが，解釈はそれほど単純でないし，その意味はその文脈やシュッツ・ツェルの伝記や思想の他の側面から集めなければならない．音楽的類推がより有効なのはこの第二種の言語という点にあるが，それは聖書の人物への特有な言及をいったん過ぎてしまうと，他の名称の意義が少なくとも現代の読者にとってきわめて不明瞭になるからである．

　シュッツ・ツェルが自分をなぞらえている聖書の人物は，たいてい特別な賜物をもった理想か模範であり，彼女が自分自身に授けた他の名前は機能か「職務」を表している．もっとも，少なくとも一人の聖書の女性であるアンナは賜物と職務の両方を体現しているように思われる．また，女性は教会で何ら職務上の立場をもっていなかったので，「職務用語」は語り手にとってではなくて，少なくともその解釈者にとっては曖昧にならざるをえない．彼女の同時代人のある者はシュッツ・ツェルを特別な聖書の女性たちと比較しているけれども，彼女の批判者たちを最も苛立たせるのは，当然，ある「職務」への権利要求であった．この女性信徒が（最初のプロテスタント宗教改革者との）「同労者」とか「教会の母」という称号によって何を意味したかを明らかにすることは，それゆえ，彼女の文書にある音楽の小節を何度も演奏してその旋律を見つけるか，少なくとも彼女自身と彼女の召命を洞察させる歌として聞こえるような主題の反復を見つけることになるであろう．

　このようなシュッツ・ツェルの自己理解の説明は彼女の慎重な自画像，すな

第 14 章　カタリナ・シュッツ・ツェルの肖像 ── 彼女の自己理解と同時代人たちの見方

わち彼女の宗教的な生活の特別な自伝的記述をもって始まる．その第二の段階は，彼女が同一視する主として女性であるが男性も含まれる聖書的人物で，一種の順序だったカタログである．第三の最も長い部分は，彼女が生きたキリスト教的世界との関連で，彼女が自分に用いるさまざまな称号の説明である．これらの称号の調査は神からの委任をもって始まり，それから同心円の外側を移動し，最初に人生における最も緊密な伴侶であるマテウス・ツェルとの関係を描き，次に彼女が同一視した第一世代のさまざまな宗教改革者と彼女自身が距離を置かざるをえなかった第二世代の宗教改革者たちとの関係を描き，最後に教会共同体全体と彼女の関係を要約する称号に達することになる．別な見方をすると，本章はシュッツ・ツェル自身の個人的な宗教経験についての叙述を展開するものである．最初に彼女の召命と神との関係，それから聖書的・歴史的な聖徒の交わりにおける彼女の生活である．

宗教的自伝 ── 神の召命とシュッツ・ツェルの物語

　カタリナ・シュッツ・ツェルは，自分の人生を振り返ってみると，神の配慮によって支えられなかったり，神の計画によって方向づけられなかった地点を一つも見つけることができなかった．彼女の人生のパターンを彼女の記憶に従って概観することはできるが，まずその資料について一言して，彼女の子ども時代を一瞥し，それから彼女の宗教的生活に関する彼女の明確な記述に進むことにしたい．

資料と概観

　シュッツ・ツェルは「回心」と結婚のすぐ後に，自分の信仰を印刷して表し，自分の結婚についてその確信を証言したが，彼女の本当に数多くの自伝的陳述はたいていずっと後に現れている．これらを読む場合には，活発な奉仕の一世代が過ぎており，過去の自分に関する見地は当然すでにできあがった人となりによって形成されているということを覚えておかなければならない．それにも拘らず，それらが語っていることは長年経っても驚くほど一貫して変わらないのである．初期の文書と関係がある場合，後の記述は強固で知的できわめ

て熱情的な人物についての信頼にたる画像を提供することができる.

　シュッツ・ツェルがその物語を語るのは自分の信仰を擁護するためであり，それは（驚くほどたくさんの他の情報を含んでいるけれども）宗教的な自伝であるということも覚えておかなければならない．その物語の語り方そのものがこの信徒改革者が自分自身の生涯の中に読み込んだ意義にとって重要なのである．いくつかの転換点や特定の時期が際立っている．彼女の召命ないし神と宗教的な生活への最初の献身，福音への回心，ツェルと第一世代と一緒にした奉仕の務め，そして最後に寡婦としての継続的な奉仕の務めである．召命と積極的な個人的献身とに関する言及は多くの文脈で頻出している．第二の転換点である彼女の回心は二つの広範な章句に叙述されている．彼女の人生の重要な第3部であるツェルとの奉仕の務めはストラスブール宗教改革史の形で見出されるが，初期の多くの短い記述の中で論じられている．最後の寡婦時代は大部分の自伝的な章句が実際に書かれた時期で，物語を語ることを通じていわばその対位旋律として現れてくる．

　シュッツ・ツェルの自伝の基本的な文脈と概要は，特に初期の場合，多くの散在する言及から組み立てられ得る．最初にはっきり意識されたのは，神が彼女の生まれる前から，母の胎にある時から選んでくださったということである．それから両親の家庭とその後彼女の夫の家庭において若いカタリナがキリスト教的な訓練を受けて，それが彼女をこの世から神に転ずることを教えたのである．彼女は10歳から神への奉仕に引き寄せられ，専心し，人間的な主人から解放されてキリストのみに属するようになった．この献身は彼女の目にはきわめて重要であった．それは彼女の宗教的な歴史における第一の大きな転換点であった．彼女は若い時からずっと信仰的であろうと苦闘していた．この熱烈な努力の一面は神を喜ばそうとして絶えずいっそう熱心に神を探し求めたことであった．この敬虔な少女は教会の教えに絶えず従い，聖職者のよい助言を探し出すに従って賞賛され，女性の仲間を惹きつけ，ますます必死で魂の平安を求めようと努力したのである．神の使者であるマルティン・ルターによって宣べ伝えられ，マテウス・ツェルによって説教された「福音」は彼女と彼女のような人々にとって驚くべき賜物であった．新しい聖書ではなくてそれを読む新しい目が，新しい神ではなくてただキリストのみにある神の愛と救いの正しい理解が，新しい教会ではなくて教会をいかに認識すべきかという新しい理解

第 14 章　カタリナ・シュッツ・ツェルの肖像 —— 彼女の自己理解と同時代人たちの見方

を，新しい宗教的生活ではなくて宗教的で神に喜ばれる生活をなすものを規定する新しい方法をもたらしたのである．若い成人カタリナ・シュッツにとって，この使信は彼女のキリスト教的経験における第二の大きな転換点であったし，その後の彼女の人生にとって信仰生活の道筋を定めたのである．福音の説教とともに，聖性の意味についての新しい理解が生じたのであり，この聖性の一つの，最も驚くべき目に見える表現が司祭との結婚であった．カタリナ・シュッツの証言はその後マテウス・ツェルの職務上のパートナーとして実現され，そして彼の死後は寡婦として彼女の知る限りでの教会における神奉仕にささげられた．

自伝的な記述

　シュッツ・ツェルが意識的に自分の信仰を描くために書いたいくつかの明確に自伝的な章句がある．これらのいくつかは彼女の回心と福音のための活動とについていっそう直截な表面上の説明であるが，他のものは神との関係に関する内面的な反省をいっそうよく表現している．それらは長いけれども，彼女の人生のこうした特別な要約を引用するだけの価値はある．時間的に最初になるのは 1553 年のシュヴェンクフェルト宛てに書いた彼女の回心の記述であるが，それには神との関係に関する彼女の内面的意識の最も完全な表現も伴っている．特に後者はシュッツ・ツェルが私信ではどのように語るのかを例証している．このような個人的な用語の溢れんばかりの流出は彼女自身が出版した文書には現れてこないからである．

　1553 年の個人的な記述　論理的にはシュッツ・ツェルの召命，すなわち神との関係は最初にくるが，実際の手紙では二番めに現れる．

　　しかし，わたしは神に栄誉を帰します．神は憐れみをもってわたしを見，恵みの選びに従ってわたしを召し，わたしが理解と信仰と義と神の栄光とにいたるのを許してくださったのです．神が永続的な恵みと慈愛に満ちた憐れみとからなしてくださったものすべても天来のものですが，それらによって神は暗闇と死の陰に座していたわたしを探し出して，わたしの足を平和の道へと差し向けてくだったのです（ローマ 8：28 以下，詩 107：10, ルカ 1：79）．

彼女は高慢を責められて，自分は地獄の蛇による「アダムの堕落した子であり，ただ単に仲間であるだけではなくて，その一員であり，足台であり，汚れたぼろ切れ」であると答えている．それは彼女の原罪と自罪，特に不信と不信仰という主要な罪のゆえであった（創世 3：1 以下，エフェソ 2：3，ローマ 8：7）．しかし，その時神が，主イエス・キリストを遣わしてくださったので，彼女はその救いの働きをできる限りの聖書的な讃美の言葉をもって絶賛するのである．そのようにして，彼女はキリストの御業によって勝ち取られた贖いを叙述するのである．

　そこで，わたしの誇りは，わたしが信仰的なサラの子であり，主の祝福された者，神の子，御子イエスの花嫁にして相続仲間，聖霊なる神の清い宮にして神殿，永遠の命を得てすべての聖徒と共に天来のすべての良き物に与る者であることです．それこそわたしの栄光であり，名誉であり，喜びであり，わたし自身ではなくて神とキリストにある天来の誇りであり光栄であります．父なる神は（だれにでも与えられない）御子キリストへの信仰の賜物をわたしに与えてくださいましたが，それはただ神の恵み深い愛から出たものであり，わたしの側の才能や美徳から出たものではありません（ヘブライ 11：11，ローマ 8：16-17，Ⅰコリント 6：19，エフェソ 2：19，4-8）．

シュッツ・ツェルは，ここで神の選びと恵みと召しと彼女自身の罪深さと養子の賜物とに関する彼女の自覚を表明している．彼女自身の中には，恥と罪としかないが，父・子・聖霊なる神の中には彼女の救いと喜びと誇りとがあるのである．

この宗教的な自伝的記述の第 2 部は，シュッツ・ツェルの回心についての最初の完全な叙述である．

　わたしは若い時から神がわたしに与えてくださる知恵を熱心に探し，祈り求めてきました．わたしの父の家にいた子どもの頃から神はわたしの心の中にこの世を蔑み，神の宗教に専心する礎石を据えてくださいました．わたしがローマ教皇制のもとで大真面目でなしたこと，その「無知」の状況において大きな肉体の痛みと心の不安の中で天への道を見つけ出そうと多くの聖職者と信心深い人々を捜し出しました．そのことについてはそれ以上申し上げません．その

第 14 章　カタリナ・シュッツ・ツェルの肖像 ── 彼女の自己理解と同時代人たちの見方　*415*

時，主は非常に驚くべきことにわたしを導いてくださったのです．その後，主はわたしを「不安」の中に置き去りにはなさいませんでした．主はわたしに，また大勢の哀れな悩める良心の持ち主に，愛する，今や祝福されている（とわたしが信じる）マルティン・ルターを遣わしてわたしの誤りを指摘し，わたしが安らぎを見出すことになるキリストへと進むように指導してくださったのです．それから，神は，わたしが以前閉ざされていて理解できなかった聖書を把握できるようにわたしの理解力を開いてくださいました．それから，小羊が七つの封印の書を開いて，わたしの理解不足を取り除いてわたしの心に「安らぎ」を与えてくださいました（マタイ 11：29，黙示 5：1，5-9）．そのようなことが，多くの殺人者が巣くっている荒れ果てた森の中で道に迷い行き暮れていた者に起こったのです．神はその人を森から導き出して正しい道を示す天使として遣わしてくださったのです．そのように，わたしは自分自身の考えでそうしたわけではありませんが，わたし自身よりも神の御心をいっそう喜ばそうとしたのです．また，神はわたしの心に聖霊を遣わして，神の使者たちに外部の文書や言葉でわたしを教えさせてくださいました．そのようにして，時とともにますますわたしはキリストの知識に近づき，もはや受身でも不承不承でもなくて，あなた［シュヴェンクフェルト］や他の神の「学者」を探し出し，愛し，耳を傾けて，誰の教えと勧めにも心を閉ざしませんでした．

　この記述は人間的な代理者によるこの時代における神の活動に関するシュッツ・ツェルの強い意識を明らかにするが，その活動はキリストの死と復活や聖霊の働きを通してもたらされる神の永遠の選びを補完するものである．この第 2 部は聖書と目に見える聖徒の交わりとを強調しているが，シュッツ・ツェル自身の応答と責任をも明らかにしている．それは功積でも受身でもなく，成長し学び，導かれ教えられようとするが，神の教えの人間的使者に向かっては敬意をもって自立性を保つキリスト者なのである．

　1557 年の公的な記述　シュッツ・ツェルが特に公表するつもりで書いたもう一つの慎重に組み立てられた自伝的章句は，これらの個人的記述の数年後に現れた．それは彼女の仲間のストラスブール市民のために略述した非常に長い公的な物語であるが，たぶん彼女の人生の異なる側面に光を当てる二つの記述の結果として最もよく理解され得るであろう．それに加えて，彼女の召命と，彼女自身ではなくてキリストの栄光を表すこととに関するもう一つのもう少

し簡単な叙述がある．ここでも神の召命に関するシュッツ・ツェルの確信をスケッチしたより内面的な画像から始めるのが道筋であろう．

　　　わたしは［自分自身の栄光を］探していないし，探し求めてきませんでした．自分自身の中には栄光とすべきものを何一つ知らないからです．わたしがなしたことは主がわたしにおいてなしてくださったことなのです．主はわたしを子どもの頃から引き寄せて，わたしが主のぶどう園で働くように，1グロシェン［2ペニー］で雇ってくださったので，働かなければなりませんでした．主は他の女性よりも多くのことをわたしに課しましたが，他の人よりも主の秘義について多くの理解，願望，喜びを与えてくださったので，主からすべてものを受け，もしも主キリストがわたしを新しく生んで，別物にしてくださらなかったならば，自分自身には罪の他に何もなく，善ではなくてあらゆる悪に傾いた全く腐敗した性質の持ち主のままでした．

　ここでも，神の純然たるイニシアチブが明白であるが，そこには神への完全な強い帰属意識とともに，その帰属のための賜物と代価との承認が伴っている．ぶどう園のたとえへの言及は意義深い．シュッツ・ツェルは自分自身を最初に雇われ，一日中働いたが遅れてきた者と同じ賃金を受けた労働者と明らかにみているからである．より重い荷物とより多くの賜物への言及はこれを調整する一つの方法であるように思われるが，（そのたとえが述べているように，「まる一日，暑い中で」）生涯に亘る奉仕の取り組みとともにたくさんの神との交わり，神の秘義に与る喜びも伴ったことを示している．

　シュッツ・ツェルは彼女の仲間である市民たちのための最初の記述（あるいは拡大された自伝的スケッチの第1部）を神の召しへの讃美をもってはじめている．

　　　神の特別な恵みと身に余る愛から，［神は］貧しい女性であるわたしを，神の聖なる真実の知識へと召してくださいました．そうです，わたしの若い時から御許に引き寄せてくださったのですから，わたしが神の聖なる御名をほめ，讃美し，常にその愛と慈しみを語ることはふさわしいことなのです．わたしは今までそうして来たし，最後までこの弱い苦闘する［戦闘の］教会にあって，そうすべきだし，またそうしたいと願っているのです．それからわたしはすべて

第 14 章　カタリナ・シュッツ・ツェルの肖像 —— 彼女の自己理解と同時代人たちの見方

の天使と聖徒の交わりである勝利の教会において永遠に（ユダの種族のライオンであり，ダビデのひこばえである，詩編 103 篇 1 節，ヨハネの黙示録 5 章 5 節）神の小羊に栄光を帰し，告白するつもりです．神の宮における聖なる老女アンナと共に，わたしは主を讃美し，御子キリストのことをわたしとともにその贖いと輝かしい現れを待ち望むすべての人に語り伝えるのです（ルカ 2：36-38）．

　次に，シュッツ・ツェルは自分の人生をできる限り短く要約していると思われるものを与えてくれる．「それから主は母の胎からわたしを引き出して若い時からわたしを教えてくださったので，〈主の教会とその家族の世話〉とに勤勉に励み，喜んで絶えず働き，わたしの理解の量りとわたしに与えられた恩恵に従って，ごまかしなしでそれに誠実に対処し，イエス・キリストに由来するものを熱心に探し求めてきました（ローマ 12：6，エフェソ 4：7）」．
　その後，その物語はこの活動的な奉仕の務めが実際的な諸条件のもとで，どのように実現されたかを叙述し続けている．

　　わたしが若かったとき，すべての教区の司祭やその教会に関わった人々がわたしを愛し，心配してくださいました．それゆえに，わたしの敬虔な夫マテウス・ツェルも福音の説教のときやその始めに，わたしを彼の「結婚の同伴者」として探し出してくださったのです．わたしもキリストの栄誉のため彼の「務め」と家事の管理とで彼に忠実な援助をしました．キリストもすべてのことが明らかにされる大いなる審判の日にすべての信仰者と不信仰者の前でこのことを証ししてくださるでしょう．（つまり，）わたしは女性の計りに従って活動したのではなくて，神が御霊を通してわたしに与えてくださった賜物の計りに従って誠実にまた単純になったので，大きな喜びをもって日夜働きました．あらゆる善意を尽くして，わたしの力，名誉，良き物をあなたがた，愛するストラスブールに与え，それをあなたがたの足台としたのです．なぜなら，わたしの誠実な夫もこのことをとても心から喜んで許し，そのためにわたしを愛して，わたしの不在のために彼自身の肉体的・家事的必要に欠けがあっても許し，共同体への贈り物としてわたしを喜んで遣わし，彼の死に際しても，命令としてではなくて，親しい要望としてそうした活動を続けるようにわたしに命じたのです．わたしもそのことに誠実に従おうと望んでおります．……今までわたし（自身）の大きな十字架と重い病を背負いながら，わたしは喜んで多くの人々に

相談や活動をもって仕えてきましたが，それは（神がわたしに授けてくださったものですが）わたしの資力に従ってなしたことであり，わたしも神の御前でそうせざるをえなかったし，わたしの夫が最後にわたしに託したことでもあり，わたしもそれが神にふさわしく神の命令から出たものであるとわかりましたので，喜んでその命令に従ったのであります．

　カタリナは結論として彼女とマテウスが神の僕としてストラスブールを誠実に愛して仕え，彼は30年間説教者として，彼女は若い時から死にいたるまで仕え続けると約束している．この叙述において明らかないくつかの重要な点は，たとえば他の女性と比較した彼女自身の自意識であるが，それはすでに取り上げられた．その他は，特にシュッツ・ツェルと夫との協力関係の理解とより広い教会共同体との関係の性格であるが，次に考察されよう．
　この長い自伝的な陳述の第2部は，彼女の子ども時代に関する簡単な序論をもってはじまるが，特にマテウスとの会話と奉仕の務めとについても注意をはらい，彼女の寡婦時代の論争にも言及される．最も興味深い部分は彼女の宗教的な経験，特に彼女の会話の記述である．

　わたしは10歳の時からずっと「教会の母」でしたし，説教壇と学校の支持者でした．また，すべての聖職者を愛して，多くの方々を訪ねて彼らと言葉を交わしましたが，それはダンスやこの世の楽しみや富やお祭りについてではなくて，神の国についてでした．そのため，わたしの父母や友人や市民や多くの聖職者にもたくさん質問したのですが，彼らもわたしを大変愛し，敬意を表し，気遣ってくださいました．しかし，天国に関するわたしの苦悩は大きくなり，激しい活動と礼拝と肉体の大きな苦痛との中にあって，どの聖職者からも慰めや神の愛と恵みの確かさを見出すことも手に入れることもできませんでした．わたしは霊肉共に弱り死にかかっており（ルカ7：2，フィリピ2：27），医者にかかって全財産と体力を使い果たしても悪くなるばかりであった福音書の哀れな女性（マルコ5：25-34）と同じ状態でした．しかし，彼女がキリストについて聞き，彼に近づいたとき，彼によって助けられました．それはわたしにとっても多くの苦悩する人々にとっても同様で，彼女たちはわたしと共に大きな「試練」の中にありましたが，この尊敬すべき高齢の婦人や処女たちはわたしとの交際を求め喜んでわたしの仲間となってくださいました．かつてわたし

第14章　カタリナ・シュッツ・ツェルの肖像 ―― 彼女の自己理解と同時代人たちの見方

たちは神の恵みについて不安と心配な状態でしたが，教会の多くの活動や儀式やサクラメントの中には平安を見出すことができませんでした．そのとき，神はわたしたちや多くの人々を憐れんでくださり，愛すべき祝福されたルター博士を目覚めさせ，言葉と文書によって遣わしてくださいました．彼は愛すべきしかたで主イエス・キリストをわたしや他の人々のために描き出してくださったので，わたしは地の深みから，実際に気味悪く耐え難い地獄から引き上げられて，気持ちの良い愛すべき天の御国に入れられたと思いました．それで，わたしは主キリストがペトロに言われた「わたしはあなたを人間の漁師にする．今から後，あなたは人々を獲ることになる」（ルカ 5：10）という言葉を思いました．それから，わたしは日夜神の真理の道（すなわち，神の子キリスト，ヨハネ 14：6）を捉えようと奮闘努力しました．わたしが我が身に引き寄せていた苦悩を，福音を知るようになり，それを告白して助けを求めたので，神にゆだねるようになったのです」．

その動きは，最初の献身に始まり，切なる学びと回心の賜物とをとおして，人々を獲る漁師への委託へと通じている．福音を知ることはそれを告白し，それを言葉と行為とをもって宣べ伝えることなのである．

シュッツ・ツェルは，この章句に続けて福音のための彼女の成熟した活動を簡単に描写している．彼女は結婚のために被った非難中傷について語ってから，彼女が手助けした活動に移っている．それは福音を建て上げ，亡命者を受け入れ，苦難に遭った人々を慰め，教会と説教壇と学校を支えるための手助けであるが，最後に宗教改革者たちを受け入れたり訪問したり，彼らの書物を読んだり，彼らの説教や会話を聞いたり，彼らと手紙を交わしたりしたことを十分見事に描いている．こうした第一世代の宗教改革者たちとの関係を描いた後に，ツェルの寡婦は自分が第二世代の聖職者のある人々，特にラブスによって何ら尊敬もされず，逆の流儀で取り扱われていることを説明している．彼女と同時代人とその後継者という二組の聖職者の対比は，シュッツ・ツェルの自伝的な文書のほとんどすべての背後にある原動力であり，彼女の自己認識を説明するしかたに影響を及ぼしている．

しかし，現在の目的にとっては，シュッツ・ツェルが彼女の仲間の市民と教会員に公に宛てたこの延長された章句やそれと対をなす自伝的な章句についてただ二つのことを指摘するのが有益である．一つは，信徒改革者の一生涯に

亙る召命は彼女の牧師との結婚によって始まったのでも終わったのでもないという画像を描いているということである．もう一つはこれらの頁がシュッツ・ツェルの自己認識の最も不確かなもの，すなわち「教会の母」に対する最初の導入と，ツェルの職務上の「結婚した同伴者」および彼の第一世代の同労者との同僚としての彼女の円熟期の召命についての手短な要約とを提供してくれるということであるが，それらの「職務」という称号は彼女の文書では他の部分でいっそう詳しく展開されている．しかし，これらの称号と彼女の同時代人に対するシュッツ・ツェルの関係を探求する前に，聖徒の交わりの聖書に出てくる人々と彼女との同一視を吟味することが適当であろう．上で用いられた比喩を続けるためには，召命上の歌の調べを引き出そうと試みる前に，これらの自伝的な章句に描かれている肖像画にもう少し明瞭な筆致を加えることが必要となろう．

信仰と実践のモデルとしての聖書の聖徒たち

シュッツ・ツェルが自分自身を似せるかそのモデルと考えた聖書の人物は，聖書が唯一の権威であったこの女性信徒改革者が自分自身をどのように考え，またどのような理想を自分に定めていたかを明らかにするのに役立つ．すべての聖書的人物はある意味で見習うべき信仰上の先駆者であるけれども，シュッツ・ツェルが個々の人物や関連で強調している著しい特徴を確認することができる．この議論の第一の主要部分はこの女性信徒改革者が自分自身のために探し求めていた（あるいは見ていた）聖書的な美徳の一種のカタログとして役立つものである．第二の部分は，シュッツ・ツェル自身の親近感を聖書的な聖徒の交わりをもって飾った聖人的な老寡婦アンナの個性と特徴とに関していっそう複雑な画像を描くことになろう．

聖書の人物と彼らの賜物

これらの聖書的実例の幾人かは神が一時的か永久的な祝福を与えるように働かれた一団の中の一員であることを特にさし示している．シュッツ・ツェルは1524年の『弁明』の中で，神がユディトとエステルと共にあって彼らの働

第 14 章　カタリナ・シュッツ・ツェルの肖像 ―― 彼女の自己理解と同時代人たちの見方

きによってその民を救おうとされたが，（彼女の夫とストラスブールの素朴な信徒とを弁護するこの際にも）彼女と共におられると確言している．彼女は二つの回心に関する記述において，彼女の選びと回心による癒しとを，特別の聖書の女性たちへの神の召しとキリストの憐れみと同様なものと見ている．1553 年には彼女は自分を他とは矛盾する幾人かの人物に似せている．彼女は信仰的なサラの娘であり，「アハシュエロス」の妻（ワシテ）の代わりに選ばれたエステルのようでもあり，あるいはハガルのイシュマエルに優って選ばれたサラの息子イサクのようでもあった．ここでは選ばれた者の一団と交わっているというシュッツ・ツェルの感覚がはっきりと現れてくる．1557 年に彼女はルターが宣べ伝えた福音を聞く前の彼女の状態を，長血に苦しみキリストに癒された女性同様と語り，その癒しを彼女自身の回心と同一視している．

　聖書の男女も人間的な重い病に苦しみ，慰めを求める仲間と実例として理解されている．シュッツ・ツェルは最後の子であった第二子死後〔彼女は二人しか子を産んでいないので〕，サラとリベカに与えられた子らに対して憐れみを願い求め，もしも子が与えられるなら，その子を神に献げるというハンナの約束をなしている．マテウスの死後，彼女は彼の遺体に付き添って墓地に行きながら，最愛のわが子の葬列に付き従うキリストの母マリアと自分を同列視している．それと同時に，カタリナは，復活についてマルタに与えられたキリストの言葉の慰めと約束とに与ることを喜び，それを今やまずマテウスに関して，しかし，彼女自身とすべての信仰者も含まれていると受け取ったのである．シュッツ・ツェルはインテリムによる教派的荒廃に直面して，宗教的な弾圧の支配下におかれて苦しむ彼らの国外追放された民のために嘆き悲しむエズラとダニエルとを自分自身と同じだと感じた．たぶん，苦難と活動の最も大胆なモデルはキリスト者として自分自身をキリストになぞらえていることである．大祭司の下役に打たれた時のキリストの模範に従う方向を経験したのに加えて，彼女は彼女に対するラブスの行為をもファリサイ派によるイエスの待遇と似ていると見ていた．

　シュッツ・ツェルは多くの聖書の女性たち（と何人かの男性）の中にさまざまな種類の行動のモデルを見ていた．これには肉体的困窮にある人々への奉仕と懲戒を必要とする人々への叱責が含まれる．マルタという人物は多くの奉仕で忙しい者には当然選ばれるが，キリストによってたしなめられたこの積極

的な活動的に家事を切り盛りする人に関するシュッツ・ツェルの肯定的な画像は，良い主婦に対する賞賛についての中世の釈義的伝統が想起されなければ驚くべきものであろう．もう少し不明瞭な女主人がラハブで，彼女はシュッツ・ツェルが亡命したブツァーとファギウスのストラスブールでの最後の日々を迎え入れて匿ったときに名を挙げたお手本であった．よみがえって，もはや地上の奉仕を必要としないことを知らないで，主の遺体に塗油しようと墓を訪ねた二人のマリアは，フェリックス・アルムブルスター卿のような友人たちに対する愛情に満ちた配慮のお手本であった．シュッツ・ツェルはあらゆる人間的配慮には限界があると気づいたときでさえ，マリアたちのように，できることを差し出すのは正しいと主張している．ただ神のみが本当に心を慰め（あるいは死者をよみがえらせ）得るが，神は人間を召し出して（塗油し，困窮する人々の面倒をみるという）外面的な奉仕に与らせるのである．ここでの要点は神が完全に充足してくださるという信徒神学者の確信とともに，神が人間を召してキリストの愛の務めに与らせるという矛盾した事実とにある．

　その職務に従って行動し損なう者たちを叱責することも，聖書の実例にならった重要な奉仕の一形態なのである．シュッツ・ツェルにとってこれらの最も明白な事例は，先に論じたバラムのろばの場合である．数人の男女もこの役割の幾分修正された形を示しているが，そこでは叱責が直接的な霊感によるよりも，むしろ学習によって知らされた勇気ある行為なのである．シュッツ・ツェルは1524年に，エゼキエルの言葉（sun des menschen の代わりに kind des menschen）に訴えて，高い地位にある者の罪に対して公然と語る信徒，すなわち「人間」としての彼女の権利を否定しようとする人々に応えている．彼女が中世カトリックの聖職者と世俗の支配者とを，その性的な不道徳とそれを懲戒しないということで批判した時には，自分をヘロデを叱責した洗礼者ヨハネになぞらえている．これらの初期の批判は「福音」の外部にある伝統的な攻撃目標に向けられているが，二人の女性，ユディトとアビガイルは信仰共同体内部の叱責のモデルとして役立っており，シュッツ・ツェルは1557年にラブスに反対して彼女たちを用い，ラブスを彼女たちの反対者に似せるしかたで際立たせている．ユディトは神の御霊が働くために時限を定めたことでイスラエルの長老たちを叱責したのであり，シュッツ・ツェルはラブスがストラスブール市当局に都市からカトリックを追放するための時限を設定したときに，彼に対し

第 14 章　カタリナ・シュッツ・ツェルの肖像 —— 彼女の自己理解と同時代人たちの見方

て同じ叱責をなしたのである．もっと明白なのは，シュッツ・ツェルがラブスの愚か者のような行動を赦してくださるように神に祈った場合で，彼女は夫ナバルの愚かさのために祈ったアビガイルをモデルにしているのである．疑いもなく，ナバルとの類比はイスラエルの長老たちとの比喩以上にラブスを怒らせたのである！

　聖書は学び，教え，説教する模範である女性（と男性）のモデルをも提供している．シュッツ・ツェルが 1524 年に引用している最初の人は学ぶことを求める者としてのシバの女王である．その例は大胆でいくぶん奇妙な章句で，そこでは彼女が進んで「ソロモン」のようなカトリックの論争家ヨハネス・コッホレーウスと神学を論じている．マテウスの若い妻はプロテスタントを攻撃するこのソロモンから，シバの女王のように知恵を求めていると言う．彼女は彼の信仰と業に関する二つの書物を読み，これに答えようとしていたのである．彼はラテン語でさらに博識な書物を書いていた．もしも彼が彼女のためにそれをドイツ語に訳したなら，彼女はそれにも応えたことであろう！　いったい誰が誰に教示しているのであろうか！　だが，そこには知恵が満ちているのだ．ずっと後の 1557 年に，シュッツ・ツェルは知恵を求めて祈るソロモンに自分を似せることができたのである．彼女は若い時から地上の富よりもむしろ知恵の初めである神を畏れることを求めていた．信仰のヒロインと信仰の人との違いを意識して，シュッツ・ツェルはこのソロモンへの言及を，自分はユディト，エステル，ヤエル，アビガイルやそうした女性たちの知恵を要望しているのではなくて，ソロモンのように神を畏れることを尋ね求めているということから始めている．この自己を意識する信徒神学者は，彼女を愚か者とするラブスの記述に対応するものであり，この世が愚かと見なす一種の宗教的な知恵を暗示しているのである．このように，シュッツ・ツェルは偉大な女性の指導者たちの名前を挙げ，彼女たちの才能を否認しているのである．ユディト，エステル，ヤエル，アビガイルといったヒロインはその民を救うための活動において傑出しているが，シュッツ・ツェルは彼女の役割に関してヒロイズムではなくて，神を畏れることを学ぶことへの願望であり，それは別種類の知恵であるが，それこそ彼女が要望したものであった．ヒロイズムと真の知恵とのこうした区別は，シュッツ・ツェルが実際には求めていなかった類の（賢い）女性たちによる教えと説教の聖書的なモデルにおいて明らかである．彼女はマグダラ

のマリアに対して使徒たちにその復活を語り伝えよというキリストの委託を，1548 年のマテウスの葬儀における彼女自身の説教の権威ある前例とみており，また，晩年には幼子イエスを神殿で迎えて賞揚した老賢女アンナにますます頻繁に言及している．

「説教者」アンナと寡婦の務め

　特に彼女が年老いるに従い，このアンナという人物（ルカ 2：36-38）はシュッツ・ツェルが最も頻繁に訴え，特別に彼女自身のものと見なしていたと思われる聖書のモデルとなった．また，この場合は聖書の人物が単に美徳の見本であるばかりか，教えと宣教と奉仕との務めへと展開された．そこではたくさんの糸が絵の中に織り込まれ，いくつかの聖書テキストがアンナの務めにおいて役割を演じて，現れ出ている．それを明らかにするためには，それに関連するテキストとそれらが結び合わされる伝統的な方法とを簡単に吟味することから始めるのが最善であろう．それに続いてシュッツ・ツェルがこれらの章句を挙げるか用いたさまざまな方法と彼女が織り込んでアンナの務めを発展させた方法とをより広範に吟味することとする．

　アンナと寡婦：テキストとその解釈　問題となる二つの聖書テキストはルカによる福音書 2 章 36-38 節のアンナ物語とテモテへの手紙一 5 章 3-10 節の寡婦の特徴とその役割に関する記述である．

　　ルカによる福音書 2 章［36 節］アシュル族のパヌエルの娘で，アンナという女預言者がいた．彼女は歳をとっていて，処女時代から 7 年間夫と共に暮らしたが，［37 節］84 歳の寡婦であった．彼女は神殿にいて，日夜断食と祈りをもって神に仕えていた．［38 節］彼女は［マリアとヨセフが幼子イエスを連れて来た］その同じ時に入って来て，主を讃美し，イスラエルの救いを待ち望んでいたすべての人に幼子について話した．
　　テモテへの手紙一 5 章［3 節］本当の寡婦を尊敬しなさい．……［5 節］独りで暮らす本当の寡婦は神に希望をおいて，日夜祈り続けているのです．……［9 節］寡婦には一人の夫の妻であった人で 60 歳以上の人が選ばれるべきです．［10 節］また，善き業をなす証人で，子どもたちを育て，親切で，聖徒たちの足

第14章　カタリナ・シュッツ・ツェルの肖像 —— 彼女の自己理解と同時代人たちの見方

を洗い，苦しんでいる人々には物惜しみせず，あらゆる善い業に励む人でなければなりません．

　シュッツ・ツェルのこれらのテキストの利用を見る前に，彼女が継承した解釈をみておく必要がある．
　ある特定の教会の一員として登録された60歳の寡婦に関する一連の指示は女子修道会の展開にとって一つの重要な証拠聖句であった．その結果，（良き寡婦が日夜祈り続けることをさす）テモテへの手紙一5章5節に関する論評は，しばしばルカによる福音書2章37節を相互参照箇所としていた．この二つのテキストが一緒になってその生涯を祈りに費やすアンナのような女性の働きが修道女を記述しているように思われたのである．プロテスタントはこのようなテモテへの手紙一5章3-10節の解釈を，釈義的理由と神学的理由とから反対した．5節は（通例伝統的な修道会に加わるような若い娘ではない）年輩の寡婦による祈りを語っており，中世の教会が知っているような修道女に関するものではありえないのである．それに加えて，プロテスタントは独身の誓約が特別な聖性の業であるという理念を否定していたのである．多くのプロテスタントにとって，テモテの章句は別の相互参照箇所，すなわちローマの信徒への手紙16章1-2節を持つようになった．そのテキストは貧しい者の世話をして教会に仕えた「奉仕者フェベ」について語っている．この活動は寡婦の活動に関する別な箇所の記述とも一致している．すなわち，教会に奉仕する実際の方法に関する［Ⅰテモテ5章］10節であるが，そこでは子どもたちを育て，苦しんでいる者たちを親切にもてなし，つまり，善をおこなうことが挙げられている．フェベはこれらのことをなしたし，それゆえにあるプロテスタントにとってその結びつきは寡婦のアンナとではなくて寡婦のフェベとであり，その任務ももはや修道女としての絶えざる祈りではなくて，女性奉仕者として，家族や愛する隣人の一員としての絶えざる奉仕であった．
　シュッツ・ツェルのこれらのテキストに関する言及を調べると，彼女が伝承のどの要素を主張し，プロテスタントが強調したどの要素を採用したかが明らかになる．簡単に言えば，シュッツ・ツェルはフェベへの言及を取り上げず，アンナと寡婦との結びつきを保持して，テモテへの手紙一の章句をアンナの働きに描かれている教えの務めに奉仕の務めを付け加えるため用いているのであ

る．こうした肖像の展開は，アンナに関する言及が年々増加して「非公式な職務」の図柄の中に織り込まれているので，非常に興味深い．

シュッツ・ツェルの思考における寡婦アンナの職務　シュッツ・ツェルのアンナに関する最初の明確な言及（1548年頃）はインテリムに反対するパンフレットの余白に現れている．アンナを女性のモデルにするようにいう著者の勧めの次に，この悲嘆に暮れながらも常に思慮深い寡婦は短い祈りを記している．「おお主イエスよ，あなたの御前では女性も男性もそれ自体は問題でありませんけれども，あなたにあって新しく造られた者としてください（ガラテヤ3：28，Ⅱコリント5：17）」．神殿で絶えず祈るキリスト者女性のモデルである聖書の女性像は大変伝統的なもので，一部はアンナに似せようとするシュッツ・ツェルの応答であった．彼女のガラテヤの信徒への手紙3章28節への言及は（この自立した女性には典型的であるけれども）大変魅力的であり非伝統的なものである．これは女性は女性の範例だけに（たぶん，男性は男性だけに？）自分たちを限定すべきではないという考えを暗に表しているように思われる．アンナはなるほどモデルではあるが，男性自体とか女性自体とかは重要でないのである．明らかにシュッツ・ツェル自身は聖書の男性も彼女の信仰のモデルであると感じていた．彼女は女性において賞賛される美徳のみに分類されるつもりはなかったが，確かに男性の著作家よりも頻繁に女性の名を挙げている．しかし，キリスト者は新しく造られた者であり，性や性別を超えているのである．ここには自分自身を伝統的な男性的規準に対してではなくて，神によって与えられた賜物に従って計ろうとするシュッツ・ツェルの主張の反響が再び聞こえるのである．それにも拘らず，アンナはキリスト者の奉仕の重要なモデルであり続けた．

アンナが次にシュッツ・ツェルの文書に現れるのは1553年で，それは注目を浴びる彼女の活動を主張するものであった．このプロテスタント女性信徒は年老いるにつれて，アンナのように信仰を学んでいたので，自分も他の人々に教えることができると信じるようになった．もしもパウロが公的な説教は男性の務めだと定めなかったなら，彼女はそうしたかったのである！　この議論は，キリストが神殿で献げられたときの年老いたアンナの行動の叙述にかかっている．彼女は「主が来られるのを待ち望んでいたすべての人々に預言し，主を讃美した（ルカ2：38）」のである．アンナは説教したのであり，シュッツ・

第 14 章　カタリナ・シュッツ・ツェルの肖像 ── 彼女の自己理解と同時代人たちの見方

ツェルも同じことをする資格があると感じたのである．こうしたアンナの働きを，神を讃美しつつキリストの救いを教え宣べ伝えたとする見方は，1557 年の彼女の仲間である市民たちに対する自己描写に従えば，この聖書の女性に関するシュッツ・ツェルのお気に入りの解釈であり続けたのである．しかし，そうこうするうちにシュッツ・ツェルは，アンナの画像にもう一つの要素，プロテスタントに好まれた寡婦の慈善的な奉仕に関するテモテへの手紙の章句から引き出された要素を付け加えたのである．

　1556 年の初めに，ラブスはシュッツ・ツェルを匿名で攻撃するためにアンナの性格について語り，彼女はこの聖書の特殊なモデルに関する彼女の解釈をもって応じている．彼女に届いた報告によれば，ラブスはアンナをほめた後に，老女たちはアンナがなしたように，人々が教会に来て説教を聞くよう勧めるべきであったのに，実際は逆に追い払っていると言ったのである（ラブスの見解は少なくとも祈るというアンナの役割に関する伝統的見解には一致していた［ルカ 2 : 37］．ラブスの書物では，説教ではなくて，人々を教会に誘うことが敬虔な義務だったのである）．シュッツ・ツェルは疑いもなくラブスの批判が自分に向けられていると思ったのである．

　　あなたがわたしをさしているなら（わたしは喜んでそう信じているのですが），わたしはこのように告白いたします．わたしは若い少女時代から今日まで，父の家でも，わたしの苦しい寡婦時代ばかりではなくて，愛する敬虔な夫と共にあった時にも，……わたしは愛するアンナと共に生ける宮，石造の神殿に仕え，それに関心を寄せ，主をほめたたえ，イスラエルの希望を抱くすべての人々に絶えず主について語ってきました．そうです，わたしは沈没状態にある追放されて病める神の宮を支えて労苦しつつ建て上げてきました．一方，他の説教者たちやその他の点では非常に福音的な女性たちが世俗的なことを追い求めていたのです．もっとも，彼らは巧妙な霊的な言葉で［自分たちの行為を隠すために］立派な外見をしてはおりますが．

　シュッツ・ツェルは続けて彼女のこの世の放棄を「苦しむ［人間の］宮」への奉仕と結びつけている．彼女は常に「外見的な宮の」集会に熱心であったし，「神がたとえ彼女に神の宮を課したのではないとしても，貧しい少年たちや見捨てられた孤児たち」の中で今もそうしたいと主張している．アンナと寡

婦たちを暗に結びつける一つの理由は，教会出席を献身の唯一の判断基準にしない自分自身を擁護しようとするシュッツ・ツェルの意図もあった．彼女は人々を妨げて彼の説教に行かせないというラブスの非難に反駁しているが，彼女自身の出席を制限してきた要因をも指摘している．しかし，ラブスと違って，シュッツ・ツェルはアンナを信徒たちに聖職者の語る説教を聞きに来なさいと言う，説教者に対する単なる助け手とは見なしていなかった．アンナ自身も教えているのである．

　要するに，この一節はアンナの働きについてのシュッツ・ツェルの見方を十分に描き出している．それは著しく彼女自身の務めの実践に似た響きを奏でている．明らかにアンナの召しには主を讃美し宣べ伝えることと，神ご自身である生ける宮への奉仕の務めとが含まれている．慈善的な奉仕の強調は，ルカの章句にはそれを暗示するものが何もないので，通例アンナとは結びつけられていない．彼女が寡婦であったという事実と，アンナとテモテへの手紙一5章10節（日夜祈る）との伝統的なつながりとがシュッツ・ツェルに二つの章句を自然に関連づけさせ続けたのである．今や寡婦の「女預言者」がテモテへの手紙一5章10節の苦しむ人々を助けて親切にした寡婦と結合されているのである．しかし，シュッツ・ツェルの考えが展開した正確な順序であったかどうかはともかく，テモテへの手紙一5章3-10節が彼女自身にとってアンナと公的に同一視するために非常に重要であったことには何ら疑いがない．

　1557年は，ちょうどラブス宛てのこの手紙が書かれた年であるが，シュッツ・ツェルは「寡婦の務め」をそれとなく主張しはじめた．テモテへの手紙一5章9節によれば，教会に仕えた忠実な寡婦が登録され尊敬されたのは60歳であった．1557年にシュッツ・ツェルは「ほぼ60歳」であったが，彼女はそれをその年に何度もくり返しているが，次の年にはすぐ自分は「60歳」だと言っている．ラブスの失礼な手紙に応答して立腹した以前の養母がこの若い説教者に想起させているのは，彼の待遇が，その善い業をもって教会に仕えた60歳の寡婦に対する相応しい敬意に関するパウロの指示（Ⅰテモテ5：3，10）に反するということであった．事実上，シュッツ・ツェルは尊敬された教会の寡婦に関するパウロの記述によって規定された地位を自分自身に要求している．彼女はこれをアンナの模範と結びつけている．彼女も年老いた聖なる女性のように，神の国を待ち望むすべての人にキリストについて語った人であった．

第 14 章　カタリナ・シュッツ・ツェルの肖像 —— 彼女の自己理解と同時代人たちの見方

そのようにして，アンナという聖書の女性とテモテへの手紙一の寡婦に関する指示とがシュッツ・ツェルの思考では一緒になって，その後彼女が教え・説教し・奉仕するという自分の召命理解を最も明確に規定するようになったと思われる．このような聖書の実例と指図との組み合わせも，この敬虔な女性指導者が教会において自分の「務め」に帰するようになった権威に対して，重要な洞察を与えてくれる．この聖書的な肖像に加えて，今やこの思慮深い信徒改革者が自分の奉仕の務めを理解した音楽的モチーフ，そのさまざまな「称号」の展開を吟味することが適切であろう．

宗教的な「務め」とシュッツ・ツェルの仲間たち

シュッツ・ツェルの自己理解にとって，聖書は最も重要な要素の一つであるが，もう一つ，彼女が教会において経験していた信仰共同体もあった．この二つは，聖徒の交わりの聖書的・歴史的側面として，もちろん関連している．前者は特別な美徳や特定の行為のためのモデルを提供し，後者は彼女の召命と「務め」の背景であるが，そこでは個々の聖書的な徳目がすべて一つの役割を演じている．

シュッツ・ツェル自身はたくさんの章句を用いてこの歴史的・宗教的な個性である彼女の「務め」について語っている．「人間をとる漁師」という記述は彼女の回心時に獲得され，信仰のみによる義認と信徒の祭司性との最初の召命的帰結に関する意識全般に適用されたと思われる．彼女が自分のために用いた他のいくつかの名前は，二つの同心円に分類され得る一種のかたまりを成している．第一の円の中心はカタリナの夫と牧師とである．彼女はマテウスの働きにおける「同伴者」であり，「貧民と難民の母」であり，彼の「補助牧師」であった．第二はツェルの同労者たちのもう少し大きな円である．シュッツ・ツェルは第一世代の宗教改革者たちの「仕事仲間」であった．シュッツ・ツェルが最も頻繁に自分自身のために用いた名前は，別な綴りもあるが「教会の母」であった．この称号は最も広く適用され，時間に関しては彼女のプロテスタントへの回心に先立ち，その脈絡に関しては聖職者の指導者ばかりか全キリスト教社会と彼女との関係をも表している．それは確かに最も曖昧な称号であり，他のすべての称号に照らしてのみ本当に理解され得るので，「教会の母」

は最後に吟味することになろう．

「人間をとる漁師」

　カタリナ・ツェルは子ども時代の最初から教会に深く没頭していたが，神が彼女を「人間をとる漁師」として召したという確信は，福音における新しい自由，信仰のみによる義認から生まれたと思われるが，それは他者のために祈り，他者と共に語る権威と，彼女のエネルギーを外に向ける良心の平安とを彼女に与えた．

　この若い少女は，自分自身の救いの確信を見出すことで長い絶望を経験してきたが，最後的には福音の伝令ルターによって恩恵の知識と神との平和がもたらされた．この実存的な認識は「主キリストがペトロに言われた〈わたしはあなたを人間の漁師とする．これからあなたは人間を捕らえることになる〉（ルカ 5：10）という言葉」を彼女に考えさせた．また，この福音を知るようになって，カタリナ・シュッツは残りの生涯を用いてその福音を告白し教える手助けとした．注目すべきことは彼女が人間をとるというこの称号の委任を神によって与えられたと聞いたことである．ある意味で，それはマグダラのマリアに対してなされた弟子たちにキリストの復活を宣べ伝える委任と並行している．

　「人間をとる漁師」として召されることは，この敬虔な若い女性信徒に他の人々の救いのための新しい責任感を与え，彼女の宗教的生活をいっそう外向きにさせた．彼女は自分自身と神との平和を確信していたので，その福音をすべての人々と共有するよう委任されたのである．若いカタリナ・シュッツが善行とサクラメントにはみな積極的に参加したにも拘らず，いわば公認された宗教的召命からはつねに外れていたことは覚えられてよいかもしれない．ところが，今やそれは意義深いしかたで変化したのである．人間をとる漁師という委託に加えて，あるいはむしろそれを部分的に成就するものとして，彼女はマテウス・ツェルと結婚し，第一世代のプロテスタントの牧師館を確立し，「牧師の妻」という新しく非公式だがきわめて重要な召命の雛形を造り出したのである．

第 14 章　カタリナ・シュッツ・ツェルの肖像 —— 彼女の自己理解と同時代人たちの見方

カタリナ・シュッツとマテウス・ツェル —— 職務上の協力関係

　カタリナ・シュッツとマテウス・ツェルとの関係は，彼女の成人期の務めの形成にとって決定的であったし，その内容にも重要な影響をもたらした．最初にカタリナを福音に目覚めさせて「回心」に導き，さらにその信仰告白が司祭との結婚という醜聞的な証言を意味するような決心に導いたのは，たぶんマテウスの説教であったが，それ以上にルターを自分自身で読んだことであった．シュッツ・ツェルは牧師の妻という新しい宗教的召命におけるパイオニアであったが，その「役割描写」を注目すべき独特なしかたで発展させたのである．ツェルの協力関係の主な特徴はマテウスがカタリナのために用いたと思われるいくつかの称号に焦点を合わせることによって記述されえよう．すなわち，「結婚の同伴者」「貧民と難民の母」「補助牧師」である．この一番めは，彼らの協力関係の一種の要約であり，他の二つはカタリナの牧会的な務め全般かその特殊な一面に関係している．ここでは，まず，その協力関係がツェル夫妻の結婚の基盤と性格および信仰上の一致に対するカタリナの主張に関連して述べられる．それから，彼女の牧会的活動のさまざまな側面が，最初に貧民と難民に対する配慮という（主に親切な歓待として示される）特に慈善的な活動，次に牧会的な配慮と教育というより広範な牧師の職務が吟味されることになろう．

　「結婚の同伴者」　カタリナ・シュッツとマテウス・ツェルとの結婚は相互の尊敬と相互依存という一生涯に亘る協力関係の基盤であった．「それゆえに，わたしの敬虔な夫マテウス・ツェルも，彼の福音説教のときやそのはじめに，わたしを彼の『結婚の同伴者』として探し出してくださったのです．わたしもキリストの栄誉のため彼の『務め』と家事の管理とで彼に忠実な援助をしました」．この「結婚の同伴者」という言葉は，マテウスがカタリナの中に探し求めたものを特徴づけるために彼女が用いたものであるが，その配偶者双方に共通な関与と目的とを最もよく表しているかもしれない．

　そうした結婚の確立は一種の神学的な声明であった．プロテスタント改革の初期に司祭が結婚することは，教会の権威の上に聖書の権威を置く証しであり，司祭の独身制という教会の伝統的な教えに対して聖職者の結婚を聖書的な

ものと主張することであった．尊敬すべき女性が司祭と結婚することは彼女にとって彼女の名声よりも彼女を新しい聖書の教えに深く関わらせるものだったからである．カタリナ・シュッツは，自分がストラスブールで最初に司祭と結婚した女性であると言っている（彼女はたぶん最初の尊敬すべき市民を意味しているのであろう．すでに数人の司祭が修道女や彼らの家政婦と結婚していたからである）．彼女はなぜ聖職者の結婚問題が彼女の関心事であったのかを説明している．「わたしはどれほど多くの魂が［教会の独身制の要求のために］悪魔のとりこになってきたし，今なおとりこになっているのを見るのです．それもわたしが聖職者の結婚を確立しようとした一つの理由でしたし，ストラスブールでは神の助けを得て，というのは，その当時わたしは結婚するつもりが少しもなかったにも拘らず，それを最初に認めさせることになったからです．しかし，わたしは［福音に］対する大きな恐れと激しい反対や［伝統的な聖職者たちの］ひどい不道徳を見ていたので，わたし自身がすべてのキリスト者を勇気づけて彼らに道を開くために［司祭と］結婚したのです」．シュッツ・ツェルの結婚理由は明らかによく考え抜かれたものである．彼女は福音を支持して，独身制に関する法令を守りえないために失われ行く人々を救い出すことを願っていたのである．

　カタリナはマテウスが同じ宗教的目的を抱いて結婚すると信じていた．確かに，彼女は何か特別な富や美しさを持ち合わせてはいなかった．彼女の魅力はありふれた精神的な献身であった．「［マテウスは］わたしを大変愛して大いに尊敬してくれましたが，それはわたしの美や富（わたしはそのどちらも多くは持ち合わせておりません）のためではなくて，わたしの熱意と活動と信仰とのためであり，それらはすべて彼がわたしたちの結婚の最初にわたしの中に探し求めたものなのです」．彼らの結婚を基礎づけた約束は物質的な優越ではなくて，宗教的な責任であり，福音のために迫害を受ける覚悟と隣人に仕える義務を考慮することであった．「わたしたちの結婚の誓約は持参金や支度金，つまり金や銀に関するものではなくて，キリストを告白するために受ける［迫害の］火と水に関するものでした．わたしたちは自分たちの体と名誉と財産とを供え物として神と御子キリストにささげ，［マテウスも］わたしが貧しい者と亡命者の母となるように勧めてくださったのです（詩66：12，ローマ12：1）」．シュッツ・ツェルはこれらの約束をすべて一生涯，（教会ではなくて）自分自身を困ら

第14章　カタリナ・シュッツ・ツェルの肖像 —— 彼女の自己理解と同時代人たちの見方

せたとしても，キリストとその福音とのために守り続けたと付け加えている．

　ツェル夫妻の信仰と実践との一体性は生涯を通じてカタリナの喜びであった．若い花嫁として，彼女はマテウスが妻を叩き女中をもてあそんだという噂話を含めて，結婚した司祭に向けられた中傷に対して弁護した際に，彼らの信仰上の交わりを描いている．「[マテウス]とわたしとが一つに結ばれていなかったことはほんの15分間も，つまりひと時もありませんでした」．多くの年を経て，彼の墓地の傍らに立ち，彼らの献身と信念との一致に基づいて，この寡婦は彼女の夫の信仰を公然と明確な言葉で述べている．「それがわたしのこの敬虔で今や天にある夫の教えと説教との要約であり，それはあなた方がみな彼から最後まで聞いてきたことなのです．……それゆえに，わたしはきょうわたしの愛する夫と共に，また夫に代わって，またマグダラのマリアと共に『主はわたしたちすべての者のために本当によみがえり，生きておられます』と言うのです」．

　シュッツ・ツェルは，1553年にシュヴェンクフェルト宛てに書いたとき，ツェル夫妻が常に保っていたほとんど完全な調和について述べている．「わたしは何一つ，特に精神的な事柄について，わたしの愛する夫に秘密にしたことはありませんでした．わたしたちは常に，初めも中頃も終わりにも，一緒にいる限り，たいてい聖書に従って同じような理解と判断をもっていたからです」．シュッツ・ツェルが一致を損なわないような些細な相違をもためらわず指摘していることは注目すべきことである．数年後のラブスへの手紙においてもこの声明は少しも変わっていない．マテウスの若い後継者は彼女が夫と最初からトラブルを起こしてきたと非難し，彼女を背教者とよんでいるが，彼女が指摘しているように，実際にツェルの礼拝式とサクラメントの教理を変更したのはラブス自身なのである．「わたしはしばしば[自分たちの一致について]驚嘆し，そのことで神に感謝したものです．神がそれを与えてくださったのですが，わたしたちは聖書についても，私たちの家族や生活などの外面的な事柄についても大抵一つの意向と感性と理解をもっていたことは，わたしたちが一緒に暮らした24年と5週間に証しされております」．シュヴェンクフェルトとラブスとでは一致についての記述に微妙な変化が見られる理由はたぶんシュッツ・ツェルが歳をとって，ラブスの非難に直面して彼女の夫との一致の完全さを強調したかったからであろう．しかし，より可能性があるのは彼女自身とマテウスと

の間の細かい相違は，ラブスによるマテウスの教えの変更に比べれば，小さな相違にすぎないと判断したからであろう．すべての実践的な意図に関しても，ツェル夫妻の精神と目的との一致は注目に値する．実際，それは彼らの結婚の基盤であった．カタリナが後に述べているように，もし彼女がマテウスと一つ心でなかったなら，彼と結婚していなかったからである．

　ツェル夫妻の結婚も相互の尊敬と一種の相互依存を示している．カタリナはマテウスが彼の妻の中に特別な賜物を認め，彼も彼女が独りになることで苦しむことや，このことで彼の死後彼女の活動の継続を止めさせてはならないと弁えていたことを感謝しつつ想起している．「あなたはわたしの死後しばらく残って，あなた自身に対する多くの反対やうそにも出合うでしょうが，最善を尽くしなさい，そうすれば神があなたと共にいて慰めてくださるでしょう．あなたは依然としてこれまでと同様にマテウス師の妻なのです．彼は今やあなたから取り去られるでしょう．もしもあなたが誰でも喜ばせるために歌わないならば，面倒なことになるでしょうが，恐れてはなりません．神はあなたに十分な，他の女性以上のものを与えてくださったのです．神がそれをあなたから取り去ることはないでしょう」．カタリナは単純にマテウスを良い牧師の模範と見なしていた．彼女の文書は常に彼の見解と慣行に言及し，しばしば彼の言葉を引用している．彼が教えたり説教したことをすべて彼女は実行したのである．これらすべてに加え，財政的な出費は愛の計りに従うにしても，カタリナがマテウスに献身して彼の職務を支えることは試練にさらされることになる．彼らの思考と信仰との一致のゆえに，彼女がたくさんの時間と努力と金銭を教会の奉仕に費やし，彼女の年老いた夫の世話のために旅行し，彼らの引き継いだ資産を彼女自身の利益や楽しみのために用いるのではなくて，むしろ困っている人々を食べさせ世話するために進んでささげたのである．

　カタリナのマテウスとの関係は主従の関係ではなくて，信仰に対する共通の献身に根ざした相互的な尊敬の関係であった．彼女は彼をかしらとして受け入れたが（エフェソ 5：23），彼も彼女を励まして彼女に頼ったのである．彼女は彼女の宗教的な学びと教区での奉仕の務めとで彼の支持を得たことを述べている．「[マテウスは]わたしの信仰を支配したり強制しようとはしませんでした．彼もそのための妨げを一切せず，かえってわたしを信仰の道に進めて積極的に助け，わたしが読み，聞き，祈り，学んで，あらゆる善き業に朝に夕に日夜励

第 14 章　カタリナ・シュッツ・ツェルの肖像 ── 彼女の自己理解と同時代人たちの見方

むのを許して励ましてくれたのです．実際，それで彼の肉体的必要や家事の配慮が減ったり，欠けが生じたりしても，それを大いに喜んでくださったのです」．マテウスはカタリナが食事や洗濯に不在でもそれがもたらす不便共々これらを受け入れ，彼女自身の学びのための時間と精力を進んで認めて，全教会と都市とともに，彼らの公的な牧会的務めのために彼女の賜物に与ったのである．さらに，彼は彼の死後もその活動を続けるよう彼女に勧めたのである．明らかに，少なくともカタリナの理解によれば，マテウスの最後の言葉は，彼女が彼の死後も「一種の牧師」であり続けることを肯定していたのである．カタリナは夫の委託は神が聖書において教えたことであり，またそれゆえに喜んで従ったのである．これは無分別にマテウスに従ったということではなくて，彼らの共通の信仰と彼らの協力関係の基盤とへの忠誠心によるものであった．

　確かに，ツェル夫妻の結婚は，一つの協力関係を造り出した信仰の行為であって，「結婚した同伴者」という主張に相応しく思われる．この人格的な一致という画像は，妻と夫のキリスト教的な成長と奉仕に対する相互的敬意の中に現れるが，当然マテウスが彼女に与えたカタリナの他の二つの称号の記述にも通じており，それは彼女の牧会的活動にいっそうはっきりと焦点が合っている．

　貧民と難民の母　人々が最も頻繁にシュッツ・ツェルを賞賛した活動を要約する最も明確な称号は，彼の花嫁にマテウスが委託した「貧民と難民の母であるように」というマテウスの委託であった．この仕事は明らかに一種の慈善的な活動であり，特に親切な施しであった．それはまた，妻をもった司祭がそれを妻に実行させたことは驚くほど斬新なことであったとしても，きわめて伝統的に女性の役割であるか，少なくともそのように見られていた．

　マテウスの花嫁への委託は，彼女に牧師館の戸口にやって来たり，教区内に住んでいる貧窮者に食事や避難所を与え，世話をすることをたぶん想定していたであろう．この活動は犠牲をはらわずには済まなかった．彼らには頼るべきマテウスの給与と大きな牧師館の使用があったけれども，ツェル夫妻も彼らの所にやって来る人々の必要に見合う彼らの個人的な財源を献げなければならなかった．カタリナは確かに亡命者たちを世話することに積極的であった．たとえ，それが 1524 年の宗教的な迫害を逃れてきたケンツィンゲンの人々に食事や住まいを与えることや，1525 年の農民戦争の犠牲者に都市全体での受け入

れを組織化することや，あるいは 1528 年にバーデンからの説教者たちを受け入れる（その一人は，彼の四人の子どもと一緒にその冬期間滞在した）ことであったとしてもである．彼女の活動は，彼女の知っていた（ブツァーとファギウスのような）人々であれ，インテリムを逃れてきた見ず知らずの人々であれ，その必要が一夜の滞在であれ，ツヴィングリ派の牧師の教会的な務めであれ，福祉関連の貧困者や病人の肉体的・精神的な慰安であれ，マテウスの死後にまで続いたのである．教会の業務への「干渉」や福祉当局との議論を含む世話の本質もその形態も，通常「慈善」が意味することの限度を推し進めている．シュッツ・ツェルは，彼女の並はずれた女性の活動を述べている．

> 実際，わたしが水や火［の迫害］から逃れてきた貧しく哀れな亡命者を受け入れた時には，わたしたち女性には不慣れな多くの「面倒なこと」に着手して（またその多くの後継者を持ってもおりません！），彼らのために語ったり，書いたりしてきました．

家庭や刑務所を訪問し，貧乏な学生たちに住まいを提供し，しかも正義を擁護するために語ったり書いたりする⁉　たぶん，見知らぬ人々を迎え入れたり貧しい人々に食事を与えたりすることは牧師の妻にとってそれほど驚くべき活動ではなかったが，しかし……．

しかし，カタリナは（マテウスの生存中は彼の支持を得て），しばしばこの慈善的活動にいくぶん非伝統的広がりを与えた．ツェル夫妻の共同の牧会的なもてなしの務めは自然で，むしろ注目すべき企画でもあった．実際上，すべての宗教改革者が，亡命者や聖職者仲間や彼らを訪ねて来る他の訪問客を受け入れるという意味においては自然であった．しかし，ツェル夫妻と共にこうした共同的な実践が一種の手腕にまで引き上げられ，彼らのある隣人たちには全く常識に反した範囲と思われるまでに及んだのである．問題はツェル夫妻が受け入れた人々が，しばしばその分離主義的宗教観のゆえに他の人々には歓迎されなかったことである．宗教改革の第一世代においては，このような態度は何ら特別の論評を惹き起こさなかったと思われる．しかし，マテウスの寡婦がただ一人で「貧民と難民の母」となった頃には，物議をかもしはじめていたのである．

第14章　カタリナ・シュッツ・ツェルの肖像 ── 彼女の自己理解と同時代人たちの見方

カタリナは助けを要する者の受け入れを正当化するためにマテウスの指示を求めたのである．つまり，イエス・キリストが神の子であり，唯一の救い主と認める者はすべて歓迎されるということである．しかし，別な信仰の持ち主でさえ，同じ種類の交わりを作り出さなかったけれども，その慈善から除外されなかったのである．もてなしに関するこのような神学的立場がカタリナによって表現され，彼女はマテウスが不在の際にも彼の名前で確かに活動していると考えていたが，ツェルの実際の証拠も彼の妻の主張を裏付けている．彼はサクラメント論の微妙な点を論争に価するとは考えず，ブツァーが好んだものとは意見を異にする見解にも心を開いていた．ツェル家の門戸開放策の実践について知られることは，その成立が彼よりも彼女に多く負っているとしても，カタリナの報告は彼女自身だけではなくてマテウスの姿勢をも反映していることを暗示しているのである．ツヴィングリやシュヴェンクフェルトのようなツェル夫妻の旧友を異端者と見なして彼らの信奉者たちをストラスブールには歓迎しなかったラブスと彼女が立ち向かうまでは，少なくとも「難民の母」としての活動を弁護する必要がなかったのである．

　隣人愛は，たとえ従来の慈善と信仰告白上の一致との限界を超えて拡がったとしても，それ自体は一女性の奉仕活動として議論の余地がなかった．しかし，そこには伝統的に女性に属していたものを超えた，他の牧会的配慮の次元があった．すなわち，いっそう正式な牧会的な性格を帯び始めた諸活動である．病人や入獄者の見舞いは依然として男性固有の役目であったが，カタリナはその両方とも実行したのである．しかし，臨終の者に付き添うことや死の近づいた者を慰め励ますことは別問題であった．プロテスタントは終油の秘跡と煉獄を否認して明確なサクラメント的な次元がないとしても，この人生の終末に備える魂には一種の特別な聖職者の役割がある．カタリナがこうした牧会的活動に大きく関わっていたことは明らかで，マテウスは何の欠点をも見出していなかったと思われる．彼女を彼の「補助牧師」と彼に言わせたのは，たぶんこのことと教えの次元とであったであろう．

　補助牧師　「補助牧師」という称号はカタリナが主張できた最も大胆なものの一つであった．この務めを分担した文書での最初の言及はマテウスの墓前での彼女の埋葬の辞に現れる．「わたしはその［わたしたちの結婚の］年月に彼の家で，また彼の「職務と奉仕」において，わたしの程度と能力に従って彼の

「助手」でした．また，彼とわたしは主イエスのために多くの非難中傷を受けました」．後に，カタリナは，マテウスがどのようにしてこの「務め」を彼女に与えることになったかを記述している．

> わたしは貧しい人と富める人の家に入って行き，疫病と死で苦しむ人々を愛と誠実と同情とを尽くして支えました．悩み苦しむ者や地下牢と刑務所と死で苦しむ人々を訪ねて慰めました．そして，つねに賢者の箴言「弔いの家に行くのは，喜びの家に行くのにまさる」（コヘレト7：2）ことを思い起こしました．わたしはそうした場所で —— 神を讃美せよ —— たくさん教えましたし，また教会のどの〈補助牧師〉やチャプレンよりも多く体と舌をもって働いたことは神の御前で確言いたします．わたしは日夜見守り，駆けずり回り，多くの場合2，3日間も食べることも眠ることもしませんでした．それゆえ，（このことを大変喜んでくれた）わたしの敬虔な夫も，たとえわたしが説教壇に立たず，わたしの活動のためにそうする必要もなかったとしても，わたしを彼の「〈補助牧師〉と呼んでくれたのです」．

カタリナは明らかに彼女がマテウスの正式の補助者よりも多く彼の役に立っていると考えていくぶん誇りとしていた．このことは確かに若いラブスを含めて，紳士方の気に入らなかったであろうが，それが非常にうまくいっていたことも確かであろう．

明らかに，補助牧師の活動には牧会的配慮が含まれるが，カタリナはこれをマテウスの生存中彼と共有した．多くの教区民はツェル夫妻を一部の目的では実際に交替可能と見なしていた．マテウスの死後，彼の寡婦が彼の牧会的配慮の活動を，夫の後継者の若いラブスと，少なくともラブスが彼女と一緒には何もしたくないということを明らかにするまでは，一緒に続けていたのである．しかし，その時でさえツェルの古い教区民は依然として慰めを求めて「マテウスのあばら骨」（創世2：21-22）である彼女の所にやって来た．素朴な人々はいつもツェル夫妻を探し求めていたからである．また，フェリックス・アルムブルスター卿のような裕福な者さえ，ハンセン病のため人々から忘れられて孤独で苦しんでいたときに，シュッツ・ツェルが彼の本当の牧師であり続けたと学び知ったのである．実際，カタリナの牧会的な存在感をマテウスのそれと殆ど同じように評価していたのは教区民だけではなかった．彼らの牧師仲間の中

第 14 章　カタリナ・シュッツ・ツェルの肖像 ── 彼女の自己理解と同時代人たちの見方

にさえ，1552 年にカスパル・ヘーディオの臨終の床で明らかになったように，彼女を彼らに次ぐ二番めの者と見なしていたようである．ストラスブールの第一世代の指導的な宗教改革者たちの中で唯一の生存者として，ヘーディオは，彼の古い友人が彼の最後の時を彼と一緒に過ごして，読み，語り，共に祈るように主張して，新しい若い男性聖職者よりもカタリナを選んだのである．彼女はカピトを看取り，ツェルを看取り，(ブツァーは遠く離れたイングランドで亡くなっていた)，そして今やヘーディオを看取ったが，それは彼女が，すべて死という大きな秘義に直面して主にあって眠りに入るように善き最期を迎えたいと願う，この世で卑しい者や有力者など他のすべての者にしてきたのと同様であった．

〈補助牧師〉という称号も，たぶん特に牧師職の教え説教する働きに言及するものであろう．カタリナは説教壇には立ったことがないと言っている（それは彼女の活動を遂行するためには必要がなかった）が，まさしく他のことはすべてなしていたように思われる．彼女は確かにたくさんの非公式な教えと説教に携わっていた．たとえば，ケンツィンゲンの女性たちに対する奨励と相談の手紙やシュパイエルの女性たちのための主の祈りの講解と，フェリックス卿のための詩編講解，あるいは家族全員用に出版された教育的な註釈つきのボヘミア兄弟団の讃美歌集などである．牧師的な活動にはさまざまな形の教育，特に将来の聖職者の訓練が含まれており，カタリナはくり返し学校のための援助について語っている．彼女も実際的・物質的援助を提供するのに付随的だとしても力強い役割を演じたし，また，力強い母親らしい助言もしたことは疑いない．牧師の最も公的な役目は正規の説教であった．この点で，カタリナの「務め」はマテウスの男性の補助者のそれとは異なっていた．マテウスの生存中，彼女は説教壇を進んで彼に譲っていた．しかし，後に彼の不誠実な後継者に直面して，もはや自分が少なくとも非公式な説教から，また必要とあれば埋葬式の執行からさえ閉め出されていないと考えていた．確かに，彼女は長い聖書研究とその最良の解釈者とを通して獲得された聖書の知識によって教師としての資格があったし，日々それを実践していたのである．

マテウスの補助牧師としてのカタリナの「職務」観は，明らかに彼とも一致していたが，他の聖職にある宗教改革者たちにはたぶんそれほど受け入れられていなかった．さらに，ツェルの「補助牧師」は，多くの点で自分自身を彼の

補助者であると考えていただけでなくて，ある意味で彼の牧師仲間に同じように関わったが，その主張は彼らの中のある人々，特に第二世代の者にはいっそう心地悪いものであった．

最初の宗教改革者たちの「同労者」

　この点では，シュッツ・ツェルがストラスブールの第一世代の宗教改革者全体との関係を確認するために用いた「同労者」という表現を考察し，彼女がこれらの仲間との絆をどのように認識し，彼らが彼女をどのように記述したかを吟味することが適切であろう．マテウスの妻に関する特別な言葉がカタリナの文書にのみ見出されるマテウスの場合と違って，他の宗教改革者の文書ではカタリナに関してはっきり言及されており，それらの言葉はその関係を双方の側から解明できるのである．まず，シュッツ・ツェルが聖職者の仲間であるという主張と彼女の聖職者観とを吟味し，それから彼女の「仲間たち」がこの押しかけた同労者をどう考えていたかを交互にみていくことが有益であろう．

　シュッツ・ツェルの同労者という主張　この女性信徒の教会指導者は最初から自分自身を聖職者の宗教改革者の活動と共同してそれを補完するものと理解していた．1524年のマテウスと彼らの結婚との弁明の中で，カタリナはトレーガーに答えて自分が牧師たちを説教という彼らのもっと大切な活動のために解放させようと願っていると説明している．つまり，彼女は自分自身が信徒たちの苦境には完全に対応できると考えていたのである．

　しかし，第一世代との共働に関するシュッツ・ツェルの論評はたいてい彼らの後継者たち，特にラブスの批判に応えるという文脈で見られる．ラブスは彼の失礼な手紙の中で彼に対して嘘を語るマテウスの寡婦を非難しているが，それは彼女が悪魔に取り憑かれており（ヨハネ8：44），彼女の恥知らずの証拠として彼女の言葉を提示したいからであった．

　これに応えて，シュッツ・ツェルは嘘つきとか悪魔憑きということを否定している．実際に彼女が彼を叱責したのは，彼の仲間たちがそうし損ねたためであった．彼女はこの行動をストラスブール教会と彼女の長い共働によってその正統性を説明している．「いったい，わたしが［ラブスに］真実を語って，それほど悪いことをしたのでしょうか？　わたしはストラスブール教会の古い〈同

第14章　カタリナ・シュッツ・ツェルの肖像 —— 彼女の自己理解と同時代人たちの見方　441

労者〉なのですから．それでわたしが悪魔を支持して語ったことを暗示するのでしょうか？　おお，そんなことは決してありません．わたしは自分の行動と信仰についてあの人以上に確かなのです．わたしは彼の言葉で怯えてはおりません！」．勇気の欠如や自分の召命への確信は，シュッツ・ツェルの問題点ではなかったのである！

　シュッツ・ツェルは，ラブスへの返答の数頁後で，第一世代の活動について記しているが，さらに続けて宗教改革初期のプロテスタントの指導者たちと彼女の関係について特別に語っている．注目すべきことは彼女が彼らを（1550 年代の若い野心的な聖職者たちと比較して）「古い者たち」として言及し，しばしば第一人称複数形を用いてそれに自分を含めていることである．「これらや他の［亡命者たちのための配慮などの］すべての〈トラブル〉について，ルードヴィヒ氏と他の若い野心的な説教者たちは全く何も知らず，〈わたしたち古い者たち〉が福音の初めになしたり，見たり，聞いたりして，あらゆる中傷と心配とに耐えるように助けたことは，彼らにとってとても理解し難いことでしょう」．この記述は，続いて第一世代と彼女の良い関係を，彼女とラブスとの問題と対比している．彼は彼女が彼を叱責したことに異を唱えているが，彼女はこのことを彼に優る偉大な人々と共になしたのである．

　　わたしはしばしば多くの聖職者に「反対して」書いたり語ったりしました．彼らも人間であって，ダビデが詩編で述べているように「勇士も倒れた」（サムエル下 1：19, 27）のです．しかし，彼らはみな［わたしの言ったことや］意味したことを理解して，わたしに感謝し，依然としてわたしを愛してくれました．彼らはわたしがどんな思いでこれを書いたかを知って，誰一人として［ラブスがなしたような］中傷的な手紙をわたしに書いてきた者はありません．今は亡きルター博士も，わたしがサクラメントの激しく論争された問題と争いについて手紙を書き送り，しかも「お世辞を言わなかった」ときでさえ，そうでした．彼の返事は非常に友好的なもので，［あなたがわたしによこしたような］いわゆる「ラブスの手紙」のようなものではありませんでした．……もしもわたしがストラスブール教会内でそのようなトラブルメーカーだとしたら……なぜ教会の柱たる方々が，わたしをそれほど愛して教会の用件でそれほど用いてくださるのでありましょうか．

シュッツ・ツェルの自己認識は，その文脈にははっきりした不一致への言及が含まれているとしても，明らかなものである．彼女は自分の本音を偉大なルターのような宗教改革者にさえ単純にはっきりと語り得るし，語るべきだと信じており，また彼女の考えでは，彼らがキリスト教的な交わりにおける彼女のよき目的を理解していたので，それを許して評価さえしていたのである．シュッツ・ツェルの見解によれば，完全な一致は交わりや協力には必要なかったし，誠実な意見の交換は彼女が聖職者の宗教改革者たちとなしたような福音のための活動を基本的に分担することと矛盾していなかったのである．彼女もこれらの宗教改革者も，彼女がその賜物を用いることを十分評価していると強調している．

こうしたシュッツ・ツェルの第一世代の宗教改革者との関係の記述は，彼ら（「古い死去した説教者たちとわたし」）は福音のために払った，ラブスが真似し始めることさえできない代価に言及して終わっている．第二世代は，彼らの先駆者と彼女がなしたような類の「トラブル」を理解も実行もできなかった．最初の宗教改革者の活動を賞賛して，彼らの確固としたプロテスタントの信徒仲間と代表者も直接だれにその信頼が負っているかを示す声明をも加えた．「神にのみ栄光があるように．栄光も神のものであって，わたしのものでも，わたしたちすべてのものでもありません．意志も行動もわたしたちを造り，わたしたちのために善き業を備えてくださった主から来るのです（エフェソ2：8，フィリピ2：13）．

シュッツ・ツェルの「仲間」観 シュッツ・ツェルは福音のために働く者たちを気前よく率直に評価し，彼らの行動がそれに相応しければ進んで誉めたり，疑問を投げかけたりした．ルターは彼女が使徒と呼ぶこともできた偉大な指導者であり，殆ど例外なく「敬愛するルター博士」と呼んでいる．このことはサクラメント論をめぐる論争における彼の好ましくない行動について，彼女が彼と議論することの妨げとはならず，宗教改革者のどのリストでもほとんど彼の名前が最初に来ている．状況によっては，マテウス・ツェルがしばしば最初であったが，（ルターと比較される場合は）二番め，ヴォルフガング・カピトが彼女のお気に入りの中では三番めであり，彼の死後はシュヴェンクフェルトへの手紙ではしばしば彼がとって代わった．ヘーディオとブツァーは重要な仲間であったし，ツヴィングリと他のスイスおよび南ドイツの宗教改革者たちも

第14章　カタリナ・シュッツ・ツェルの肖像——彼女の自己理解と同時代人たちの見方　443

賞賛されているが，メランヒトンと他のルター派の第一世代も同様である．注目すべきことは，シュッツ・ツェルがすべての者が等しく親密な友人であるとか，あらゆる点で等しく称賛に値すると言い張っていないことである．彼女はブツァーとシュヴェンクフェルトとの関係と，ツェルとカピトとの関係には違いがあることを十分知っていた．ブツァーは最も厳しい批判者であったが，彼でさえ説教壇からシュヴェンクフェルト批判の説教は決してしなかったのである．彼女はカピトがシュヴェンクフェルトに初めて示した歓迎を個人的にも文書でも強調している．（もちろん，彼女はブツァーがカピトをシュヴェンクフェルトから引き離す原動力であることを知っており，ブツァーが介入する以前のもっと良好な関係を指摘し続けることが正しいと明らかに感じていたらしい）．彼女もツヴィングリの中に人間的な欠点があることを認めるにやぶさかでなかった．彼女は彼の死が異端のための処罰と見なすことを拒否したけれども，彼の戦争への参加をたぶん好まなかったのであろう．彼女の暗黙の批判は，常にツヴィングリの職務に対する真の尊敬と評価と結びついていたのである．

　彼女はシュヴェンクフェルト批判を出版しなかったし，彼を第一世代の一人として弁護して印刷したが，シュッツ・ツェルがこのシュレージエンの貴族との相違点をもっていたことには何も問題がなかった．彼女は他の人々と同様に彼を呼んで，彼が自分の行動に責任があると全く率直に言うことができたのである．事実，彼女のルターとシュヴェンクフェルトとの議論のしかたには類似点があった，双方とも，彼女の叱責を惹き起こしたのは少しばかり愛に欠けた行動にあった．もっとも，彼女も年老いたルターのサクラメント論とシュヴェンクフェルト（あるいは少なくとも彼の弟子たち）の特別な（あるいは継続的な）啓示に関していくつかの神学的相違を抱いてはいた．キリスト者は交わりを保つためにすべての点で一致する必要はないが，しかし，それでもお互いに愛の律法を破らないように互いに率直な修正をも負っているのである．

　シュッツ・ツェルは，他の多くの宗教改革者たちよりシュヴェンクフェルトと個人的に親しかったし，彼を公的に弁護もしている．もっとも，その弁護の本質的な内容は，第一世代の他の指導者たちと彼との一致と中傷されたキリスト者としての彼の性格とに基づいていた．彼女はたぶん信徒神学者仲間としてシュヴェンクフェルトにある程度の同情をもっていたし，彼は確かに学識のある教師として彼女のありふれた手本の一人であった．シュヴェンクフェルト

は正式に神学を学んではいなかったし，任職されてもいなかったけれども，通例は聖職者を意味する「学者」に位置づけられていた．シュッツ・ツェルは彼をそのように呼んではいないし，彼らの賜物との違いを認めていたが，彼女自身の非公式な神学教育とキリスト教的成熟とを暗黙で彼にいくぶん似たものと見なしていた．シュッツ・ツェルがラテン語以外の訓練も不十分であったキリスト論の哲学的議論に加わったときはいくぶんシュヴェンクフェルトのような響きをもっていたかもしれない．それはある程度シュヴェンクフェルトが多くの聖職者の宗教改革者たちより多くの時間を用いてその問題について彼女と論じ，彼女をほぼ同等の者として取り扱うことによってその主題に関する彼女の見解に影響を及ぼしたからである．

しかし，二人の信徒神学者の神学には微妙だが重要な相違があったし，後には，彼らの個人的関係にも重大な緊張があったことは明らかである．それにも拘らず，シュヴェンクフェルトはシュッツ・ツェルの旧友の一人であったし，さらに重要なことは1550年代まで彼が第一世代の神学者たちと最も緊密に結びついていたことである．彼もまた第二世代の論戦の矛先とされた人物であり，それだけに最も弁護を必要とする人であった．たぶん最も意味深長なことだが，シュッツ・ツェルは，ラブスと彼の友人たちがシュヴェンクフェルトを誤解して彼に関する嘘をついていると信じていたことであり，それゆえに彼女は公然と語らねばならなかったのである．その同じ動機が彼女のツヴィングリに対する弁護を促し，またある意味ではルターとツェルの弁護さえ促したのである．第二世代は初期の宗教改革運動について，それが賞賛であれ中傷であれ，真実を語っていないというのである．シュッツ・ツェルは自分自身を第一世代の仲間と見なし，彼らの後継者たちの誤解に対して彼らを弁護せざるをえなかったのである．

　聖職者で「学識のある」宗教改革者たちのシュッツ・ツェル観　しかし，彼らはシュッツ・ツェルをどう考えていたのだろうか？　一般的には，第一世代のプロテスタントは彼女の文書を知ったり読んだりして，（その人によるが，頻繁か時折）普通の友好的な批判を交えて，彼女を賞賛していたらしい．彼女の最も鋭い頻繁な批判者はブツァーであったが，彼女に対して憤激したどの表現もほとんど彼女の敬虔と信仰に対する純粋な献身との承認によって埋め合わされている．最初から彼は福音に対する彼女の傾倒と福音的活動に対する彼女

第 14 章　カタリナ・シュッツ・ツェルの肖像 ―― 彼女の自己理解と同時代人たちの見方

の援助とを認めていた．シュッツ・ツェルに関するブツァーの一種の全体的判断としては，しばしばその文脈から外れて引用されているけれども，彼の批判はたいてい 1533-34 年のアンブロシウスとマルガレーテ・ブラーラー宛ての手紙に由来するが，そこで言及されているのは，大部分名付け親［洗礼の際の教父母］に関するものであった．ブツァーはカタリナのマテウスへの影響が名付け親をもつ慣習を彼に止めさせたことに憤激したのである．彼もシュヴェンクフェルトに対する彼女の優しい（あるいは，間抜けな）態度に悩まされたが，それは彼女が誤り導かれていると見なしていたし，彼女が信仰や教会を放棄したとは決して思っていなかったのである．マテウス亡き後のカタリナに関するブツァーの牧会的関心は，彼女の過度の嘆きに見られる人間的弱さとともに，キリスト者としての彼女の賜物をも認めていた．1548 年の夏に，彼女のバーゼルとチューリヒへの旅を紹介するブツァーの手紙は，彼の仲間の妻に対する彼の評価（とツェルに関する雑多な論評）を明らかにしている．

　　われわれの［仲間］ツェルの寡婦は敬虔で清らかな女性で，あなたがたの所に向かっていますが，それは彼女がその悲しみを何か和らげるものを見出すことができるかどうか調べるためです．彼女はその点であまりにも人間的だからです．いとも憐れみに富む神は，大きな賜物を授かった者を謙虚にするからです．彼女はキリストのために苦しみを受けた小さな者たちの世話に驚くほど熱心で，キリストの奥義に見事に従っているのです．しかし，彼女が自分自身のやもめ暮らし［彼らの別離］の悲しみを我慢できずに背負い込み，自分自身の中にあらゆる種類の欠点を思い描いている点で，きわめて人間的にふるまっているのです．これは本当に驚くべき主の試練です．このこと［試練］を，彼女と一緒に忍耐して担い，彼女の夫〔ツェル〕を愛するがゆえに彼女を慰めてあげてください．彼女の夫は，すべての事柄においてではなかったが，確かにわれわれのうち誰一人，彼の務めを［完全には］成し遂げえないほど，真剣で誠実なキリストの僕だったのです．

強調点はシュッツ・ツェルの苦しむ人々に対する配慮に置かれているけれども（「貧民と難民の母」に対する評価），彼女の信仰の知識と明らかに彼女の神学的正統性とをはっきりと賞賛している．また，確かに最後の数か月における彼らの交流はブツァーとシュッツ・ツェルとをインテリムが脅かした彼らの信仰

に対する共通の戦いへと連れ戻した.

シュッツ・ツェルは彼女の「敬愛する牧師たち」をその家庭に匿ったが，その後の彼らの文通は共通の苦難と直面した他者にそれぞれ同情の手を差し伸べたことを証言している．ブツァーは，たぶん彼が亡命の際に受けた彼女の牧会的配慮のゆえに，その遺言でツェルの寡婦に記念のメダルを残している．この両者は生涯の大半を互いにいらだちを覚えつつ過ごしていたが，心の底では互いに評価し，普段は同じ目的のために活動していると認め合っていたのである．

ブツァーの第一世代の友人と知人たち，特にブラーラー兄妹とオズヴァルト・ミュコニウスは，ほとんどシュッツ・ツェルについて彼の意見に従っていた．ミュコニウスはほとんど彼女を知らず，彼女に関する彼の言葉はいくつかのブツァーの寸評をくり返しているにすぎない．ブラーラー兄妹は彼女を個人的に知っており，しばしば基本的にはブツァーの指導に従っているけれども，ある程度自分たち自身の考えを表現することもできた．このことは特に後年のインテリム治下での苦難時に当てはまる．その際，ブツァーの場合と同様に，シュッツ・ツェルとブラーラー兄妹との間の比較的小さな相違が（以前は彼らの友情をいくぶん緊張させていたものだが），初期の宗教改革のこれらの古い仲間との間よりも，第一世代と第二世代間の相違がはるかに目立つ教会的状況変化によって実際上取るにたりないものと見なされたのである．彼らはシュッツ・ツェルとシュヴェンクフェルトとの友好関係を好まなかったけれども，ブツァーもブラーラー兄妹も彼女を厳密な意味でのシュヴェンクフェルト派とは見なしていなかったらしい．彼女は実際シュヴェンクフェルトの神学にあまり批判的でなかったし，彼の理念が脅かした制度的な教会の一致に十分配慮してはいなかった（「制度的な」という言葉が稼働し始めたのは，シュッツ・ツェル自身が，ブツァーと彼の友人たちはまさにシュヴェンクフェルトを排除することで，教会の霊的な一致に十分注意をはらっていないと見なしたとき以来なのである）．

ストラスブールの第一世代の中でシュッツ・ツェルと緊密に交際していたのは，ヴォルフガンク・カピトとカスパル・ヘーディオの二人であった．二人ともしばしば彼女に難しさを見出したものの，明らかに彼女の賜物を心から評価していた．カピトを戸惑わせたのは，たぶん彼女のお節介で「女性らしからぬ」性格であった．彼の彼女に関する寸評はツェル夫妻が1538年の晩春に

第14章　カタリナ・シュッツ・ツェルの肖像 —— 彼女の自己理解と同時代人たちの見方

ヴィッテンベルクを訪問する直前とその数か月後に当地の仲間に出した手紙に見られる．カピトの当惑のいくつかは，ストラスブールが微妙な交渉を締結したばかりの重要な知り合いに彼の仲間の妻を説明しなければならなかったためであるらしい．カピトが描いている女性は厳密には典型的な「従順な良妻」ではなかった．彼女は自分の本音を自由に語り，自分の学びを表に出しすぎるのである．それにも拘らず，ツェルの妻の神学的な意欲に関するカピトの戸惑いには彼女の敬虔さの承認も伴っており，彼らの交際は彼の死去の際の彼女の立ち会いを含めて，緊密なものであった．ヘーディオによる記録された寸評はないが，シュッツ・ツェルは彼が他の（男性）聖職者よりも彼女に，彼の臨終の際に側で見守るように願ったことを確言している．彼女は自分の主張を実証するために生きた証人に訴えているのだから，ストラスブールの四人の主な宗教改革者の最後の者はツェルの寡婦を「善き死」に備える特別な牧会的慰め手として認めており，実際それが大いに賞賛されたことは明らかである．再び，その文脈がヘーディオのシュッツ・ツェル評価において重要な役割を演じたことは明らかである．すなわち，インテリムと多くの古い同僚の死去という状況が生き残ったすべての者たちを引き寄せて，信仰と活動とを共有する基本的な共同体を感謝して，それ以前の小さな不一致を大部分棚上げできるようにしたのである．

　シュッツ・ツェルとシュヴェンクフェルトとの間の友情は明らかに動揺し，確かに彼の側からも彼女の側からも批判を含んではいるが，彼の手紙の中に現存する彼女への言及は一般に大変肯定的である．1535年のマテウスへの手紙の中でシュヴェンクフェルトはカタリナを次のように述べている．「あなたとわたしたちの愛するカタリナは，常に善きことを探し求め，すべての信心に熱心な，主にある信仰深い姉妹です」．手紙の中の「敬愛すべきカタリナ夫人にして主イエス・キリストにある愛すべき友人」という他の句もこの言葉を反響している．シュヴェンクフェルトは彼女を「キリストにある姉妹」「大いに愛された友」といった言葉を強調するとともに，「たくさんの美徳をもった」とか「神を畏れた高潔な」などと述べている．これらの言葉は通常の手紙の形式よりはいくぶん上品なものであるが，少し独占欲が強いように思われる．シュヴェンクフェルトは，明らかにシュッツ・ツェルが彼と一致していることをしばしば当然としているが，彼女の個人的な所見では彼女がある程度独立を保っ

ていたことを示している．

　シュッツ・ツェルに関する第一世代の同時代人による他の意見はより不正確で，彼女をより遠方から眺めたものである．これらの寸評は極端に肯定的なものからどちらかと言えば社交辞令的なものにまで及んでいる．シュッツ・ツェルの最初の小冊子であるケンツィンゲンの女性たちへの慰めの手紙に対するザンクト・ガレンの信徒改革者ヨハネス・ケスラーの応答は，性別上の物腰の低さが明らかであるにも拘らず，全くあたたかく賞賛している．

> 　キリスト者の女性カタリナ・ツェルは，ストラスブールの説教者マテウス・ツェルの妻であるが，特別に出版された小冊子で［ケンツィンゲンの］これらの苦難に遭っているキリスト者たちに教えて，彼らに進んでキリストの十字架を負うように勧め，神の言葉をとおして彼らを温かく慰めております．このような女性というか弱い器にこれほどの賜物を見るのは驚くべきことです．……これら二人の上述した博学な姉妹がた［グルムバッハのアルグラとカタリナ・シュッツ］は旧約聖書のデボラとフルダ（士師 4-5，列王下 34：[9-28]）と新約聖書のフィリピの姉妹とアンナ（使徒 [21：9]，ルカ 2 章）とに比較することができるでしょう．

　ケスラーの女性は弱い器だという固定観念にも拘らず，これらは意味深長な聖書の人物であり，彼の二人の同時代人が彼女たちと比較されているのである．シュッツ・ツェルが自分を似せているこれらの聖書の人物の一人がアンナであるということは意義深い．デボラを抜かしているいくつかの理由が後に示唆されるであろう．彼女がなぜフィリピの預言する姉妹やフルダに言及しなかったかその理由は明らかでない．しかし，フィリピの姉妹たちは彼女が否定した継続的な霊感という考えに近すぎるとこの女性信徒には思われたし，たぶん同じ理由がヨシア王が主からの預言を求めた女性であるフルダにも適用されると推測してもよいであろう．

　マルティン・ルターのシュッツ・ツェル宛ての二通の手紙は，必ずしも特別とは言えないが，二つとも非常に心のこもったものであった．二通めはこの信徒改革者自身からの批判的な手紙への返書であり，その誠実さをいっそう意義深いものにしたことは指摘するに値しよう．また，ツェル夫妻のヴィッテンベルク訪問は明らかに当地の指導者たちによって温かく迎えられた．この旅行は

第14章　カタリナ・シュッツ・ツェルの肖像 —— 彼女の自己理解と同時代人たちの見方

個人的な旅行であるとともに，たぶんに教会政治的なもので，ストラスブールの最も人気のある（また最も教条的でない）説教者によるヴィッテンベルク協定への支持を調印することが意図されていたが，ツェル夫妻に対する善意は純粋なものであったと思われる．そして，カピトの皮肉を込めた寸評には何の指示もないとしても，カタリナの帽子には大きな羽飾り［自慢の種］が付いていたであろう．シュッツ・ツェルのスイスとの絆も同じようなしかたで表現されたらしい．すなわち，文通と文書の交換と心からの問安である．この絆はたぶんヴィッテンベルクとのものより，アクセスの点でも宗教的方向性の問題に関しても多少親密なものであったと思われる．シュッツ・ツェルがあえて一人でルターに会いに旅行することは，出費の点では禁止されていなかったとしても，想像しがたいが，ツェルの死後もバーゼルとチューリヒには出かけて行ったのである．彼女も1540年代末期のチューリヒ派のサクラメント論の文書には評価を表したが，ルターのその後の著作には決して積極的には言及しなかったのである．イングランドの宗教改革者ジョン・フーパーとの表面的な面識は，彼とシュッツ・ツェルが1548年にチューリヒの路上で得られたものであるが，彼女に「信心深く，正直な」と散文的ではあるにしても肯定的な栄誉を与えることになったのである．

　それでは，カタリナ・シュッツ・ツェルは最初の宗教改革者たちの仲間の活動家であったのだろうか？　マテウス・ツェルが彼女を仲間として歓迎した第一世代唯一のメンバーだったのかもしれないし，彼女自身がストラスブールにおいて「福音を告白するのを助ける」点で彼女が演じた役割を誇張しているのかもしれない．しかし，不承不承であろうとなかろうと，時折無意識であろうとより明確にであろうと，そうした多くの宗教的指導者たちはプロテスタント宗教改革の初期にシュッツ・ツェルを知り，彼女と一緒に活動したことは明らかだと思われる．彼らは女性の仕事である貧しい者と困窮者との世話という仕事以外では，彼女を同労者と考えようとはしていなかったのかもしれないが，彼らはそのことを認めており，彼女の良い性格と信仰への献身とを一貫して評価していたのである．

　たぶんこの女性信徒が，宗教改革における同労者に数えられるかどうかの問題の一部は共有された活動の性質に関する定義を含んでいる．カタリナ（そしてたぶんマテウス）にとって，福音を証しすることは聖職者的な見地から捉え

られたものより広い意味をもっていたのである．共働として何が相応しいかに関するシュッツ・ツェルの考えとブツァーのような人の考えとはたぶん違っていたし，ブツァーの場合は彼女が共通の働きの場と見なしたものの一部分にだけ彼女の平等の権限を認めたであろう．

　シュッツ・ツェルがストラスブール宗教改革の第一世代における同労者としての資格があるかどうかの問題に対する回答は多くの要因に影響されるが，最も重要な要因は時である．つまり，その語り手がどの世代に属しているかである．第二世代の聖職者たちが教会を支配した世紀半ばまでに，シュッツ・ツェルは公認教会から引き離されるようになるか，すでに引き離されており，少なくともある牧師たちは彼女を彼らの前任者たちの同労者とは正反対の者と見ていた．ラブスは最も過激で歯に衣を着せない者の一人であったが，彼はシュッツ・ツェルに対する非難として言われることで，言い残したことはほとんどない．彼は彼女を背教者，異端，トラブルメーカー，嘘つき，悪霊憑きなどと呼んだ．彼の友人たちの中にはさらに（洒落や当てつけによって）他の名前を付け加えている．すなわち，大酒飲み，売春婦，七つ頭の狂信者，さらに，愚かで無駄口を叩く無知な老人のゴシップなどの典型的なものたちである．他の個人からの明確な陳述を見出すことはできないけれども，1550年代末のストラスブールの支配的聖職者層は一般的に，彼女の埋葬に関する論争に見られるように，シュッツ・ツェルを信仰から脱落した者という見解を共有していた．つまり，初期宗教改革者たちの中の相違をそれなりに考慮していたにも拘らず，カタリナ・シュッツ・ツェルに対する第一世代と第二世代とでは，その言葉と態度とに明らかな違いがあったのである．

　しかしながら，信徒である目撃者たちが，第二世代のある聖職者たちの全面的に否定的な見解を丸ごと受け入れていなかったことは注目に値する．ストラスブールのツェルの友人たちやシュッツ・ツェルを知っている年代記編者や市当局者は聖職者たちよりはるかに否定的でなかった．彼女の夫の墓地における挨拶はある後の批評家たちの反感を惹き起こしたが，その出来事に出席した学者の一人であるアブラハム・レシャー[1]には賞賛に価することと思われたし，

---

〔1〕　アブラハム・レシャー（Abraham Loescher, 1520-1575）はツヴィカウの生まれで，1550年頃にはバーゼルに滞在し，1558年にはインゴルシュタットで法学

第 14 章　カタリナ・シュッツ・ツェルの肖像 —— 彼女の自己理解と同時代人たちの見方

一世代後のストラスブール年代記編者の一人であるダニエル・スペクリンからは好意的な注目を受けた．もう一人の年代記編者でシュッツ・ツェルの若い同時代人のローマ・カトリック教徒セーバルト・ブーエラーは，確かに両世代のプロテスタント聖職者を知っていたが，ラブスに対する彼女の書物に間接的だがどちらかと言えば積極的な評価をさえ与えている．ストラスブールの（たぶん生まれながらの）市参事会員たちはシュッツ・ツェルの慈善的・市民的な徳行を彼女の神学的見解よりも高く評価し，再洗礼派やシュヴェンクフェルト派との彼女の交際よりも，女性である彼女が公に説教したという事実で気分を害していた．彼らは彼女の考えと行動，特にラブスに対する反駁書の出版などに不賛成であったけれども，市参事会は，彼女に対する市民の大きな人気のゆえに「マテウス師の夫人」を優しく取り扱ったのである．

「教会の母」カタリナ・シュッツ・ツェル

　ラブスの世代の聖職者たちを最も悩ませ，後の著作者たちを最も困惑させ関心を抱かせたのは「教会の母」というシュッツ・ツェルの自己認識であった．その名前は単純そうに見えるが，実際は何かもっと複雑なものである．その中身は彼女自身にはもちろん明らかであった．ラブスや彼の友人たちにもそうであったのかもしれない．それは確かに彼らを憤慨させるような何か重要な地位を要求していたのである．しかし，四世紀以上も経って，シュッツ・ツェルの意味が現代の読者にはいっそう曖昧になっている．この語句が著者自身に意味したことを明らかにする試みには，その称号のそれぞれの事例を注意深く吟味し，それからその称号の言外の意味を関連する主題のより広い文脈の中に据えて，最後にシュッツ・ツェルの召命の予想される意味を発掘することが有効である．

　「教会の母」への言及　シュッツ・ツェルは三度自分自身をストラスブール

　　博士号を取り，翌年シュパイエルの帝室裁判所に勤め，1565 年以降ニュルンベルク市の法律顧問となった．

〔2〕　ダニエル・スペクリン（Daniel Specklin, 1536-1589）はストラスブール出身で元来は城塞設計者として知られるが，著者によればカトリックの君主に仕えた穏健なプロテスタントであったという．

の「教会の母」として記述し，彼女に対するラブスの言葉から彼女が明らかに引用した第四の変形もある．

　最初の二つの「教会の母」の使用は，1555 年 12 月 27 日のラブス宛てのシュッツ・ツェルの手紙に現れる．一通はまずラブスに対する彼女自身の責任を語っている．彼女と夫とがラブスに抱いていた愛を彼に想起させることからはじめて，この若い説教者と彼の同僚レングリンとのシュヴェンクフェルトに対する中傷に対して彼らを叱責し，それから彼女がそうする論拠を説明している．「そうです．それでもわたしは年老いた長く［仕える］〈教会の母〉と友として，良心に迫られてあなたに警告したのです．それは聖ペトロが『知りもしないことをそしるのです』（Ⅱペトロ 2：12）という言葉が成就するためなのです」．シュッツ・ツェルは肉体的には年老いているが長く教会の母であり友であった者として，ラブスを気遣い，彼自身のために（また暗に彼らが共に仕える教会のために）叱責することが，彼女の「務め」であることを示しているように思われる．彼女は善意から書いていると付け加えている．彼女はすべての問題が密かに取り扱われるべきときに，キリスト教の指導者間で公に論じられるようになったこと自体を悲しみ嘆いているのである．今やそれには遅すぎて，彼女にできることは祈ることだけであるが，それにも拘らず，彼女はラブスが聞こうが聞くまいが，マテウスの臨終の床での指示をくり返して，彼女のささやかな警告を提示しているのである．

　この同じ手紙の最後にある「教会の母」への二番めの言及は，シュッツ・ツェルの教会と聖職者とに対する関心を取り上げて，この主題を展開している．

　　わたしはそろそろ結びとしようとしていますが，神がご存じのとおり，わたしはあなたに善意をもっているのですから，このことを忍耐して受け取ってほしいのです．［わたしが書いた理由は］このこと［沈黙］について神とわたしの良心との前で，またわたしの亡夫の最期の懇情のゆえに，罪悪感を覚えるからです．わたしも，一部はあなたが子どもだったときに，また一部はストラスブールに来るとはまだ考えていなかったときに，ストラスブールで説教壇［説教活動］を建て上げて促進する手助けをしていたのです．わたしは［教会が］いわば「日和見主義」に流れることを決して望みません．わたしは子ども時代

第14章 カタリナ・シュッツ・ツェルの肖像 —— 彼女の自己理解と同時代人たちの見方

からの古い「教会の母」であり，ローマ教皇制の下でも福音の完全な発展に際しても敬虔な聖職者たちを愛してきましたが，彼らはわたしに保護を求め，(神がほめたたえられますように) 多くの方々が今なお保護を求めて来ているとおりです．

　シュッツ・ツェルが，ラブスに対する叱責を彼女に促したのは，彼に対する彼女の善意であり，神への責任であるとともに教会への彼女の関心でもあった．彼女は教会の母としての彼女の「務め」の始まる日付をはっきり若いプロテスタント以前の時期に含めている．教会の母が意味する諸側面もそれほど多くの言葉ではないが暗に示されている．一つは教会の健全さに対する関心である．つまり，教会は利己的な指導者から守られるとともに，福音の正しい説教が支持されなければならないのである．教会の母の活動のもう一面は「学者」自身を愛し，彼らに避難所を与えて，彼らに気を配ることである（通例「学者」は聖職者を意味するが，シュッツ・ツェルは今でも彼女に頼る多くの人々がいると主張しているのだから，その意味はここではやや狭い可能性もあるし，あるいは彼女が実際には聖職者を意図したのかもしれないが，ラブスが他の多くの者とどれほど違うかを強調したいのかもしれない）．

　三度めにシュッツ・ツェルが「教会の母」という語句を用いたのは，1557年にストラスブールの市民に宛てたもので，彼女はその教会の「務め」を保持することを主張している．ある意味で，これはラブスに対する主張より以上に無礼であったり，それほど無礼でなかったりする．より以上にというのは，この度は彼女が語りかけているのが彼女を子ども時代から知っていて，何年も彼女の職務を経験し，その気になれば彼女に対して正当に反論できた人々だからである．それほど無礼ではないというのは，彼女の読者は大半が信徒であって，彼らには何らかの非公式な「務め」の主張が公的地位にある現職にとってよりも驚くべきでも脅威的でもなかったからである．この声明は上で引用したシュッツ・ツェルの長い自伝的章句の真ん中に出てくる．「教会の母」という語句の文脈を考慮するためには，その章句の一部をくり返すだけの価値があろう．

そこで，わたしは今にいたるまでずっと……神がお与えくださったわたしの能力に従って，相談と実践とをもって多くの人々に喜んで奉仕してきました．……わたしも神の御前でそうせざるをえませんでしたし，わたしの夫も最期にわたしに勧めてくれたのです．……わたしも若い時から，年老いてほとんど60歳になるまであなたがた［ストラスブール］を愛し仕えてきましたし，最後まで仕え，心身を尽くしてあなたがたを守ろうと願っております．……わたしは10歳の時から「教会の母」でしたし，説教壇［説教職］と授業を育む者でありました．すべての聖職者を愛し，その多くの方々を訪ねて彼らと話し合いました．ダンスやこの世的な楽しみや富についてではなくて，神の国についてです．

シュッツ・ツェルが彼らのただ中で教会の母であると主張した背景には，教会に対する生涯に亘る彼女の愛と奉仕への言及がある．彼女はいくつかの特別な資格，特に説教と教育を建て上げ，聖職者を支えるための努力を挙げ，心身を尽くして相談と実践にあたり，明らかに慰めたり励ましたり危険から身を守らせたりするための人々への奉仕について語っているのである（他で明らかになることだが，こうした保護活動は，無知，とりわけ不寛容で愛のない淫らな行為から，身を守ることを含んでいる）．この章句に続いて，不安と回心を語る中で，シュッツ・ツェルは彼女の周りに集まって救いの確信を求めて敬虔の業に参与しようとした女性や少女たちのことに言及しているが，この献身におけるリーダーシップの役割が，たぶん彼女の「教会の母」という概念の重要な一面でもあったのである．

四番めのこの語句の一変形は，シュッツ・ツェルが，ラブス自身の彼女に対する言葉と行動を記述した一節である．彼女は彼が以前彼女に表した承認のいくつかを一覧表にしている．それは彼が（インテリムが効力を発する前の1549年12月に）大聖堂における最後の説教を準備していたときや，ヘーディオの臨終の際の彼女の寝ずの看病（1552年10月）と他の分担した多くの牧会的訪問とをとおして交わされた会話である．それから，彼は彼女に彼の家族を置き去りにしないで，彼らと教会の母であるように求めた，と彼女は付け加えている．

「そこで，わたしが牧師館を去って，彼が引っ越して来るべきときに，［ラブスは］わたしを見捨てないで，その館に留まって，〈彼と教会との母であるように〉，そして彼の妻と子どもたちはわたしに従うべきだとわたしに願い求めました」．

第14章　カタリナ・シュッツ・ツェルの肖像 —— 彼女の自己理解と同時代人たちの見方　　455

シュッツ・ツェルがラブスの言葉を報告しているが，彼女の用語は彼の用語を言い換えている可能性も考慮しなければならない．彼女は通例非常に良い報告者であり，彼女の叱責に対してラブスを擁護する小冊子がシュッツ・ツェルの「教会の母」という語句の使用を厳しく批判しておりながら，この話しを否定していないのであるから，たぶん，この言葉遣いは原型に忠実なものであろう．

しかしながら，その言葉が明らかだとしても，その語句の解釈は単純ではない．ラブスは結婚前からツェル家と一緒に暮らしており，彼が「マテウス師」を彼の父と呼び，人々が「マテウス師の妻」を彼の母と呼び，ツェル夫妻は彼を養子と見なしていたのである．シュッツ・ツェルがラブスにとって彼の母であるという彼の言葉は，単純にこうしたそれ以前の関係と，彼の家族の「母親役をする」点で，ツェルの寡婦が教会に対する一種の「祖母」であるという考えとを丁寧に言及したものかもしれない．しかし，教会に対する母という言葉はラブスに対する「母親像」と同一ではない．この語句の文脈がシュッツ・ツェルの牧会的な職務の記述だとすると，その語句には一種の共同の次元が含まれてくる．カタリナが挙げている活動には，彼女がマテウスと分担していた任務がある．すなわち，聖職者との神学的会話（説教準備における一種の助言！）および病人と臨終者とを世話することで，「善き死」への強い関心のゆえに大変重視されていた「一種の牧会的奉仕付きの教育」である．少なくともシュッツ・ツェルにとって，教会の母であることは，一牧師とその家族に対する母親の役割を演じることよりはるかに広くに及ぶことは明らかであったと思われる．ツェルの寡婦が以前の養子と一緒に牧師館に留まるという要望を拒否したことは注目に値する．ラブス家の生活様式と来る者はすべて拒まずという彼女自身の門戸開放策とが一致しないことを認識していたことは疑いない．たぶん彼女も，教会に対する母の役割に関する彼の見解が彼女自身の見解と違っていることに気づいていたのであろう．

「教会の母」となること／であることに関するテーマ　シュッツ・ツェルにとって「教会の母」の意味をできるだけ十分把握するためには，その焦点を明確な言及の小さな円から次の密接に関連した同心円に広げることが重要である．これらの一つは10歳という年齢か，それに相当する語句へのいくつかの彼女の言及である．なぜなら，それは彼女がこの「務め」の初めとして指摘す

る時だからである．1553年に，シュッツ・ツェルは彼女の宗教教育が48年以上前に始まったと記している．その後，彼女はいくつかの聖句，マタイによる福音書9章［16-17節］とマルコによる福音書2章［22節］の新しいぶどう酒を新しい皮袋に入れることに関するキリストの言葉に対する欄外の参照として，「わたしは10歳の時以来，［新しい］ぶどう酒で（器を）満たされてきた」という興味深い語句を付け加えている．この聖書への言及は若いカタリナの意識的で慎重な新しい宗教生活への献身を表現している．シュッツ・ツェルは1558年に現在60歳であるが，50年間神を畏れ，この世を蔑視するか断念して神の御前に歩んできたと言っている．悪魔とこの世の断念と神への献身の誓いとの結合は洗礼の際になされた誓約の重要な一部分であり[3]，彼女が洗礼を受けた時の名付け親によって最初に言い表された約束であったが，今ではそれを10歳の時に自力で成し遂げたように思われるのである．それは，シュッツ・ツェルが洗礼の誓約を確約することによって神への個人的な献身をなし，独力で信仰を告白する責任を負って「教会の母」となった時であると信じたように思われる．

　その最初の時点を確認することよりも，教会の母の「務め」の中身を厳密に定めることの方がいっそう難しい．これはその情報の少なさよりも，シュッツ・ツェルがたぶん意味したであろうことをどう規定すべきかという正に認識問題のゆえである．ある条件は十分明らかになると，ある結論も引き出されるかもしれない．教会の母の役割は彼女の信仰への個人的献身と彼女の生活の神への奉献とをもって始まるし，シュッツ・ツェルが特別な定義を与えてはいないが，その語句の内容は彼女が宛てた仲間のキリスト者たち（その中には子ども時代から彼女を知っている者もいた）には明らかであったし，彼女の文書は教会における神奉仕への偶然的か意図的な参照に満ちているのだから，教会の母という彼女の「務め」を教会におけるそうした奉仕の合成画を描くことによって記述する試みが論理的だと思われる．この結論はシュッツ・ツェルがストラ

---

〔3〕 ヒュポリュトスの『使徒伝承』（3世紀初期）によれば，洗礼に際して頻繁な祈りと断食と悪魔祓いが行われ，小児の場合は代父母（名付け親）が立てられ証人として信条等の質問に応えた後，司教による按手の祈りや塗油，ミルクと蜂蜜の杯が授けられたという．ローマ・カトリック教会でもこのような伝統が引き継がれていた．

スブールにおける彼女の奉仕に与えた要約によく適合するであろう.「多くの人々はわたしが〈教会と福音〉のために〈書き,話し,おこなうこと〉で奉仕してきたことをよく知っています」.二つの名詞：教会と福音,それと動詞：書き・話し・おこなうが意義深い.そして,彼女が奉仕した人々はその真実を知っているのである.

以下は,シュッツ・ツェルの自己理解において重要だとわかってきたより糸のいわば編み合わせである.広範に及ぶ証拠の性質上,しっかりと構築された議論ではないし,またそうではありえない.しかし,この「教会の母」という語句は教会における彼女の生涯に亘る奉仕を描くために選ばれたと思われるので,結論を試みないまま話し終えるよりも,その曲の主旋律を響かせる方がやり甲斐のある企てとなるであろう.いくつかのモチーフが特に強い.学び・教え・信仰を形づくることであり,肉体的・精神的な必要に仕えることであり,聖職者を助け・矯正するために職務上の「非公式な」仲間として活動することであり,最後に,教会の福祉と信仰の擁護とに責任を負うことなどである.これらのテーマに沿って,教会の母がこれらの働きを実行する集会や「教区」の問題があった.シュッツ・ツェルにとってこれらは特に女性と信徒であったが,任職された聖職者も含まれていた.彼らは彼女の声が聞こえる範囲内の身近な人々と文書で届く遠く離れた人々であった.彼らは特に都市住民であったが,貧しい農民や地位の高い人々も含まれていた.

「教会の母」という語句と宗教的な学びや教えとの頻繁な結合は,シュッツ・ツェルの生涯に亘る信仰を語り他に教えることへの関心と一緒になって,教える働きがこの「務め」の重要な側面であったことを示している.彼女のお好みの聖書的モデルであるマグダラのマリアと特に年老いたアンナとは,教会の母のこうした,証言し,教育し,強化する特徴の重要性をさし示している.その同じ主題は彼女の多くの出版物における教育的・教理問答的な資料に,特に専らではないが主の祈りと讃美歌集との講解の中に見出される.こうした文字による指導と並んで,実物教育の任務,すなわち,礼拝と信仰の生きた学びへの忠実な参加の模範であるように自分自身を成長させ続ける責任があった.

シュッツ・ツェルは,彼女の教育的で教化的な役割を,決して女性と信徒だけに限定していたわけではないが,特に彼らの要望を満たすことに向けられると理解していた.彼女の若い時分に彼女の周りに集まっていた女性と少女はそ

のグループの「内部から導く」一例であり，ケンツィンゲンの女性たち，すなわち，彼女の「キリストにある仲間の姉妹たち」への彼女の手紙も同じことを例証している．信徒によって提示される疑問への頻繁な彼女の言及と信徒の祭司性と母性愛の模範的な役割――それは父なる神がどのような方かを例証する助けとさえなり得る――に関する彼女の強調，また農民でさえ，だれが異端かを見分け得る彼らの能力への彼女の敬意，これらすべてがシュッツ・ツェルの女性と信徒との関係への気配りと評価を例証しているし，これらの諸点の引用法それ自体さえも彼らを指導し案内する彼女の自覚を例証しているのである．しかし，彼女の最後の書はある男性に，しかも地位の高い男性に献呈されており，シュッツ・ツェルは生涯を通じて性別や地位や正式の教育よりも信仰と愛をいっそう重要だと見なしていたと思われる．教会の母には女性と子どもばかりでなくて全家族の教育を援助する責任があるのである．

　通例「母」という言葉の言外の意味は，シュッツ・ツェルの活動の多様な側面と相まって，この「務め」を強く慈善的な，よく言えば牧会的な次元を含むものとして特徴づけている．

　この意味の大部分はマテウスの花嫁に「貧民と難民の母」であるようにという委任の中に表現されているが，これには体の維持や具体的援助の必要な人々への物質的・情緒的な支援もすべて含まれる．彼女はラハブやマルタやイエスに塗油しようとしたマリアたち，さらにその親切と善き業とで尊敬されたテモテへの手紙一5章9-10節の寡婦たちのような聖書の模範を主張している．ある意味では子どもたち，拡大解釈すると誰でも貧しい困窮者たちへの身体的・精神的配慮が母性的配慮のきわめて伝統的な表現であると思われる．

　実質的に，シュッツ・ツェルはこの活動を非常に広く解して，そうでなければ歓迎されないような人々を迎え入れて擁護し，あたかも「学者」の一人であるかのように，傷ついた良心に対して精神的な助言を申し出たのである．そうした亡命者やその他の者に対する母性的配慮が何かしら非伝統的なものとなった．そして，こうした形の母性的配慮も発展してより正式の牧会的働きとなりえたのである．

　三番めの，さらに明瞭だがいっそう論争された「教会の母」の側面は，この称号が聖職者の同労者として，牧会的指導における協力の役割を含むという考えである．もちろん，カタリナと夫との緊密な協力とツェル夫妻の共同の牧会

第14章　カタリナ・シュッツ・ツェルの肖像 ── 彼女の自己理解と同時代人たちの見方

的奉仕とは，教会の母であることの意味に関する大人の感覚には不可欠な部分となった．このことが最も端的に明らかとなるのは，ツェルが彼女に与えた「同伴者」と特に「補助者」という称号において明らかになる．これらが意味するのは，まず第一に，マテウスと魂の配慮，とりわけ病人を訪問して臨終の者と共に死の陰の谷を歩むことを意味した．しかし，聖職者との協力が貧しい者の援助や臨終者への霊的な助言の共有を超えて，任職された指導者と論争したり彼らを叱責したりすることにまで及ぶと考えられるのだろうか？　それはラブス宛ての1555年の「教会の母」の最初の二つの引用では明らかに一部そのような文脈であるが，それは我慢し難いものであろう．彼女はマタイによる福音書18章15-18節の規則を適用してできる限り相違点を密かにしておくつもりであったけれども，シュッツ・ツェルは共有する務めのこうした訓練的な部分を決して無視したり，それが不適切な場合には自分自身を矯正しないで済ませるつもりもなかった．互いに矯正することは個人的な健全さにとっても教会の利益にも役立つのである．彼女は一つの点で（無意識にか！？），「［彼の］家庭をよく治め」（Ⅰテモテ3：4）という牧師（監督）の務めを述べた章句を自分自身に適用している．これはその言及の文脈を知っている者にはショックであるに違いないが，神の家庭に対するシュッツ・ツェルの責任感にはよく適合している．しかし，ラブスを叱責したり彼のために執り成したりすることに関わるユディトとアビガイルという聖書のモデルは，確かに無意識に選ばれたのでも認め難いものでもない．シュッツ・ツェルは教会の母として助言し，矯正することによって，任職された人の「共同司祭」であろうとしたのである．

　信仰の家庭と教会の証しの純粋さとを守る務めは教会の母の責任のもう一つの側面であるように思われる．ある点で，この役割は，内容的には共同的であるとしても実行上は最も個人的かもしれない．聖職者が互いに仕え損なう場合に彼らを矯正したり，彼らが沈黙しているときに説教したりすることは，止むに止まれず，教会規則よりもむしろ聖書の教えと確信と良心に基づいた行動方式なのである．この同じ要因が，教会とその会員を真理と福音と隣人愛のために公然と語ることによって擁護する義務の背後に横たわっている．シュッツ・ツェルは，この働きを「教会の母」としての彼女の活動の一部とはっきりよんではいないが，それは二つのしかたでその召命と非常に緊密に結びついていると思われる．第一の結びつきは最も明瞭である．すなわち，彼女は『弁明』の

中で素朴な人々がどうして嘘に騙されているかをはっきりと指摘して，彼らを信仰から連れ去られることから守っているのである．公然と語ることとシュッツ・ツェルの教会の母としての自己理解との第二の結びつきは，もう少し微妙である．彼女は騙される危険のある人々に洗礼の誓約を思い出させて，神に仕えて悪魔を断絶する彼らの誓約に引き戻そうとした．洗礼の肯定・否定・肯定という同じパターンはマテウスの墓前での彼女の説教を特徴づけており，カタリナはそれを意識的に差し迫ったインテリムの脅威に対して彼らの信仰を守る一種の盾とさせるつもりであった．われわれが小児洗礼の（信仰を肯定して教える）名付け親の伝統的な役割を考えて，シュッツ・ツェル自身の教会の母としての召命が（もはや彼女の名付け親の知識と告白に頼らないで）彼女自身でそれに関わったという時点からはじまっているという事実を想起するなら，真理のために公然と語ることの擁護的役割を教会の（名付け）母としての彼女の召命のもう一つの側面と見ることができるのである．

　シュッツ・ツェルの「公然と語る」理解の一つの顕著な面は，これがただ単に危険を惹き起こすだけでなくて，話し手が「傷つきやすい」ままであることを意識しながらなされなければならない任務であると率直に認めていることである．強制力は不可能であり，公然と語る者は苦難を受けても驚くべきではないのである．彼女はその行動のために苦難に遭うことを期待さえしている．その聖書的モデルは大祭司の前のイエスである．キリスト者の任務は公然と語ることであるが，復讐は神に任せることである．苦難はわざわざ探し出すべきものではなくて，この世に立ち向かう場合の当然の負担なのである．キリスト者が信仰のために迫害されても，忍耐して苦難を受けるように予期されているが，それは沈黙してではないのである．

　たぶん，この確信はシュッツ・ツェルの聖書的モデルの一覧表の中にあるいくつかの奇妙な「脱落」を説明する助けになるかもしれない．デボラは士師記4-5章では指導者であり，「イスラエルの母」（士師5：7）とよばれているが，一見デボラの称号は「教会の母」にとって理想的な範例と思われるが，シュッツ・ツェルは決して言及していない．宗教改革者ヨハネス・ケスラーは，シュッツ・ツェルを他の聖書の女性たちの中でデボラに似せているし，確かに彼女自身もヤエル（士師4：17以下，5：24以下）を（敵の取り扱いにおける）賢さの見本として言及しているので，その物語を知っていたのである．シュッ

第 14 章　カタリナ・シュッツ・ツェルの肖像 —— 彼女の自己理解と同時代人たちの見方

ツ・ツェルの文書からデボラがなぜ謎のように削除されているのかはただ推測する以外にない．この「イスラエルの母」は，イスラエルの敵に対する軍事的作戦の推進力か少なくとも触媒として記憶されており，シュッツ・ツェルがモデルにするにはあまりにも軍事的な人物でありすぎたためかもしれない．彼女は信仰のために死ぬことは語り得たが，そのために殺すことは語りえなかったのである．デボラがこの信徒改革者が削除した唯一の聖書の女性ではない．彼女はケスラーが彼女に似せた女預言者フルダや，やはり預言していたフィリピの四人の娘たちのことを決して言及していない．実際，シュッツ・ツェルが唯一アンナを女預言者と呼んでいるのは，彼女をそう呼んでいる聖書本文をはっきり引用している場合である．ただ一度だけ彼女はキリストについて預言するものとしてアンナの活動を語っているが，その場合明らかに語ること（宣べ伝えること）と同義で，それは彼女がこの章句を引用する他の箇所でも用いる動詞なのである．

　「教会の母」シュッツ・ツェルが「イスラエルの母」デボラや，未来を予告する者として覚えられる女性たちに言及しない理由はたぶんこの思慮深い信徒神学者が「教会の母」という語句に与えた意味に見出されよう．シュッツ・ツェルは聖書を洞察力をもって読んでいる．彼女は相応しい聖句を探し出して受け売りしなかった．彼女は彼女の務めが何であり何でないかについて非常にはっきりした考えをもっていた．彼女は特別な啓示や未来を予告する能力を主張しなかったし，軍事的なヒロインなど言わずもがなであった．したがって，「教会の母」のモデルとして役立ったのはデボラやフルダではなくて，注意深く再解釈された年老いたアンナの肖像であった．それは救いを待ち望む人々にキリストを宣べ伝える祈りの人アンナであり，この信徒改革者が自分自身をなぞらえたテモテへの手紙一 5 章 9-10 節の親切にもてなした寡婦たちの寛容な行動主義を備えたアンナだったのである．

　ストラスブールにおける「教会の母」シュッツ・ツェル　それでは，カタリナ・シュッツ・ツェルが自分に「教会の母」と名付ける意味は何であろうか？彼女は明らかにこの語句を教会の奉仕における一種の「非公式な務め」の呼び名と理解しており，彼女は洗礼の誓約への個人的な確約と献身とによって，公認教会をとおして神によってその務めに召されたのである．内的な召命と洗礼とは神からきており，外的な儀式は人間の奉仕者によってなされるように，彼

女における内的変化（新しいぶどう酒）は神の行為であるが，（新しい革袋になるための）個人的な自己奉献によって表された．このように，それは「非公式な」務めではあるが，決して目に見える教会から離れてはおらず，神の行為ではあっても，シュッツ・ツェルは受身ではなかったのである．

「教会の母」の定義は，時とともに拡張したが，シュッツ・ツェルの第二の危機的転換点である彼女の「福音への回心」のときに最大の変化がやってきた．学び・教え・指導することは，異なる段階では異なって表現されたが，持続されたように思われる．若い少女として，カタリナ・シュッツはたぶん教訓よりも実例による指導者であり教師であって，彼女の影響範囲は家族と女友達に大きく限定されていたらしい．彼女を自分の救いと神を喜ばせる方法とに関する悩みから解放した回心は彼女の活動を小さくせず，それを外側に向けた．彼女は「人間をとる漁師」と「貧民と難民の母」として召され，信仰を宣べ伝え，すべての困窮者を世話して，シュッツ・ツェルは教会の奉仕の中にますます拡まる友人と仲間のサークルを見出したのである．このことは彼女とマテウス・ツェルとの協力関係と牧師の妻の先駆的な役割の中に最もはっきり示されるが，それは疑いもなく彼らの家庭から教区と都市へ，さらに彼の生存中およびシュッツ・ツェル自身の残りの生涯へと拡がっていった．彼女は自分自身を聖職者の宗教改革者の同労者，また，特に女性と子どもとに，しかも信徒や任職者である男性にも責任ある牧師として理解していた．このことは誰でも困っている者に対する物質的・精神的な援助を意味している．それは神学を論じたり訂正したり，個人的にまた場合によっては公的にさえ説教することをも含んでいるが，福音と隣人愛のために公然と語ることは共同体と個人との安寧のために是非とも必要なことなのである．

信徒改革者の召命は説教壇と信徒席との間に立つことであった．それは共同体内部から，しかも主として集められた共同体のために，しかしまた，証言する体としての教会のためにも，指導するような召命であった．それは神の主導権にしっかり基礎づけられ，彼女の仲間のキリスト者に対してはかなり独立して行使されたが，それでもキリストの体の他の肢体と関わる相互依存的な機能として常に理解され，また通例は表現された．それは，しばしば信仰への忠誠がルター派公認の聖職者とシュヴェンクフェルトの弟子たちの反国教的サークルとの双方から批判的な距離を要すると思われたときにさえ，目に見える教

会から離れようとは考えなかった．それはすべてのこの世的なものの慎重な拒否と神奉仕への全面的な献身を意味しており，神の民に仕えて，彼らの身分が何であれ，また「福音の外側にいる」人々にさえ，彼らを慰め，教え，食べさせ，矯正し，擁護するのである．それは他の人々をこの信仰と実践とに，時が良くても悪くても，愛と決意に満ちた心で，歓迎と援助の手を差し伸べ，それぞれ愛情深かったり皮肉っぽかったり，同情的であったり教育的であったり，ユーモラスであったり信心深かったり，しかし，彼女を教会の中にまた教会のために召してくださったと信じる責務を果たすために，神が彼女に授けられた賜物を情熱的に用いることに専心したのである．カタリナ・シュッツ・ツェルは神学者であり，宗教改革者であり，教会の母であり，福音の信奉者であったのである．

参考文献

Primary Sources I: Katharina Schütz Zell (chronological order)

Schütz, Katherina. *Den leydenden Christglaubigen weyberen der gmein zu Kentzigen minen mitschwestern in Christo Jesu zu handen.* [*Weyber zu Kentzingen*]

Schütz, Katharina. *Entschuldigung Katharina Schützinn/ für M. Matthes Zellen/ jren Eegemahel/ der ein Pfarrher und dyener ist im wort Gottes zu Straßburg. Von wegen grosser liigen uff in erdiecht.* [*Entschuldigung*]

Zell, Katharina. *Von Christo Jesu unserem saligrnacher / seiner Menschwerdung / Geburt / Beschneidung / etc. etlich Christliche und trostliche Lobgsang / auss einem vast herrlichen Gsangbüch gezogen / Von welchem inn der Vorred weiter anzeygt wiirdt.* [*Lobgsung*]

Zell, Catharina. *Klag red und ermahnung Catharina Zellin zum volk bey dem grab m: Matheus Zellen pfarer zum münster zu Straßburg / deß frommen mannß / bey und über seinen todten leib.* [*Klag*]

Zell, Kath[e]rin[a]. "Letters" and "1553 letter."

Zell, Katharina. *Ein Brieff an die gantze Burgerschafft der Statt Straßburg / von Katherina Zellin / dessen jetz saligen Matthei Zellen / deß alten und ersten Predigers des Evangelij diser Statt / nachgelassne Ehefraw / Betreffend Herr Ludwigen Rabus / jetz ein Prediger der Statt Ulm / sampt zweyen brieffen jr und sein / die mag mengklich lesen und urtheilen on gunst und haß / sonder allein der war heit warnemen. Dabey auch ein sanffte antwort / auff jeden Artickel / seines brieffs.* [*Ein Brieff*]

Zell, Katharina. *Den Psalmen Miserere / mit dem Khiinig David bedacht / gebettet / und paraphrasirt von Katharina Zellin M. Matthei Zellen seligen nachgelassne Ehefraw / sampt dem Vatter unser mit seiner erklarung / zugeschickt dem Christlichen mann Juncker Felix Armbruster / zum trost in seiner kranckheit / und andern angefochtenen hertzen und Concientzen / der siind halben betrubt &c. in truck lassen kommen.* [*Den Psalmen*]

Primary Sources II: Other Sources

Bernays, J. ed. *Politische Correspondenz der Stadt Strassburg im Zeitalter der Reformation.* vol. 5 (1550-1553) Heidelberg, 1928.

Billiche Antwort zum vorsprung / allein auf die Vorrede des schmähbrieffes / welchen

Katharina Zellin / wider Doctor Rabum / offentlich hat lassen außgehn / von Erhardo Landolff / der warheit zuo lieb / trewlich / als ein Christi / gestellt. Sampt einem kurtzen bericht / auf die zwey stuck / die heyligen hochwirdigen Sacramenten / die Tauff unnd des Herren Nachtmal belangen / von Magistro Clemente Hartman geordnet / und allen Christen zur warnung / ohne betrug / ubergeben. 1558.[*Billiche Antwort* for first part, *Kurtzer Bericht* for second]

Brant, Sebastian. "Annales," *BSCMHA* 15, pp. 209-280; 19, pp. 33-260.

Bücer, Martin. *Martin Bucers Deutsche Schriften.* Gütersloh: Gerd Mohn, 1960-1995. [BDS]

Buheler, Sebald. "Chronique", *BSCMHA* 13, pp. 21-150.

Calvin, John. in *Corpus Reformatorum*, vol. 29-87.

Die Elsiissische Legenda Aurea, eds. U. Williams & W. Williams-Krapp. Texte und Textgeschichte 3. vol. l, Tübingen: Max Niemeyer, 1980.

Füsslin, J. C. *Briefwechsel Frauen Catharina Zellin von Strassburg und Herrn Ludwig Rabus, Superintendenten zu Ulm, in Beytriäge zur Erlänterung der Kurchen-Reformations-Geschichte des Schweitzerlandes*, 5. Theil. Zürich, 1753. pp. 151-354.

Gerbel, Nicolas. *Centuria Epistolarum Theologicarum ad Johannem Schwebelium. .. ex typographium Bipontina per Casparum Wittelum*, 1597.

------. *Diarium.* AST 38, vol. 1.

Grumbach, Argula von. *Argula von Grunbach*, ed. P. Matheson. Edinburgh: T & T Clark, 1995.

Grund und ursach auß gotlicher schri.fft der neiiwerungen an dem nachtmal des herren, so man die Mess nennet, Tauff, Feyrtagen, bildern und gesang in der gemein Christi, wann die zuosamenkompt, durch und auff das wort gottes zuo Straßburg. fürgenomen. BDS I, pp. 185-278.

Herminjard, A. J. ed. *Correspondance des Réformateurs dans les Pays de langue Jrangaise.* Geneve, 1866.

Jussie, Jeanne de. *Petite chronique*, ed. H. Feld. Mainz: Philipp von Zabern, 1996.

Kessler, Johannes. *Johannes Kesslers Sabbata*, ed. E. Egli & R. Schoch, Historischen Verein des Kantons St. Gallen. St. Gall: Fehr'sche Buchhandlung, 1902.

Löscher, Abraham. *Epicedion, et narratio funebris, in mortem venerabilis viri, D. Mathaei Zeellii, apud Argentoratenses in summo templo Parrochi, Elegiaco carmine scripta.* [Strasbourg, 1548]

Luther, Martin. *Biblia / das ist / die gantze Heilige Schrifft Deudsch.* 2 vol. Frankfurt a. M.: Röderberg-Verlag, 1983. [facsimile of 1534 edition].

-------. *D. Martin Luthers Werke: Kritische Gesamtausgabe (Weimarer Ausgabe)*. Weimar: Herman Böhlaus Nachfolger, 1883-1993. [WA]

Marguerite de Navarre. *Poesies chretiennes*. Paris: du Cerf, 1996.

Pirckheimer, Caritas. *Die Denkwürdigkeiten der Äbtissin Caritas Pirckheimer*, ed. F. Renner. St Ottilien: EOS, 1982.

Pollet, J. V, ed. *Martin Bucer: Etudes sur la correspondence*. Paris: Presses Universitaires de France, 1958.

Quellen zur Geschichte der Täufer. Elsass ... Stadt Straßburg... , eds. M. Krebs & H. G. Rott [vol. 7, 8]; M. Lienhard & S. Nelson & H. G. Rott [vol. 15, 16]. Gütersloh: Gerd Mohn, 1959, 1960, 1986, 1988. [QG1]

Rabus, Ludwig. *Historien der Martyrer: Erste Theil Darinn von den Heyligen / Ausserwölten Gottes Zeügen / Bekennern unnd Martyrern ...* [books 1 and 2, OT-NT]. *Ander Theil...* [books 3-5, medieval-Reformation]. Straßburg: Josian Rihel, 1571, 1572. [first ed. vol. l: 1552, vol. 2-8: 1554-58]

Reu, Johann Michael. *Quellen zur Geschichte des Katechismus-Unterrichts. Erster Band: Süddeutsche Katechismen*. Gütersloh: C. Bertelsmann, 1904.

Rhegius, Urbanus. *Dialogus von der schünen predigt die Christus Luc. 24. von Jerusalem bis gen Emaus den zweien jüengern am Ostertag aus Mose und allen Propheten gethan hat*. Wittenberg: Josef Klug, 1537 [first ed. 1535].

Rott, J. ed. *Correspondence de Martin Bucer, Tome L* Studies in Medieval and Reformation Thought 25. Leiden: E. J. Brill, 1979.

Schieß, T., ed. *Briefwechsel der Brüder Ambrosius und Thomas Blaurer*. 3 vol. Freiburg i.B.: Friedrich Ernst Fehsenfeld, 1908-12.

Schwenckfeld, Caspar. *Corpus Schwenckfeldianorum*. 19 vol. Leipzig: Breitkopf & Härtel, 1907-60.

Specklin, Daniel. "Collectanées," *BSCMHA* 14, pp. 201-404.

Walch, Johann G. D. *Martin Luthers ... Sämtliche Schriften ...* vol. 21: *die Briefe des seligen Mannes und eine Nachlese enthält ...* Halle: J. J. Gebauer, 1749. [Sermons preached at Luther's death are found in Naclese section, separately numbered with *]

Wencker, Jean. "Chronik und Zeitregister der Statt Strassburg," *BSCMHA* 15, pp. 77-299.

Weyer, Michel. *L'Apologie Chretienne du réformateur strasbourgeois Matthieu. Zell ("Christeliche Verantwortung", 1523)*. Texte établi, introduit et annoté. 3 tomes. thèse de doctorat de 3e cycle. Strasbourg, 1981. .

Zell, Matthew. *Christeliche verantwortung M. Matthes. Zell von Keyserßberg Pfarrherrs und predigers im Münster zit Straßburg / uber Artikel im vom Bischoffüchem Fiscal daselbs entgegengesetzt / und im rechten ubergeben. Hyerinn findest Evangelischer leer gründtliche verklerung und reyliche bericht / durch gottlich geschriff / gar nahe alter sachen so yetz in reden und disputation seind.* Straßburg: Wolffgang Köpffel, 1523. (pages numbered with alphabet are repeated twice; second part here marked [2nd.])

-------. *Ein Collation au.ff die einfuerung M. Anthonii Pfarrherrs zu S. Thomans zu Straßburg / unnd Katherine seines eelichen gemahels / von Matthew. Zeell von Keyserßbergk Pfarrherrn im hohen stijft da selbst / do auch dies einforung beschehen ist.* Straßburg: Wolff Köpffel, 6 kalen. Dec., 1523.

-------. For catechisms, see Reu, *Katechismen*.

Zürich Bible. *Die ganntze Bibel ... verteiitschet.* Zürich: Christoffel Froschouer, 1531. [facsimile edition] Zürich: TVZ, 1983.

Secondary Sources

Abray, Lorna Jane. *The People's Reformation. Magistrates, Clergy, and Commons in Strasbourg, 1500-1598.* Oxford: Basil Blackwell, 1985.

Appenzeller, Bernhard. "Rabus, Ludwig," *Biographisch-Bibliographisches Kirchenlexikon.* eds. F. W Bautz, T. Bautz. Herzberg: Traugott Bautz, 1994. vol. 7, col. 1177-1180.

Backus, Irena. "Polemic, Exegetical Tradition, and Ontology: Bucer's Interpretation of John 6:52, 53, and 64 Before and After the Wittenberg Concord," *The Bible in the Sixteenth Century*, ed. D. Steinmetz. Durham, N. C.: Duke, 1990. pp. 167-180.

Bainton, Roland L. "Katherine Zell," *Medievalia et Humanistica*, n.s. I (1970), pp. 143-168.

-------. *Women of the Reformation in Germany and Italy.* Boston: Beacon, 1974 [reprint of 1971]

Baum, Adolf. *Magistrat und Reformation bis 1529.* Strassburg: J. H. E. Heitz, 1887.

Bernays, I. "Zur Biographie Johann Winthers von Andernach," *Zeitschrift. für die Geschichte des Oberrheins* 55 (1901), pp. 28-58.

Bibliotheca Dissidentium: Repertoire des non-coriformistes religieux des seizième et dix-septième siècles, GRENEP: Le groupe de recherches sur les non-conformistes religieux du XVle siècle et l'histoire des protestantismes. Baden-Baden: Valentin Koerner, 1980-

Blickle, Peter. *Communal Reformation: The Quest far Salvation in Sixteenth-Century German;y.* London/ New Jersey: Humanities Press, 1992.

Bornert, René. *La réforme protestante du culte a Strasbourg au XVIe siècle (1523-1598)*. Studies in Medieval and Reformation Thought 28. Leiden: E. J. Brill, 1981.

Bossy, John. *Christianity in the West, 1400-1700*, Oxford: University Press, 1985.

Brady, Katharine G. & Thomas A. Brady, eds., "Documents on Communalism, and the Control of Women at Strasbourg in the Age of the Reformation," *Anticlercalism in Late Medieval and Early Modern Europe*, eds. P. A. Dykema & H. A. Oberman. Studies in Medieval and Reformation Thought 51. Leiden: E. J. Brill, 1993. pp. 209-28.

Brady, T. A., H. Oberman, J. D. Tracy, ed. *Handbook of European History, 1400-1660*. 2 vol. Leiden: E. J. Brill, 1995.

Brady, Thomas A. *Ruling Class, Regime, and Reformation at Strasbourg, 1520-1555*. Studies in Medieval and Reformation Thought 22. Leiden: E. J. Brill, 1978.

------. *Protestant Politics: Jacob Sturm (1489- 1 553) and the German Reformation*. Atlantic Highlands, NJ.: Humanities Press, 1995.

------. " 'You Hate Us Priests' : Anticlericalism, Communalism, and the Control of Women at Strasbourg in the Age of the Reformation," *Anticlericalism in Late Medieval and Early Modern Europe*, eds. P. A. Dykema & H. A. Oberman. Studies in Medieval and Reformation Thought 51. Leiden: E. J. Brill, 1993. pp. 167-207.

Burke, Peter. *Popular Culture in Early Modern Europe*. New York: Harper, 1978.

Bynum, Caroline Walker. "Jesus as Mother and the Abbot as Mother: Some Themes in Twelfth-Century Cisterian Writing," *Jesus as Mother: Studies of Spirituality in the High Middle Ages*. Berkeley: University of California, 1982. pp. 110-69.

Chrisman, Miriam Usher. *Bibliography of Strasbourg Imprints*, 1480-1599. New Haven: Yale University Press, 1982.

------. *Conflicting Visions of Reform: German Lay Propaganda Pamphlets, 1519-1530*. Atlantic Highlands, N. J.: Humanities Press, 1996.

------. "L'imprimerie a Strasbourg de 1480 a 1599," *Strasbourg au coeur religieux du XVIe siècle*, eds. G. Livet & F. Rapp. Strasbourg: lstra, 1977. pp. 539-49.

------. *Lay Culture, Learned Culture, Books and Social Change in Strasbourg, 1480-1599*. New Haven: Yale University Press, 1982.

Davis, Natalie Zemon. "City Women and Religious Change," *Society and Culture in Early Modern France*. Stanford: University Press, 1975. pp. 65-95.

Douglass, E. Jane Dempsey. *Justification in Late Medieaval Preaching: A Study of John Geiler of Keisersberg*. Studies in Medieval and Reformation Thought Ⅰ. Leiden: E. J. Brill, 1966.

Engel, Carl. *Das Schulwesen in Strassburg vor der Griindung des protestantischen Gymnasiums 1538*. Strassburg: J. H. E. Heitz, 1886.

Erichson, Alfred. *Das theologische Studienstift Collegium Wilhelmitanum*. Strasbourg: J. H. E. Heitz, 1894.

Ficher, Johann, and Otto Winckelmann. *Handschriftenproben des sechzehnten Jahrhunderts nach Strassburger originalen*. 2 vol. Strassburg: Karl J. Triibner, 1905.

Fritz, Frederick. *Ulmische Kirchengeschichte vom Interim bis zum dreißigjährigen Krieg (1548-1612)*. Stuttgart: Chr. Scheukele, 1934.

Hobbs, R. Gerald. "The Stones Cry Out," *The Bible in the Upper Rhine Reformation*. Forthcoming.

Horning, M. G. *Urkundliches iiber die Jung-Sankt-Peter-Kirche*. Vol. 1. Strasbourg, 1888.

Hubert, Friedrich. *Die Straßburger liturgischen Ordnungen im Zeitalter der Reformation*. Guttingen: Vandenhoeck und Ruprecht, 1900.

Jancke, Gabriele. "Autobiographische Texte-Handlungen in einem Beziehungsnetz. Ueberlegungen zu Gattungsfragen und Machtaspekten im deutschen Sprachraum von 1400 bis 1620," *Ego-Documente. Annäherung an den Menschen in der Geschichte*, ed. Winfried Schultze. Selbstzeugnisse in der Neuzeit 2. Berlin, 1996. pp. 73-106.

------. "Publizistin-Pfarrfrau-Prophetin: Die Straßburger 'Kirchenmutter' Katharina Zell," *Frauen Mischen Sich Ein*. ed. Peter Freybe. Wittenberg: Ev. Predigerseminar, 1995. pp. 55-80.

Jung, Martin. "Katharina Zell geb. Schütz (1497/98-1562): Eine 'Laientheologin' der Reformationszeit?" *Zeitschri.ft.far Kirchengeschichte* 107:2 (1996), pp. 145-78.

Kaufmann, Thomas. "Pfarrfrau und Publizistin - Das reformatorische 'Amt' der Katharina Zell," *Zeitschrift für Historische Forschung* 23:2 (1996), pp. 169-218.

Kittelson, James. *Wolfgang Capito: From Humanist to Reformer*. Studies in Medieval and Reformation Thought 17. Leiden: E. J. Brill, 1975.

Kolb, Robert. *For All the Saints: Changing Perceptions of Martyrdom and Sainthood in the Lutheran Reformation*. Macon, GA.: Mercer Univ. Press, 1987.

Liebenau, Ulrike. *Catherine Zell: Une mère de l'eglise. Sa pensèe a travers l'analyse de ses écrits*. Mémoire de maitrise. Faculté de Théologie Protestanté, Universite des Sciences Humaines de Strasbourg. 1987.

Lienhard, Marc. "Catherine Zell, née Schütz," *Bibliotheca Dissidentium: Répertoire des nonconfermistes religieux des seizième et dix-septième siècles*, éd. A. Séguenny. vol. I. Baden- Baden: Valentin Koerner, 1980. pp. 97-125.

-------. "La percee du mouvement evangelique a Strasbourg: le role et la figure de Matthieu Zell (1477-1548)," *Un temps, une ville, une Riforme*. Vario rum: Gower Publishing Group, 1990.

-------. "Mentalite populaire, gens d'église et mouvement evangélique a Strasbourg en 1522-1523," *Un temps, une ville, une Réforme*. Variorum: Gower Publishing Group, 1990.

-------. "Strasbourg et la guerre des pamphlets," *Un temps, une ville, une Réforme*. Variorum: Gower Publishing Group, 1990.

-------. "Thomas Murner et la Reformation," *Un temps, une ville, une Réforme*. Variorum: Gower Publishing Group, 1990.

-------& J. Rott. "Die Anfänge der evangelischen Predigt in Strassburg und ihr erstes Manifest: der Aufruf des Karmeliterlesemeisters Tilman von Lyn (Anfang 1522)," *Un temps, une ville, une Réforme*. Variorum: Gower Publishing Group, 1990.

Matheson, Peter. *The Rhetoric of the Reformation*. Edinburgh: T. & T. Clark, 1998.

McKee, Elsie Anne. "Calvin, Discipline, and Exegesis: The Interpretation of Mt. 18, 17 and I Cor. 5, Iff in the Sixteenth Century," *Théorie et pratique de l'exegèse*, eds. I. Backus & F. Higman. Genève: Droz, 1990. pp. 319-327.

------. "The Defense of Schwenckfeld, Zwingli, and the Baptists, by Katharina Schütz Zell," *Reformiertes Erbe: Festschrift für Gottfried W Locher zu seinem 80. Geburtstag*, eds. H. A. Oberman, E. Saxer, A. Schindler, H. Stucki. Vol. 1. Zürich: TVG, 1992. pp. 245-264.

------. *Elders and the Plural Ministry: The Role of Exegetical History in Illuminating Calvin's Theology*. Travaux d' Humanisme et Renaissance 223. Geneva: Droz, 1988.

-------.*John Calvin on the Diaconate and Liturgical Almsgiving*. Travaux d' Humanisme et Renaissance 197. Geneva: Droz, 1984.

-------. "John Calvin's Teaching on the Lord's Prayer," *The Lord's Prayer*, ed. Daniel L. Migliore. Grand Rapids: Wm. B. Eerdmans, 1993. pp. 88-106.

-------. *Reforming Popular Piety in Sixteenth-Century Strasbourg: Katharina* Schütz *Zell and Her Hymnbook*. Studies in Reformed Theology and History 2: 4 Princeton, N. J.: Princeton Theological Seminary, 1994.

-------. "Speaking Out: Katharina Schütz Zell and the Command to Love One's Neighbor as an Apologia for Defending the Truth," *Ordenlich und Fruchtbar: Festschrifi für Willem van't Spijker*, eds. W. H. Neuser & H. J. Selderhuis. Leiden: J. J. Groen en Zoon, 1997. pp. 9-22.

McLaughlin, Emmet. *Caspar Schwenckifeld: Reluctant Radical. His Life to 1540*. New Haven: Yale Univ., 1986.

Moeller, Bernd. "Die Brautwerbung Martin Bucers für Wolfgang Capito. Zur Sozialgeschichte des evangelischen Pfarrstandes," *Die Reformation und das Mittelalter*. Göttingen: Vandenhoeck & Ruprecht, 1991. pp. 151-60.

Peter, Rodolphe. "Le Maraicher Clement Ziegler, l'homme et son oeuvre," *Revue d' Histoire et de Philosophie Religieuses* 24 (1954), pp. 255-82.

Rapp, Francis, ed. *Le diocese de Strasbourg*. Paris: Beauchesne, 1982.

--------. *L'Eglise et la vie religieuse en occident a la fin du Moyen Age*. Paris: Presses Universitaires de France, 1971.

--------. *Réformes et Réformation a Strasbourg: Eglise et societé dans le diocése de Strasbourg (1450-1525)*. Paris: Editions Ophrys, 1974.

Rapp Buri, Anna & Monica Stucky-Schürer. "Verena Zollers Wirkteppich von 1554 im Benediktinerkoster Sarnen OW," *Zeitschrifl für Schweizerische Archäologie und Kunstgeschichte* 52:3 (1995), pp. 137-152.

--------. *Zahn und wild: Basler und Straßburger Bildteppiche des 15. Jahrhunderts*. Mainz: Philipp von Zabern, 1990.

Reichle, Erika. "Katharina Zell oder Eintracht in der Stadt Gottes," *Sanft und rebellisch: Mütter der Christenheit-von Frauen neu entdeckt*, ed. K. Walter. Freiberg/ Basel/ Wien: Herder, 1990. pp. 149-62.

Röhrich, Timotheus W. *Geschichte der Reformation im Elsass und besonders in Strasburg*. 3 vol. Strasburg: Friedrich Carl Heitz, 1830-32.

-------. "Katharina Zell, geborne Schütz, die Reformatorenmutter," *Mittheilungen aus der Geschichte der evangelischen Kirche des Elsasses*. 3 vol. Straßburg: Treuttel & Würz, 1855.

-------. "Martin Butzers Testamente," *Beitri:ige zu den theologischen Wissenschqfien*, eds. E. Reuss & E. Cunitz. Jena: Friedrich Mauke, 1851. pp. 193-230.

-------. "Mathaeus Zell," *Beiträge zu den theologischen Wissenschqfien*. Jena: Friedrich Mauke, 1851. pp. 144-92.

Roper, Lyndal. " 'the common man,' 'the common good,' 'common women' : Gender and Meaning in the German Reformation Commune," *Social History* 12 (1987), 1 -22.

-------. *The Holy Household: Women and Morals in Reformation Augsburg*. Oxford: University Press, 1989.

Rott, Jean. "La Guerre des Paysans et la ville de Strasbourg," *Etudes alsatiques: Lo guerre des paysans, 1525*, ed. A. Wollbret. Saverne, 1975. pp. 23-32.

Russell, Paul. *Lay Theology in the Reformation: Popular Pamphleteers in Southwest Germany,*

1521-1525. Cambridge: University Press, 1986.

Schultz, Selina G. *Caspar Schwenckfeld von Ossig (1489-1561)*, with introduction by P. Erb. Pennsburg, PA: Board of Publication of the Schwenckfelder Church, 1977 [reprint of 1946]

Seyboth, Adolph. *Das alte Strassburg vom 13. Jahrhundert bis zum Jahre 1879*. Strassburg, 1870.

Stafford, William S. *Domesticating the Clergy: The Inception of the Reformation in Strasbourg, 1522-1524*. Missoula, MN: Scholars Press, 1976.

Steinmetz, David C. *Misericordia Dei: The Theology of Johannes von Staupitz in Its Late Medieval Setting*. Studies in Medieval and Reformation Thought 4. Leiden: E. J. Brill, 1968.

Toepke, G. ed. *Die Matrikel der Universität Heidelberg von 1386 bis 1662. Zweiter Theil*. Heidelberg: Toepke, 1886.

Van't Spijker, Willem. "Capito totus noster nunc est, Utinam fuissent semper. Capito's Return to the Reformed Camp," *Probing the Reformed Tradition*, eds. E. A. McKee & B. G. Armstrong. Louisville: Westminster/ John Knox, 1989. pp. 220-36.

-------. "Une disputation au sujet du doctorat par D. Wolfgang Capiton où est soulevée la question de savoir si le titre de Docteur peut exister alans l'Eglise de Dieu," *Horizons Européens de la Réforme en Alsace*, eds. M. de Kroon & M. Lienhard. Strasbourg: lstra, 1980. pp. 95-w6.

Weyer, Michael. "Martin Bucer et les Zell: une solidarité critique," *Martin Bucer and Sixteenth Century Europe*, eds. C. Kreiger & M. Lienhard. Studies in Medieval and Reformation Thought 53. Leiden: E. J. Brill, 1993.

Wiesner, Merry E. "Women's Defense of Their Public Role," *Women in the Middle Ages and the Renaissance*, ed M.B. Rose. Syracuse, N.Y: Syracuse Univ. Press, 1986. pp. 1-27.

Winckelmann, Otto. *Das Fürsorgewesen der Stadt Strassburg*. [two parts] Leipzig: M. Heinsius Nachfolger, 1922.

Wolff, Anne. *Le recueil de cantiques de Catherine Zell, 1534-1536*, 2 vol. Memoire de maîtrise, Universite des Sciences Humaines de Strasbourg, Institut d'Etudes Allemandes,1986.

Zimmerli-Witschi, Alice. *Frauen in der Reformationszeit*. Dissertation, University of Zürich. 1981.

訳者あとがき

　本書は，Elsie Anne McKee, *Katharina Schütz Zell,vol.1: The Life and Thought of a Sixteenth-Century Reformer*, 1999 の翻訳である．原著はオーバーマン（Heiko A. Oberman）の編集による Studies in Medieval and Reformation Thought の第 69 巻として出版されたが，上下二巻からなり，下巻（vol. 2）はカタリナの新高ドイツ語による著作集の校訂版 *The Writings, A Critical Edition*, 1999 で，上巻の資料集であり，それぞれの著作に詳しい序文が添えられている．なお，著者はその後この下巻のほぼ全体を英訳して序文も書き改め，近世初期ヨーロッパの女性を取り上げるシリーズ The Other Voice in Early Modern Europa から *Katharina Schütz Zell,Church Mother,The Writings of a Protesutant Reformer in Sixteenth-Century Germany*, 2006 として出版している．

　本書の内容については，序文「はじめに」と「日本語版への序」において十分説明されているので，そちらをご覧いただきたい．宗教改革初期の一つの中心地ストラスブールで，いわば「教会の母」として生き抜いたカタリナ・シュッツ・ツェルという女性の生涯と思想を掘り起こし，宗教改革史に新しい展望を与えている．本書が扱っている難民や亡命者，さらに障がい者や高齢者の問題はきわめて現代的な課題でもある．原著はすでに 19 版を重ねており，*Church Mother* の方も 12 版に及んでいることは，その内容に対する関心の高さを物語っているに違いない．

　著者エルシー・アン・マッキーについては，すでに邦訳（『執事職 —— 改革派の伝統と現代のディアコニア』一麦出版社，1998 年）においても詳しく紹介されているが，要点をまとめておこう．アメリカ合衆国長老教会派遣の宣教師の子としてアフリカ・コンゴの地で生まれ，高校を卒業後，アメリカ，イギリスの大学を卒業し，プリンストン神学大学でカルヴァン研究の第一人者ダーウィ（Edward A. Dowey）教授の指導のもとで博士号を取得し，1982 年からアンドー

バー・ニュートン神学校で教会史を教え，1992年からは母校プリンストン神学大学に移り，現在はアーチボルド・アレキサンダー記念講座教授として宗教改革史と礼拝学を担当し，後進の指導にあたっている．また，プリンストンにあるウイザースプーン長老教会の長老をも務めておられる．

その主な著書を年代順に並べると次のとおりである．

John Calvin on the Diaconate and Liturgical Almsgiving (Droz, 1984)

Elders and the Plural Ministry: The Role of Exegetical History in Illuminating John Calvin's Theology (Droz, 1988)

Calvin's Exegesis of Romans 12, 8., in ed. Wilhelm Neuser, *Calvinus Servus Christi* (Budapest, 1988)

Diaconia in the Classical Reformed Tradition and Today (Eerdmans, 1989, 上掲：井上政之・芳賀繁浩訳『執事職』一麦出版社，1998年）

Probing the Reformed Tradition, Historical Studies in Honor of Edward A. Dowey, Jr., eds. Elsie Anne McKee & Brian G. Armstrong (John Knox, 1989)

Reforming Popular Piety in Sixteenth-Century Strasbourg Katharina Schütz Zell and Her Hymnbook (Princeton Theological Seminary, 1994)

"Speaking Out"：Katharina Schütz Zell and the Commandment to Love One's Neibor as an Apologia for Defending the Truth; in eds. Wilhelm H. Neuser & Herman J. Selderhuis, *Ordenlich und Fruchtbar* (Leiden, 1997)

Katharina Schütz Zell: Volume One, The Life and Thought of a Sixteenth-Century Reformer (Brill, 1999)

Katarina Schütz Zell: Volume Two, The Writings A Critical Edition (Brill, 1999)

John Calvin: Writings on Pastoral Piety (Paulist, 2001)

Calvin and His Colleagues as Pastors: Some New Insight into the Collegial Ministry of Word and Sakraments, in ed. Herman J. Selderhuis, *Calvinus praeceptor ecclesiae* (Droz, 2004)

Katharina Schütz Zell: Church Mother (Chicago UP, 2006)

John Calvin, Institutes of the Christian Religion, 1541 French Edition: The First English Version (Eerdmans, 2009)

Katharina Schütz Zell, in ed. Irene Dingel & Volker Leppin, *Das Reformatoren-Lexikon* (WBG, 2013)

The Pastoral Ministry and Worship in Calvin's Geneva (Droz, 2016)

　近年は，2008 年から出版され始めている『カルヴァン全集補遺 (*Supplementa Calvinana*)』のコリントの信徒への手紙一の説教に関する校訂版に取り組んでおられ，その完成が待たれるところである．いずれにしても，これらの著書や論考からわかるように，宗教改革史でも特にカルヴァンとカタリナ・シュッツ・ツェルとに焦点をしぼり，原資料にあたりながら精力的にそれぞれの新しい姿を復元しておられる．最近，カタリナ・ツェルのポピュラーな小伝（Christine Farenhorst, *The story of Katarina Schütz Zell, Katharina, Katarina,* Joshua Press, 2017）が出版され，「歴史を甦らせた」などと論評されているが，マッキー教授こそまさに「ゴーストライター」として歴史のちりに埋もれていた人物を見事に甦らせたと言って間違いないであろう．欧米では，教授の著書に刺激されて，より学術的な論文や著述も現れている．一例を挙げると，Megan S. Enninga, *A Woman of the Reformation,* 2006. Hanna Rasch, *Die Rolle der Straßburger Pfarrfrau Katarina Zell in der Reformation*, München, 2011 などである．

　さて，教授は象牙の塔に閉じこもる学者ではなくて，ストラスブールをはじめ，ジュネーブやチューリヒの大学や文書館を訪ね歩き，交友を深め，楽しみつつ研究を進める実践家でもある．それは教理的・歴史的脈絡を視野に入れながらも，改革教会の実践的課題を見据えたテーマからも窺い知られよう．わたしは教授に国際カルヴァン学会で何度もお目にかかっているが，最初の出会いは 1990 年にミシガン州のグランド・ラピッズ市郊外にあるカルヴィン・カレッジを会場に開かれた学会の受け付けであった．受付嬢は大学の事務員かと思っていたら，何とそれがマッキー教授だったのである．実務能力にも長けた教授の一面であろう．その後，1998 年にアジアではじめて開催された学会からの帰りの空港で他のメンバーと一緒にコーヒーを飲む機会があり，わたしがブツァーとストラスブールの宗教改革を研究する際に大いに引用させていただいたミリアム・クリスマン教授のことを尋ねたことがあった．「元気で活躍しておられますよ」とのことであったが，今回本訳書を通して教授も同じような恩恵に与っていたことを知り，思いがけない繋がりを発見した次第である．

　ところで，この翻訳は教授とのこのような個人的な出会いとは無関係に始まったものである．10 数年前，この翻訳を企てた同僚を密かに応援しながら見

ていたが，同氏は間もなく多忙をきわめて断念し，新進の小林牧師に託されたが，同氏も第2章まで翻訳した段階で転任・留学のため中断に追い込まれた．一麦出版社の西村勝佳氏はそれでもあきらめきれず，こちらに頼み込んでこられたのである．一人では荷が重すぎるため，引退してストラスブールに移り住んでおられる石引正志氏の協力を求めて快諾を得，同氏が第3章から第8章，わたしが残りの第9章から第14章を担当し，全体を読み合わせて訳語等の統一を心がけてきたが，まだ著者の意を訳文に十分盛り込めず，誤訳等も残っているかもしれない．

なお，原註は残念ながらすべて割愛させていただいた．各頁に詳細な註が施され，それぞれの論拠が示されているが，我が国の読者は *Katarina Schütz Zell*, vol. 2 などの資料にあたることの困難さを考慮し，必要最小限の訳註を加えてご寛恕いただくこととした．

最後に，この訳書を石引氏とわたしをストラスブールの宗教改革者ブツァー研究に導き入れてくださった共通の恩師である故成瀬治教授におささげしたい．また，忍耐強く翻訳作業を見守ってくださった一麦出版社の西村勝佳氏にも改めて感謝を申し上げたい．

　　　　　　　　　　　　　　　2018年秋　南房総の地にて
　　　　　　　　　　　　　　　　　　　　　　　南　純

著者紹介
エルシー・アン・マッキー　Elsie Anne McKee

プリンストン神学大学教授

改革派の宣教師の娘としてコンゴに生まれる．コンゴキリスト教会（Church of Christ in Congo）で洗礼を受け，18歳までコンゴで生活．

アメリカのアーカンサス州コンウェイのヘンドリックス大学で文学士，イギリスのケンブリッジ大学で神学士の学位を取得．その後博士号取得のためプリンストン神学大学で学ぶとともに，カルヴァンの執事職についての学位論文執筆のため数年にわたってジュネーブで研究生活を送る．1982年にプリンストン神学大学より神学博士号を授与され，同年，マサチューセッツ州ニュートンセンターのアンドーバー・ニュートン神学校で教会史を教え始める．1992年，プリンストン神学大学に移り，現在はアーチボルド・アレキサンダー記念講座教授として宗教改革史と礼拝学を担当．

合衆国長老教会（PCUSA）会員．

著書

DIAKONIA, in the Classical Reformed Tradition and TODAY. Eerdmans, 1989.（邦訳『執事職 —— 改革派の伝統と現代のディアコニア』一麦出版社刊）．

Reforming Popular Piety in Sixteenth-Century Strasbourg: Katharina Schutz Zell and Her Hymnbook. Studies in Reformed Theology and History 2:4 Princeton N. J. Princeton Theologica Seminary, 1994.

"Speaking Out": Katharina Schutz Zell and the commandment to love one's neighbor as apologia for defending the truth, in W. H. Neuser, H. J. Selderhuis(Hrsg.),/ *Ordenlich und fruchtbar*/, 1997, s. 9-22.

Church Mother: The Writings of a Protestant Reformer in Sixteenth-Century Germany. Edited and translated by Elsie McKee. (The Other Voice in Early Modern Europe.) University of Chicago Press, 2006.

Katharina Schutz Zell, in I. Dingel, V. Leppin(Hrsg.),/ *Das Reformatorenlexikon*/, 2013, s. 220-225. ほか

監訳者紹介（翻訳担当章）

南純　Jun Minami（9–14）

日本キリスト教会引退教師，元日本キリスト教会神学校校長

著訳書　『教会改革の伝統継承』［共著］改革社，『改革派教会信仰告白集』第Ⅰ巻［共訳］，第Ⅲ巻［共訳］（いずれも一麦出版社刊），『宗教改革著作集』第6巻［共訳］（教文館）ほか

訳者紹介

小林宏和　Hirokazu Kobayashi（はじめに，1，2）

日本キリスト教会世田谷千歳教会牧師

現在，スコットランド，エジンバラ大学留学中

石引正志　Masashi Ishibiki（3–8）

元青山学院女子短期大学教授

著訳著　『近世ヨーロッパ』（西洋史5）［共著］（有斐閣），『ジュネーブの議会と人びとに宛てたヤコポ・サドレート枢機卿の手紙×ジャン・カルヴァンの返答』『改革派教会信仰告白集』第Ⅰ巻［共訳］，第Ⅴ巻［共訳］（いずれも一麦出版社刊），『宗教改革著作集』第6巻［共訳］（教文館）ほか

エルシー・アン・マッキー
カタリナ・シュッツ・ツェル
16 世紀の改革者の生涯と思想

発行	2018 年 12 月 13 日　第 1 版第 1 刷発行
定価	［本体 8,000 ＋消費税］円
監訳者	南純
訳者	小林宏和・石引正志
発行者	西村勝佳
発行所	株式会社一麦出版社
	札幌市南区北ノ沢 3 丁目 4-10 〒052-0083
	Tel.(011)578-5888 Fax.(011)578-4888
	URL http://www.ichibaku.co.jp/
	携帯サイト http://mobile.ichibaku.co.jp/
印刷	㈱アイワード
製本	石田製本㈱
装釘	須田照生

©2018, Printed in Japan
ISBN978-4-86325-108-3 C3016　￥8000E
落丁本・乱丁本はお取り替えいたします．

― 一麦出版社の本 ―

ヨハネス・ア・ラスコ 1499―1560
――イングランド宗教改革のポーランド人
バージル・ホール
堀江洋文訳・解題

カルヴァンの理想を実現させた宗教改革者。改革派教会の基礎を築き教会の組織を確立。カルヴァンがかかわりのなかったかたちの教会と長老教会の典型の「教会規程」を執筆。

四六判変型　定価【本体2200+税】円

ジャン・カルヴァン
――その働きと著作
ヴルフェルト・デ・グレーフ
菊地信光訳

カルヴァンの「著作」を同時代の著作、論争、活動と関連し、16世紀の歴史上に配置。豊富な情報をみごとに収集・整理し、広範囲にわたる働きと著作がコンパクトにまとめられて秀逸！

四六判　定価【本体6800+税】円

ジュネーブの議会と人びとに宛てたヤコポ・サドレート枢機卿の手紙×ジャン・カルヴァンの返答
サドレート×カルヴァン
石引正志訳

宗教改革の焦点01
当時のカトリック側の主張、明解に示されていて「宗教改革の焦点」を理解するための第一級の史料である。

A5判　定価【本体2200+税】円

改革派教会
オリヴィエ・ミエ
菊地信光訳

改革派の思想の誕生から、教会へと形成され、ひとつの教派として確立していく過程（1530―1620／30）を、信仰告白・教会規則をもとに紐解く。カルヴァンの理解者として著名なミエが最新の研究に基づいて描き出す。

A5判　定価【本体2000+税】円

カルヴァンの教会論《増補改訂版》
渡辺信夫

カルヴァンが教会を論じるとき、『綱要』の翻訳で知られる著者のライフワーク！新たな項目を加えた《決定版》。

菊判　定価【本体4200+税】円

宗教改革の問い、宗教改革の答え
――95の重要な鍵となる出来事・人物・論点
ドナルド・K・マッキム
原田浩司訳

プロテスタントの改革をめぐる問いに、活き活きと答える。キリスト教界全体像を見事に、明快に整理。宗教改革の全体像を見事に、明快に整理。宗教改革を理解するための最良の入門書！

A5判　定価【本体2000+税】円

長老制とは何か　増補改訂版
澤正幸

カルヴァンの聖書註解、『キリスト教綱要』、そしてカルヴァン神学の流れにたつ『フランス信仰告白』『ベルギー信仰告白』をとおしてなされた長老制の原理的基礎的な神学研究によって、長老制の準拠枠を示す。教会形成のための必読の書。

四六判　定価【本体1200+税】円

教会の政治／キリスト教会の礼拝
吉岡繁

なぜ、長老制をとるのか――。教会の政治についての聖書的根拠を問う『教会の政治』。礼拝の聖書的根拠を明らかにし、改革派神学の中で教会礼拝を位置づける。――。『キリスト教会の礼拝』。聖書から演繹した教説を明確にし、改革派神学の概説する『教会の政治』。

A5判　定価【本体2400+税】円